À Chauvin
À Béatrice et Philippe Glass-Renaudat
P. M.

À Chauvin

À Béatrice et Philippe Glass-Renaudat

P. M.

CHAUVIN Sculpteur

CRÉDITS PHOTOGRAPHIQUES

Juliette d'Assay, Jean Gabriel Chauvin, Georges Kelaïdites,
Les Arts Décoratifs Paris : Jean Tholance, Didier Loire, M.N.A.M.
Tous droits réservés.

ISBN 978-2-35340-029-4
dépôt légal : 4e trimestre 2007

CHAUVIN Sculpteur

GOURCUFF
GRADENIGO

SOMMAIRE

11
Chauvin, une rencontre…
Chauvin, an encounter…
Paul Mas, translated by Samuel Damon

19
Jean Chauvin en son siècle
Jean Chauvin in his time
Paul Louis Rinuy, translated by Samuel N. Rosenberg

51
l'œuvre sculpté
catalogue raisonné

403
Les maquettes

447
Annexes
Bibliographie
Expositions
Liste alphabétique des œuvres

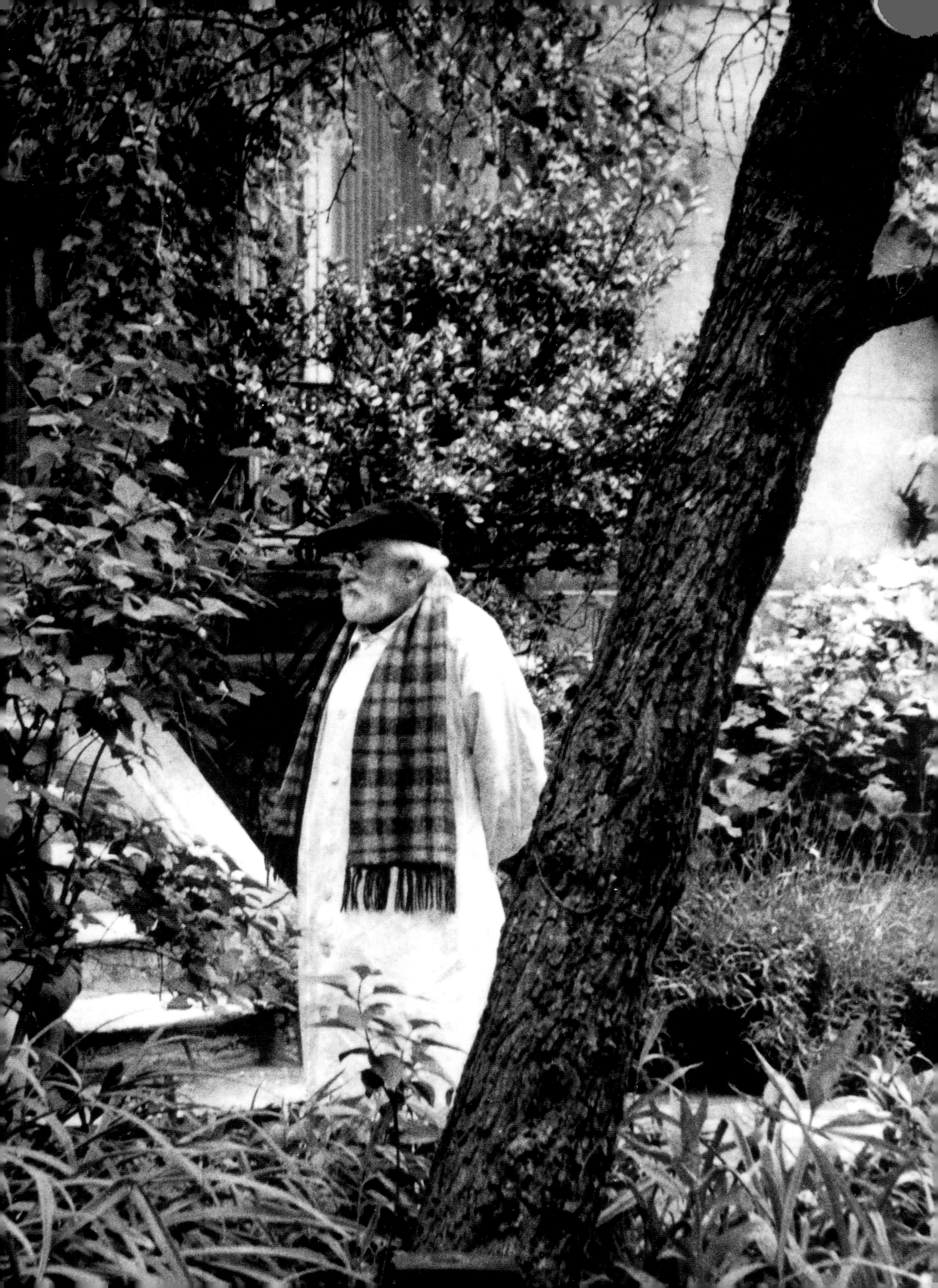

Chauvin, une rencontre…
Chauvin, an encounter…

Paul Mas
translation by Samuel Danon

dans son jardin à Port-des-Barques en 1970.

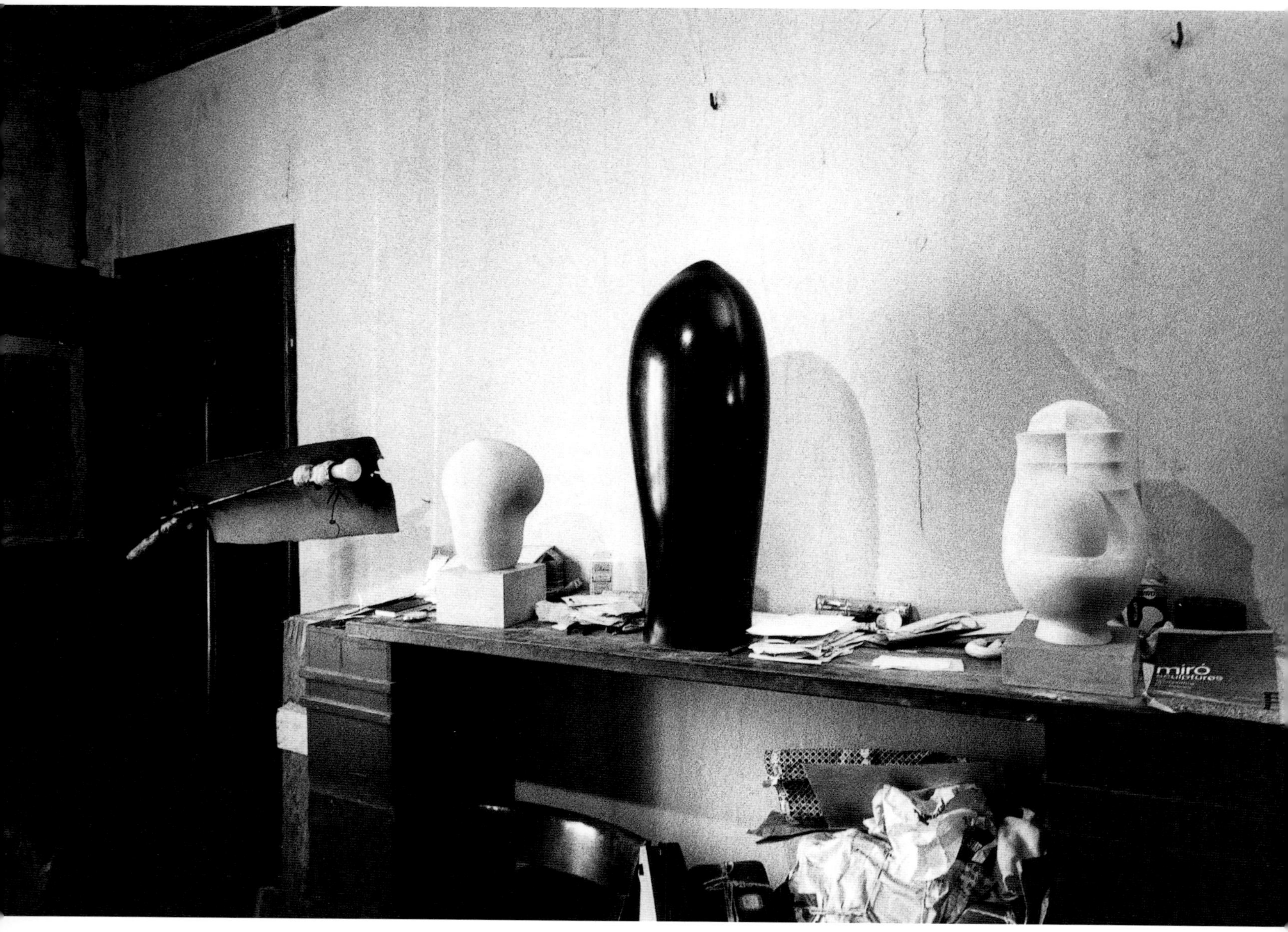
miró
sculptures

J'ALLAIS REPARTIR APRÈS AVOIR SONNÉ, sans succès, au 9 de la rue du chalet à Malakoff.
« Qu'est-ce que c'est ? » Le ton ne s'accordait pas à la dame au tablier rose à volants, cheveux bouclés lilas et accent des fjords, franchissant la porte du pavillon voisin.
« Est-ce bien ici qu'habite monsieur... ? – Ah, c'est vous qui avez écrit ! J'ouvre son courrier avant qu'il ne le mette à la poubelle. Il est au marché, porte de Vanves. »
Sur les indications de la dame, apparemment une intime, je marchai à sa rencontre. Emmitouflé de noir, un petit homme à barbe blanche avançait d'un pas assuré sur le pont désert, en ce mois de janvier 1971. Nous nous sommes croisés, dévisagés. J'ai regagné ma voiture sans l'aborder.

*

Guidé par Denis Chevalier, un fondateur du Salon de la jeune sculpture, j'évoluais avec dilection depuis six ans dans l'univers des formes, des volumes et des matériaux. Un monde auquel j'étais sensibilisé par un père architecte. La fréquentation assidue des ateliers d'artistes m'avait donné ce que l'on nomme « du métier ». C'était probablement insuffisant pour me présenter à celui qui était considéré comme un pionnier de l'abstraction et un sculpteur d'une importance historique, par ses zélateurs : Robert Rey, Christian Zervos, Gualtieri di San Lazzaro, pour ne citer qu'eux.
Ces références prestigieuses me rendaient Chauvin d'autant plus inaccessible que sa réputation d'homme solitaire au caractère difficile était légendaire.
L'enthousiasme l'emporta sur les craintes. Je retournai à Malakoff.
Chauvin m'attendait sur le pas de sa porte. Il n'était pas d'humeur à faire visiter son atelier. Une lettre administrative le préoccupait. Il était exproprié de la maison qu'il occupait depuis soixante ans. Rien de ce qu'on lui avait proposé jusque-là pour le reloger ne lui convenait. Je promis de faire mon possible pour lui obtenir un atelier conforme à ses exigences.
A ma troisième visite, j'étais porteur d'une bonne nouvelle. Il me fit entrer.
Le long d'un corridor obscur, une grande bibliothèque dont les portes en grillage étaient fermées par un cadenas. Plus que quelques pas avant la porte entrebâillée. Chauvin était derrière moi, j'ai marqué une hésitation. « Allez-y. » J'entrai.

NO ONE ANSWERED THE DOOR WHEN I RANG THE BELL at 9, rue du Chalet, in Malakoff, a suburb south of Paris I was about to leave when I heard someone say, "What is it?" The voice did not match the woman who crossed the threshold of the cottage next door wearing a pink, ruffled apron, with lilac-tinted hair in curls, and a Nordic accent.
"Is this the house of Mr....?"
"Oh, you must be the fellow who sent the letter! I open his mail before he tosses it away in the trashcan. He is at the market, Porte de Vanves."
Following her directions, for she seemed to be his close friend, I set out to meet him.
Bundled up warmly, all in black, a slight man with a white beard was walking toward me at a steady pace on the deserted bridge that January of 1971. We passed each other; our eyes met. I did not address him, but continued on to my car.

*

Guided by Denis Chevalier, one of the founders of the "Salon of Recent Sculpture," I had, for the past six years, progressed with delight through a universe of forms, volumes, and materials. It was a world to which I had already been introduced by my architect father. Constant visits to artists' studios had developed in me what is called "a professional flair," but it was probably not enough to allow me to introduce myself to the person who was considered by admirers like Robert Rey, Christian Zervos, Gualtieri di San Lazzaro, to mention only a few, as a pioneer of abstract art and a sculptor of historic importance. Such prestigious accolades made Chauvin even more inaccessible than his legendary reputation for being a solitary man with a difficult personality. My enthusiasm won over my fears. I went back to Malakoff. Chauvin was waiting for me at the door. He was not in a mood to let me visit his studio. He was preoccupied by an official letter he had received: the house where he had lived for sixty years was being expropriated. What he had been offered in its place thus far did not suit him. I promised to do my best to find him a studio that would meet his needs.
On my third visit I was the bearer of good news. He asked me in. Along one wall of a dark corridor there was a large bookcase with padlocked wire mesh doors. Several steps further down there was a half-open door. Chauvin was behind me; I showed some hesitation. "Go ahead," he said.

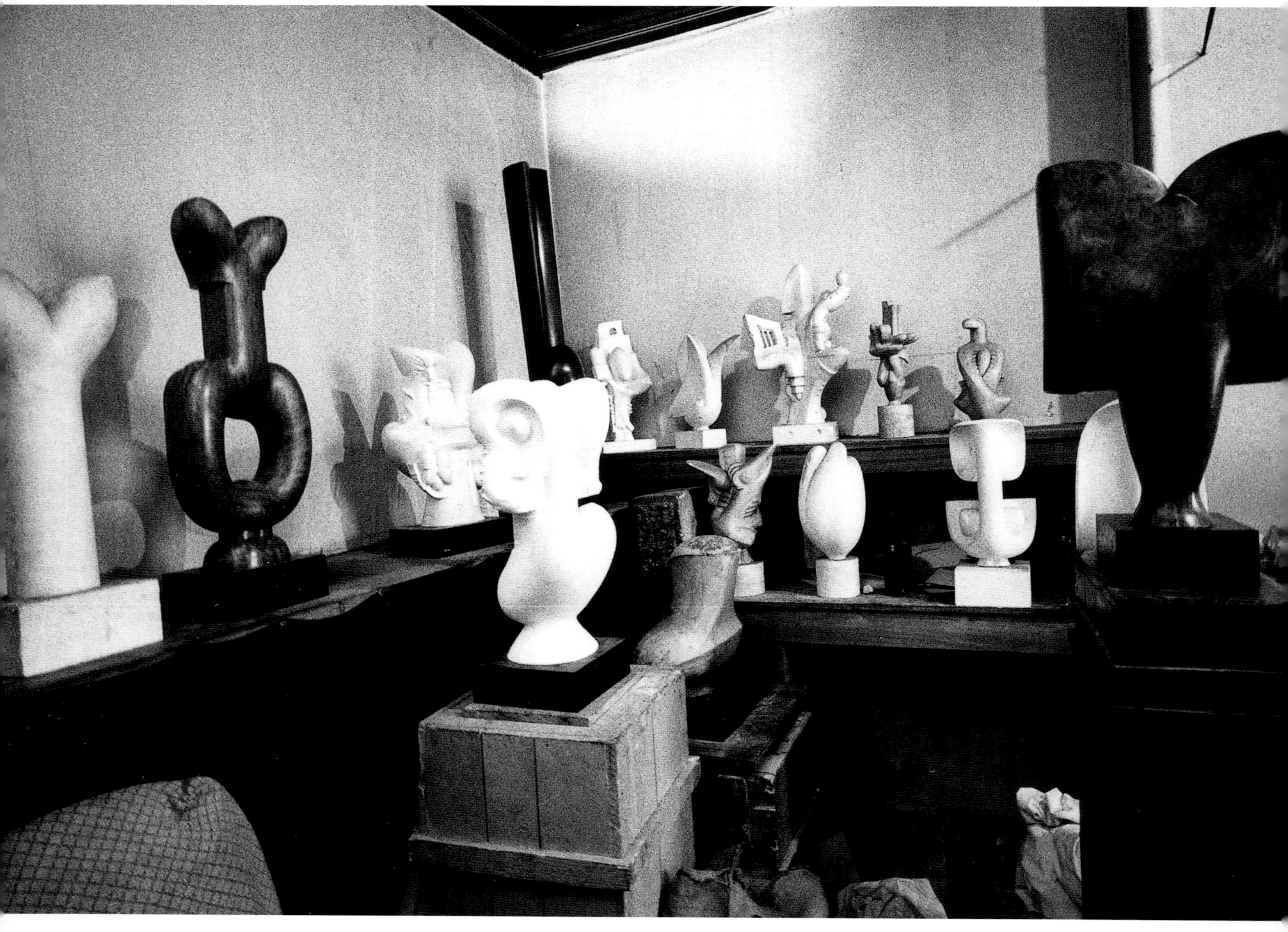

A mon étonnement, aucune sculpture n'était visible, seulement une petite motte de plastiline fraîche près d'un seau d'eau d'où pendait un linge mouillé : le maître continuait à travailler. Sur des étagères, tout autour de la pièce, des formes indécises, spectrales, à peine suggérées sous leurs housses de tissu. Chacune avait son enveloppe confectionnée à sa mesure par une main dévouée. Protégée ou cachée… ?

Il dévoila, au hasard me semblait-il, trois de ces énigmes : *Incantation maternelle, Jumeaux, Janus*. Il m'observait obliquement, de ce regard malicieux qui devait souvent me surprendre ; j'étais très impressionné.

Il m'invita à boire un verre de pineau, nous avons parlé de son déménagement. Ce jour-là s'ébaucha une amitié.

Rituellement, avant chacune de mes visites, il dégageait de leur cocon deux ou trois sculptures, puis, assis sur les deux seules chaises, au centre de l'atelier, nous bavardions du quotidien. De temps à autre, je le questionnais sur la date d'une œuvre, son titre, le nom d'un bois, rarement plus ; au-delà, il répondait par le sourire du sourd : cela me soulageait des théoriciens en verve. Il avait son langage ; j'écoutais des yeux et des mains.

Au printemps, Chauvin consentit à ce que Georges Kélaïdites fasse quelques photographies de son atelier. Toutes les sculptures furent découvertes. Il faisait beau, le maître était gai, lui aussi prit la pose.

C'était le jour de son anniversaire. Nous fêtames l'évènement au Montrachet, parlâmes photographie : il nous montra l'appareil à soufflets dont il se servait depuis les années 1920 pour fixer chacune de ses œuvres.

Il déménagea pour la rue Brillat-Savarin, quelques semaines plus tard, sans tristesse apparente. Etonnamment même, il me parut heureux du changement. Au début du mois de juin, il prit le train pour Port-des-Barques, suivi de tous ses outils enfermés précautionneusement dans une immense malle de bois.

Chauvin réglait sa vie et son travail au cours de l'année sur deux rythmes, deux lieux, deux saisons :

Un hiver de six mois, à Paris, au cours duquel, volets fermés, jours et nuits confondus, s'éclairant à la seule lumière électrique, il exécutait debout dans son atelier ses fulgurants dessins, ou bien, assis de longues heures, il traçait dans son imaginaire le chemin qui aboutirait à ces maquettes en plâtre qui furent données au Centre Georges Pompidou.

I walked in. To my surprise there was not a single piece of sculpture to be seen, only a small mound of fresh Plastiline next to a bucket of water with a wet cloth hanging from it. The master went on working. On shelves, all around the room, there were vague forms, spectral contours barely suggesting shapes under their cloth coverings. Each one was enclosed in its own envelope made to measure by a loving hand. Were they being protected or were they being concealed…? At random, or so it seemed to me, he unveiled three of those puzzles: Maternal Incantation, Twins, Janus. *He was observing me obliquely with that mischievous look of his that in the years to come often took me by surprise. I was overwhelmed.*

He invited me to have a glass of Pineau and we spoke of the forthcoming move to his new studio. Our friendship started that day. I was thirty years old, he was eighty-two.

Invariably, before each of my visits, he would release two or three sculptures from their cocoon; then, he would sit on one of the two chairs in the middle of the studio and we would chat about everyday things. Sometimes I would ask him about the date of a piece, its title, or to identify the name of some wood, rarely anything more. Beyond that, he would answer with a smile, the smile of the deaf. I was freed of exuberant theoreticians. He had his own language; I heard his eyes, his hands.

In the spring, Chauvin agreed to let Georges Kélaïdites come to photograph his studio. All the sculptures were uncovered. It was a sunny day, the master was happy; he too posed for a few pictures. It was his birthday. We celebrated with a bottle of Montrachet and spoke of photography. He showed us the 1920s camera he had used for some fifty years to take pictures of each of his works.

The move to the rue Brillat-Savarin, in the 13th arrondissement, took place a few weeks later without too much apparent distress. Surprisingly, he even seemed happy with the change. In the beginning of June he boarded the train to Port-des-Barques together with all his tools carefully packed in an enormous wooden trunk.

Chauvin organized his life and work, on a yearly basis, according to two rhythms, two locations, two seasons: A six-month-long winter in the Paris studio where, with shutters closed, thus blending together day and night, he worked on his dazzling drawings, standing up, using only electric lights. Or else, he would sit for hours on end tracing in his imagination the path leading to those plasters

Un été dans sa maison du bord de mer, où il laissait le soleil décider de son emploi du temps. Levé avec lui, couché avec lui, l'artiste travaillait le plus souvent à l'extérieur, taillait, modelait, moulait, d'après les travaux préparatoires de l'hiver.

Il me demanda de passer en Charente-Maritime, en juillet, pour lui apporter le cœur d'un bois de citronnier. C'est là qu'il me montra l'une de ses réalisations insoupçonnée : ce jardin extraordinaire aux velléités de jungle, ce foisonnement de végétation tropicale où, pourtant, tel le labyrinthe de l'inconscient, rien n'était le fruit du hasard. Par un cheminement allant de soi, on atteignait aisément le sycomore que l'on croyait inaccessible sinon au prix de nombreuses griffures. Les branches du plaqueminier et du faux poivrier s'entremêlaient savamment, ne laissant échapper que quelques bribes de lumière. Un œil vigilant savait maîtriser les exubérances de la nature sans jamais les brimer.

Après les beaux jours, Chauvin regagnait son atelier parisien. Je m'y suis rendu trois fois par semaine, les cinq dernières années de sa vie.

J'étais souvent porteur d'une course : livre récemment paru ou catalogue d'exposition en cours. Ce créateur, né au XIXe siècle et dont la première sculpture abstraite date de 1908, montrait une curiosité aussi insatiable que bienveillante à l'égard de ses jeunes confrères. Sa réputation d'artiste hautain n'est due qu'à un mauvais procès instruit par ceux-là même qu'il me désigna comme « des gens qui arrivent avec des cabas vides en espérant repartir munis d'une provision de bois ».

Nous mîmes à profit le temps passé ensemble pour répertorier les sculptures et trier les dessins dont il détruisit une partie.

Probablement dans un même souci d'avenir, il a abordé les évènements marquants de sa vie, et je dirais matriciels de son œuvre.

Seul survivant de six frères et sœurs, dont son jumeau, tous morts en bas âge.

Un père aventurier déçu, qui tenta avec dureté de le détourner de sa vocation.

Alors qu'il évoquait souvent son intérêt pour la médecine, mentionnant avoir pratiqué des dissections au Val de Grâce pendant la Grande Guerre, il n'a jamais voulu remédier à une malformation bénigne, faisant de son ascèse un choix déterminé.

that were eventually donated to the Georges Pompidou Center.

Summer found him at his house by the seaside where he let the sun's course organize his daily schedule. Rising and going to bed with the sun, Chauvin worked as a rule outdoors; he carved, molded, and shaped plaster casts based on the preparatory studies he had completed during the winter months.

In July, he asked me to stop by Charente-Maritime and requested that I bring him a core block of lemon wood. That's when he showed me one of his most unexpected creations: his extraordinary, jungle-like garden, a proliferation of tropical vegetation, where, like the labyrinth of the unconscious, nothing was left to chance. Following a logical path, one could easily reach the sycamore tree, to all appearances inaccessible, except at the risk of painful lacerations. The branches of the persimmon and wild pepper trees, skillfully intertwined, allowed only a few streaks of light to get through. A watchful eye had known how to control the luxuriance of nature without ever harming it.

Following the summer days, Chauvin would return to his Paris studio. During the last five years of his life, I visited him three times a week; it was always after I had been asked to run an errand for him: to bring a newly published book or the catalogue of a current exhibition. This creative man, born in the 19th century, whose first abstract sculpture dates from 1908, showed toward his young colleagues

À Clamart en 1928 avec probablement son ami Montagne.

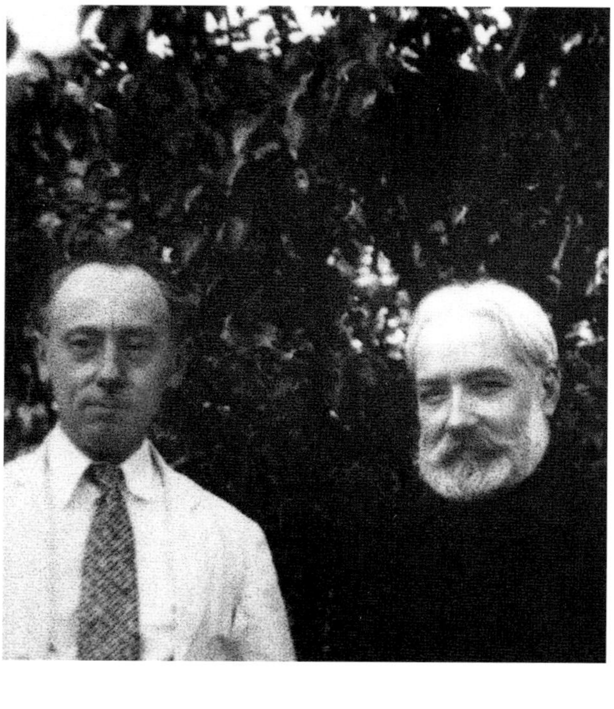

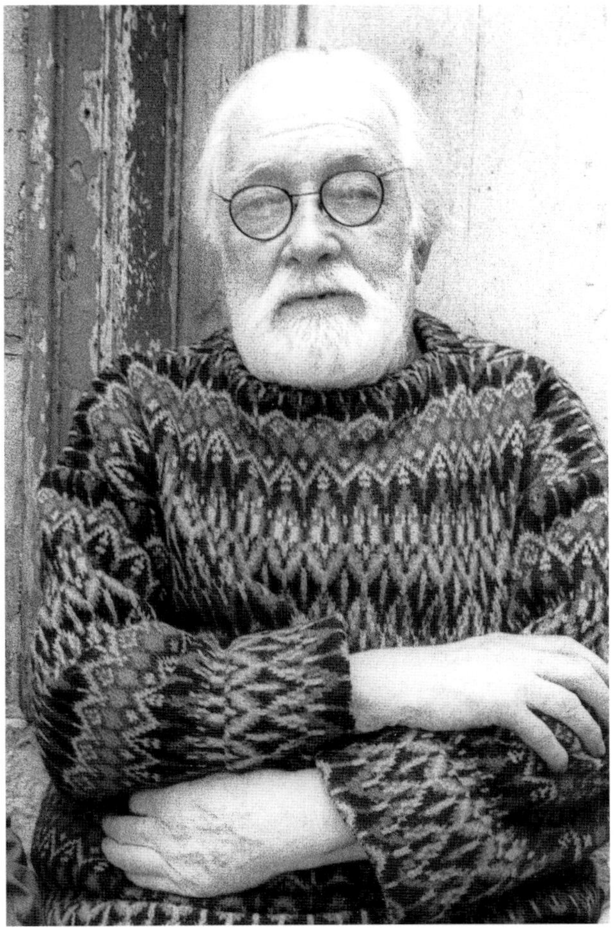

Le sphinx au regard rieur n'a jamais fait de déclarations sur son art mais cependant, au passage, de façon indirecte, il m'a livré quelques clés de lecture de ses œuvres.
Ainsi, par exemple, de la Porteuse de Lyre (1944) qu'il me dit avoir conçue pour être « aussi grande que la statue de la Liberté ». Il fallait entendre que c'était là sa vision de la liberté, contre-proposition à celle de Bartholdi.

J'eus ainsi la chance de suivre, bien qu'en abrégé, soixante-huit ans d'un travail fascinant, le bonheur d'entrer dans ce monde de passions pudiques, de poésie et de raffinements complexes. Mystérieuses évidences.

a curiosity as insatiable as it was good-natured. His reputation as an arrogant artist is no doubt due to gratuitous accusations circulated by people he characterized as "those who arrive with an empty shopping bag and expect to leave with a full supply of wood."
We put the time we spent together to good use, cataloguing the sculptures or sorting through the drawings, some of which he destroyed.
Betraying the same concern toward the future, he touched upon some significant events of his life, which I would call formative to his art. —He was the only surviving child among six brothers and sisters, including his twin, all of whom died at an early age. His father, a failed entrepreneur, had tried brutally to discourage him from following his vocation. While often bringing up his interest in medicine by making references to dissections he had performed at the Val de Grace Hospital during the First World War, Chauvin never considered having a certain benign malformation corrected, which may have been the cause of his willful asceticism.
That sphinx with the mocking eyes never made any direct statement to me about his art, and yet, offhandedly, or in an indirect way, he offered me some clues for reading his works. For example, concerning his piece, The Carrier of the Lyre *(1944), he told me that he had conceived it to be "as tall as the Statue of Liberty." One was expected to understand that statement as expressing his own vision of Liberty itself, as opposed to Bartholdi's.*
I had the good fortune to follow, but only briefly, the fascinating work of sixty-eight years, the joy of entering into a world of discreet passions, of poetry and complex refinements. Mysterious presences.

Translated by Samuel Danon

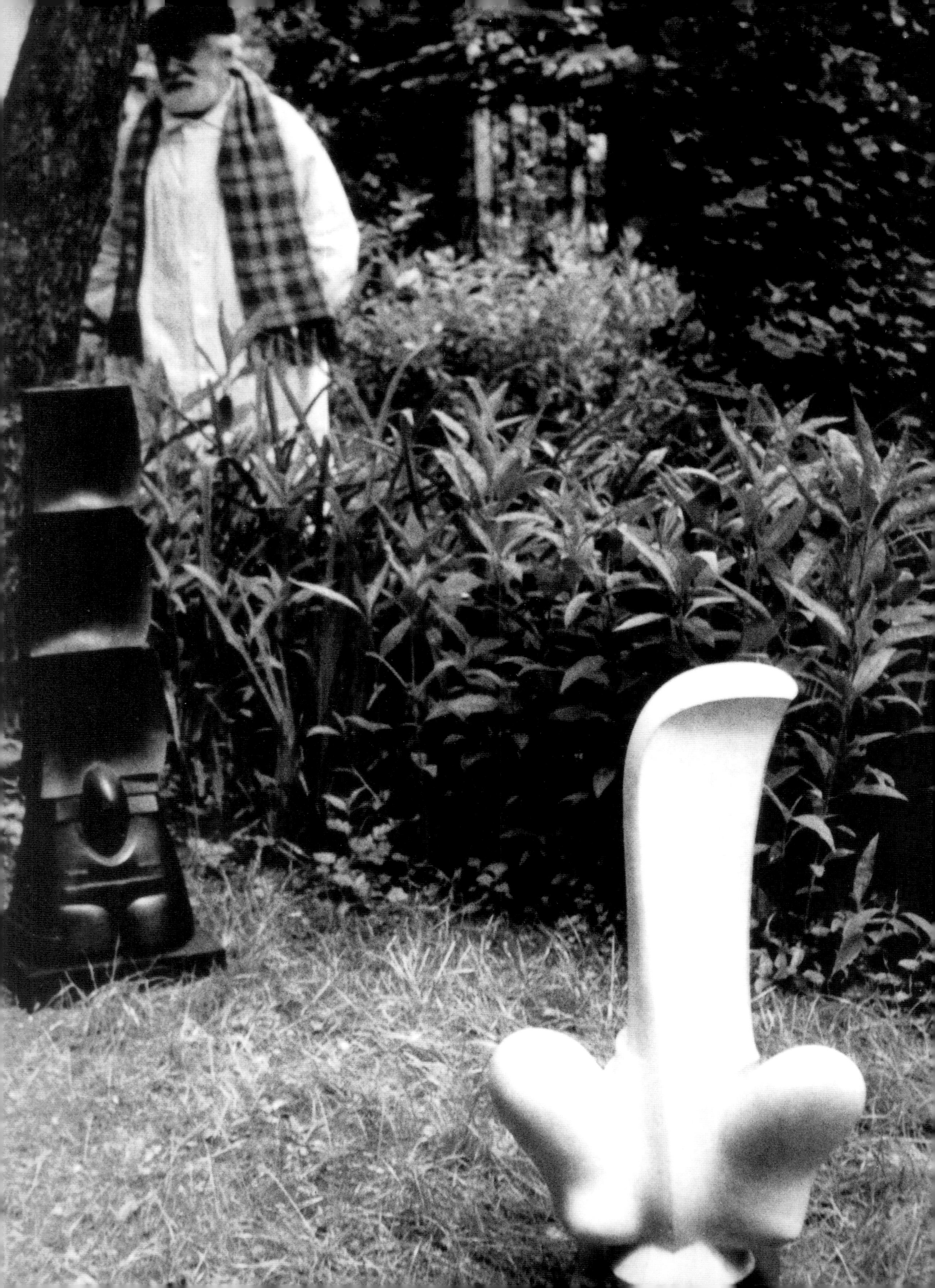

Jean Chauvin en son siècle
Jean Chauvin in his time

Paul-Louis Rinuy
translation by Samuel N. Rosenberg

dans son jardin à Port-des-Barques en 1970,
à gauche le *Grand Navire*, à droite *Buisson Ardent*.

Est-ce une énigme ou un mystère ? L'œuvre et la vie du sculpteur Jean Chauvin recèlent d'importantes zones d'ombre qu'on doit se résoudre à ne pouvoir, toutes recherches faites, pleinement éclairer. Écrire sur Chauvin revient ainsi pour l'historien à faire aveu de défaite, à reconnaître tout ce qu'on n'a pas su comprendre ou pu reconstituer. De l'aventure intérieure d'un homme avare de confidences à la nature exacte de ses rapports avec les matériaux, de l'idée qu'il se faisait de son art jusqu'à la date, voire au titre, de certaines de ses œuvres, nous demeurons souvent dans l'incertitude, faute de documents explicites ou de témoignages précis. Mais ce mystère qui entoure la personnalité comme l'œuvre du sculpteur, fut aussi, pour partie, construit par l'artiste lui-même tel une sculpture destinée à le protéger des regards tout en le montrant au public. Ainsi comprise, l'énigme Chauvin constitue la plus singulière création de l'artiste. Elle n'est plus un obstacle à la connaissance de l'œuvre ou de l'homme, qu'on devrait traverser au plus vite pour atteindre l'essentiel, mais elle en est une part, obscure, cruciale. Il ne faut pas tant la dissiper que la décrire et la comprendre, la résoudre que la contempler avec passion. L'énigme patiemment construite par Chauvin, avec le même soin que celui qu'il mettait à tailler, à polir ses merveilleux bois, devient, en raison de sa singularité même, une aventure exemplaire de l'art moderne.

An enigma? A mystery? The life and works of the sculptor Jean Chauvin contain broad shadowy areas that, when all is said and done, we have to realize we can never see in full light. Thus, writing about Chauvin means, for the historian, admitting defeat and acknowledging how much the writer has been unable to understand or reconstruct. From the inner experience of a reticent man to the way he related to his materials, from the way he conceived his art to the dating, even the titling, of some of his works, we are often bogged down in uncertainty, for lack of explicit documentation or clear evidence. But the mystery surrounding the sculptor's personality and his works was also, in part, constructed by the artist himself as a kind of sculpture meant at one and the same time to put him on display and to protect him from public view. Understood in this manner, the Chauvin enigma constitutes the artist's most distinctive creation. The enigma stops being an obstacle to our knowledge of the man or his art, which we should clear away as quickly as possible in order to reach the essence; it is rather a component, dark yet crucial, of that very essence. The enigma is not to be dissipated so much as described and understood, not demystified so much as contemplated with passion. The mystery that Chauvin patiently constructed with the same care that he gave to shaping and polishing his marvelous wood sculptures thus becomes, through its very distinctiveness, an exemplary adventure in modern art.

Chauvin puissant et solitaire

De la vie de l'homme Jean Chauvin que sait-on au juste ? Un dessin de Bazaine (ci-contre), rapide mais pénétrant, le présente à l'âge de soixante et onze ans, les sourcils et la barbe en broussailles, les yeux indéchiffrables, solidement campé dans la page comme un roc *Puissant et solitaire* - ces adjectifs empruntés au célèbre *Moïse* d'Alfred de Vigny sont le titre de l'une des sculptures (cat. n° 61), un grand bois dont la droiture et la puissance dynamique révèlent l'ambition du sculpteur : créer des statues abstraites, qui s'inscrivent dans la lignée essentielle de l'immémoriale statuaire tout en étant résolument modernes, non-figuratives. A cette figure de « Chauvin le sanglier »[1], entretenue par de nombreux commentateurs[2], s'en oppose une autre, moins connue mais tout aussi authentique selon le souvenir de ceux qui l'ont fréquenté, celle de l'homme au regard malicieux, goûtant aux plaisirs de la conversation et de la bonne chère entouré d'amis rares mais fidèles. On retrouve ce visage dans certaines photographies jusqu'ici inédites (page 17) où on voit le maître, déjà âgé, poser avec un plaisir non dissimulé dans le jardin de sa petite maison des Charentes.

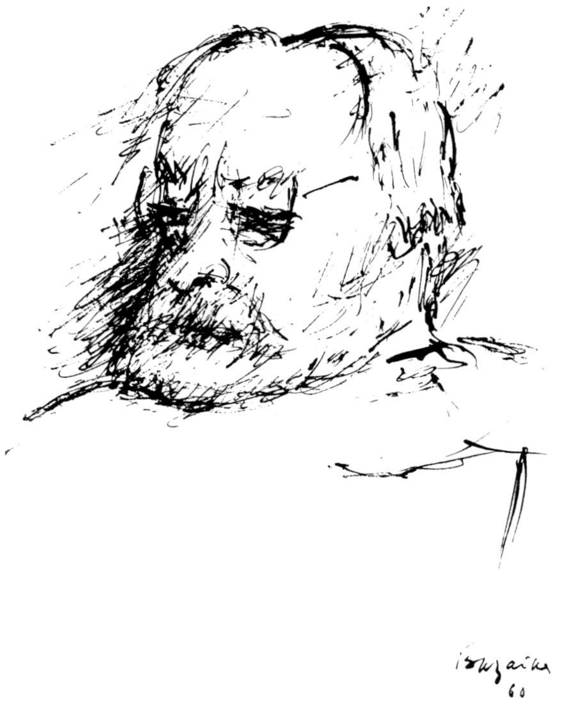

Plus que nul autre sans doute, Chauvin fut un homme paradoxal, un caractère tissé de contrastes et d'oppositions, à l'image du déroulement même de son emploi du temps annuel. Son existence se divisait à l'âge mûr en deux temps, l'un au bord de la mer, en Charente, l'autre dans la banlieue parisienne, à Malakoff. A Port-des-Barques, petite ville côtière non loin de Rochefort, étaient réservés l'été et l'automne, les mois de mai à novembre ou décembre. « La maison se compose de 2 chambres. Je couche dans l'une et travaille dans l'autre et fais la cuisine dans la cave », confiait l'artiste en 1945[3]. « Cette maison de Port-des-Barques - précise-t-il dans une autre lettre[4] - est mon unique atelier. Tous mes bois y ont été exécutés. J'y ai mes outils et du bois pour travailler ». C'est dans cet atelier-là, ou plus exactement dans le jardin, qu'on été réalisées à force de lenteur et de patient travail les quelque deux cents sculptures cataloguées, tandis qu'à Malakoff, dans la modeste maison de banlieue aux volets toujours clos qu'éclairait la lumière électrique, se créaient des dessins fulgurants dont on peut estimer le nombre à un millier. Il n'est rien d'étonnant au fait qu'un sculpteur ait eu recours au dessin mais la comparaison entre l'œuvre sculpté et l'œuvre dessiné de Chauvin révèle qu'il s'agit dans son cas de deux moyens d'expression explorés avec des ambitions fort diverses, de deux continents, tout aussi éloignés entre eux que les deux pôles de son existence, et pourtant sans nul doute intimement et mystérieusement liés.

Quant aux maquettes, notamment ces célèbres projets de sculpture confiés par le sculpteur au Musée national d'art moderne en 1976, ils occupent une place précise et constituent le troisième pôle de l'univers de Chauvin. De petites dimensions, ce sont des projets d'œuvres à venir qui n'ont souvent pas connu de réalisation effective. Réalisés en matière ductile, plâtre ou plastiline, ils ont certainement été fabriqués durant les mois d'hiver parisiens et témoignent d'une ambition monumentale de nature parfois fantastique. L'imagination y règne en maître et suscite des alliance inédites : le fragment d'un sein ou la courbe d'un torse se joint à un escalier pour composer, en dimensions miniatures, une architecture visionnaire. Ces maquettes portent aussi la marque du refus de Chauvin d'abandonner totalement ses préoccupations sculpturales pendant les mois d'hiver passés à Paris.

La vie de Chauvin était ainsi, dans l'espace comme dans le temps, strictement compartimentée. Cette organisation, attestée dans l'après-guerre, était l'aboutissement d'une évolution mal connue mais dont on peut se faire une idée grâce à quelques dates et événements marquants.

Jean, Gabriel Chauvin est né le 30 mars 1889 à Rochefort, en Charente-Maritime. C'est là qu'il passe les premières années de son existence ; il se retrouve notamment au lycée de Rochefort de 1900 à 1906[5]. L'extrait d'acte de

Chauvin, powerful and solitary

What exactly do we know about Jean Chauvin the man? A drawing by Bazaine, a quick but perceptive work, shows him at the age of seventy-one, with eyebrows mussed and beard unkempt, eyes inscrutable, depicted on the page solid as a rock, powerful and solitary. These adjectives, borrowed from "Moïse" ("Moses"), the celebrated poem by Alfred de Vigny, provide the title of one of Chauvin's sculptures (cat. 61), a large wood, forthright and dynamically powerful in the way it reveals the sculptor's ambition: to create abstract statues that belong to a timeless tradition of representational modeling but are at the same time resolutely modern and non-figurative. The image of "Chauvin the wild boar,"[1] kept alive by a number of commentators,[2] stands in contrast to another, less well known but, as recalled by persons who frequented him, just as authentic; this is the image of a man with a mischievous twinkle in his eye, who savored the pleasures of conversation and fine fare in the company of his few but faithful friends. Such is the face that appears in certain hitherto unpublished photographs (page 17), in which the master, already on in years, is seen posing with undisguised pleasure in the garden of his little house in the Charentes region.

More than anyone else perhaps, Chauvin was a man of paradox, whose character was woven out of contrasts and oppositions, just like the schedule that he followed through the year. In his mature days, he divided his life between a period in Charente, at the seashore, and another on the outskirts of Paris, in Malakoff. Summer and autumn, May through November or December, were given over to Port-des-Barques, a little town on the coast not far from Rochefort. "The house has two rooms. I sleep in one and work in the other and do the cooking in the basement," he wrote in 1945.[3] In another letter, he offers greater detail: "The house in Port-des-Barques is my sole studio. It's where I create all my wood pieces, where I have my tools and have wood to work on."[4] It was in that studio or, more precisely, in the garden, that the artist worked slowly and patiently to produce the roughly two hundred sculptures than have been catalogued, whereas in Malakoff, in the simple suburban house, always shuttered, lighted only by electric lamps, he executed dazzling drawings that may well number a thousand. There is nothing surprising in a sculptor's recourse to drawing, but a comparison between Chauvin's sculpted work and his work on paper reveals that in his case he was exploring two means of expression with quite different intentions, two continents as remote from each other as the two poles of his life and yet absolutely linked in some intimate and mysterious way.

As for the maquettes, notably the celebrated sculpture

naissance donne, sur la famille de l'artiste, quelques renseignements laconiques. Le père de Chauvin, Léonard Antoine, appartenait à la petite bourgeoisie - il était contrôleur de gaz d'après ce document administratif, après avoir été représentant de commerce - et sa mère n'exerçait aucune profession. Certains témoignages précisent que Léonard Antoine passa toute sa jeunesse en Algérie, où il était né en 1848, perdit ses parents à l'âge de trois ans et tenta, après son mariage puis son installation à Rochefort, d'y retourner vers 1882 pour exploiter une concession à Sidi ben Youb, mais en vain puisqu'il mourut à Rochefort au début du XXe siècle. Hormis ces documents officiels, il ne reste aucun témoignage sur la jeunesse de l'artiste, sur ce temps qui constitue une période privilégiée où se fixent souvent les points essentiels du rapport sensible au monde. Deux seuls éléments sont à noter, qui expliquent peut-être la haute réserve dans laquelle se cantonna Chauvin, voire la structure fermée sur elle-même, narcissique, de son œuvre. Jean Chauvin avait un frère jumeau, André Joseph, décédé dans la première semaine de son existence, le 5 avril 1889. Ce deuil exerça sans nul doute une influence considérable sur l'esprit de Chauvin ; c'était du reste un des rares traits de son enfance qu'il mentionnait parfois

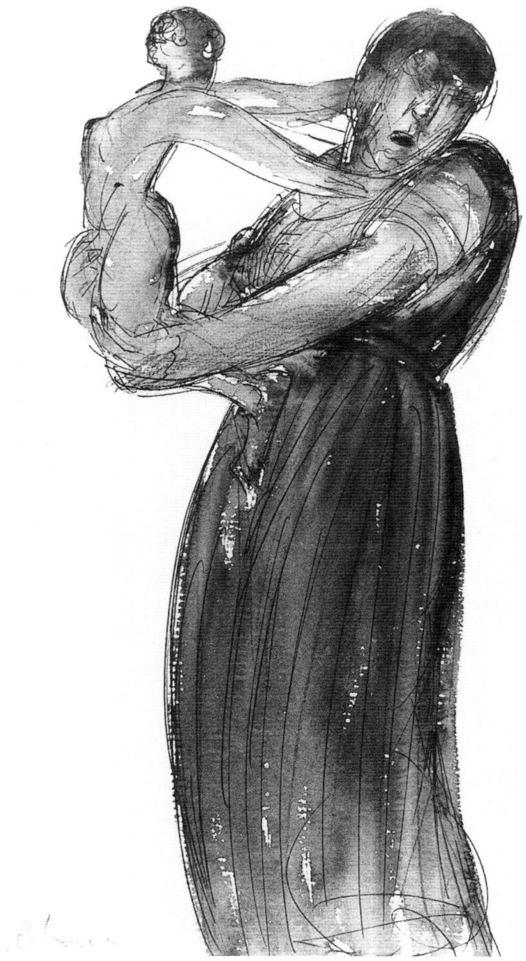

studies that the artist donated to the Musée National d'Art Moderne in 1976, they occupy a special place in Chauvin's production and, indeed, constitute the third pole of his universe. These are small-scale models of future works that in many instances never came to fruition. Made out of a ductile material, plaster or Plasticine™, they were surely created during the winter months at Malakoff and provide evidence of a monumental, sometimes fantastic, ambition. Imagination reigns supreme in them and gives rise to novel couplings: The fragment of a breast or the curve of a torso combines with a staircase to produce, in miniature, a kind of visionary architecture. These maquettes also show how Chauvin refused to leave all his sculptural concerns behind when he moved inland for the winter.

Chauvin's life was thus strictly compartmentalized, in space as in time. This organization, which became clear in the post-war period, was the outcome of an evolution that is not well known but is strongly suggested by a few especially significant dates and events.

Jean-Gabriel Chauvin was born on March 30, 1889 in Rochefort, in the department of Charente-Maritime. There he spent the early years of his life; he was, in particular, a student at the lycée of Rochefort from 1900 to 1906.[5] Chauvin's birth certificate provides a few brief facts about his family. This official document shows that his father, Léonard-Antoine, was a man of the lower middle class, having gone from sales representative to gas inspector, and that his mother had no occupation outside the home. There is some additional evidence that Léonard-Antoine spent his entire youth in Algeria, where he had been born in 1848 and orphaned three years later. After his marriage and move to Rochefort, he attempted to return to Algeria, around 1882, to develop a piece of land at Sidi ben Youb; he was apparently unable to do so, however, since he died at Rochefort at the beginning of the twentieth century. Apart from such official documents, we have no information on the artist's early years, that privileged period in life when the groundwork is often laid for a person's responsiveness to the world.

There are two facts in particular that may explain not only the great reserve with which Chauvin held himself apart but also the self-enclosed, narcissistic structure of his work. The artist had a twin brother, André-Joseph, who died when barely a week old, on April 5, 1889. There is no doubt that this loss was to have a heavy influence on Chauvin's affective development; it was, moreover, one of the few facts of his childhood that he occasionally referred to in conversation toward the end of his life, according to the recollections of persons close to him. Official death certificates reveal that André-Joseph was but one of many siblings, all of whom died at a very early age. From a family of many brothers and sisters, Jean emerged the sole survivor. The dans la conversation à la fin de sa vie, selon le souvenir de ses proches. D'après les registres d'état-civil, cette mort s'ajoute à celle de nombreux frères et sœurs, tous décédés à un âge fort précoce. D'une fratrie nombreuse, Chauvin est le seul survivant. Un autre fait notable, connu seulement par tradition orale, est l'interdiction paternelle d'exercer une activité artistique. Ce n'est donc qu'après la mort de son père que Chauvin put entamer franchement son apprentissage d'artiste.

L'année 1908 voit le jeune homme de dix-neuf ans arriver à Paris. Il entre à l'Ecole des Arts Décoratifs le 14 mars, mais on ignore dans quel atelier il travaille[6]. On le retrouve ensuite à l'Ecole des Beaux Arts, où il fréquente l'atelier du sculpteur Antonin Mercié à compter du 7 janvier 1909. Il y reste jusqu'à l'année 1915, puisqu'il est exempté du service des armes par le Conseil de révision du 9 décembre 1914[7]. Cette exemption tient à des raisons médicales, une « asthénie musculaire »[8] dont les causes demeurent inconnues, qui n'empêche pas l'artiste de devenir praticien mais « ne [lui] permet pas de faire de gros travaux »[9]. A l'Ecole des Beaux-Arts, où la scolarité est scandée par le rythme des concours, Chauvin reste en marge de ce type d'épreuves. On repère seulement qu'il commence par habiter rue Vavin à Montparnasse[10], puis se retrouve en 1915 domicilié « chez M. Joseph Bernard statuaire, 7 cité Falguière »[11]. La rencontre entre ce sculpteur déjà célèbre à l'époque pour avoir contribué de manière décisive à la remise à l'honneur de la taille directe dès 1906-1907[12], et le jeune Chauvin se déroula à la fin de 1913 ou au début de 1914, pense-t-on[13]. Aucun document ne permet en tout cas de supposer que les deux hommes se soient connus auparavant et l'aide amicale qu'accorda au jeune artiste le sculpteur reconnu, contraint à l'inactivité par une grave maladie de 1913 à 1918, consista probablement en un hébergement dans l'atelier doublé de la possibilité d'y travailler.
L'amitié entre ces deux personnalités également solitaires fut scellée par une réalisation commune, singulière dans l'histoire de la sculpture en taille directe. Chauvin fut chargé de réaliser en 1920 « d'après des indications tracées par Bernard de la pointe du ciseau sur le marbre »[14] deux panneaux supplémentaires de la Frise de la Danse pour compléter l'ensemble sculpté par Joseph Bernard de 1911 à 1913 et l'adapter ainsi au nouvel aménagement architectural souhaitée par le commanditaire, Paul Nocard[15]. Ainsi, au fil du ciseau et sans l'intervention matérielle du sculpteur, Jean Chauvin créa des sculptures de Joseph Bernard, dont le thème comme le traitement n'a, il faut bien le reconnaître, guère de points communs avec l'ensemble de son œuvre personnelle, hormis les dessins figuratifs de cette époque, ces corps de danseurs souvent difficiles à distinguer de ceux de Joseph Bernard.

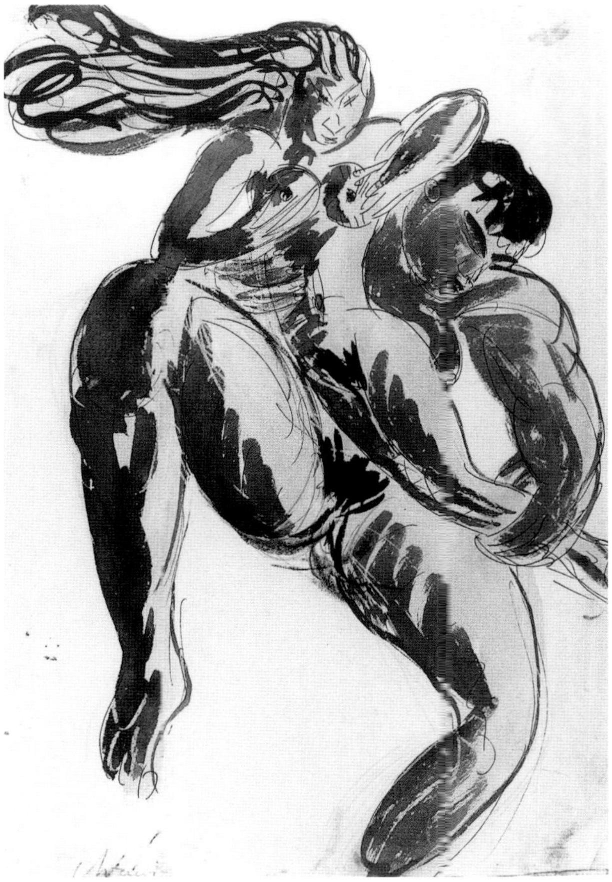

other notable fact, known only for having been transmitted orally, is that his father forbade him to engage in any artistic activity. It was therefore only after his father's death that Chauvin was free to initiate his training as an artist.
The year 1908 brought the young man of nineteen to Paris. He entered the Ecole des Arts Décoratifs on March 14, but we do not know in which studio he worked.[6] He then moved to the Ecole des Beaux-Arts, where he began studying with the sculptor Antonin Mercié on January 7, 1909. He remained there until 1915, having been exempted from service in the army by the military Review Board on December 9, 1914.[7] The exemption was due to medical reasons: "muscular asthenia" [8] of undetermined origin, which did not prevent him from working as a sculptor's assistant but did "bar [him] from doing heavy labor." [9] At the Ecole des Beaux-Arts, where the pace of training was set by the timing of competitions, Chauvin remained outside this kind of testing. Of that period it is known only that he lived at first in the rue Vavin, in Montparnasse,[10] and that later, in 1915, his address was "care of Monsieur Joseph Bernard, sculptor, 7 cité Falguière." [11]
Bernard was already famous at the time for his decisive role in the reintroduction of direct carving as early as 1906-1907.[12] It is thought that the meeting between him and the young Chauvin rook place at the end of 1913 or the begin-

Dans l'après-guerre, Jean Chauvin gagne sa vie en étant praticien et sculpteur-ornemaniste ; il vit dans une grande obscurité et seul un curieux article de Robert Rey apporte quelque lumière sur cette période :
« Ils tiennent, nos sculpteurs, et leur mérite est grand, car leur vie, proverbialement dure, est aujourd'hui plus difficile que jamais. L'autre jour, avant le vernissage, j'ai rencontré Chauvin : ce nom ne vous dit rien, et ne peut rien vous dire - je ne l'avais pas vu depuis sept ans. Il travaillait chez Bernard, comme Bourdelle travailla chez Rodin, comme Toussaint travaille chez Bourdelle.
«Que deviens-tu, dis-je, qu'as-tu fait de *Saint-Antoine ?* »
Saint-Antoine, c'était une admirable petite maquette que Chauvin avait fignolée : remontant à reculons des degrés, le saint venait se heurter contre un grand mur, et la tentatrice gravissait lentement les dernières marches. C'était, dans la meilleure tradition française de la fin du XVIIIe siècle, un projet plein d'intelligence et de savoir.
« Mon *Saint-Antoine* ? me répondit Chauvin, il est en morceaux sous mon lit ; ça ne se vend pas ces machines-là ; je fais des moulures pour plafond... hélas! »[16]
Restant à l'écart des commandes de monuments aux morts, qui fournissent du travail à de nombreux sculpteurs, Chauvin ne participe pas plus à l'Exposition internationale des Arts Décoratifs de 1925 mais, dès 1920, il commence à présenter ses œuvres au Salon d'Automne ainsi qu'au Salon des Indépendants et ce début de carrière est couronné par une première exposition personnelle à la Galerie Le Sacre du Printemps en 1928.
A partir de cette date, Chauvin peut se consacrer entièrement à son art et il voit sa notoriété croître au fil des années. En 1935 le sculpteur réalise une importante *Fontaine lumineuse* (cat. 43) destinée au paquebot Normandie, puis il reçoit deux commandes pour l'Exposition Internationale des Arts et Techniques de la Vie Moderne de 1937. Il crée la *Sculpture-Signal* (cat. 51), destinée au Pavillon de la Société des Artistes Décorateurs[17], et modèle deux « motifs destinés à contenir des projecteurs lumineux dans la galerie centrale du Pavillon de la Manufacture de Sèvres »[18] (cat. 52) qui reprennent avec des transformations notables le parti d'ensemble de la Vasque du Normandie.
Cette période coïncide avec une deuxième exposition personnelle de l'artiste, organisée en 1936 chez Jeanne Bucher qui défend et promeut le travail de Chauvin à partir de cette époque. Au même moment, l'État français lui achète sa première sculpture, *Le Tombeau d'Eve* (cat. 42), en 1939, ce qui marque une réelle reconnaissance publique.
L'après-guerre est le temps de la consécration, sans que Chauvin accède jamais à la célébrité. Après Jeanne Bucher, c'est au tour de la prestigieuse Galerie Maeght de rendre en 1949 hommage au sculpteur en accueillant quarante et

ning of 1914.[13] *There is, in any case, no documentary evidence of any earlier acquaintance, and the friendly assistance that the young artist received from the well-known sculptor, whom a serious illness rendered inactive from 1913 to 1918, probably consisted in studio space in which to live and work.*
The friendship of these two equally solitary figures was sealed by a project undertaken jointly, a remarkable phenomenon in the history of sculpture by direct carving. In 1920, Chauvin was given the responsibility of producing, "according to Bernard's chisel-point tracings on the marble," [14] *two supplementary panels for the* Frise de la Danse *(Dance Frieze) to complete the ensemble sculpted by Joseph Bernard between 1911 and 1913 and thus adapt it to the new architectural scheme desired by the sponsor, Paul Nocard.*[15] *Thus, with his own chisel and without the physical intervention of the sculptor, Jean Chauvin created sculptures by Joseph Bernard. There is no denying that their theme, like their treatment, has almost nothing in common with the rest of Chauvin's work, apart from the representational drawings of that period, those dancers often so hard to distinguish from the ones done by Joseph Bernard.*
During the post-war period, Jean Chauvin earned his living as a sculptor's assistant and ornamentalist. His life at the time is shrouded in obscurity, and only a curious article by Robert Rey sheds some light:

> *Our sculptors are managing to hold on, which shows their great merit, for life has always been hard for sculptors and is harder than ever today. The other day, before the preview, I ran into Chauvin. The name says nothing to you, nor can it; I had not seen him in seven years. He had been working with Bernard, just as Bourdelle once worked with Rodin and Toussaint is working with Bourdelle.*
> *"What are you doing these days?" I asked. "What's become of your* Saint-Antoine*?"*
> Saint-Antoine *was an admirable little model that Chauvin had polished to perfection. Backing his way up the stairs, the saint had just slammed against a big wall, and his temptress was moving steadily up the final steps. It was in the best French tradition, a project full of intelligence and expertise.*
> *"My* Saint-Antoine*?" Chauvin replied. "It's in pieces under my bed; such things don't sell. I do ceiling moldings... alas!"*[16]

Staying away from commissions for monuments to the dead, which provided many sculptors with work, Chauvin did not participate, either, in the International Exposition of Decorative Arts of 1925. In 1920, however, he had already begun to display his work at the fall Salon as well as the Salon des Indépendants, and this initial stage of his career culminated in his first one-man exhibition at the Sacre du Printemps gallery in 1928.

une sculptures accompagnées de dessins, qui connaissent un important succès. Chauvin est alors considéré comme « un des plus méconnus et des plus estimables sculpteurs français »[19] que ce genre d'exposition vise à révéler à un public plus large que le cercle restreint des spécialistes. « Il faut, explique Jacques Lassaigne, que la très belle exposition de la Galerie Maeght marque enfin la place que doit occuper Chauvin, cet admirable artisan, héritier des plus belles traditions de métier françaises parmi les découvreurs des formes pures dont Brancusi est le maître »[20].

Dans la sculpture moderne de l'après-guerre, Chauvin est considéré comme le fondateur d'un langage nouveau aux côtés de Brancusi ou d'Arp, et plusieurs manifestations sont organisées pour faire connaître son œuvre. Soutenu par Alex Maguy, qui lui achète un grand nombre de sculptures, Chauvin se voit consacrer une grande exposition à la Galerie de l'Élysée en 1960 et il est choisi pour représenter la France à la Biennale de Venise de 1962, en compagnie de peintres comme Alfred Manessier et Serge Poliakoff, ainsi que d'artistes plus jeunes tels que Guitet, Marfaing et Messagier. Mais si le Grand Prix de Peinture vient couronner l'œuvre de Manessier, c'est Giacometti qui s'impose comme lauréat pour la sculpture. De fait l'ensemble considérable de sculptures et de dessins de Chauvin réunis par Jacques Lassaigne à Venise semble incarner davantage le souci de réparer un injuste oubli de la France pour un de ses grands sculpteurs que le début d'une reconnaissance internationale, qui ne viendra pas.

Malgré la monographie que lui consacre Christian Zervos en 1960, Chauvin demeure dans l'ombre jusqu'à sa redécouverte tardive dans les années 1970, que favorisent deux expositions particulières à Paris, à la Galerie Villand et Galanis en 1971 et à l'Enseigne du Cerceau en 1974. Jean Chauvin s'éteint à 87 ans le 15 mai 1976 après avoir fait don de la quasi totalité de ses maquettes au Musée national d'art moderne.

Si la carrière du sculpteur semble ainsi s'être déroulée dans un éloignement du monde qu'ont souligné tous les commentateurs, Chauvin fut cependant périodiquement découvert ou redécouvert, et ses sculptures purent, à de nombreuses occasions, être révélées au public. On ne saurait donc voir en Chauvin un artiste maudit. Le sculpteur fut très tôt, dès les années 1920, entouré d'amis fidèles qui nourrirent la plus grande admiration pour son œuvre ambitieuse. Robert Rey, Stanislas Fumet ou Jacques Lassaigne par exemple obtinrent pour lui des achats de l'État et écrivirent sur son œuvre des textes importants, qui révèlent la haute idée qu'ils se faisaient de son art et la confiance dont ils savaient entourer le créateur. Chauvin était un solitaire bien organisé. Il vivait replié sur son œuvre qui se prêtait mal à une divulgation trop rapide ou brutale mais il avait su tisser autour de lui un réseau d'admirateurs qui le sou-

From that time on, Chauvin could devote himself entirely to his art, and his fame grew steadily over the years. In 1935, he created a large glowing Fontaine (Fountain) *(cat. 43) for the ocean liner Normandie and then received two commissions for the Paris World's Fair in 1937. He produced the* Sculpture-Signal *(cat. 51) for the pavilion of the Society for the Decorative Arts;* [17] *he also fashioned two "motifs for the housing of light projectors in the central gallery of the pavilion set up by the Manufacture de Sèvres"* [18] *(cat. 52), which repeat, but with notable changes, the overall concept of the Normandie's* Vasque.

This period includes the artist's second one-man exhibition, mounted in 1936 at the gallery of Jeanne Bucher, who was from that time forward Chauvin's champion and promoter. Then, too, in 1939, the French nation purchased his first sculpture, the Le Tombeau d'Eve *(Eve's Tomb) (cat. 42), a move that bespoke a very real public recognition.*

The post-war years brought Chauvin an undoubted consecration, even if he never did attain true celebrity. After Jeanne Bucher, it fell to the prestigious Galerie Maeght, in 1949, to pay homage to the artist by displaying forty-one sculptures, accompanied by drawings. The exhibition was highly successful, and Chauvin came to be regarded as "one of the most neglected and one of the most worthy of French sculptors" [19] *whom that sort of exhibition sought to reveal to a public much broader than a small circle of specialists. Writes Jacques Lassaigne: "The very fine exhibition at the Galerie Maeght must surely mark, at last, the rightful place of Chauvin — admirable artist that he is, and heir to the finest French traditions of craftsmanship — among the discoverers of pure forms whose master is Brancusi."* [20]

In modern sculpture of the post-war period, Chauvin was regarded as the founder of a new language, alongside Brancusi or Arp, and several showings were organized to make his work known. Supported by Alex Maguy, who purchased a great number of his sculptures, Chauvin was granted an extensive exhibition at the Galerie de l'Elysée in 1960, and he was chosen to represent France at the Venice Biennale of 1962, together with such painters as Alfred Manessier and Serge Poliakoff, as well as younger artists such as Guitet, Marfaing, and Messagier. But while the Grand Prix for Painting went to Manessier, the prize for Sculpture was easily awarded to Giacometti. Indeed, the considerable collection of Chauvin's sculptures and drawings that Jacques Lassaigne assembled at Venice seemed to reflect a desire to remedy his country's unjust neglect of one of its great sculptors more than it marked the beginning of international recognition, a recognition that was not to come.

Despite the monograph that Christian Zervos dedicated to him in 1961, Chauvin remained in fact an obscure figure until his belated rediscovery in the 1970s, when he had tenaient activement. Ceux-ci contribuèrent à la confection d'un véritable mythe autour de sa personne, qu'alimentait son goût pour l'ombre et le secret. Mais là n'est peut-être pas l'essentiel, qui réside bien plutôt dans le développement d'une œuvre mûrie au fil du temps et devenant, année après année, plus personnelle et plus audacieuse.

Un artiste à la conquête de lui-même

Faute de sources écrites, de souvenirs ou de témoignages éclairant le cheminement de l'artiste dans la découverte de son art, nous connaissons mal les débuts de Chauvin. Un *Autoportrait* (rabat de couverture) révèle le visage du jeune artiste au moment de son arrivée à Paris, en 1908. La barbe, les cheveux longs et la pipe sont des indices du style « bohème » qu'affectionne alors le jeune provincial, dans l'intention, sans doute, de s'intégrer au monde des futurs artistes parisiens. Quelles ont pu être, en ce temps, ses difficultés matérielles et morales, ses espoirs ou ses déconvenues ? Nous n'en savons rien, tout comme nous ignorons ses réactions face à l'enseignement des maîtres de l'Ecole des Beaux-Arts. Le témoignage d'Ossip Zadkine qui arrivait

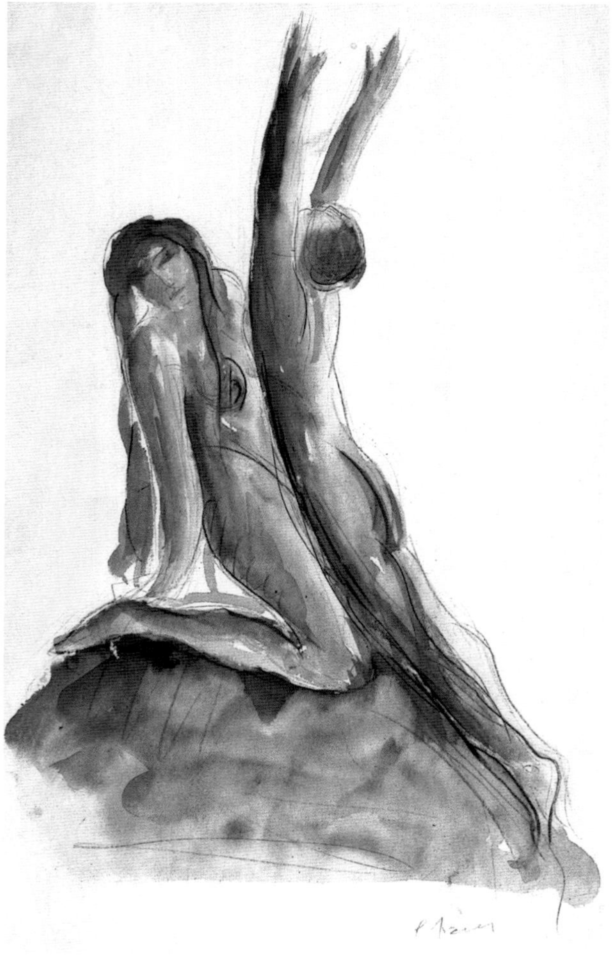

two special showings in Paris, one at the Galerie Villand-Galanis in 1971 and the other at the Enseigne du Cerceau in 1974. Jean Chauvin passed away at the age of eighty-seven on May 15, 1976, having donated almost all his maquettes to the Musée National d'Art Moderne.

Though the sculptor's career thus seems to have developed at some remove from society — as all commentators have emphasized — Chauvin was nevertheless discovered and rediscovered periodically, and the public had numerous opportunities to become acquainted with his sculptures. We can therefore hardly think of Chauvin as an "accursed" artist. As early as the 1920s, the sculptor had a circle of faithful friends who showed the greatest admiration for his ambitious creativity. Robert Rey, Stanislas Fumet, or Jacques Lassaigne, for example, won State purchases for him and wrote significant essays about his work; these pieces make clear the high esteem in which they held his art and the trust which they could offer its creator. Chauvin was a well-organized solitary man. He lived wrapped up in an artistic endeavor that did not lend itself to a very quick or sudden exposure, but he knew how to surround himself with a web of admirers who gave him their active support. These people helped weave a veritable myth around his life, which meshed with his taste for the shadowy and the shrouded. But that is not the essential matter. What is, is the development of a body of work ripening in the course of time to become, year by year, ever more personal and audacious.

An artist in search of himself

For lack of written sources, recollections, or other accounts shedding light on Chauvin's gradual discovery of his art, our knowledge of the artist's early days is meager. An Autoportrait *(Self-Portrait) (back flap) shows the young man's face at the time he arrived in Paris, in 1908. The beard, the long hair, and the pipe are all tokens of the bohemian style that the provincial youth fondly affected, no doubt with the aim of integrating himself into the world of Paris's up-and-coming artists. What may have been his mental and material problems in that period, his hopes or disappointments? We know nothing of all that, just as we are ignorant of his reactions to the instruction that he encountered at the Ecole des Beaux-Arts. A statement by Ossip Zadkine, who had lately arrived from Russia and now found himself at roughly the same time, in 1909, in an analogous situation, casts some light on the way a student could be left confused and adrift by an instructor such as Injalbert, a sculptor barely different from Antonin Mercié in his teaching. The first studio class was one of harsh disenchantment for the newcomer, who faced a thwarting of his hopes.*

de Russie et se trouva dans une situation analogue à une date fort proche - en 1909 - jette une lueur sur le désarroi que ne manquait pas de susciter l'enseignement d'un sculpteur comme Injalbert, un maître guère différent d'Antonin Mercié. La première séance d'atelier est l'occasion d'une cruelle déception pour le nouveau venu, confronté à une situation bien décevante au regard de ses espoirs :

> «Tout ému, je suivais mon premier cours à l'Ecole des Beaux-Arts de Paris. Une belle fille nue était sur un tréteau, dans une pose peu alléchante. J'avais commencé à travailler d'après le modèle quand, vers dix heures, un grand diable me fit changer de place, sans cérémonie ni égard. Un peu plus tard, un autre déplacement me fut imposé. Je me trouvai de plus en plus près de la porte. Ces migrations furent quotidiennes : les anciens rudoyaient les nouveaux venus. [...] Dans cette petite république de l'atelier, il y avait peu intérêt à répondre à ces continuels pousse un peu ». Le professeur, moustachu, m'avait reçu en silence, comme on peut recevoir un sac de plâtre, puis m'oublia »[21].

Ecrit cinq ou six décennies plus tard, ce souvenir laisse transparaître la détresse du futur artiste face à ses camarades comme à son professeur chef d'atelier, dans un monde indifférent voire hostile où il ne trouve aucune place. Je supposerais volontiers que Chauvin connut une souffrance du même ordre, qui, sans le conduire à abandonner *illico* l'Ecole des Beaux-Arts, l'isola radicalement et durablement de ses contemporains. Dans le principe de vie que se forge alors Zadkine, on trouve peut-être une des orientations essentielles de l'existence future de Chauvin : « je voyais tout mon temps gâché. Je me sentis immobilisé, perdu, meurtri dans mes aspirations. Mais une idée mûrissait en moi : [...] se replier sur soi afin de trouver en cherchant, en travaillant selon son instinct »[22] . De fait, nous ne connaissons aucune œuvre de style « Beaux-Arts » qu'aurait réalisée Chauvin, ce qui prouve son indépendance d'esprit par rapport à l'institution.

Les quelques sculptures dont on garde trace suggèrent l'invention d'un style propre de 1906 à 1914, selon une chronologie qui demeure incertaine et floue. Un des points sûrs de cette période est la *Maternité* de 1913 (cat. 3), une femme à l'enfant aux formes stylisées taillée dans un bois soigneusement poli. L'enchevêtrement de la mère et de l'enfant, thème dans lequel se lit sans doute en filigrane la destinée de la mère de Chauvin, mère de nombreux enfants presque tous morts en bas âge, est servi par des contours galbés qui mettent en valeur une composition harmonieuse et géométrique, dénuée de tout vide. La simplification des corps en des volumes simples s'apparente au célèbre désir de Cézanne de « traiter la nature par la sphère, le cylindre, le cône », quoique l'œuvre demeure

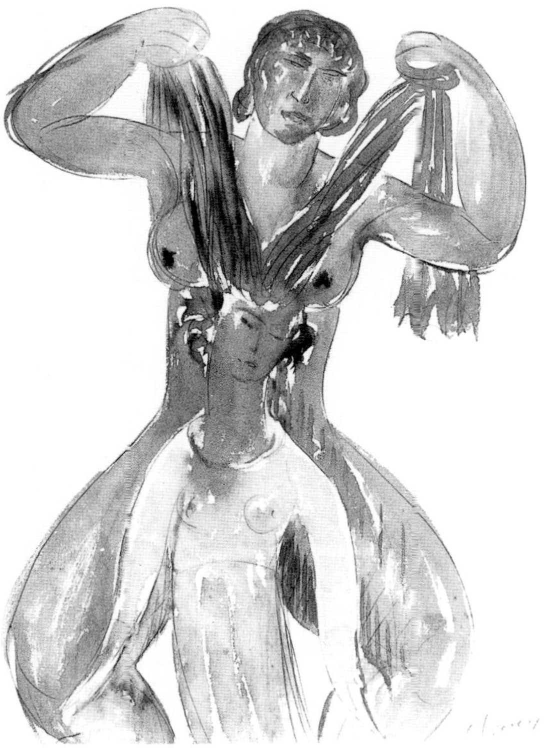

> *Overcome with emotion, I was taking my first class at the Ecole des Beaux-Arts in Paris. There was a lovely nude on a platform, in an unenticing pose. I had just begun to sketch her when, at about ten o'clock, a tall devil of a fellow told me, in no uncertain terms, that I had to move. A little later, I had to move again. I found myself getting closer and closer to the door. Such migrations were daily occurrences; the older students were rough on the new ones. [...] In this little republic of the studio, there was no point in responding to the continual calls to "make an effort." The professor, moustache and all, had received me in silence, just as if he'd been receiving a sac of plaster, and promptly forgot me.*[21]

Written down five or six decades after the fact, this memory brings to light the distress felt by the future artist in that indifferent, even hostile, studio world where neither fellow students nor the professor in charge made a place for him. I can readily suppose that Chauvin experienced the same kind of suffering, which, though it did not lead him to withdraw from the Ecole des Beaux-Arts, did isolate him, thoroughly and lastingly, from his contemporaries. In Zadkine's guiding principle for the rest of his life, we may detect one of the essential orientations of Chauvin's future existence: "I found that all my time was being wasted. I felt paralyzed, nettement éloignée de la sculpture cubiste de l'époque. Cette création dénote une telle maîtrise dans l'emploi du ciseau et la subtilité de la composition qu'on imagine mal qu'elle n'ait pas été précédée de tentatives antérieures. Ces dernières ont, pour la plupart disparu aujourd'hui. On connaît uniquement deux bois antérieurs à la *Maternité*. Le premier, un orme de faibles dimensions est appelé *Métamorphose* (cat. 1) et remonterait à 1906. L'œuvre date du temps de Rochefort, de l'époque d'avant les Ecoles d'art, et fut réalisée en cachette, dans la cave à charbon de la maison, si on doit en croire la tradition orale, par ce jeune artiste de 17 ans qui cherchait à contourner l'interdiction paternelle. Quel qu'ait alors été l'isolement de Chauvin, on est frappé, dans ce bois comme dans *La Toilette* de 1909 (cat. 2), par un caractère qui se révèle pleinement d'actualité à l'époque, le travail direct de la matière en l'absence de tout modèle préalablement modelé. Le futur artiste se révèle être un véritable artisan, comme Gauguin quelque vingt ans plus tôt, ou comme Joseph Bernard, Picasso, Derain et Brancusi au même moment[23]. Mais la rencontre avec ces artistes, pour n'être certainement pas fortuite, ne correspond à aucun embrigadement dans une quelconque école. Chauvin n'avait aucune raison ni aucun moyen de connaître en ce temps les expériences de ces autres sculpteurs et ses deux œuvres sont d'ailleurs fort différentes des recherches « primitivistes » de ces artistes. Les sujets qu'explore Chauvin sont, en outre, très personnels et ne trouvent de réelles résonances que dans son œuvre postérieure. Il s'agit de thèmes sexuels évoquant des rencontres de corps masculins et féminins, qui se retrouvent à la même époque en des dessins libres et élancés, riches en arabesques et en formes généreuses (p. 22, 23, 26, 27). Si ce monde de satyres et de bacchantes apparaît d'une manière très épurée en sculpture, il demeure très présent dans les dessins marquées d'un style démesuré et étrange qui n'a guère de répondant exact dans l'art de son temps.

On peut certainement faire remonter à une période assez proche, autour de 1915, deux visages de pierre *Portrait de jeune fille* (cat. 5), qui constituent un ensemble isolé dans la carrière de Chauvin. La nature du matériau comme le style des visages renvoient au monde de Joseph Bernard, mais les yeux de forme orientalisante dénotent un caractère différent. Sereines ou rieuses, ces figures témoignent d'une maîtrise nouvelle, celle de la taille de la pierre qui trouvera plus tard à s'exprimer dans des recherches bien différentes. On ne peut s'empêcher de penser que Chauvin apprit, en taillant ces œuvres, les secrets d'un métier comme un chanteur fait des exercices de virtuosité pour poser sa voix avant même de se lancer dans une véritable création artistique et que Joseph Bernard, qui hébergeait alors l'artiste dans son atelier avant de l'employer comme

lost, and frustrated in my aspirations. But an idea was ripening in my mind: [...] the need to withdraw into myself in order, by seeking, by laboring according to my own instincts, to create."[22] *In fact, we are unaware of any work produced by Chauvin in the Beaux-Arts style — which proves how independent of that institution his spirit was. The few sculptures that we can trace to the period suggest the invention of a style of his own in the years 1906-1914, following a chronology that is still vague and unsure. One of the pieces that can be dated with certainty is the 1913* Maternité *(Motherhood) (cat. 3), a woman and child shaped in stylized fashion, carved in carefully polished wood. The melding of mother and child — a theme no doubt suggestive of Chauvin's mother, whose many children almost all died very young — is well served by finely curved lines that bring out the harmony of a geometric composition free of any void. The representation of bodies as simple volumes brings to mind Cézanne's famous desire to "treat nature by means of sphere, cylinder, and cone," although Chauvin's work remains clearly removed from the Cubist sculpture of the period. This piece bespeaks such mastery in the use of the chisel and such subtlety of composition that it is hard to imagine the work without earlier attempts. These trials have largely disappeared by now. We are aware of only two pieces predating* Maternité. *The first, a small-scale elm, is called* Métamorphose *(Metamorphosis) (cat. 1) and apparently dates from 1906, when Chauvin was still living in Rochefort. It was the period before art school, and the work was executed in hiding, in the coal cellar of the house — if we are to credit an oral tradition — by the seventeen-year-old artist seeking a way around his father's prohibition. Whatever Chauvin's isolation at that stage, we are struck, in this instance as in that of the* Toilette *(Toilette) of 1909 (cat. 2), by an approach that turns out to be wholly in step with the times, that is, direct contact with the material, without reference to any preliminary model. The future artist was already showing himself to be a true craftsman, like Gauguin some twenty years before or like Joseph Bernard, Picasso, Derain, or Brancusi at the same time.*[23] *But his convergence with these artists, though certainly not fortuitous, was unrelated to any indoctrination in one or another school. Chauvin had no reason and no way to become acquainted with the contemporaneous experimentation of these other sculptors, and his two works are, moreover, quite different from their "primitivist" pursuits. The subjects that Chauvin explored were, in addition, very personal and had no real echoes until later on, in his own work. These were sexual explorations suggestive of various joinings of male and female bodies, and they appeared as well, at the same period, in free-form, gracile drawings full of arabesques and curvaceous figures (p. 22, 23, 26, 27). This world of satyrs and* praticien, ne fut pas étranger à cette initiation au travail de la pierre. Si ces œuvres datent bien de la guerre – 1915 est une approximation fort plausible – elles révèlent combien Chauvin demeurait à cette époque à la recherche de son style propre. Datant d'une époque proche, l'*Essor* de 1915 (cat. 7) présente en effet des traits bien différents. Premier d'une série d'œuvres abstraites, ce plâtre suggère un mouvement concret sans être figuratif, il évoque et suggère plus qu'il ne représente, il constitue la marque d'un nouveau langage des formes qui se tient aux lisères de la figuration et de l'abstraction.

Un art entre figuration et abstraction

De 1915 à la fin de ses jours, si l'œuvre de Chauvin possède une unité esthétique forte, un style clairement identifiable et reconnaissable, elle n'en comporte pas moins des différences internes profondes dans son rapport à la représentation. Quelques sculptures demeurent dans un rapport figuratif strict, même s'il est libre et fort éloigné de l'ambition mimétique qui nourrit le projet des artistes de l'Antiquité et fut repris à la Renaissance, tandis que d'autres plus nombreuses, et à nos yeux plus importantes, sont l'exploration d'une relation nouvelle au réel qui ressortit de l'art abstrait. Entre les deux se placent quelques sculptures dont la forme abstraite n'empêche pas un mode d'évocation et suggestion qui les relie étroitement à l'apparence sensible du monde

Les sculptures figuratives de Chauvin ne sont en réalité guère nombreuses. Si on reconnaît dans la *Sirène* (cat. 49) le ruissellement d'une chevelure et des formes de femme qui se mêlent à celles d'un animal marin, on serait bien en peine de justifier par un rapport strict au référent tel ou tel détail précis de la sculpture.

L'Oiseau d'or (cat. 62) se lit en revanche aisément. Le titre renvoie clairement à la matière, ce bronze doré dont l'effet lumineux souligne les articulations de la composition et permet d'interpréter la partie inférieure de la sculpture comme le corps de l'animal d'où s'échappe un cou, qui ne porte aucune tête. L'oiseau est visible, dans sa forme d'ensemble dénuée d'une réalité anecdotique trop précise. On songe, évidemment, à la figuration libre telle que Brancusi la pratiqua avec l'*Oiseau dans l'espace*, le *Coq* ou la *Tortue*. Ce n'est pas pour autant d'influence qu'il s'agit mais bien plutôt de rapport analogue au monde visible, point de départ de la création. Chauvin purifie et simplifie l'apparence du référent comme il le fait dans le *Cygne* (cat. 139) dont l'allongement ascendant évoque la silhouette gracile de l'animal ou dans *L'Oiseau blanc* (cat. 162), boule couronnée par les deux ailes de l'animal en plein vol. D'une manière analogue, dans le bois appelé

bacchantes is depicted with high refinement in sculpted work; in the drawings, its strong presence is marked by a bizarre and immoderate style with no match in the art of the time.

We can with certainty date to roughly the same period, around 1915, two faces in stone Portrait de jeune fille *(cat. 5) which constitute a group distinct from all else in Chauvin's career. The nature of the material, like the style of the faces, recalls the world of Joseph Bernard, but the eyes express a different, rather orientalizing manner. Serene or cheerful, these pieces give evidence of a new kind of mastery — a mastery of stone carving, to which Chauvin was to return later on but with quite different aims in mind. It is hard not to think that it was his work on the two faces that taught him the principles of his sculptural craft, just as vocal exercises are used to train the voice before a singer can undertake an actual performance; Joseph Bernard, who at that time housed Chauvin in his studio and then took him on as his assistant, was surely no stranger to this initiation into working with stone. If the two faces do date from the war, 1915 being a quite plausible approximation, they reveal how much Chauvin was still, at that stage, in quest of a style truly his own. Coming from about the same time, the* Essor *(Flight) of 1915 (cat. 7) shows markedly different features. The first in a series of abstract creations, this work in plaster suggests physical movement without being figurative; it is more evocative and suggestive than representational; it bears the stamp of a new formal language located at the border between figuration and abstraction.*

An art between figuration and abstraction

From 1915 to the end of his life, Chauvin's work shows a strong esthetic unity, a style that is clearly identifiable and recognizable; it is no less true, however, that it includes profound internal differences in its relation to representation. Some sculptures remain strictly figurative, even though the relation is free and quite remote from the mimetic ambitions harbored by the artists of Antiquity and, later, by those of the Renaissance; other sculptures, more numerous and, in our view, more significant, bespeak the exploration of a new kind of rapport with the real, a rapport stemming from abstract art. Between the two groups are a few sculptures whose abstract form does not preclude a type of evocativeness and suggestiveness that binds them tightly to the physical reality of the world.

Chauvin's representational sculptures are, in truth, not very numerous. While we readily discern in the Sirène *(Siren) (cat. 49) a woman's flowing tresses and shapely curves merging with the contours of a marine animal, we would be hard put to justify any particular detail in terms of a one-*

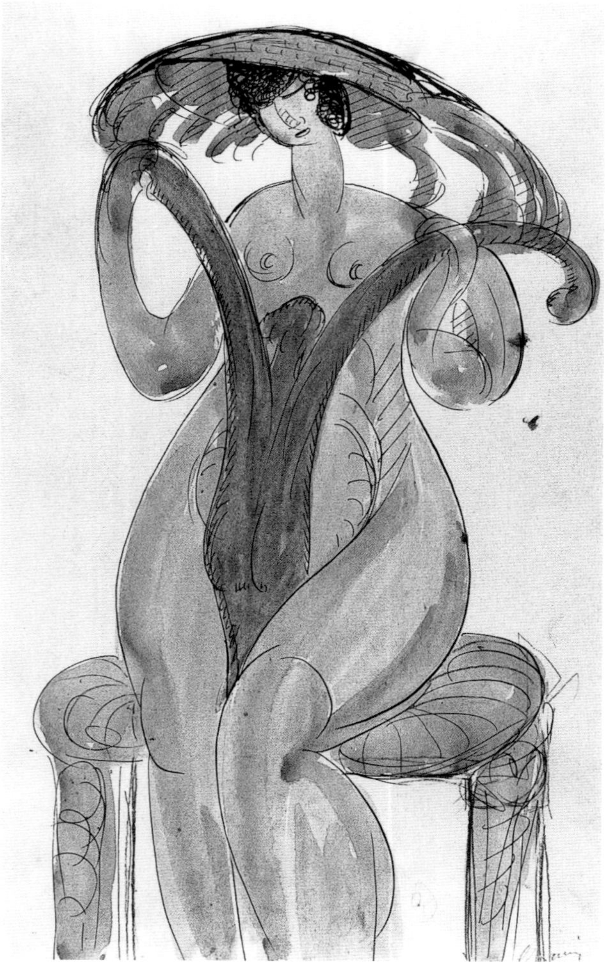

Enfant (cat. 76), le triangle inférieur renvoie à deux jambes qui marchent tandis que le tronc est suggéré par les modulations du plan et la masse d'ensemble du cylindre supérieur. L'élaboration de la réalité représentée à travers la matière empêche, ici, la présence de détails précis, comme les pieds, les bras, la tête mais ce corps en fragment est bien celui d'un enfant figé en plein mouvement, thème voisin de l'*Homme qui marche* dont on sait l'importance dans la sculpture contemporaine, de Rodin à Giacometti en passant par Umberto Boccioni.
La figuration se révèle parfois encore plus aisément lisible. Le *Serpent à deux têtes* (cat. 80) est l'exploitation dans le bronze de la forme du reptile avec un jeu très maîtrisé sur la spirale et sur le point d'équilibre ; l'énigmatique *Sein à la voile* (cat. 88) représente l'improbable rencontre d'un élément du corps féminin et d'une partie d'un bateau sous la forme de l'opposition entre une boule pleine et un plan vertical dont les modulations subtiles évoquent un tissu gonflé par le vent ; dans le traitement du modelé de ses deux parties, la sculpture suggère une plénitude sensuelle qui unifie les deux formes par une sorte de « métaphore plastique » où elles se renvoient l'une à l'autre réciproquement. *Eve* (cat. 127) est une silhouette de femme dont la

to-one correspondence between sculpture and referent. The Oiseau d'or *(Golden Bird) (cat. 62), on the other hand, allows an easy reading. The title clearly refers to the material — a golden bronze whose luminosity brings out the articulations of the composition — and lets us interpret the lower part of the sculpture as an avian body from which emerges a headless neck. We understand the overall form of the bird even though it is stripped of any very specific anecdotal reality. This obviously brings to mind the sort of free figuration achieved by Brancusi in his* Oiseau dans l'espace *(Bird in Space),* Coq *(Rooster), or* Tortue *(Tortoise). Such a statement is not a claim of influence but rather our recognition of an analogous relation to the visible world, which is the point of departure for artistic creation. Chauvin refines and simplifies the appearance of the referent, as in the* Cygne *(Swan) (cat. 139), whose elongated upward thrust evokes the animal's gracile silhouette, or in* L'oiseau blanc *(The White Bird) (cat. 162), which is a ball surmounted by the two wings of a bird in flight. Likewise, in the wood sculpture called* Enfant *(Child) (cat. 76), the lower triangle recalls two legs walking, while the torso is suggested by the modulated planes and general mass of the upper cylinder. The treatment of reality represented through this material precludes the showing of precise details such as feet or arms or head, but the partial body is clearly that of a child frozen in motion; it is just about the theme of the* Homme qui marche *(Man Walking), whose great importance in contemporary sculpture, from Rodin to Giacometti by way of Umberto Boccioni, is widely acknowledged.*
Figuration is sometimes even easier to discern. The Serpent à deux têtes *(Two-Headed Serpent) (cat. 80) reveals a reptile shaped with beautiful control, in bronze, out of a spiral and a point of equilibrium. In the enigmatic* Sein à la voile *(Breast Under Sail) (cat. 88), the improbable encounter of a woman's breast and a part of a boat is represented by means of a full sphere contrasting with a vertical plane whose subtle modulations are evocative of a wind-filled sail; in the way in which the two parts are modeled, the work suggests a sensual plenitude unifying the two shapes through a sort of "sculptural metaphor" of cross-reference.* Eve *(Eve) (cat. 127) is a female silhouette whose rounded belly evokes motherhood; it symbolizes the mythic mother of all living persons.*
Figuration may also be simply allusive, to the point of being suggestive more than strictly representational. Thus, the La Barque fatiguée *(Tired Little Boat) seems to have arisen from a piece of wood in which the sculptor recognized a curve similar to the shape of a small boat.* Le soleil se lève *(The Sun Is Rising) (cat. 69) is a large ebony disk standing on a stark base which underscores its flatness and its radiance. All these examples reveal both an interest in real-*

rondeur du ventre évoque la maternité, et symbolise la mère mythique de tous les vivants. La figuration peut aussi être simplement allusive, au point d'être plus suggestive que strictement représentative : *La Barque fatiguée* (cat. 113) semble née d'un morceau de bois dans lequel le sculpteur a reconnu une courbe proche de la forme d'une embarcation. *Le soleil se lève* (cat. 69) est un grand disque d'ébène supporté par un socle géométrique mettant en valeur sa planéité et son rayonnement. Tous ces exemples révèlent un intérêt pour la réalité qui est capital dans l'œuvre de Chauvin et surtout l'invention d'un langage figuratif libre qui mérite d'être considéré comme une langue à part entière, à côté de celle d'un Brancusi ou d'un Gonzalez. La sculpture moderne explore un mode particulier de figuration qu'on peut éclairer en songeant au signe linguistique tel que le comprenait le linguiste Ferdinand de Saussure. Le signe est constitué d'un couple Signifiant/Signifié dont le rapport entre les deux faces est arbitraire. D'une manière analogue quoique différente, car le visuel ne saurait s'analyser simplement comme du discours, le rapport Forme/Référent dans une sculpture moderne est, si ce n'est totalement arbitraire, du moins non naturel et pour partie immotivé. C'est une des découvertes essentielles qu'exploite la sculpture de Chauvin ; le rapport de figuration n'est jamais simplement naturel mais il est inventé librement par chaque artiste.

Cette nouveauté dans la création figurative ne doit pas faire oublier que le plus grand nombre de sculptures de Chauvin est clairement non figuratif et abstrait, même si Michel Seuphor, le père fondateur des études sur la question, n'accorde aucune place au sculpteur dans ses divers ouvrages consacrés à l'invention, à la diffusion ou à la consécration de l'art abstrait[24]. Cette étonnante et regrettable absence tient peut-être au fait que nul ne fut moins théorique que Chauvin. Le sculpteur ne justifia son invention formelle par aucun manifeste, aucune prise de position écrite ou orale. Il ne se laissa enrôler dans aucun mouvement et demeure difficile à classer à l'intérieur des différents courants de l'art abstrait, qui reposent généralement sur des choix intellectuels recoupant malaisément sa trajectoire.

D'*Illusion* (cat. 10) et *Fleur d'eau* (cat. 12) des années 1920 au *Le Tombeau d'Eve* (cat. 42) ou à *L'Aurore* (cat. 58), des formes beaucoup moins concentrées et plus « baroques » a-t-on dit que *Nuit blanche* (cat. 77) ou *Valse* (cat. 128) et *Rêverie au bord de la mer* (cat. 131) c'est tout un monde sans référence figurative qu'invente Chauvin. Il n'est pas sûr que dans ce cas les titres doivent clairement orienter le regard du spectateur et permettre une réelle lecture. *La Puce* (cat. 140) ne correspond guère à sa réalité vivante dans le règne animal. Pour simples et référentiels qu'ils soient, des titres, comme *Barbara* (cat. 145) ou *Naja* (cat. 81), ont plus à mon sens une valeur de désignation d'une sculp-

ity that is all-important in Chauvin's work and, especially, his invention of a free figurative idiom that merits being considered a language of its own, alongside the distinctive language of a Brancusi or a Gonzalez. Modern sculpture explores a particular mode of figuration that may be grasped through recourse to the linguistic "sign" as the notion was understood by the linguist Ferdinand de Saussure. The sign is made up of two parts, the "signifier" and the "signified," whose relation to each other is arbitrary. In an analogous, albeit different, way — since the visual can never simply be analyzed as if it were speech — the relation of "form" to "referent" in modern sculpture is, if not totally arbitrary, at least not a natural one and, in part, not motivated. This is one of the essential discoveries that Chauvin exploits in his sculpture; the relation at play in figuration is never simply natural but, rather, freely invented by the individual artist.

This new element in figurative creation should not obscure the fact that the majority of Chauvin's sculptures are clearly abstract, non-figurative — even if Michel Seuphor, the founding father of studies in this area, grants no place to

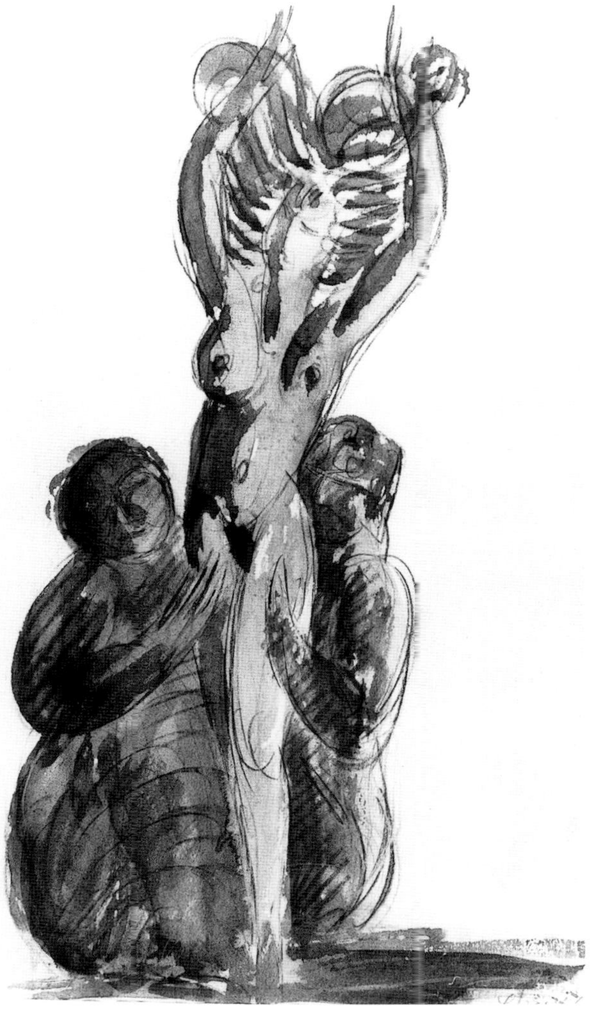

ture précise au sein d'un ensemble que le rôle de trait d'union entre une forme précise et le monde.
Les sculptures abstraites de Chauvin peuvent être des représentations de l'irreprésentable, des « vertiges fixés » en quelque sorte. Comment donner une forme sculpturale à l'aurore, au vent qui se lève, à la danse au crépuscule ou à la nuit blanche ? Des appellations de ce genre renvoient à des éléments sensibles qui se prêteraient déjà malaisément à la figuration bidimensionnelle mais sont encore bien moins figurables dans la troisième dimension. Les sculptures correspondant à ces thèmes (cat. 57, 69, 44, 76) nient les limites reconnues de leur art. Grâce à l'abstraction que Chauvin pratique, la sculpture conquiert des champs jusqu'alors réservés à la peinture, ce qui est une des avancées décisives de la sculpture dans notre siècle. On songe, de manière analogue, au paysage que Dubuffet ou Etienne-Martin ont fait entrer dans l'art de la sculpture[25] ; Lorsque Chauvin sculpte *Port des barques* (cat. 142) le titre indique bien plus que son lieu de création ou un souvenir sentimental. Le bois, dans sa forme allongée, dans la douceur de sa courbe, dans sa couleur même est une évocation de ce lieu, par métaphore et métonymie tout à la fois. Le genre du paysage, jusque là réservé à la peinture, conquiert maintenant la sculpture.
D'autres sculptures abstraites évoquent des concepts qui se prêtent eux aussi malaisément à la figuration et qu'on aurait autrefois représentés sous le mode de l'allégorie. Tel est le cas de *Guerre* (cat. 59), d'*Illusion* (cat. 10), de *Printemps* (cat. 129) ou de *Recueillement* (cat. 137). Comment suggérer ces thèmes dans un langage non figuratif et en l'absence de conventions définies ? Faisant la synthèse de traditions antérieures, Cesare Ripa établissait au XVIe siècle un code pouvant être commun au peintre et au spectateur qui permettait de donner une forme sensible à des idées comme la liberté, la charité ou l'espérance. Ainsi rendait-il valide et efficace le discours de l'image, ce qui est précisément le titre même de son ouvrage *Icono-logia* (*discours de l'image*). En l'absence d'un tel système de correspondance, le rapport entre la forme et le sens n'est plus régi par une stricte loi d'équivalence mais repose sur l'arbitraire de l'artiste ou sur la croyance en un principe naturel d'équivalence entre les images et le discours. L'abandon de la représentation ajoute une complexité supplémentaire à cette difficulté première, puisque l'œuvre d'art suscite l'inventivité du spectateur qui rend la communication d'autant plus malaisée. On comprend, dans cette logique, qu'il soit impossible de donner un titre aux sculptures de Chauvin pour lesquelles nous ignorons la désignation choisie par l'artiste. Il est tout aussi impossible de se faire une idée de l'apparence de ses œuvres lorsqu'on ne connaît que leur titre, comme c'est le cas lors de la Biennale de Venise de 1961 dont le catalogue mentionne

Chauvin in his divers writings on the invention, spread, and consecration of abstract art.[24] *This astonishing and regrettable absence is perhaps due to the fact that no one was ever less theory-minded than Chauvin. He never sought to justify his formal inventiveness in any manifesto, any oral or written statement. He resisted enrollment in any movement, and remains hard to classify within the world of abstract art, whose various currents generally flow from intellectual choices that had little to do with the direction taken by his career.*
From the Illusion *(Illusion) (cat. 10) and* Fleur d'eau *(Water Flower) (cat. 12) of the 1920s to the* Le Tombeau d'Eve *(Eve's Tomb) (cat. 42) or* L'Aurore *(Daybreak) (cat. 58), forms far less concentrated and more "baroque," as has been said, than* Nuit blanche *(Sleepless Night) (cat. 77) or* Valse *(Waltz) (cat. 128) and* Rêverie au bord de la mer *(Reverie by the Sea) (cat. 131), Chauvin invented a whole world with no reference to the material universe. It is not clear that in this case his titles are meant to offer the viewer a reliable guide and thus permit an objective reading of the works.* La Puce *(The Flea) (cat. 140) hardly corresponds to a living reality in the animal kingdom. However simple and referential they may be, titles such as* Barbara *(Barbara) (cat. 145) or* Naja *(Cobra) (cat. 81) serve more, to my mind, as a way of identifying a given sculpture within a set of pieces than as a way of linking a given form to the real world.*
Chauvin's abstract sculptures may be representations of the non-representable — "fixed falls," as it were. How does one give sculptural body to daybreak, to a rising wind, to a dance at twilight, or to a sleepless night? Such appellations refer to perceptible phenomena that are hard enough to represent in two dimensions, let alone in three. Sculptures corresponding to such subjects (cat.57,69,44,76) deny the acknowledged limits of their art. The sort of abstraction crafted by Chauvin allowed sculpture entry into a territory thitherto reserved to painting — surely one of the decisive advances of sculpture in our century. It brings to mind, likewise, how Dubuffet or Etienne-Martin introduced the landscape into the art of sculpture.[25] *When Chauvin named* Port des barques *(Port des barques) (cat. 142) he was alluding to much more than the place where the work was created or than some sentimental memory. The wood, in its elongated form, in the softness of its curve, in its very color, was a veritable evocation of the place, through both metaphor and metonymy. The genre of the landscape, until then the preserve of painting, now opened itself to sculpture.*
Other abstract sculptures evoke concepts that, similarly, do not lend themselves to figuration and would in an earlier age have been represented allegorically. Such is the case of Guerre *(War) (cat. 59),* Illusion *(Illusion) (cat. 10),* Printemps *(Spring) (cat. 129), or* Recueillement

quelques titres inconnus, qui correspondent certainement à des sculptures identifiées par ailleurs sous un autre titre.
De rares sculptures de Chauvin, enfin, sont abstraites dans la mesure où elles ressortissent à l'art décoratif, dont la logique formelle ne s'ordonne à aucun effet de sens. La *Fontaine* de 1926 (cat. 15) peut être ainsi comparée aux vasques du *Normandie* ou aux réalisations de l'exposition de 1937. Il s'agit, dans ces rares occasions, de cacher un éclairage, de créer le cœur d'une fontaine ou de réaliser un *Signal* dont la dimension colossale (11 m de haut) et la forme verticale frappent l'œil du spectateur et désignent le lieu comme doué d'une importance particulière. Aucune de ces sculptures ne s'ordonne à une signification intellectuelle en dehors de leur forme même. De fait la *Sculpture-signal* est désignée, dans le formulaire de la commande passée à Chauvin, comme « un motif décoratif à destination du pavillon de la Société des Artistes Décorateurs »[26]. Loin d'être motivées par une nécessité intérieure un désir personnel d'expression ou de création formelle, ces sculptures sont d'ailleurs, hormis la *Fontaine*, la réponse à des commandes qui en justifient l'existence. L'abstraction décorative que pratique Chauvin s'ordonne au bon plaisir du commanditaire et s'explique dans une logique de création architecturale : la sculpture est un contrepoint, un signal ou un élément d'éclairage.

Entre la figuration libre et la pure abstraction, il existe un lieu intermédiaire ou incertain, difficile à nommer mais dont Chauvin trace les limites. L'*Essor* (cat. 7) est ainsi une composition dynamique répondant au thème traité, même si la sculpture ne renvoie, par référence figurative, à aucun objet naturel. C'est l'idée de développement et de mouvement contenue dans le concept *Essor* qui est figuré, non un objet en plein essor qui est représenté. La dimension simplement référentielle de l'image s'efface dans la mesure où la représentation d'un objet sensible disparaît. On peut parler à juste titre de l'abandon de la *mimesis,* ce projet d'imitation du réel inauguré par l'art antique, revivifié par la Renaissance et qui fut le principe de la création artistique durant des siècles. Mais, plus encore, c'est l'ambition figurative même dans sa liberté nouvellement conquise qu'abandonne Chauvin, quelqu'allusive et libre qu'elle soit parfois au XXe siècle, de Brancusi à Etienne Hajdu par exemple ou de Braque à Nicolas de Staël.

La sculpture de Chauvin, aussi raffinée et parfaite qu'elle soit, n'est pas un jeu gratuit de formes clos sur lui-même. Elle renvoie à quelque chose qui dépasse le simple visuel et qui s'apparente à une idée, à un concept voire à un sentiment. La grande majorité des sculptures de Chauvin, sans être décoratives ni dépendantes d'un commanditaire, abandonnent la figuration stricte sans pour autant renoncer complètement à l'Univers. Stanislas Fumet résume cette ambition paradoxale qui s'est manifestée dès la période

(Contemplation) (cat. 137). How is one to suggest these subjects in a non-figurative idiom and in the absence of clear conventions? Synthesizing earlier traditions, Cesare Ripa, in the sixteenth century, established a code for both painters and spectators that made it possible to give a meaningful material appearance to such ideas as liberty, charity, or hope. He thus made the image a valid and efficacious medium of discourse; indeed, the very title of his code is Icono-logia, *"image speech." In the absence of such a system of correspondences, the relation between form and meaning is no longer governed by a strict law of equivalence, but rests on the individual artist's arbitrary decision or on the belief in a natural principle of equivalence between images and discourse. The abandonment of representation adds further complexity to this basic problem, since the work of art gives rise to the viewer's own inventiveness, and this makes communication all the more difficult. This being the case, it is, understandably, impossible to attach titles to those sculptures that Chauvin, for all we know, left unnamed. It is also impossible to imagine the appearance of works that we know only by name, as when the 1961 Venice Biennale catalogue mentions a few unknown titles which no doubt designate sculptures identified elsewhere under other names.*

There are, finally, some rare sculptures by Chauvin that are abstract insofar as they belong to decorative art, where form is not determined by meaning. The Fontaine *(Fountain) of 1926 (cat. 15) can thus be compared to the fountain basins in Normandy or to the works produced for the 1937 Fair in Paris. On these rare occasions, the point is to hide a lighting arrangement , to produce the core of a fountain or to work out a signal whose colossal size and verticality — eleven meters in height — strike the eye of the onlooker and mark the place as one of especial importance. None of these sculptures is governed by an intellectual concept outside its particular, function-guided, form. Indeed, the* Sculpture-signal *is labeled, in the language of the commission that Chauvin received, "a decorative motif for the pavilion of the Society for the Decorative Arts."*[26] *Far from being motivated by some inner necessity, an urge to express oneself, or a desire for formal creation, these sculptures are, furthermore — aside from* Fontaine *— a response to commissions, and commissions justify their existence. In producing this sort of decorative abstraction, Chauvin was carrying out the will of his sponsor; the result is to be understood within a context of architectural creation: it is sculpture as counterpoint, as signal, as part of the lighting.*

Between free-form representation and pure abstraction, there exists an intermediate, ill-defined area, hard to name, though Chauvin could set boundaries to it. Essor *(Flight) (cat. 7) is thus a dynamic composition expressive of the theme of its title, even if the sculpture does not allude,*

d'initiation dans l'atelier de Joseph Bernard et a dû s'affirmer lors de la rupture avec ce dernier.
« Chauvin travailla longtemps pour Joseph Bernard, apprenant de lui comment respirent les formes dans l'espace où elles se cristallisent quand elles ont, comme des pensées musicales, touché l'extrémité de leur perfection. Bernard savait que la main de Chauvin était juste, ainsi qu'on a l'oreille musicienne, le cœur honnête. Chauvin lisait à ses côtés dans la pierre. Il renonça, après 1914, à y lire avec Bernard des figures que celui-ci voulait reconnaissables aux yeux de tous dans un épanouissement de grâce et de joie. Chauvin est solitaire, il ne se dispersera pas, il ne se fera pas au monde humain ; il se repliera sur un souvenir des choses terrestres et voudra s'évader de ce monde par le dedans. Il sculpte les portes du domaine plastique fermées sur son évasion ; il en caresse, de ce côté-ci, les « ais de cèdre » mais il ne s'agira plus dorénavant de les ouvrir. Le spectacle est à l'intérieur. Si ce sont des amours qu'il modèle, on n'en palpe que les contours, d'étranges allusions à la chair. L'intrigue se noue à l'intérieur. Des remparts isolent le secret[27]. »
Stanislas Fumet comprend la non-figuration de Chauvin comme « une évasion du monde par le dedans », c'est-à-

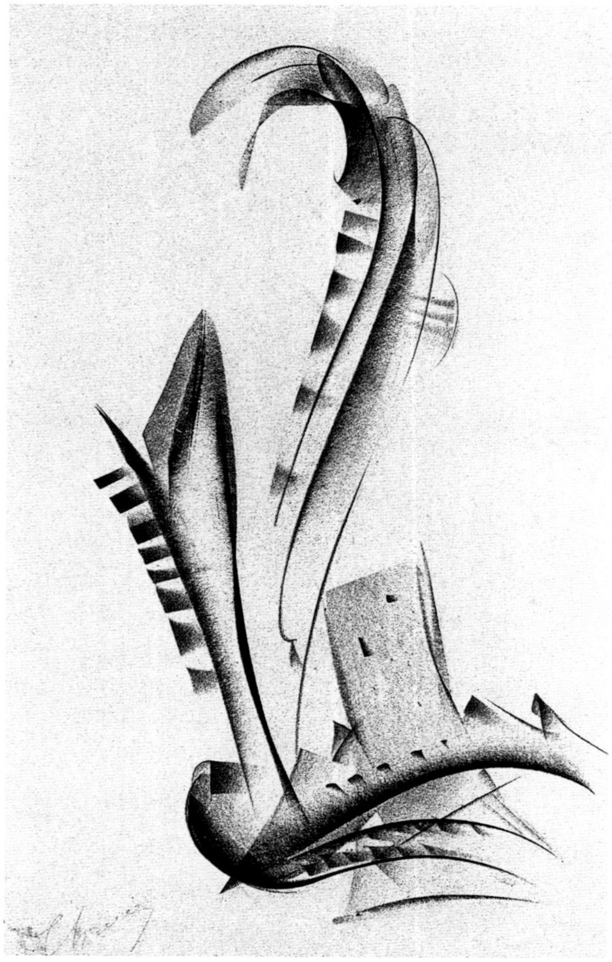

through any figurative reference, to a natural object. What the work embodies is not some soaring object, but the idea of development and movement contained in the concept of flight. The simply referential aspect of the image is effaced to the degree that the representation of a physical object disappears. We may rightly speak of the abandonment of mimesis, that endeavor to imitate the real which was inaugurated in Antiquity and revived in the Renaissance and then remained the principle of artistic creation for centuries. Still more, though, what Chauvin forsook was a figurational ambition even with its newly attained freedom and however allusive and free it sometimes became in the twentieth century, from Brancusi to Etienne Hajdu, for example, or from Braque to Nicolas de Staël.
Chauvin's sculpture, as refined and perfect as it may be, is not a self-enclosed, gratuitous play of forms. It points toward something beyond the simply visual, something akin to an idea, a concept, even a feeling. The great majority of Chauvin's pieces, while neither decorative nor defined by a commission, reject strict figuration but do not, for all that, utterly renounce the Universe. Stanislas Fumet sums up this paradoxical ambition, which first manifested itself when Chauvin started working in Joseph Bernard's studio and then must have solidified when he broke with Bernard:

> *Chauvin worked for a long time for Joseph Bernard, learning from him how forms breathe in the space where they crystallize once they have touched, like musical thoughts, the far end of their perfection. Bernard knew that Chauvin's hand was true, just as we can speak of an ear that is musical or a heart that is pure. Chauvin, at his side, could read in stone. After 1914, he gave up this shared reading of faces which Bernard wanted to be recognizable to everyone in a great flowering of grace and joy. Chauvin was a solitary type; he was not about to venture into many directions; he could not mesh with society; he was going to withdraw into a memory of earthly things and attempt to escape from this world along an internal route. He sculpted the gates of the abode of art, gates closed against his flight; he stroked the inner surface of the cedar boards, but nevermore would he consider opening them. The spectacle was all within. If he molded cupids, only their lines were there to be caressed, those strange allusions to flesh. The story unfolded within. Ramparts isolated the secret.[27]*

Stanislas Fumet interprets Chauvin's non-figuration as "an escape from the world along an internal route," in other words, a sort of break with representation that expresses the profound essence of the Universe beyond its surface appearance. Chauvin's abstraction is essentialist and metaphysical, an initiation into the Reality of the world in Neo-

dire une rupture avec la représentation qui est une manière d'exprimer l'essence profonde de l'Univers par delà son apparence superficielle. L'abstraction de Chauvin est essentialiste et métaphysique, elle est une initiation à la Réalité du monde selon une logique néoplatonicienne, mais une initiation autant close sur elle-même qu'ouverte sur l'extérieur. Cette initiation passe par une langue nouvelle que nous pouvons plus décrire de l'extérieur que réellement parler et comprendre.

Une langue nouvelle

Le langage particulier qu'invente Chauvin est un idiolecte comme diraient les linguistes c'est-à-dire une langue personnelle, fonctionnant selon les lois propres à un individu particulier, qui s'offre à la compréhension tout en s'y refusant. On trouve dans beaucoup de ses sculptures, particulièrement après 1945, des motifs formels, analogues dans le monde visuel à des mots dans l'univers linguistique. Ce sont des angles en reliefs, des cercles, des lignes brisées, des fragments d'escalier, des soleils, des yeux, des arabesques, qui ponctuent la surface de *Janus* (cat. 170), *Château sur la Lune* (cat. 169), de *Narcisse à la fontaine* (cat. 166) ou de telle sculpture *Sans titre* (cat. 123). Ces motifs s'apparentent parfois, dans *Les orgues de la nuit* (cat. 143) par exemple, à une architecture fantastique dont ils seraient les linéaments : des escaliers mènent à des terrasses, des portes s'ouvrent sur de nouveaux lieux ou restent isolées dans le vide comme les ruines d'une splendeur passée. *Le château en Espagne* (cat.134) comme *La Tour du silence* (cat.133) constituent de ce point de vue des œuvre particulièrement significatives, en raison même de leurs titres qui rappellent un aphorisme célèbre de Brancusi : « L'architecture, c'est de la sculpture ». Leurs compositions complexes renvoient à un monde vide et ménagent des espaces aussi déserts que silencieux. Les sculptures de Chauvin sont des manifestations qui à la fois évoquent un Sens, tant leur construction est précise, logique, concertée et semblent refuser de le livrer.

Dans ce jeu entre le souci expressif et la quête purement formelle, le titre guide le spectateur et peut le conduire à « lire l'histoire et la sculpture », pour paraphraser Poussin. Si *La vigie des argonautes* (cat. 124) a un côté vertical tandis que l'autre extrémité évoque, par sa rondeur, la poupe d'un navire, c'est peut-être que du haut de son poste de surveillance cette vigie - non représentée - guide la nef Argo et conduit Jason et ses compagnons dans leur périple à la poursuite de la Toison d'or. Mais une explication de cet ordre éclaire bien peu de choses : le détail des textes, particulièrement riche pour les mythes antiques, ne saurait en rien justifier la composition complexe de la sculpture ni,

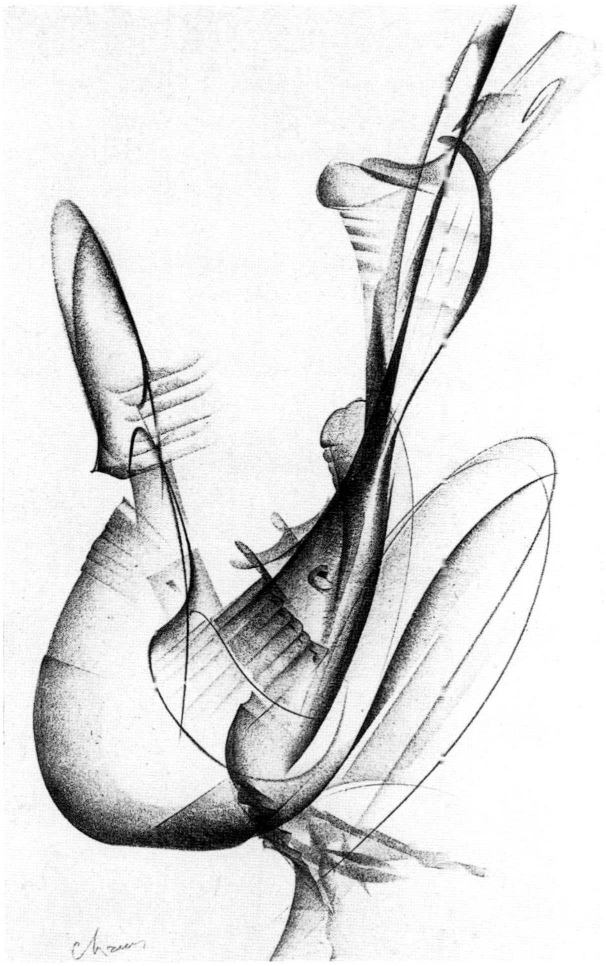

Platonic terms. but an initiation as closed upon itself as it is open to the outside. This initiation operates through a new kind of language, which we can describe from without more readily than we can really speak or understand it.

A new language

Chauvin invented a language of his own — an idiolect, as linguists would say — a personal language, functioning according to the rules natural to a particular individual, a language that both seeks and rejects understanding. In many of Chauvin's sculptures, especially after 1945, we find formal motifs that are to the visual world what words are to the linguistic. They are angles in relief, circles, broken lines, fragments of a staircase, suns, eyes, arabesques; they punctuate the surface of Janus *(Janus) (cat. 170),* Château sur la Lune *(Castle on the Moon) (cat. 169),* Narcisse à la fontaine *(Narcissus at the Fountain) (cat. 166), or a sculpture labeled* Sans titre *(Untitled) (cat. 123). Their motifs are sometimes akin — in* Les orgues de la nuit *(The Organs of the Night) (cat. 143), for example — to an architectural fantasy to which they give shape: staircases leading* surtout, la forme de tel élément ou la présence de tel détail. Les sculptures de Chauvin ne sont point narratives et ne renvoient nullement à un discours ou à un récit. *Narcisse à la fontaine* (cat. 166) est une composition complexe d'éléments étranges que la référence au mythe antique n'éclaircit guère. N'allons pas, cependant, croire en une pure gratuité des titres, qui seraient des appellations de stricte fantaisie. Le titre met souvent en valeur un aspect de l'œuvre, notamment du point de vue de sa composition. L'*Envol d'Icare* (cat. 165) évoque un mouvement ascensionnel et la plénitude sensuelle des plans convexes du bois suggère des ailes d'oiseaux gonflées par le vent. On ne peut rendre justice à la composition du *Narcisse* en bronze poli de 1930 (cat. 63) sans interpréter le lien entre les deux courbes qui se répondent comme le reflet de Narcisse qui réplique à son regard.

En dehors de ces sculptures qui se prêtent à une lecture figurative, le lien entre la forme abstraite de l'œuvre et son titre demeure le plus souvent arbitraire aux yeux du spectateur qui ne peut en saisir qu'intuitivement et subjectivement la stricte nécessité. Tel bronze (cat. 130) se nomme, selon les moments, *En route*, *Espoir* ou *Torse*, tel bois (cat. 68) est désigné sous les noms de *Feu sacré* ou d'*Amazone*, telles œuvres aussi demeurent à jamais veuves de tout titre tandis que les titres de certaines sculptures exposées à Venise en 1962 demeurent pour nous de simples mots qui n'évoquent rien. Le cas des projets est à cet égard révélateur. Le plus grand nombre ne se réfère que de loin à des sculptures précises et l'on ne peut donc leur donner de titre ni leur attribuer un sens. Certains semblent indiquer une forme d'ensemble, les caractères essentiels d'une masse ou les éléments principaux d'une composition ; d'autres paraissent beaucoup plus élaborés. Ces « architectures fantastiques » sont une ouverture vers l'Imaginaire dont Jacques Lassaigne mesurait l'importance dès 1957 :

« Sur un support fixe,des constructions s'étagent et se développent en rythmes symétriques qui bientôt se chevauchent et s'emmêlent, des escaliers aux révolutions compliquées s'élèvent à l'assaut du ciel, des proliférations nécessaires s'accrochent au flanc du roc. Pour bâtir ce château de l'idéal, Chauvin est obligé de recourir au plâtre plus docile à sa volonté ; il lui donne une étincelante pureté, l'ennoblissant de sa pensée et réussissant à exprimer dans le dépouillement les trésors de l'imaginaire »[28]

Cet imaginaire auquel une langue analogue à la poésie donne accès n'appartient pas au domaine logique ou verbalisable. Une œuvre comme *Narcisse* (cat. 65) ou *Chrysalide* (cat. 18) ne saurait être comprise comme un rébus, un jeu compliqué de formes qu'on pourrait traduire en texte. Si Chauvin invente un langage particulier c'est qu'il a l'ambition de communiquer quelque chose que les langues existantes ne peuvent transmettre. Robert Rey a été

to terraces, doors opening out onto new places or standing isolated in the void like all that is left of a past splendor. Château en Espagne (The Castle in Spain) (cat. 134) and La Tour du silence (The Tower of Silence) (cat. 133) are both, from this point of view, particularly significant works by the very reason of their titles, which remind us of Brancusi's famous aphorism, "Architecture is sculpture." Their complex compositions refer to an empty world and carve out spaces as deserted as they are silent. Chauvin's sculptures are creations that evoke a Meaning — so precise, logical, and concerted is their construction — and seem at the same time to insist on withholding it.

In this match between the urge to be expressive and the concern with pure form, the title guides the viewer and can lead him to "read the story and the sculpture," to paraphrase Poussin. If La vigie des Argonautes (The Argonauts' Look-Out) (cat. 124) has one vertical side while the opposite end, in its roundness, suggests the stern of a ship, the reason is perhaps that, from the crow's-nest, the watch, who is not represented, is guiding the Argo and leading Jason and his companions in their voyage to recover the Golden Fleece. But an explanation of this sort is not very enlightening: Verbal detail, particularly rich in the case of the ancient myths, can in no way justify the complex composition of the sculpture or, especially, the form of a given element or the presence of a given detail. Chauvin's sculptures are not narrative and do not send us back to any discourse or story. Narcisse à la fontaine (Narcissus at the Fountain) (cat. 166) is a complex composition of strange elements that is hardly illuminated by reference to the ancient myth. We should not, however, believe that the titles are purely gratuitous, plucked out of pure fantasy. A title often highlights one aspect of a work, especially from the point of view of its composition. The Envol d'Icare (Icarus Taking Wing) (cat. 165) evokes upward movement, and the sensual fullness of the convex planes of the wood suggests bird wings swelled by the wind. We cannot do justice to the composition of the 1930 Narcisse in polished bronze (cat. 63) without interpreting the link between the two matching curves as the reflected image of Narcissus looking back at him.

Beyond the sculptures that lend themselves to a figurative reading, the tie between the abstract form of the work and its title remains most often arbitrary in the view of the spectator, whose grasp of its strict necessity can only be intuitive and subjective. This bronze (cat. 130) is named, variously, En route (On the Way), Espoir (Hope), or Torse (Torso); that work in wood (cat. 68) is identified as Feu sacré (Sacred Fire) or Amazone (Amazon or Horsewoman); other works remain forever stripped of any title, while the titles of certain pieces exhibited in Venice in 1962 remain mere words that say nothing to us. The case of Chauvin's un des premiers à comprendre cette ambition plastique de Chauvin qui appelle un regard de sympathie de la part du spectateur :

> « Si tout pouvait s'exprimer par des mots, il faudrait supprimer aussitôt, comme bouches inutiles, les peintres, les sculpteurs et les musiciens.
>
> Or, la plupart des sensations et des intuitions humaines sont indicibles et formulables. Et c'est là le domaine presque illimité des peintres, des sculpteurs et des musiciens.
>
> Tous, d'ailleurs, s'alignent sous une accolade que domine un seul vocable : *Poésie.*
>
> Il suffit de regarder une œuvre de Chauvin, de l'écouter avec les yeux, en quelque sorte, pour que parvienne jusqu'au plus secret de nous-mêmes un peu de cette harmonie que font les mondes en roulant par les espaces sidéraux et que Scipion entendit dans son rêve fameux »[29].

Cette poésie, on ne peut cependant la considérer simplement comme un désir d'évoquer la fleur « absente de tout bouquet ». Au-delà d'une aspiration mallarméenne, Chauvin donne corps à une mythologie personnelle plus vivante, voire charnelle, qu'on ne le croirait.

Une mythologie personnelle

L'univers de Chauvin prend forme, d'abord, dans ses dessins, notamment dans ceux d'avant 1914 où un langage figuratif dans l'esprit de Joseph Bernard transmet un sens bien étrange et particulier. On y voit des corps nus de femmes enlacés en d'étranges postures où semblent se mêler la violence et le désir, l'attirance et la répulsion. Ces créatures toutes d'arabesques paraissent aussi sensuelles qu'elles sont parfois étrangement difformes ; elles évoquent l'atmosphère de tel poème de Baudelaire qui tisse un parallèle entre la nature et la femme dont les proportions monumentales confinent à la monstruosité :

> « Du temps que la nature en sa verve puissante
> Concevait chaque jour des enfants monstrueux,
> J'eusse aimé vivre auprès d'une jeune géante,
> Comme aux pieds d'une reine un chat voluptueux.
>
> J'eusse aimé [...]
>
> Parcourir à loisir ses magnifiques formes ;
> Ramper sur le versant de ses genoux énormes,
>
> Et parfois, en été, quand les soleils malsains,
> Lasse, la font s'étendre à travers la campagne,
> Dormir nonchalamment à l'ombre de ses seins,
> Comme un hameau paisible au pied d'une
> montagne. »[30]

projects is, in this regard, revealing. Most of them refer only remotely to specific sculptures, so that we cannot give them titles or attribute a particular meaning to them. Some seem to indicate an overall shape, the essential features of a mass, or the principal elements of a composition; others appear much more developed.. These "fantastic architectures" offer an opening onto the imaginary, the importance of which Jacques Lassaigne pointed out as early as 1957:

> *On a fixed base, constructions rise in tiers and unfold in symmetrical rhythms which soon overlap and become tangled; flights of stairs push skyward in complicated turnings; proliferating matter clings to the face of the rock. In order to build this castle of the ideal, Chauvin had to resort to plaster, which was more compliant with his intention; he gave it a sparkling purity, ennobling it with his creativity and successfully expressing in utter simplicity the treasures of an imaginary realm.*[28]

This imaginary realm, to which a language analogous to poetry provides access, belongs to a world where neither logic nor words come into play. A work such as Narcisse *(Narcissus) (cat. 65) or* Chrysalide *(Chrysalis) (cat.18) cannot be understood like a rebus, a complicated game of forms that could be turned into a text. Chauvin invented a private idiom because that which he strove to communicate could not be transmitted in any existing language. Robert Rey was one of the first to comprehend Chauvin's ambition in art, an ambition that calls forth in the beholder an understanding appreciation:*

> *If everything could be expressed in words, we would have to eliminate forthwith, as so many useless mouths, our painters, sculptors, and musicians.*
>
> *But most human sensations and intuitions cannot be put into words and formulas. And that is the almost limitless realm of the painters, sculptors, and musicians.*
>
> *All of them, moreover, are bracketed together under a single heading:* Poetry.
>
> *It is enough to gaze at a work by Chauvin, to listen to it with our eyes, as it were, to find, reaching into our most secret self, a little of the harmony that worlds create as they spin through star-filled spaces, the harmony that Scipio heard in his famous dream.*[29]

Still, this poetry cannot be regarded simply as a desire to evoke the flower "absent from every bouquet." Beyond an aspiration like that of Mallarmé, Chauvin gives substance to a personal mythology more living, even more fleshly, than one would think.

A personal mythology

The universe of Chauvin first took shape in his drawings,

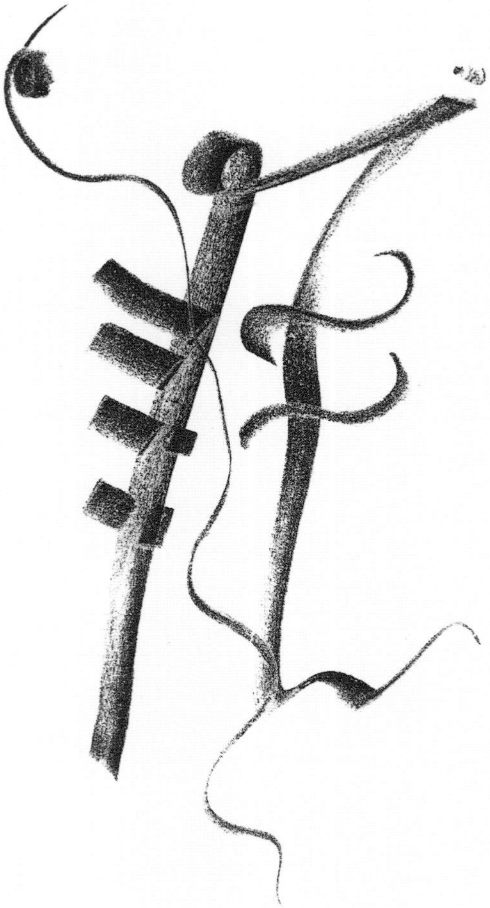

Cette femme-principe de vie, qui est simultanément la mère et l'amante, se retrouve dans *En un soir chaud d'automne* (cat. 93), citation tirée d'un autre poème de Baudelaire[31]. La rondeur de l'ensemble ainsi que l'emboîtement des formes évoquent une présence féminine au sein de laquelle on puisse se fouir ; le grain même de la pierre et son poli témoignent d'une réelle sensualité qui se retrouve notamment dans *Grenade entrouverte* (cat. 79), ou dans un ensemble de sculptures ovoïdes célébrant l'union du féminin et du masculin : *Genèse* (cat. 66), *Couple ou Amants* (cat. 100), *Couple* (cat. 99) ou *Couple étrange* (cat. 109). Dans ces sculptures se marquent à la fois la quête des formes primordiales et organiques selon une esthétique proche de Brancusi et un esprit somme toute fort différent : la simplicité et la suppression de l'accidentel chez Brancusi ne se retrouvent pas ici, où l'on voit au contraire des ruptures, des fentes, des différences, une manière, en quelque sorte, de briser l'œuf de Brancusi pour en faire naître les accidents de la vie. Un bronze de 1934, *Les Amants* (cat. 39), est exemplaire de cette violence de Chauvin : la sauvagerie qu'on sent dans la pierre malgré la maîtrise des passions favorisée par le lent travail de la matière s'exprime ici ouvertement grâce à la plasti-

notably those from before 1914, in which a figurative idiom in the spirit of Joseph Bernard conveys a quite strange and peculiar meaning. These works show nude female bodies entwined in strange positions, where violence and desire, attraction and repulsion seem to blend. These creatures, all arabesque-like, appear as sensual as they are sometimes strangely misshapen; they evoke the atmosphere of a certain Baudelaire poem that spins out a parallel between Nature and a woman whose monumental proportions skirt the monstrous:

In the time when Nature, in her potent fervor,
conceived huge children every day,
I would have loved to live beside a young giantess,
like a voluptuous cat at the feet of a queen.

I would have loved (...)

to travel up and down, at leisure, her magnificent curves,
to crawl up the slopes of her enormous knees,
and sometimes in summer, when oppressive sunshine

makes her stretch out, fatigued, across the countryside,
to sleep nonchalantly in the shade of her breast,
like a peaceful hamlet at the foot of a mountain.[30]

This equation of woman with life itself, woman who is simultaneously mother and lover, recurs in En un soir d'automne *(On a Warm Autumn Evening) (cat. 93), the title of which comes from another poem by Baudelaire.*[31] *The roundness of the whole piece, together with the way the shapes are interlocked, suggests a womanly presence within which to nestle; the very grain of the stone and its shine express a real sensuality, which re-appears in* Grenade entrouverte *(Half-Open Pomegranate) (cat. 79) or in a grouping of egg-shaped sculptures that celebrate the union of male and female:* Genèse *(Genesis) (cat. 66),* Couple ou Amants *(Lovers) (cat. 100),* Couple *(Couple) (cat. 99), and* Couple étrange *(Strange Couple) (cat. 109). These works are marked both by a quest for primordial, organic forms, in accordance with an esthetic close to Brancusi, and by a spirit that is, after all, quite different: The simplicity and the elimination of the nonessential typical of Brancusi are not to be seen here, where we find, on the contrary, breaks, splits, differences — a manner that, in a sense, cracks open Brancusi's egg to give birth to the contingent in life. Chauvin's bronze of 1934,* Les Amants *(The Lovers) (cat. 39), exemplifies such violence: The savagery that we sense in stone, despite the taming of passions effected by slow working of the material, is in this case expressed with open frankness thanks to the plasticity and rapidity of work with plaster and reveals a dynamism expressed elsewhere in a more discreet way.*

This fundamental feminine principle is more a point of

cité et à la rapidité du travail du plâtre et révèle un dynamisme qui s'exprime ailleurs de manière plus discrète.

Ce principe féminin premier est plus un point de départ qu'un élément simplement statique comme en témoignent les nombreuses références à la sexualité, à la génération selon une logique d'incessantes transformations. Dès *Maternité* (cat. 3) c'est la forme humaine, biologique qui est la source même de la création plastique, jouant sur des ressemblances et des différences entre la mère et l'enfant, des rimes plastiques et des oppositions de format et de modelé. *Naissance* (cat. 101), en bronze, est d'une composition beaucoup plus tourmentée et tumultueuse. Des éléments d'origine hétéroclite – sein, escaliers, chevelure, traits gravés – s'assemblent en un enchevêtrement dynamique, qui rappelle la brisure des amants cités plus haut.

Dans *Métamorphose* (cat. 1), *Chrysalide* (cat. 18), *Germinal* (cat. 89) ou *Eve* (cat. 127), c'est le gonflement de la pierre ou du bois qui dans sa plasticité même suggère un monde en devenir, promis à une riche fécondité. Le jeu des courbes et la splendeur des volumes qu'accentue le polissage des surfaces, se combinent à des effets de composition fondées sur l'imbrication des formes. Ce monde en germination continue, cette création permanente d'une *natura naturans* se reflète dans des sculptures « cumulatives » pourrait-on dire, où l'ensemble s'obtient par une accumulation d'éléments amassés les uns sur les autres. *Graine ardente* (cat. 158) de 1958, est un des bois où le réseau serré de veines répond à la rondeur de la masse pour évoquer le désir de germination, la plénitude à venir lorsque se brisera l'unité première de la graine pour donner naissance à la fleur. La composition dissymétrique et le bouton au cœur des lignes horizontales ne sont pas sans ajouter à l'œuvre un caractère d'instabilité qui laisse présager un avenir inconnu, malgré l'équilibre d'ensemble. La stabilité actuelle des sculptures de Chauvin ne suggère pas tant un repos éternel que le calme avant un grand bouleversement. De cette imminente éclosion, *Fleur d'eau* (cat. 12) constitue dès 1924 les prémices qui révèlent une germination ascendante des formes, dans une combinaison d'éléments abstraits et de détails naturalistes.

D'autres œuvres suggèrent un monde plus mystérieux encore, marqué par une structure de symétrie qu'on pourrait aisément rapprocher de la petite enfance du sculpteur, en particulier de l'épisode de la mort du frère jumeau. Par deux fois, en 1945 et en 1948, Chauvin invente des formes qui se dupliquent autour d'un axe de symétrie. La symétrie, a-t-on parfois remarqué, est une des caractéristiques de l'art de Chauvin. On la trouve, par exemple, dans les bois *O beata solitudo* (cat. 31) et *Puissant et solitaire* (cat. 61), ou même dès les premières sculptures abstraites des années 1920, *Illusion* (cat. 10) et *Évocation* (cat. 11). Cette structure peut se lire comme une quête de perfection, une

departure than a merely static factor, as shown by numerous references to sexuality and to procreation, in accordance with a logic of unceasing transformations. As of Maternité *(Motherhood) (cat. 3), it was the human, biological form that served as the very source of Chauvin's art, playing on resemblances and differences between mother and child, sculptural rhymes and oppositions in format and contour.* Naissance *(Birth) (cat. 101), in bronze, shows a much more anguished, agitated composition. Elements of sundry origins — a breast, staircases, a head of hair, engraved bills — are thrown together in a busy confusion reminiscent of the dissonance in the* Amants *cited above.*

In Métamorphose *(Metamorphosis) (cat. 1),* Chrysalide *(Chrysalis) (cat. 18),* Germinal *(Germinal) (cat. 89), or* Eve *(Eve) (cat. 127), it is the swelling of the stone or wood, that, in its very plasticity, suggests a world in constant evolution and destined for rich fecundity. The play of curves and the splendor of volumes, accentuated by highly polished surfaces, combine to produce compositional effects grounded in the overlapping of shapes. This continuously sprouting world, this permanent creation by* Natura naturans *— creative Nature — is reflected in sculptures we might call "cumulative," in which the final product is achieved*

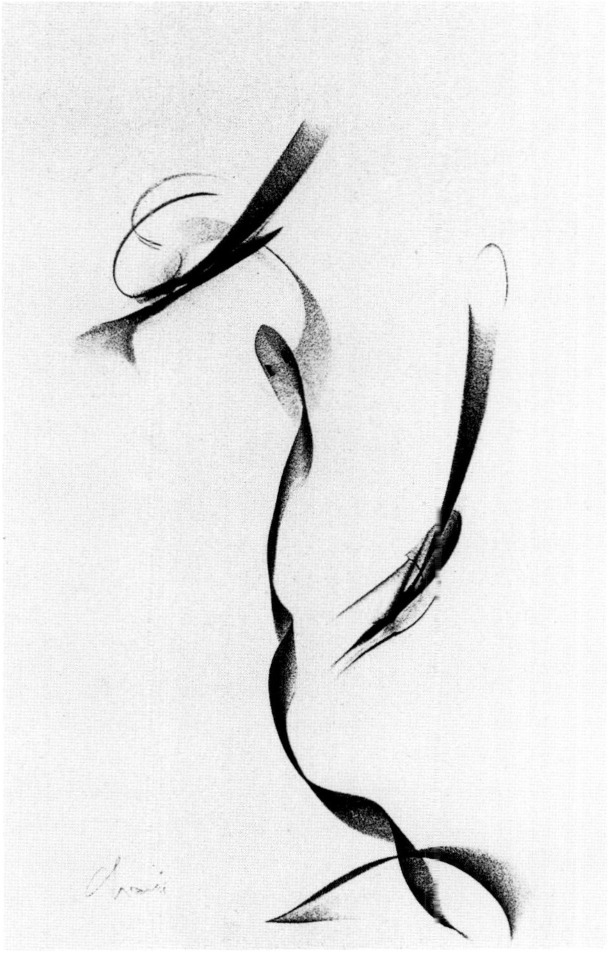

recherche d'équilibre qui s'ajoute à l'équilibre marqué dans le grain du polissage. J'y verrais plutôt, pour ma part, une obsession du double, du reflet dont on mesure l'importance quand on regarde la place accordée au thème de Narcisse, traité trois fois. Le premier *Narcisse* (cat. 63) est le bronze doré de 1939, constitué de deux anneaux qui se répondent et se rejoignent pour ne faire plus qu'un. D'une parfaite simplicité, la sculpture se démarque en même temps de tout modèle géométrique : les anneaux ne forment pas de vrais cercles, leur taille varie, rien n'est mécanique dans cette construction pourtant précise. Rien non plus ne sépare le côté Narcisse de son reflet, rien ne distingue le réel et l'image. Un an plus tard, c'est une statue de bois (cat. 65), d'une symétrie toute aussi affirmée qui reprend le même thème. Le vide et le caractère aérien du bronze sont remplacés par la plénitude et la massivité du bois qu'animent seules l'imbrication des volumes et l'opposition des lignes courbes et des verticales. En 1962, *Narcisse à la fontaine* (cat. 166) ne constitue pas une sculpture plus narrative et figurative malgré son titre qui désigne un épisode précis du mythe, la rencontre du jeune homme et son image à la fontaine. Dans le caractère énigmatique de beaucoup de ses détails, cette sculpture n'en demeure pas moins exemplaire de la dimension spéculaire de la création de Chauvin.

Cette série de thèmes constitue un véritable réseau, dans lequel dominent les formes de l'engendrement. Cet univers thématique est propre à l'artiste qui emprunte parfois des thèmes à la mythologie antique - Narcisse, Dédale, Vénus - mais les transforme en des éléments de vocabulaire de sa création personnelle.

Robert Rey a été parmi les premiers à pressentir, lors de l'exposition de 1928, la dimension métaphysique d'une telle organisation thématique :

«Il s'agit d'un érotisme symbolique et religieux, comme aux premiers âges de l'humanité. Le résultat, ce sont de belles formes, d'un ésotérisme attirant et d'une grande harmonie de contours »[32].

Dans la préface du catalogue de l'exposition, Robert Rey se montre plus explicite et détaille les multiples formes de l'érotisme chauvinien :

« Ces formes ont, à leur origine, un thème constant ; non point érotique à proprement parler, mais freudien dirai-je, au sens le plus simpliste de cette épithète. Pris dans le monde animal ou dans celui des végétaux, ce thème, grave entre tous, et chargé, depuis toujours, de tout le mystère du monde, est celui de la conjonction des sexes, de leur interpénétration, des germinations qu'il éveille, des grossesses qu'il suscite, des mamelles dans lesquelles le lait se met à sourdre et qui se gonflent, de l'enfantement enfin, heure que fait sonner toute cette horlogerie humaine, fleur de cactus, fruit d'un enchaînement inéluctable de labeurs »[33].

through an accumulation of elements all packed together. Graine ardente *(Glowing Seed) (cat. 158) is one of the wood sculptures in which a compact system of veins works with the roundness of the mass to evoke the desire for germination, the fullness that will come when the original oneness of the seed splits and gives birth to the flower. This dissymmetrical composition and the bud at the heart of the horizontal lines play their part by adding to the work a sort of instability that portends an unknown future, despite the work's overall equilibrium. The present stability of Chauvin's sculptures suggests not an everlasting repose so much as it does the calm before some great upheaval.* Fleur d'eau *(Water Flower) (cat. 12) marks, as early as 1924, the first sign of this imminent birth, revealing a growing germination of forms in a combination of abstract elements and naturalistic details.*

Other works suggest a world yet more mysterious, one marked by a symmetrical structure that could easily be linked to the sculptor's early childhood, in particular to the episode of his twin-brother's death. Twice, in 1945 and in 1948, Chauvin invented forms duplicated around an axis of symmetry. It has sometimes been observed that symmetry is one of the characteristics of Chauvin's art. It occurs, for example, in the wood sculptures O beata solitudo *(O Blessed Solitude) (cat. 31) and* Puissant et solitaire *(Powerful and Solitary) (cat. 61) or even in the first abstract sculptures of the 1920s,* Illusion *(Illusion) (cat. 10) and* Evocation *(Evocation) (cat. 11). This structure can be read as a quest for perfection, a search for equilibrium in addition to the equilibrium in the grain revealed by polishing. I would see in it, however, an obsession with the double, the other self, the importance of which is made obvious by Chauvin's attention to the theme of Narcissus, which he treated three times. The first* Narcisse *(Narcissus) (cat. 63) is the gilded bronze of 1939, composed of two corresponding rings that merge into one. With its perfect simplicity, the sculpture differs, at the same time, from any geometrical model, for the rings do not form true circles, their size varies, and nothing is mechanical in this nonetheless precise construction. Nor does anything separate the Narcissus side from its reflection; nothing distinguishes the real from its image. One year later, a statue in wood, (cat. 65) just as pronouncedly symmetrical, picks up the same theme. The openness and floating grace of the bronze are here replaced by the fullness and massiveness of the wood, enlivened solely by the overlapping of volumes and the contrast between curved and vertical lines. In 1962,* Narcisse à la fontaine *(Narcissus at the Fountain) (cat. 166) is no more narrative and figurative a work than the others, despite a title that identifies a specific episode in the myth: the encounter of the young man with his reflection in water. However enigmatic many of its details may be, this*

On ne saurait cependant réduire l'art de Chauvin à cette thématique et Christian Zervos a bien montré les tensions internes propres à l'art de Chauvin, dont l'ambition poétique demeure essentielle :

« Il ne faudrait pas en inférer que Chauvin est un obsédé de la sensualité. Un tel malentendu ne pourrait se nouer à son nom. S'il nous captive par la puissance sensuelle de son œuvre, sa faculté de nous mettre en possession de la vie dans sa totalité contradictoire et dans la grande diversité de ses plans, il ne se fait pas faute de tenir cet excès de vie à l'attache, non sans lui laisser la corde assez longue. Il lui oppose sa voyance en dehors de laquelle tout le projet poétique de son œuvre se trouverait compromis. Quelqu'attiré qu'il puisse être par les choses, sensible à l'énergie illimité du monde, ravi par l'exaltation de la chair, il ne voit pas seulement dans le corps des provocations sensuelles. Reconnaissons qu'en mettant l'accent sur l'émotion charnelle il y fait entrer tout l'épanouissement de la vie et l'affirmation de l'homme par son retour aux sources.

Il est à noter que cette fonction sexuelle retenue par Chauvin comme une nécessité capitale pour son art est longuement méditée par lui et surveillée par une vigilance intellectuelle de chaque instant. Les impulsions de l'instinct génésique s'accompagnent chez lui d'une activité intérieure »[34].

La mythologie personnelle de Chauvin est tempérée par un autre principe à l'œuvre dans sa création, l'ambition proprement plastique du sculpteur qui s'est mis au service de l'éloquence de la matière.

L'éloquence de la matière

Les sculptures de Chauvin ressortissent à l'esthétique du respect de la matière qui domina la création sculpturale en Europe depuis les années 1910. Un des premiers critiques à faire l'éloge de l'artiste, M. Baudier, insiste sur « une matière belle, comme on l'aime aujourd'hui, d'un beau noir poli d'ébène ou d'autres bois exotiques »[35]. Deux décennies plus tard, Jacques Lassaigne donne une définition du même ordre de la sculpture de Chauvin, réussite à la fois esthétique et technique ;

« Quoi de plus simple et de plus directement perceptible qu'une sculpture de Chauvin ? C'est avant tout un bel objet, d'une matière raffinée et polie avec amour, qui retrouve les formes élémentaires les plus pures, les traits essentiels, les courbes les plus douces et les plus chargées de vie »[36].

Du point de vue matériel, les sculptures de Chauvin se répartissent en deux ensembles. Les plus nombreuses sont des tailles directes dans le bois ou la pierre. Chauvin sculpte notamment des bois exotiques comme l'acajou, le

sculpture is nevertheless a fine example of the specular aspect of Chauvin's art.

This series of themes constitutes a veritable network, dominated by forms of procreation. It is a thematic universe peculiar to the artist, who sometimes borrows themes from ancient myth — Narcissus, Dedalus, Venus — but transforms them into elements of his own personal vocabulary. Robert Rey, at the exhibition of 1928, was one of the first to sense the metaphysical dimension of such thematic organization:

> *It is a kind of symbolic and religious eroticism, as in the early days of humankind. The result is beautiful forms of an appealing esotericism and great harmony of line.*[32]

In his preface to the exhibition catalogue, Robert Rey wrote more explicitly, detailing the multiple forms of Chauvin's eroticism:

> *These forms have at their origin a constant theme — not, strictly speaking, erotic but, I say, Freudian, in the most simplistic sense of the word. Taken from the animal world or the vegetable, that theme — the most serious of all and, since the beginning, laden with the mystery of the world — is the theme of the coupling of the sexes, their interpenetration, the conceptions that occur and the pregnancies that follow, the breasts that swell with rising milk, and then, at last, childbirth, when all our human clockwork sounds forth, a cactus flower, the fruit of an irresistible string of labors.*[33]

However, the art of Chauvin cannot be reduced to this thematic cluster, and Christian Zervos has indeed shown that there are inner tensions peculiar to that art, in which poetic ambition remains essential:

> *We must not infer that Chauvin is obsessed with sensuality. Such a misunderstanding could not rightly attach itself to his name. While he captivates us with the sensual power of his work, his ability to put us in possession of life with all its contradictions and all its varied aspects, he is not reluctant to hold the profusion of life in check, albeit with reins of considerable length. He approaches that profusion with a clarity of vision without which the whole poetic ambition of his work would be compromised. However greatly he may be attracted by things, however sensitive to the unlimited energy of the world or enchanted by the exaltation of the flesh, he sees more in the body than only sensual incitements. Let us acknowledge that, when he stresses fleshly emotion, Chauvin is expressing in his endeavor all the flowering of life and the affirmation of man through a return to its wellsprings.*
>
> *It is to be noted that Chauvin's view of the sexual function as a central necessity of his art was the outcome of lengthy reflection and subject to constant intellectual*

teck, la loupe de thuya, le May-Dou, le Peroba, le bois de pavanck mais il travaille aussi le noyer ou le chêne. Chaque sculpture semble liée de manière indissoluble à la matière même, quoique Chauvin n'ait jamais recours à l'apparence première du morceau de pierre ou de bois pour motiver son œuvre finale : à la différence de Gauguin, l'initiateur de la taille directe en bois ou de Joseph Bernard et Brancusi, pour la pierre, Chauvin ne laisse pas apparente la forme du morceau qu'il taille. L'ensemble du matériau est soigneusement transformé et poli, au point de devenir méconnaissable. On remarque, aussi, que Chauvin, à la différence de beaucoup de ses contemporains, n'a laissé aucune trace écrite, orale ou photographique de son mode de travail. Le travail est, pour ainsi dire, effacé par le travail comme les traces de taille sont effacées par le polissage. Le résultat final est plus important que le processus de création. C'est cette priorité accordée à l'achèvement de l'œuvre qui explique certainement le fait que certains bois aient pu être traités d'une manière contraire à leur apparence première, comme *Le vent se lève* (cat. 70) *Jouissance* (cat. 41) ou *Les Implorants* (cat. 74) dont la surface a été recouverte d'une laque : la manière dont la peinture recouvre le bois et supprime sa couleur originelle ainsi que tout le réseau des veines donne à la forme un caractère beaucoup plus massif et abstrait. Le matériau est pour ainsi dire nié dans certains de ses traits particuliers au profit de la forme qui semble favorisée dans son caractère presque immatériel. Le bois peut aussi être noirci (*Sans titre*, cat. 13) d'une façon qui cache moins son grain mais modifie radicalement sa couleur première. L'éloquence de la matière, on le voit, est un principe contradictoire car il s'agit autant de la dompter que de la respecter : selon l'heureuse formule de Brancusi, « la sculpture est un crime parfait ».

En plâtre et en bronze, Chauvin réalise souvent des effets de surface différents. *Naja* (cat. 81) est un plan où se lit tout un réseau de lignes qui animent l'ensemble et invitent à un regard détaillé, distinct de la vision globale. Dans le *Couple* (cat. 99), l'épiderme de la sculpture est tout entier bosselé d'infimes creux et bosses qui se différencient de l'aspect lisse et net de la surface des bois ou du grain sensuel de la pierre dans laquelle sont sculptés les *Amants* (cat. 39). D'autres plâtres comme la *Mandragore* (cat. 126) ont un aspect grenu et grumeleux, qui interdit tout effet de volume nettement découpé.

Les bronzes, fondus à partir d'œuvres modelées ou de modèles en plâtre homonymes des bois mais présentant des variantes, au moins de détails, sont de plusieurs factures. Certains, comme le *Martin-pêcheur* (cat. 117) sont lisses et brillants comme le miroir, ce qui accentue le franc découpage de leur volume dans l'espace. D'autres, comme *Forme* de 1928 (cat.22) ou l'*Oiseau d'or* (cat. 62) sont beaucoup plus mats d'aspect et se refusent à jouer les

> *vigilance. The impulses of Chauvin's creative instinct were guided by untiring thought.*[34]

The personal mythology of Chauvin was tempered by another principle at work in his artistic undertaking: the specifically sculptural ambition of an artist who chose to serve the eloquence of his medium.

The eloquence of the medium

The sculptures of Chauvin embody the esthetic of respect for the medium, for the material itself, that dominated sculptural creation in Europe as of the 1910s. One of the first critics to voice praise of Chauvin, M. Baudier, underscored his "beautiful material, as we like it today — ebony or other exotic woods, polished to a beautiful black." [35] *Two decades later, Jacques Lassaigne provided a similar definition of Chauvin's work, deemed successful both esthetically and technically:*

> *What could be simpler or more directly apprehensible than a sculpture by Chauvin? It is above all a beautiful object, created in a medium refined and polished with love, incorporating the purest of elementary shapes, the essential features, the softest and most life-filled of contours.*[36]

From the point of view of material, Chauvin's sculptures fall into two groups. Most of the pieces are direct carvings in wood or stone. Chauvin worked especially with exotic woods, such as mahogany, teak, burr thuja, may-dou, peroba, and pavanck wood (an Asian blond mahogany), but he used walnut and oak as well. Every sculpture seems indissolubly bound to the material itself, although Chauvin never looked to the original form of a piece of stone or wood to motivate the artistic product: Unlike Gauguin, who initiated direct carving in wood, or Joseph Bernard and Brancusi, who did as much in stone, Chauvin did not retain the original appearance of the material he carved. He carefully transformed and polished the substance to the point where it could no longer be identified. We note, too, that Chauvin, unlike many of his contemporaries, left no written, oral, or photographic records of the way he worked. His labor is, so to speak, effaced by his labor, just as the evidence of carving is effaced by buffing. The final outcome is more important than the creative process. The primacy thus granted to the completed work surely explains how certain woods could be treated in a way at odds with their original appearance, as in the case of Le vent se lève *(The Wind Is Rising) (cat. 70),* Jouissance *(Pleasure) (cat. 41), or* Les Implorants *(Imploring) (cat. 74), which are all coated with lacquer: The way in which paint covers the wood and masks its original color, along with its whole network of veins, makes the form look much more*

miroirs ; le rapport à l'espace devient fort différent, la sculpture occupe une place nettement opposée à ce qui l'entoure.
L'éloquence de la matière est donc un principe qui ne régit pas de manière rigide la création plastique de Chauvin et dont la vérité demeure complexe et paradoxale.

Des dessins autonomes ?

En dehors de son œuvre sculpté, Chauvin s'adonna très largement au dessin, dès les débuts de son existence et tout au long de sa vie dont l'organisation même favorisait ce type d'activité durant les mois d'hiver. La division entre Port-des-Barques et Malakoff se redoublait ainsi d'une opposition entre la pratique lente de l'invention de la forme dans la pierre ou le bois que suit un patient polissage et le caractère fulgurant du trait dessiné qui autorise la fixation pour ainsi dire instantanée d'une vision nocturne. La sculpture se crée en plein air à la lumière du jour tandis que le dessin se fixe sous des lampes électriques derrière des fenêtres closes. Le dessin est pour un sculpteur la revanche ou la compensation devant la difficulté de son art qui exige une infinie patience. Zadkine le suggère souvent, dont les lettres tracent le portrait d'un sculpteur trouvant dans le dessin une manière de repos et de liberté.
A la différence de Zadkine ou de Brancusi, cependant, le dessin n'est jamais chez Chauvin lié à la sculpture[37]. Malgré le grand nombre de dessins conservés - un millier environ - nous n'avons aucune étude pour une sculpture ni aucun souvenir de telle invention tridimensionnelle précise. L'autonomie de l'œuvre dessiné de Chauvin semble donc indiscutable, même si Georges Hugnet remarque, en 1949, le lien entre ces deux versants de la création de Chauvin :

> « l'œuvre graphique de Chauvin vient renforcer la signification de ses sculptures. Il s'y sent plus libre, moins occupé par les exigences de la matière et surtout moins préoccupé par le temps. On dirait qu'il jette sur le papier tout ce qu'il n'aura point le temps d'accomplir, tous les secrets d'une invention qui n'est jamais à court et tous les plans des richesses cachées dans un cerveau où règne l'harmonie ».

Que voit-on dans les dessins de Chauvin, réalisés à la sanguine, au fusain ou au crayon lithographique ? Un travail de dégradés et de nuances se remarque, qui construit la profondeur du champ pictural avec une réelle densité. De ce point de vue, les dessins de Chauvin portent trace de son souci tridimensionnel, ils sont de complexes constructions d'espaces.
Les formes sont créées tantôt par un trait souverain et rapide, tantôt par des masses grises dont les jeux de valeur créent

massive and abstract. With respect to certain particular characteristics, the material is, so to speak, disavowed in favor of form, whose almost immaterial nature seems to grant it a privileged status. Wood may also be blackened — witness Sans titre *(Untitled) (cat. 13) — in a way that does not hide its grain so much, but does effect a radical change in its natural color. As we see, the eloquence of the medium is a self-contradictory principle, for it is as much about overcoming the material as it is about respecting it: To cite the well-chosen words of Brancusi, "sculpture is a perfect crime."*
In plaster and in bronze, Chauvin often produced different surface effects. Naja *(Cobra) (cat. 81) is a plane where a whole network of lines can be seen enlivening the entire piece and inviting a detailed look, distinct from an overall view. In the* Couple *(Couple) (cat. 99), the skin of the sculpture is all pocked with tiny pits and bumps that contrast with the smooth, clean surfaces of the wood sculptures or the sensual grain of the stone in* Amants *(Lovers) (cat. 38). Other works in plaster, such as* La Mandragore *(Mandrake) (cat. 126), have a grainy, lumpy look, which bars all sense of a clean-edged volume.*
The bronzes — cast from molded works or plaster models that bear the same names as pieces in wood but present variants, at least in details — are of several types. Some, like the Martin-pêcheur *(Kingfisher) (cat. 117), are as smooth and shiny as a mirror, which accentuates the clear-cut edging of their volume in space. Others, like the 1928* Forme *(Shape) (cat. 22) or the* Oiseau d'or *(Golden Bird) (cat. 62), have a matte look and refuse to act as mirrors; the relation to space becomes quite different, the sculpture occupying a spot in clear contrast to its surroundings.*
The principle we call the eloquence of the medium does not, then, rule Chauvin's sculptural work in any rigid manner, and its application remains complex and paradoxical.

Autonomous drawings?

Apart from sculpture, Chauvin devoted himself extensively to drawing. This activity started very early in life and continued to the end, his organization of time favoring its pursuit during the winter months. The division between Port-les-Barques and Malakoff thus paralleled a contrast between the slow labor of creating shapes in stone or wood, to be followed by patient polishing, and the lightning speed of drawing, which allows the almost instantaneous setting down of a night's vision. Sculpture is created in the open air, in daylight, whereas drawings are made in the light of electric bulbs, behind shuttered windows. Drawing is, for a sculptor, his revenge or his reward for the difficulty of an art that demands infinite patience. Zadkine des effets très puissants. La composition d'ensemble repose le plus souvent sur des tensions créant un puissant dynamisme. On reconnaît, dans les formes évoquées, des évanescences sensuelles - un sein, une corolle, une volute - voire des allusions sexuelles ou, plus rarement, des fragments géométriques et architecturaux. On voit surtout des hélices et des spirales, des enchevêtrements d'arabesques faussement géométriques et symétriques, des ascensions tumultueuses vers la cime de la page. Le tout se détache sur le blanc du papier dans un esprit parfois très mouvementé, baroque a-t-on dit, parfois aussi avec une économie de moyens qui n'est guère éloignée de la calligraphie japonaise.

Les dessins de Chauvin partagent deux principes importants de ses sculptures. Ils mêlent souvent formes abstraites et détails naturalistes dans une harmonie sensuelle. Ils jouent aussi sur des imbrications et des enchevêtrements, de nombreuses superpositions en hauteur et de subtils étagements en profondeur, qui font de l'unité de la page la somme de multiples accidents : la simplicité qu'on observe parfois dans le résultat final n'est pas une donnée première mais la résultante d'une complexité résolue. Enfin, les dessins de Chauvin sont des « tensions calmées », des équilibres nés d'une heureuse opposition entre des forces contraires. Ce calme est plus ou moins vibrant mais il n'est jamais mort.

Faute de dates inscrites sur les dessins ou de repères chronologiques sûrs, l'unité des dessins paraît plus importante que leur évolution stylistique selon les époques, qui demeure difficile à évaluer. La plupart des dessins que nous connaissons datent cependant d'après la Seconde Guerre mondiale et leur élaboration dut s'étaler sur environ deux décennies.

Chauvin photographe : une pratique « dématérialisée » de la sculpture ?

On doit encore faire place, dans le travail de Chauvin, à ses activités de photographe. Dès les années 1920, Chauvin prit le soin jaloux de photographier lui-même ses œuvres, y passant un temps fort important et en ayant souci de photographier chacune de ses sculptures. Il ne s'agissait pas pour lui de garder trace d'états intimes de son travail, d'étapes intermédiaires qu'il jugeait utile de préserver. Les sculptures étaient systématiquement photographiées après leur achèvement définitif. Outre leur aspect documentaire, ces photographies sur plaques de verre constituent surtout un précieux commentaire en image sur l'esthétique de Chauvin et résument, pourrait-on dire, l'*art poétique* que le sculpteur n'a jamais écrit. On ne connaît pas encore l'ensemble exact de ses photographies, mais le corpus subsistant est suffisamment riche pour suggérer quelques remarques.

often suggests as much in his letters, which portray a sculptor finding a kind of rest and freedom in drawing.

Unlike Zadkine or Brancusi, however, Chauvin never tied his drawing to his sculpture.[37] Despite the great number of drawings preserved — about a thousand — we find no study for a sculpture and no record of any specific three-dimensional object. The autonomy of Chauvin's work on paper, then, seems indisputable, even if Georges Hugnet observed, in 1949, that there was a link between the two sides of Chauvin's creativity:

> *Chauvin's graphic work reinforces the significance of his sculptures. He feels freer in drawing, less concerned with the demands of the medium and, especially, less preoccupied with time. You might say that he throws onto paper everything that he won't have the time to accomplish, all the secrets of an inventiveness that is never caught short, and all the rich plans hidden in a mind where harmony reigns.*

What do we see in Chauvin's drawings, whether executed in red chalk, charcoal, or crayon? We observe a work of gradations and nuances, building up the depth of the pictorial field with a real density. From this point of view, Chauvin's drawings bear a trace of his three-dimensional concern; they are complex constructions of spaces.

His shapes are created sometimes by one forceful, rapid stroke, sometimes by grey areas whose shadings produce very powerful effects. The overall composition derives most often from tensions that create a powerful dynamism. In the shapes in question, we can recognize sensual evanescences — a breast, a corolla, a wisp of something sexual, or, more rarely, geometric and architectural fragments. We can see, especially, helices and spirals, tangles of pseudo-geometric and pseudo-symmetrical arabesques, tumultuous climbs toward the top of the page. The whole thing stands out against the whiteness of the paper in a sometimes very busy way — baroque, it's been called — and sometimes, too, with an economy of means that is not far from Japanese calligraphy.

Chauvin's drawings share two important principles with his sculpture. They often mix abstract forms and naturalistic details in a sensual harmony. They play, too, with overlappings and tangles, many rising superpositions and subtle descending terraces, which turn the unit of the page into the sum of multiple contingencies: The simplicity to be seen sometimes in the final outcome is not an original given but the result of resolving a complexity. In the end, Chauvin's drawings are "relaxed tensions," equilibria attained through a felicitous opposition between contrary forces. The calm produced varies in its vibrancy, but it is never a dead calm.

For want of dates written on the drawings or other reliable indications of chronology, the unity of the drawings

Chauvin travaillait à partir d'un fond uniforme, blanc ou noir qui accentuait le caractère abstrait de la présentation de ses œuvres. On ne voit aucune prise d'atelier, aucune œuvre en situation, comme pour Brancusi par exemple, mais la photographie met au contraire en valeur l'absence de contexte, de lieu propre à l'œuvre. Le socle lui-même est souvent coupé par le cadrage et joue le rôle d'accessoire au service de la forme de la sculpture ou de transition entre le monde profane et l'œuvre.

Le cadrage est généralement symétrique et la vue est prise sans effet de plongée ni de contre-plongée, comme si elle était faite par un photographe qui évite de mettre en valeur sa personnalité propre. Le point de vue n'est jamais particularisé, la sculpture est vue de face ou de profil, selon une esthétique documentaire. Le style, la main ou l'œil du photographe - tous les éléments qui sembleraient à première vue constituer sa personnalité - sont censées s'effacer au profit de la mise en valeur de la sculpture même.

L'éclairage est sans doute le trait le plus marquant de ces clichés. On sait à quel point il est l'élément le plus difficile dans la photographie des sculptures. Chauvin choisit un éclairage puissant qui permet au volume de se détacher avec force et netteté. Le contraste entre le bronze sombre et le fond clair ou entre la pierre ou le plâtre et le fond noir structure l'ensemble. Sur la masse elle-même, un équilibre subtil entre les ombres et les lumières permet aux menus détails de surface, aux accidents de plan d'être clairement visibles ; ce dosage délicat d'ombre et de lumière anime l'œuvre, statique par définition, et met en valeur les rythmes propres de la composition. Rien de brutal ni de fulgurant ! Aucun effet spécial ; domine l'impression d'une sculpture fixée *sub specie aeternitatis*.

Le caractère immatériel et abstrait de la sculpture est ainsi valorisé, et la forme est révélée dans son être intemporel. La dimension métaphysique de l'art de Chauvin et sa quête de la Réalité essentielle du monde constituent autant les fondements de son travail de photographe que de son ambition sculpturale. On remarque aussi, notamment avec *Le soleil se lève* (cat. 69) que l'éclairage peut non seulement servir la réalité de la forme mais encore contribuer à son achèvement : la lumière irradiant du disque noir met en valeur la métaphore solaire à l'œuvre dans la sculpture et contribue à ce que la sculpture soit en réalité conforme à son titre et, ainsi, à son devoir être. Les sculptures de Chauvin sont parachevées dans le regard que le photographe porte sur elles et deviennent -, par le truchement de la photographie, des formes pures, des idoles dématérialisées.

appears more important than their period-by-period stylistic evolution, which remains hard to evaluate. Nevertheless, most of the drawings that we are aware of date from after the Second World War, and their execution must have extended over about two decades.

Chauvin the photographer: a "dematerialization" of sculpture?

A survey of Chauvin's work needs to make room, too, for his activity as a photographer. Starting in the 1920s, Chauvin was jealously careful to photograph his works himself, spending a significant amount of time at the task and taking care to include every one of his sculptures. His interest was not in keeping track of private glimpses of his work or intermediate stages that he deemed useful to record. The sculptures were systematically photographed after their definitive completion. Beyond their documentary value, these glass-plate photographs constitute a precious visual commentary on Chauvin's esthetic and, we might say, amount to the ars poetica *that the sculptor never wrote. We do not yet know the precise extent of his photo collection, but the surviving corpus is rich enough to prompt a few remarks.*

Chauvin worked against a solid black or white background that accentuated the abstractness in his presentation of the works. There is no picture of the studio, no context situating the work, as is the case of Brancusi, for example; on the contrary, each photograph displays the work itself, stripped of all circumstance. The very base is often partly cut off, so that it acts as a mere accessory to the sculptural form or as a transitional path between the world outside and the work of art.

The framing is generally symmetrical, and there is neither a high-angle nor a low-angle shot, as if the picture were taken by a photographer eager to keep his own personality out of the way. The point of view never depends on the particular object; the sculpture is viewed only from the front or in profile, in keeping with a documentary esthetic. The photographer's style, his hand, his eye — all the factors that at first glance would project his personality — are supposed to vanish in the interest of displaying the sculpture alone.

The lighting is surely the most striking feature of these pictures. Lighting is well known for being by far the most difficult part of photographing sculptures. Chauvin chose illumination powerful enough to make the art object stand out forcefully and clearly. The whole arrangement is structured by the contrast between dark bronze and light background or between stone or plaster and black background. On the object itself, a subtly balanced play of light and shadow

Modernité de Chauvin

Dans l'art du XXe siècle, Jean Chauvin demeure une figure étonnante mais essentielle. Son œuvre trouve une grande actualité et une résonance particulière en une période comme la nôtre où l'on tente de dresser un bilan général du siècle, qui fut bien plus polymorphe qu'on ne l'affirma longtemps.

Dans son rapport à la matière Chauvin se montre un sculpteur traditionnel confiant aux bois exotiques les plus précieux, à des pierres variées ou au bronze la matérialisation de ses rêves. Mais il prend le contre-pied des sculpteurs du XIXe siècle qui ont cherché à se débarrasser de la partie manuelle de leur création pour s'attacher à la dimension intellectuelle de leur travail. Chauvin fut de la lignée des artistes-artisans et trouva dans les matériaux eux-mêmes, dans le contact amoureux avec la matière vivante, les pensées et les formes qui le hantaient. Sa pratique de la taille directe, son goût des formes pleines, son souci du polissage impeccable, révèlent un homme qui pensait avec ses mains, à la manière d'un Brancusi : « La main pense et suit la pensée de la matière ».

Mais Chauvin se distingue de ce maître par son choix, affirmé dès 1915 et confirmé au fil des œuvres, pour un art abstrait, dénué de référence figurative. On reconnaît certes, ici ou là, tel ou tel fragment de l'univers ou du corps humain dont le sculpteur tire certain de ses effets. On goûte aussi dans son œuvre la répétition de quelques thèmes obsédants, comme celui de la gémellité ou de la sexualité. Tous ces éléments n'empêchent pas que le sculpteur ait eu le souci de lire dans la pierre les formes à venir en se laissant guider par le seul principe de la nécessité intérieure. Que ce soit dans les « architectures fantastiques » des années 1950 ou dans les grands bois des années 1930, Chauvin proclame dans son œuvre qu'un jeu de courbes et de torsades, que l'équilibre soigneusement conquis entre des tensions qui se contredisent, constituent un univers suffisant à lui seul, sans qu'on ait besoin de renvoyer au visage du monde qui nous entoure. Ils furent bien peu, au sein de la sculpture française, à abandonner cette référence à la réalité pour célébrer avec d'autant plus d'éclat l'essence propre de la sculpture. Chauvin fut de ceux là et il fut l'inventeur français de la sculpture abstraite dont d'autres artistes en Europe, à la même époque ou un peu auparavant, découvraient la richesse féconde.

Chauvin ne se résigna toutefois jamais à faire de son travail un jeu formel, une invention de signes qui n'exprimeraient que leur propre identité et le deuil irrémédiable de tout sens. Cette langue de la sculpture moderne qu'il contribua à forger, Chauvin voulut avec passion qu'elle devînt promesse d'une plénitude humaine. Si son œuvre se fait *Offrande* (cat. 161), c'est toujours pour suggérer, ou plutôt

gives clear visibility to small surface details and planar shifts. This delicate proportioning of light and shadow breathes life into a work which is by definition static, and brings into relief the rhythms inherent in the composition. There is nothing there to shock or stun the viewer, no special effect. What stands out is the impression of a sculpture fixed in place for eternity.

The nature of the sculpted work — immaterial and abstract — is thus confirmed, and form emerges in all its timelessness. The metaphysical aspect of Chauvin's art and his quest for the essential Reality of the world are as fundamental to his photographic activity as to his sculptural ambition. We notice, too, particularly in the case of Le soleil se lève *(The Sun Is Rising) (cat. 69), that lighting can not only serve the reality of form but also contribute to its full actualization: The light radiating from the black disk underscores the solar metaphor at work in the sculpture and contributes to making the piece conform to its title and, thereby, to its very essence. Chauvin's sculptures reach the ultimate stage of their creation in the gaze that the photographer brings to them: Through the medium of photography, they become pure forms, dematerialized idols.*

The modernity of Chauvin

In the art of the twentieth century, Jean Chauvin remains a figure both exceptional and essential. His work is particularly relevant and resonant in a period such as ours, as we attempt to arrive at a general assessment of the whole century — a century that was much more multiform than has long been claimed.

In his relation to his medium, Chauvin showed himself to be a traditional sculptor, entrusting the materialization of his dreams to the most precious exotic woods, to various kinds of stone, or to bronze. However, he differed radically from the sculptors of the nineteenth century, who had sought to distance themselves from the manual aspect of their creative labor and to dwell instead on the intellectual side. Chauvin belonged to the long line of artists who were also artisans; he found in his very materials, in loving contact with the living substance itself, the ideas and the forms that haunted him. His practice of direct carving, his taste for full-bodied shapes, his insistence on impeccable polishing, all reveal a man who thought with his hands, in the manner of Brancusi: "The hand thinks and follows the thought of the material."

But Chauvin distinguished himself from this master by his choice, asserted as early as 1915 and then confirmed in his works through the years, of an abstract art stripped of any figurative reference. Of course, we recognize, here or there, one or another fragment of the universe or the révéler, un monde en cours de métamorphose. De *l'Essor* (cat. 7) à la *Chrysalide* (cat. 18 et 141), l'art de Chauvin évoque un Univers en germination, il célèbre sans cesse on ne sait quelle mystérieuse naissance.

Dans le monde de la sculpture, Chauvin a inventé un art exigeant et moderne, grave et poétique, d'une vie silencieuse mais combien ardente. Il nous révèle que notre modernité n'est pas ce désert qu'on a trop souvent décrit mais, au cœur du vide, la quête éperdue, et d'autant plus fervente qu'elle se fonde sur sa seule nécessité, d'un Sens toujours à venir.

1. P. Descargues, 1960.

2. Voir, entre autres, J. Lassaigne, 1962 ; A. Bosquet, 1971 ; D. Chevalier, 1971.

3. Lettre inédite de Chauvin à Robert Rey, en date du 26 septembre 1945. (Dossier F.N.A.C.)

4. Lettre inédite de Chauvin à un ami de Robert Rey, en date du 6 août 1945, (Dossier F.N.A.C.).

5. Lettre de A. Tourneur adressée au Directeur des Beaux-Arts, 27 mai 1955 (Dossier F.N.A.C.).

6. Registre d'inscription à l'Ecole des Arts Décoratifs (Archives nationales, AJ 53 178).

7. Lettre inédite de Chauvin adressée au Ministre des Beaux-Arts et de l'Instruction Publique, en date du 7 décembre 1915 (Archives nationales, F 21/4138 B).

8. Feuille d'encouragements et de secours, renseignement fournis le 28 décembre 1915, (Archives nationales, F 21/4138B).

9. Lettre citée note 7.

human body, from which the sculptor drew some of his effects. We also appreciate in his work the repetition of a few obsessive themes, such as twinship or sexuality. These factors do not make it any less true that the sculptor took care to read in his stone the forms which that stone would produce and to let himself be guided by the sole principle of internal necessity. Whether in the "architectural fantasies" of the 1950s or in the large wood sculptures of the 1930s, Chauvin proclaimed in his work that the play of curves and torsades and the equilibrium carefully achieved between contradictory tensions constituted a universe sufficient unto itself, with no need for allusions to the world around us. Among French sculptors, there were very few who abandoned such reference to reality and celebrated all the more enthusiastically the very essence of sculpture. Chauvin was one of them, and he was the French inventor of that abstract sculpture whose fertile riches other artists in Europe were discovering at the same time or a bit earlier.

Chauvin never resigned himself, though, to turning his work into a game of forms, an invention of signs that would express nothing but their own identity and the irreparable death of all meaning. He contributed to the forging of this language of modern sculpture, and he passionately desired it to become a herald of human plenitude. If his work became an Offrande *(Offering) (cat. 161), it was always in order to suggest — or, rather, to reveal — a world undergoing a metamorphosis. From the* Essor *(Flight) (cat. 7) to the* Chrysalide *(Chrysalis) (cat. 18 et 141), the art of Chauvin evokes a Universe coming into existence; it endlessly celebrates some undefined, mysterious birth.*

In the world of sculpture, Chauvin invented an art that was demanding and modern, grave and poetic, living in silence but filled with ardor. It reveals to us that our modernity is not the desert all too often claimed, but, at the heart of the void, the frantic quest — and the more fervent for arising solely from its own necessity — for a Meaning still to come.

1. P. Descargues (1960).

2. See, among others, J. Lassaigne (1962), A. Bosquet (1971), D. Chevalier (1971).

3. Unpublished letter from Chauvin to Robert Rey, dated September 26, 1945. (Dossier FNAC [Fonds National d'Art Contemporain]).

4. Unpublished letter from Chauvin to a friend of Robert Rey's, dated August 6, 1945. (Dossier FNAC).

5. Letter from A. Tourneur to the Director of the Ecole des Beaux-Arts, dated May 27, 1955. (Dossier FNAC).

6. Enrollment registry, Ecole des Arts Décoratifs (Archives Nationales, AJ 53 178).

7. Unpublished letter from Chauvin to the Minister of Fine Arts and Public Education, dated December 7, 1915 (Archives Nationales F 21/4138 B).

8. Report of encouragement and assistance, filed December 28, 1915 (Archives Nationales, N F 21/4138 B).

9. See letter cited in note 7.

10. Son adresse est en 1909 « 6 rue Vavin », Dossier de Chauvin à l'Ecole des Beaux-Arts, (Archives nationales, AJ 52 342).

11. Feuille de renseignements remplie par Chauvin le 28 décembre 1915 (Archives nationales, F21 / 4138 B).

12. Voir *Pierres et marbres de Joseph Bernard,* catalogue d'exposition, Saint-Rémy-lès-Chevreuse, Fondation de Coubertin, 1989.

13. P. Grémont-Gervaise, « Introduction », *Jean Chauvin 1889-1976,* catalogue d'exposition, Saint-Rémy-lès-Chevreuse, 1993, pp. 11-13.

14. A. Le Normand Romain, *La Danse de Joseph Bernard 1912-1913,* Paris, Dossiers du Musée d'Orsay n° 31, 1989, p. 4.

15. P. Grémont-Gervaise, « Les Frises de la Danse de Joseph Bernard 1913/1925 et leur édition », in R. Jullian, J. Bernard, L. Stoenesco, P. Grémont-Gervaise, *Joseph Bernard,* Saint-Rémy-lès-Chevreuse, Fondation de Coubertin, 1989, pp. 355-367.

16. R. Rey 1921, p. 132-133.

17. Dossier de commande (Archives nationales F12/12162).

18. Dossier de commande (Archives nationales F12/ 12165 et Archives de la Manufacture nationale de Sèvres).

19. J. Lassaigne, 1949.

20. *Ibidem.*

21. O Zadkine, *Le maillet et le ciseau,* Paris, Albin Michel, 1968, p. 50.

22. O. Zadkine, *ibidem,* p. 52. Les mots sont soulignés par moi.

23. Nous avons abordé ce point dans notre petit article « 1907, naissance de la sculpture moderne ? Le renouveau de la taille directe en France », *Histoire de l'art,* n° 3 (novembre 1988), pp. 67-76.

24. Voir, par exemple, M. Seuphor, *L'art abstrait. Ses origines, ses premiers maîtres,* Paris, 1949 ; M. Seuphor, *L'art abstrait,* Paris, Maeght, 1971 et 1972. Chauvin n'est pas davantage mentionné dans Dora Vallier, *L'art abstrait,* Paris, Le livre de Poche, 1980 ni dans Alain Bonfand, *L'art abstrait,* Paris, P.U.F., 1994.

25. Voir Etienne-Martin, *Paysage,* 1935 ; Dubuffet, *Paysage portatif,* 1968-1969

26. Archives nationales, F12 12162.

27. S. Fumet 1949, non paginé.

28. J. Lassaigne 1957.

29. R. Rey 19490, p. 2.

30. Baudelaire, *Les fleurs du mal,* poème XIX.

31. *Ibidem,* «Parfum exotique », poème XXII.

32. Robert Rey, « Les arts », *L'Europe nouvelle,* n° 533, 28 avril 1928, p. 595.

33. Robert Rey, préface à l'exposition de 1928, non paginé.

34. Christian Zervos 1961, p. 8.

35. M. Baudier, « Chauvin sculpteur », 1927.

36. J. Lassaigne, « Les sculpteurs aussi sont des artistes », *La Bataille,* 31 mars 1949.

37. Georges Hugnet 1949, non paginé.

10. According to Chauvin's file at the Ecole des Beaux-Arts, his address in 1909 was 6, rue Vavin (Archives Nationales, AJ 52 342).

11. Information form filled out by Chauvin on December 28, 1915 (Archives Nationales, N F 21/4138 B).

12. See the exhibition catalogue *Pierres et marbres de Joseph Bernard* (Saint Rémy-lès-Chevreuse: Fondation de Coubertin, 1989).

13. See P. Grémont-Gervaise, "Introduction," in the exhibition catalogue *Jean Chauvin 1889-1976* (Saint-Rémy-lès-Chevreuse, 1993), pp. 11-13.

14. A. Le Normand Romain, *La Danse de Joseph Bernard 1912-1913* (Paris: Dossiers du Musée d'Orsay, n° 31, 1989), p. 4.

15. P. Grémont-Gervaise, "Les Frises de la *Danse* de Joseph Bernard 1913/1925 et leur édition," in R. Jullian, J. Bernard, L. Stoenesco, P. Grémont-Gervaise, *Joseph Bernard* (Saint-Rémy-lès-Chevreuse: Fondation de Coubertin, 1989), pp. 355-367.

16. R. Rey (1921), pp. 132-133.

17. Order file (Archives Nationales F 12/12162).

18. Order files (Archives Nationales F 12/12165 and Archives de la Manufacture Nationale de Sèvres).

19. J. Lassaigne (1949).

20. Ibid.

21. O. Zadkine, *Le maillet et le ciseau* (Paris: Albin Michel, 1968), p. 50.

22. O. Zadkine, ibid., p. 51; my emphasis.

23. I discuss this matter in my brief article, "1907, naissance de la sculpture moderne? Le renouveau de la taille directe en France," *Histoire de l'art* 3 (novembre 1988), pp. 67-76.

24. See, for example, M. Seuphor, *L'art abstrait. Ses origines, ses premiers maîtres* (Paris, 1949) or *L'art abstrait* (Paris: Maeght, 1971 and 1972). There is, likewise, no mention of Chauvin in Dora Vallier, *L'art abstrait* (Paris: Livre de Poche, 1980) or in Alain Bonfand, *L'art abstrait* (Paris: PUF, 1994).

25. See Etienne-Martin, *Paysage* (1935); Dubuffet, *Paysage portatif* (1968-1969).

26. Archives Nationales F 12/12162.

27. S. Fumet (1949), unpaginated.

28. J. Lassaigne (1957).

29. R. Rey (1949), p. 2.

30. Baudelaire, *Les fleurs du mal*, "La géante" ("The Giantess"); verse-lineated prose translation by S.N.R.

31. Baudelaire, ibid., "Parfum exotique" ("Exotic Fragrance").

32. Robert Rey, "Les arts," *L'Europe nouvelle* 533 (28 avril 1928), p. 595.

33. Robert Rey, preface to the 1928 exhibition catalogue, unpaginated.

34. Christian Zervos (1961), p. 8.

35. M. Baudier, "Chauvin sculpteur," (1927).

36. J. Lassaigne, "Les sculpteurs aussi sont des artistes," *La Bataille* (31 mars 1949).

37. Georges Hugnet (1949, unpaginated.

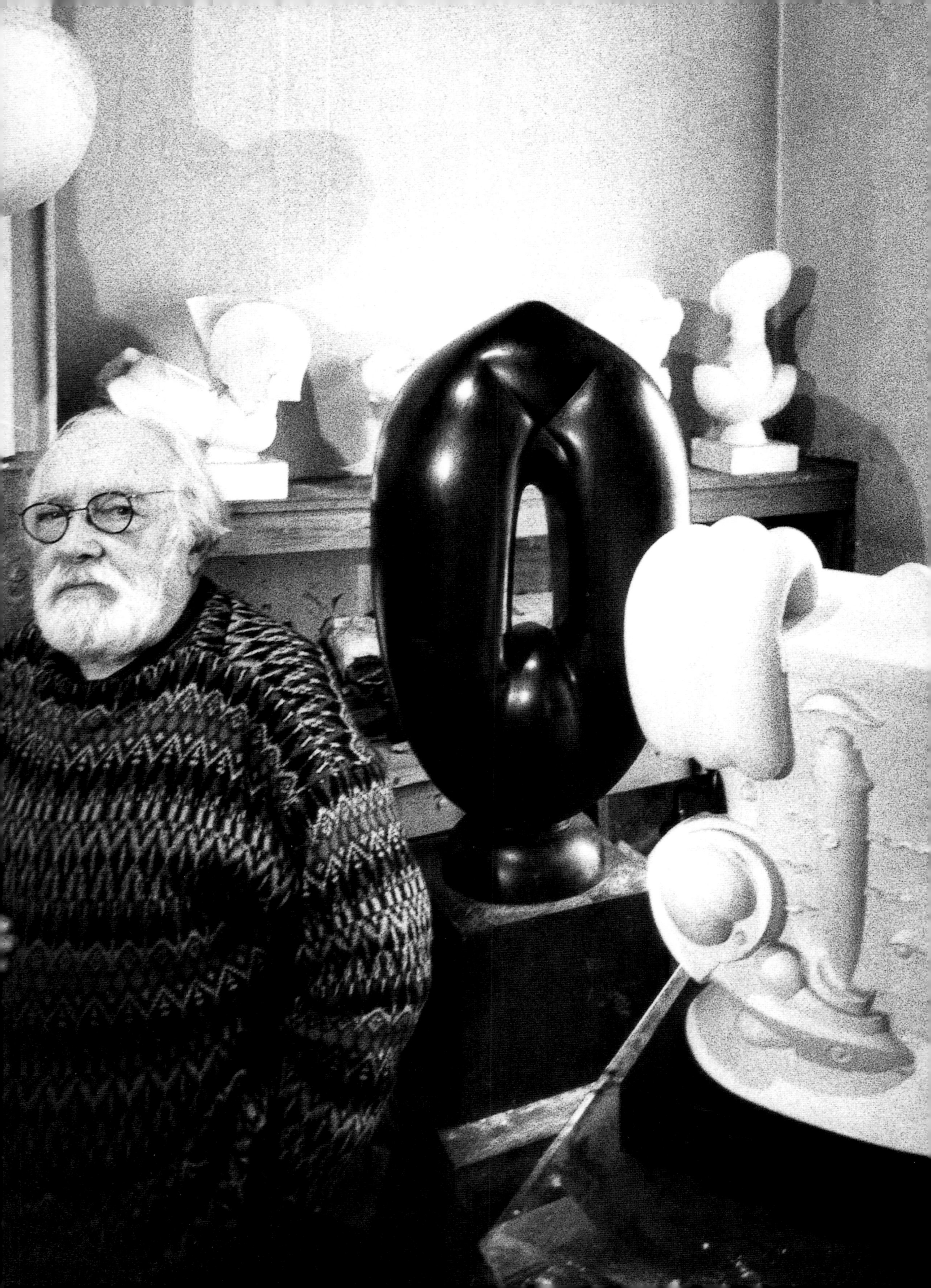

l'œuvre sculpté

Catalogue raisonné

Avertissement

Les droits de fonte sont la propriété de différents bénéficiaires, ce qui explique l'incohérence chronologique dans la numérotation des bronzes. Lorsque l'on trouve, pour une même sculpture, un plâtre et une taille directe (bois ou pierre) en se basant sur le processus de création de Chauvin, on peut conjecturer de l'antériorité du plâtre.

1 # Métamorphose

1906

Bois de bouleau. 33 × 11 × 10 cm ; non signé.

Collection fondation I.G.W.T. Suisse.

Bibliographie

Philippe Garner « Jean Chauvin » dans « The Connoisseur », juin 1980, reproduit page 94.
Paul-Louis Rinuy « Jean Chauvin » éditions Fondation de Coubertin, 1992, reproduit page 14, fig.2.

Nota

Dans « Jean Chauvin » éditions Fondation de Coubertin, cette sculpture est intitulée par erreur « La Toilette ».
Une sculpture en pierre datant de 1946 est également intitulée « La Métamorphose ».

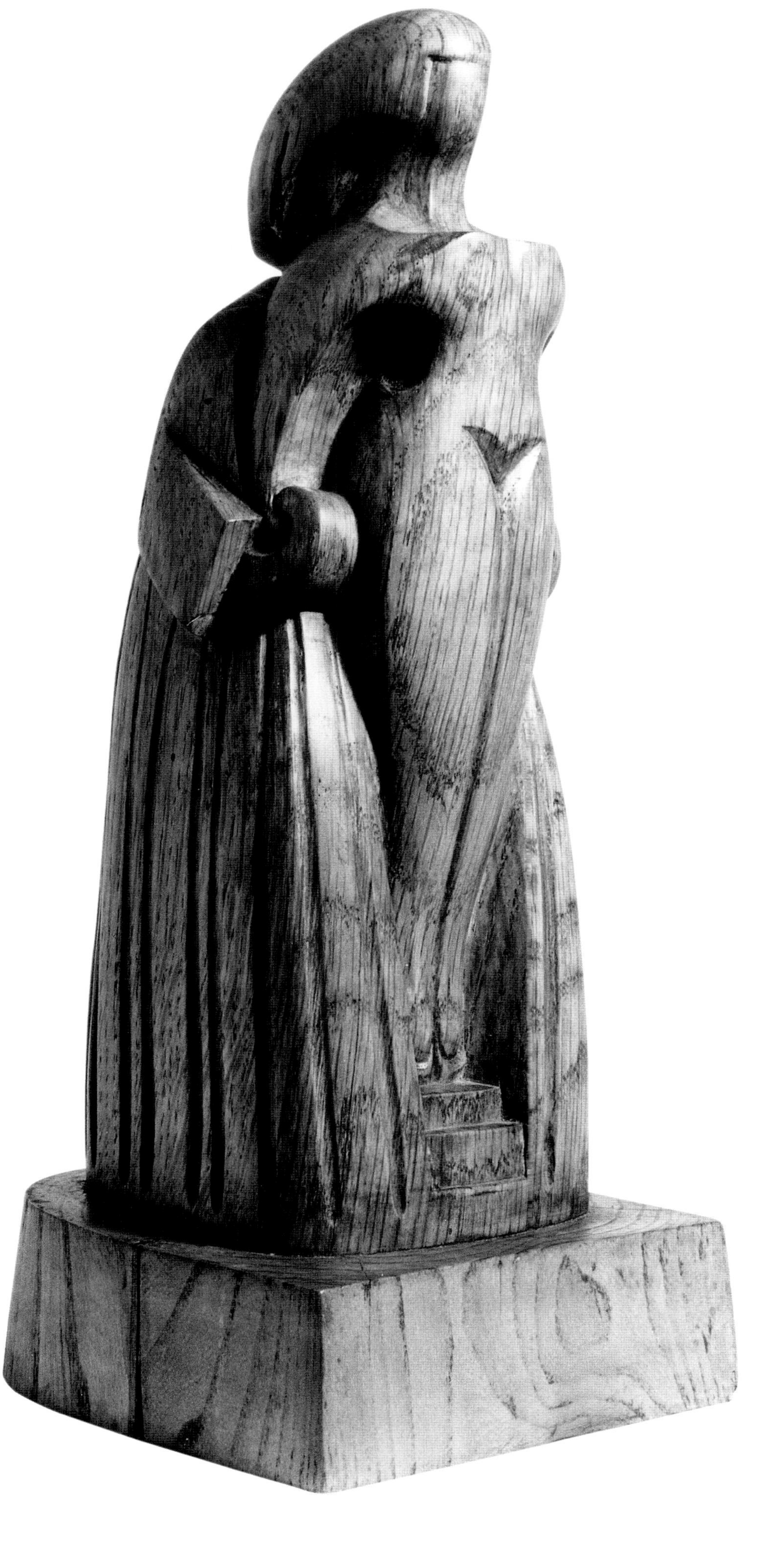

2

La Toilette

1909

Bois d'ébène du Japon. 30,5 × 30 × 15 cm; non signé.

Collection fondation I.G.W.T. Suisse.

Bibliographie

Philippe Garner « Jean Chauvin » dans « The Connoisseur », juin 1980, reproduit page 95.
Paul-Louis Rinuy « Jean Chauvin » éditions Fondation de Coubertin, 1992; reproduit page 17 fig.3.

Nota

Dans « Jean Chauvin », éditions Fondation de Coubertin, cette sculpture est intitulée par erreur « Métamorphose ».

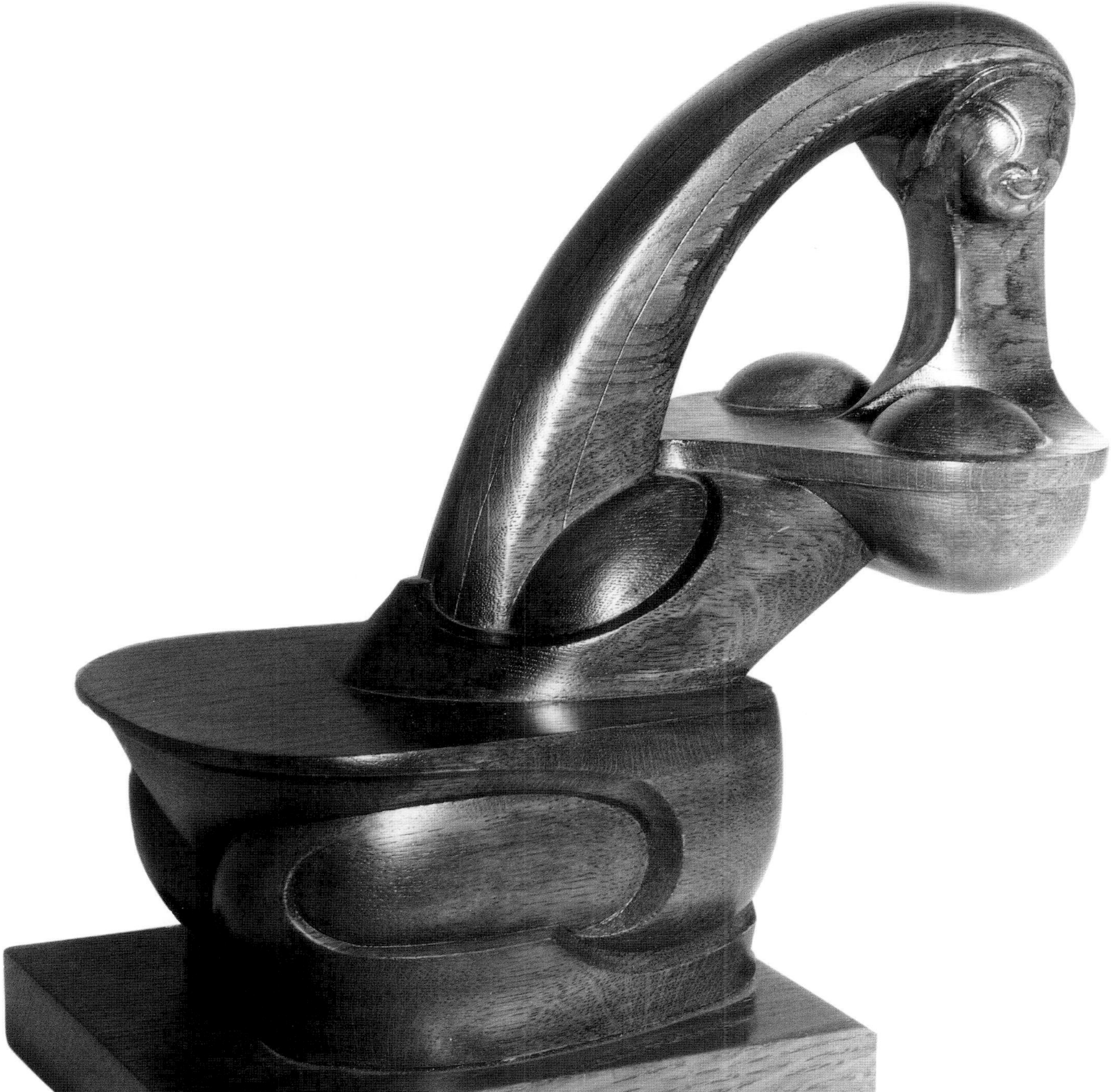

3

Maternité

1913

Bois de cyprès teinté. H : 53 cm; signé.
Collection privée Suède.

Exposition

« Chauvin » Paris, galerie de l'Élysée, novembre-décembre 1960.

Bibliographie

Christian Zervos « Chauvin » éditions Les Cahiers d'Art, Paris 1960, reproduit pages 17 et 18, n° 1 et n° 2.
Jean Selz « Découverte de la Sculpture Moderne » éditions Les Fauconnières, Lausanne 1963, reproduit page 243 n° 212.
Paul-Louis Rinuy « Jean Chauvin » éditions Fondation de Coubertin 1992, reproduit page 33, fig.16.

Plâtre. 49 cm (hors socle) × 17,2 cm; signé.
Version comportant une modification de la base par rapport à la taille directe précédente.
Collection privée

Bronzes.
Exemplaire non numéroté, fonte Valsuani, 1962.
Collection Tel Aviv Muséum of Art, Israel; donation Alex Maguy, 1963.

Exposition

31e Biennale de Venise, juin-octobre 1962; catalogue page 172 n° 70.
Exemplaire non numéroté, fonte Valsuani, 1962. Collection privée Grande-Bretagne.

Exposition

« French Paintings and Sculptures of the Nineteenth and Twentieth Centuries » juin-septembre 1965; O'Hana Gallery, Londres; n° 63 du catalogue.
Exemplaire non numéroté, fonte Valsuani, 1962.

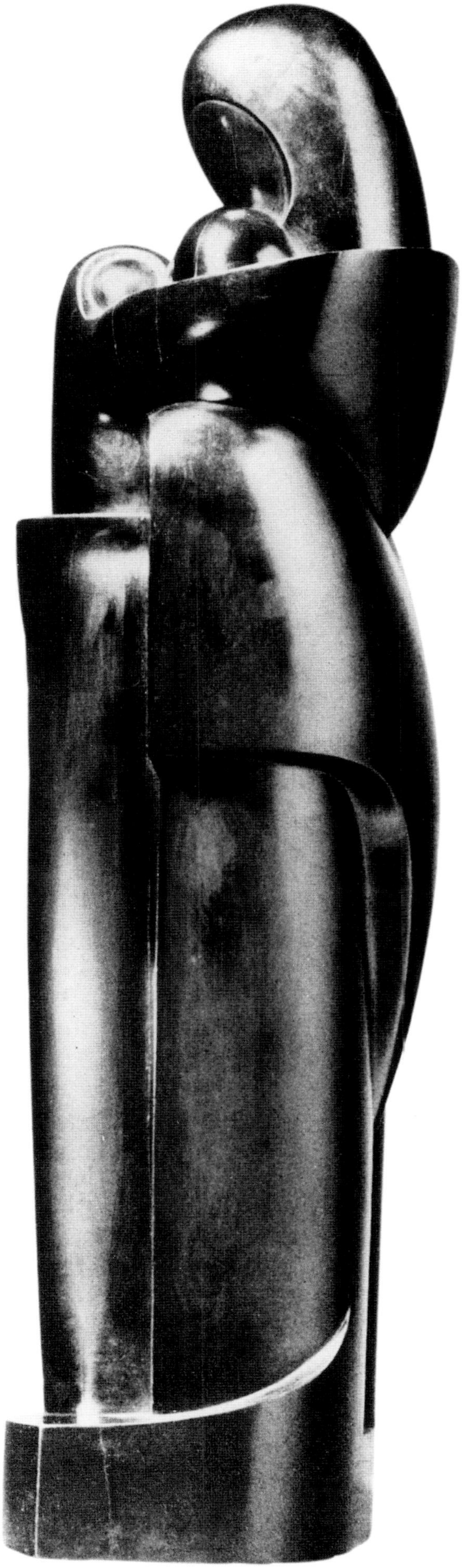

3

Maternité

suite

N° 1/5, fonte É. Godard,1974.

Collection Monsieur et Madame Alexis Poliakoff.

Expositions

« Chauvin, sculptures » Paris, galerie L'Enseigne du Cerceau, octobre 1974, reproduit au catalogue page 10 n° 1.
« Chauvin », Paris, galerie A.B.C.D. 1976.
« Jean Chauvin » Saint-Rémy-Lès-Chevreuse, Fondation de Coubertin, septembre-novembre 1992.
« Jean Chauvin » Mont-de-Marsan, musée Despiau-Wlérick, juin-septembre 1993.

Bibliographie

Alain Bosquet « Chauvin, sculpteur de la pureté » dans Bicolor, novembre 1974, reproduit page 39.
Marc Hérissé « Deux expositions de Jean Chauvin » dans « la Gazette de l'Hôtel Drouot » 18 septembre 1992, reproduit.
Rachel Fléaux « Jean Chauvin, un sculpteur abstrait et sensuel » dans « L'Écho Républicain » 15 octobre 1992, reproduit.

N° 4/5, fonte É. Godard,1976.

Collection fondation I.G.W.T. Suisse.

N° 5/5, fonte É. Godard, 1987.

Collection privée.

N° EA1/2, fonte É. Godard, 1988.

Collection privée.

Expositions

« Chauvin, œuvres de 1913 à 1959 » Paris, galerie Vallois, juin-juillet 1988.
« Chauvin », Boston, U.S.A., Puker-Saffray Gallery,1989.

Plâtre, agrandissement. 107 cm, signé.

Collection privée.

Bronze. N° A I/V, fonte É. Godard, 1990.

Collection privée, Paris.

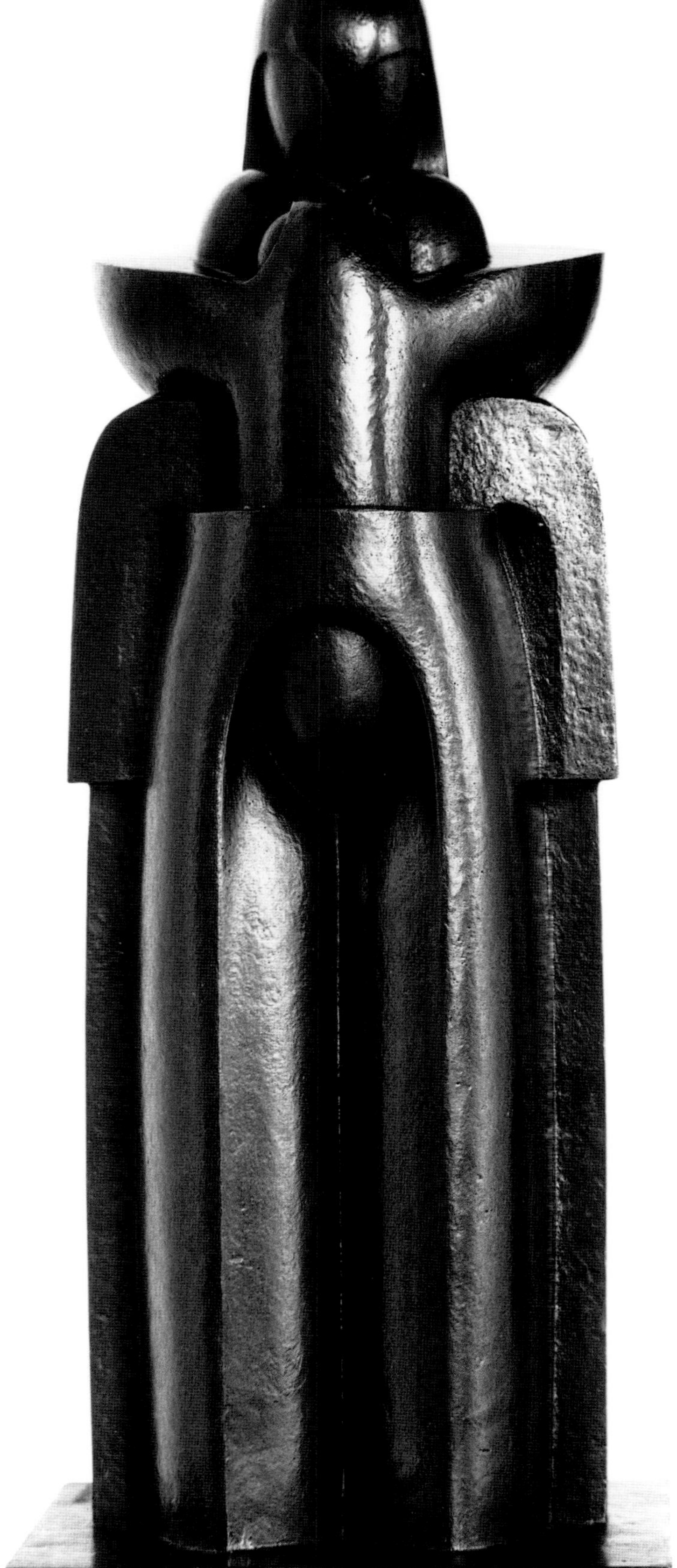

4

Sans titre

circa 1914

Plâtre détruit.

Bronzes : 26,2 × 16,8 × 15 cm

Un exemplaire non numéroté, fonte Valsuani antérieure à 1928.

Signé et dédicacé sur la terrasse :

« CHAVVIN, POVR MON AMI POMPON DE TOVT COEVR ».

Collection P. M., Paris.

Expositions

Paris, galerie au Sacre du Printemps, 1928.
« Jean Chauvin » Saint-Rémy-lès-Chevreuse, Fondation de Coubertin, septembre-novembre 1992.
« Jean Chauvin » Mont-de-Marsan, musée Despiau-Wlérick, juin-septembre 1993.

Bibliographie

Denys Chevalier, « Chauvin, sculptures » éditions l'Enseigne du Cerceau,1974, reproduit page 3.
Catherine Chevillot, Liliane Colas et Anne Pingeot « Pompon » éditions Gallimard Electa, avril 1994, reproduit page 83.

Historique

Ancienne collection Pompon
Ancienne collection Robert Rey

Un exemplaire signé non numéroté, fonte Valsuani date inconnue.

Collection Fondation Le Corbusier, Paris.

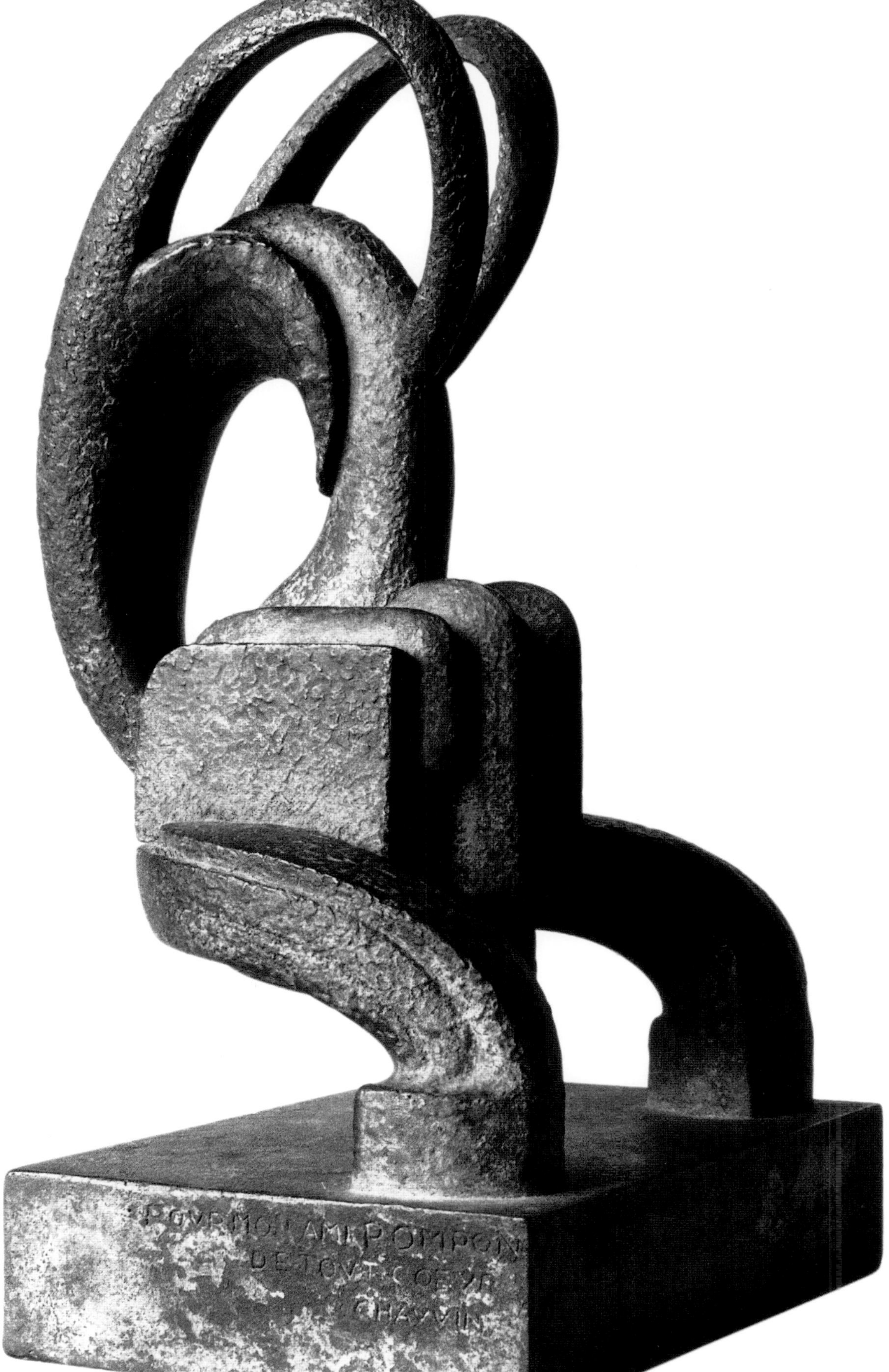
POVR MON AMI POMPON
DE TOVT COEVR
CHAVVIN

5

Portrait de jeune fille I

entre 1913 et 1920

Pierre. H : 29 cm, signée.

Collection privée, Paris. .

« AV PROFESSEUR ABR... EN VIVE GRATITUDE CHAUVIN MCMXX ». Taille directe. La date (1920) est plus probablement celle de la dédicace et non de l'exécution, le nom du bénéficiaire est en partie effacé.

Portrait de jeune fille II

Plâtre.

Collection privée, Meudon.

Probablement moulé sur la pierre.

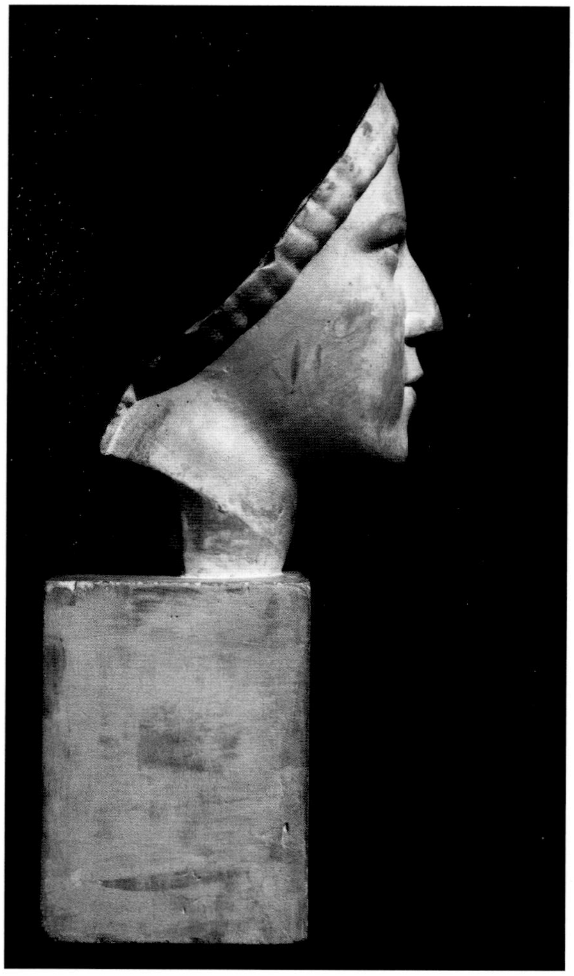

Portrait de jeune fille III

Pierre, H : 40 cm.

Collection privée, Suède.

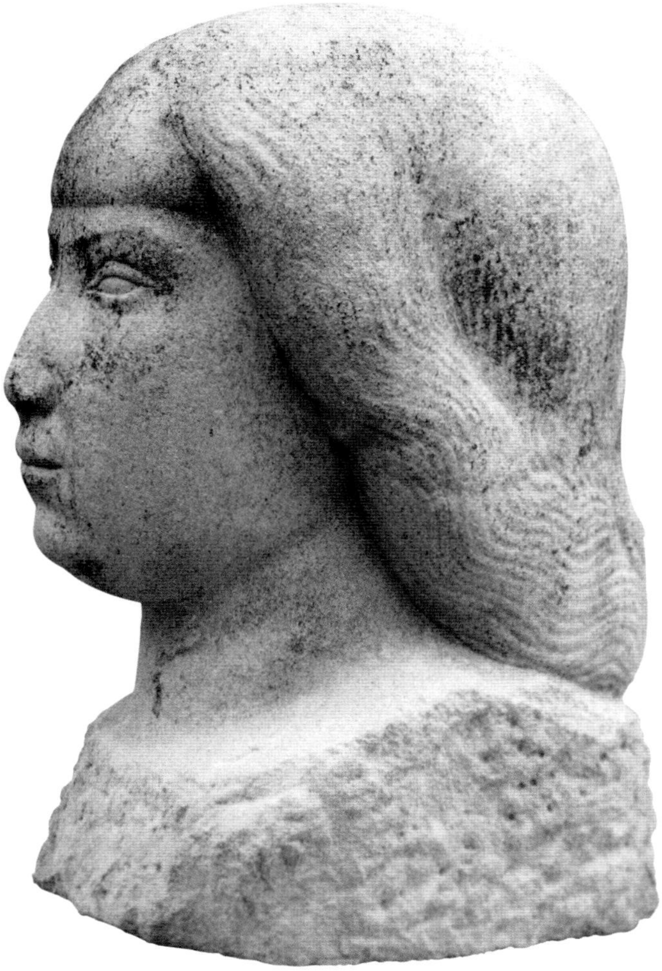

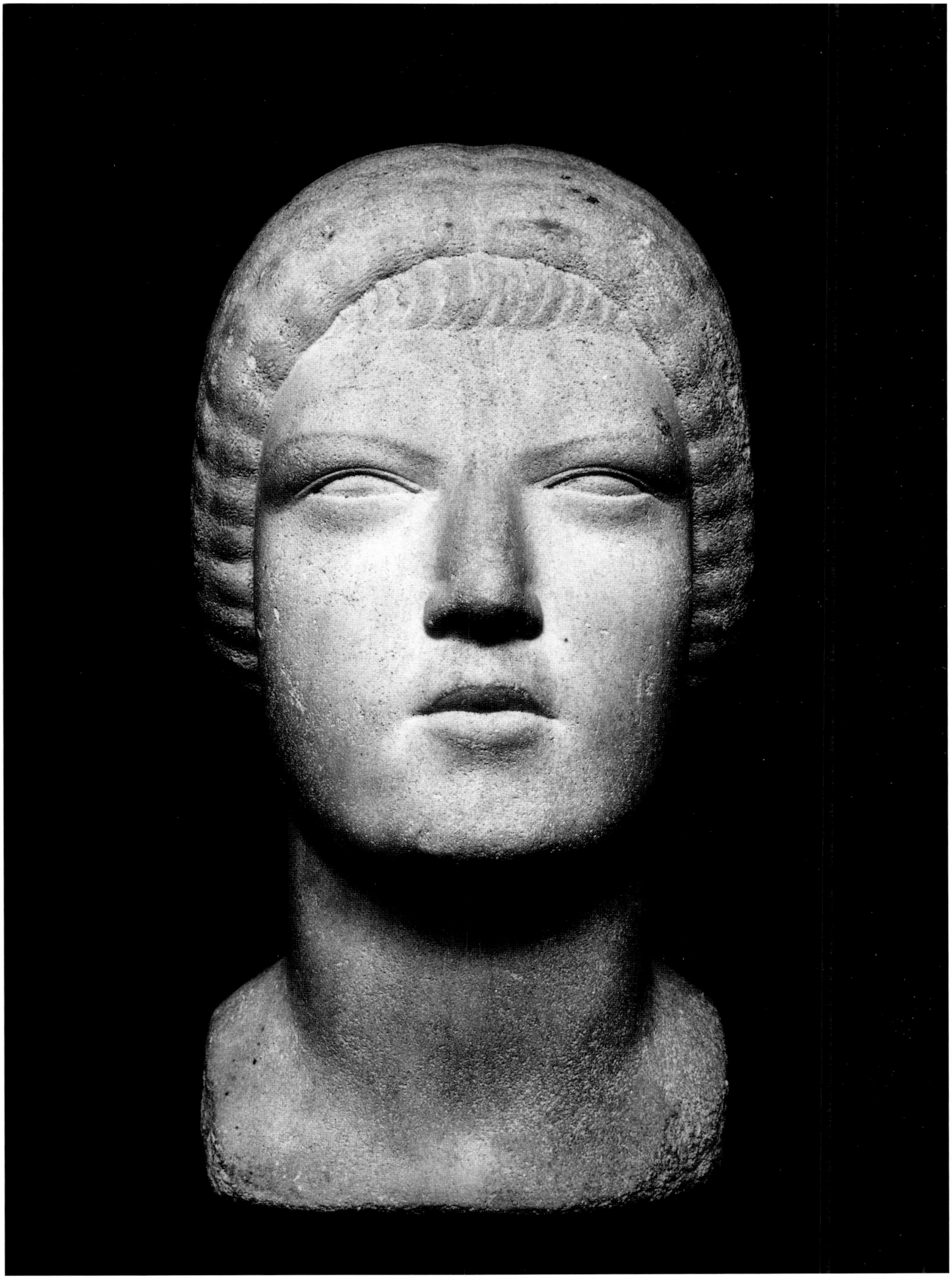

6

Tête de faune

entre 1913 et 1920

Plâtre. 28 × 23 × 24 cm. Non signé.

Collection privée, Paris.

Non signé. Il s'agit probablement d'un moulage fait par l'artiste à partir d'une taille directe en pierre exécutée pendant la période où il travaillait dans l'atelier de Joseph Bernard.

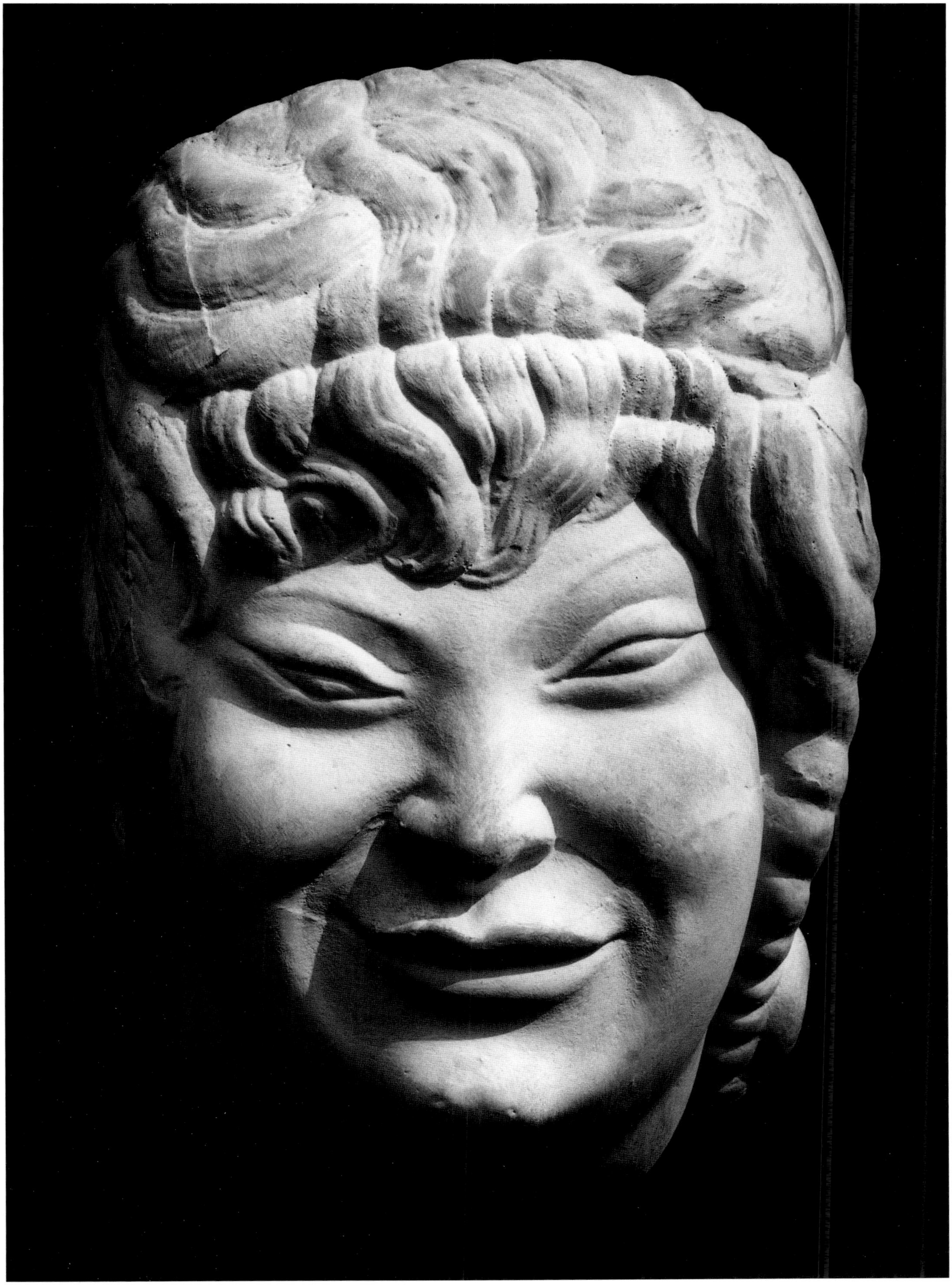

7

ESSOR

1915

Plâtre. 43,5 × 22 × 16,7 cm; signé.

Collection privée.

Exposition

« Chauvin » Paris, galerie de l'Élysée, novembre-décembre 1960.

Bibliographie

René Barotte « le journal des Arts » 30 novembre 1960.
Christian Zervos « Chauvin » éditions les Cahiers d'Art, Paris 1960; reproduit page 19 n° 3.
Paul-Louis Rinuy « Jean Chauvin » éditions Fondation de Coubertin 1992; reproduit page 20 fig.4.

Bois teinté : nous avons témoignage de l'existence de cette taille directe par une photographie de Chauvin destinée à la galerie Jeanne Bucher.

Bronzes :

N° 1/5, fonte É. Godard 1974.

Collection privée.

Exposition

« Chauvin, sculptures » Paris, galerie l'Enseigne du Cerceau, octobre 1974; reproduit au catalogue page 11 n° 1.

N°5/5, fonte É. Godard 1983.

Collection G. Gautier.

Expositions

« Chauvin, œuvres de 1913 à 1959 » galerie Vallois, juin-juillet 1988; reproduit au catalogue page 17.
« Jean Chauvin, sculptures » Paris, galerie Art et Patrimoine, septembre-octobre 1992.
« Jean Chauvin » Mont-de-Marsan, musée Despiau-Wlérick, juin-septembre 1993.

Bibliographie

L.F. « Jean Chauvin, puissant et solitaire » dans « l'Amateur d'Art », octobre 1992; reproduit.

Plâtre, agrandissement. 120 × 61 × 46 cm, signé.

Collection privée.

Bronze. N° A I/V, fonte É. Godard 1990.

Collection privée, Paris.

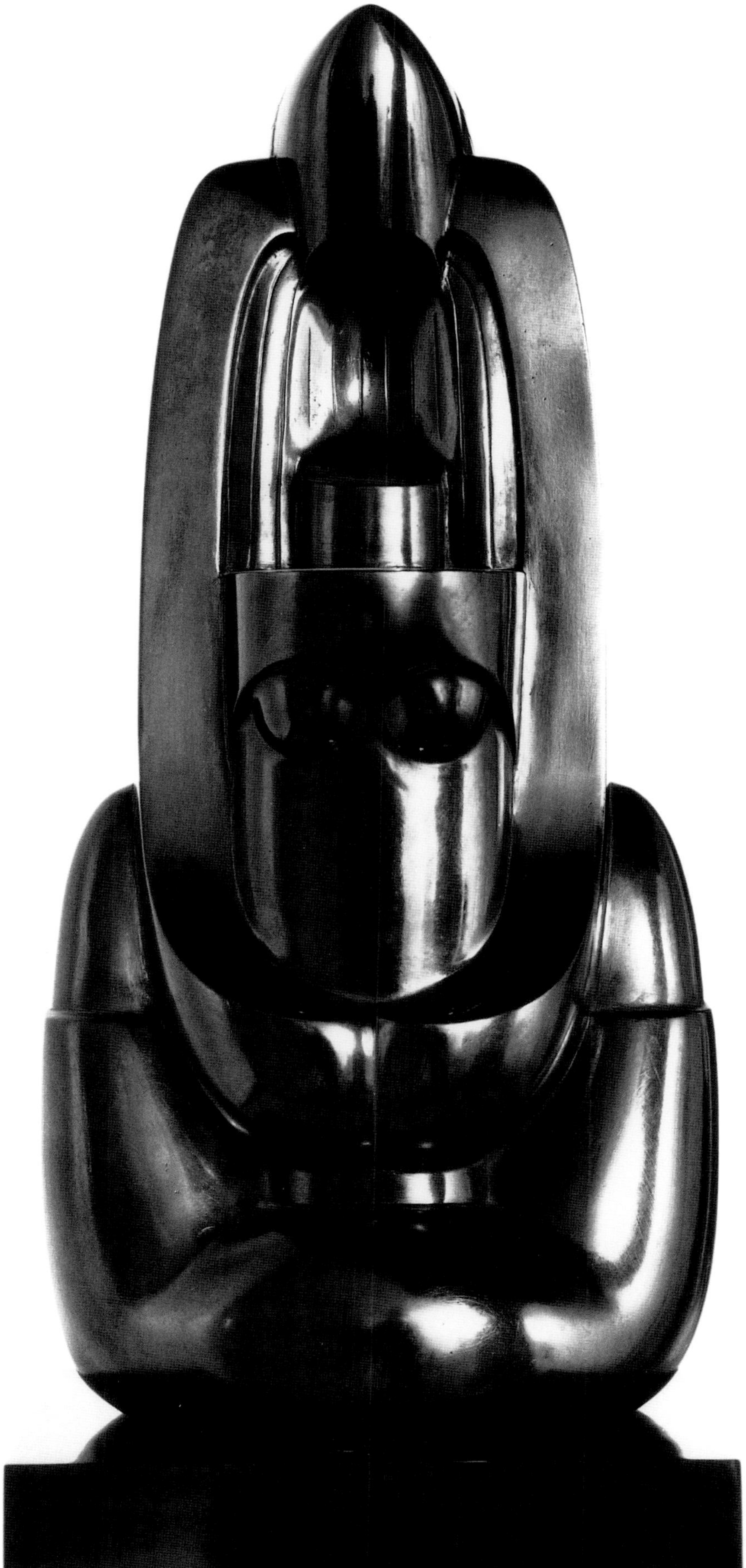

8

Sémiramis *ou* le jardin suspendu

1920

Bois. H : 74,5 cm. Non signé.

Collection fondation I.G.W.T. Suisse.

Exposition

« Chauvin, sculptures » Paris, galerie l'Enseigne du Cerceau, octobre 1974, reproduit au catalogue page 13 n° 4.

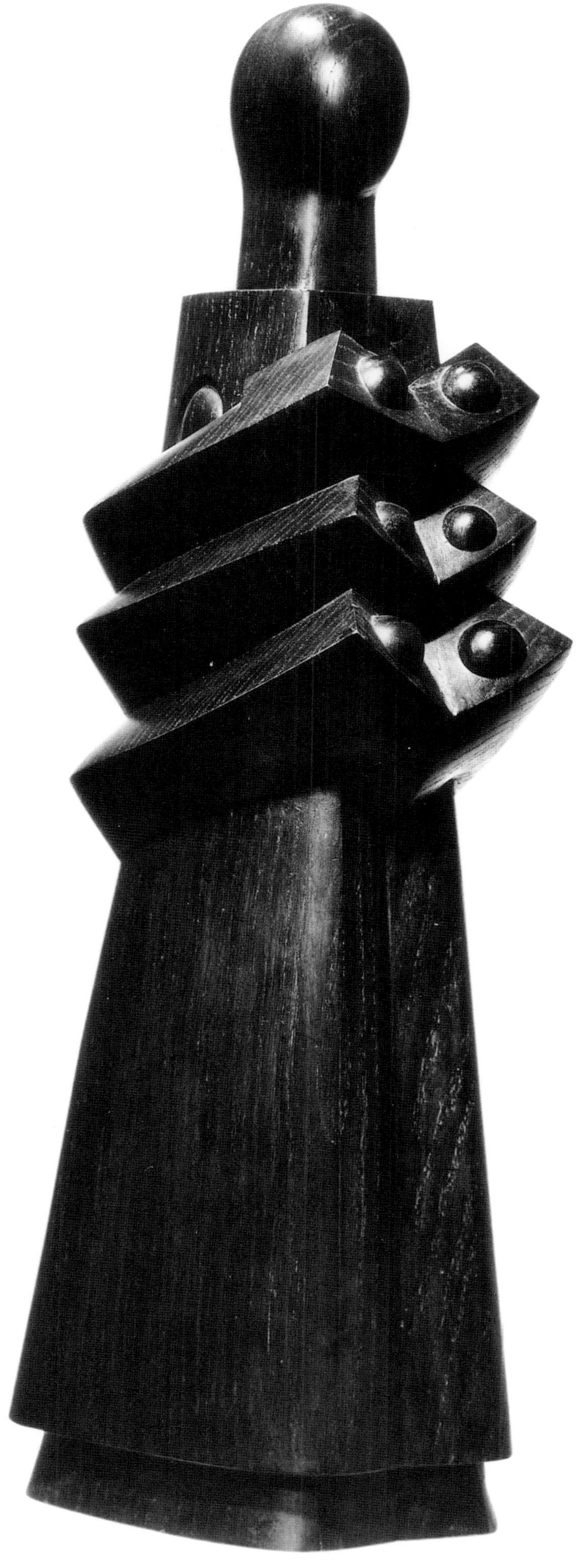

9

Sur un air d'accordéon

1920 repris en 1956

Plâtre. 47 × 23 cm ; signé.

Collection privée.

Bibliographie

Jean Selz « Découverte de la Sculpture Moderne » éditions Les Fauconnières, Lausanne 1963, reproduit page 243 n° 213.

Christian Zervos « Chauvin » éditions « Les cahiers d'Art », Paris 1960, reproduit page 20 n° 4.

Bronzes :

N° 1/5, fonte É. Godard, 1974.

Collection privée.

Exposition

« Chauvin, sculptures » Paris, galerie L'Enseigne du Cerceau, octobre 1974, reproduit au catalogue page 11 n° 3.

N° EA1/2, fonte É. Godard, 1991.

Collection privée.

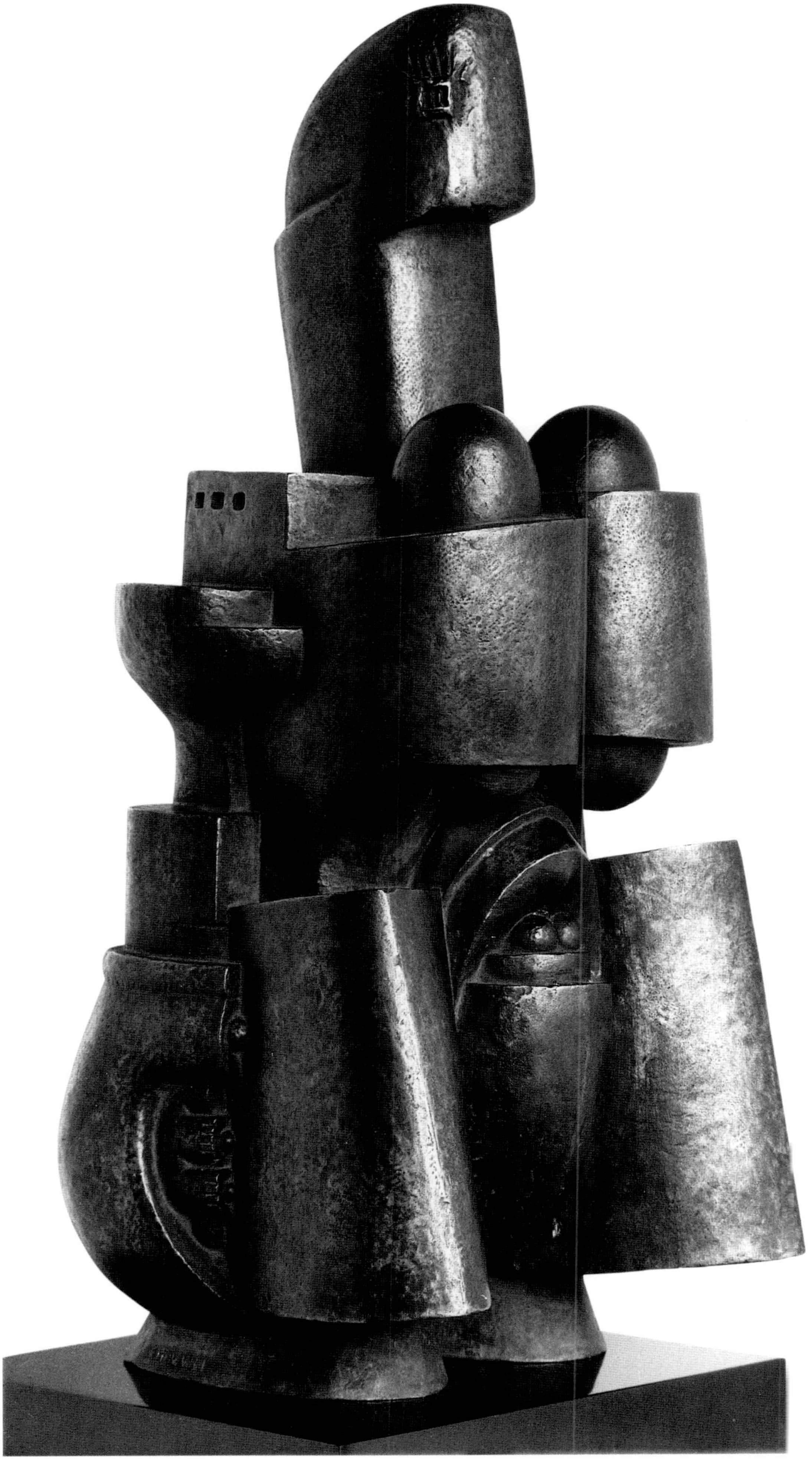

10

Illusion

1923

Bois de noyer. H : 76 cm.

Collection fondation I.G.W.T. Suisse.

Exposition

« Chauvin » Paris, galerie de l'Élysée, novembre-décembre 1960.

Bibliographie:

Christian Zervos « Chauvin » éditions « les Cahiers d'Art », Paris 1960, reproduit page 22 n° 6.
Philippe Garner « Jean Chauvin » dans « the Connoisseur » juin 1980, reproduit page 96.

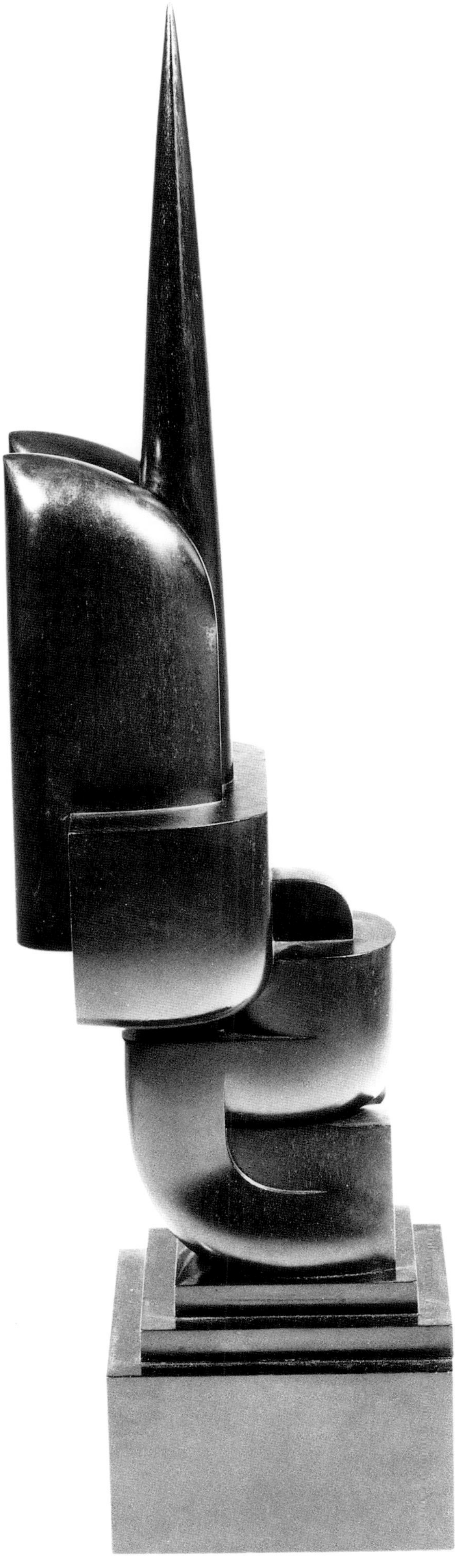

11

Évocation

1924

Bois. 54 × 16,3 × 14,4 cm.

Collection privée, Paris.

Exposition

« Chauvin, sculptures de 1924 à 1958 » Paris, galerie ArtCurial, mars-avril 1990.

Bibliographie

Nicole Barbier « Jean Chauvin » éditions Artcurial, Paris 1990, reproduit en couverture du catalogue et pages 10 et 11.

Paul-Louis Rinuy « Jean Chauvin », éditions Fondation de Coubertin, 1992, reproduit page 82 fig. 51.

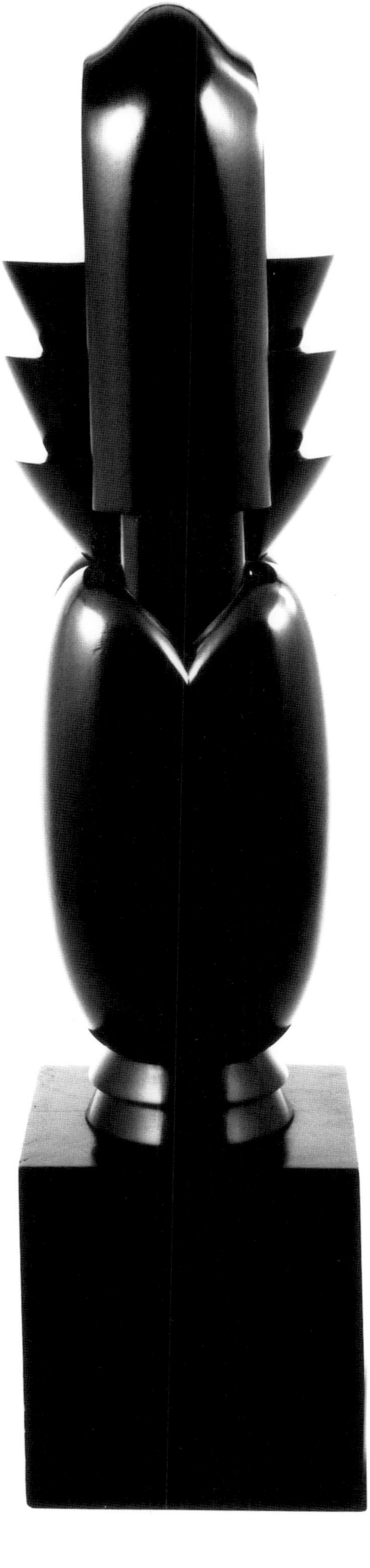

12

Fleur d'eau

1924

Bois laqué noir sur socle. 47,5 cm, signé sur la base de la sculpture.
Ancienne collection Dr. Helmut Beck, Stuttgart, achat à la galerie Jeanne Bucher en 1941

Bois sur socle en bois différent du précédent 45 cm, signé.
Ancienne collection Hoppenot, achat à la galerie Jeanne Bucher. Collection Pouchka, Paris.
Expositions
« Jean Chauvin » Saint-Rémy-Lès-Chevreuse, Fondation de Coubertin, septembre novembre 1992.
« Jean Chauvin » Mont-de-Marsan, musée Despiau-Wlérick, juin septembre 1993.

Bois teinté noir, dimensions non communiquées, socle différent de la précédente.
Exposition
« Chauvin » Paris, galerie Jeanne Bucher 1936; reproduit sur la carte d'invitation.

Plâtre. 46,2 × 13,2 × 12,5 cm; signé.
Collection privée.
Bibliographie
Christian Zervos « Chauvin » éditions « Les Cahiers d'Art », Paris 1960, reproduit page 21 n° 5.
Jean Selz « Découverte de la Sculpture Moderne » éditions Les Fauconnières, Lausanne 1963; reproduit page 254 n° 231.

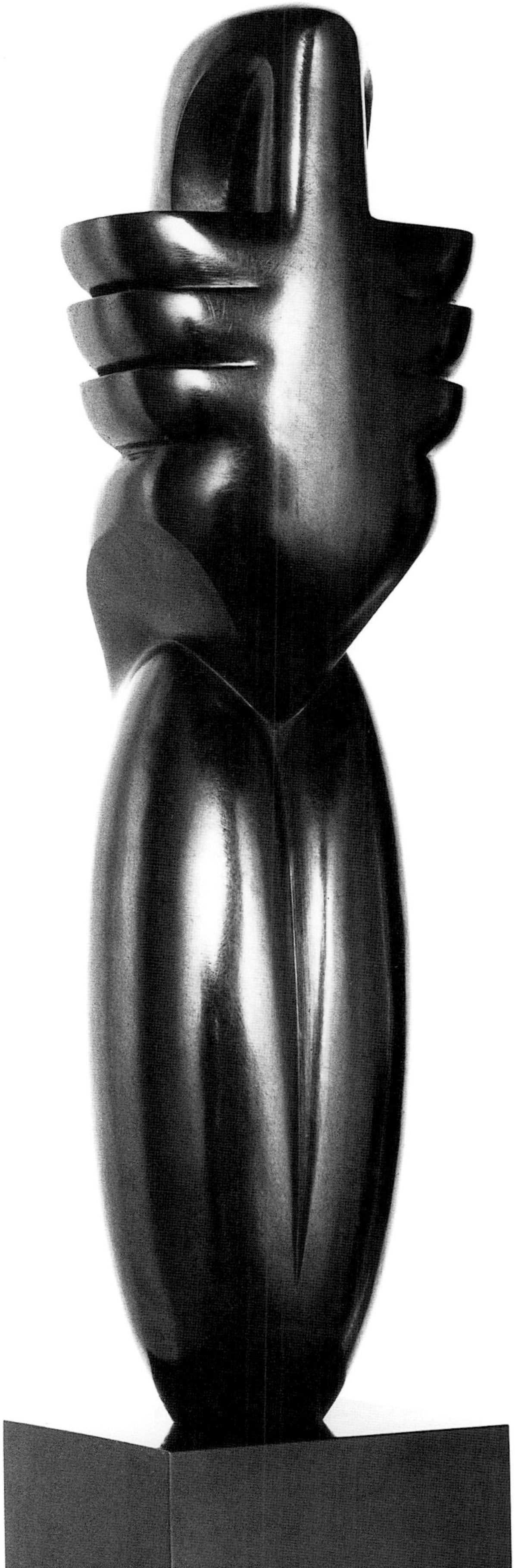

12 Fleur d'eau

suite

Bronzes :

Un exemplaire numéroté 0, bronze doré, fonte Valsuani 1962.

Exposition

« 31e Biennale de Venise » 1962 ; catalogue page 172 n° 71.

N° 1/5, bronze patiné, fonte É. Godard, 1974.

Collection privée.

Exposition

« Chauvin, sculptures » Paris, galerie l'Enseigne du Cerceau, octobre 1974, reproduit au catalogue page 14 n° 5.

Bibliographie

« Galerie Jardin des Arts » janvier 1975, reproduit page 30.

N° 5/5, bronze patiné, fonte Coubertin 1988.

Collection privée.

Exposition

« Chauvin, œuvres de 1913 à 1959 » Paris, galerie Vallois juin 1988.

Bibliographie

Michel Nuridsany « Chauvin » dans « Le Figaro » du 16 juin 1988, reproduit.

Plâtre, agrandissement. 80 × 25 × 22,5 cm ; signé.

Collection privée.

Bronzes :

N° I/V, fonte É. Godard 1989.

Collection privée.

N° II/V, fonte É. Godard 1990.

Collection privée.

N° III/V, fonte É. Godard 1992.

Collection G. Gautier, Paris.

Exposition

« Jean Chauvin, sculptures » Paris, galerie Art et Patrimoine, septembre-octobre 1992.

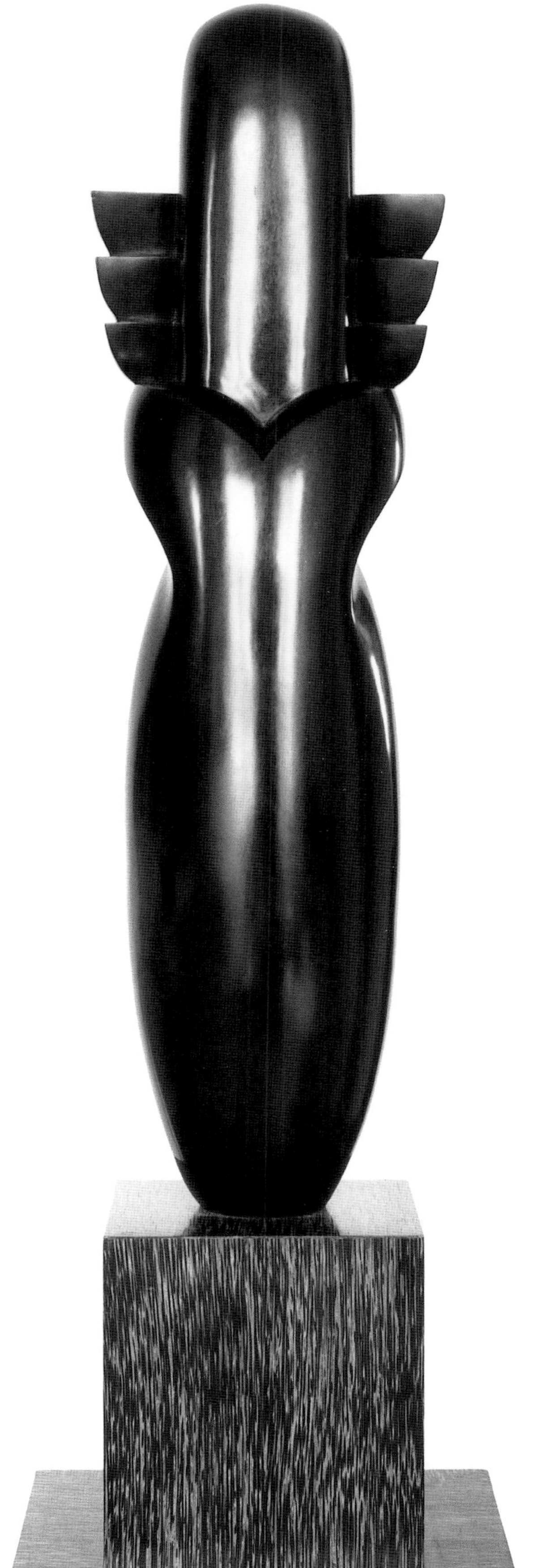

13

Sans titre

circa 1924

Bois teinté noir. 53,5 (hors socle) × 16 × 14 cm; signé.
et dédicacé: « AU PIGEON, A COLETTE, AFFECTUEUX SOUVENIR, JUILLET MCMXLIX, CHAUVIN ».
Collection privée, Meudon.

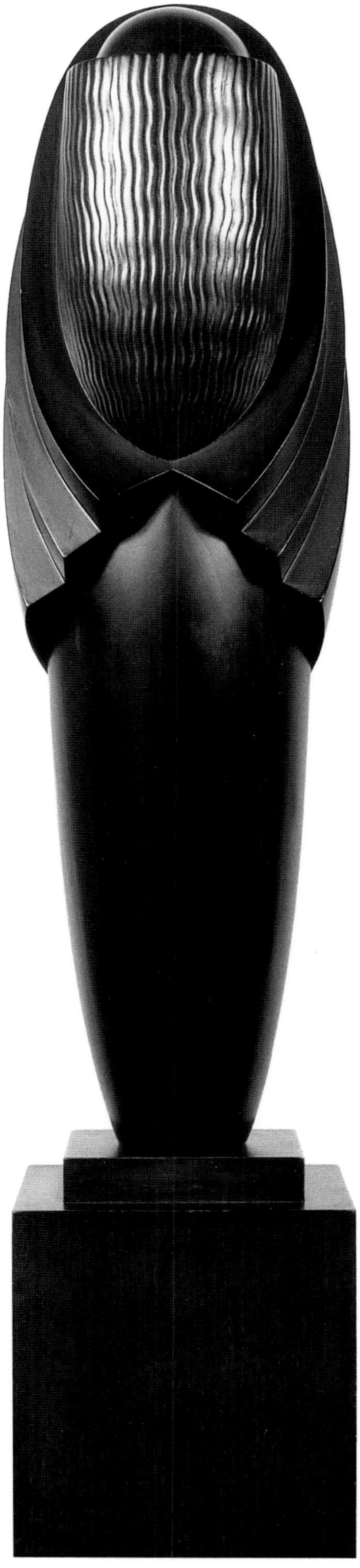

14 Volets du triptyque
1925

Bois. H : 62 cm

Collection Tel Aviv Muséum of Art, Israel; donation Alex Maguy, 1963.

Exposition

« Chauvin » Paris, galerie de l'Élysée, novembre-décembre 1960.

Bibliographie

Christian Zervos, éditions « Les Cahiers d'Art » Paris 1960; reproduit page 23 n° 7.

Plâtre. 62 × 21,5 cm; signé.

Collection privée.

Bronzes :

N° 1/5, fonte É. Godard.

Collection privée

Exposition

« Chauvin, sculptures » Paris galerie l'Enseigne du Cerceau, octobre 1974; reproduit au catalogue page 14 n° 6.

N° 3/5, fonte É.Godard, 1988.

Collection P.A.G. Paris.

N° 4/5, fonte É. Godard, 1977.

Collection fondation I.G.W.T. Suisse.

N° 5/5, fonte É. Godard, 1988.

Collection privée.

N° EA 1/2, fonte É. Godard, 1986.

Collection privée.

N° EA 2/2, fonte É. Godard, 1977.

Collection privée.

Plâtre agrandissement. H : 124 cm; signé.

Collection privée.

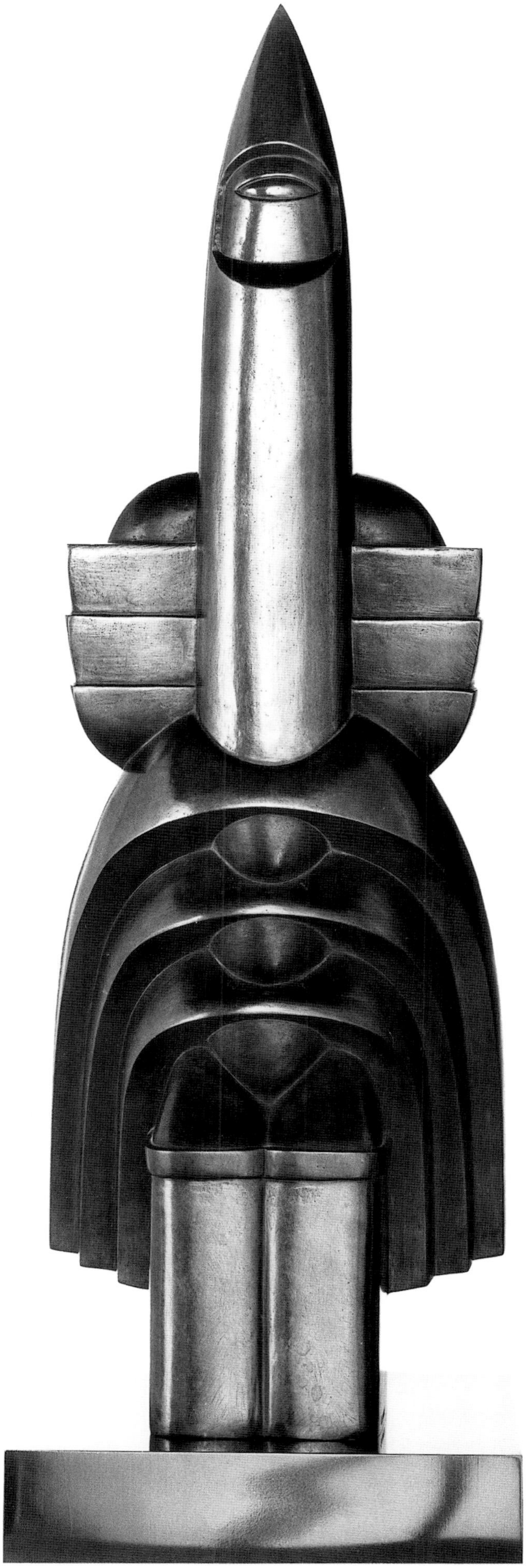

15

Fontaine

1926

Bois de noyer. 64 × 29 × 16 cm; signé.
Collection privée, Paris.

Expositions

«Chauvin» Paris, galerie de l'Élysée, novembre-décembre 1960.
«31e Biennale de Venise» juin-octobre 1962, catalogue page 172 n° 73.
«Chauvin, sculptures de 1924 à 1958» Paris, galerie Artcurial, mars-avril 1990; reproduit pages 12 et 13.

Bibliographie

Christian Zervos «Chauvin» éditions «Les Cahiers d'Art», Paris 1960; reproduit page 25 n° 9.

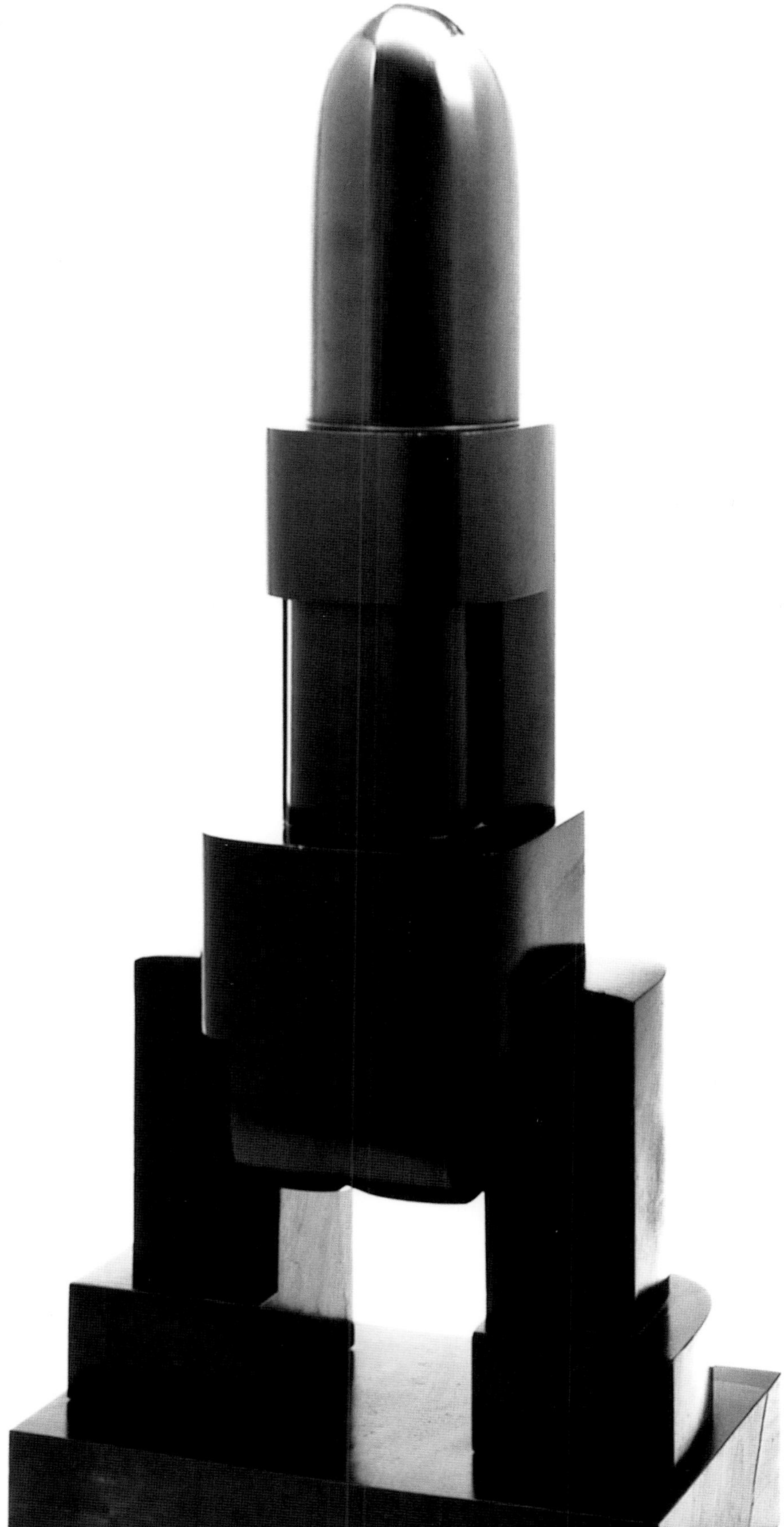

16

Léda

1926

Bois d'acajou. H : 68 cm; signé.

Collection fondation I.G.W.T. Suisse.

Bibliographie

Christian Zervos «Chauvin» éditions «Les Cahiers d'Art», Paris 1960; reproduit page 24 n° 8.

Paul-Louis Rinuy «Jean Chauvin» éditions Fondation de Coubertin, 1992 reproduit page 23 fig. 7.

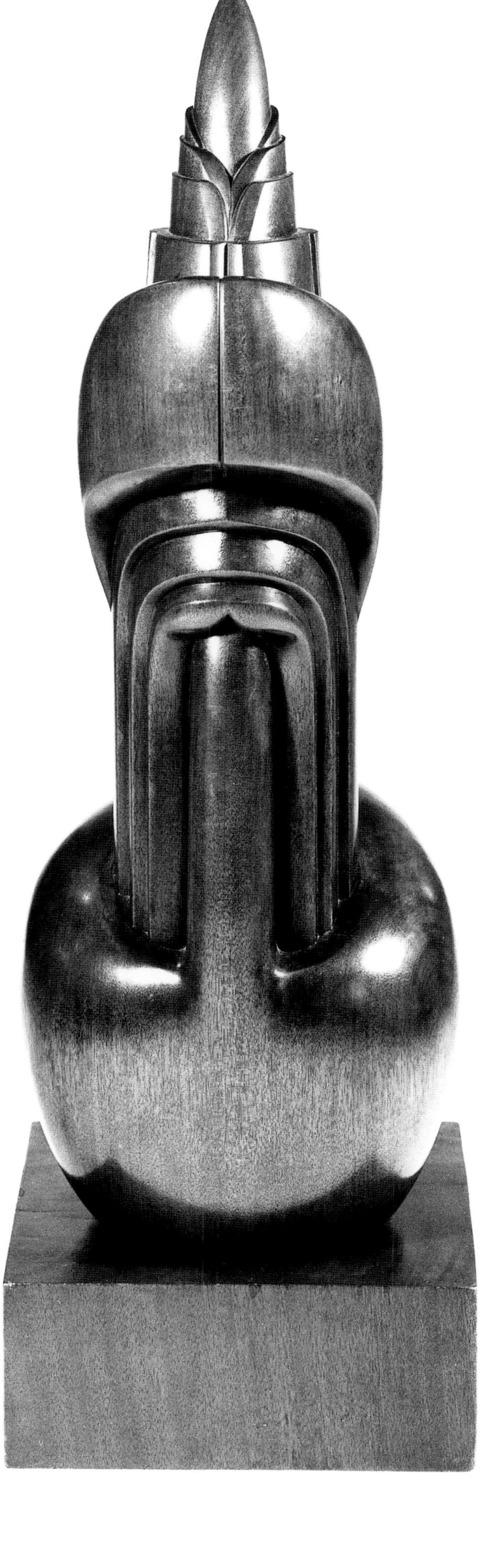

17 | # Un prophète

1927

Bois de Cuba. H : 66 cm; signé.

Collection privée.

Exposition

« Chauvin » Paris, galerie Jeanne Bucher, 1936.
« Chauvin » Paris, galerie de l'Élysée, novembre-décembre 1960.

Bibliographie

Christian Zervos « Chauvin » éditions « Les Cahiers d'Art », Paris 1960; reproduit page 26 n° 10.
Bevis Hillier « The World of Art-Déco » éditions Minneapolis institut of Art 1972 reproduit page 87 n° 257.
Anne Bony « Les Années 20 » éditions du Regard, Paris 1991; reproduit page 252.

Nota

Dans l'ouvrage d'Anne Bony, Chauvin est prénommé Louis par erreur.

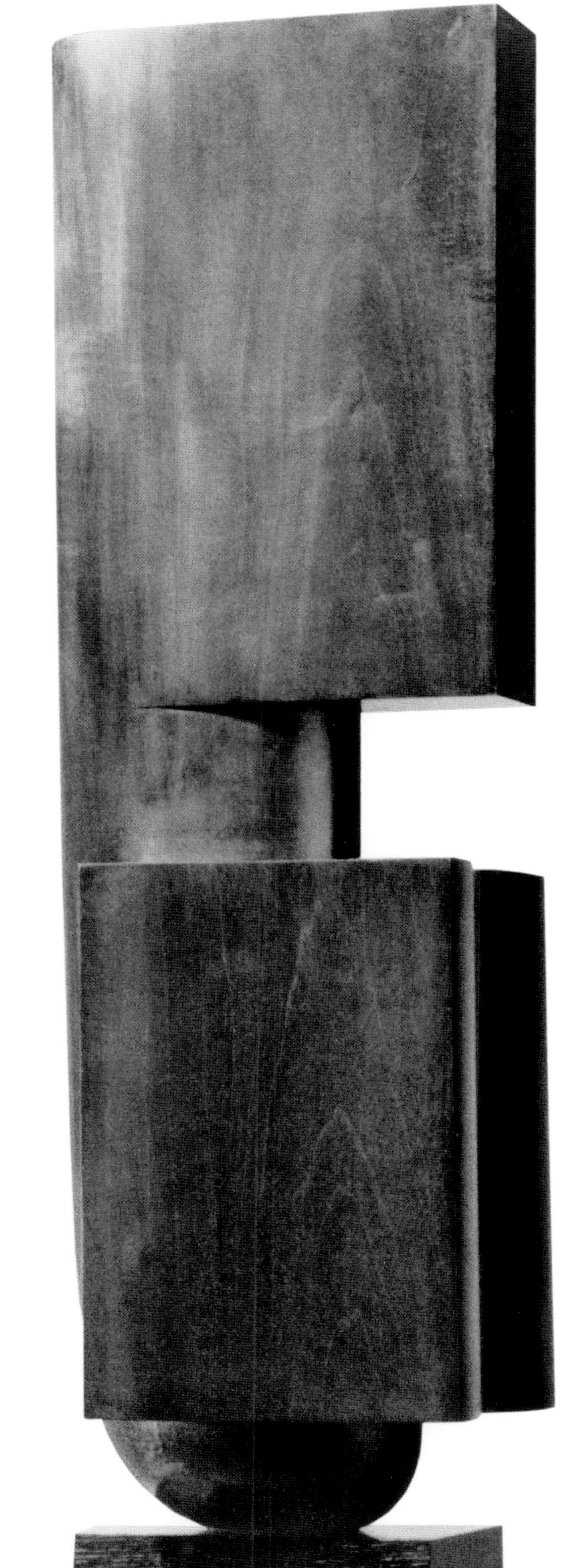

18

Chrysalide

1927

Plâtre.

40 × 7 × 6,5 cm; signé.

Collection privée.

Bronzes :

N° 1/5, fonte Coubertin, 1981.

Collection privée.

Expositions

« Jean Chauvin » Saint-Rémy-Lès-Chevreuse, Fondation de Coubertin, septembre-novembre 1992, n° 4 au catalogue.

« Jean Chauvin » Mont-de-Marsan, musée Despiau-Wlérick, juin-septembre 1993.

Bibliographie

Odile Crespy « Jean Chauvin, un étrange mystère » dans « Arts, Actualités Magazine », juin 1993 n°36; reproduit.

N° 2/5, fonte Coubertin, 1976.

Collection fondation I.G.W.T. Suisse.

N° 3/5, fonte Coubertin, 1978.

Collection Isabelle Grapotte, Paris.

N° 4/5, fonte Coubertin, 1976.

Collection privée.

N° EA1/2, fonte Coubertin, 1989.

Collection privée.

N° EA2/2, fonte Coubertin, 1988.

Collection privée.

Plâtre, agrandissement. 69 × 12,5 × 12 cm, signé.

Collection privée.

Bronzes :

N° I/V, fonte É. Godard, 1988.

Collection privée.

N° A II/V, fonte É. Godard, 1988.

Collection Pouchka, Paris.

Expositions

« Chauvin, œuvres de 1913 à 1959 » Paris, galerie Vallois, juin-juillet 1988, reproduit au catalogue page 22

Jean Chauvin, sculptures « Paris, galerie Art et Patrimoine », septembre-octobre 1992.

N° A III/V, fonte É. Godard, 1993.

Collection privée.

N° A IV/V, fonte Ciselure d'Art d'île de France, 2002.

Collection privée, France.

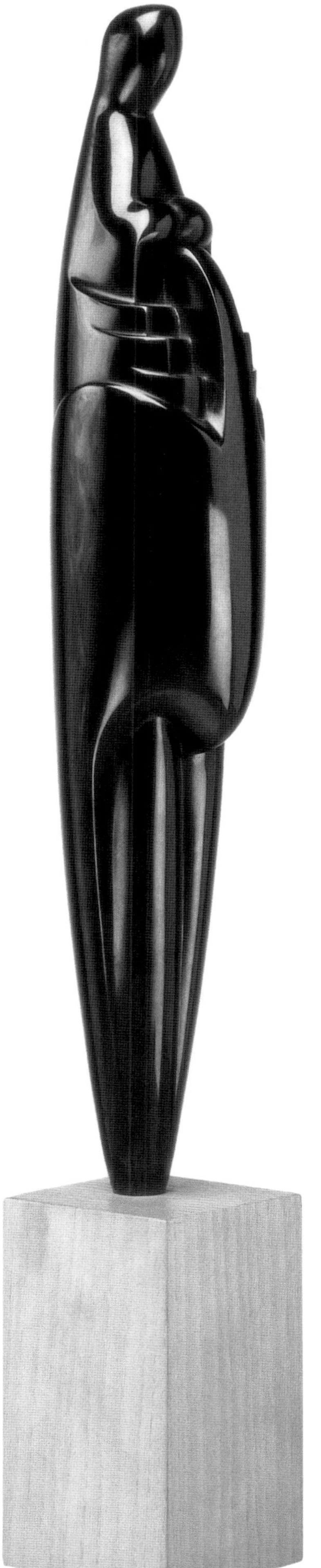

19

Sans titre

circa 1928

Bois.

Dimensions et localisation inconnues.

Le seul document que nous possédions concernant cette œuvre est la photographie reproduite ci-contre prise par Chauvin.

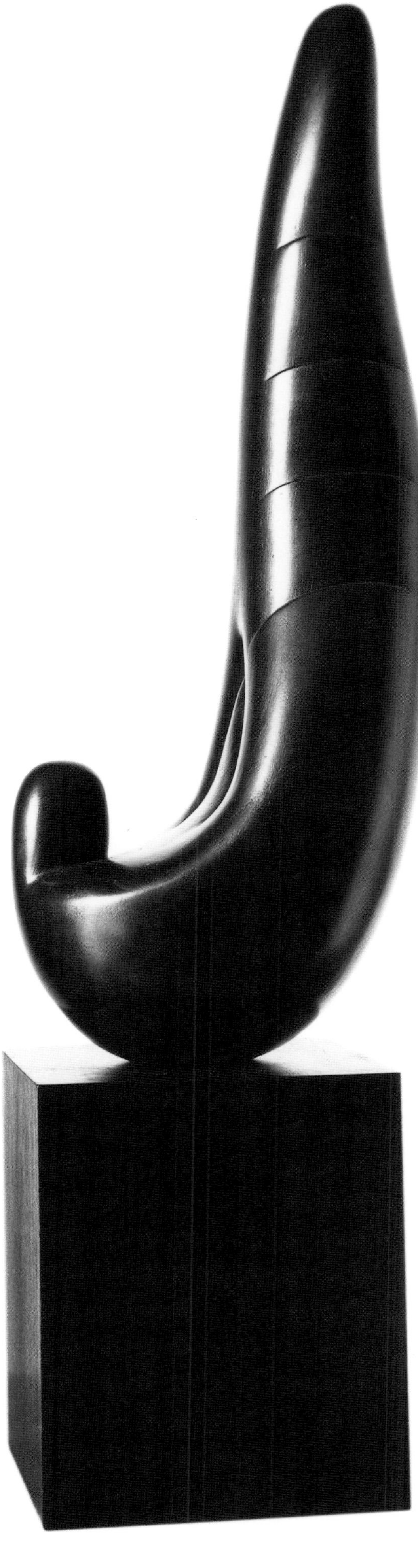

20

Sans titre

avant 1929

Bois.

Dimensions et localisation inconnues.

Le seul document que nous possédions concernant cette œuvre est la photographie reproduite ci-contre prise par Chauvin et annotée : collection Jacques Doucet.

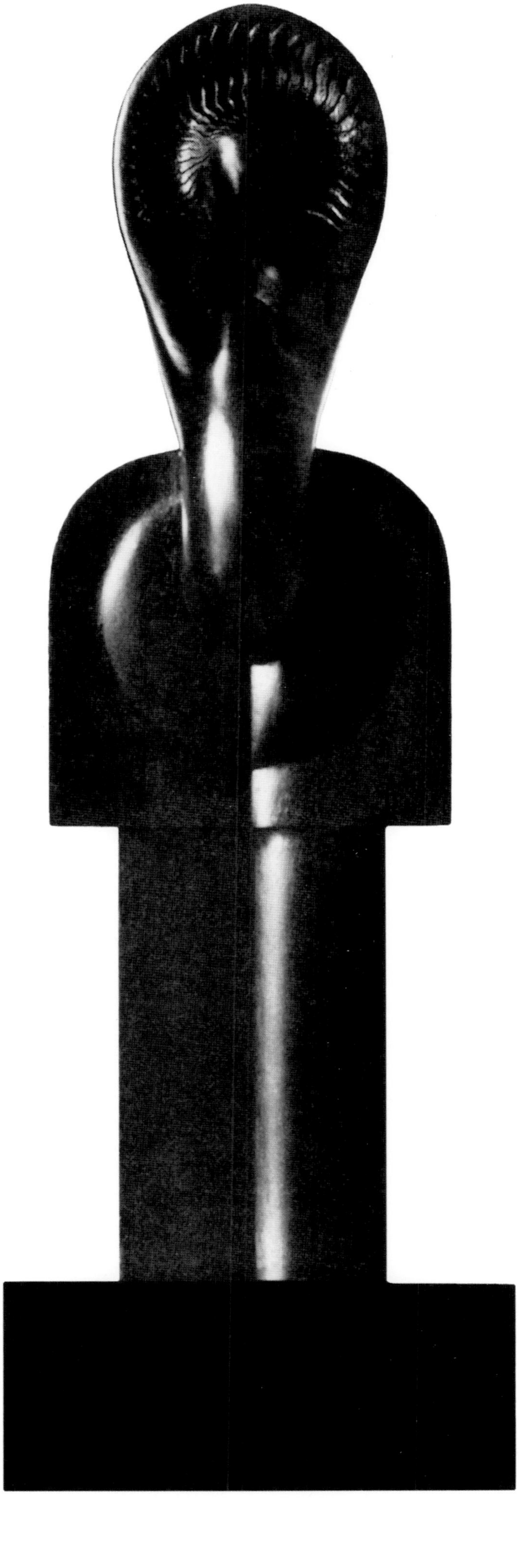

21

Sève qui monte

1928

Plâtre . 58 × 12 × 8 cm (hors socle); signé.
Collection privée.

Bois de Pavanck. 58 cm; signé.
Collection fondation I.G.W.T. Suisse.
Exposition
« Chauvin » Paris, galerie de l'Élysée, novembre-décembre 1960.
Bibliographie
Christian Zervos « Chauvin » éditions Les Cahiers d'Art, Paris 1960; reproduit page 29 n° 13.

Bois laqué. 71,5cm (avec socle); signé.
Collection François Ducourtial, Paris.

Bois teinté noir. 117 cm (avec socle); signé.
Collection privée, Les Sables-D'Olonne, France.

Bronzes :
Un exemplaire non numéroté, fonte Valsuani,1936.
Collection privée.
Exposition
« Chauvin » Paris, galerie Jeanne Bucher.

N° 4/5, fonte É. Godard, 1977.
Collection privée.

N° 5/5, fonte É. Godard, 1983.
Collection privée.
Exposition
« Chauvin, œuvres de 1913 à 1959 » Paris, galerie Vallois, juin-juillet 1988; reproduit page 24 du catalogue.

N° EA1/2, fonte É. Godard, 1984.
Collection privée.

N° EA2/2, fonte É. Godard, 1977.
Collection privée.

Plâtre agrandissement. 116 × 24 × 8 cm; signé.
Collection privée.

Bronzes :
N° A I/V, fonte É. Godard, 1993.
Collection privée, Paris.

N° A II/V, fonte Ciselure d'Art d'île de France.
Collection privée, U.S.A.

N° A III/V, fonte Ciselure d'Art d'île de France, 2006.
Collection privée, Paris.

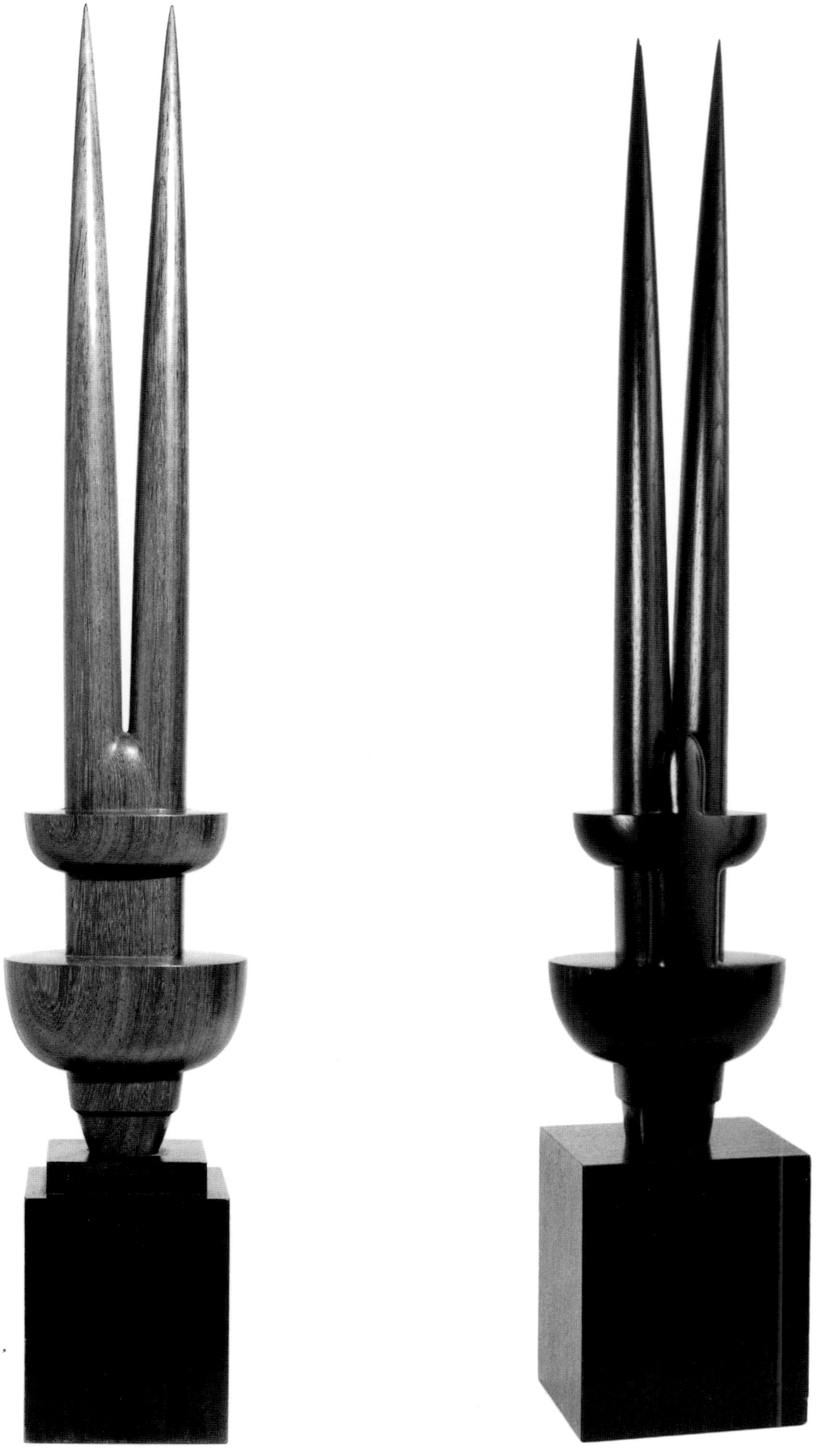

22

Forme

1928

Plâtre. 28,3 × 23,5 × 4,5 cm; signé.
Collection privée.

Bronzes :

N° 1/5, fonte Coubertin, 2006.
Collection privée.
Exposition
« Chauvin, œuvres de 1913 à 1959 » Paris, galerie Vallois, juin-juillet 1988; reproduit page 26 du catalogue.

N° 5/5, fonte É. Godard, 1988.
Collection privée, Paris.

Plâtre agrandissement. 60 × 49,8 cm; signé.
Collection privée.

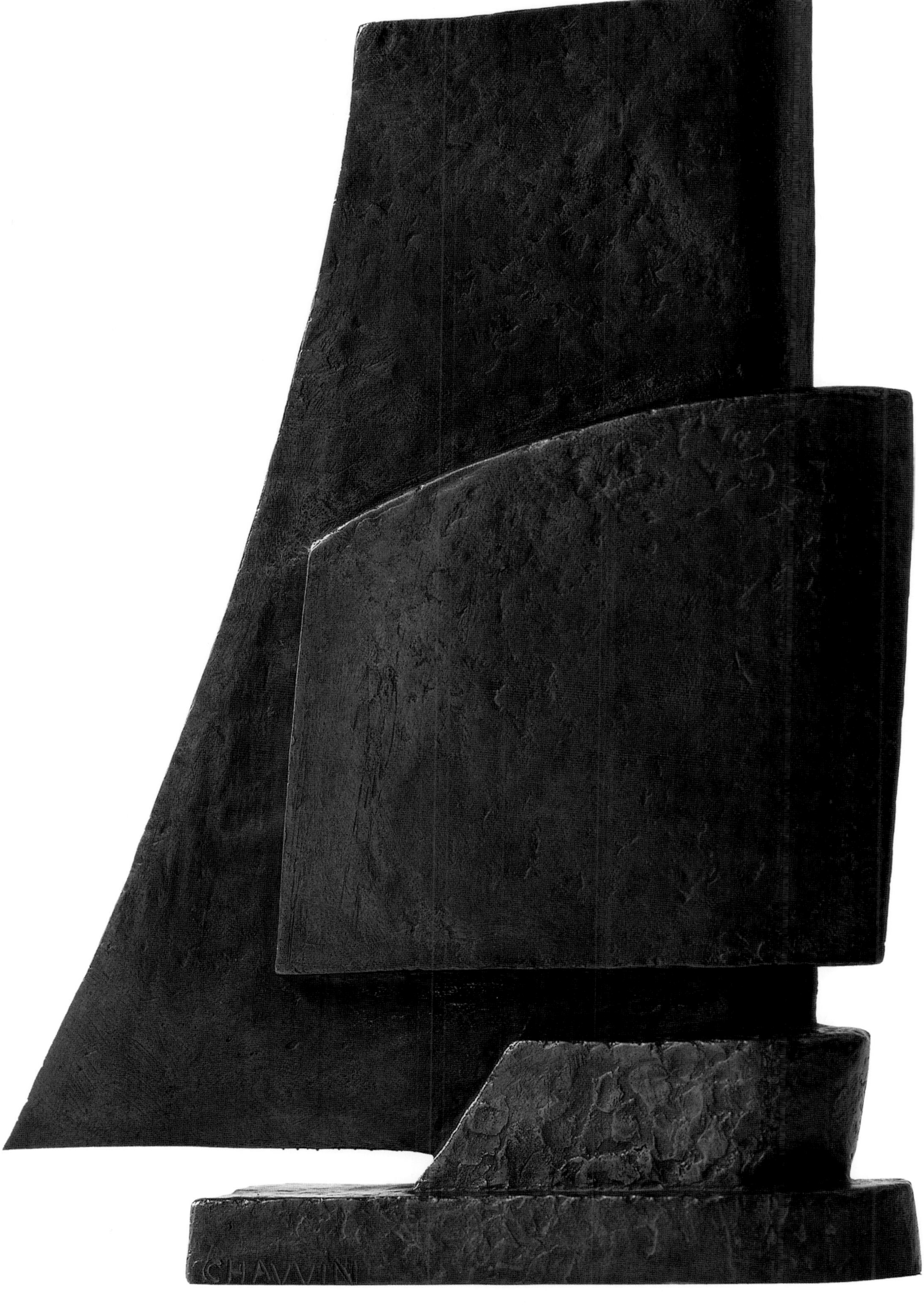
CHAVVIN

23

Corail

1928

Bois de corail. H : 65 cm; signé

Collection privée.

Exposition

« Chauvin, sculptures » Paris, galerie L'Enseigne du Cerceau, octobre 1974; reproduit page 15.

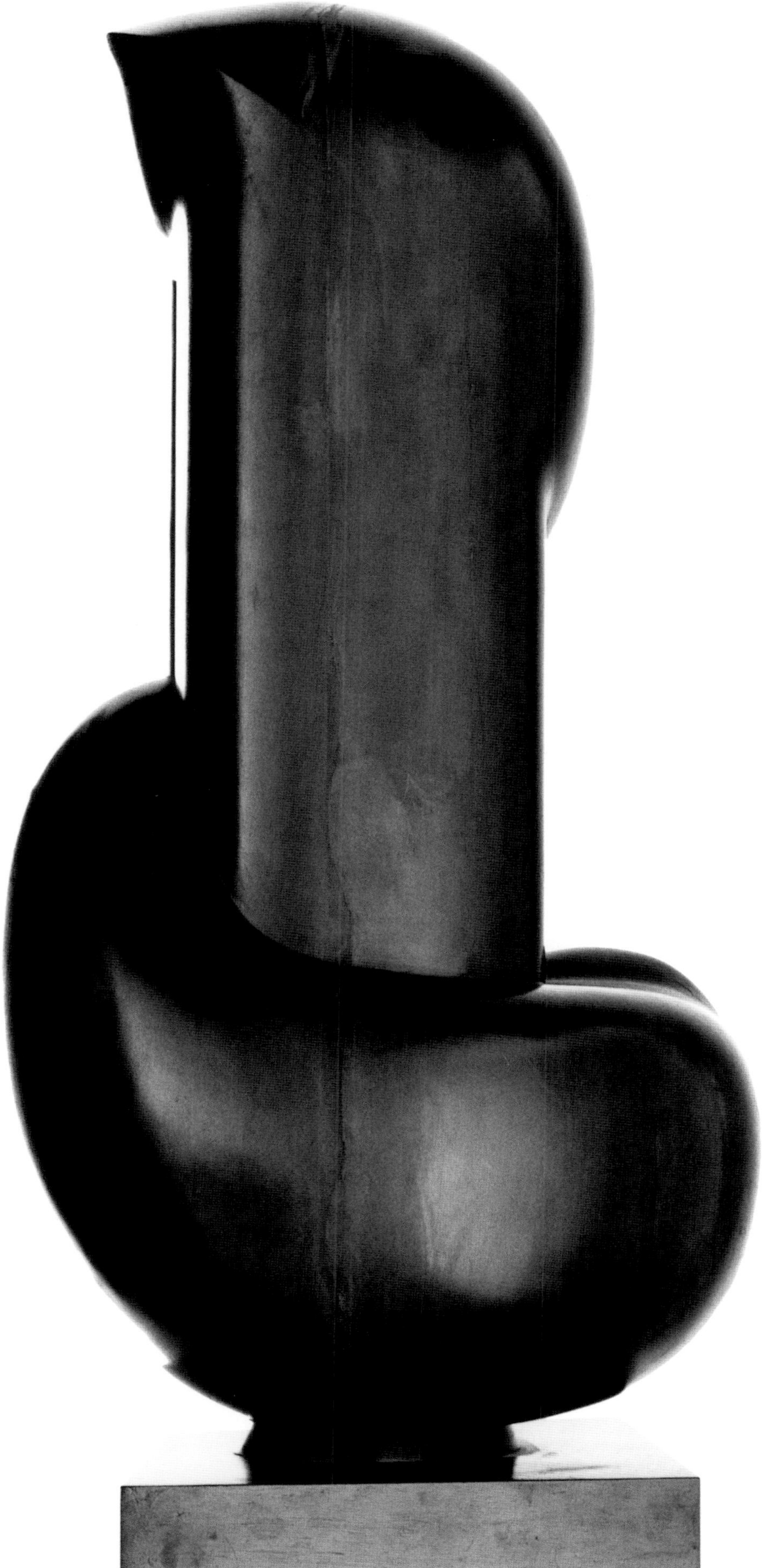

24

Georgette

1928

Bois. 45,8 × 10 × 11,1 cm; signé.

Collection Smithsonian Institution, Washington D.C.

Expositions

« Chauvin » Paris, galerie de L'Élysée, novembre-décembre 1960.

« Direct Carving in Modern Sculpture : selections from the Museum's collection » Hirshhorn Museum and Sculpture Garden, Smithsonian Institution Washington D.C., octobre-novembre 1983, n° 3 au catalogue.

Bibliographie

Christian Zervos « Chauvin » éditions « Les Cahiers d'Art », Paris 1960; reproduit page 27 n° 11.

Historique

Achat à la galerie de L'Élysée par Joseph H. Hirshhorn, New York, le 2 septembre 1961 ; don de ce dernier à la Smithsonian Institution le 17 mai 1966.

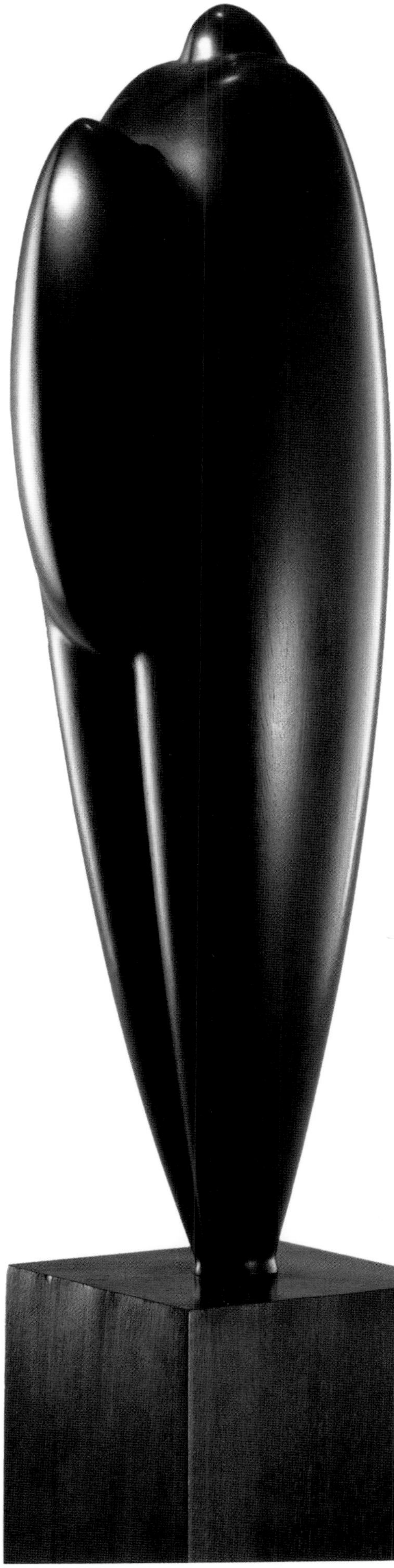

25

PAN

1928

Plâtre. 29 × 15,2 × 14 cm; signé.
Collection privée.

Bronzes :

Un exemplaire non numéroté, fonte Valsuani, 1949.
Collection privée.
Expositions
« Chauvin » Paris, galerie Maeght, mars 1949, n° 26 au catalogue.
« Chauvin » Paris, galerie de L'Élysée, novembre-décembre 1960.
Bibliographie
Christian Zervos « Chauvin » éditions « Les Cahiers d'Art », Paris 1960; reproduit page 28 n° 12.

N° 2/5, fonte Coubertin, 1978.
Collection fondation I.G.W.T. Suisse.

N° 4/5, fonte Coubertin, 1982.
Collection privée.

N° EA1/2, fonte Coubertin, 1987.
Exposition
« Chauvin, œuvres de 1913 à 1959 » Paris, galerie Vallois, juin-juillet 1988.
Reproduit page 30 du catalogue.

Plâtre agrandissement : 58 × 30,4 × 28 cm; signé.
Collection privée.

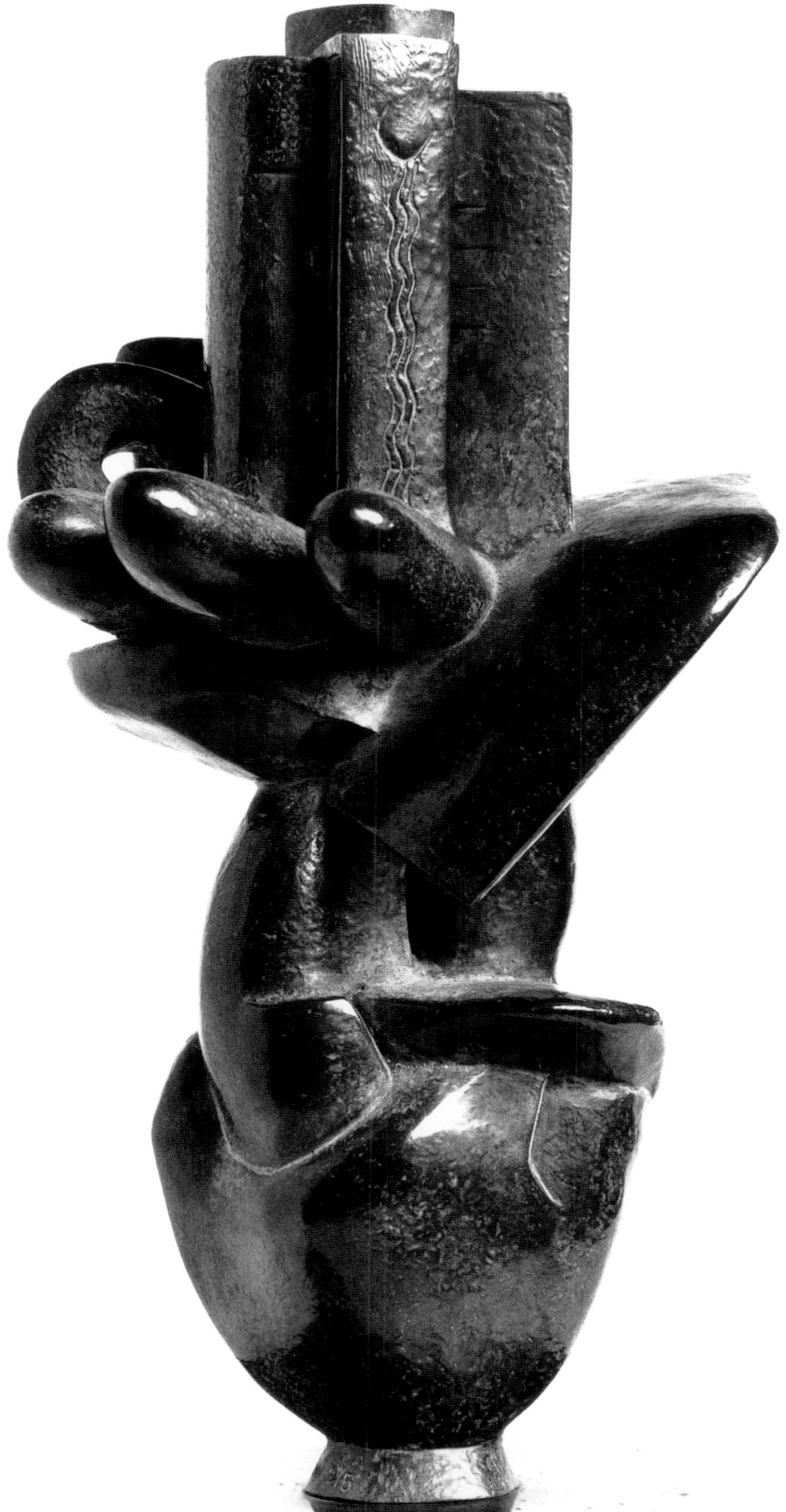

AVRIL

1928

Plâtre. 42 × 13,5 × 10,5 cm; signé.
Collection privée.

Bois teinté noir. 43 × 13 × 13 cm; signé et dédicacé à Robert Rey.
Collection privée, Paris.

Bronzes :
Exemplaire non numéroté, fonte Valsuani (date de fonte inconnue).
Collection privée, Suède.

N°1/5, fonte Coubertin, 1988.
Collection privée.

N°2/5, fonte Coubertin, 1976.
Collection fondation I.G.W.T. Suisse.

N°3/5, fonte Coubertin, 1996.
Collection P.A.G. Paris

N°4/5, fonte Coubertin, 1990.
Collection privée.
Exposition
« Jean Chauvin » Saint-Rémy-Lès-Chevreuse, Fondation de Coubertin, sept.-nov. 1992, n° 5 au catalogue.
Bibliographie
Odile Crespy « Jean Chauvin, un étrange mystère » dans « Arts Actualités Magazine » n° 36, juin 1993, reproduit.

N°5/5, fonte Coubertin, 1987.
Collection privée.

Plâtre, agrandissement. 85 x 26,5 x 22 cm; signé.
Collection privée.

Bronzes :
N°I/V, fonte É. Godard, 1988.
Collection privée.

N°II/V, fonte É. Godard,1988.
Collection Pouchka, Paris.
Exposition
« Chauvin, œuvres de 1913 à 1959 » Paris, galerie Vallois, juin-juillet 1988, reproduit au catalogue page 28.

Plâtre, agrandissement 120 × 37,5 × 31 cm; signé.
Collection privée.

Bronze :
N°IV/V, fonte É. Godard, 1991.
Collection privée, Paris.
Exposition
« Jean, Chauvin, sculptures », Paris, galerie Art et Patrimoine, septembre-octobre 1992.

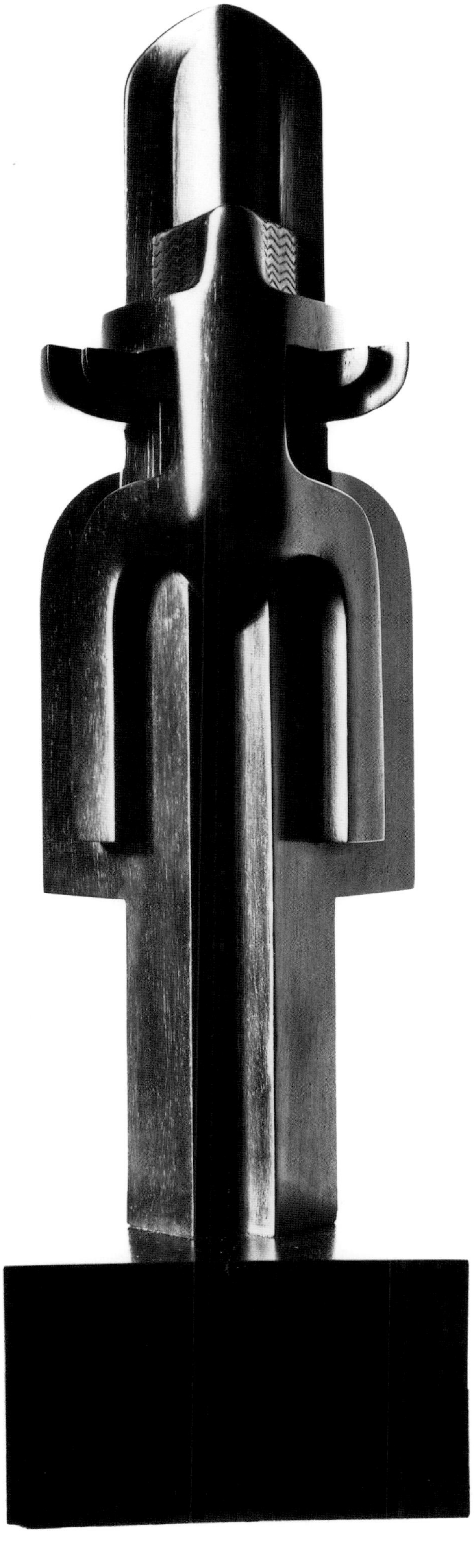

27

Deux colombes sur une colonne

circa 1929

Bois de noyer du Cameroun. H : 73 cm (avec socle).
Collection fondation I.G.W.T. Suisse.

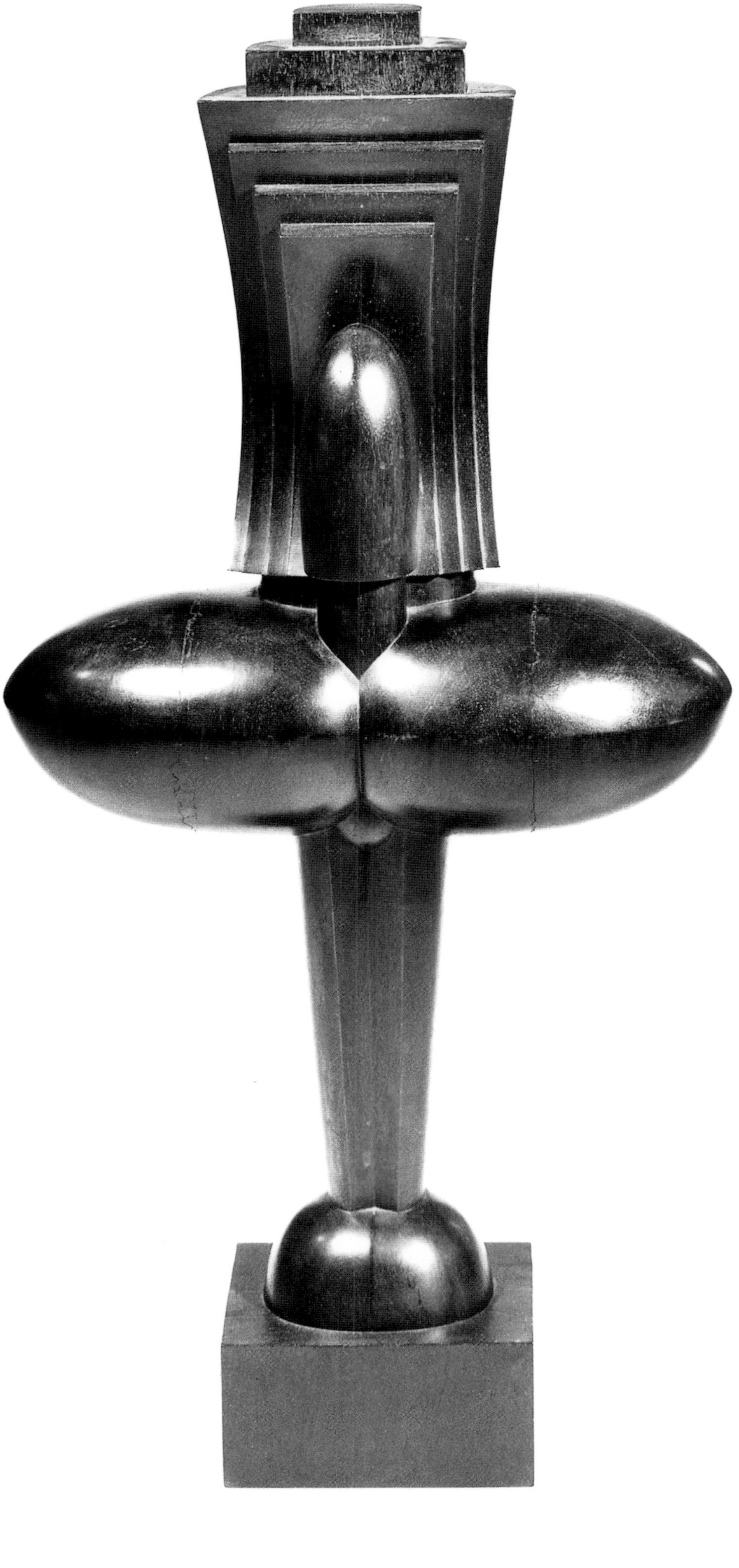

28

Daedalus

1929

Plâtre. 31,5 × 20,1 × 15,2 cm; signé.
Collection privée.

Bronzes :
N° 2/5, fonte Coubertin, 1977.
Collection fondation I.G.W.T. Suisse.

N° 3/5, fonte Coubertin, 1978.
Collection Bernard Gibert, Paris.

Plâtre, agrandissement. 70 × 44,6 cm; signé.
Collection privée.

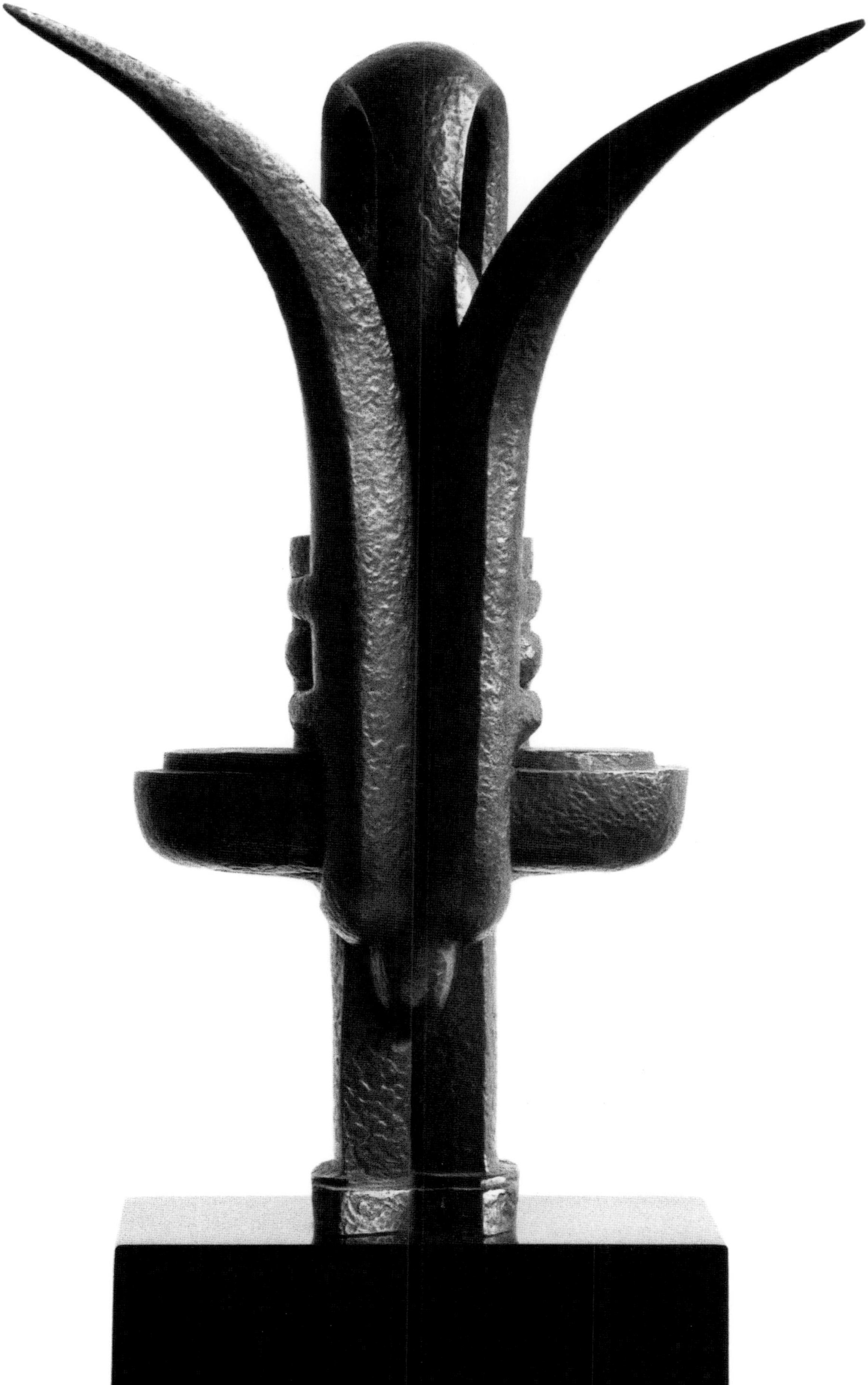

29

Sans titre

1929

Bois d'ébène. 105 × 31 × 15 cm.

Collection Fonds National d'Art Contemporain.

Expositions

« Jean Chauvin » Saint-Rémy-Lès-Chevreuse, Fondation de Coubertin, septembre-novembre 1992 ; reproduit page 50, fig. 25 au catalogue.

« Jean Chauvin » Mont-de-Marsan, musée Despiau-Wlérick, juin-septembre 1993.

Historique

Achat à l'artiste par le Fonds National d'Art Contemporain en 1948, numéro d'inventaire 7146.

En dépôt au musée Réattu d'Arles depuis le 6 décembre 1951.

Nota

La date de cette sculpture a été retrouvée en 1994, annotée de la main de Chauvin au dos d'une photographie prise par l'artiste.

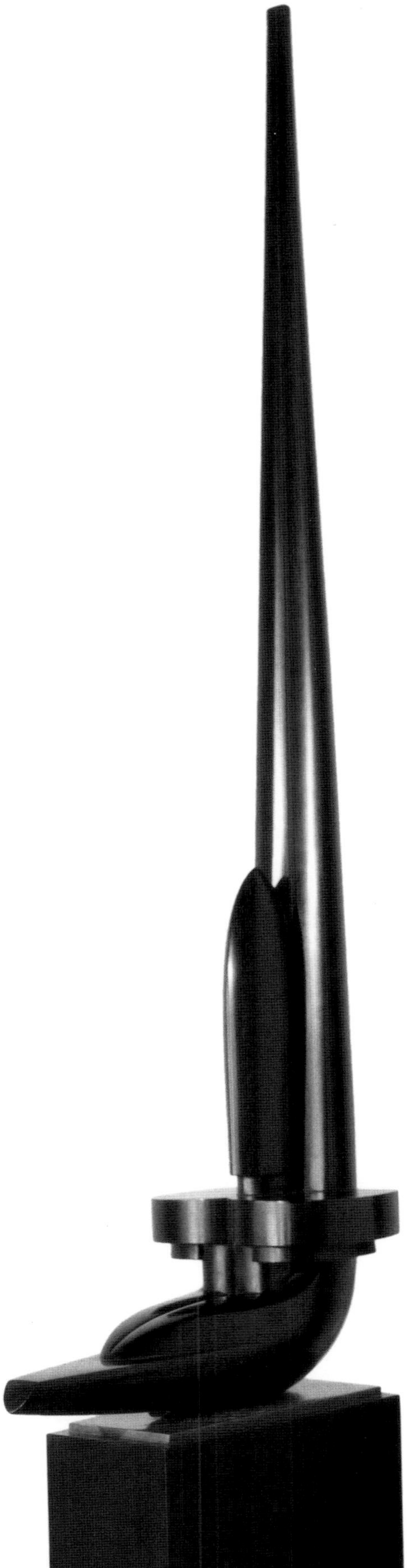

30 Musique du matin

1930

Plâtre. 39,5 × 27 cm; signé.
Collection privée.

Marbre blanc. 39,5 × 27 cm.
Collection I.G.W.T. Suisse.

Bronzes :

N°1/5, fonte Coubertin, 1988.
Collection privée.

N°3/5, fonte Coubertin, 1978.
Collection privée.

Exposition

« L'Art dans les Années 30 en France » Saint-Étienne, musée d'Art et d'Industrie, mars 1979, page 98 du catalogue.

N° 5/5, fonte Coubertin, 1987.
Collection privée.

N° EA1/2, fonte Coubertin, 1987.

Expositions :

« Cinquantenaire de l'Exposition de 1937 » Paris, 1987.
« Sculptures du XXe siècle » Paris, galerie JGM, juin-septembre 1988, page 33 du catalogue.
« Jean Chauvin, sculptures » Paris, galerie Art et Patrimoine, septembre-octobre 1992.
« Jean Chauvin » Mont-de-Marsan, musée Despiau-Wlérick, juin-septembre 1993.

Bibliographie

Paul-Louis Rinuy « Jean Chauvin » éditions Fondation de Coubertin; reproduit page 33 fig. 17.
Odile Crespy « Jean Chauvin, un étrange mystère » dans Arts Actualités Magazine n° 36, juin 1993.

Plâtre, agrandissement. H : 84 cm; signé.
Collection privée.

Bronze :

N° I/V, fonte É. Godard.
Collection privée, Paris.

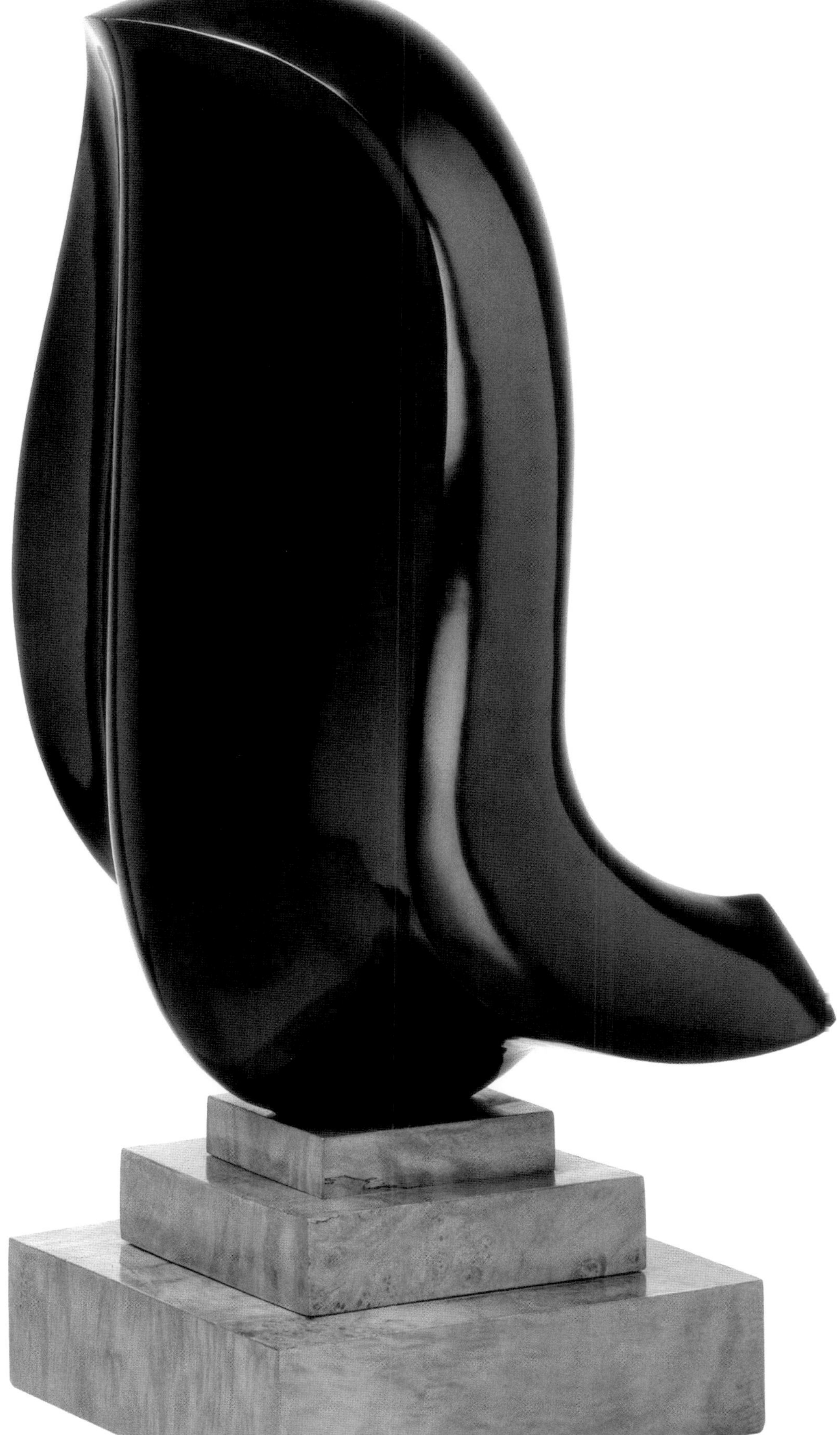

31

O beata solitudo

1931

Bois de noyer. 71,5 × 34,5 × 32 cm; signé.
Collection I.G.W.T. Suisse.

Exposition

« 27e Biennale de Venise » 1954, n° 144 du catalogue.

Bibliographie

Christian Zervos « Chauvin » éditions « Les Cahiers d'Art », Paris 1960; reproduit page 30 n° 14.

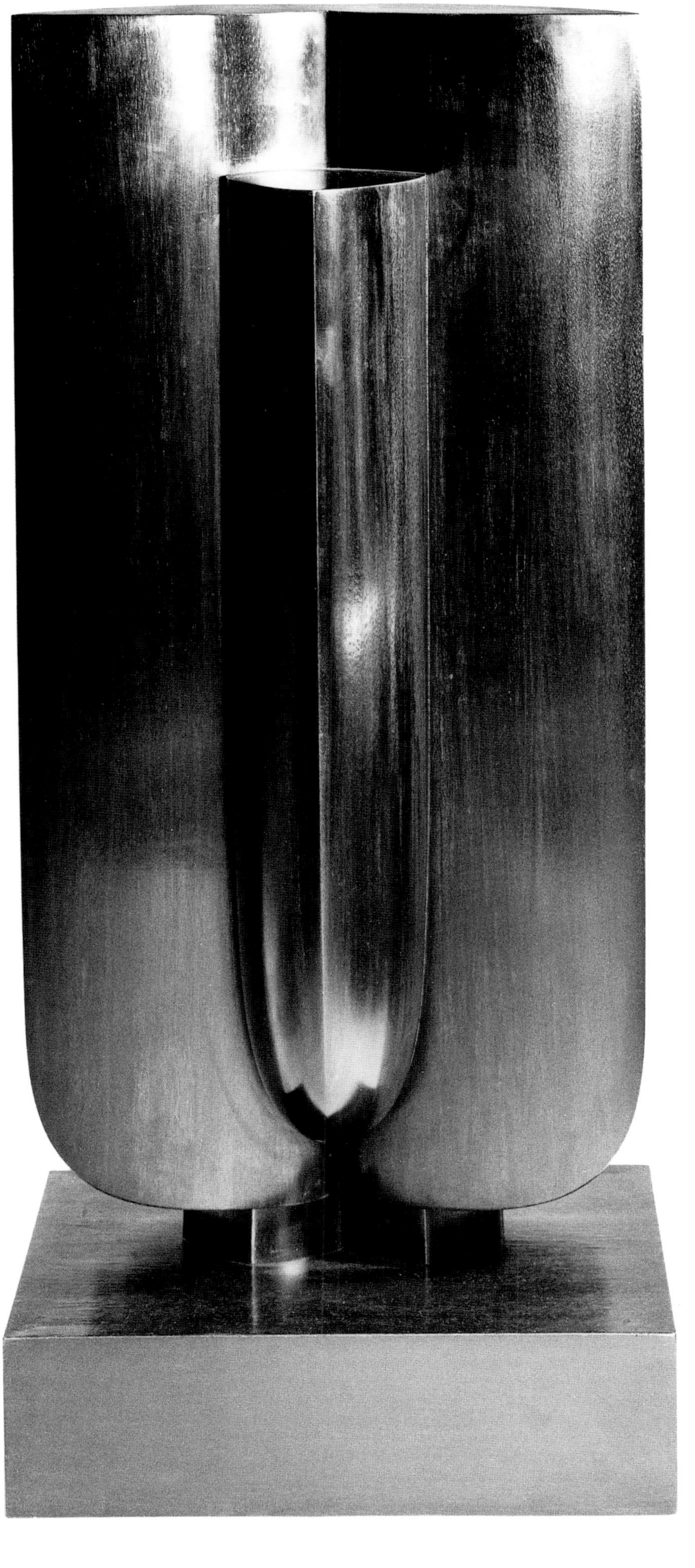

32

Sans titre

entre 1931 et 1940

Bois. 67,5 × 42 × 38 cm.
Collection privée, Paris.

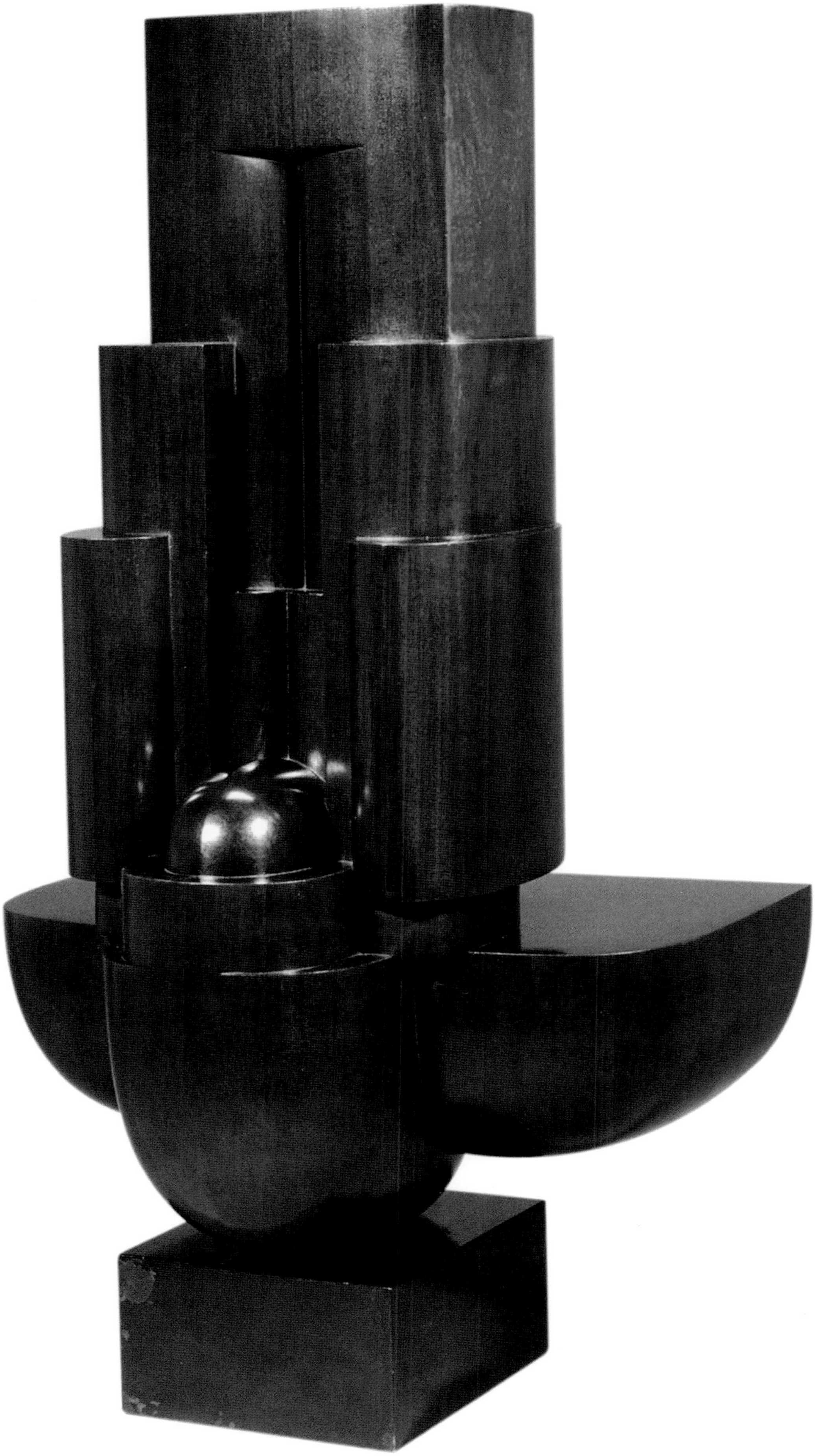

33

Sans titre

circa 1932

Bois laqué noir. 63,7 (hors socle) × 16 × 14 cm.
Collection privée.
Dédicacé sur le socle « A MON AMI BERNAUX DE TOUT COEUR, CHAUVIN MCMXXXII ».

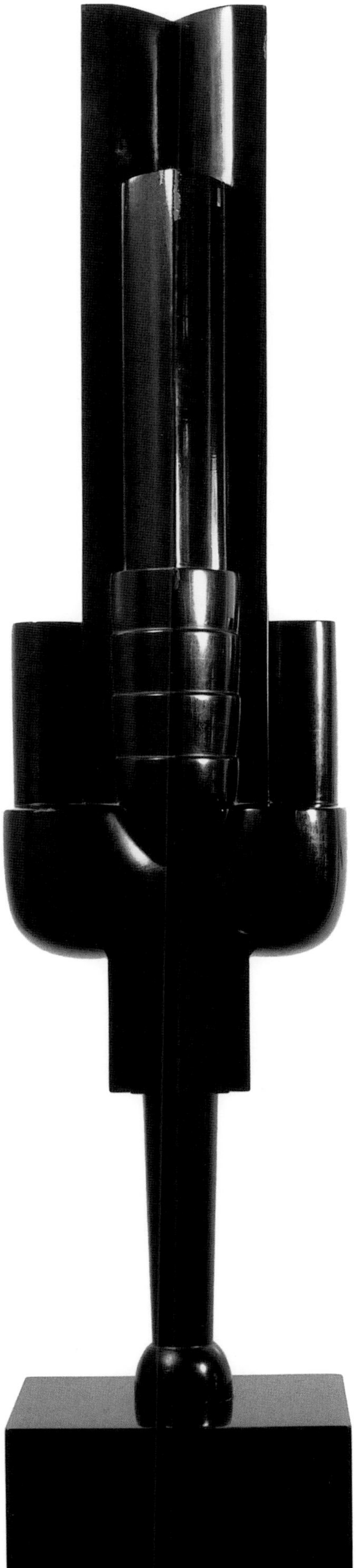

34

En décor

1932

Bois de Cuba. H : 71 cm; signé.

Collection I.G.W.T. Suisse.

Bibliographie

Christian Zervos « Chauvin » éditions « Les Cahiers d'Art », Paris 1960; reproduit page 32 n° 16.

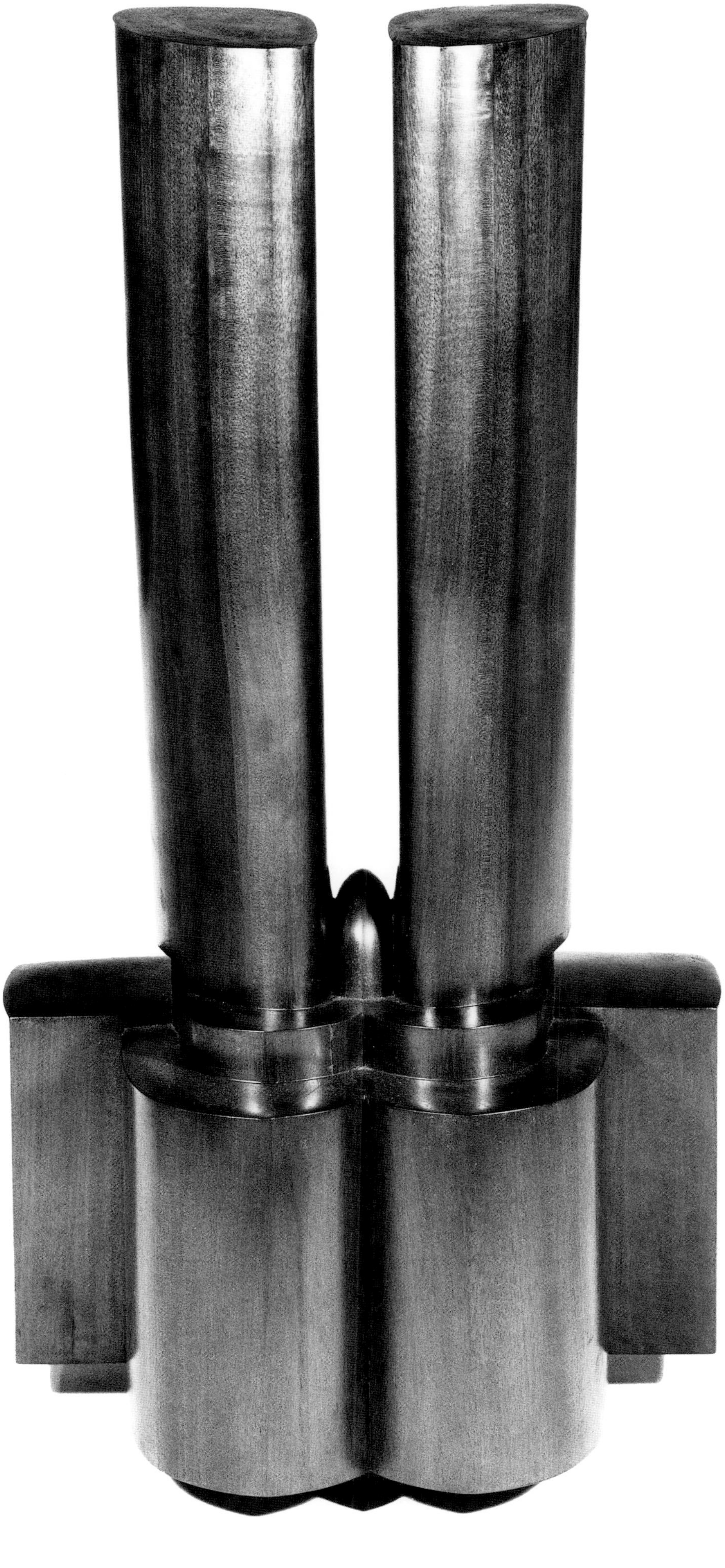

35

Une île de la nuit

1932

Bois. 56 × 20 × 19,6 cm; signé et daté MCMXXXII.

Collection Smithsonian Institution, Washington D.C., U.S.A.

Expositions

« Chauvin » Paris, galerie de l'Élysée, novembre-décembre 1960.

« Inaugural Exhibition », Washington D.C. Hirshhorn Museum and sculpture Garden, Smithsonian Institution du 1er octobre 1974 au 15 septembre 1975.

Bibliographie

Christian Zervos « Chauvin » éditions « Les Cahiers d'Art », Paris 1960; reproduit page 31 n° 15.

« Selected Paintings and Sculptures from the Hirshhorn Museum and Sculpture Garden » éditions Harry N. Abram, New York 1974; reproduit page 320 n°446.

Historique

Achat de M. Joseph H. Hirshhorn, New York, à la galerie de l'Élysée le 2 septembre 1961.

Don de M. Joseph H. Hirshhorn à la Smithsonian Institution, Washington D.C. le 17 mai 1966.

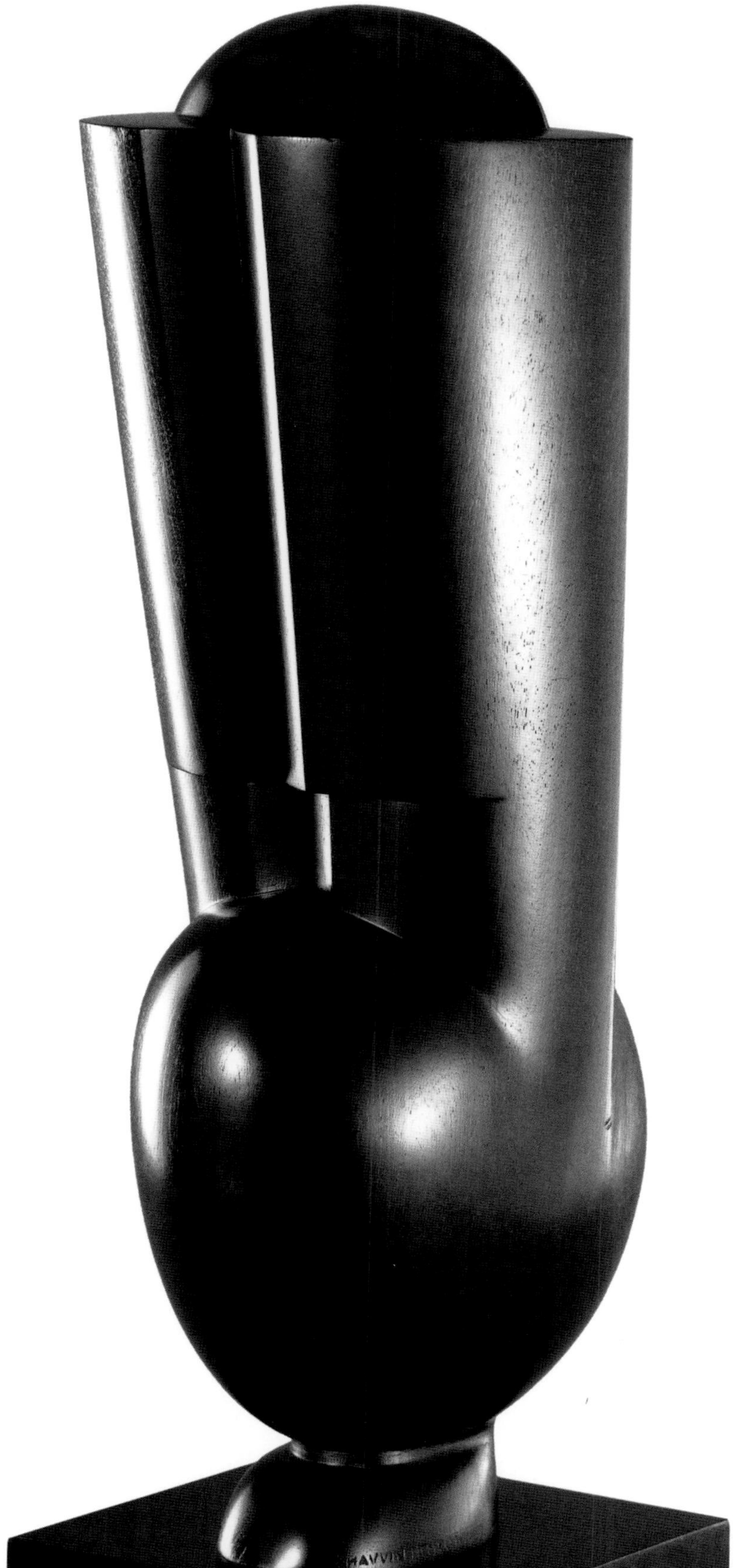

36

Le conquérant
1934

Bois de Cuba. H : 70 cm; signé.
Collection fondation I.G.W.T. Suisse.

Exposition

« Chauvin » galerie de l'Élysée, Paris, novembre-décembre 1960.

Bibliographie

Christian Zervos « Chauvin » éditions « Les Cahiers d'Art », Paris 1960; reproduit page 33 n° 17.
Georges Boudaille « Chauvin » reproduit dans un quotidien non identifié.

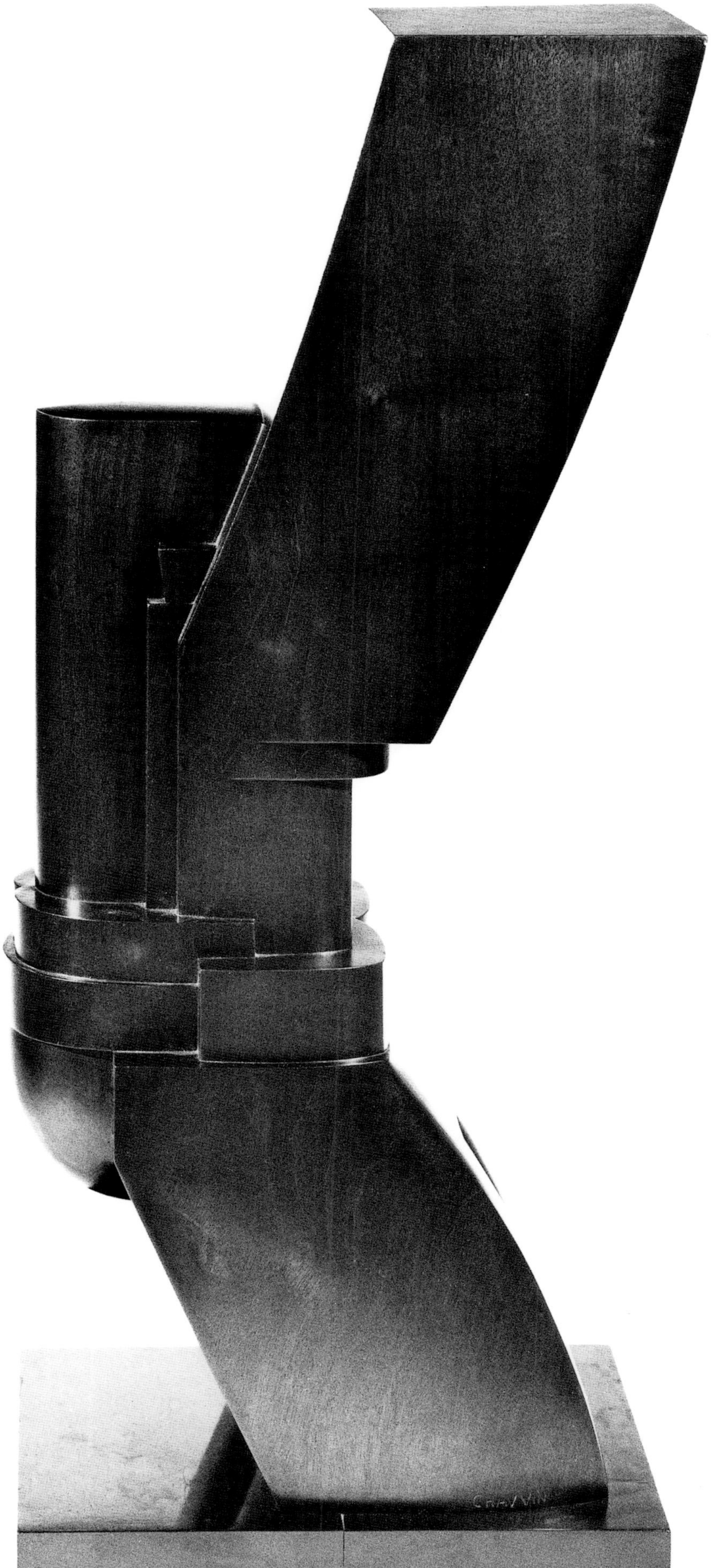

37

Forme

1934

Plâtre. 80 × 24 × 42,5 cm; signé.
Collection privée.

Bronzes :

N°1/5, fonte Coubertin, 1982.
Collection privée.
Exposition
« Sculptures du XXe siècle » Pontoise, musée Tavet, mars-mai 1985; reproduit dans le journal du musée page 2.

N°2/5, fonte Coubertin, 1994.
Collection privée.

N°4/5, fonte Coubertin, 1982.
Collection fondation I.G.W.T. Suisse.

N°5/5, fonte Coubertin, 1983.
Collection privée.
Exposition
« Chauvin, œuvres de 1913 à 1959 » Paris, galerie Vallois, juin-juillet 1988; reproduit au catalogue page 36.

N° EA 1/2, fonte Coubertin 1994.
Collection P.M. Paris

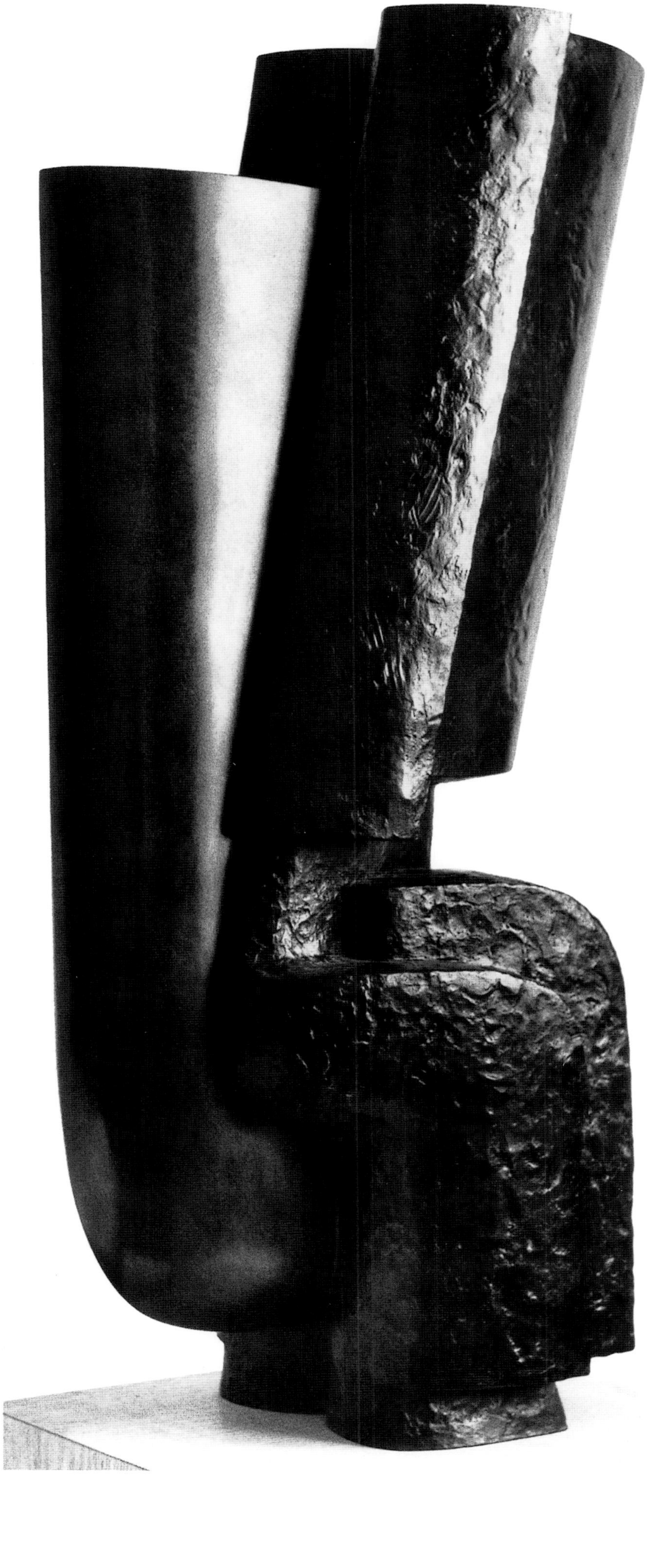

38

Ébauche d'une Léda

1934

Plâtre. 34 × 19 cm; signé.
Collection privée.

Bronzes :

N° 1/5, fonte É. Godard, 1973.
Collection privée.

Expositions

«Chauvin, sculptures» Paris, galerie L'Enseigne du Cerceau, octobre 1974; reproduit au catalogue page 15 n° 8.
«Sculptures des Maîtres Français de l'École de Paris» Tokyo, Contemporary Sculpture Center, mai 1976; reproduit au catalogue n° 35.
«Chauvin» Paris, galerie A.B.C.D. 1976.

N° 4/5, fonte É. Godard, 1977.
Collection I.G.W.T. Suisse.

N° 5/5, fonte É. Godard, 1991.
Collection privée.

Expositions

«Jean Chauvin, sculptures» Paris, galerie Art et Patrimoine, septembre-octobre 1992. «Jean Chauvin» Mont-de-Marsan, musée Despiau-Wlérick, juin-septembre 1993.

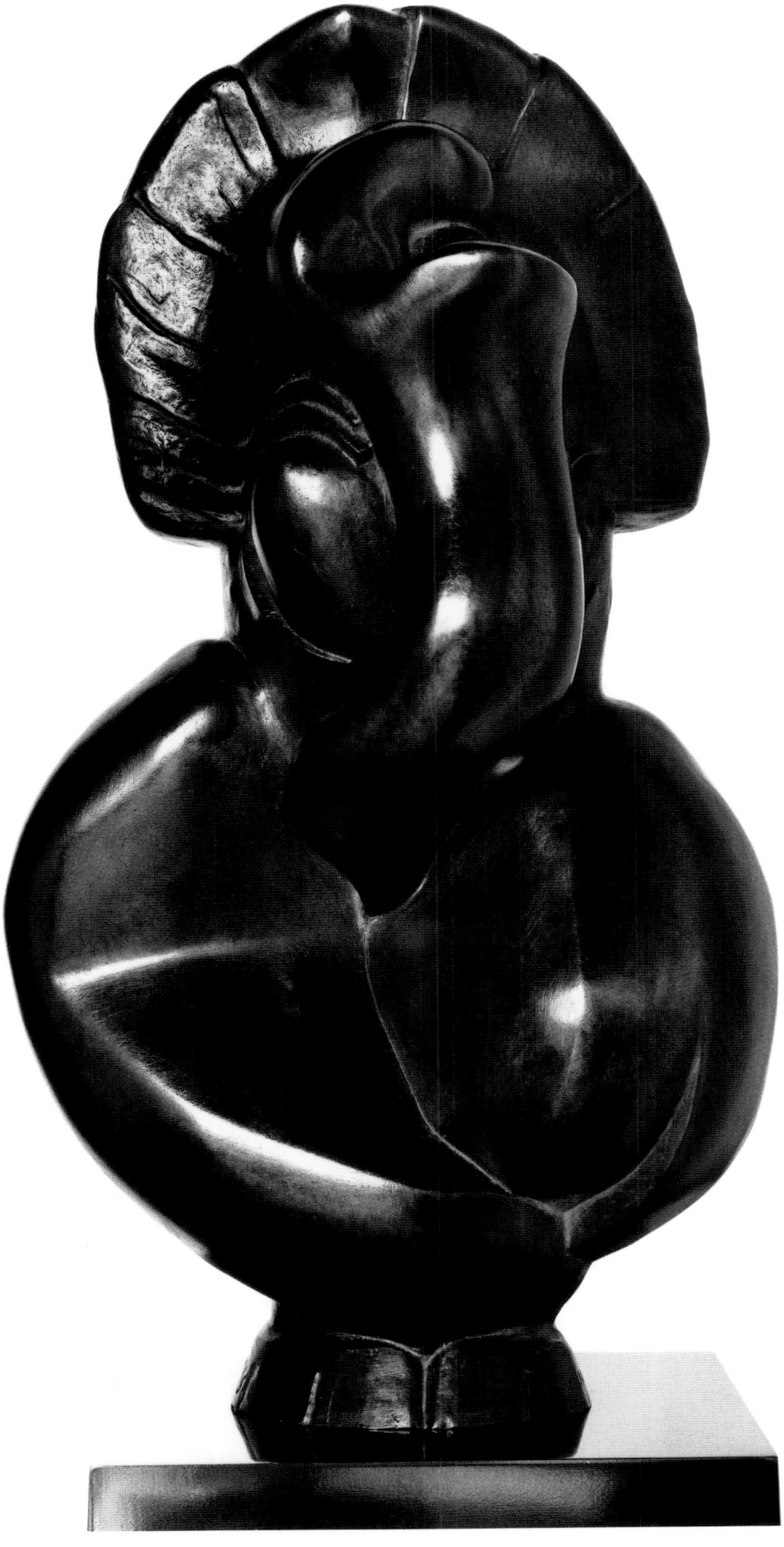

39

Les Amants
1934

Plâtre. 29 × 24 × 34 cm; signé.
Collection privée.

Bronzes :

N° 1/5, fonte Coubertin, 1990.
Collection privée.

Exposition

« Jean Chauvin » Saint-Rémy-Lès-Chevreuse, Fondation de Coubertin, septembre-novembre 1992; reproduit au catalogue page 64 fig. 30.

Bibliographie

Laure Meyer « Chauvin » dans L'ŒIL, octobre 1992; reproduit.
Arnaud Le Brusq « Jean Chauvin » dans Les Annonces de la Seine du 29 octobre 1992; reproduit.
Odile Crespy « Jean Chauvin, un étrange mystère » dans « Arts Actualités Magazine » n° 36, juin 1993; reproduit.

N° 2/5, fonte Coubertin,1976.
Collection privée.

N° 3/5, fonte Coubertin, 1981.
Collection privée.

N° 5/5, fonte Coubertin, 1988.
Collection privée.

Expositions

« Chauvin, œuvres de 1913 à 1959 » Paris, galerie Vallois, juin-juillet 1988; reproduit au catalogue page 34.
« Jean Chauvin » Mont-de-Marsan, musée Despiau-Wlérick, juin-septembre 1993.

Plâtre, agrandissement
58 × 48 × 68 cm; signé.
Collection privée.

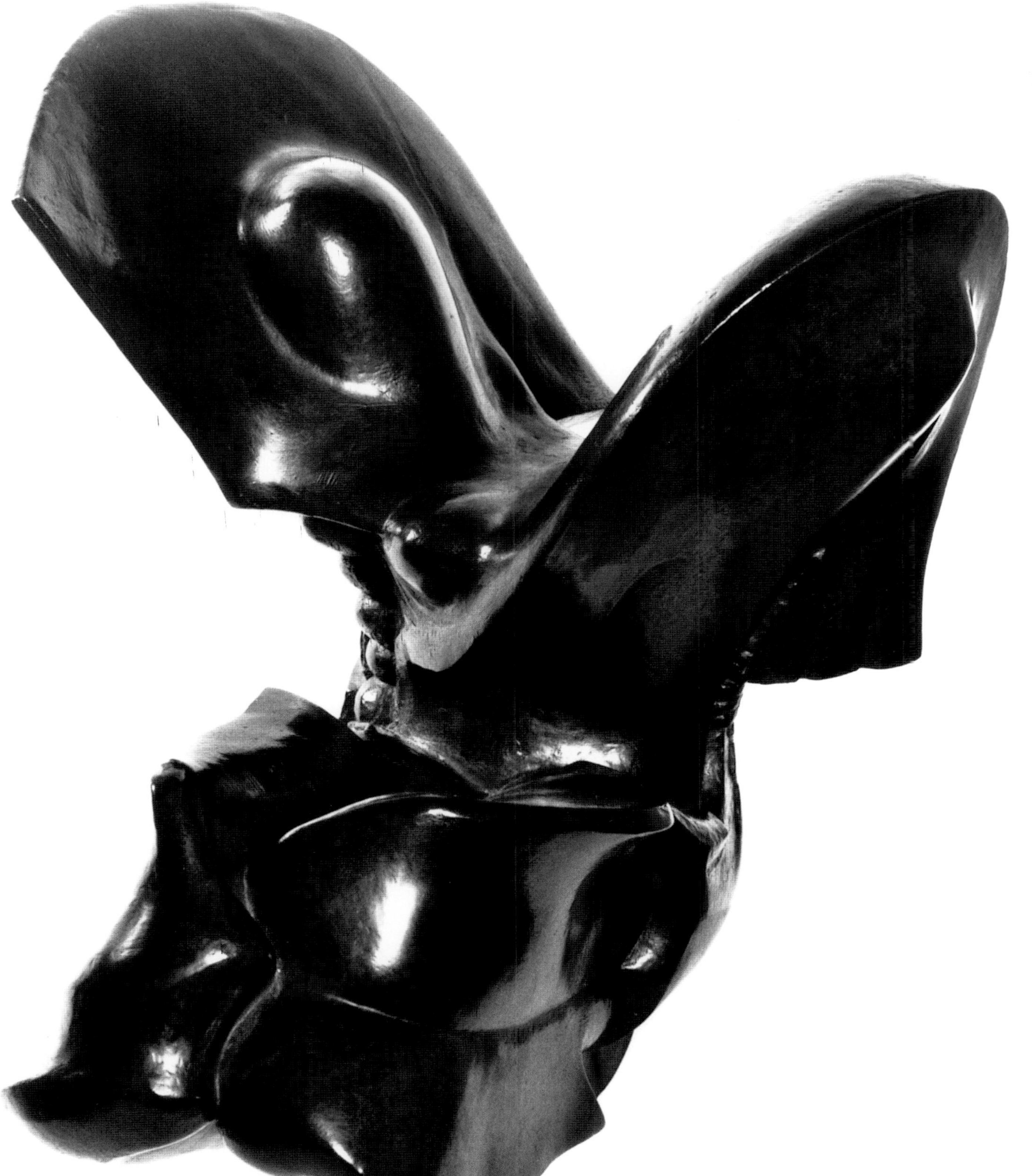

40

Joie de vivre

circa 1935

Bois laqué noir (nitrolaque). 78,5 × 25 × 22 cm; signé.

Collection I.G.W.T. Suisse.

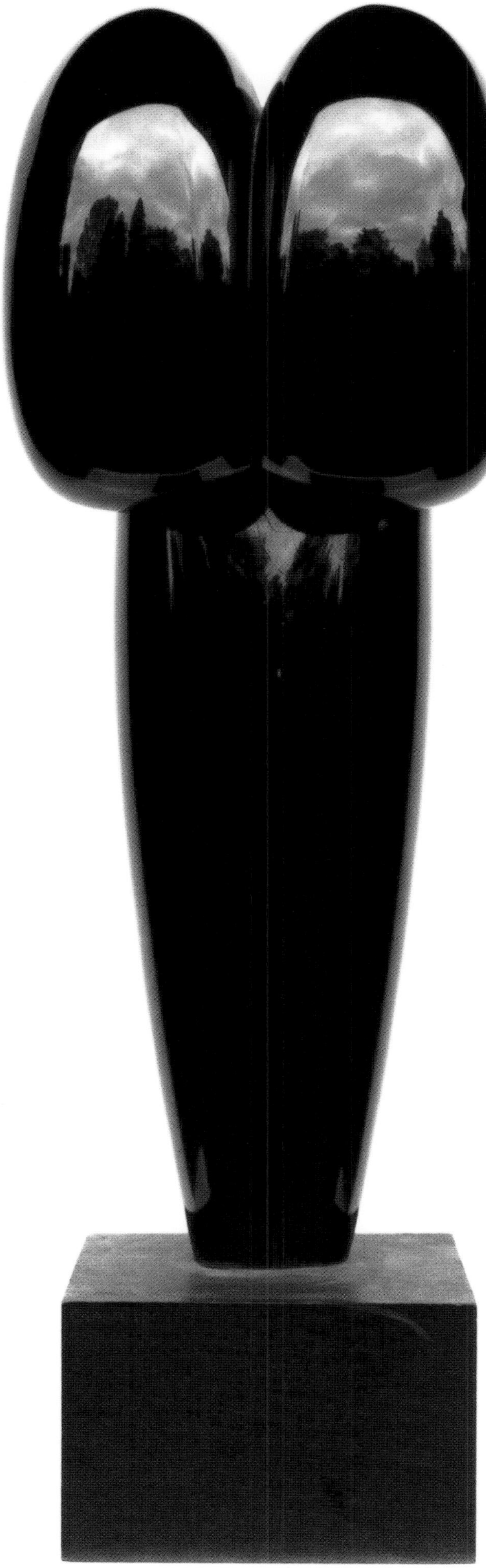

41

Jouissance

1935

Bois laqué par les ateliers Dunand. 73 × 29 × 22 cm; signé.

Collection I.G.W.T. Suisse.

Bibliographie

« High Style » article dans le « Sunday Times Magazine » de décembre 1974; reproduit pages 74 et 75.
Philippe Garner « Jean Chauvin » dans « The Connoisseur » de juin 1980; reproduit page 96.

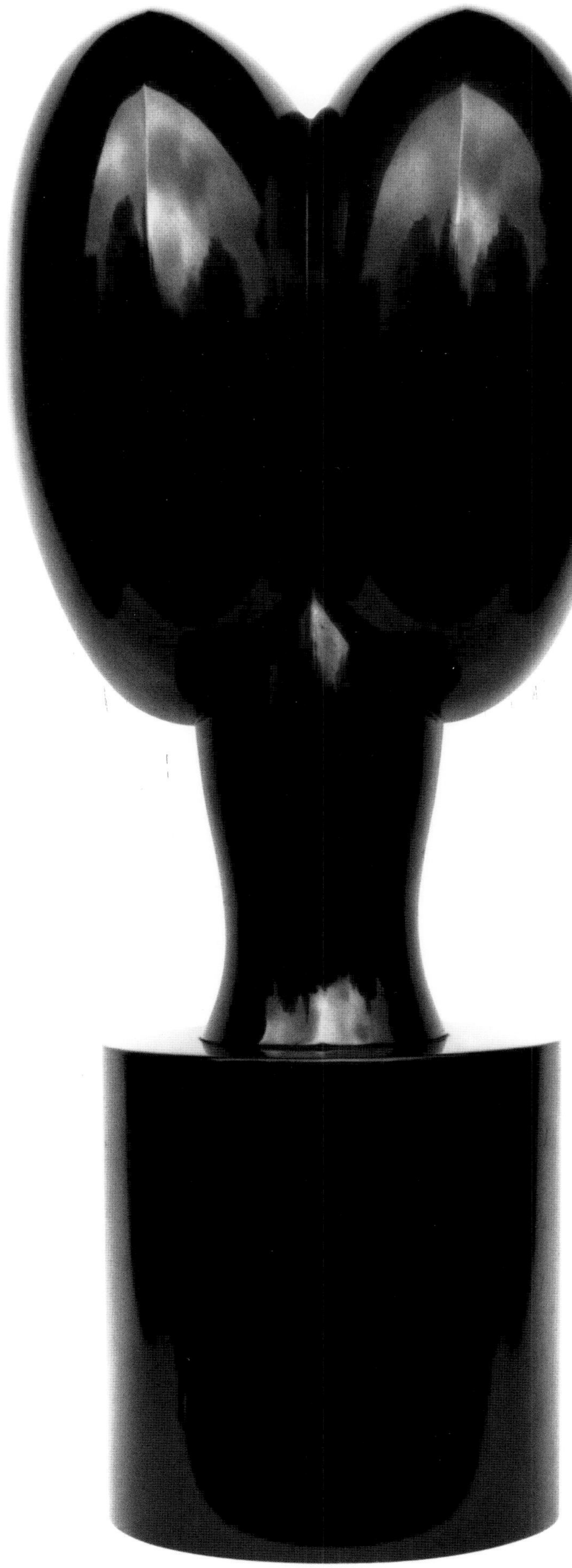

42

Le Tombeau d'Ève

1935

Bois de noyer teinté. 74 × 28 × 22 cm; signé.

Collection Fonds National d'Art Contemporain.

Expositions

« Cent Sculpteurs de Daumier à nos jours » Saint-Étienne, musée d'Art et d'Industrie, 1960, n° 79 du Catalogue.

« 31e Biennale de Venise » juin-octobre 1962, n° 74 page 172 du catalogue.

« Jean Chauvin » Saint-Rémy-Lès-Chevreuse, Fondation de Coubertin, septembre-novembre 1992.

Bibliographie

« Collection du Musée National d'Art Moderne » éditions du M.N.A.M. 1950.

Paul-Louis Rinuy « Jean Chauvin » éditions Fondation de Coubertin 1992; reproduit page 31 fig. 14.

Historique

Achat à l'artiste par le Fonds National d'Art Contemporain en 1939; n° d'inventaire 6108.

En dépôt au M.N.A.M. Paris depuis le17 mai 1947.

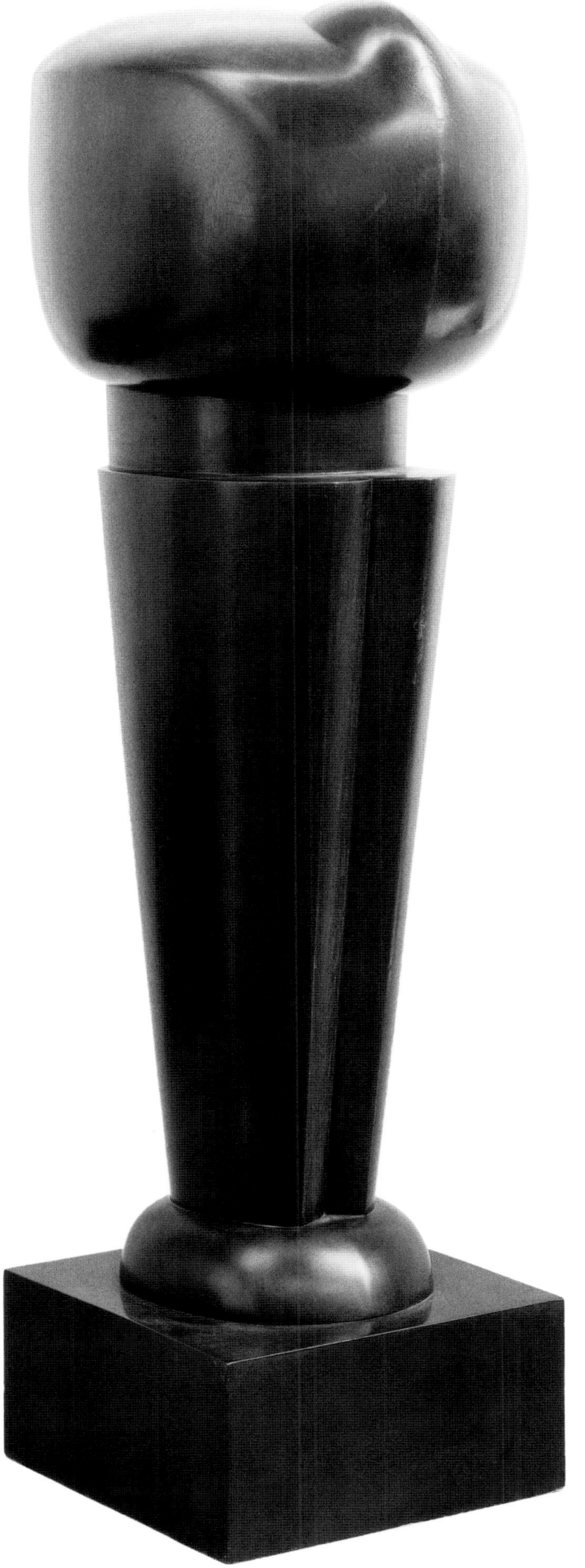

43

Fontaine lumineuse

1935

Plâtre détruit.

Bronze :

Fonte Barbedienne. H : 150 cm environ.

Cette sculpture se trouvait dans la piscine intérieure du paquebot Normandie.

Collection I.G.W.T. Suisse.

Bibliographie

Jean-Pierre Mogui « Le Normandie, seigneur de l'Atlantique » éditions Denoël Paris 1985; reproduit page 93 n°s 1 et 2.

« Il y a cinquante ans, Normandie » éditions Herscher 1985, reproduit.

Paul-Louis Rinuy « Jean Chauvin » éditions Fondation de Coubertin 1992; reproduit page 25 fig. 9.

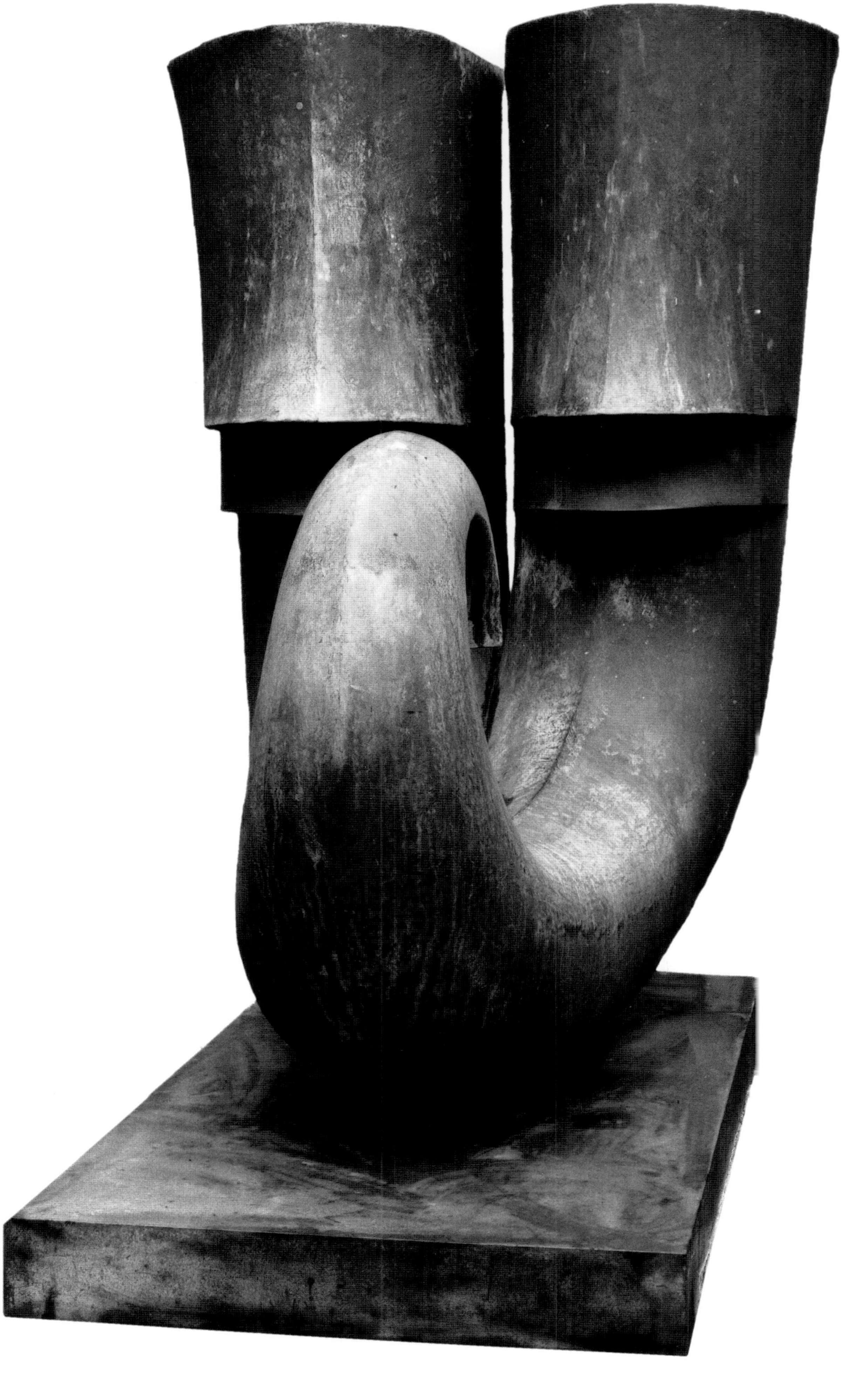

44

Envol des chimères

1936

Plâtre. 31 × 30 × 24 cm; signé.
Collection privée.
Exposition
Galerie Maeght, Paris, mars 1949; n° 35 du catalogue.

Bronzes :

N° 1/5, fonte Coubertin 1988.
Collection, Monsieur et Madame Jacques Manière, Paris.
Expositions
«Jean Chauvin, sculptures» Paris, galerie Art et Patrimoine, septembre-octobre 1992.
«Jean Chauvin» Mont-de-Marsan, musée Despiau-Wlérick, juin-septembre 1993.

N° 2/5, fonte Coubertin 1976.
Collection privée.

N° 4/5, fonte Coubertin 1990.
Collection privée.
Exposition
«Jean Chauvin» Saint-Rémy-Lès-Chevreuse, Fondation de Coubertin, septembre-novembre 1992; reproduit au catalogue page 68 fig. 36.

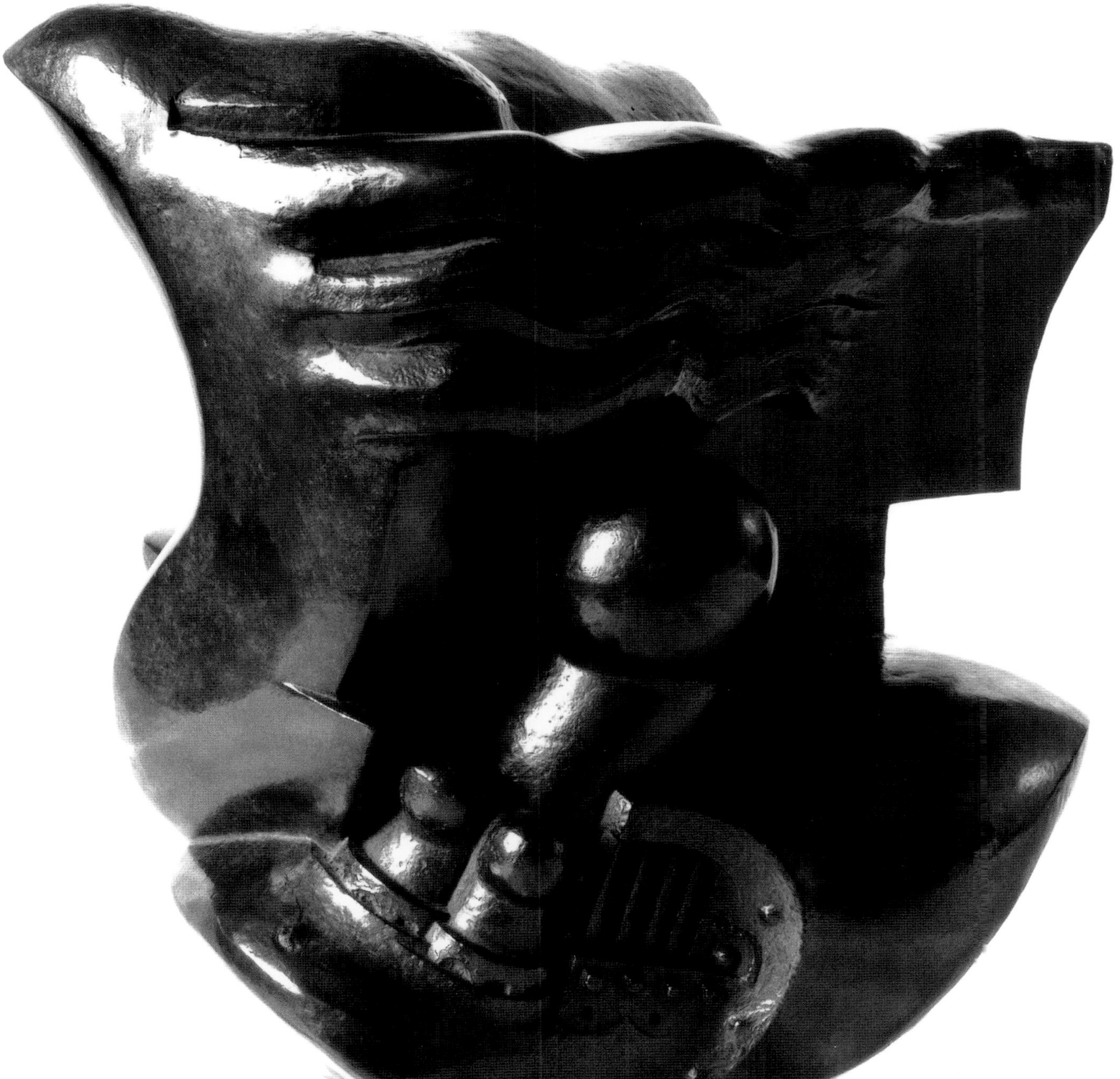

45

Danse au crépuscule

1936

Plâtre. 33 × 21 cm; signé.
Collection privée.

Expositions

«Chauvin» Paris, galerie Maeght, mars 1949.
«Chauvin» Paris, galerie de l'Élysée, novembre-septembre 1960.

Bibliographie

Christian Zervos «Chauvin» éditions «Les Cahiers d'Art», Paris 1960; reproduit pages 34 et 35 n° 18 et n° 19 du catalogue.
«Nouveau dictionnaire de la Sculpture Moderne» éditions F. Hazan, Paris 1970; reproduit page 63.

Bronzes :

N° 1/5, fonte É. Godard 1974.
Collection privée.

Expositions

«Chauvin, sculptures» Paris, galerie l'Enseigne du Cerceau, octobre 1974; reproduit page 16 n° 9 du catalogue.
«Jean Chauvin» Mont-de-Marsan, musée Despiau-Wlérick, juin-septembre 1993.

N° 2/5, fonte Coubertin, 1976.
Collection privée.

N° 5/5, fonte Coubertin, 1988.
Collection privée.

N° EA1-2, fonte Coubertin, 1987.
Collection privée.

Exposition

«Chauvin, œuvres de 1913 à 1959» Paris, galerie Vallois, juin-juillet 1988; reproduit page 38 du catalogue.

Plâtre agrandissement. 66 × 42 cm; signé.
Collection privée.

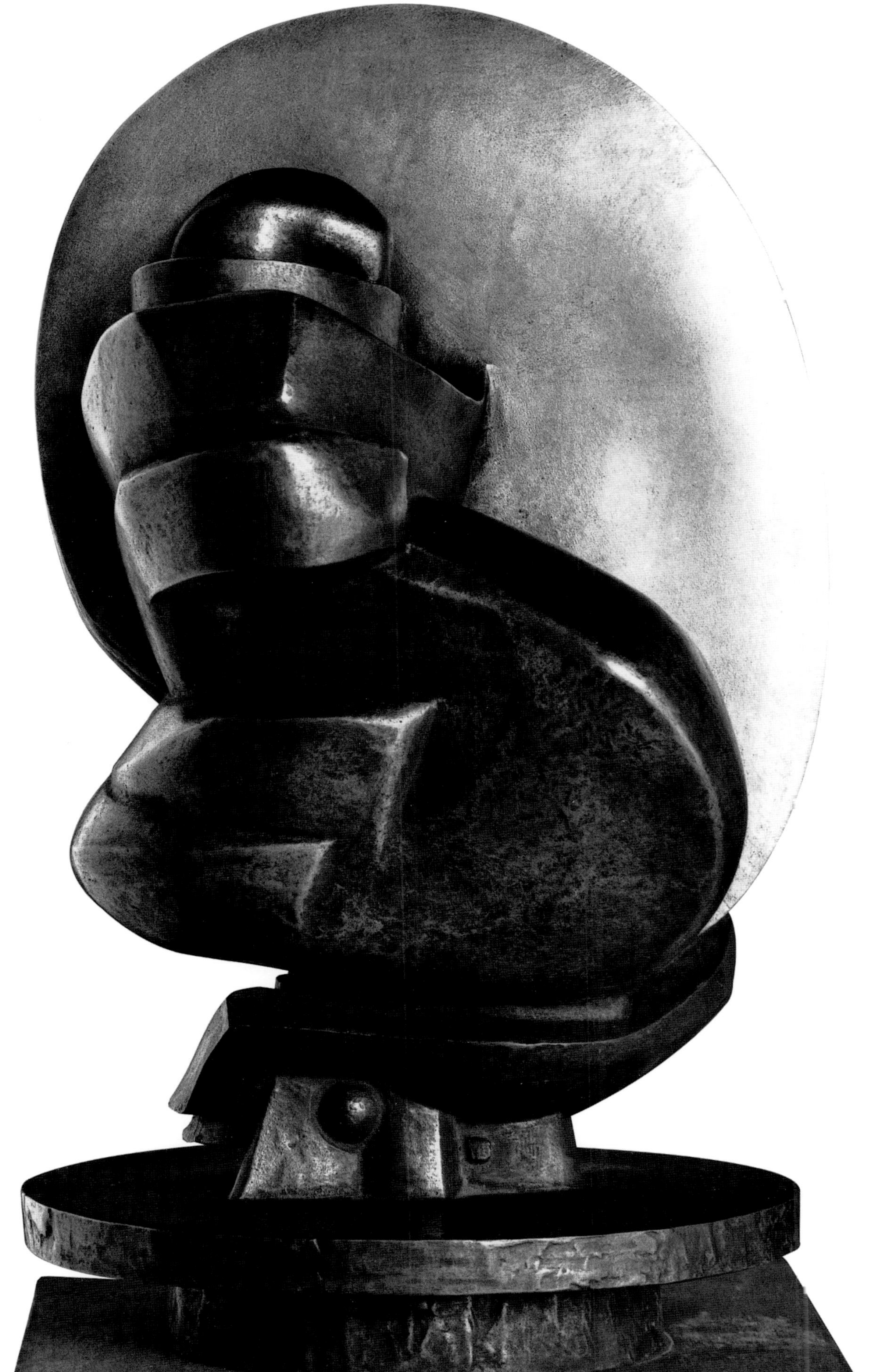

46 Torche de la jeunesse

1936

Plâtre. 39,2 × 19,2 × 15,1 cm; signé.
Collection privée.

Bronzes :

N° 2/5, fonte Coubertin, 1976.
Collection privée.

N° 3/5, fonte Coubertin, 1988.
Collection privée.

Expositions

« Jean Chauvin, sculptures » Paris, galerie Art et Patrimoine, septembre-octobre 1992.
« Jean Chauvin » Mont-de-Marsan, musée Despiau-Wlérick, juin-septembre 1993.

N° 5/5, fonte Coubertin,1987.
Collection privée.

Exposition

« Chauvin, œuvres de 1913 à 1959 » Paris, galerie Vallois, juin-juillet 1988; reproduit page 42 du catalogue.

Plâtre, agrandissement. 65 × 31,6 × 25 cm; signé.
Collection privée.

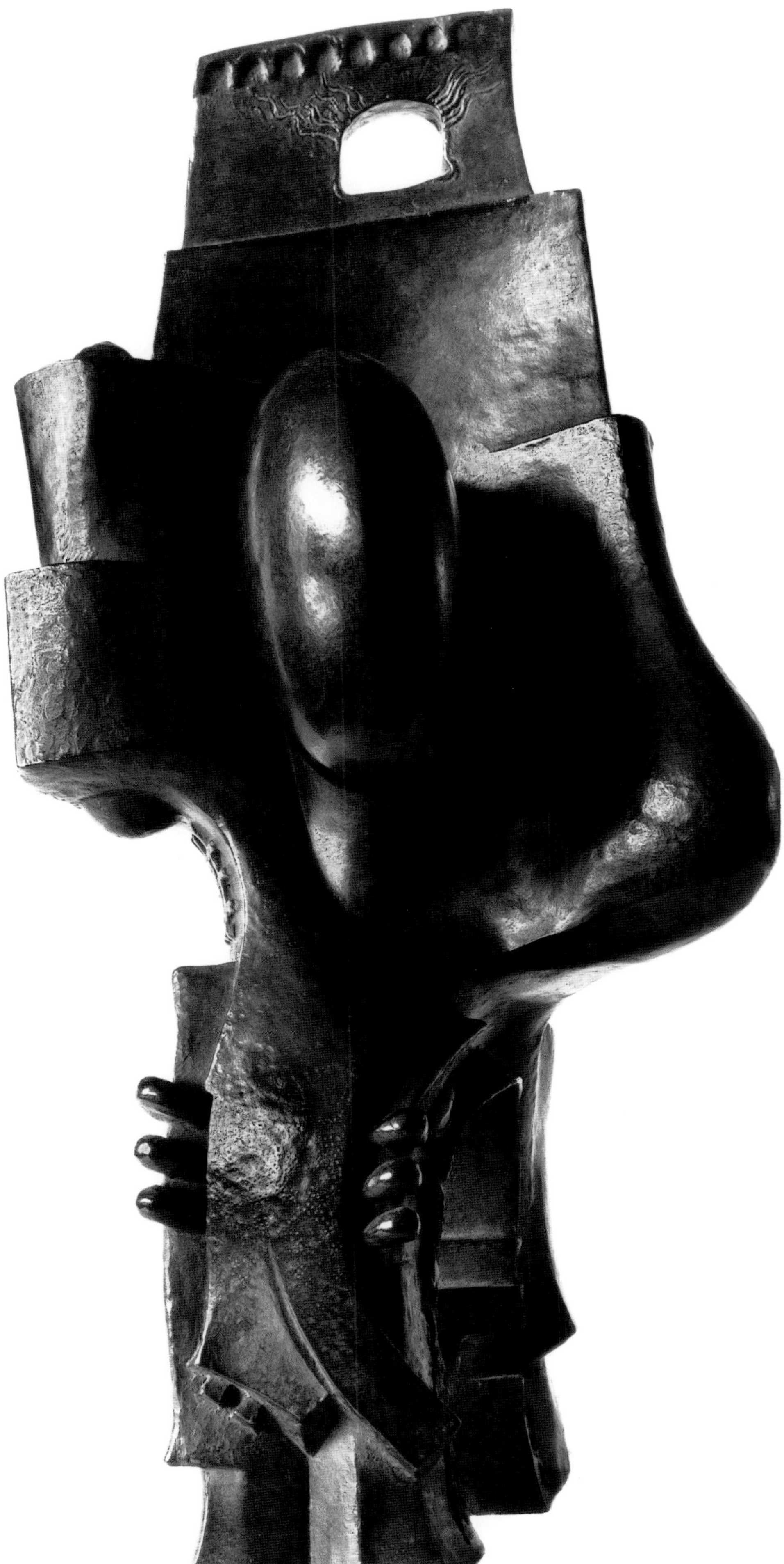

47

Johanna

1936

Plâtre. 34 × 21 × 17,5 cm ; signé.
Collection privée.

Bronzes :

N° 2/5, fonte Coubertin, 1976.
Collection privée.

N° 5/5, fonte Coubertin, 1988.
Collection Pouchka, Paris.

Exposition

« Chauvin, œuvres de 1913 à 1959 » Paris, galerie Vallois, juin-juillet 1988 ; reproduit page 40 du catalogue.
« Jean Chauvin » Saint-Rémy-Lès-Chevreuse, Fondation de Coubertin, septembre-novembre 1992 ; n° 8 du catalogue.
« Jean Chauvin » Mont-de-Marsan, musée Despiau-Wlérick, juin-septembre 1993.

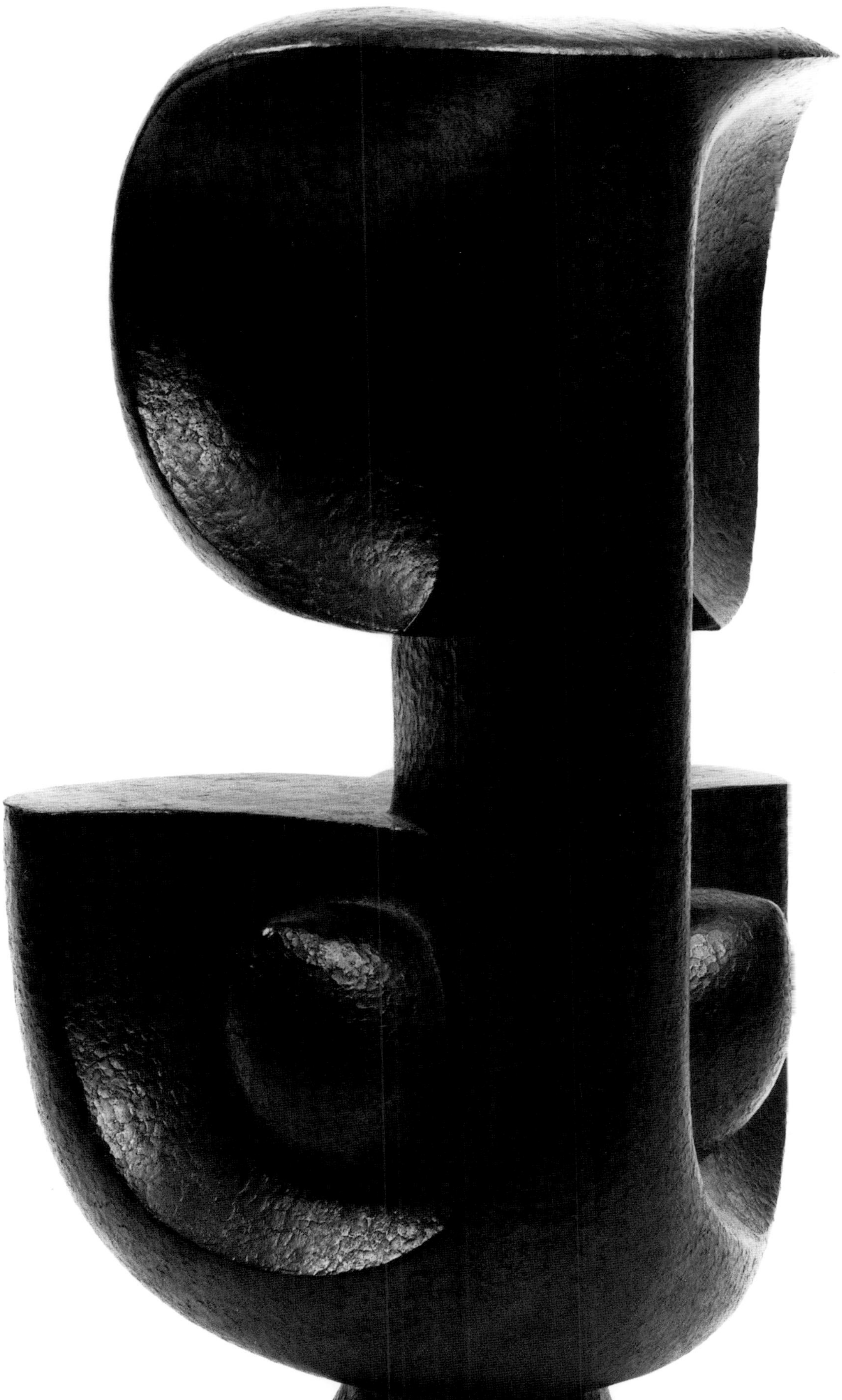

Caravelle

1937

Plâtre. 34,5 × 17,5 × 14 cm; signé.
Collection privée.

Bronzes :

Exemplaire non numéroté, fonte Valsuani date indéterminée (avant 1949).
Collection privée.

Exemplaire non numéroté, fonte Valsuani date indéterminée (avant 1949).
Collection privée, Belgique.

Expositions

« Chauvin » galerie Maeght, mars 1949.
« Chauvin, sculptures » galerie l'Enseigne du Cerceau, octobre 1974; reproduit page 17 n° 10 du catalogue.
« Collection F.C. Graindorge, sélection de 131 œuvres » Liège, musée de l'Art Wallon, novembre-décembre 1976.

Bibliographie

Christian Zervos « Chauvin » éditions Les Cahiers d'Art, Paris 1960; reproduit page 38 n° 22.
Anne Bony « Les Années Trente » éditions du Regard, Paris 1991; reproduit page 246.

Nota

Dans l'ouvrage d'Anne Bony, Chauvin est prénommé à tort Louis.

N° 1/5, fonte Coubertin,1982.
Collection privée.

N° 2/5, fonte Coubertin,1976.
Collection privée.
Exposition « Jean Chauvin » Mont-de-Marsan, musée Despiau-Wlérick, juin-septembre 1993.

N° 3/5, fonte Coubertin, 1992.
Collection P.A.G. Paris

N° 4/5, fonte Coubertin, 1981.
Collection privée.

N° 5/5, fonte Coubertin, 1983.
Collection privée.

N°EA1/2, fonte Coubertin, 1985.
Collection privée.

N°EA2/2, fonte Coubertin, 1988.
Collection privée.

Plâtre, agrandissement : 104 × 52,5 × 42 cm; signé.
Collection privée.

Bronze :

N° A I/V, fonte É. Godard, 1992.
Collection privée, Paris.

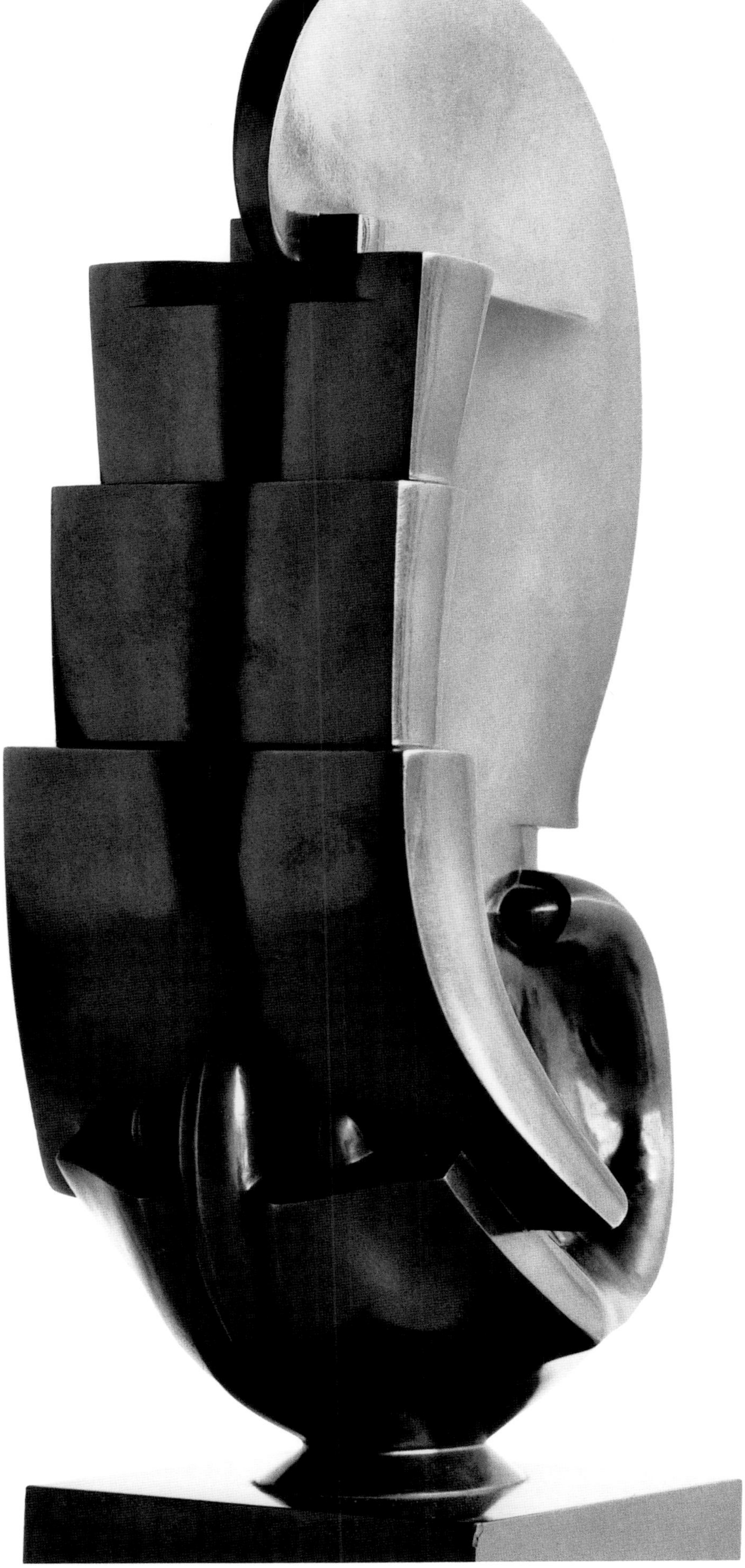

49

Sirène
1937

Plâtre. 31 × 23,2 × 15,2 cm ; signé.
Collection privée.

Bronzes :

Un exemplaire numéroté 0, fonte Valsuani 1949.
Collection privée.

Expositions

« Chauvin » Paris, galerie Maeght , mars 1949; n° 27 au catalogue.
« Begründer der Modernen Plastik » Kunsthaus, Zurich, novembre-décembre 1954; n° 44 page 134 au catalogue.
« 31e Biennale de Venise » juin-octobre 1962; n° 75 page 172 au catalogue.

Bibliographie

Christian Zervos « Chauvin » éditions « Les Cahiers d'Art », Paris 1960; reproduit page 36 n° 20.

N° 1/5, fonte Coubertin, 1981.
Collection privée.

N°2/5, fonte Coubertin, 1978.
Collection privée.

Plâtre, agrandissement. 63 × 47 × 31 cm; signé.
Collection privée.

Bronzes :

N° A I/V, fonte É. Godard, 1991.
Collection privée, Paris.

Expositions

« Jean Chauvin, sculptures » Paris, galerie Art et Patrimoine, septembre-octobre 1992.
« Jean Chauvin » Mont-de-Marsan, musée Despiau-Wlérick, juin-septembre 1993.

Bibliographie

« Jean Chauvin, le précurseur solitaire » dans « La Cote des Arts » de juillet 1992 n° 169, reproduit.

N° AII /V, fonte Coubertin, 1994.
Collection Fondation de Coubertin.

N° AIII/V, fonte Godard, 2001.
Collection privée, Paris.

N° AIV/V, fonte Coubertin, 2000.
Collection privée, Paris.

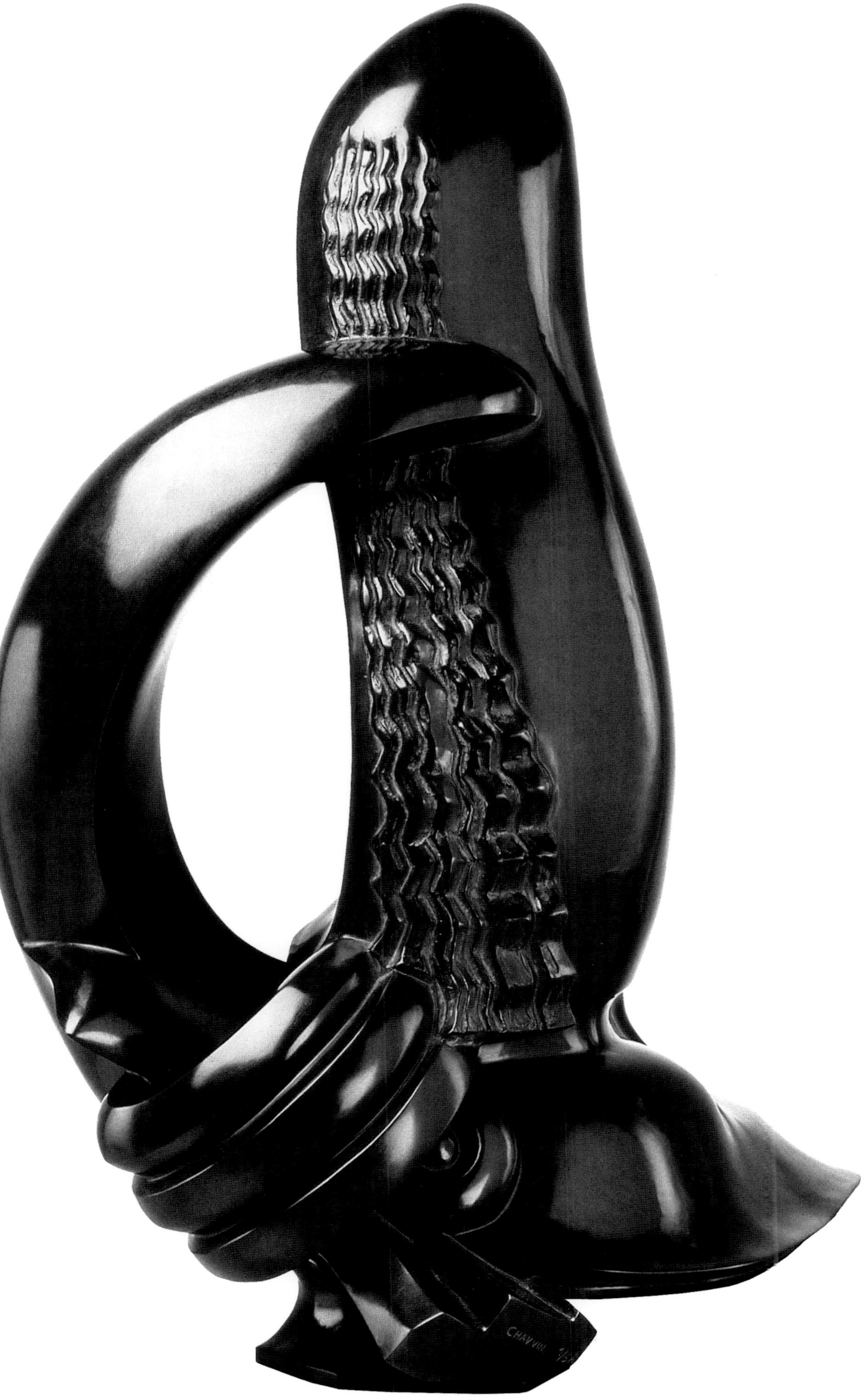
CHAUVIN

50

Maquette pour la sculpture Signal
1937

Plâtre 119,5 × 21,5 × 20 cm; signé.
Collection privée.

Exposition

« Jean Chauvin » Saint-Rémy-Lès-Chevreuse, Fondation de Coubertin, septembre-novembre 1992.

Bibliographie

Paul-Louis Rinuy « Jean Chauvin » éditions Fondation de Coubertin, 1992; reproduit page 70 fig. 38.

Bronzes :

N° 1/5, fonte Coubertin, 1994.
Collection P.M. Paris.

N° 2/5, fonte Coubertin, 1978.
Collection I.G.W.T. Suisse.

N° 4/5, fonte Coubertin, 1982.
Collection privée.

N° 5/5, fonte Coubertin, 1988.
Collection privée.

Exposition

« Chauvin, œuvres de 1913 à 1959 » Paris, galerie Vallois, juin-juillet 1988; reproduit page 44 du catalogue.

Bibliographie

Jean-Jacques Lévèque, « Chauvin », dans le « Quotidien de Paris », juin 1988; reproduit page 26 fig. 10

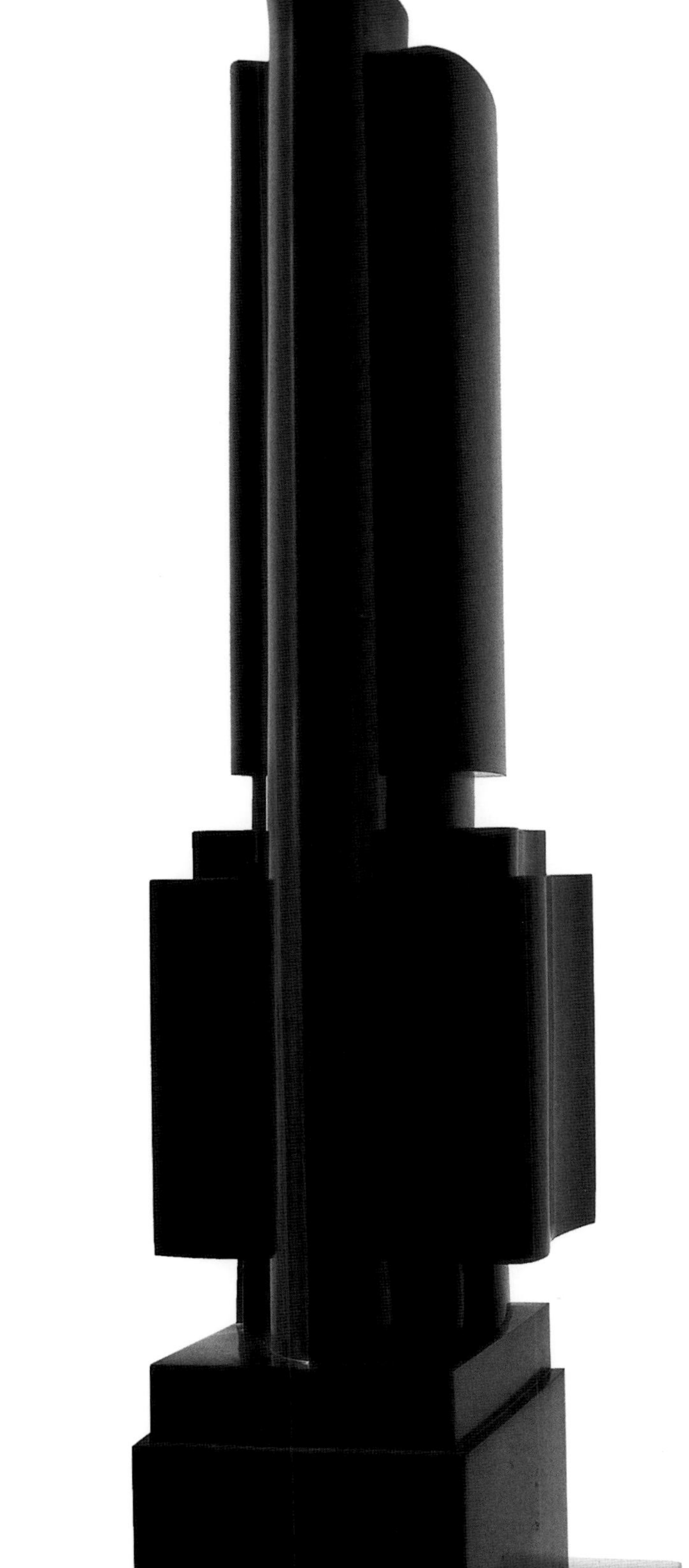

51

Sculpture Signal

1937

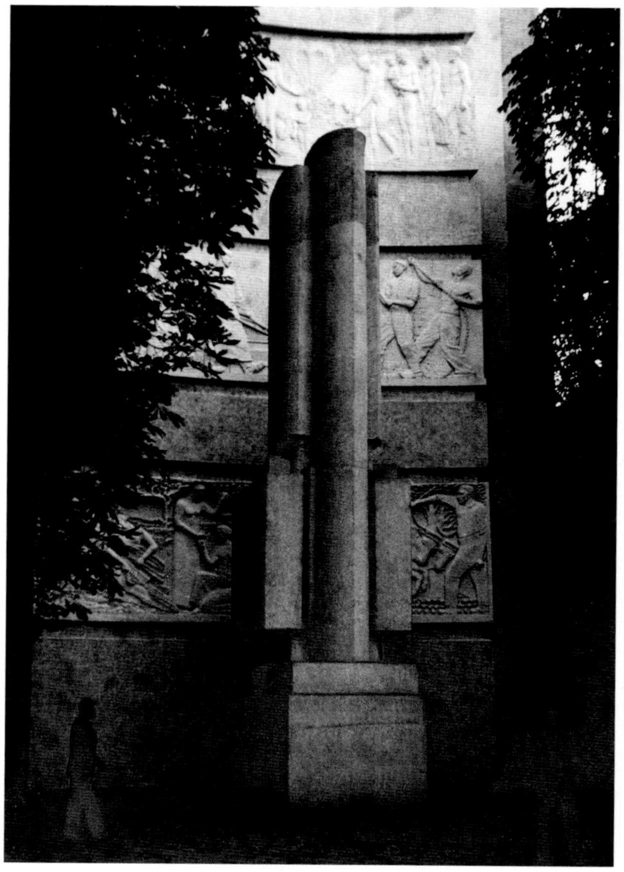

Béton éclaté. H : 11 mètres.

Commande de l'architecte Pierre Patout pour le pavillon des artistes décorateurs à l'Exposition Universelle de 1937 à Paris. Cette sculpture fut détruite après l'exposition.

Bibliographie

Denys Chevalier « Chauvin, sculptures » éditions l'Enseigne du Cerceau, Paris 1974; reproduit page 8.
Susan Tise « Paris 1937, Cinquantenaire » éditions Institut Français d'Architecture Paris 1987; reproduit page 210.
Paul-Louis Rinuy « Jean Chauvin » éditions Fondation de Coubertin 1992; reproduit page 26 fig.10.

Nota

Dans le catalogue de l'exposition à la galerie l'Enseigne du Cerceau la légende de la photographie concernant cette sculpture est erronée, la donnant à tort comme faisant partie de l'Exposition des Arts Décoratifs de 1925.

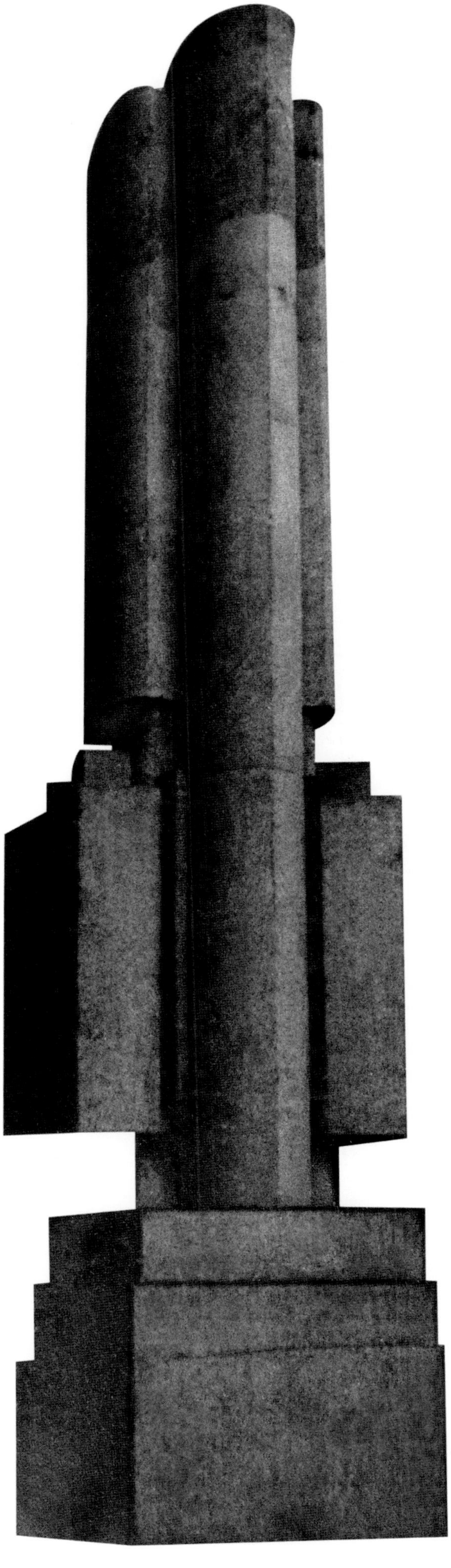

52

Vasques lumineuses

1937

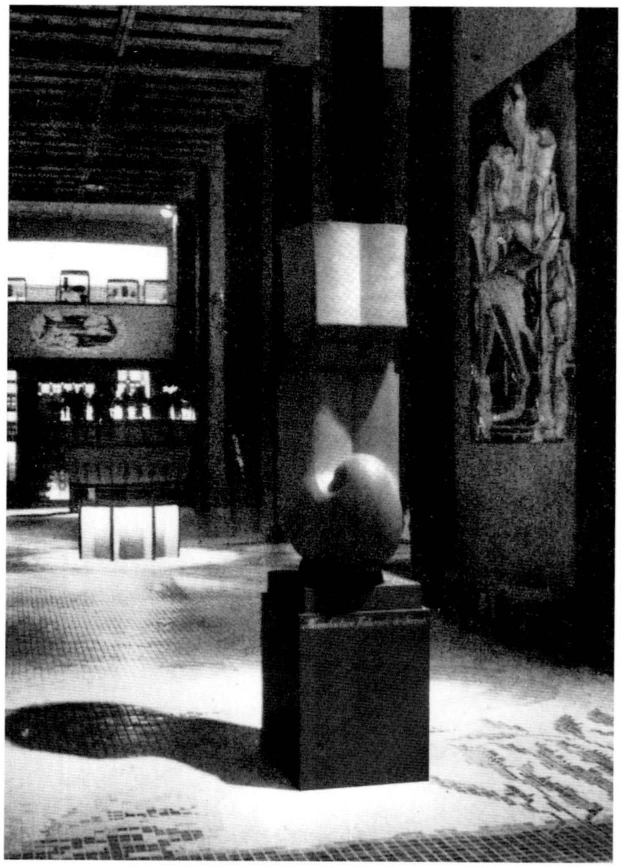

Porcelaine de Sèvres. Dimensions inconnues (H : environ 100 cm hors socle)

Exposition Universelle, Paris 1937. Réalisées en paire, ces vasques se trouvaient dans la galerie d'entrée du pavillon de la Manufacture Nationale de porcelaine de Sèvres.

Bibliographie

« Exposition Internationale, Paris 1937 » album exceptionnel, édité par la revue « l'Illustration » ; reproduit.

Nota

Nous avons pu reconnaître le plâtre ayant servi à la réalisation en porcelaine de ces vasques dans les réserves du M.N.A.M. en 1973. Localisation actuelle inconnue.

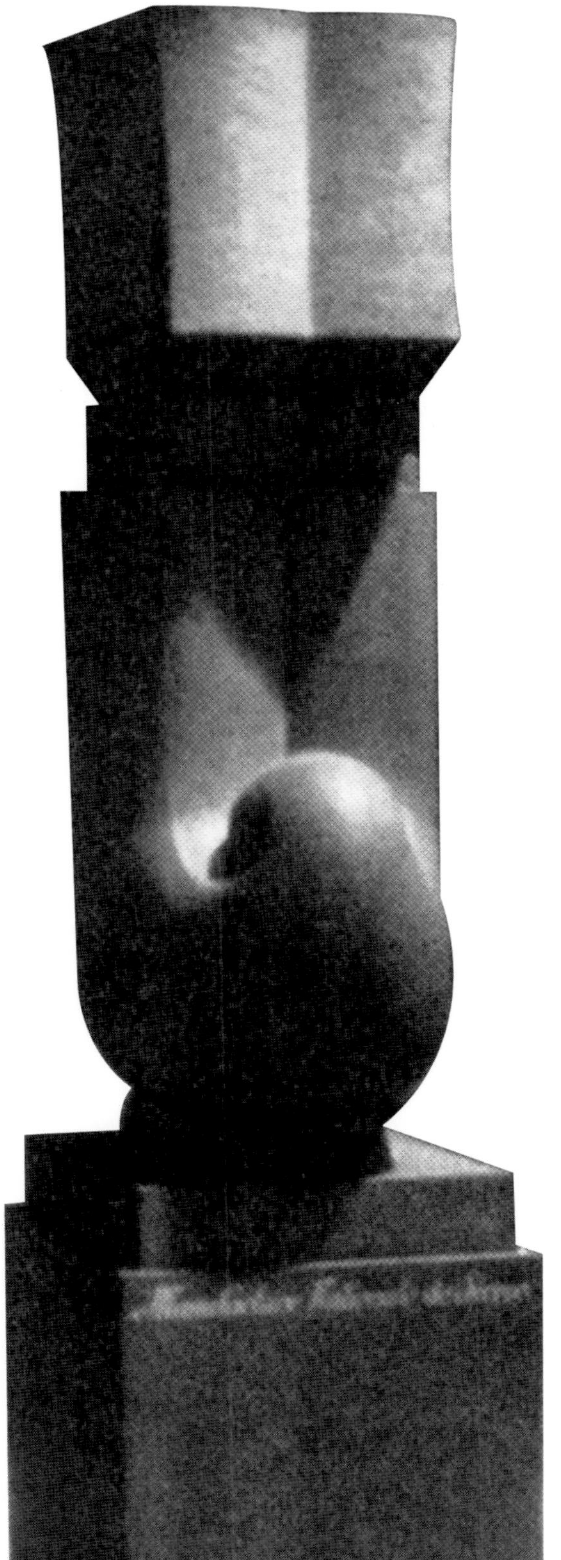

53

Obélisque jaune

1938

Bois de Maï Dou. 110 × 16 × 16 cm; signé.
Collection I.G.W.T. Suisse.

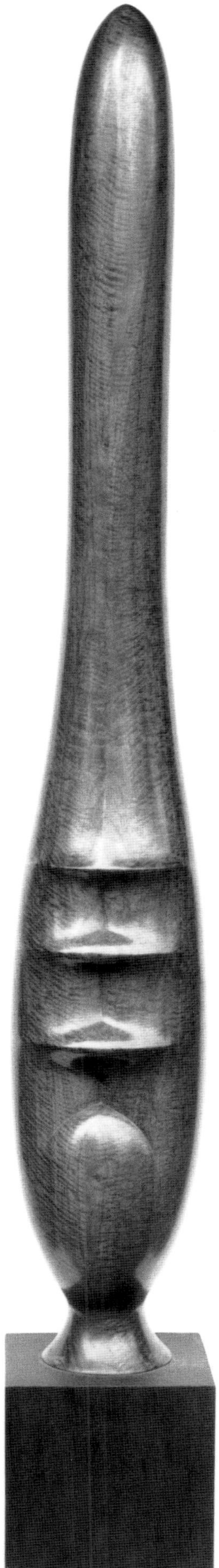

54

Sein captif
1938

Plâtre. 20 × 37 × 20 cm ; signé.
Collection privée.
Exposition
« Chauvin » Paris, galerie Maeght, mars 1949, n° 36 au catalogue.

Bronzes :

N° 1/5, fonte Coubertin, 1988.
Collection privée.
Expositions
« Jean Chauvin, sculptures » Paris, galerie Art et Patrimoine, septembre-octobre 1992.
« Jean Chauvin » Mont-de-Marsan, musée Despiau-Wlérick, juin-septembre 1993.

N° 2/5, fonte Coubertin,1978.
Collection I.G.W.T. Suisse.

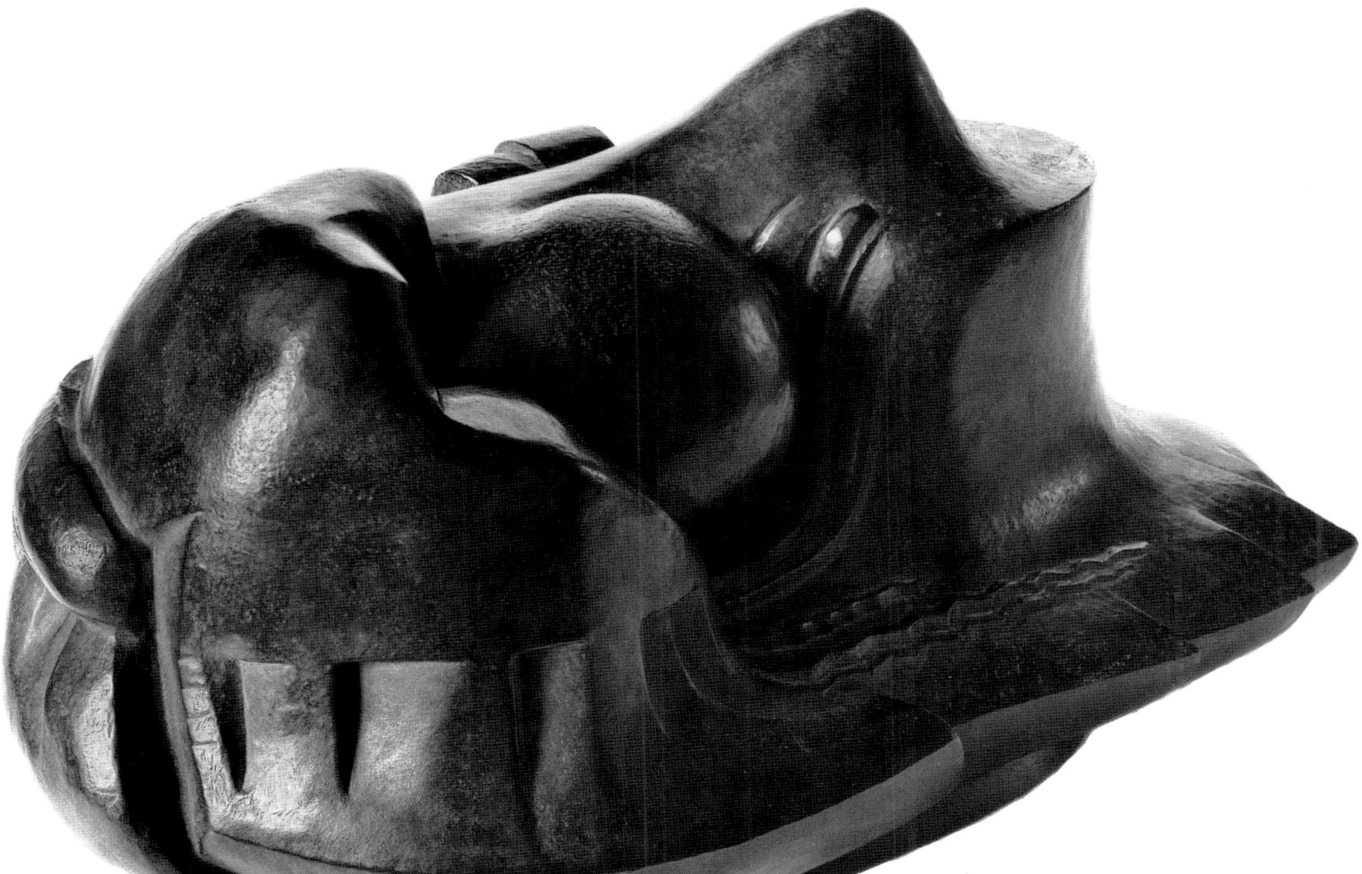

55

Enfant égaré

1938

Plâtre. 41 × 21,3 × 15,2 ; signé.
Collection privée.

Bronzes :

N° 1/5, fonte Coubertin ; 1981.
Collection P.M.Paris.

Expositions

« Jean Chauvin, sculptures » Paris, galerie Art et Patrimoine, septembre-octobre 1992.
« Jean Chauvin » Mont-de-Marsan, musée Despiau-Wlérick, juin-septembre 1993.

Bibliographie

Odile Crespy « Jean Chauvin, un étrange mystère » dans « Arts Actualités Magazine », juin 1993 n° 36 ; reproduit.
Marc Hérissé et Bruno Jaubert « Jean Chauvin » dans la « Gazette de l'Hôtel Drouot », 23 juillet 1993 n° 30 ; reproduit.
Philippe Camin « Jean Chauvin, une œuvre capitale » dans « La Lettre des expositions », éditions du musée de Mont-de-Marsan, juin 1993 ; reproduit.

N° 2/5, fonte Coubertin,1976.
Collection I.G.W.T. Suisse.

Plâtre, agrandissement. 65 × 33,7 × 24 cm ; signé.
Collection privée.

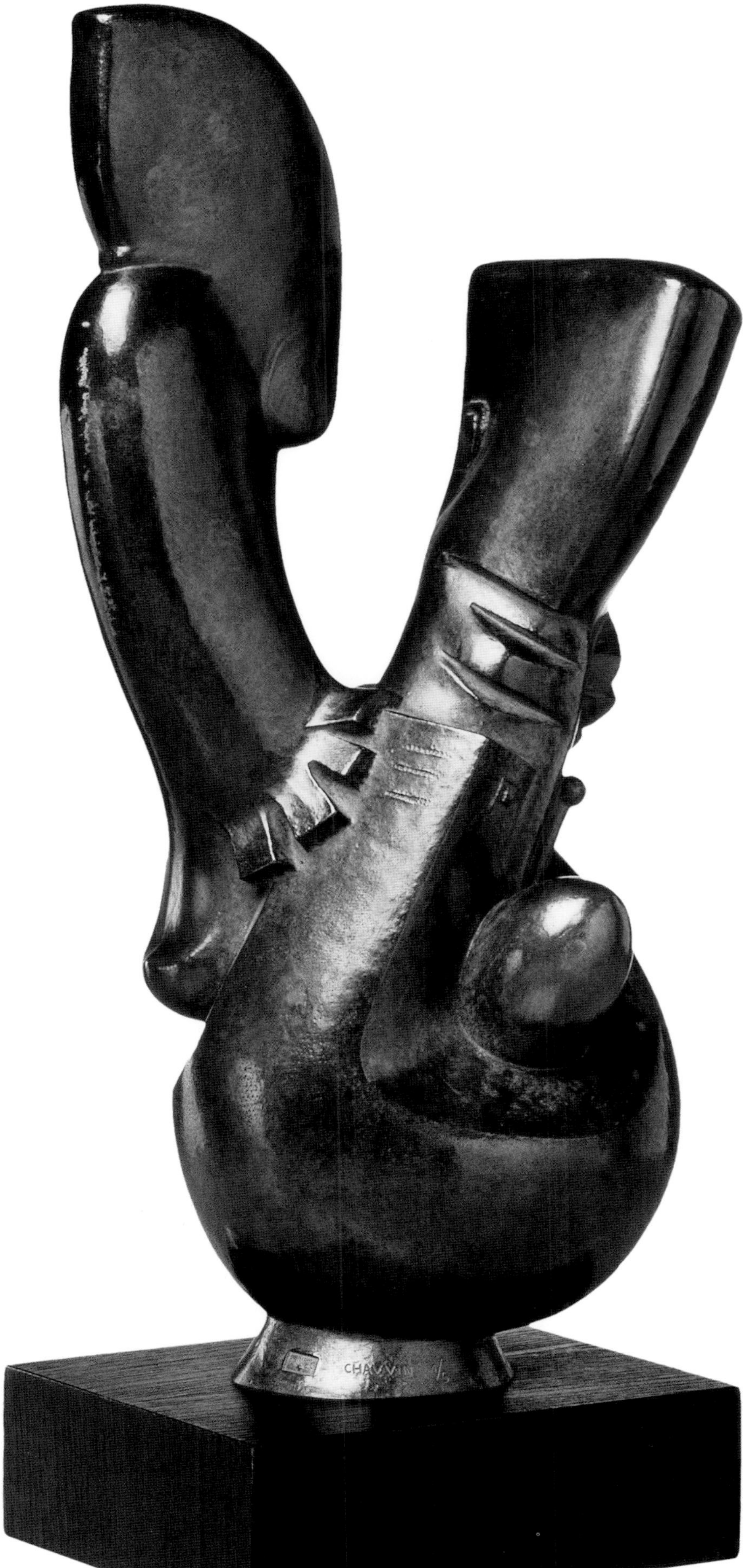

56

Hommage à Bernaux

1938

Plâtre. 33,8 × 23,3 × 16,6 cm; signé.
Collection privée.

Bronze :
N° 2/5, fonte Coubertin, 1978.
Collection I.G.W.T. Suisse.

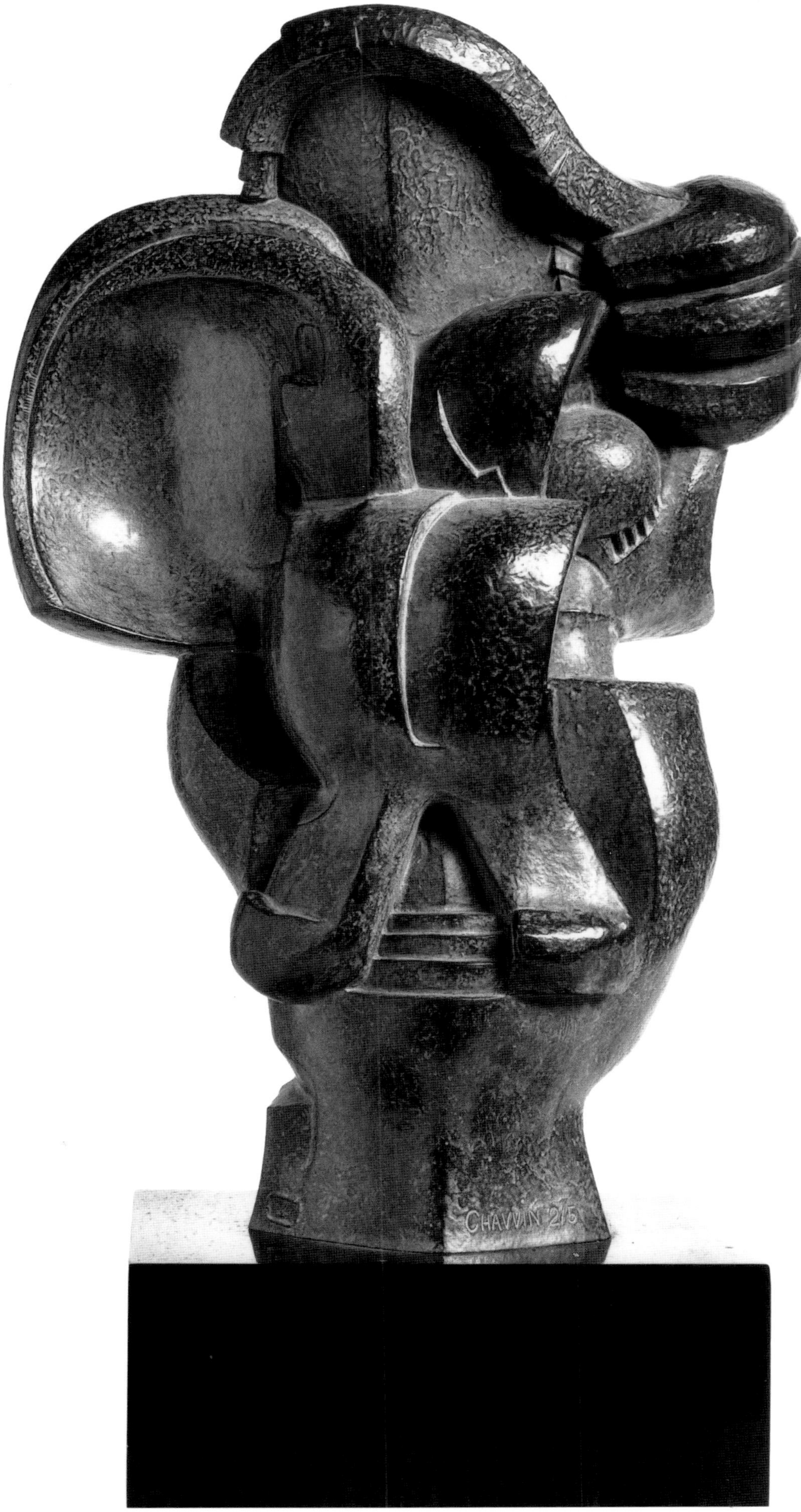
CHAUVIN 2/5

57

Sans titre

circa 1939

Bois.

Les seuls éléments que nous ayons concernant cette sculpture sont des photographies de Chauvin prises sous trois angles différents.

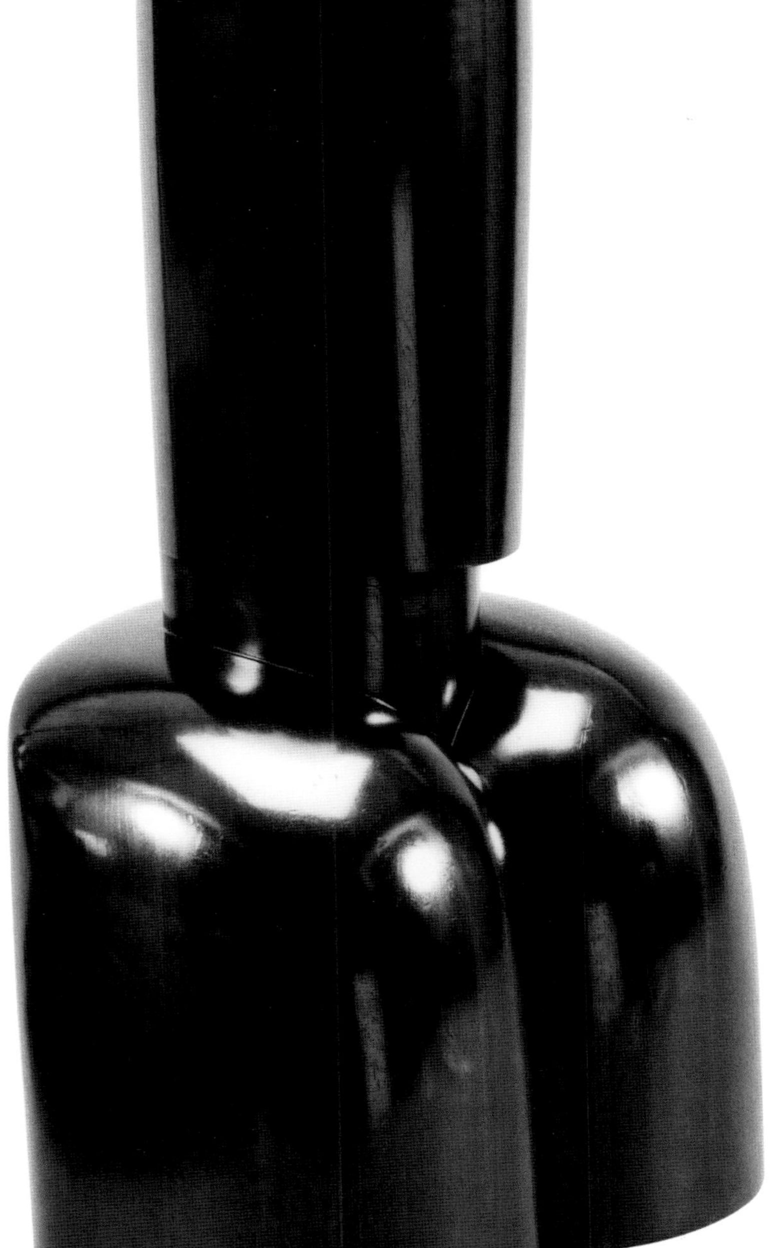

58

L'Aurore

1939

Bois. 71 × 18 × 17,5 cm; signé.

Collection privée, Paris.

Expositions

« Chauvin » Paris, galerie de l'Élysée, novembre-décembre 1960.

« Chauvin, sculptures de 1924 à 1958 » Paris, galerie Artcurial, mars-avril 1990; reproduit pages 20 et 21 du catalogue.

Bibliographie

Christian Zervos « Chauvin » éditions « Les Cahiers d'Art », Paris 1960; reproduit page 37 n° 21.

« Libres propos d'Alex Maguy » dans « Connaissance des Arts », février 1979; reproduit page 50.

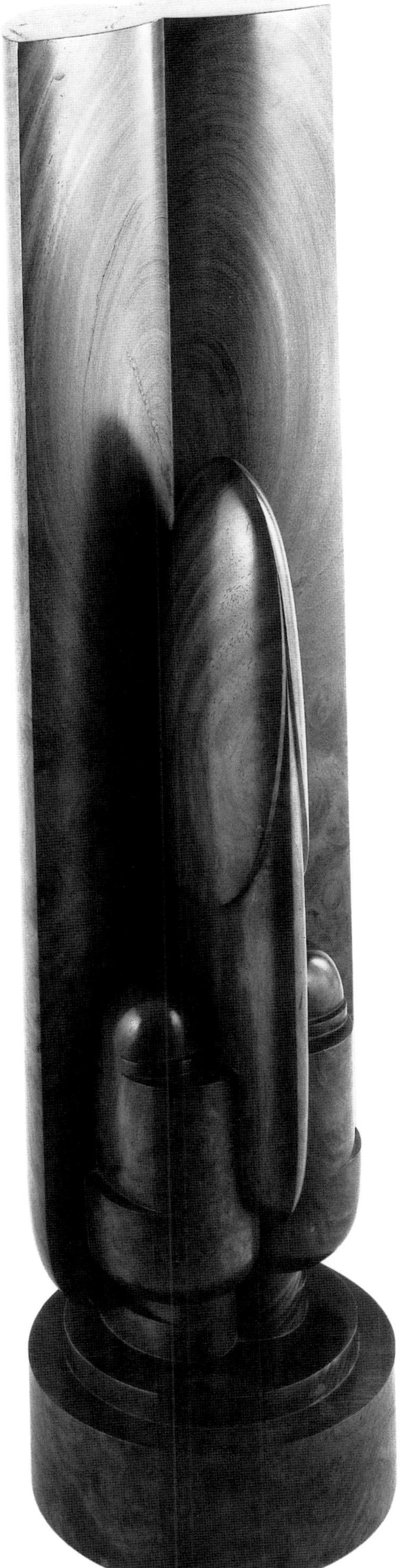

59

Guerre

1939

Plâtre. 22 × 36 × 26 cm. signé.
Collection privée.
Expositions
« Chauvin » Paris, galerie Maeght, mars 1949.
« Chauvin, plâtres et dessins » Paris, galerie Suzanne de Coninck, mai-juin 1957.
Bibliographie
Pierre Descargues « Chauvin » dans « Lettres Françaises » du 10 juillet 1957 ; reproduit.

Bronzes :

N° 2/5, fonte Coubertin 1976.
Collection I.G.W.T. Suisse.

N° 3/5, fonte Coubertin 1978.
Collection privée.
Expositions
« Jean Chauvin, sculptures » Paris, galerie Art et Patrimoine, septembre-octobre 1992.
« Jean Chauvin » Mont-de-Marsan, musée Despiau-Wlérick, juin-septembre 1993.

N° 4/5, fonte Coubertin 1990.
Collection privée.
Exposition
« Jean Chauvin » Saint-Rémy-lès-Chevreuse, Fondation de Coubertin, septembre-novembre 1992.
Bibliographie
Paul-Louis Rinuy « Jean Chauvin » éditions Fondation de Coubertin, 1992 ; reproduit page 66 fig. 33.

N° 5/5, fonte Coubertin 1988.
Collection privée.
Exposition
« Chauvin, œuvres de 1913 à 1959 » Paris, galerie Vallois, juin-juillet 1988 ; reproduit page 49 du catalogue.

Plâtre, agrandissement. 44 × 72 × 52 cm ; signé.
Collection privée.

N° I/V, fonte É. Godard, 1987.
Collection privée, Paris.

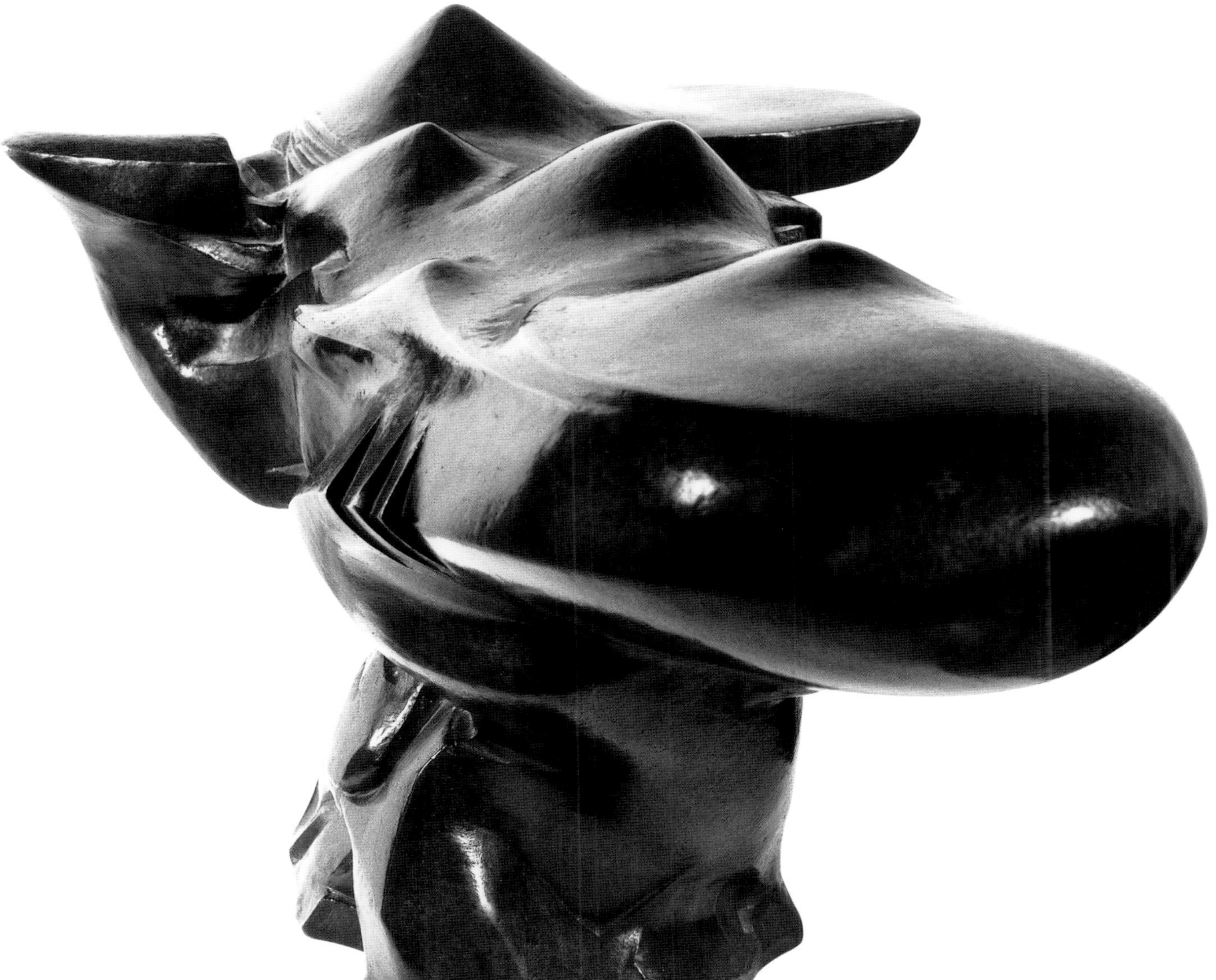

60

Grand Sphinx
1939

Bois d'acajou. 72,7 × 29,5 × 28,4 cm; signé.
Collection privée.

Expositions
« Chauvin » Paris, galerie Maeght, mars 1949.
« 27e Biennale de Venise » 1954, n° 146 au catalogue.
« Chauvin, sculptures de 1924 à 1958 » Paris, galerie Artcurial, mars-avril 1990; reproduit page 18 du catalogue.

Bibliographie
Christian Zervos « Chauvin » éditions « Les Cahiers d'Art », Paris 1960; reproduit pages 40 et 41 nos 26 et 27.
Gilles Néret « L'Art des Années 30 » éditions du Seuil, Paris 1987; reproduit page 67 n° 84.

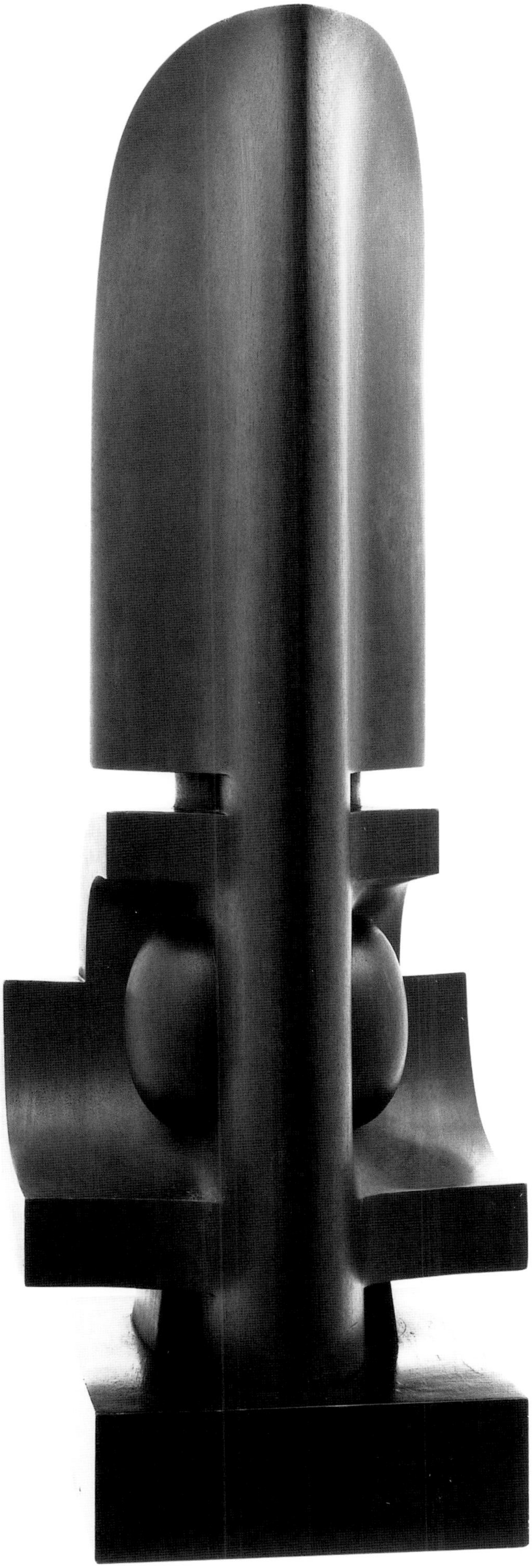

61

Puissant et solitaire

1939

Bois de Cuba. 82 × 29 × 24 cm; signé.

Collection : Fonds National d'Art Contemporain.

Exposition

« La Sculpture contemporaine au musée d'Art Moderne de Paris » Paris 1954.

Bibliographie

« Collection du Musée d'Art Moderne » Paris, 1950.
« La sculpture Contemporaine au Musée d'Art Moderne de Paris » éditions Albert Morancé, 1954; reproduit.
Alain Bosquet « Chauvin, sculpteur de la pureté » dans Bicolor, novembre 1974; reproduit page 37.
Paul-Louis Rinuy « Jean Chauvin » éditions Fondation de Coubertin, 1992; reproduit page 30 fig. 13.

Historique

Achat à l'artiste par le fonds National d'Art Contemporain en 1946.
N° d'inventaire : 6786.
En dépôt depuis le 17 mai 1947 au Musée National d'Art Moderne, Paris.
Dépôt du M.N.A.M. au Musée de Grenoble depuis 1998.

Nota

Dans le catalogue d'Albert Morancé, la reproduction de cette sculpture est intitulée par erreur « Tombeau ».

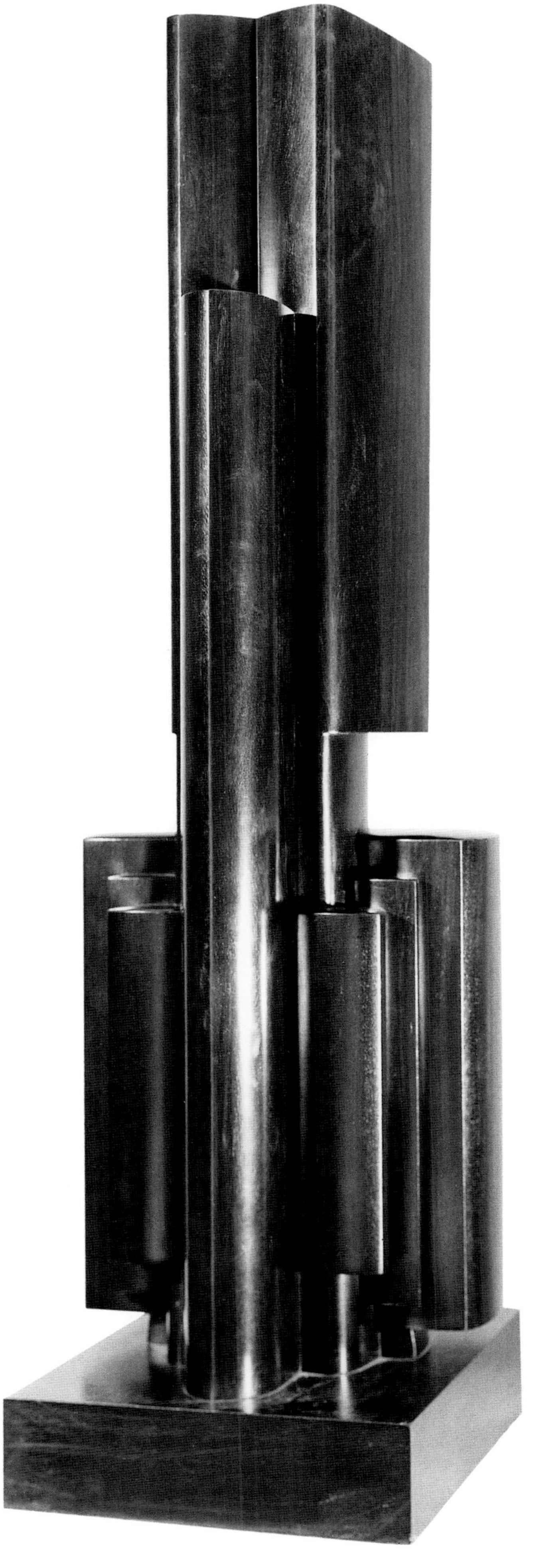

62

Oiseau d'or

1939

Plâtre. 76,5 × 15,5 × 9 cm; signé.
Collection privée.

Bronzes :

Un exemplaire non numéroté, fonte Valsuani, 1949.
Collection privée.

Expositions

« Chauvin » galerie Maeght, Paris, mars 1949; n° 22 du catalogue.
« 31e Biennale de Venise », juin-octobre 1962; page 172 n° 77 du catalogue.

Bibliographie

Christian Zervos « Chauvin » éditions « Les Cahiers d'Art », Paris 1960; reproduit page 42 n° 28.

N° 1/5, fonte É. Godard, 1974.
Collection Monsieur et Madame Alexis Poliakoff, Paris.

Expositions

« Chauvin, sculptures » Paris, galerie l'Enseigne du Cerceau, octobre 1974 - janvier 1975; reproduit page 19 n° 11 du catalogue.
« Jean Chauvin » Saint-Rémy-lès-Chevreuse, Fondation de Coubertin, septembre-novembre 1992; page 64 n° 9 du catalogue.
« Jean Chauvin » Mont-de-Marsan, musée Despiau-Wlérick, juin-septembre 1993.

Bibliographie

Alain Bosquet « Chauvin, sculpteur de la pureté » dans Bicolor de novembre 1974; reproduit page 37.
Odile Crespy « Jean Chauvin un étrange mystère » dans « Arts Actualités Magazine » de juin1993 n° 36; reproduit.

N° 3/5, fonte É. Godard, 1975.
Collection privée.

N° 5/5, fonte É. Godard, 1999.
Collection privée.

N° EA 1/2, fonte É. Godard, 2006.
Collection privée, Paris.

Plâtre, agrandissement. 153 cm; signé.
Collection privée.

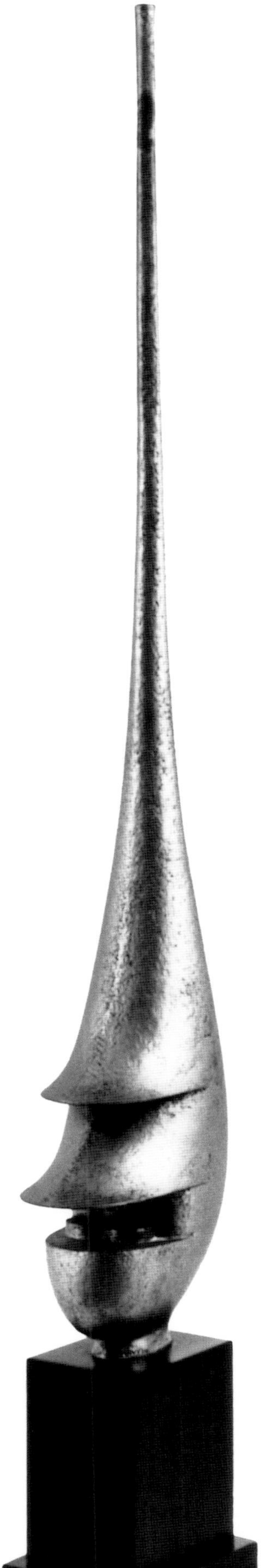

63

Narcisse

1939

Plâtre. 21 × 22,7 × 21 cm; signé.
Collection privée.

Bronzes :

Un exemplaire (numéro non vérifié), fonte Valsuani antérieure à 1949.
Collection privée.

Expositions

« Chauvin » Paris, galerie Maeght, mars 1949.
« Hommage à Jeanne Bucher » Paris, galerie Jeanne Bucher, mai-juin 1960; reproduit au n° 68 du catalogue.

Bibliographie

« Derrière le miroir » éditions galerie Maeght, Paris 1949; reproduit.
Christian Zervos « Chauvin » éditions « Les Cahiers d'Art », Paris 1960; reproduit page 45 n° 32.

N° 1/2, fonte Valsuani antérieure à 1962.
Collection du musée de Dijon.

Exposition

« 31e Biennale de Venise » juin-octobre 1962; page 172 n° 78 du catalogue.

Historique

Cette sculpture fait partie de la donation Pierre Granville au musée de Dijon.

N° EA1/2, fonte É. Godard, 1989.
Collection privée.

N° EA2/2, fonte É. Godard, 1991.
Collection privée.

Expositions

« Jean Chauvin » Saint-Rémy-lès-Chevreuse, Fondation de Coubertin, septembre-novembre 1992; reproduit page 64 fig. 31 du catalogue.
« Jean Chauvin » Mont-de-Marsan, musée Despiau-Wlérick, juin-septembre 1993.

Bibliographie

Sandrine Gazal « Jean Chauvin, sculptures et dessins » dans « Demeures et Châteaux de France », novembre 1992; reproduit.

Plâtre agrandissement. 63 × 68,1 × 63 cm; signé.
Collection privée.

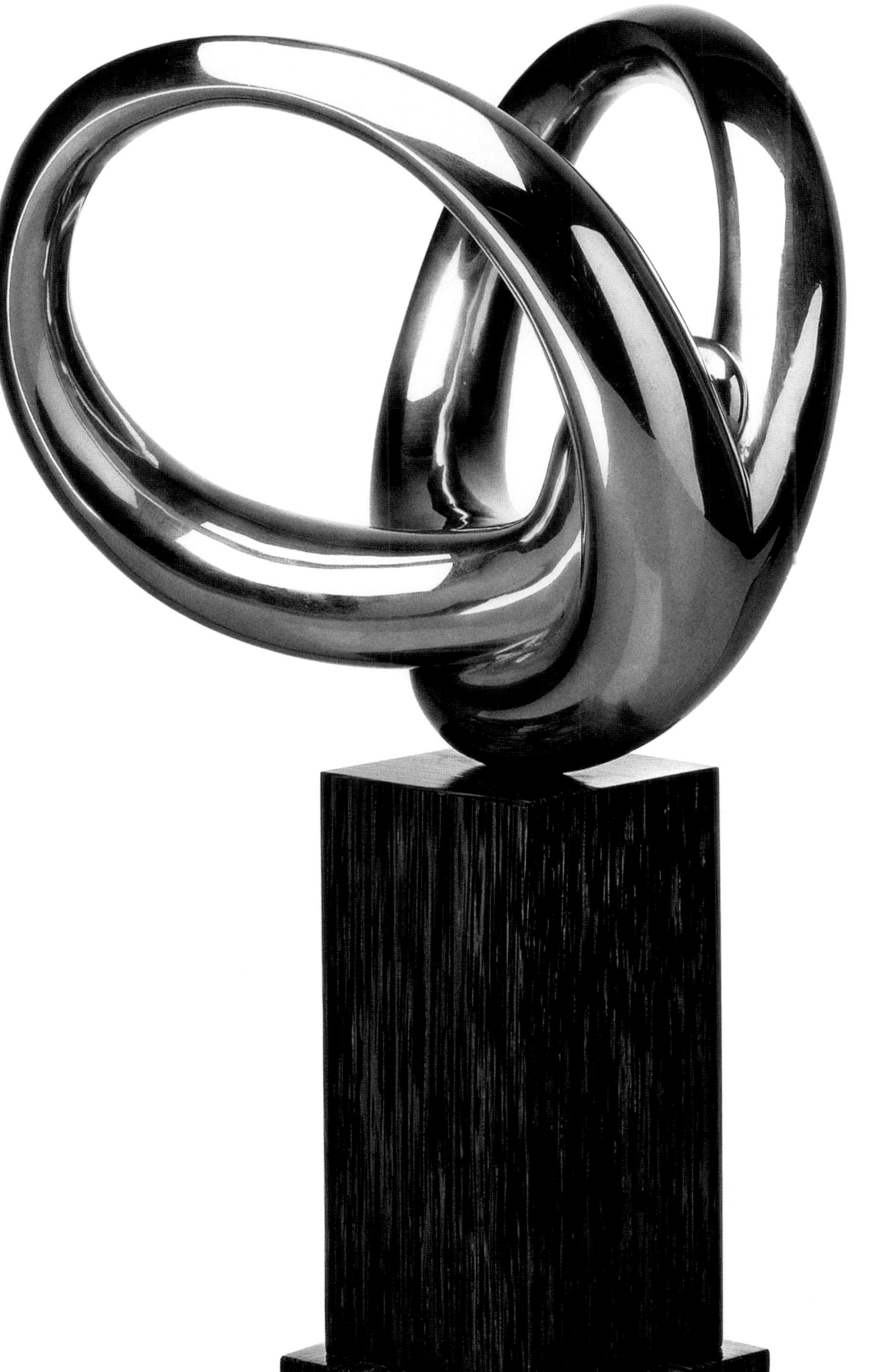

64

Athanor

1939

Plâtre. 29 × 26 × 21,5 cm; signé.
Collection privée.

Bronzes :

N° 2/5, fonte Coubertin, 1976.
Collection fondation I.G.W.T. Suisse.

N° 3/5, fonte Coubertin, 1978.
Collection privée.

N° 4/5, fonte Coubertin, 1990.
Collection privée.

Exposition
«Jean Chauvin» Saint-Rémy-lès-Chevreuse, Fondation de Coubertin, septembre-novembre 1992; reproduit page 65 fig. 32 du catalogue.

Bibliographie
Daniel Chudet «Jean Chauvin», dans la «Cote des Arts», septembre octobre 1992; reproduit.
Arnaud Le Brusq «Jean, Chauvin» dans «Les Annonces de la Seine», octobre 1992; reproduit.

N° 5/5, fonte Coubertin, 1983.
Collection privée.

Exposition
«Chauvin, œuvres de 1913 à 1959» Paris, galerie Vallois, juin-juillet 1998; reproduit page 46 du catalogue.

N° EA1/2, fonte Coubertin, 1988.
Collection privée.

Plâtre, agrandissement 65 × 58 × 48 cm. signé.
Collection privée.

Bronze :

N° AI/V, fonte É. Godard, 1992.
Collection privée, Paris.

Exposition
«Jean Chauvin» Mont-de-Marsan, musée Despiau-Wlérick, juin-septembre 1993.

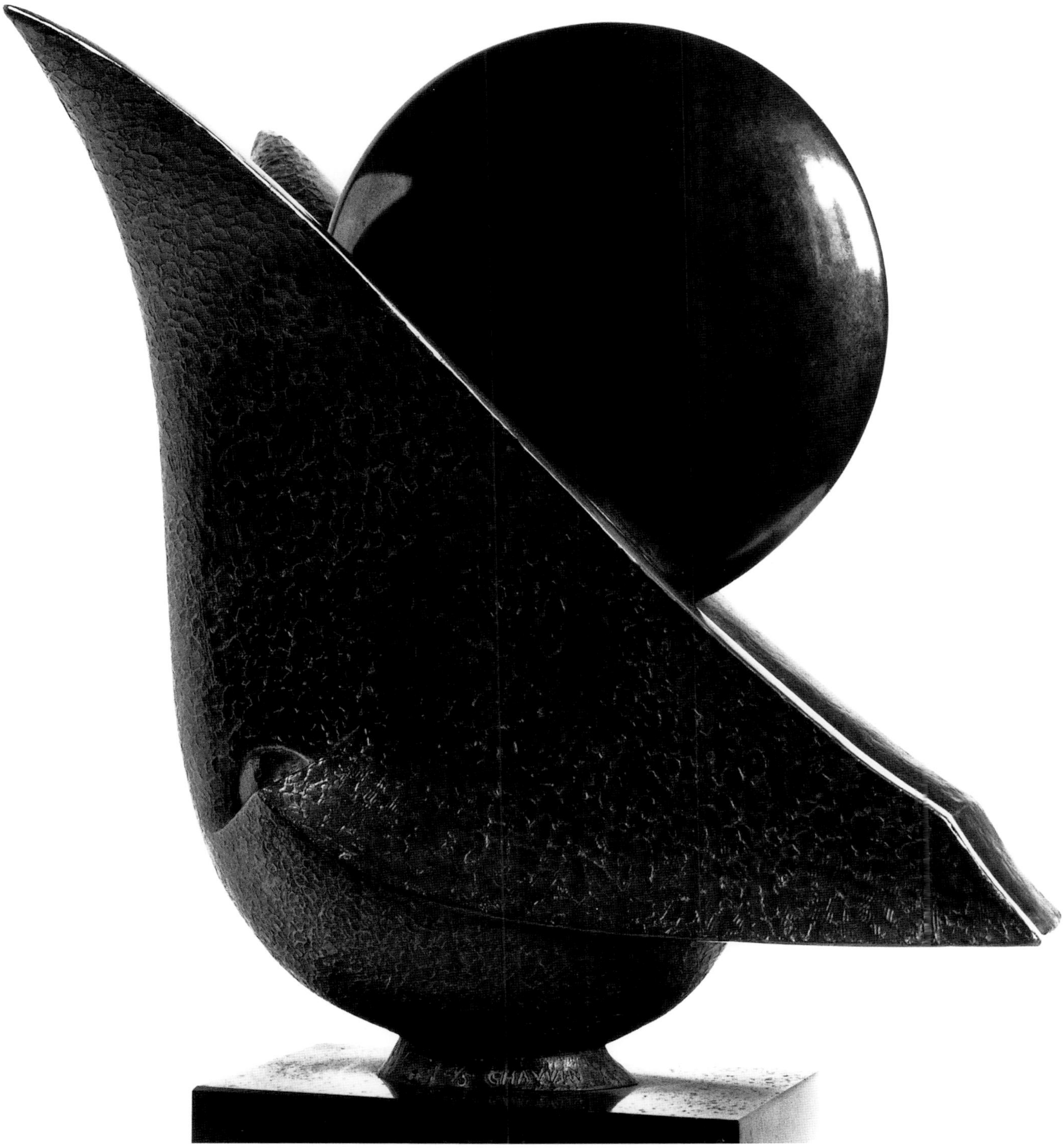

65

Narcisse

1940

Bois de noyer. 76 × 21 × 23 cm ; signé.

Collection : Fonds National d'Art Contemporain.

Expositions

« Chauvin » Paris, galerie Maeght, mars 1949, n° 11 du catalogue.

« Begründer der Modernen Plastik » Kunsthaus, Zurich, novembre-décembre 1954, page 34 n° 46 du catalogue.

« Sculptures du XXe siècle, 1900-1945, tradition et ruptures » Saint-Paul-de-Vence, fondation Maeght, juillet-octobre 1981.

Bibliographie

« Collection du Musée National d'Art Moderne » éditions du M.N.A.M. 1950.

Nicole Barbier « Jean Chauvin », dans Encyclopaedia Universalis, 1977 ; reproduit.

« Sculptures du XXe siècle, 1900-1945 tradition et ruptures » éditions Maeght, Paris 1981 ; reproduit page 72 n° 53.

Paul-Louis Rinuy « Jean Chauvin » éditions Fondation de Coubertin 1992 ; reproduit page 29 fig.12.

Historique

Achat à l'artiste par le Fonds National d'Art Contemporain en 1943 ; n° d'inventaire 6268.

En dépôt au M.N.A.M. Paris depuis le 24 août 1943.

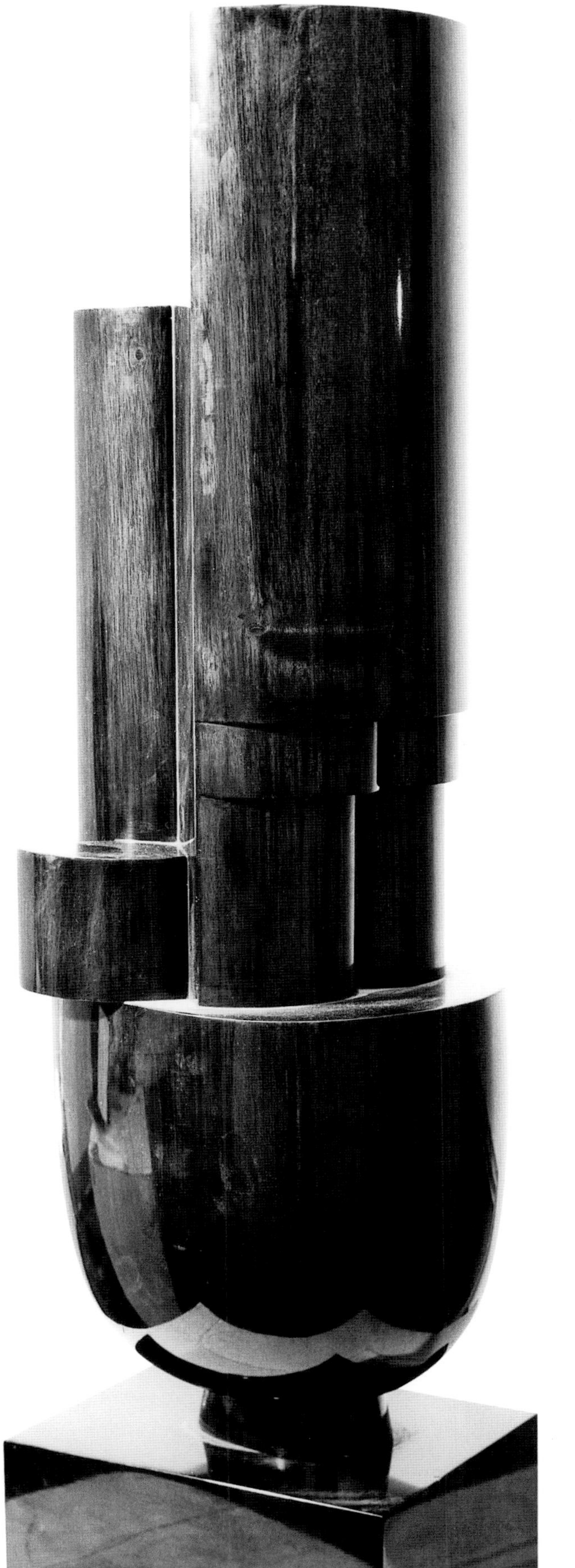

66

Genèse

1940

Pierre. 24 cm; signée.

Collection privée.

Expositions

« Chauvin » Paris, galerie Jeanne bucher, 1941.

« Chauvin » Paris, galerie de l'Élysée, novembre-décembre 1960.

« 31e Biennale de Venise » juin-octobre 1962; page 172 n° 79 du catalogue.

« Chauvin, sculptures » Paris, galerie l'Enseigne du Cerceau, octobre 1974; reproduit page 18 n° 12 du catalogue.

Bibliographie

Christian Zervos « Chauvin » éditions « Les Cahiers d'Art », Paris, 1960; reproduit page 19 n° 25.

Nota

Un plâtre aux dimensions non communiquées, intitulé « genèse » figure sur la liste des œuvres exposées à la galerie Maeght en mars 1949; il pourrait s'agir d'une sculpture dont Chauvin aurait modifié le titre par la suite.

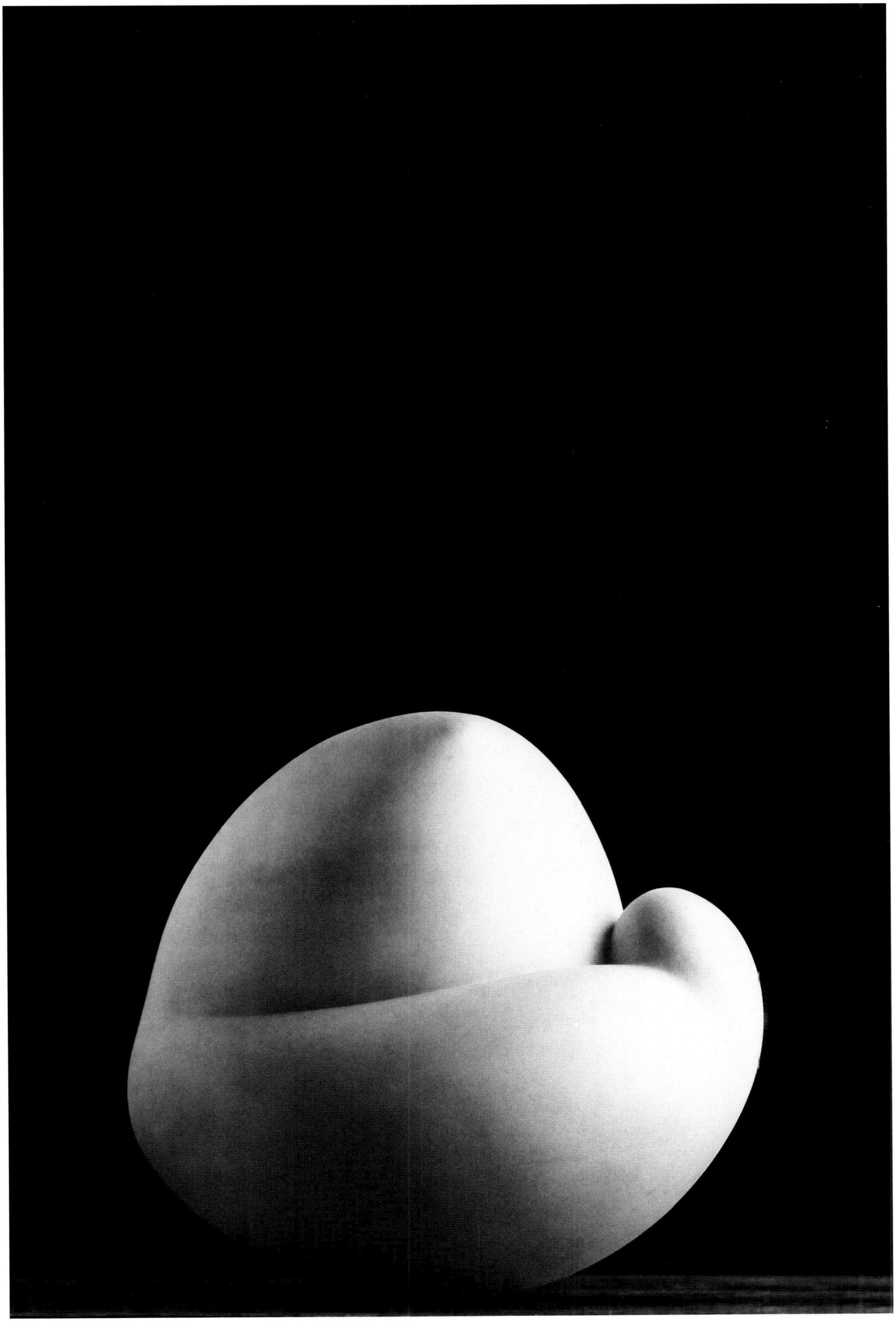

67

Couple

1940

Bois. 68cm; signé.

Collection privée.

Exposition

« 27e Biennale de Venise » 1954, n° 145 du catalogue.

Bibliographie

Christian Zervos « Chauvin » éditions « Les Cahiers d'Art », Paris, 1960; reproduit page 43 n° 29.

G. Marchiori « La Sculpture Moderne en France » éditions Bibliothèque des Arts, Paris Lausanne, date indéterminée; reproduit planche XXXIX.

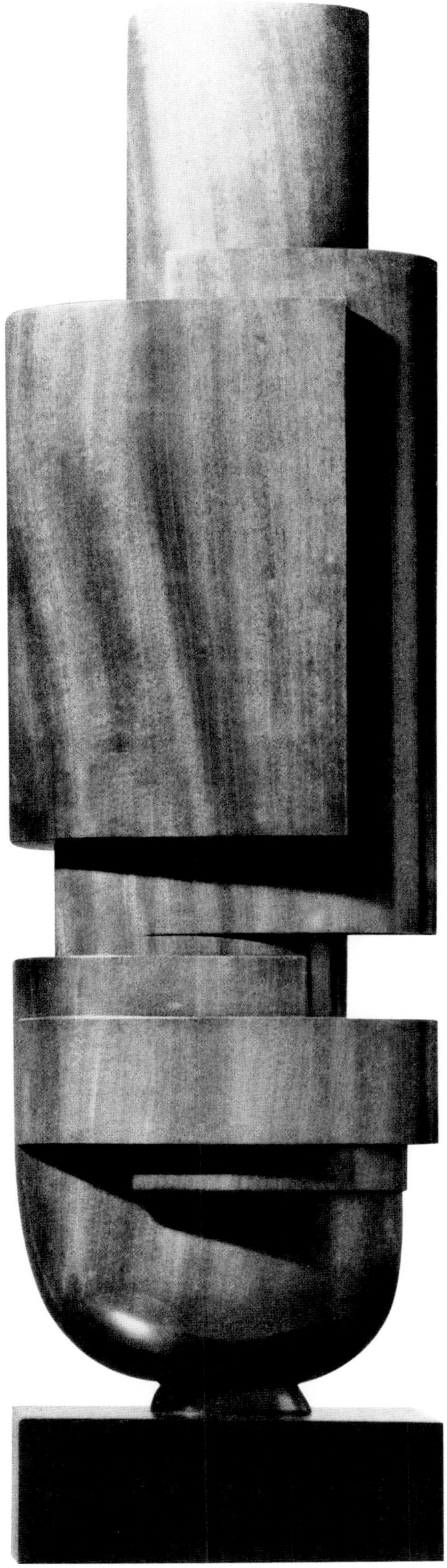

68

Feu sacré *ou* Amazone

1940

Bois de péroba. 52 cm; signé.

Collection du Metropolitan Museum, New York, U.S.A.

Exposition

« Chauvin, œuvres de 1913 à 1959 » Paris, galerie Vallois, juin-juillet 1988; reproduit au catalogue page 32.

Bibliographie

Anne Bony « Les Années 30 » éditions du Regard, Paris 1991 ; reproduit page 232.

Sabine Rewald « The Metropolitan Museum Bulletin » New York, automne 1991 ; reproduit volume XLIX page 72 n° 2.

Paul-Louis Rinuy « Jean Chauvin » éditions Fondation de Coubertin 1992 ; reproduit page 86 fig. 53.

Historique

Vente au Palais Galliéra, Paris, par Me Robert le 15 juin 1970, n° 42.

Acquisition par le Metropolitan Museum de New York en 1991.

Nota

Dans le catalogue édité par la galerie Vallois cette sculpture est datée de 1930 et sa hauteur de 59 cm tient probablement compte du socle.
Dans « Les Années 30 » d'Anne Bony, Chauvin est prénommé Louis par erreur et cette sculpture est datée de 1930.
Dans le catalogue de la vente du 15 juin 1970 au Palais Galliéra cette sculpture est intitulée Amazone et datée de 1940 (à notre avis cette date est plus vraisemblable pour avoir été indiquée par Chauvin à l'étude de Me Robert).

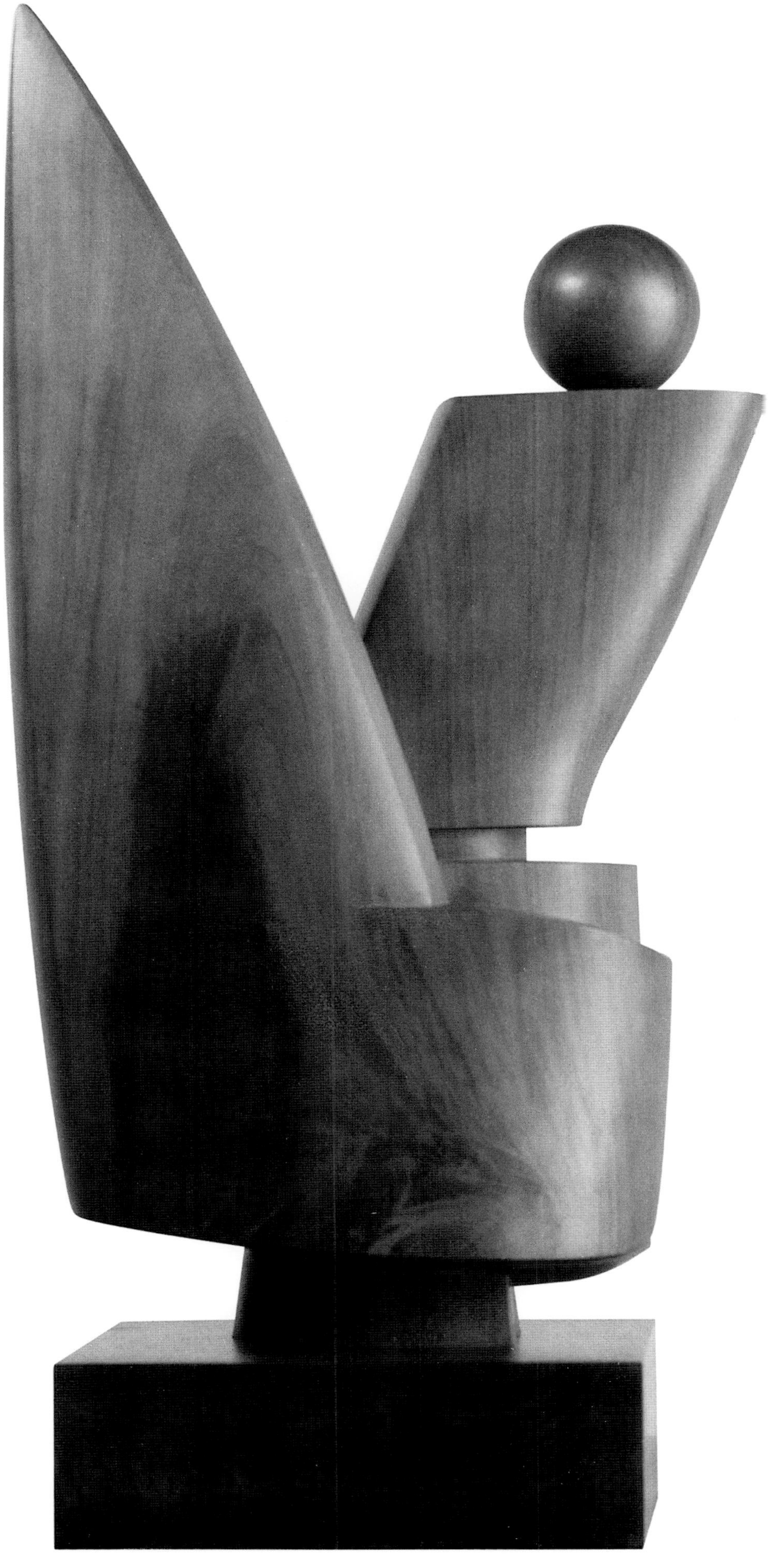

69 |

Le soleil se lève

1940

Bois. 53 cm; signé.

Collection privée.

Exposition

« Chauvin » Paris, galerie Maeght, mars 1949; n° 5 au catalogue.

Bibliographie

Christian Zervos « Note sur les sculptures de Chauvin » dans « Les Cahiers d'Art », Paris, 24e année, 1949; reproduit page 105.

Christian Zervos « Chauvin » éditions « Les Cahiers d'Art », Paris 1960; reproduit page 38 n° 23.

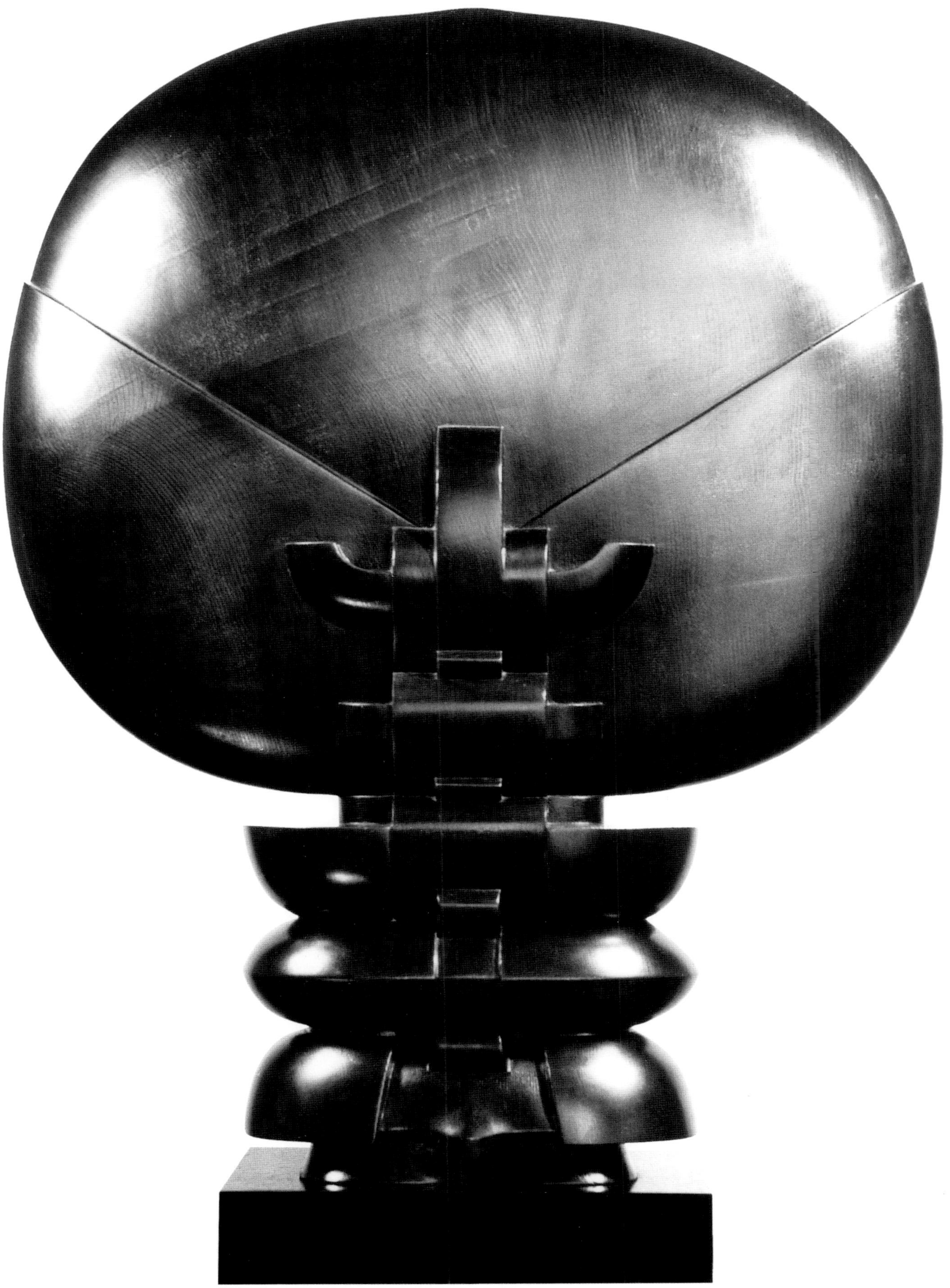

70

Le vent se lève

1940

Bois de noyer teinté. 53,3 × 22 × 17,5 cm; signé.
Collection privée, Paris.

Expositions

«Chauvin» Paris, galerie de l'Élysée, novembre-décembre 1960.
«Chauvin, sculptures de 1924 à 1958» Paris, galerie Artcurial, mars-avril 1990; reproduit pages 22 et 23 du catalogue.

Bibliographie

Christian Zervos «Chauvin» éditions «Les Cahiers d'Art», Paris 1960; reproduit pages 40 et 45.

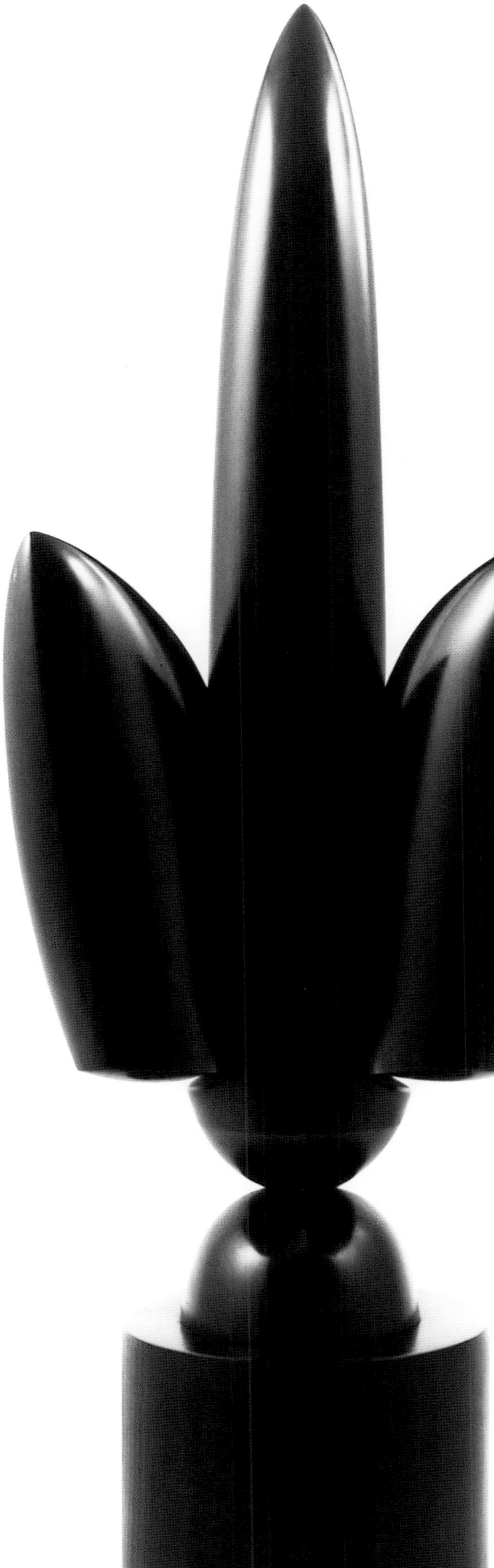

71

Chant nocturne

1941

Bois de noyer teinté. 61 cm; signé.

Collection I.G.W.T. Suisse.

Expositions

Salon des Réalités Nouvelles, 1947.

« Chauvin » Paris, galerie de l'Élysée, novembre-décembre 1960.

Bibliographie

« Réalités Nouvelles » N° 1, 1947, Paris; reproduit page 19.

Christian Zervos « Chauvin » éditions « Les Cahiers d'Art », Paris, 1960; reproduit page 49 n° 36.

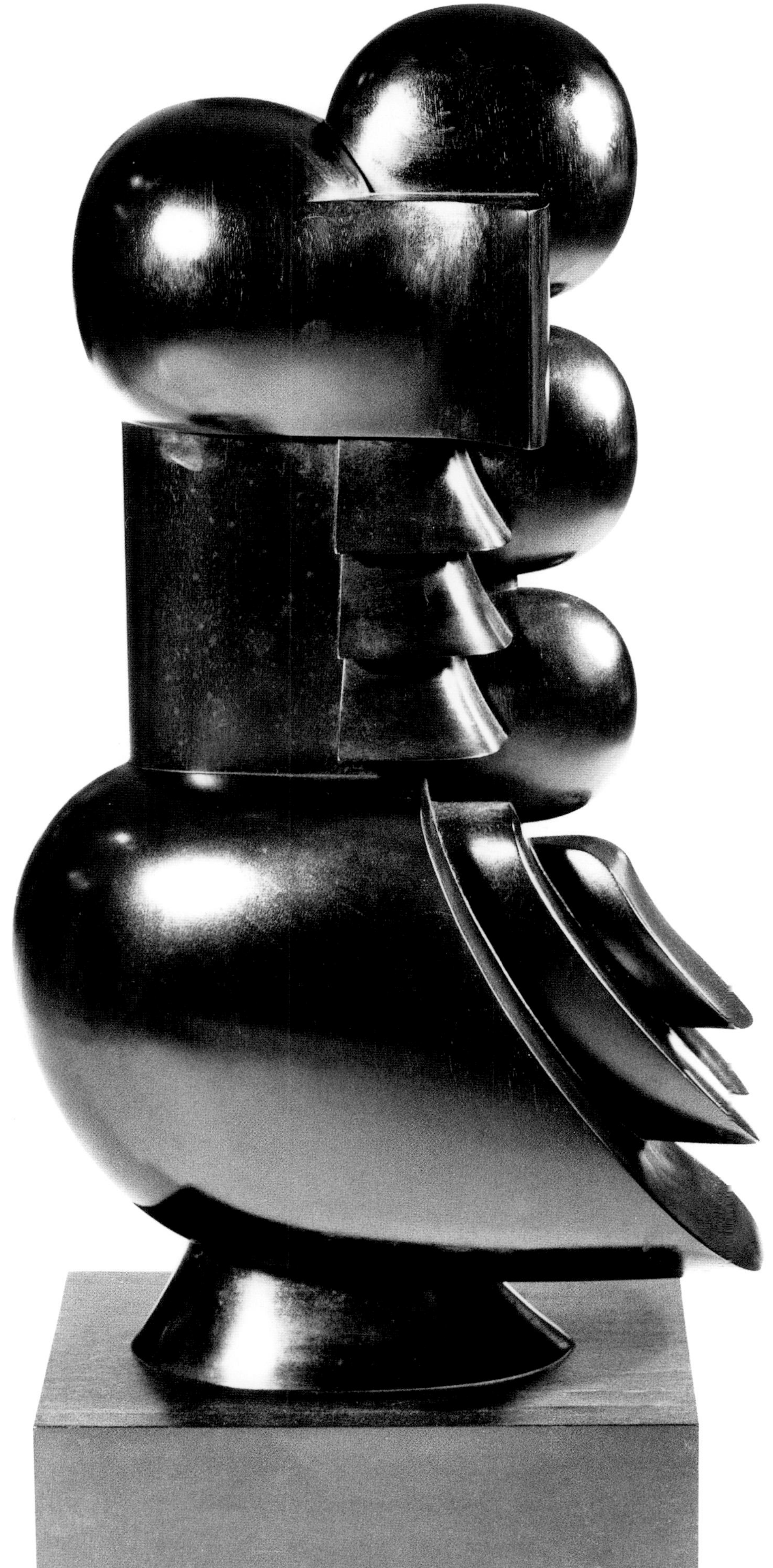

72

Vierge attentive

1941

Bois de teck. 36 cm; signé.

Collection privée.

Exposition

« Chauvin » Paris, galerie de l'Élysée, novembre-décembre 1960.

Bibliographie

Christian Zervos « Chauvin » éditions « Les Cahiers d'Art », Paris, 1960 ; reproduit page 47 n° 33.

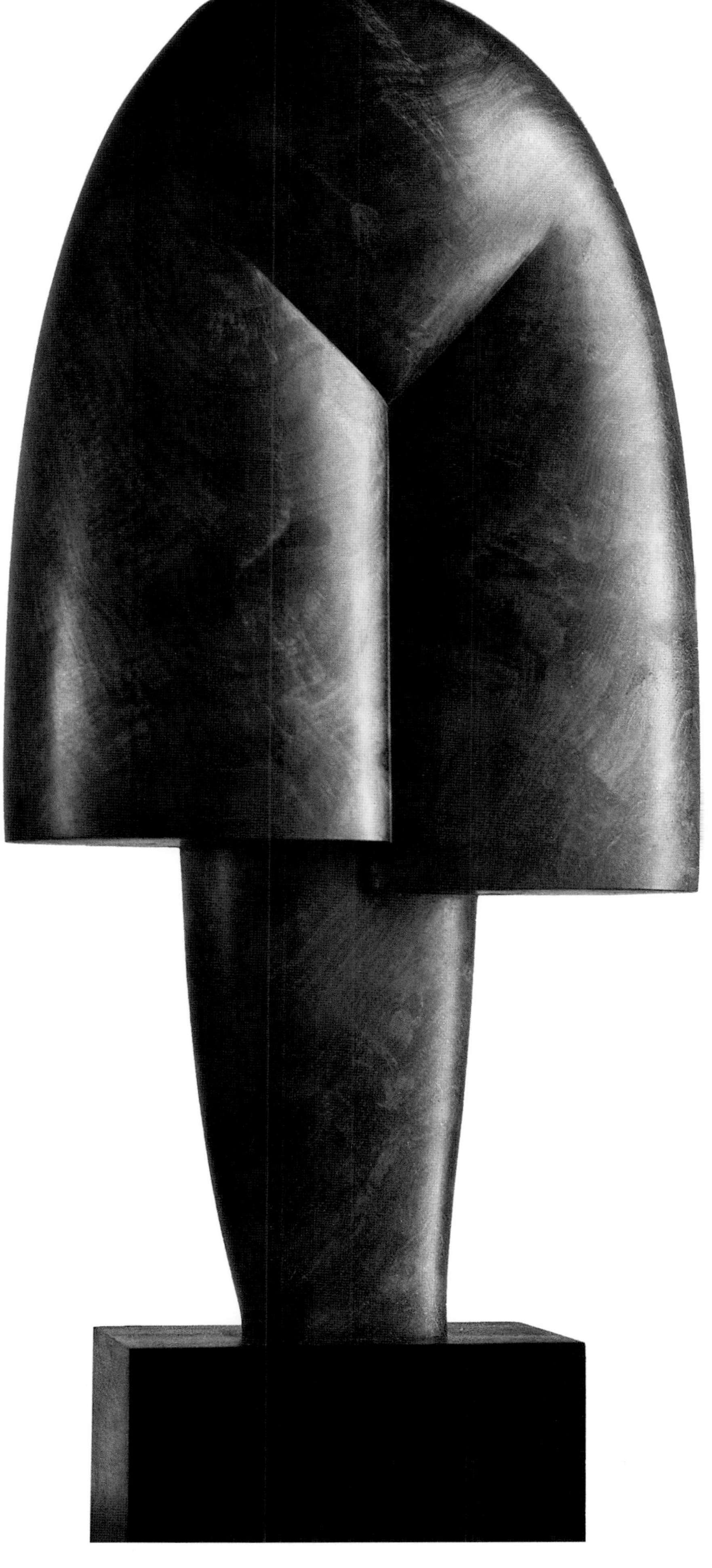

73

La naissance de l'orgue

1941

Bois de thuya. 55 cm; signé.
Collection privée, Suède.

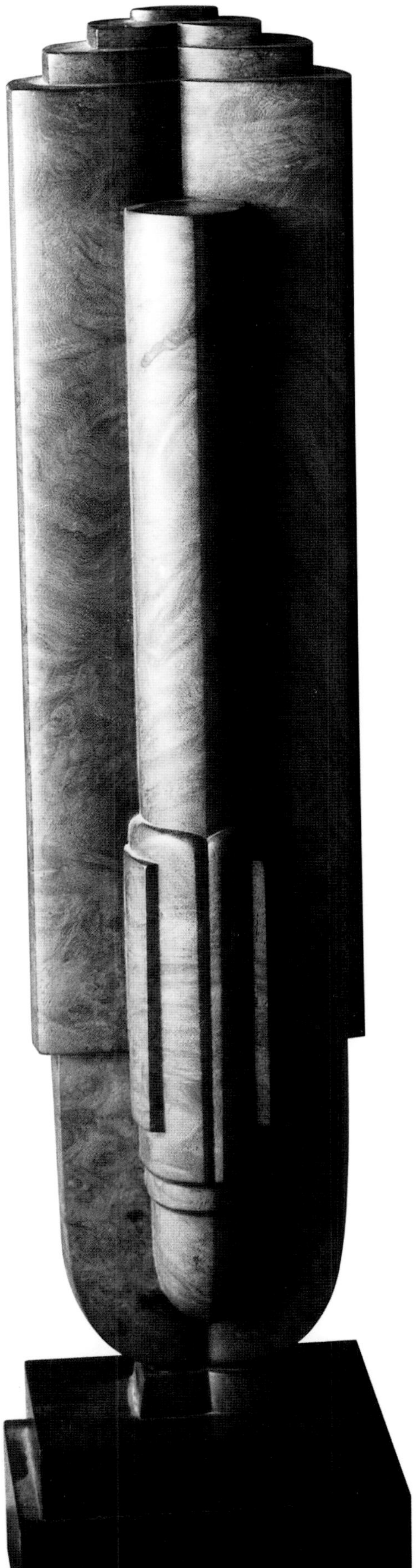

Les implorants
1941-1942

Implorant, bois ciré. 76 (hors socle) × 11,5 × 11,5 cm.
Dédicacé « Pour Lala, souvenir amical, Avril MCMXLI, Chauvin »
Collection privée

Implorant, bois teinté noir. 74 × 12,4 × 11 cm; signé.
Collection privée, Paris.
Expositions
« Chauvin » Paris, galerie de l'Élysée, novembre-décembre 1960.
« Chauvin » sculptures de 1924 à 1958, galerie Artcurial, mars-avril 1990; reproduit page 25 du catalogue.
Bibliographie
Christian Zervos « Chauvin » éditions « Les Cahiers d'Art », Paris 1960; reproduit page 48 n° 34 et n° 35.

Implorant, bois laqué noir par les ateliers Dunand. 84 × 12 × 12 cm. Signé.
Collection P.A.G. Paris.
Expositions
« Chauvin, œuvres de 1913 à 1959 » Paris, galerie Vallois, juin-juillet 1988; reproduit page 50 du catalogue.
« Jean Chauvin » Mont-de-Marsan, musée Despiau-Wlérick, juin-septembre 1993.

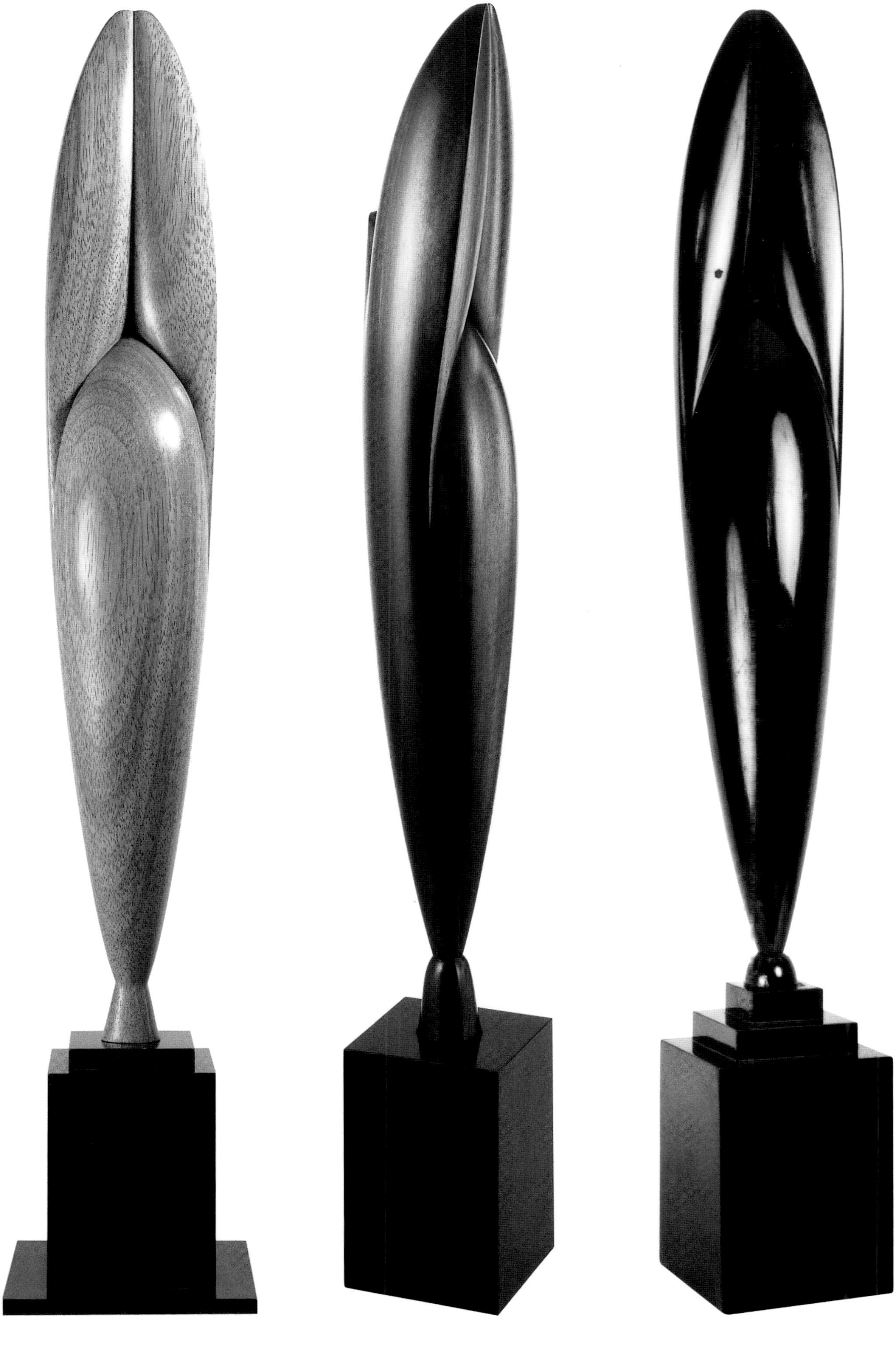

75

Chauve-souris *ou* Pour le repos d'un guerrier

1942

Bois de Cuba. 66 × 37 × 33 cm; signé.
Collection privée, Belgique.

Expositions

«Chauvin» Paris, galerie Maeght, mars 1949.
«Collection F.C. Graindorge, sélection de 131 œuvres» musée d'Art Wallon, novembre-décembre 1976, Liège; n° 123 du catalogue.

Historique

Anciennement collection Graindorge.

Nota

Dans le catalogue de l'exposition de Liège, cette sculpture est intitulée «projet pour un monument aux morts».

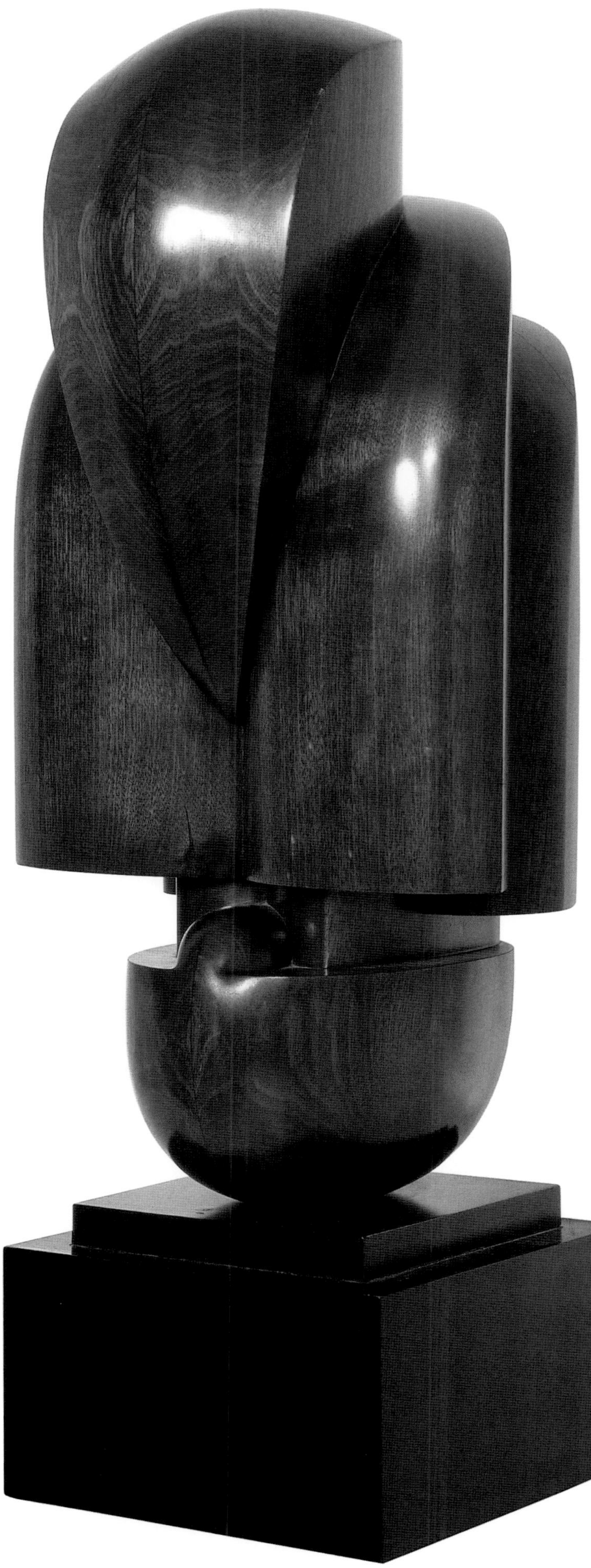

76

Enfant

1942

Bois teinté noir. 54 × 29 × 20 cm; signé.

Collection privée, Paris.

Expositions

« Begründer der Modernen Plastik » Kunsthaus, Zurich, novembre-décembre 1954; n° 39 du catalogue.
« 31e Biennale de Venise » juin-octobre 1962; page 172 n° 80 du catalogue.
« Chauvin, sculptures de 1924 à 1958 » Paris, galerie Artcurial, mars-avril 1990; reproduit page 24 du catalogue.

Bibliographie

Christian Zervos « Chauvin » éditions « Les Cahiers d'Art », Paris 1960; reproduit page 50 n° 37.

Nota

Désigné « collection de Monsieur Charles Dreyfus, San Francisco » dans le catalogue de la biennale de Venise.

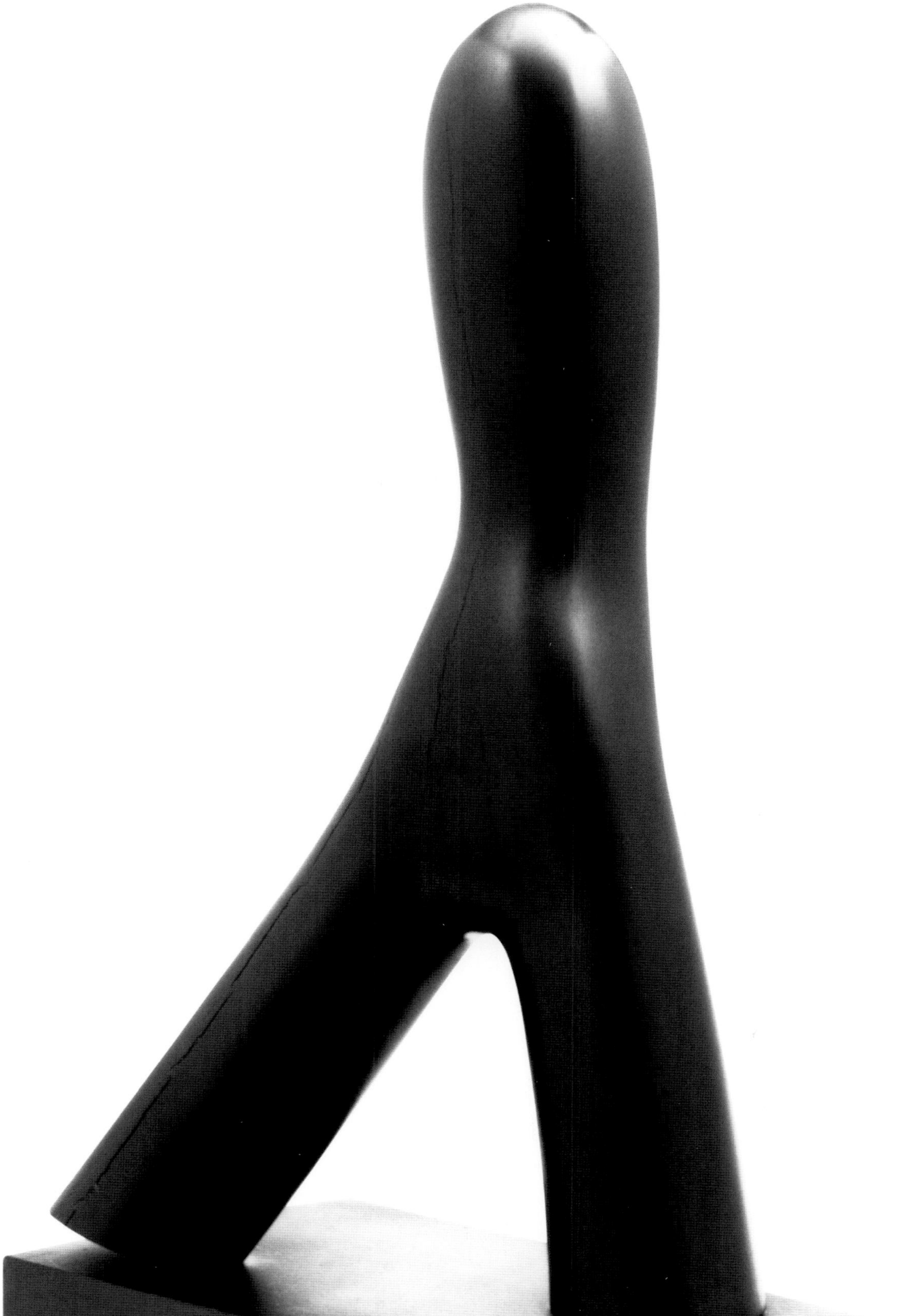

77

Nuit blanche

1942

Plâtre. 39 × 22,5 × 19,5 cm; signé.

Collection privée.

Bibliographie

Christian Zervos « Chauvin » éditions « Les Cahiers d'Art », Paris 1960; reproduit page 51 n° 38.

Bronzes :

N° 1/5, fonte É. Godard, 1974.

Collection privée.

Expositions

« Chauvin, sculptures » Paris, galerie L'Enseigne du Cerceau, octobre 1974; reproduit page 70 n° 13 du catalogue.

« Chauvin » Paris, galerie A.B.C.D. 1976.

N° 2/5, fonte Coubertin, 1978.

Collection privée.

Plâtre agrandissement. 78 × 45 × 39 cm; signé.

Collection privée.

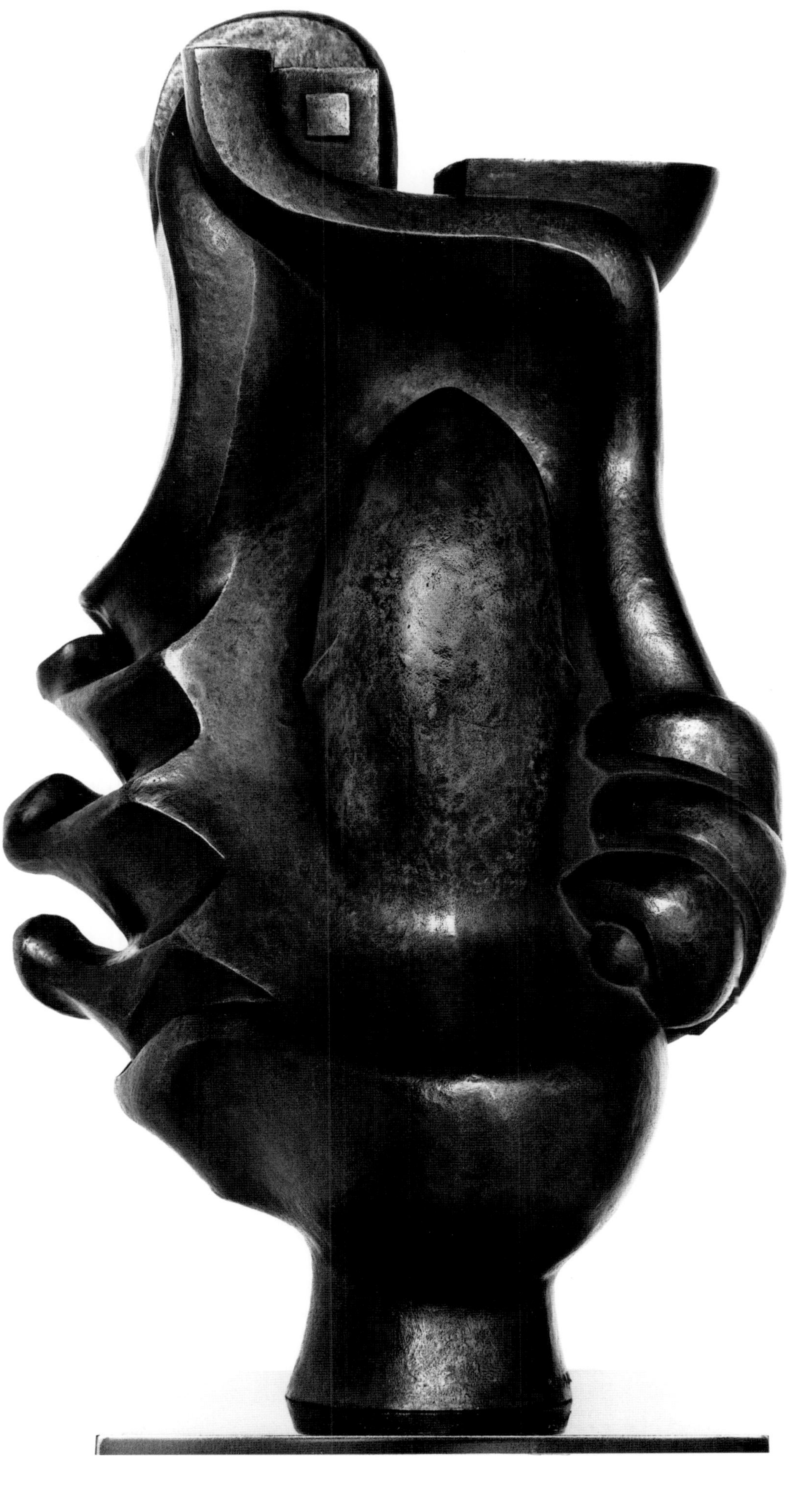

78

Chant des prisons

1943

Plâtre. H : 40 cm; signé.
Collection privée.

Bronzes :

N° 2/5, fonte Coubertin, 1978.
Collection fondation I.G.W.T. Suisse.

N° 3/5, fonte Coubertin 1996.
Collection P.A.G. Paris.

N° EA1/2, fonte Coubertin, 1987.
Collection Pouchka, Paris.

Expositions

« Chauvin, œuvres de 1913 à 1959 » Paris, galerie Vallois, juin-juillet 1988; reproduit page 52 du catalogue.
« Jean Chauvin » Saint-Rémy-lès-Chevreuse, Fondation de Coubertin, septembre-novembre 1992; n° 14 au catalogue.
Jean Chauvin « Mont-de-Marsan, musée Despiau-Wlérick, juin-septembre 1993.

Plâtre, agrandissement. H : 65 cm; signé.
Collection privée.

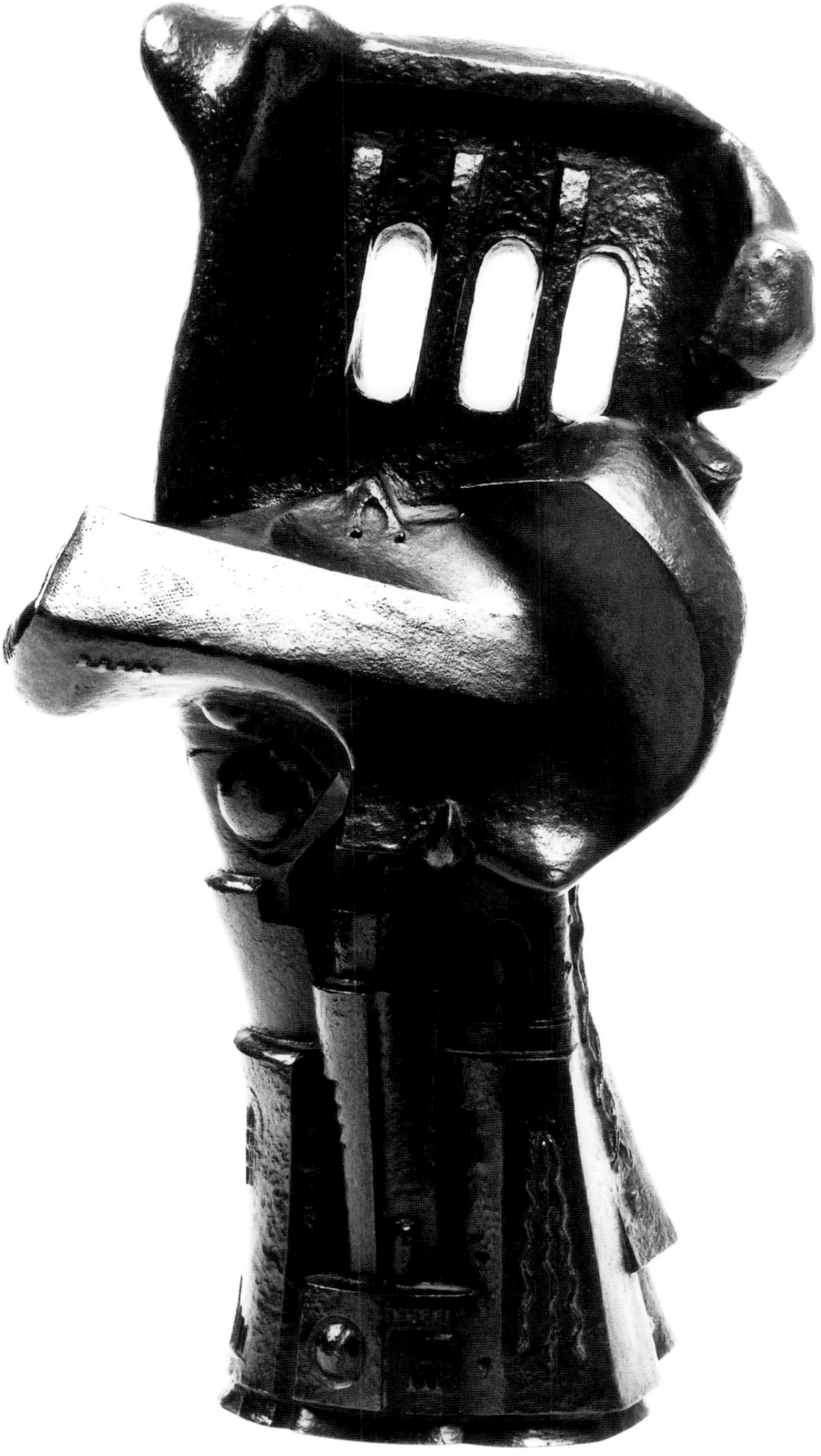

79

Grenade entrouverte

1943

Plâtre. 29,8 × 33,5 × 18,4 cm; signé.
Collection privée.

Bronzes :

N° 1/5, fonte Coubertin, date non communiquée.
Collection I.G.W.T. Suisse.

N° 2/5, fonte Coubertin, 1976.
Collection privée.

N° 3/5, fonte Coubertin, 1981.
Collection privée.

Expositions
«Jean Chauvin» Saint-Rémy-lès-Chevreuse, Fondation de Coubertin, septembre-novembre 1992; reproduit page 66 fig. 34 du catalogue.
«Jean Chauvin» Mont-de-Marsan, musée Despiau-Wlérick, juin-septembre 1993.

Bibliographie
Daniel Chudet «Jean, Chauvin» dans La Cote des Arts, septembre 1992; reproduit
Rachel Fléaux «Jean Chauvin, un sculpteur abstrait et sensuel» dans l'Écho Républicain, 15 octobre 1992; reproduit.

N° 4/5, fonte Coubertin, 1980.
Collection privée.

N° 5/5, fonte Coubertin, 1983.
Collection privée.

N° EA1/2, fonte Coubertin, 1988.
Collection Pouchka, Paris.

Expositions
«Chauvin, œuvres de 1913 à 1959» Paris, galerie Vallois, juin-juillet 1988; reproduit page 54 du catalogue.
«Jean Chauvin, sculptures» Paris, galerie Art et Patrimoine, septembre-octobre 1992.

N° EA2/2, fonte Coubertin, 1977.
Collection privée, Londres.

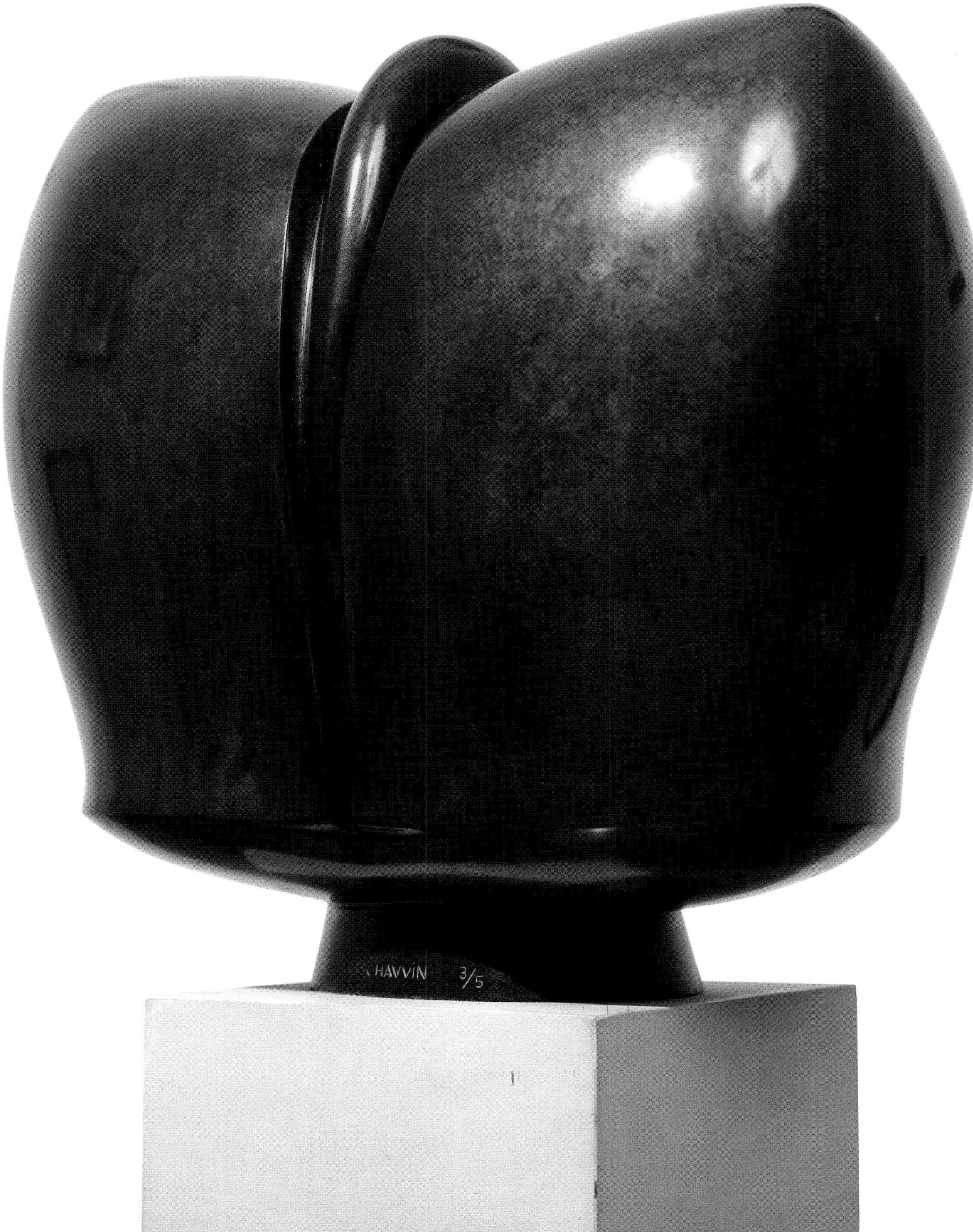
CHAVVIN 3/5

80

Serpent à deux têtes

1943

Plâtre. 19 × 27 cm ; signé.
Collection privée.

Bronzes :

Un exemplaire, bronze argenté, fondeur non communiqué, date de fonte : probablement 1962.
Collection privée.

Exposition

« 31e Biennale de Venise » juin-octobre 1962 ; page172 n° 81 du catalogue.

N° EA1/2, fonte É. Godard, 1975, bronze doré.
Collection P.A.G. Paris.

Exposition

« Jean Chauvin » Mont-de-Marsan, musée Despiau-Wlérick, juin-septembre 1993.

Plâtre agrandissement. 38 × 54 cm.
Collection privée.

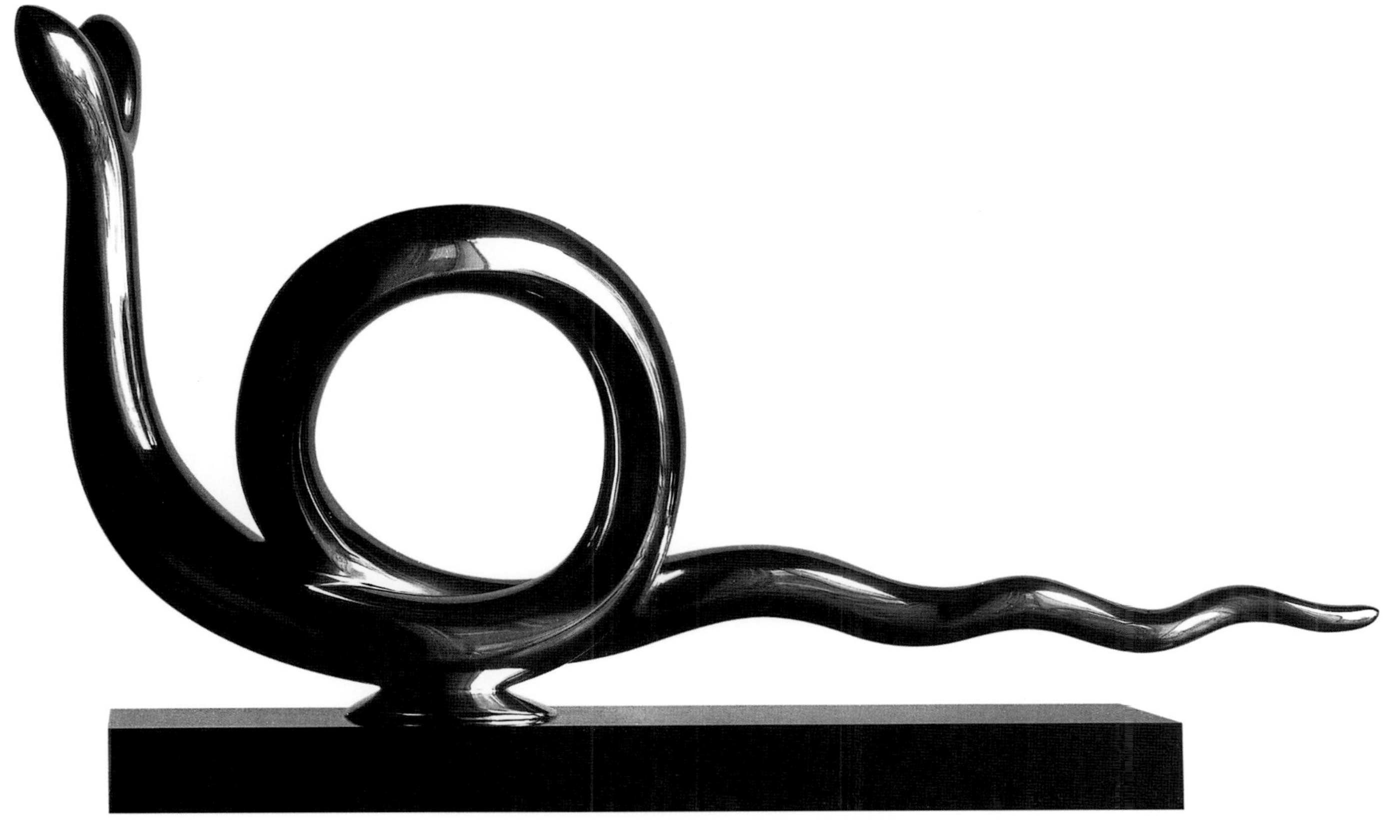

81

Naja

1944

Plâtre. 47,5 × 28 × 19,5 cm; signé.
Collection privée.

Bronzes :

N° 1/5, fonte Coubertin, 1987.
Collection privée.

N° 2/5, fonte Coubertin, 1977.
Collection I.G.W.T. Suisse.

N° 5/5, fonte Coubertin, 1988.
Collection privée.
Exposition
« Chauvin, œuvres de 1913 à 1959 » Paris, galerie Vallois, juin-juillet 1988; reproduit page 56 du catalogue.

N° EA1/2, fonte Coubertin, 1983.
Collection privée.

N° 3/5, fonte Coubertin, 2007.
Collection privée.

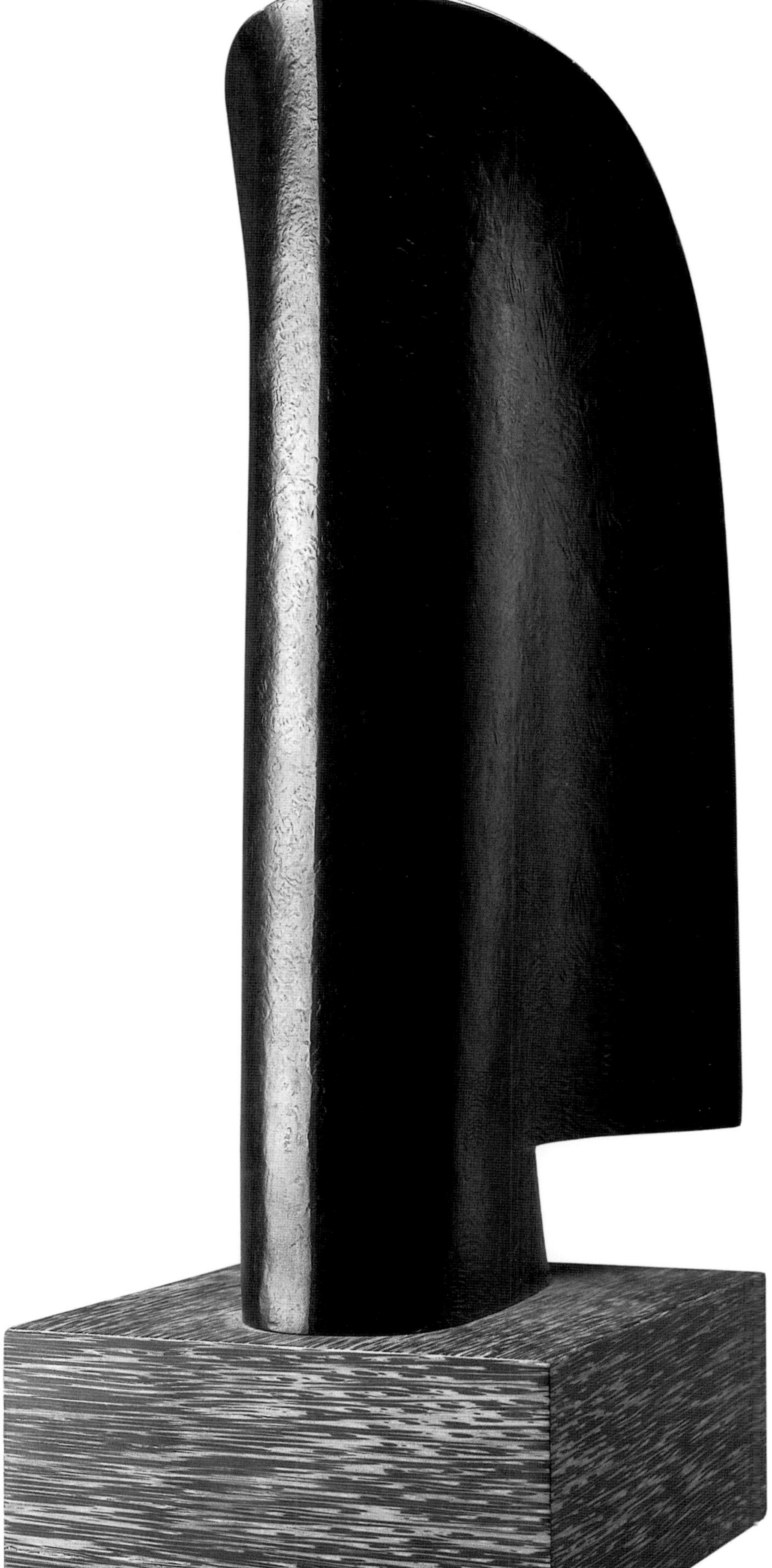

Porteuse de lyre

1944

Plâtre. 46,6 × 31,5 × 23 cm; signé.
Collection privée.

Bibliographie

R.V. Gindertael « Chauvin » dans « Beaux-Arts », Bruxelles, juin 1957; reproduit page 9.
Pierre Descargues « Chauvin, le sanglier » « Le Figaro » 27 novembre 1960; reproduit.
Denys Chevalier « Chauvin, le solitaire » « Lettres Françaises » du 16 juin 1971.

Bronzes :

Un exemplaire non numéroté, fondeur non communiqué.

Exposition

« 31e Biennale de Venise » juin-octobre 1962; page 172 n° 94 du catalogue.

N° 2/5, fonte Coubertin, 1976.
Collection I.G.W.T. Suisse.

N° 3/5, fonte Coubertin, 1988.
Collection privée.

Expositions

« Jean Chauvin, sculptures » Paris, galerie Art et Patrimoine, septembre-octobre 1992.
« Jean Chauvin » Mont-de-Marsan, musée Despiau-Wlérick, juin-septembre 1993.

Plâtre agrandissement H : 116,5 cm; signé.
Collection privée.

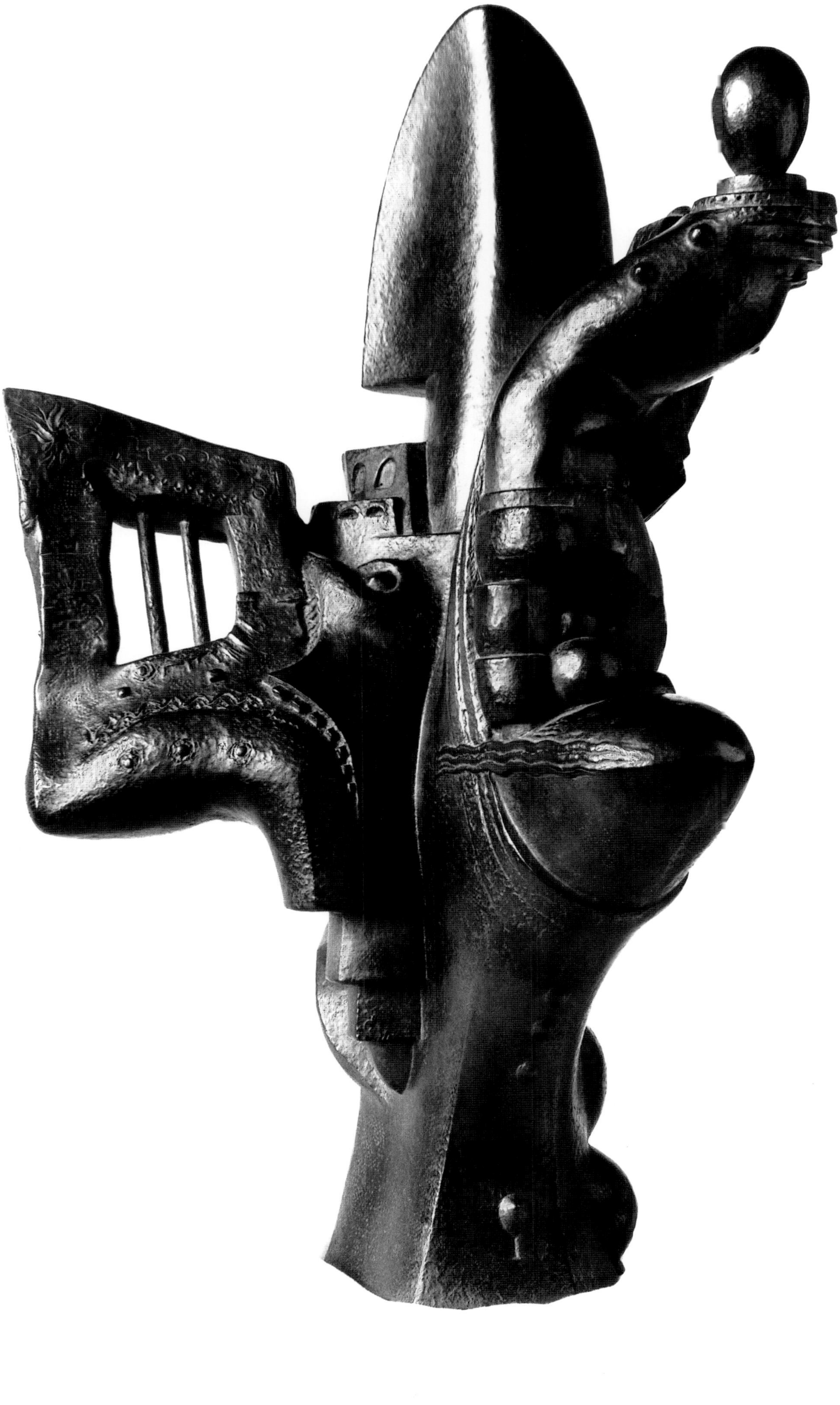

83

Magicienne

1944

Plâtre. 31,5 × 14,4 × 14 cm; signé.
Collection privée.

Bronzes :

Un exemplaire non numéroté, sans cachet de fondeur, date de fonte probable entre 1944 et 1946.
Collection Fonds National d'Art contemporain.

Exposition

Jean Chauvin Saint-Rémy-lès-Chevreuse, Fondation de Coubertin, septembre-octobre 1992; reproduit page 36 fig. 19 du catalogue.

Bibliographie

« Collection du musée National d'Art Moderne » catalogue de 1950.

Historique

Achat à l'artiste par le Fonds National d'Art Contemporain en 1946; n° d'inventaire : 6792.
En dépôt depuis le 4 octobre 1983 au Musée d'Art Moderne de Saint-Étienne.

Un exemplaire annoté H.C. fonte Valsuani, date indéterminée.
Collection privée.

Expositions

« Chauvin » Paris, galerie Maeght, mars 1949; n° 23 du catalogue.
« Sept pionniers de la Sculpture Moderne » Yverdon, Suisse, juillet-septembre 1954.
« Begründer der Modernen Plastik » Kunsthaus, Zurich, novembre-décembre 1954; n° 42 du catalogue.
« Chauvin » Paris, galerie de l'Élysée, novembre-décembre 1960.
« 31e Biennale de Venise » juin-octobre 1962; page 172 n° 83 du catalogue.

Bibliographie

Robert Rey, « Chauvin, mon ami » dans « Amis de l'Art », mars 1949; reproduit n° 6.
« Derrière le Miroir » éditions galerie Maeght, Paris, mars 1949; reproduit.
Christian Zervos « Chauvin » éditions Les Cahiers d'Art, Paris1960; reproduit page 54 n° 45.

N° 1/5, fonte Coubertin 1988.
Collection privée.

N° 2/5, fonte Coubertin 1982.
Collection IG.W.T. Suisse.

N° 3/5, fonte Coubertin 1988.
Collection privée.

N° 4/5, fonte Coubertin 1978.
Collection privée.

N° EA2/2, fonte Coubertin 1988.
Collection privée.

Plâtre, agrandissement. H : 64 cm; signé.
Collection privée.

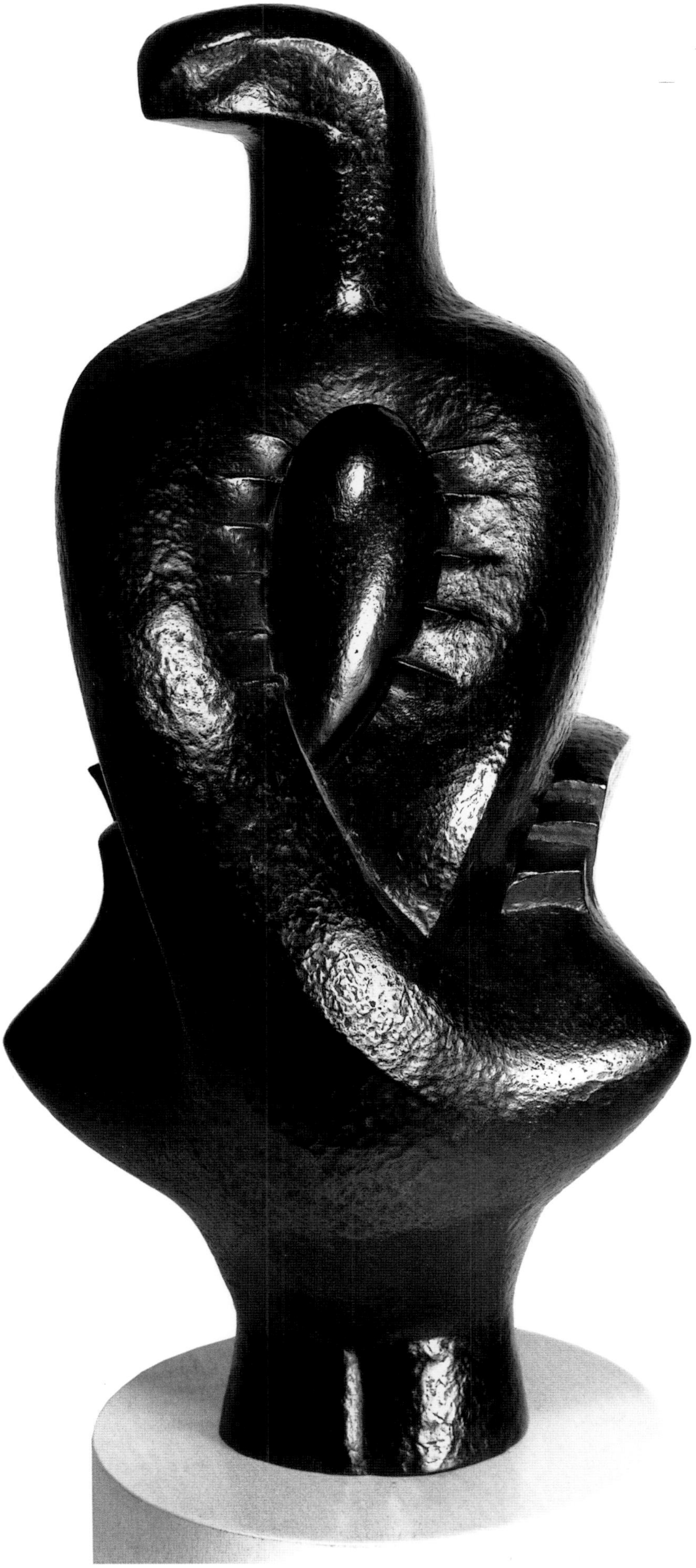

Naissance d'un Bouddha

1945

Pierre. H : 34 cm; signé.

Collection I.G.W.T. Suisse.

Exposition

« Chauvin, sculptures » Paris, galerie l'Enseigne du Cerceau, octobre 1974; reproduit page 22 n° 16 du catalogue.

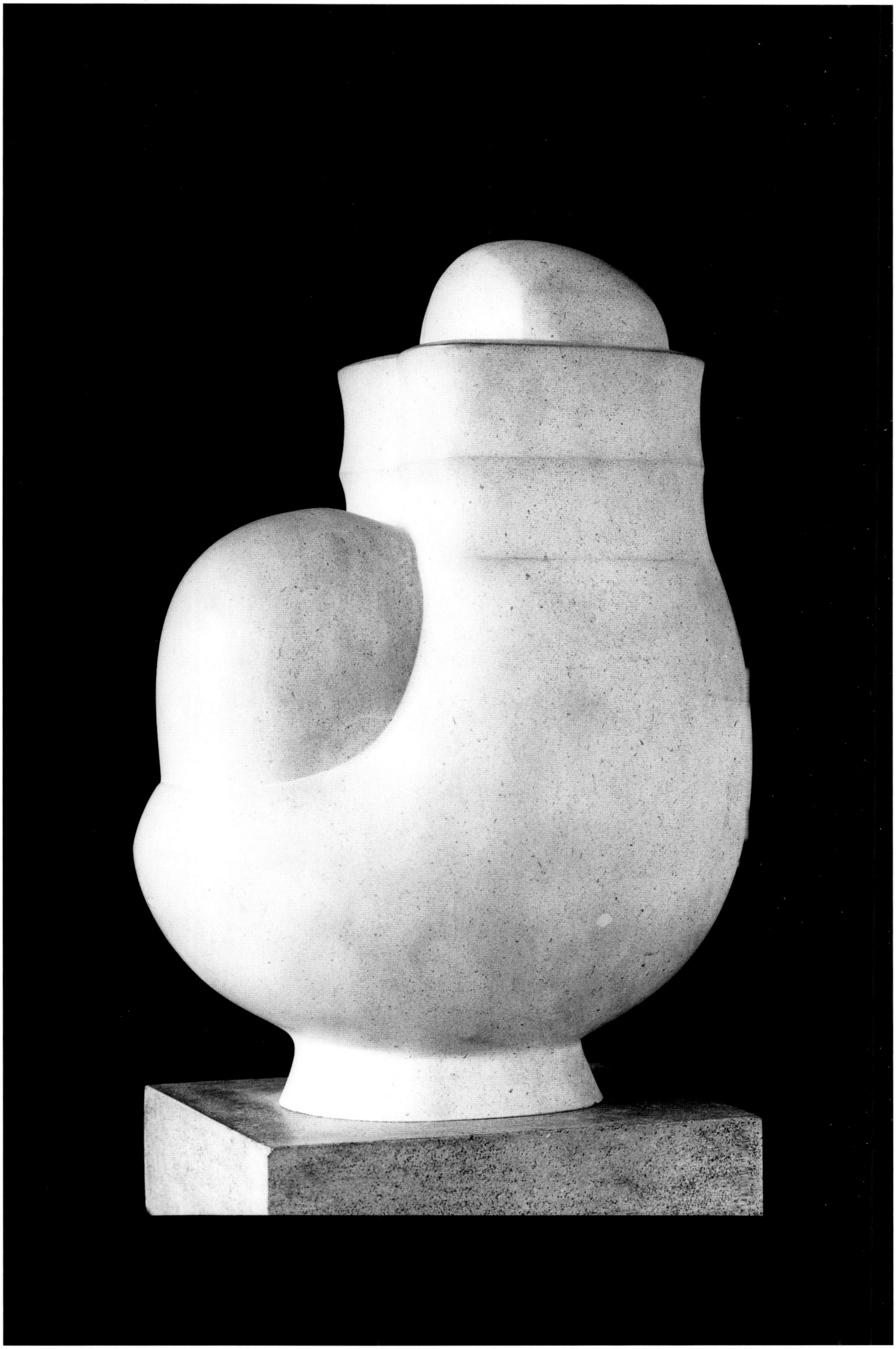

85

Don Juan

1945

Plâtre. 33 × 25 × 17,5 cm; signé.
Collection privée.

Bronzes :

Un exemplaire non numéroté, fonte Valsuani 1946.
Collection Fonds National d'Art Contemporain.

Expositions

« Jean Chauvin » Saint-Rémy-lès-Chevreuse, Fondation de Coubertin, septembre-novembre 1992; reproduit page 35 fig.18 du catalogue.
« Jean Chauvin » Mont-de-Marsan, musée Despiau-Wlérick, juin-septembre 1993.

Bibliographie

« Collection du Musée National d'Art Moderne » catalogue de 1950.
G. Marchiori « Sculpture Moderne en France » éditions Bibliothèque des Arts Lausanne, date indéterminée; reproduit planche XL.
Jean-Pierre Etchemaite « Jean Chauvin, un inconnu célèbre » dans la Tache d'Encre, avril 1993, n° 48; reproduit.

Historique

Achat à l'artiste par le fonds National d'Art Contemporain en 1946, n° d'inventaire 6791.
Dépôt au Musée National d'Art Moderne, Paris en 1947, n° d'inventaire AM 8363.
Dépôt du M.N.A.M au Musée d'Art Moderne de Saint-Étienne depuis le 25 juillet 1960; n° d'inventaire 7145.

Un exemplaire non numéroté, fonte Valsuani,1949.
Collection privée, Paris.

Expositions

« Chauvin » Paris, galerie Maeght, mars 1949; n° 24 du catalogue.
« Chauvin, sculptures de 1924 à 1958 » Paris, galerie Artcurial, mars-avril 1990; reproduit pages 28 et 29 du catalogue.

N° 1/5, fonte Coubertin, 1981.
Collection privée.

N° 2/5, fonte Coubertin, 1978.
Collection I.G.W.T. Suisse.

N° 4/5, fonte Coubertin, 1982.
Collection privée.

N° EA2/2, fonte Coubertin, 1988.
Collection privée.

Plâtre agrandissement. 66 × 50 × 35 cm; signé.
Collection privée.

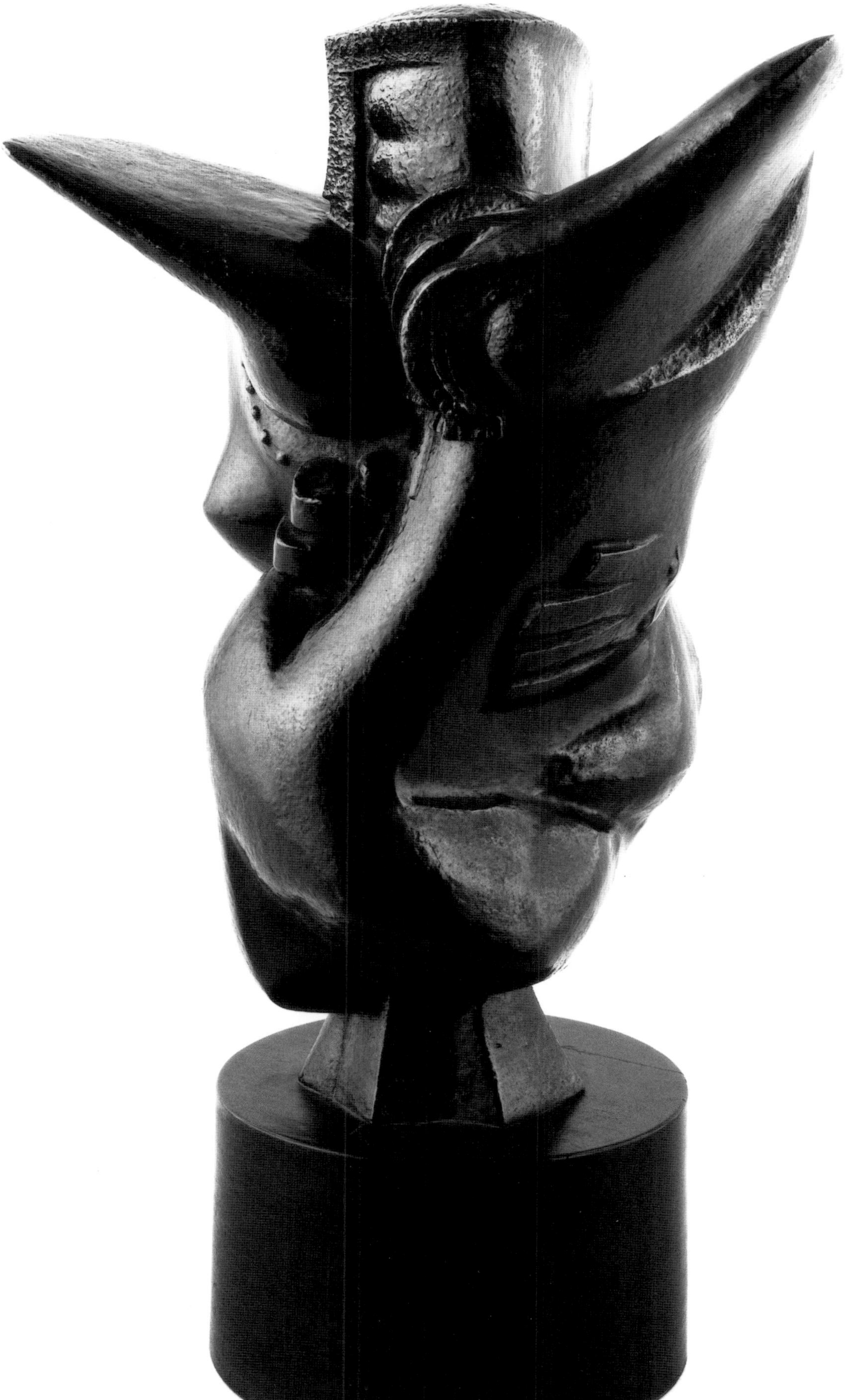

86

Hermaphrodite

1945

Pierre. H : 25 cm; signé.
Collection privée, Kyoto, Japon.

Exposition

« Chauvin » Paris, galerie de l'Élysée, novembre-décembre 1960.

Bibliographie

Christian zervos « Chauvin » éditions Les Cahiers d'Art, Paris 1960; reproduit page 53 n° 40.

Nota

Dans le Zervos, le socle de cette sculpture est différent de celui que nous connaissons; Chauvin a pu soit en changer le socle, soit exécuter une deuxième taille directe similaire.
Sur la liste des œuvres exposées à la galerie Maeght en 1949, figure une pierre intitulée « Mort d'Hermaphrodite » non identifiée; peut-être s'agit-il de la même sculpture.

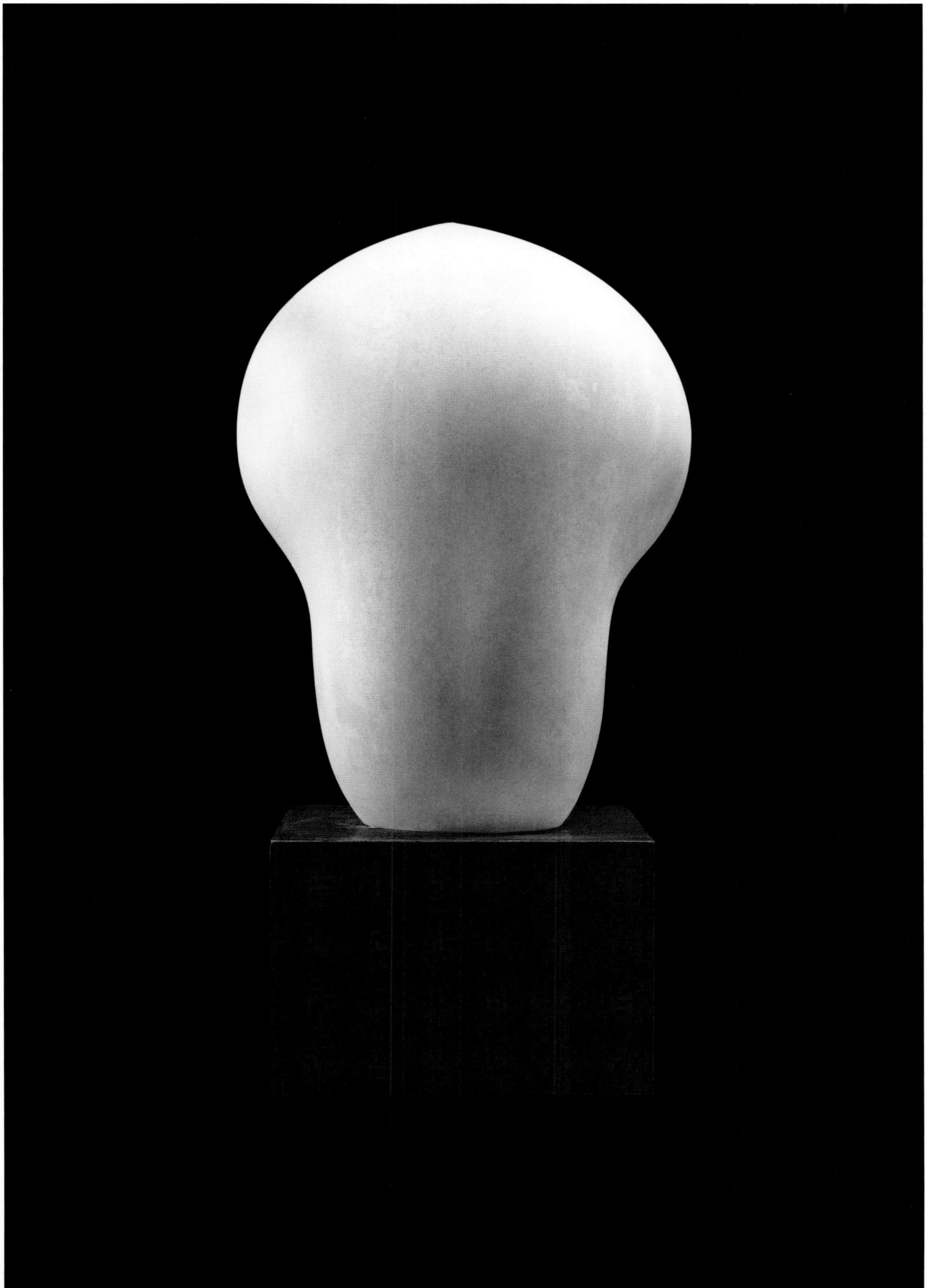

87

Main enchantée *ou* Femme enchantée

1945

Plâtre. 46 (hors socle) × 19 × 18 cm; signé
Collection privée

Bronzes :

Un exemplaire non numéroté, fonte Valsuani 1948.
Collection Fonds National d'Art Contemporain.

Expositions

« Treize sculpteurs de Paris » Amsterdam, Stedelijk Museum, novembre 1948.
« Fransk kounst 1938-1948 » Stockholm, Nationalmuseum, octobre-novembre 1949.

Historique

Achat à l'artiste par le Fonds National d'Art Contemporain en 1948, n° d'inventaire 7145.
Dépôt au Musée d'Art et d'Industrie de Saint-Étienne depuis le 25 juillet 1960.

N° 1/5, fonte É. Godard 1974.
Collection I.G.W.T. Suisse.

Exposition

« Chauvin, sculptures » Paris, galerie l'Enseigne du Cerceau, octobre 1974; reproduit page 20 n° 14 du catalogue.

Bibliographie

Philippe Garner « Jean Chauvin » dans The Connoisseur de juin 1980; reproduit page 97.

N° 3/5, fonte Coubertin 1997.
Collection P.A.G. Paris.

N° 4/5, fonte Coubertin, 1990.
Collection privée.

N° EA1/2, fonte Coubertin, 1988.
Collection privée.

Exposition

« Chauvin, œuvres de 1913 à 1959 » Paris, galerie Vallois, juin-juillet 1988; reproduit page 58 du catalogue.

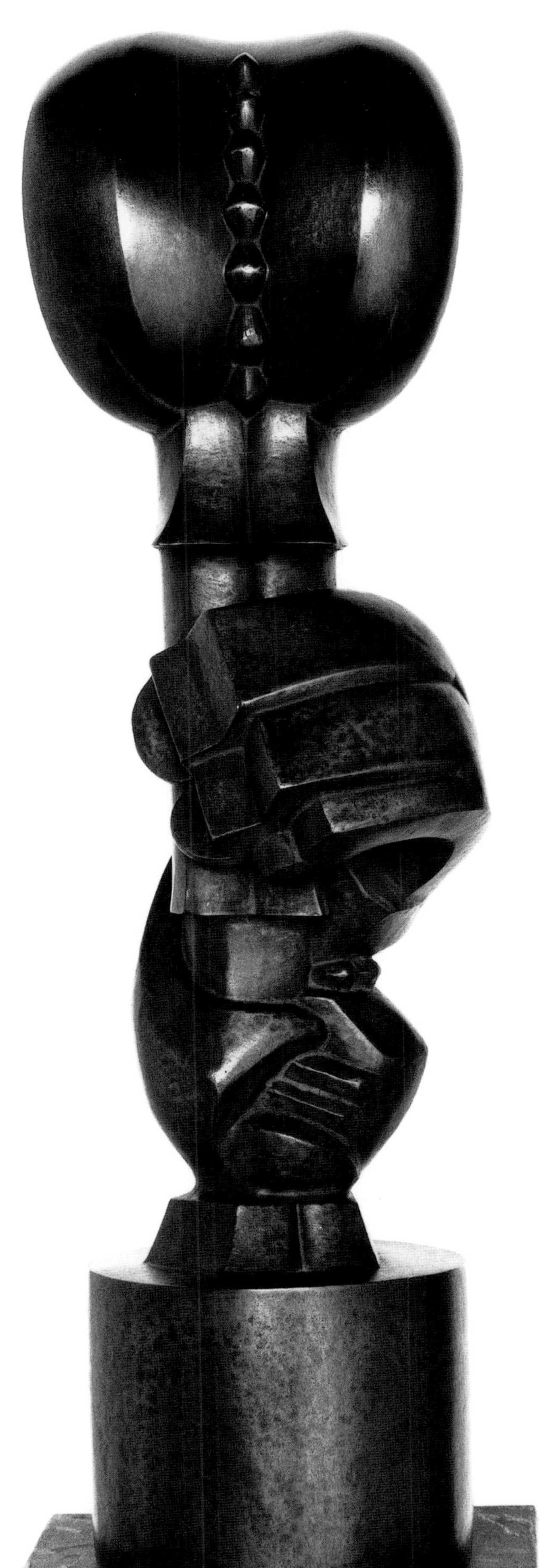

88

Sein à la voile

1945

Pierre. 40 × 28 × 14 cm ; signé.

Ancienne Collection Graindorge, Belgique. Collection privée Paris.

Expositions

« Chauvin » Paris, galerie Maeght, mars 1949.
« Chauvin » Paris, galerie de l'Élysée, novembre-décembre 1960.
« Jean Chauvin » Saint-Rémy-lès-Chevreuse, Fondation de Coubertin, septembre-novembre 1992.
« Jean Chauvin » Mont-de-Marsan, musée Despiau-Wlérick, juin-septembre 1993.

Bibliographie

Christian Zervos « Chauvin » éditions Les Cahiers d'Art, Paris 1960 ; reproduit page 55 n° 44.
Paul-Louis Rinuy « Jean Chauvin » éditions Fondation de Coubertin 1992 ; reproduit en couverture.

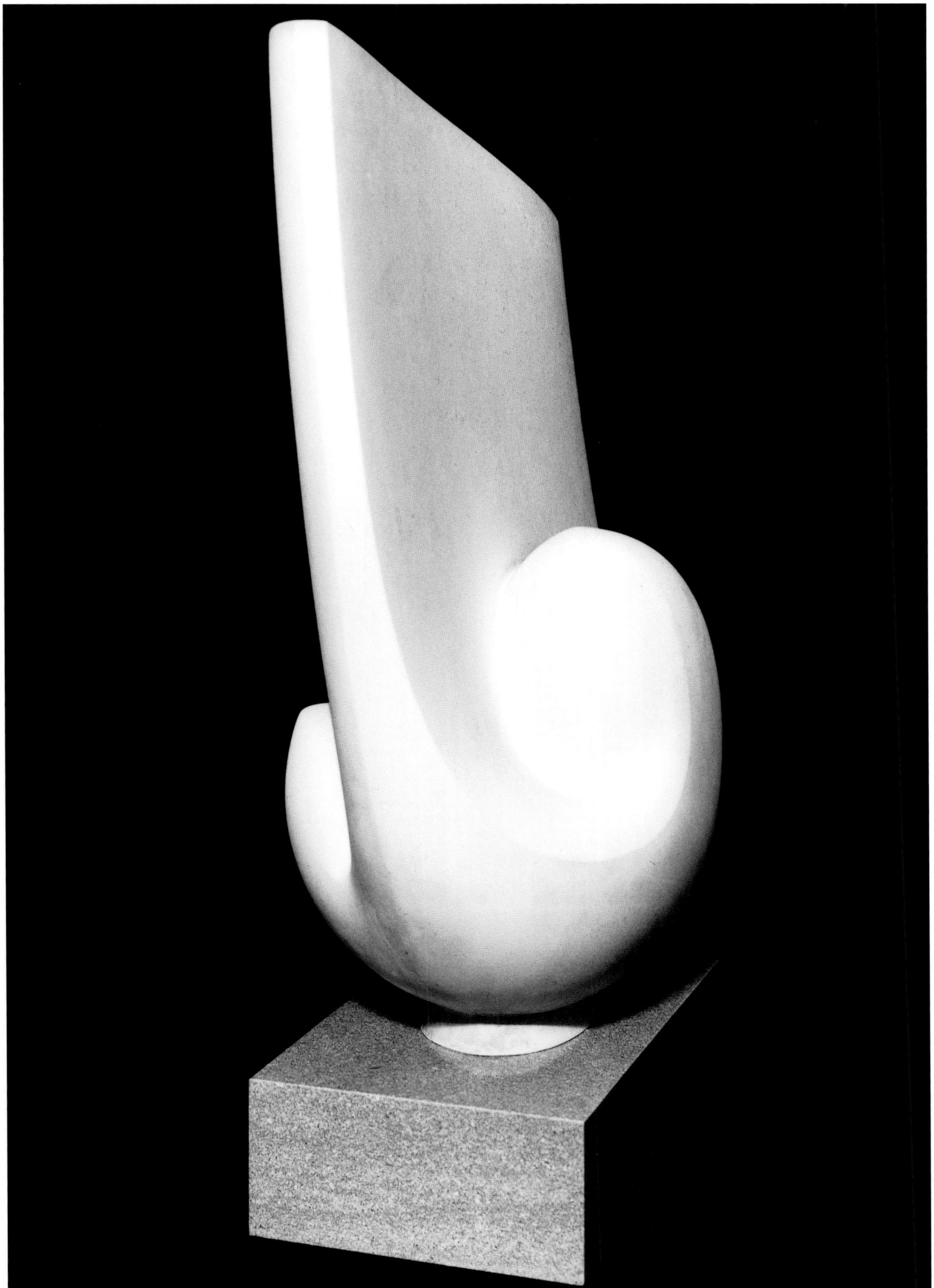

89

Germinal

1945

Bois de Cuba. 73 × 29 × 22 cm; signé.
Collection I.G.W.T. Suisse.

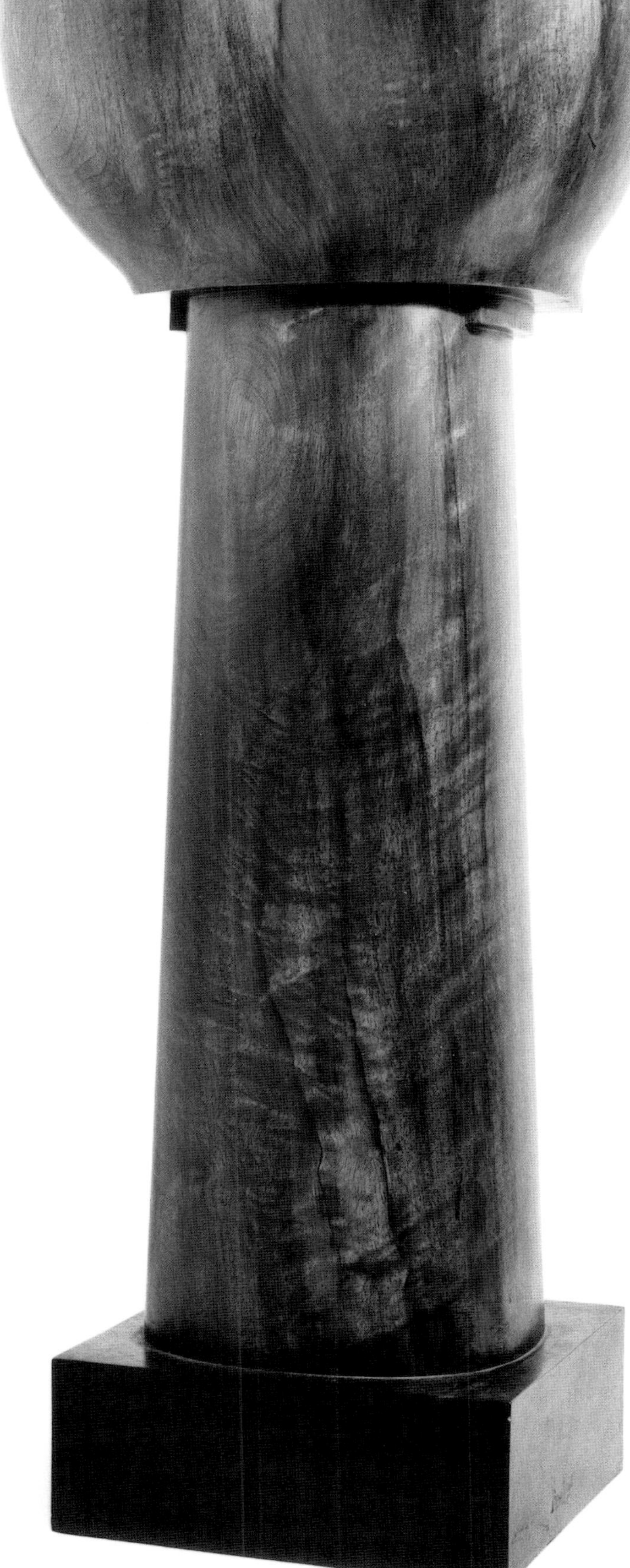

90 Jumeaux
1945

Plâtre. 31,5 × 19 × 17 cm; signé.
Collection privée.
EXPOSITION
« Jean Chauvin » Saint-Rémy-lès-Chevreuse, Fondation de Coubertin, septembre-novembre 1992.

Bronzes :

N° 1/5, fonte É. Godard, 1974.
Collection privée.
EXPOSITION
« Chauvin, sculptures » Paris, galerie l'Enseigne du Cerceau, octobre 1974.
Reproduit page 23 n° 17 du catalogue.

N° 3/5, fonte Coubertin, 1993.
Collection P.A.G. Paris.

N° 4/5, fonte É. Godard, 1977.
Collection privée.

N° 5/5, fonte Coubertin, 1988.
Collection Pouchka, Paris.
EXPOSITIONS
« Chauvin, œuvres de 1913 à 1959 » Paris, galerie Vallois, juin-juillet 1988; reproduit page 60 du catalogue.
« Jean Chauvin, sculptures » Paris, galerie Art et Patrimoine, septembre-octobre 1992
« Jean Chauvin » Mont-de-Marsan, musée Despiau-Wlérick, juin-septembre 1993.

N° EA2/2, fonte É. Godard, 1981.
Collection fondation I.G.W.T. Suisse.

Plâtre, agrandissement. H : 96 cm; signé.
Collection privée.

Bronze :

N° AI/V, fonte É. Godard, 1994.
Collection, privée Paris.

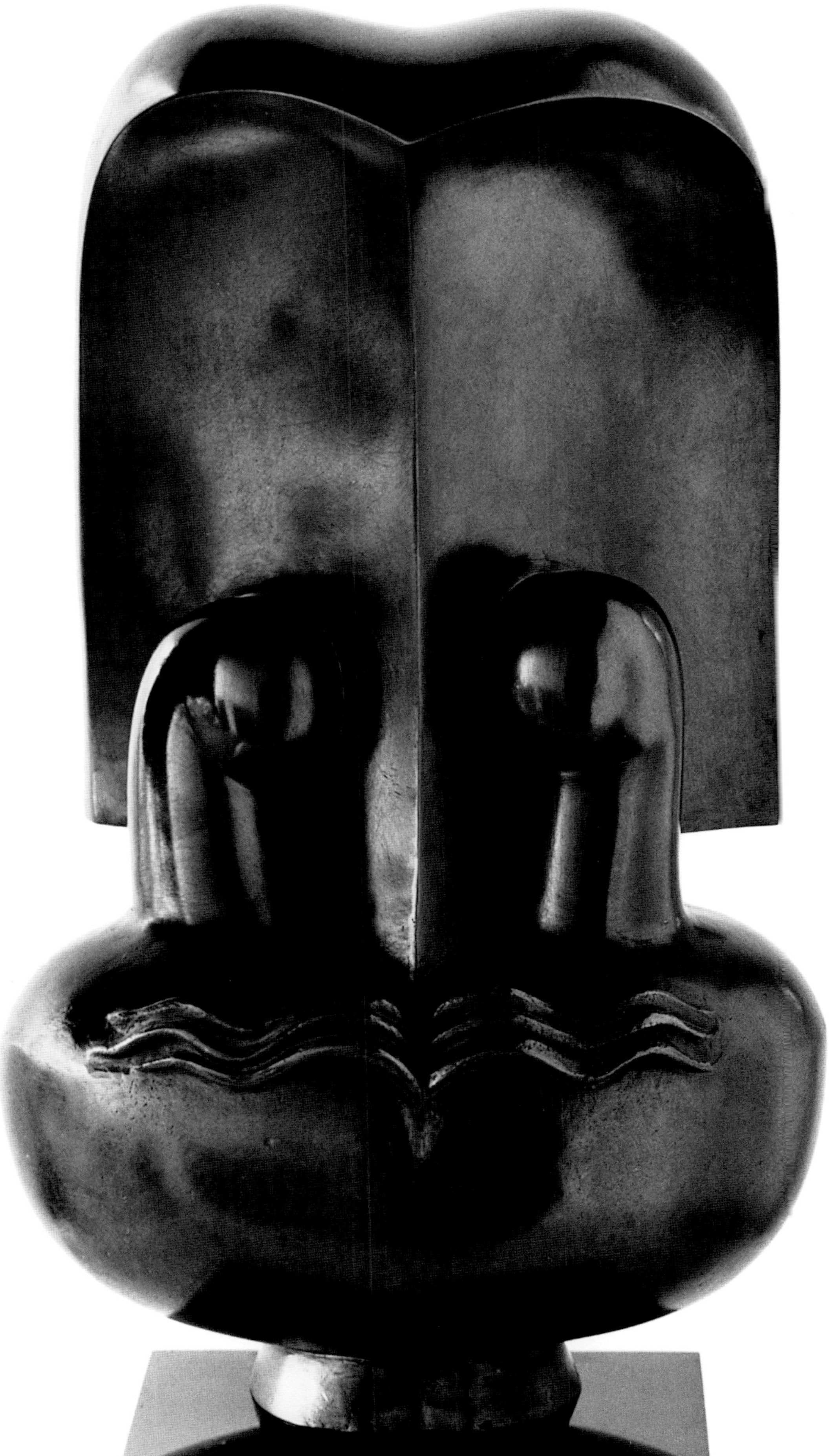

91

Ébauche d'un Bouddha

1945

Pierre. H : 30 cm; signée.

Collection privée.

Expositions

« Chauvin » Paris, galerie de l'Élysée, novembre-décembre 1960.

« 31e Biennale de Venise » juin-octobre 1962; page 172 n° 82 du catalogue

« Art Moderne en France » galerie Seibu, Tokyo, Japon, 1973.

Bibliographie

Christian Zervos « Chauvin » éditions « Les Cahiers d'Art », Paris 1960; reproduit page 52 n° 39.

Plâtre. 30 × 15,3 × 14,2 cm; signé.

Collection privée.

Bronzes :

N° 1/5, fonte Coubertin, 1992.

Collection G. de G. Paris.

Expositions :

« Jean Chauvin, sculptures » Paris, galerie Art et Patrimoine, septembre-octobre 1992. « Jean Chauvin » Mont-de-Marsan, musée Despiau-Wlérick, juin-septembre 1993.

N° 2/5, fonte Coubertin, 1980.

Collection I.G.W.T. Suisse.

N° 3/5, fonte Coubertin, 1993.

Collection P.A.G. Paris.

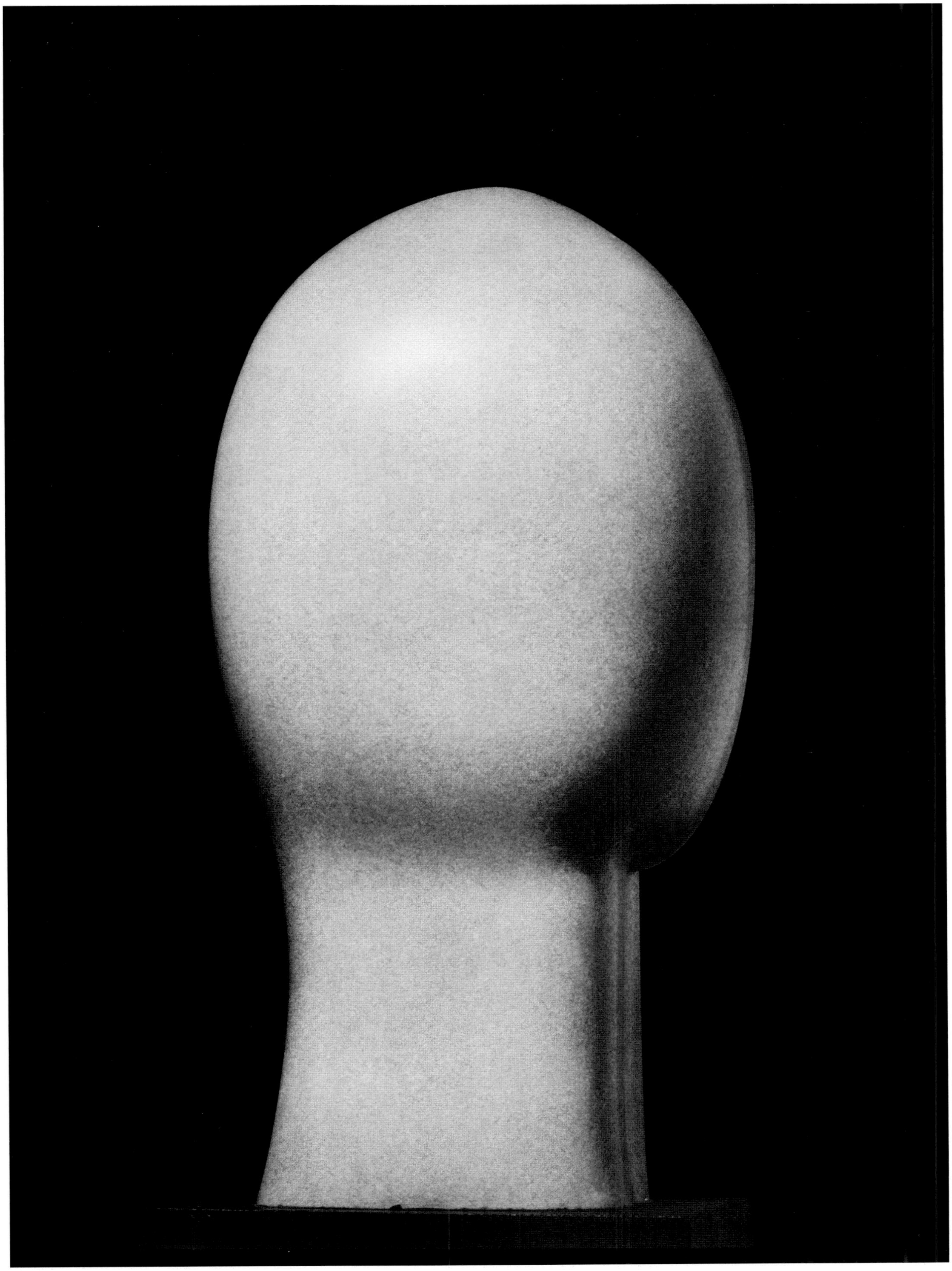

92

Sans titre

entre 1942 et 1946

Bois d'ébène. 45 × 25 × 20 cm ; signé.

Collection Fonds National d'Art Contemporain.

Historique

Achat à l'artiste par le Fonds National d'Art Contemporain en 1946, n° d'inventaire 7147.
Dépôt à la Présidence de la République le 19 juillet 1949.
Dépôt au Musée des Arts Décoratifs, Paris, depuis le 24 mai 2006.

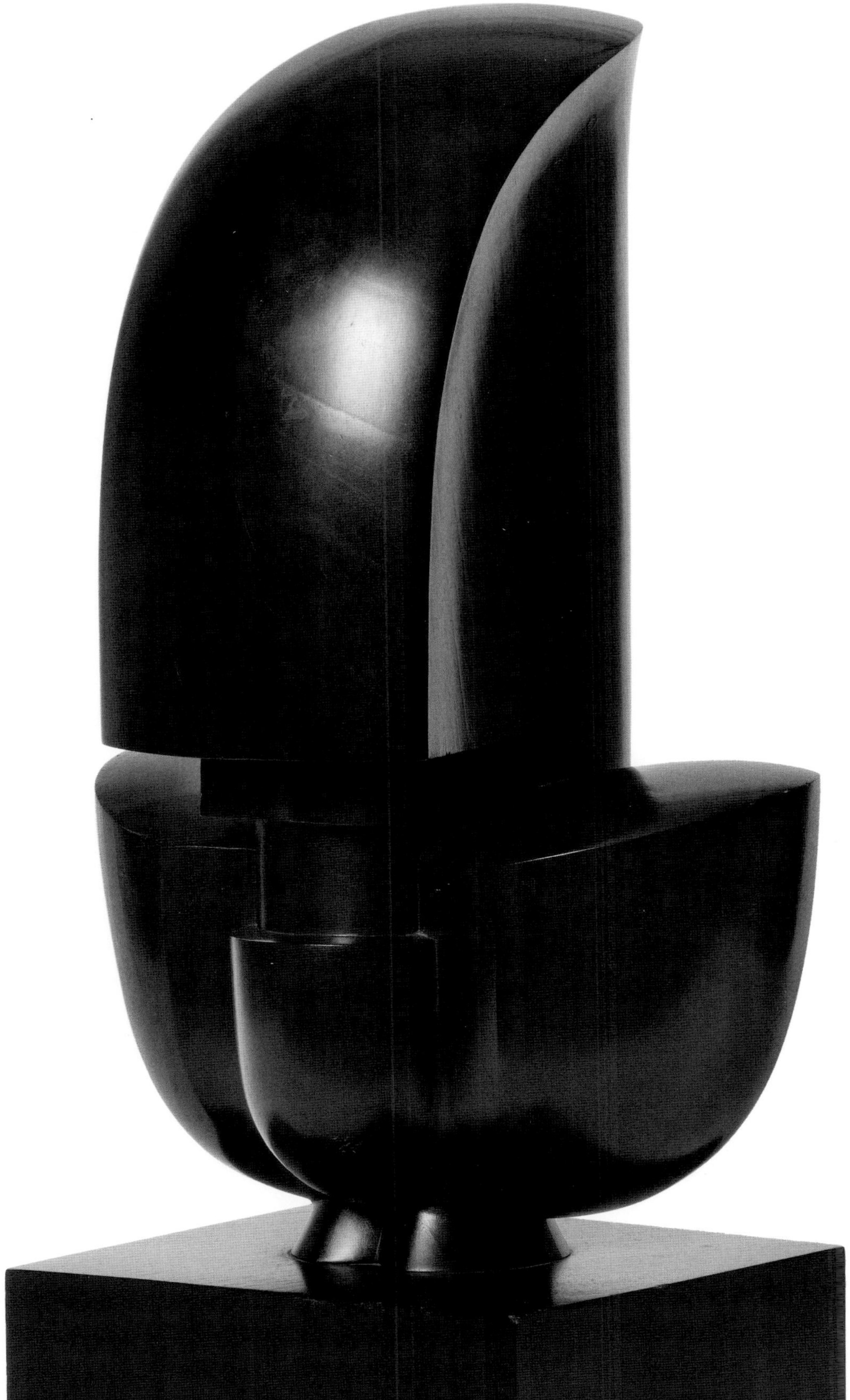

93

En un soir chaud d'automne

1945

Pierre de Lens. 23 × 44 × 24,5 cm ; signée.

Collection du Musée National d'Art Moderne, Paris.

Expositions

« Chauvin » Paris, galerie Maeght, mars 1949 ; n° 15 du catalogue.

« 27e Biennale de Venise » 1954 ; n° 147 du catalogue.

Galerie Suzanne de Coninck. 1957. Reproduit au catalogue.

« Chauvin » Paris, galerie de l'Élysée, novembre-décembre 1960.

« Chauvin, sculptures » Paris, galerie l'Enseigne du Cerceau, octobre 1974 ; reproduit page 21 n° 15 du catalogue.

« Jean Chauvin » Saint-Rémy-lès-Chevreuse, Fondation de Coubertin, septembre-novembre 1992.

« Jean Chauvin » Mont-de-Marsan, musée Despiau-Wlérick, juin-septembre 1993.

Bibliographie

Christian Zervos, revue Les Cahiers d'Art, Paris, 1949.

Christian Zervos « Chauvin » éditions « Les Cahiers d'Art », Paris, 1960 ; reproduit page 56 n° 43.

Paul-Louis Rinuy « Jean Chauvin » éditions Fondation de Coubertin 1992 ; reproduit page 22 fig. 15.

Historique

Legs de l'artiste au M.N.A.M. n° d'inventaire AM 1982 356 S.

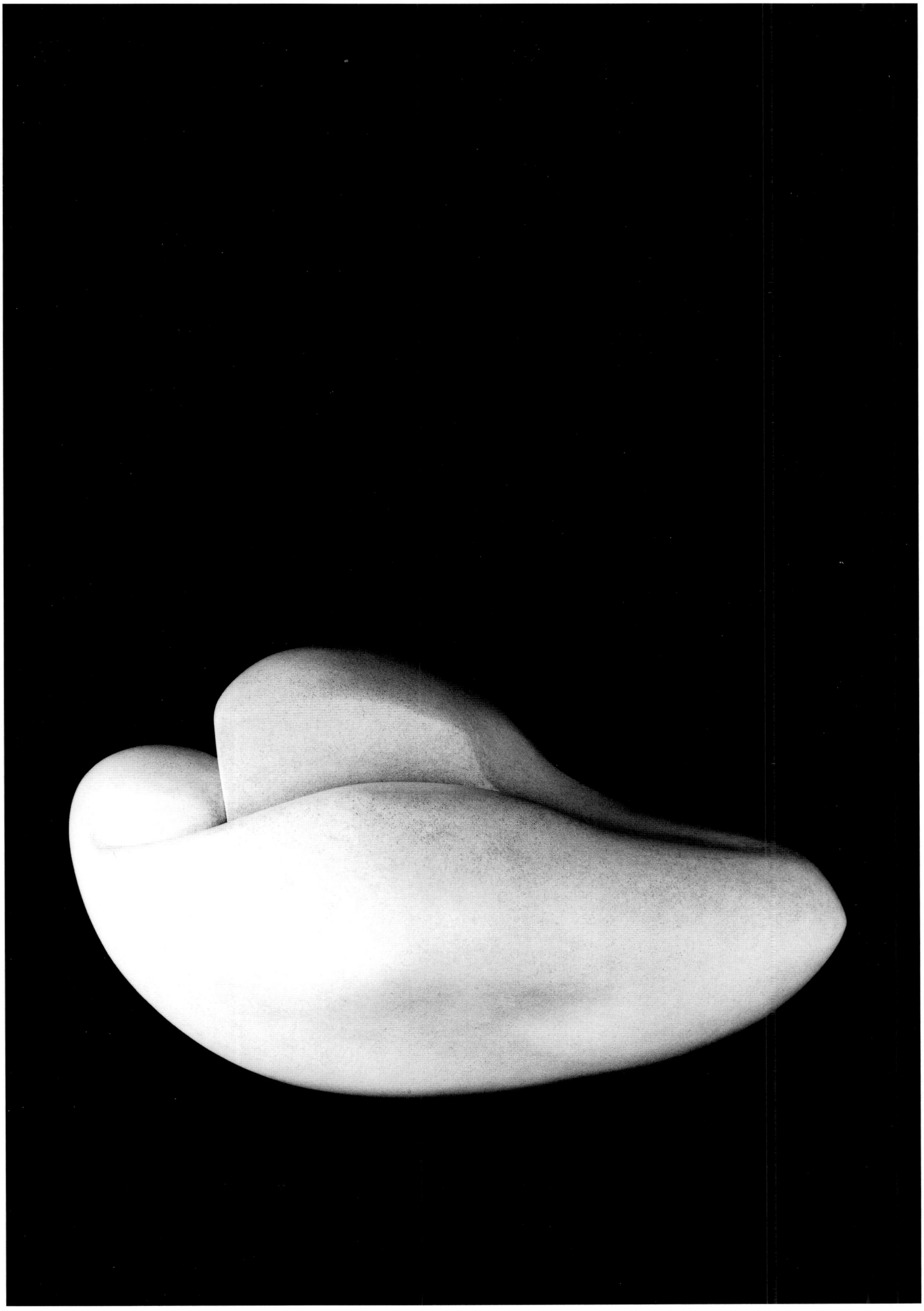

Sans titre

avant 1946

Bois teinté. 69 × 49 × 24 cm ; signé.
Collection Fonds National d'Art Contemporain.

Expositions

Fransk Kunst 1938-1948, Stockholm, Nationalmuseum, octobre-novembre 1949.
« Jean Chauvin » Saint-Rémy-lès-Chevreuse, Fondation de Coubertin, septembre-novembre 1992 ; reproduit page 62 fig ; 29 du catalogue.
« Jean Chauvin » Mont-de-Marsan, musée Despiau-Wlérick, juin-septembre 1993.

Historique

Achat à l'artiste par le Fonds National d'Art Contemporain en 1946, n° d'inventaire 6787.
Dépôt au Musée des Beaux-Arts d'Orléans depuis le 1er avril 1993.

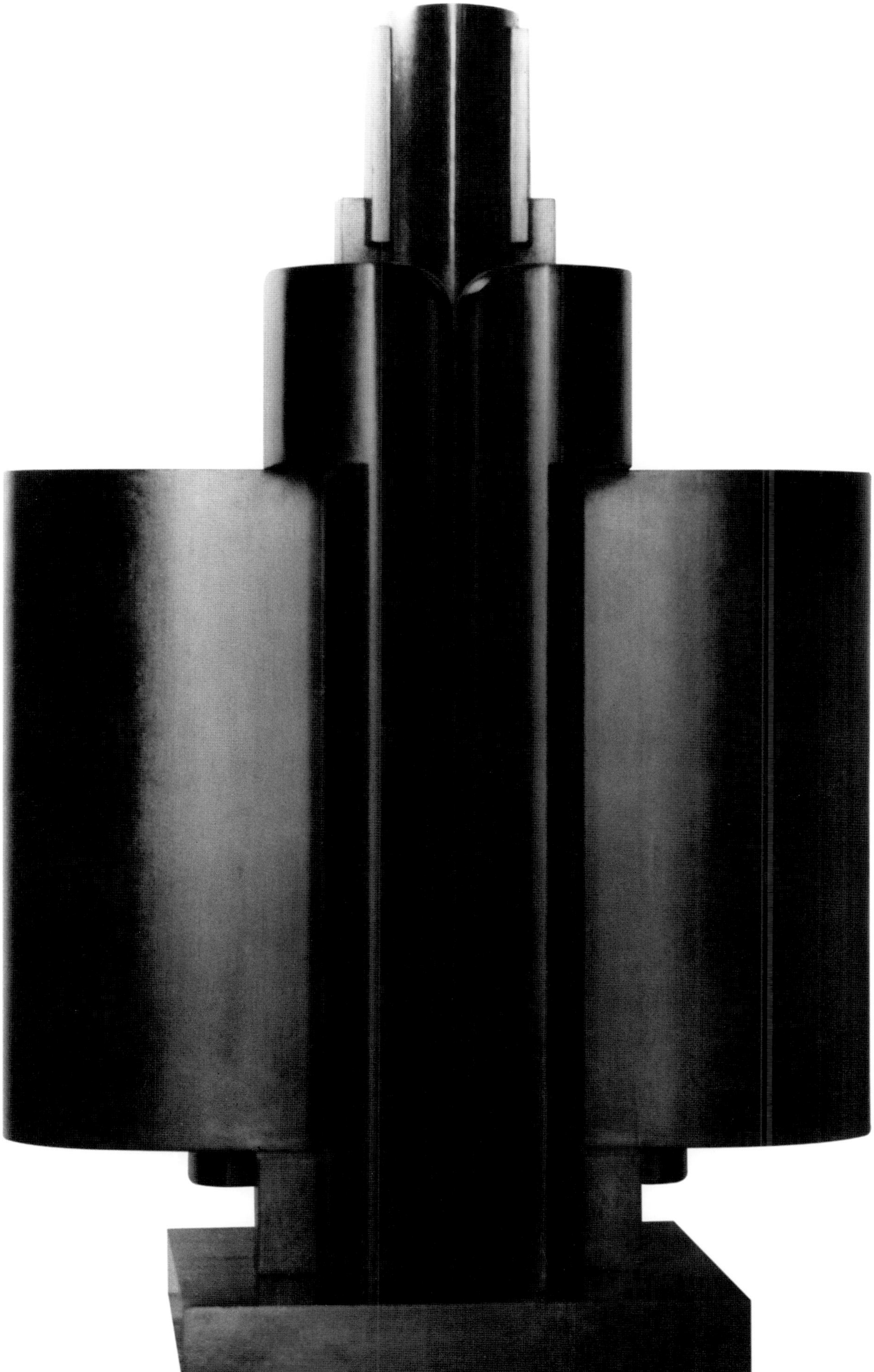

95

Sans titre

avant 1946

Pierre. 55 × 21 × 16 cm; signée.

Collection Fonds National d'Art Contemporain.

Expositions

« Treize sculpteurs de Paris » Amsterdam, Stedelijk Museum, novembre 1948, n° 118 du catalogue.

« Frankst Kunst 1968-1948 » Stockholm, Nationalmuseum, octobre-novembre 1949.

« Jean Chauvin » Saint-Rémy-lès-Chevreuse, Fondation de Coubertin, septembre-novembre 1992; page 67 n° 25 du catalogue.

« Jean Chauvin » Mont-de-Marsan, musée Despiau-Wlérick, juin-septembre 1993.

Historique

Achat à l'artiste par le Fonds National d'Art Contemporain en 1946; n° d'inventaire 6788.

Dépôt au musée Cantini, Marseille, depuis le 23 juillet 1956.

Nota

Dans le catalogue du Stedelijk Museum d'Amsterdam, cette sculpture est datée, par erreur, de 1947.

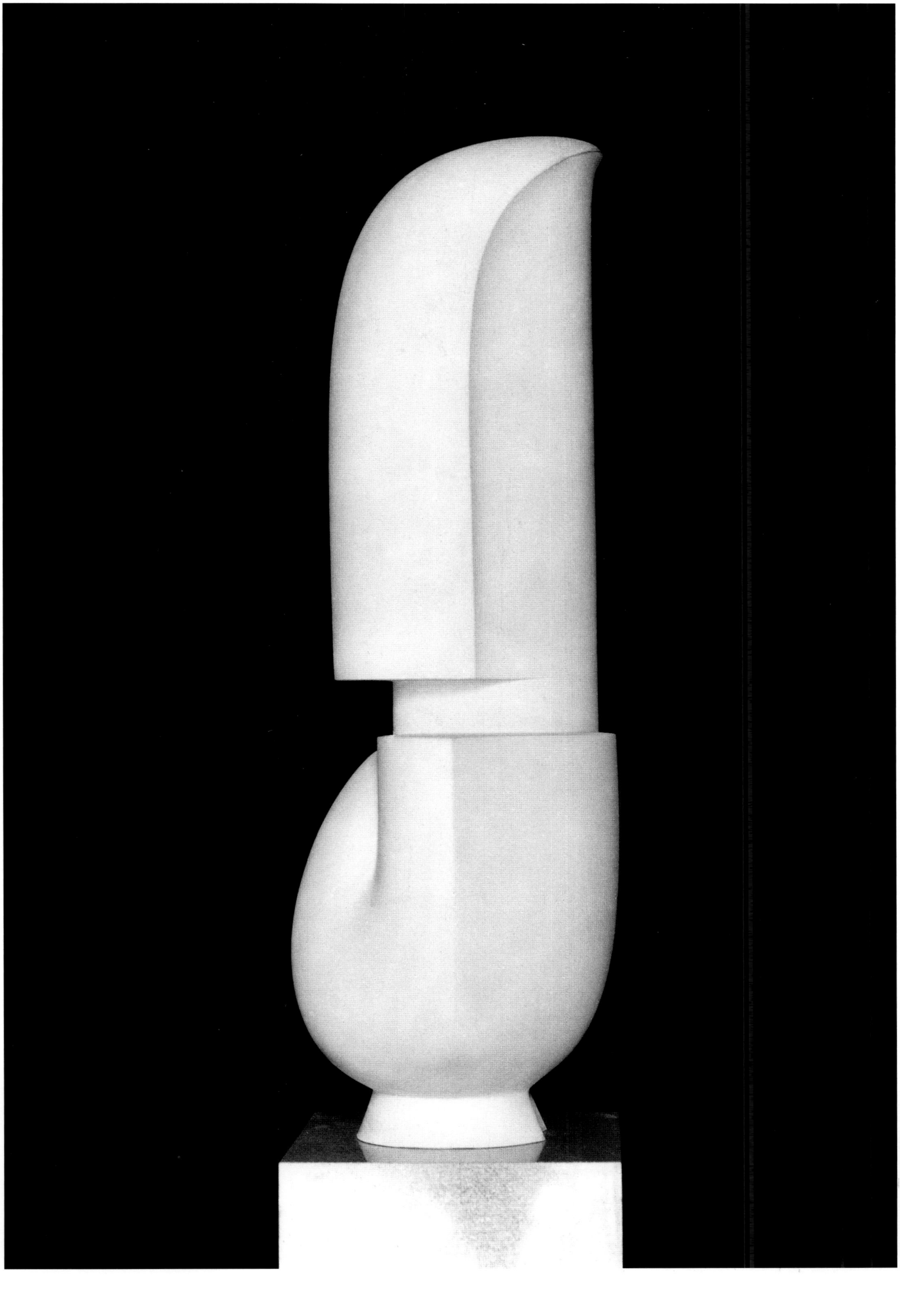

96

Souvenir de la zone

1946

Bois de poirier teinté. H : 68,5 ; signé.

Collection privée.

EXPOSITION

« Chauvin » Paris, galerie Maeght, mars 1949.

BIBLIOGRAPHIE

Christian Zervos « Chauvin » éditions « Les Cahiers d'Art », Paris 1960 ; reproduit page 62 n° 51.

NOTA

Dans l'ouvrage de Zervos, cette sculpture est intitulée Figure.

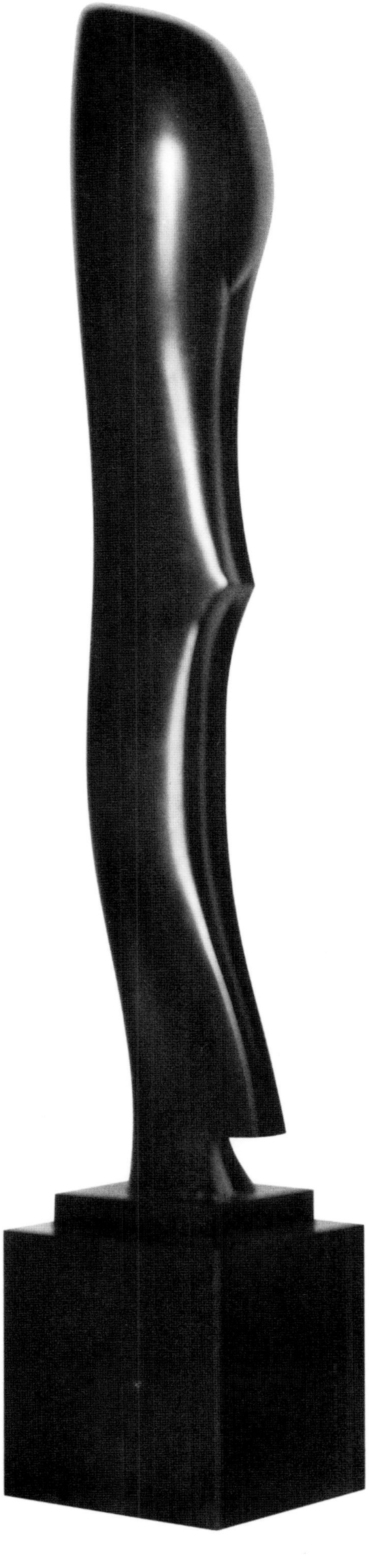

97

Sphynx accroupi

1946

Pierre. 29 × 25 × 20 cm ; signé.

Collection Fonds National d'Art Contemporain.

Expositions

« Treize sculpteurs de Paris » Amsterdam, Stedelijk Museum, novembre 1948.

« Chauvin » Paris, galerie Maeght, mars 1949 ; n° 40 du catalogue.

Bibliographie

Christian Zervos « Chauvin » éditions « Les Cahiers d'Art », Paris 1960 ; reproduit page 60 n° 48.

Paul-Louis Rinuy « Jean Chauvin » éditions Fondation de Coubertin 1992 ; reproduit page 88 fig. 54.

Historique

Achat à l'artiste par le Fonds National d'Art Contemporain en 1946 n° d'inventaire : 6790.

Dépôt au Musée National d'Art Moderne depuis le 6 mai 1947.

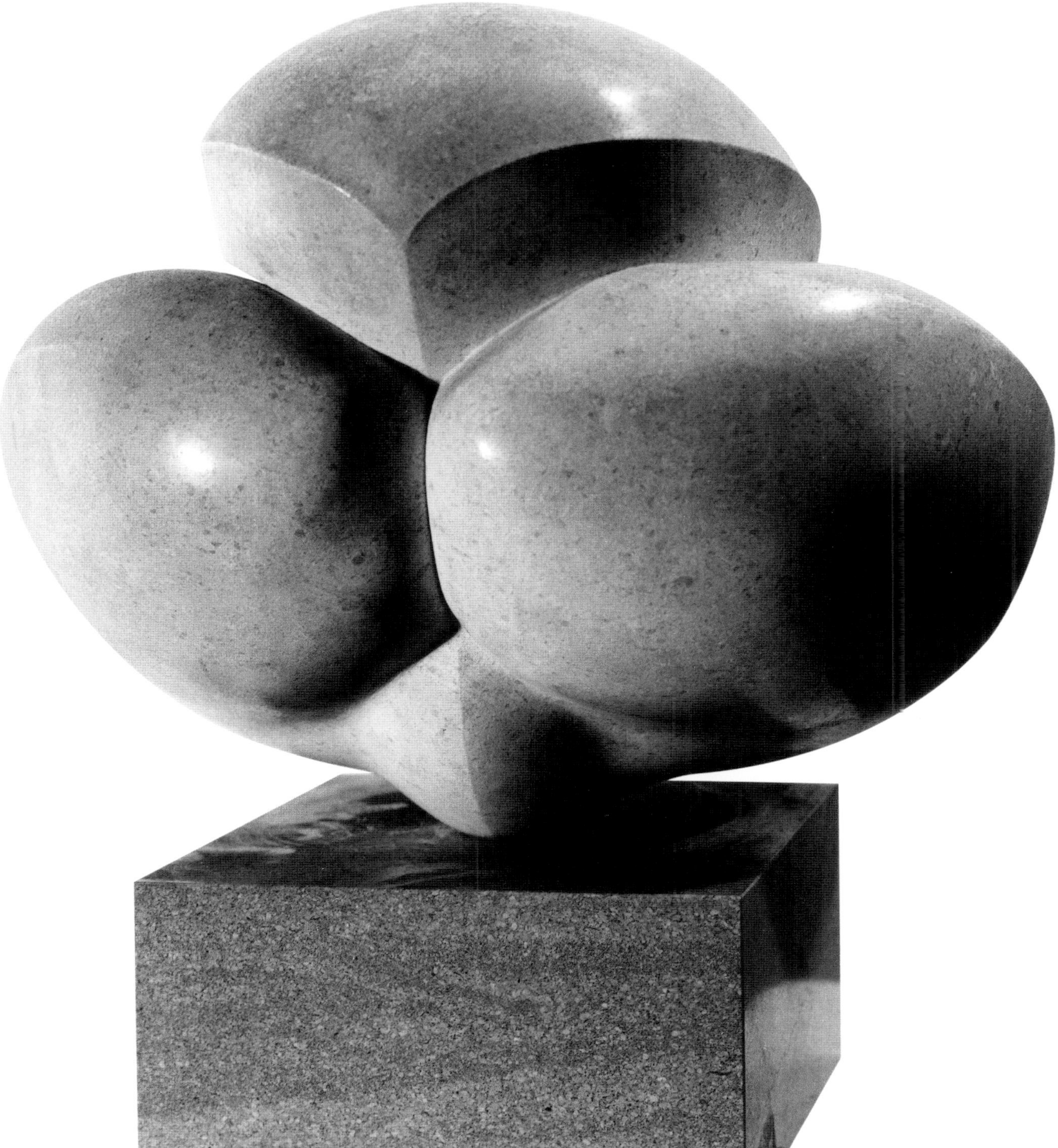

98

La Métamorphose

1946

Pierre de Lens. 37,8 × 33 × 18 cm; signée.
Collection privée.

Expositions

« Chauvin » Paris, galerie Maeght, mars 1949.
« 31e Biennale de Venise » juin-octobre 1962; pag172 n° 95 du catalogue.
« Chauvin, sculptures de 1924 à 1958 » Paris, galerie Artcurial, mars-avril 1990; reproduit pages 30 et 31 du catalogue.

Bibliographie

Christian Zervos « Chauvin » éditions Les Cahiers d'Art, Paris 1960; reproduit page 81 n° 73.

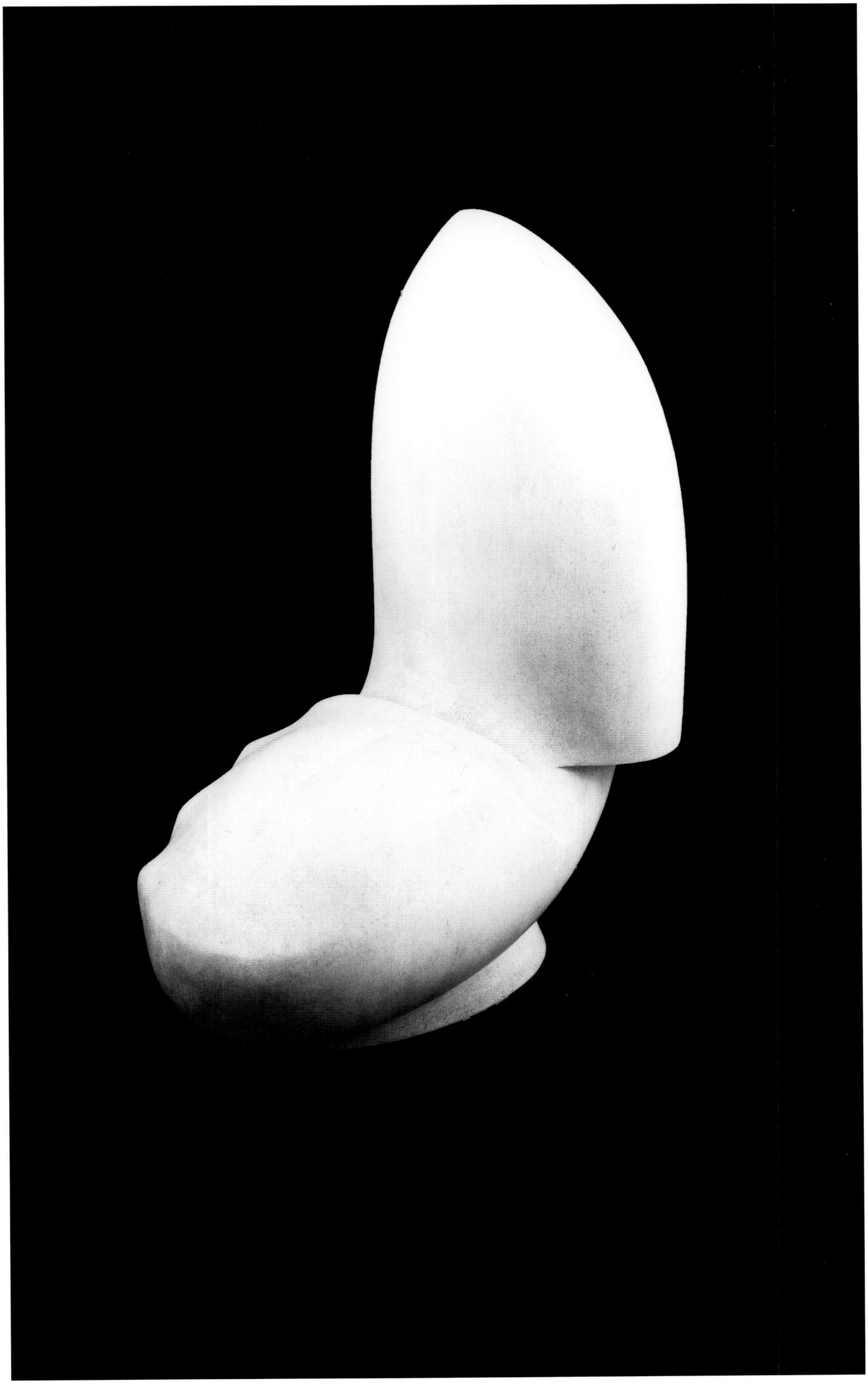

99

Couple
1946

Plâtre. 30,1 (hors socle) × 17,5 × 17,5 cm; signé.
Collection privée.

Bronzes :

N° 2/5, fonte Coubertin, 1980.
Collection fondation I.G.W.T. Suisse.

N° 4/5, fonte Coubertin, 1982.
Collection privée.

N° 5/5, fonte Coubertin, 1983.
Collection privée.

Exposition
« Chauvin, œuvres de 1913 à 1959 » Paris, galerie Vallois, juin-juillet 1988; reproduit page 62 du catalogue.

N° EA1/2, fonte Coubertin, 1985.
Collection privée.

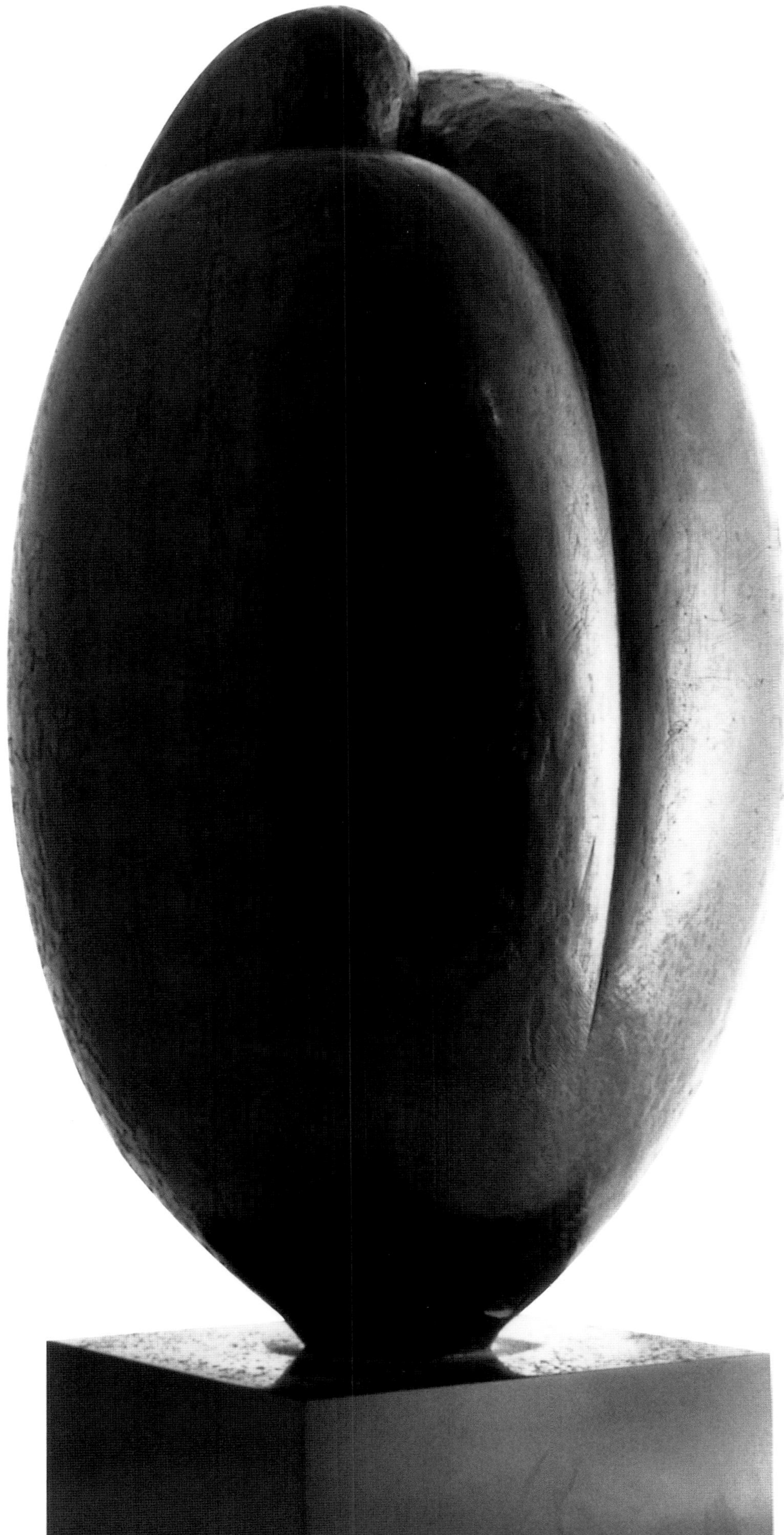

100
Couple *ou* Amants
1946

Pierre. 41 (avec socle) × 17 × 15 cm; signée.

Collection Fonds National d'Art Contemporain.

Exposition

«Fémininmasculin, le sexe de l'art» Paris, Centre Georges Pompidou octobre 1995-février 1996; reproduit page 85 n° 34.

Bibliographie

«Catalogue du Musée National d'Art Moderne» Paris, 1950.

Christian Zervos «Chauvin» éditions «Les Cahiers d'Art», Paris,1960; reproduit page 60 n° 47.

Marie-Laure Bernadac «l'origine du monde» dans le catalogue Féminimasculin éditions Gallimard/Electa, octobre 1995, page 67.

Historique

Achat à l'artiste par le Fonds National d'Art Contemporain en 1946, n° d'inventaire 6789.

Dépôt au M.N.A.M. depuis le 6 mai 1947

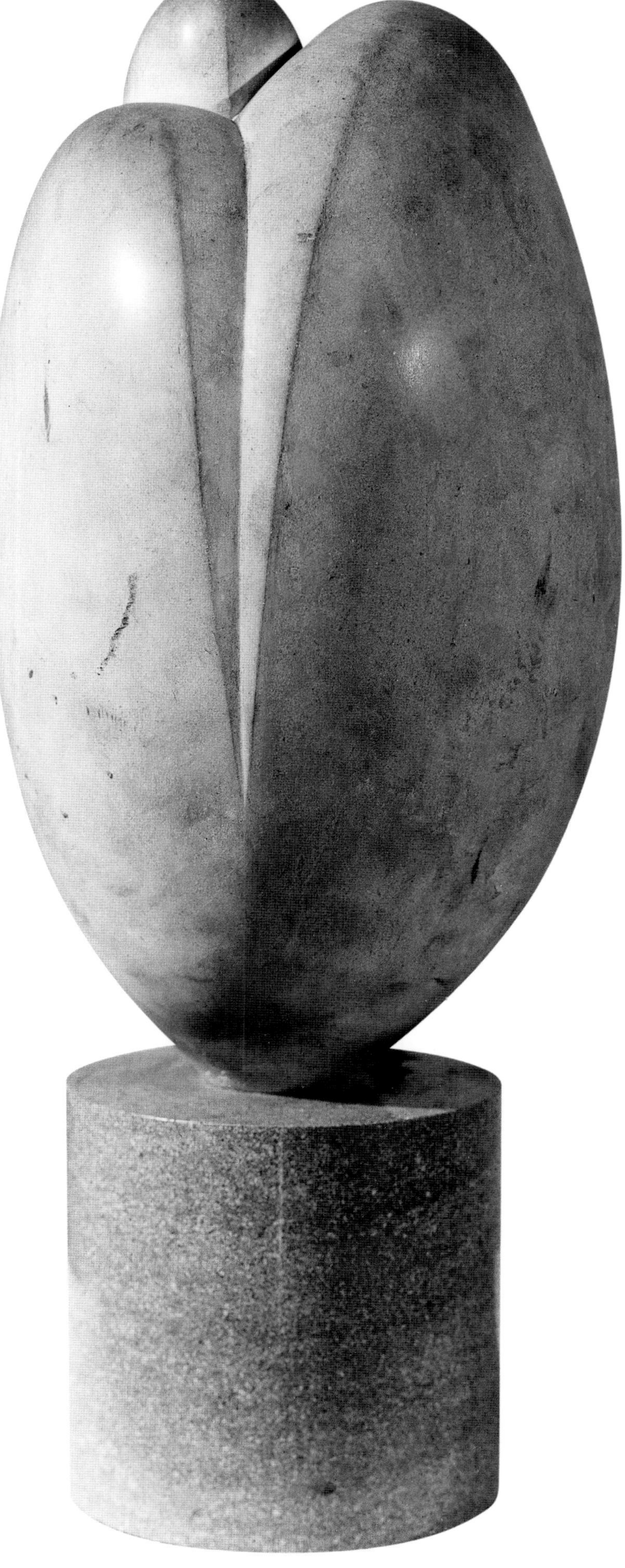

101 | # Naissance

1946

Plâtre. 36,5 × 23,3 cm ; signé.
Collection privée.

Bronzes :

Numéro non identifié. Fonte Valsuani, 1960.
Collection privée, Paris.

N° 1/5, fonte É. Godard, 1974.
Collection privée.

Expositions

« Chauvin, sculptures » Paris, galerie l'Enseigne du Cerceau, octobre 1974 ; reproduit page 24 n° 18 du catalogue.
« Sculptures des Maîtres Français et de l'École de Paris » Tokyo, Contemporary Sculpture Center, 1976 ; reproduit au n° 36 du catalogue.
« Jean Chauvin » Mont-de-Marsan, musée Despiau-Wlérick, juin-septembre 1993.

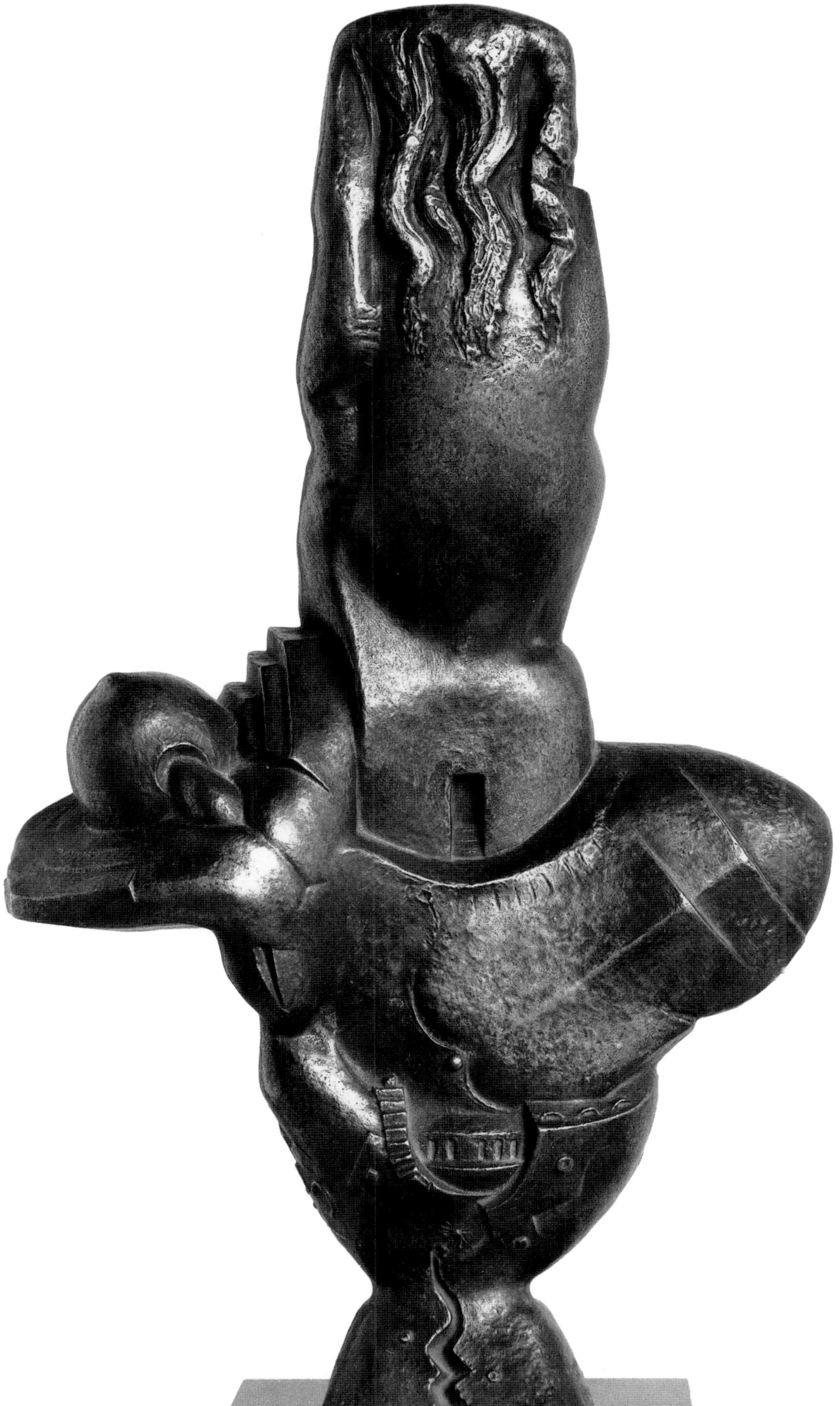

102

Paon blanc

1946

Pierre. 32,7 × 21,5 × 19,8 cm; signé.

Collection, Hirshhorn Museum and Sculpture Garden, Smithsonian Institution, Washington D.C. U.S.A.

Expositions

«Chauvin» Paris, galerie Maeght, mars 1949; n° 17 du catalogue.

«Begründer der Modernen Plastik» Zurich, Kunsthaus, novembre-décembre 1954; page 34 n° 45 du catalogue.

«Chauvin» Paris, galerie de l'Élysée, novembre-décembre 1960.

«Direct carving in Modern Sculpture : sélection from the Museum's collection» Washington D.C. Smithsonian Institution, octobre-novembre 1983; n° 4 du catalogue.

Bibliographie

Christian Zervos «Note sur les sculptures de Chauvin» dans «Les Cahiers d'Art», Paris, 24e année, 1949; reproduit page 105.

Christian Zervos «Chauvin» éditions Les Cahiers d'Art, Paris 1960; reproduit page 61 n° 49 et 50.

Historique

Achat à la galerie de l'Élysée, Paris, par. Joseph H. Hirshhorn le 2 septembre 1961.

Don Joseph H. Hirshhorn, New York, à la Smithsonian Institution, le 17 mai 1966.

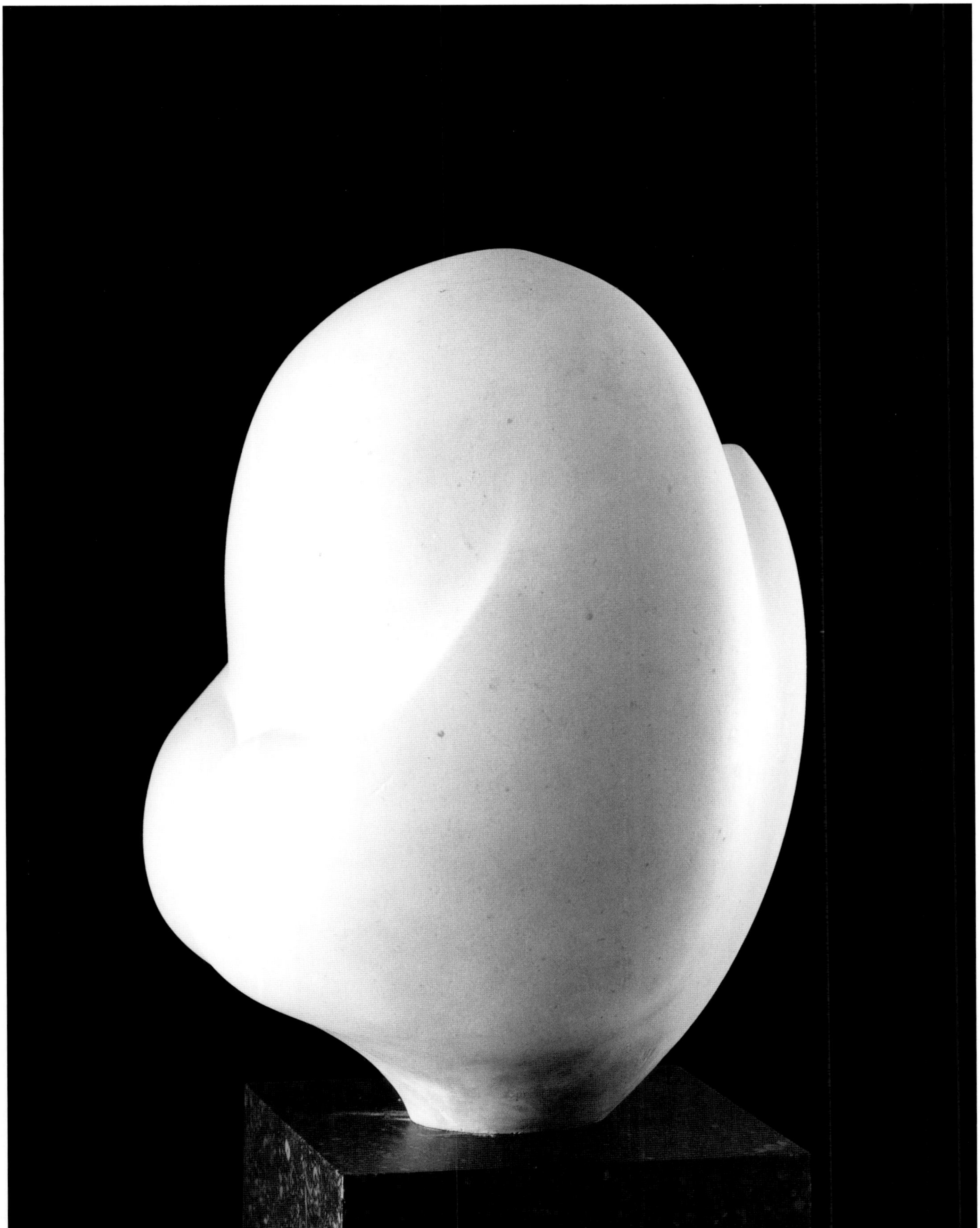

103

Sans titre

1947

Bois teinté noir. H. 101 cm; signé.

Collection Beurdeley, Bangkok, Thaïlande.

Historique

Provenance galerie Jeanne Bucher, Paris.

Ancienne Collection Hoppenot.

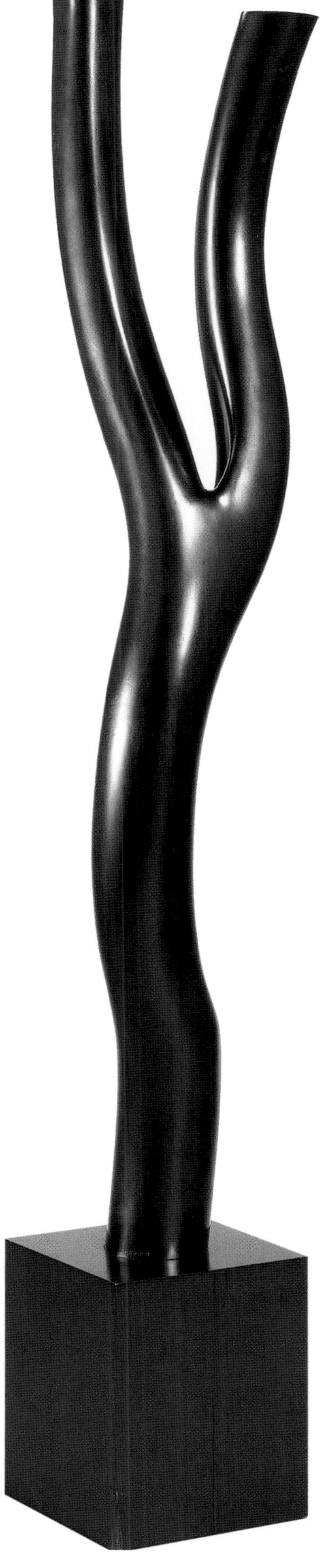

104

Sans titre

circa 1947

Plâtre. Dimensions inconnues.

Non localisé. D'après les documents en notre possession, ce plâtre aurait été exposé à la galerie Jeanne Bucher.

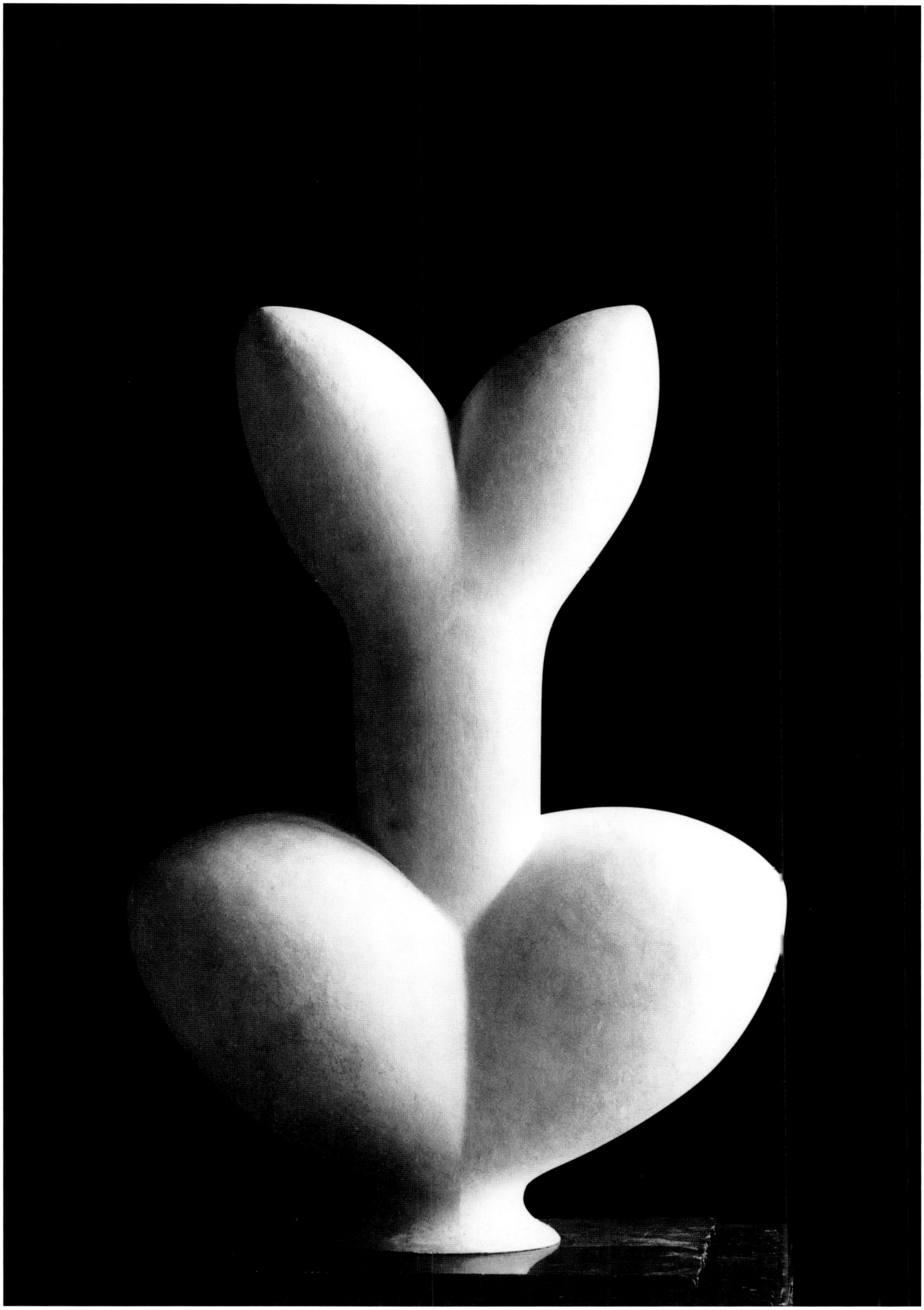

105 # Incantation maternelle

1947

Plâtre. 43,4 × 25 × 20 cm; signé.
Collection privée.

Bibliographie

Christian Zervos, « Chauvin » éditions Les Cahiers d'Art, Paris, 1960; reproduit page 97 n° 89.

Pierre. 42 (hors socle) × 25 × 20 cm; signée.
Collection privée.

Expositions

« Sculpture en taille directe en France de 1900 à 1950 » Saint-Rémy-lès-Chevreuse, Fondation de Coubertin, septembre-novembre 1988; reproduit au catalogue.
« Jean Chauvin » Saint-Rémy-lès-Chevreuse, Fondation de Coubertin, septembre-novembre 1992; reproduit page 54 fig. 26 du catalogue.
« Jean Chauvin » Mont-de-Marsan, musée Despiau-Wlérick, juin-septembre 1993.
« Féminimasculin, le sexe de l'art » Paris, Centre Georges Pompidou, octobre 1995-février 1996; reproduit page 84 n° 30.

Bibliographie

Rachel Fléaux « Jean Chauvin, un sculpteur abstrait et sensuel » dans l'Echo Républicain, 15 octobre 1992; reproduit.
Bernard Heitz « Le sculpteur de l'ombre » dans Télérama n° 2270 du 14 juillet 1993; reproduit.
Marie-Laure Bernadac « l'origine du monde » dans le catalogue Féminimasculin éditions Gallimard/Electa, octobre 1995, page 67.

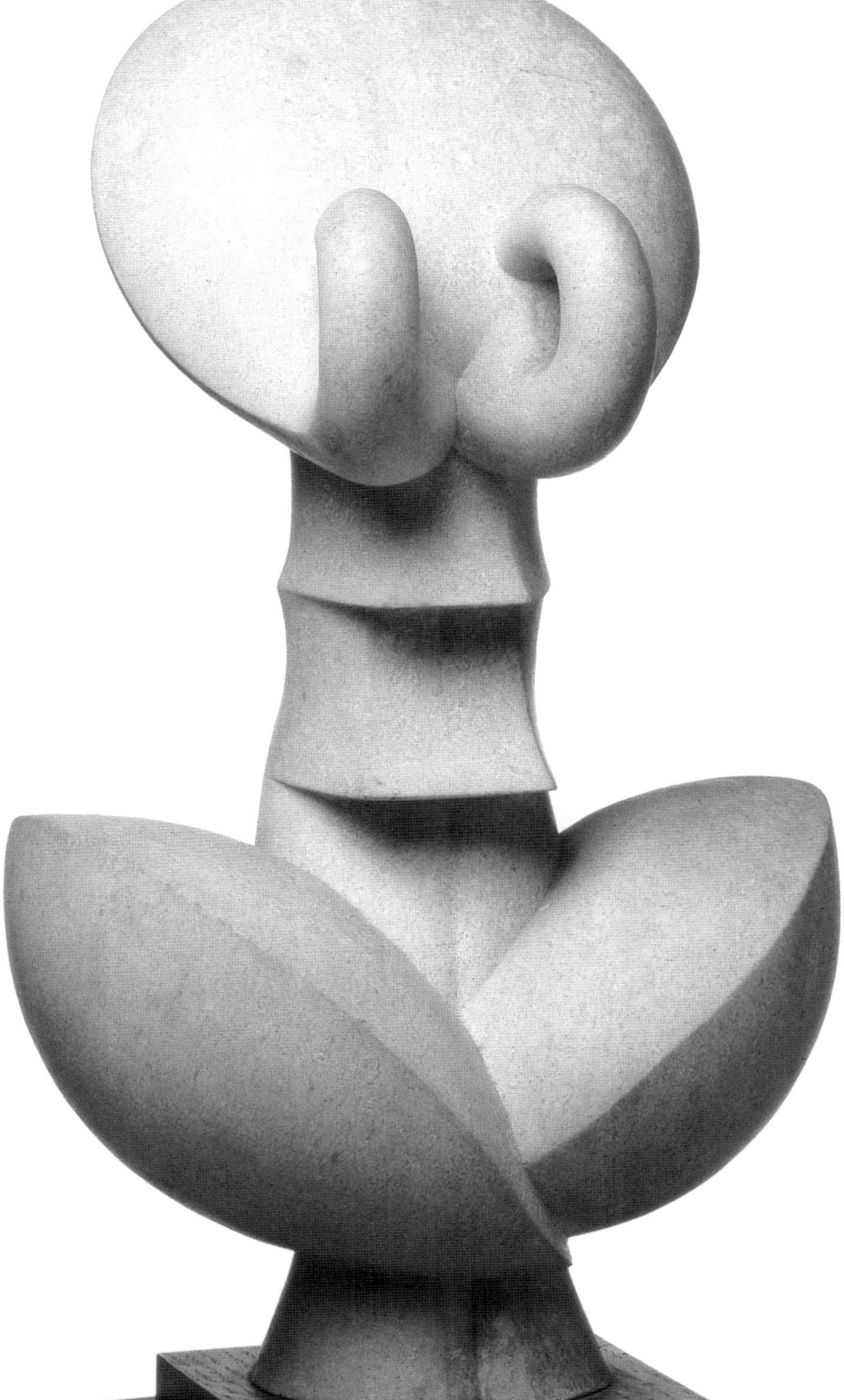

105 Incantation maternelle

suite

Bronzes :

N° 0, bronze doré, fonte É. Godard, 1961.

Collection Fonds National d'Art Contemporain.

Expositions

« Deuxième exposition internationale de sculpture contemporaine » Paris, musée Rodin, Paris, 1961 ; n° 115 du catalogue.
« Jean Chauvin » Saint-Rémy-lès-Chevreuse, Fondation de Coubertin, septembre-novembre 1992 ; reproduit page 55 fig. 27 du catalogue.
« Made in France,1947-1997 » Paris, Centre Georges Pompidou, février-septembre 1997.
« The origins of Modern Art in France, 1880-1939 » Singapore Art Museum
Mai septembre 1998. Exposition organisée par Serge Lemoine.

Bibliographie

Véronique Weisenger « La Collection du musée National d'Art Moderne » éditions M.N.A.M. Paris 1987 ; reproduit page 129.
« Centre Georges Pompidou, 20 ans après » dans Connaissance des Arts, n° 536 février 1997 ; reproduit page 98.
Stéphanie Jamet « Jean-Gabriel Chauvin » dans « The origins of Modern Art in France » éditions Serge Lemoine pour le Singapore Art Museum, mai 1998 ; reproduit page 321.

Historique

Achat à la galerie de l'Élysée par le Fonds National d'Art Contemporain en 1962, n° d'inventaire 9399
Dépôt au M.N.A.M. depuis le 20 septembre 1962.

N° 1/5, bronze patiné, fonte É. Godard, 1974.

Collection privée.

Exposition

« Chauvin, sculptures » Paris, galerie l'Enseigne du Cerceau, octobre 1974 ; reproduit page 25 n° 19 du catalogue.

Bibliographie

Marianne Blanc-Lepeut « Jean Chauvin » dans le Matin du 31 mai 1977 ; reproduit.

N° 4/5, bronze patiné, fonte É. Godard, 1976.

Collection fondation I.G.W.T. Suisse.

N° 5/5, bronze patiné, fonte É. Godard, 1983.

Collection privée.

Exposition

« Chauvin, œuvres de 1913 à 1959 » Paris, galerie Vallois, juin-juillet 1988 ; reproduit page 64 du catalogue.

N° EA1/2, bronze patiné, fonte É. Godard, 1984.

Collection privée.

Plâtre agrandissement :

87 × 50 × 40 cm.

Collection privée.

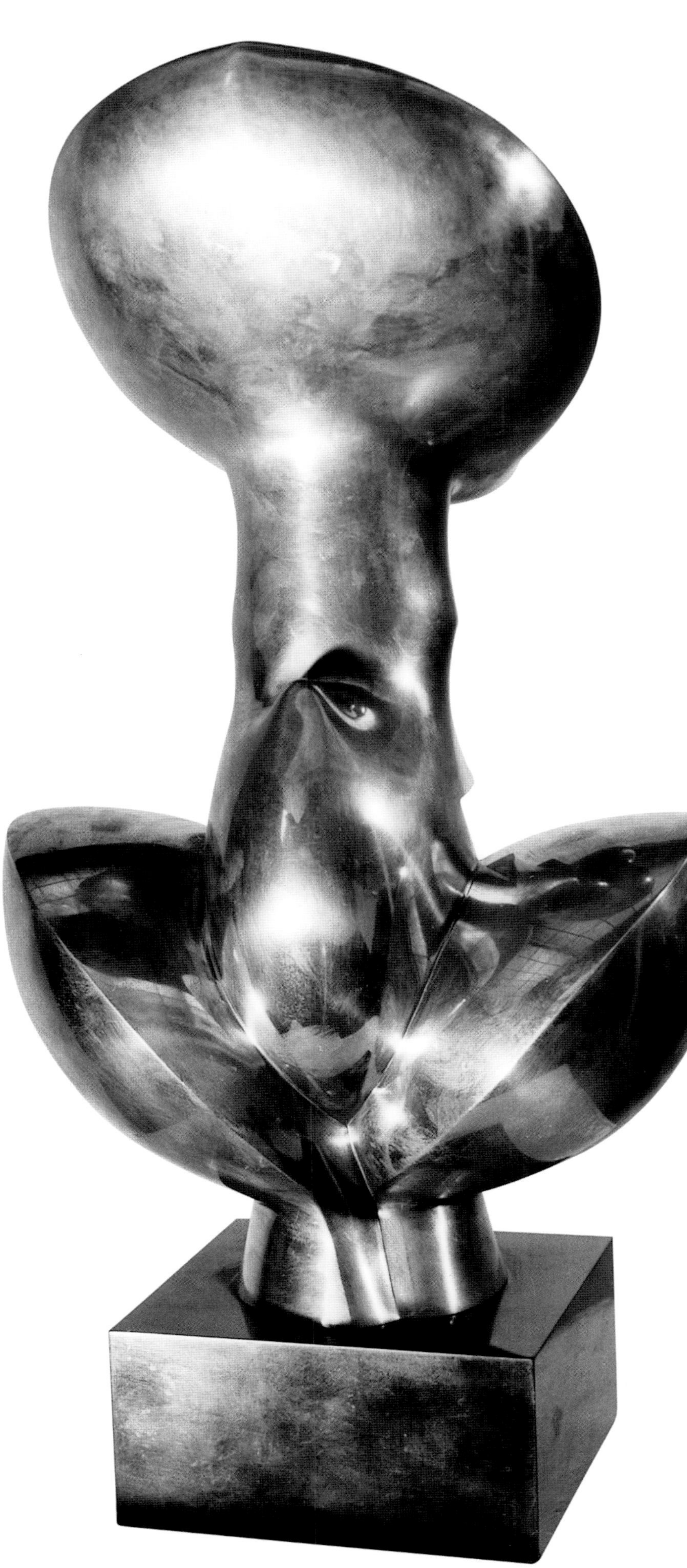

106

Ophélia

1947

Bois, loupe de thuya. 36,5 × 19,8 × 11 cm; signé.

Collection privée, Paris.

Expositions

« Chauvin » Paris, galerie de l'Élysée, novembre-décembre 1960.

« Chauvin, sculptures de 1924 à 1958 » Paris, galerie Artcurial, mars-avril 1990; reproduit pages 32 et 33 du catalogue.

Bibliographie

Christian Zervos « Chauvin » éditions « Les Cahiers d'Art », Paris 1960; reproduit page 63 n° 52.

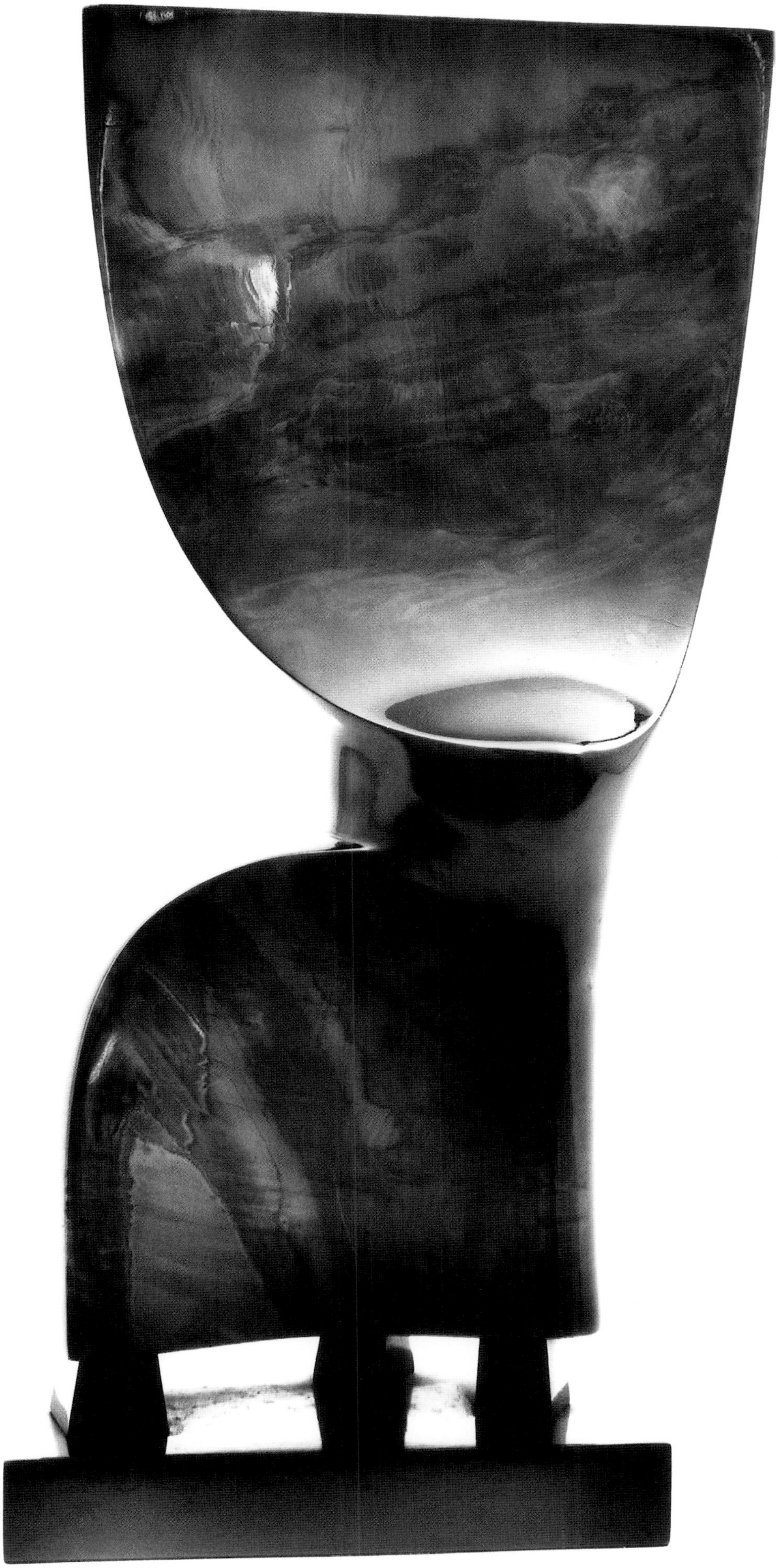

107

Matin

1948

Bois de thuya. H : 36 cm non localisé.

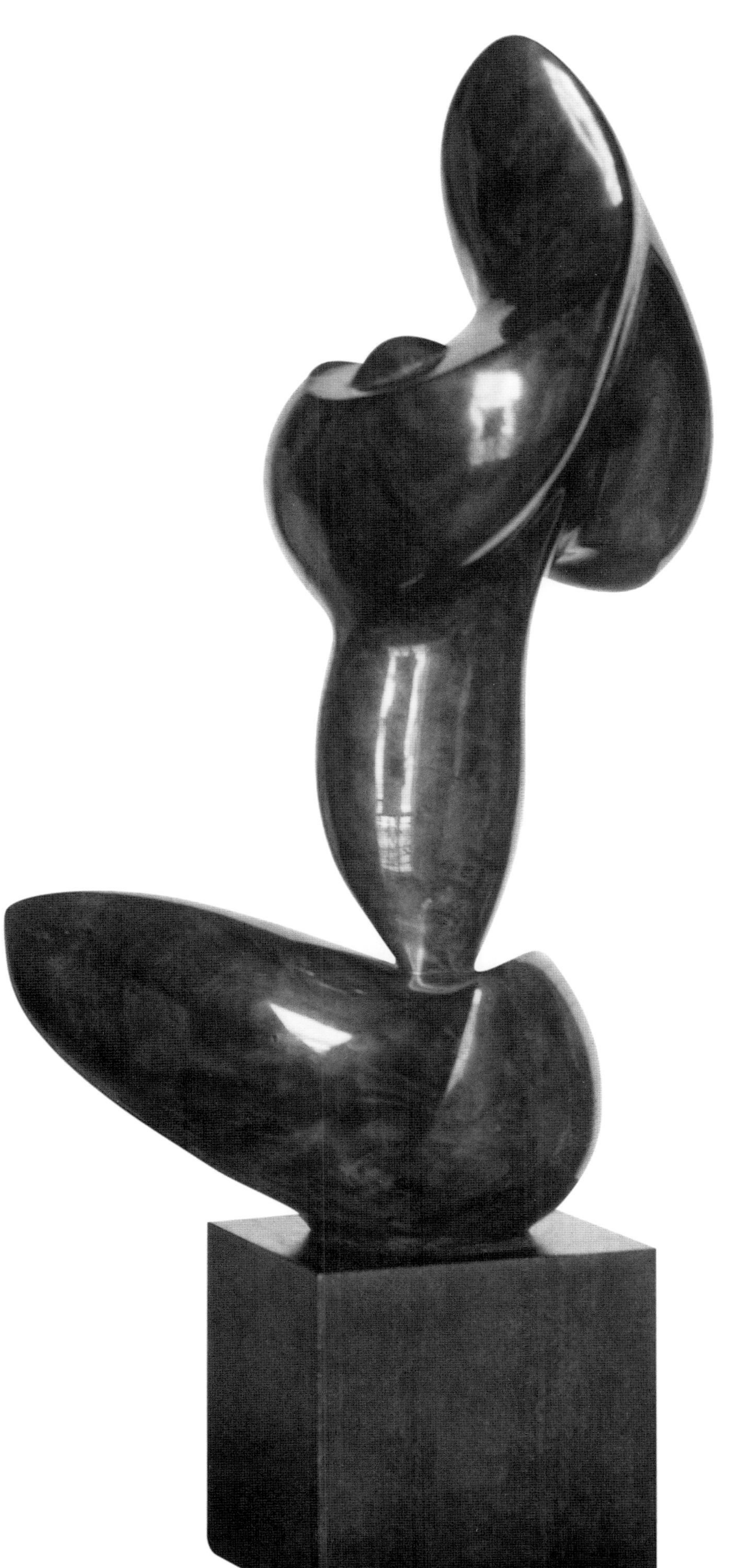

108 | # Jumeaux

1948

Pierre. H : 30 cm; signée.

Collection privée.

Exposition

« Chauvin » Paris, galerie Maeght, mars 1949; n° 21 du catalogue.

Bibliographie

Christian Zervos « Chauvin » éditions « Les Cahiers d'Art », Paris 1960; reproduit page 57 n° 56.

Nota

Une sculpture de 1945 porte le même titre.

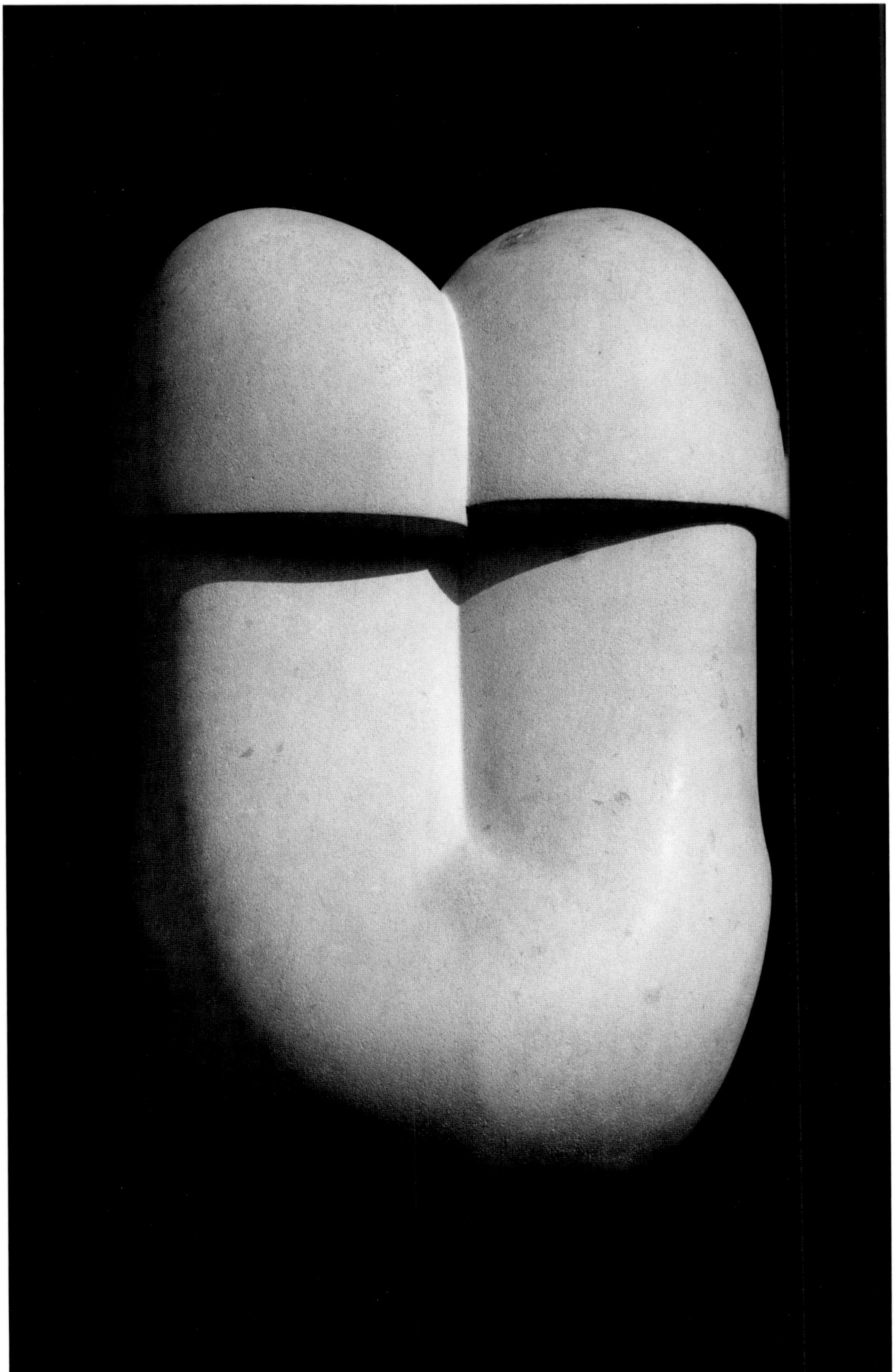

109

Couple étrange *ou* La faunesse acrobate

1948

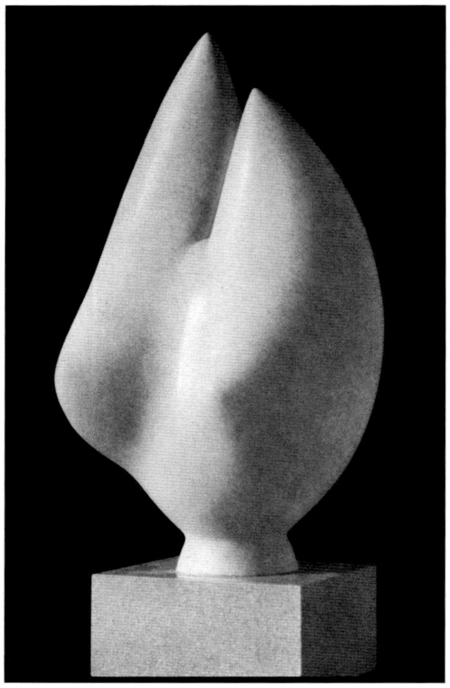

Plâtre. 37,2 × 22,3 × 17,5 cm; signé.
Collection privée.

Pierre. H : 40 cm; signée.
Collection privée.
Exposition
« Chauvin » Paris, galerie Maeght, mars 1949.
Bibliographie
Charles Estienne « Sculpture nègre et sculpture occidentale » dans Combat, 7 mars 1949; reproduit.
Christian Zervos « Chauvin » éditions « Les Cahiers d'Art », Paris 1960; reproduit page 39 n° 24.

Bronzes :

N° 1/5, fonte Coubertin, 1988.
Collection privée.

N° 2/5, fonte Coubertin, 1980.
Collection fondation I.G.W.T. Suisse.

N° 3/5, fonte Coubertin, 1993.
Collection privée.
Exposition
« Jean Chauvin » Mont-de-Marsan, musée Despiau-Wlérick, juin-septembre 1993.
Bibliographie
Kristina Larranaga « Chauvin, un celebre desconocido » dans Egin, 25 août 1993; reproduit.

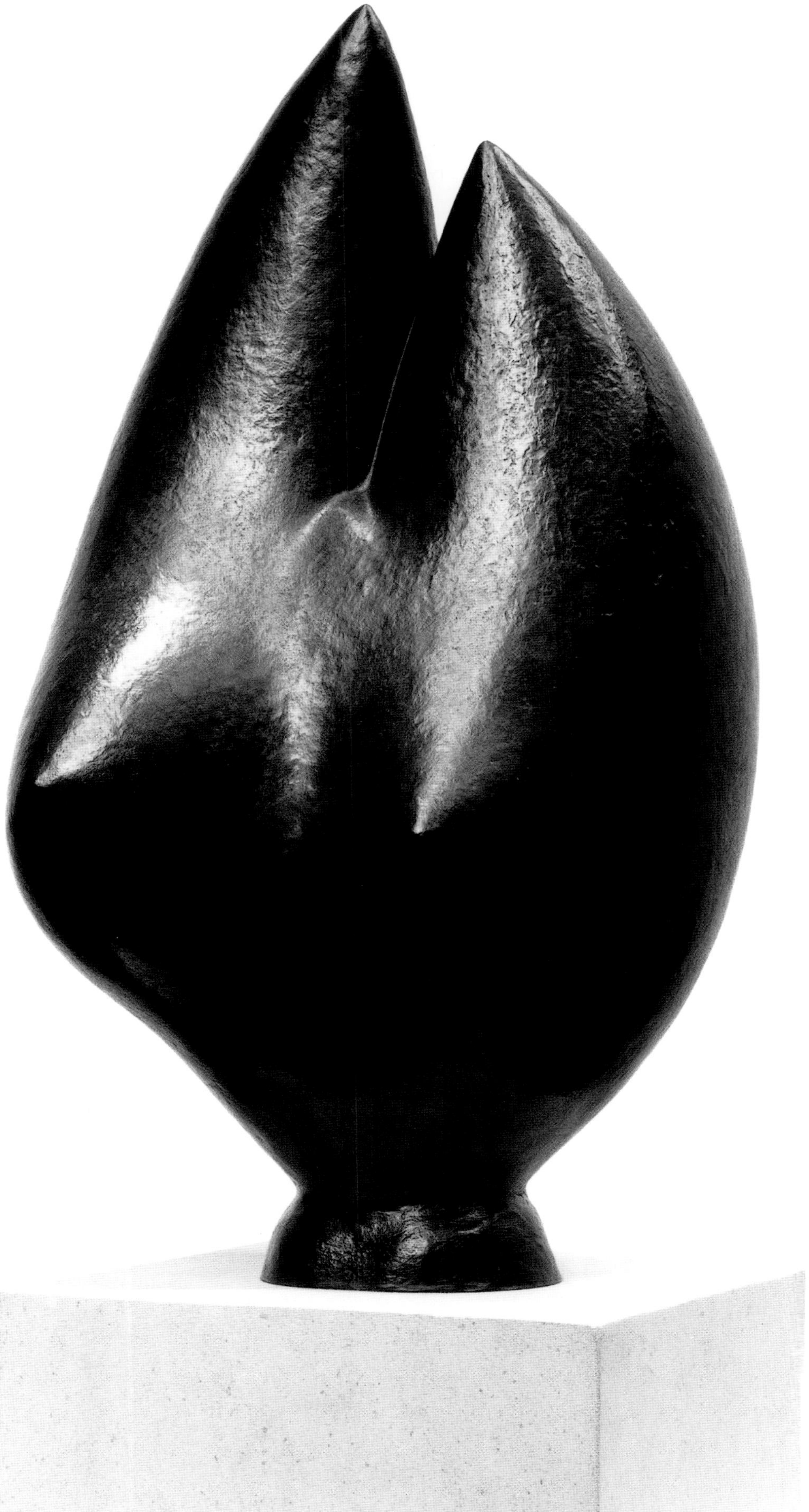

110

Germe

1948

Plâtre. 34,4 × 19 × 17,8 cm ; signé.
Collection privée.

Bronze :
N° 2/5, fonte Coubertin, 1978.
Collection fondation I.G.W.T. Suisse.

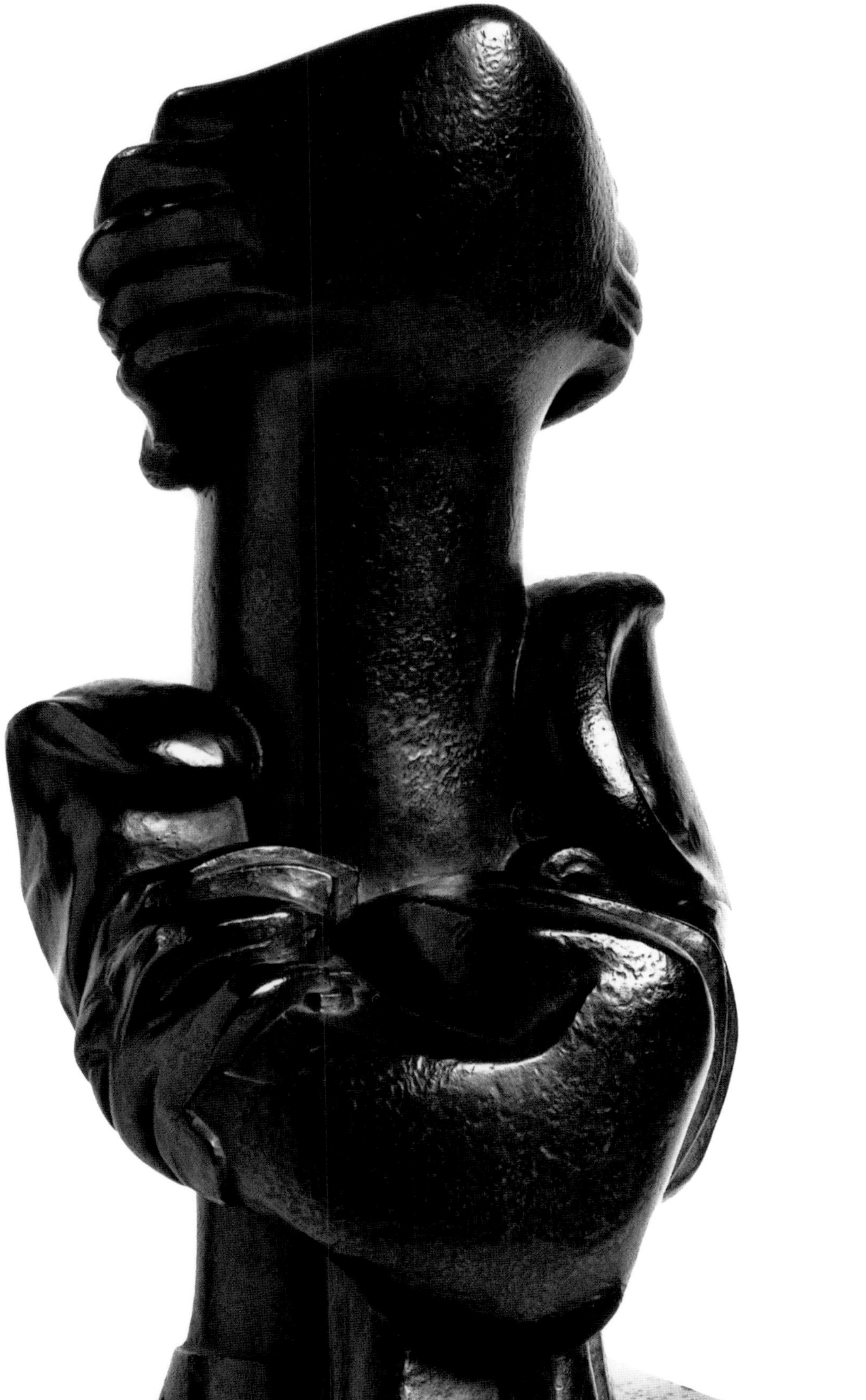

111

Ébène

avant 1949

Bois. H : 60 cm; signé.

Collection du musée d'Art Moderne de Liège, Belgique.

Exposition

«Collection F.C. Graindorge, sélection de 131 œuvres» Liège, musée de l'Art Wallon, novembre-décembre 1976; reproduit page 121 du catalogue.

Historique

Sculpture exposée à la galerie Jeanne Bucher avant 1949.

Ancienne collection Graindorge, Belgique.

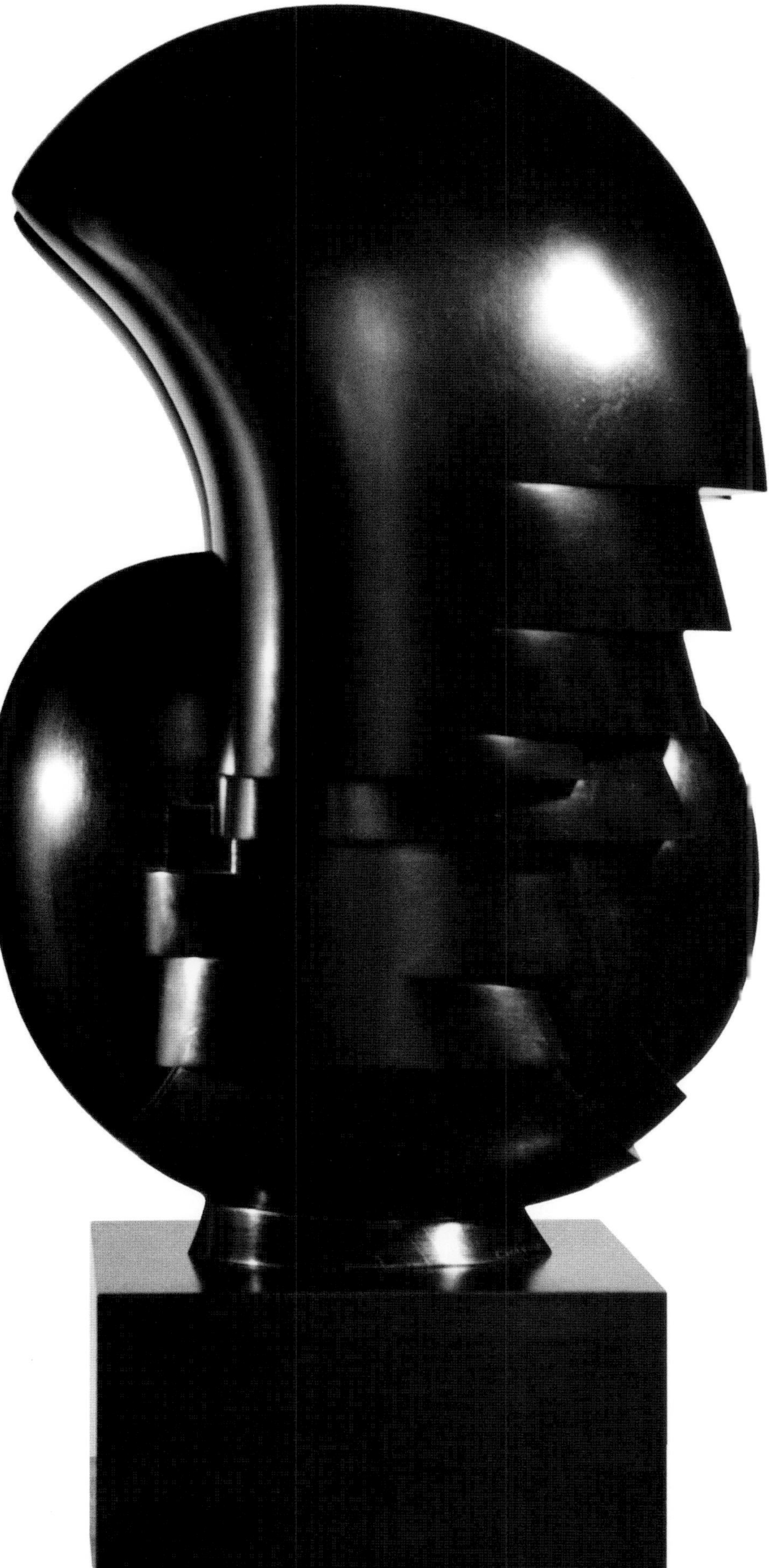

112

Sans titre

circa 1949

Bois teinté noir. 46 (avec socle) × 10 × 7 cm; signé.

Collection fondation I.G.W.T. Suisse

Exposition

Paris, galerie Claude Bernard, 1958.

Bibliographie

« Quadrum 5 » revue internationale d'art moderne, éditions ADAC, Bruxelles : « La sculpture contemporaine à la galerie Claude Bernard »; reproduit page 162.

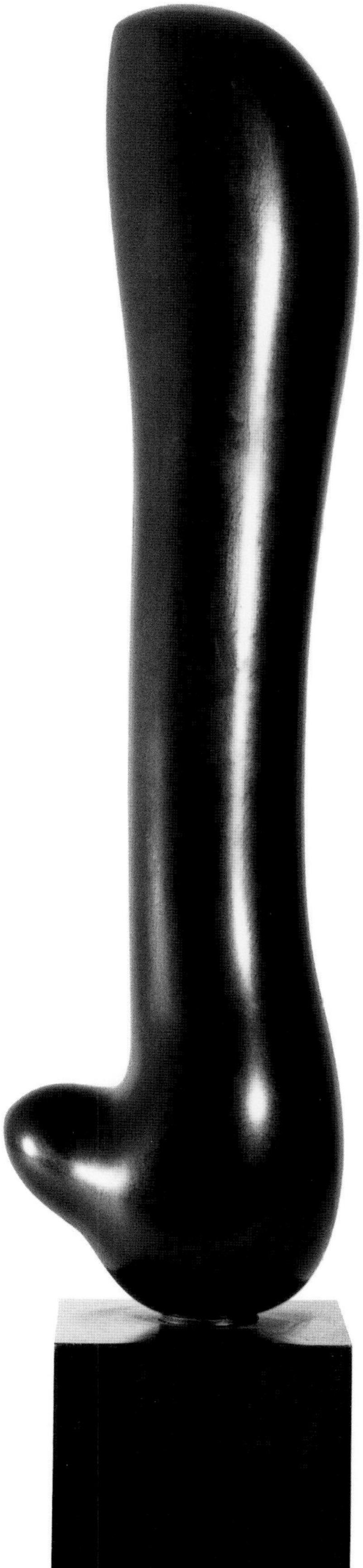

113
La barque fatiguée
1949

Bois teinté noir. 20 × 50 × 19 cm; signé.
Collection privée, Paris.

Expositions

« Chauvin » Paris, galerie de l'Élysée , novembre-décembre 1960.
« 31e Biennale de Venise » juin-juillet 1962; page 172 n° 85 du catalogue.
« Chauvin, sculptures de 1924 à 1958 » Paris, galerie Artcurial, mars-avril 1990; reproduit page 35 du catalogue.

Bibliographie

Christian Zervos « Chauvin » éditions « Les Cahiers d'Art », Paris 1960; reproduit page 57 n° 44.

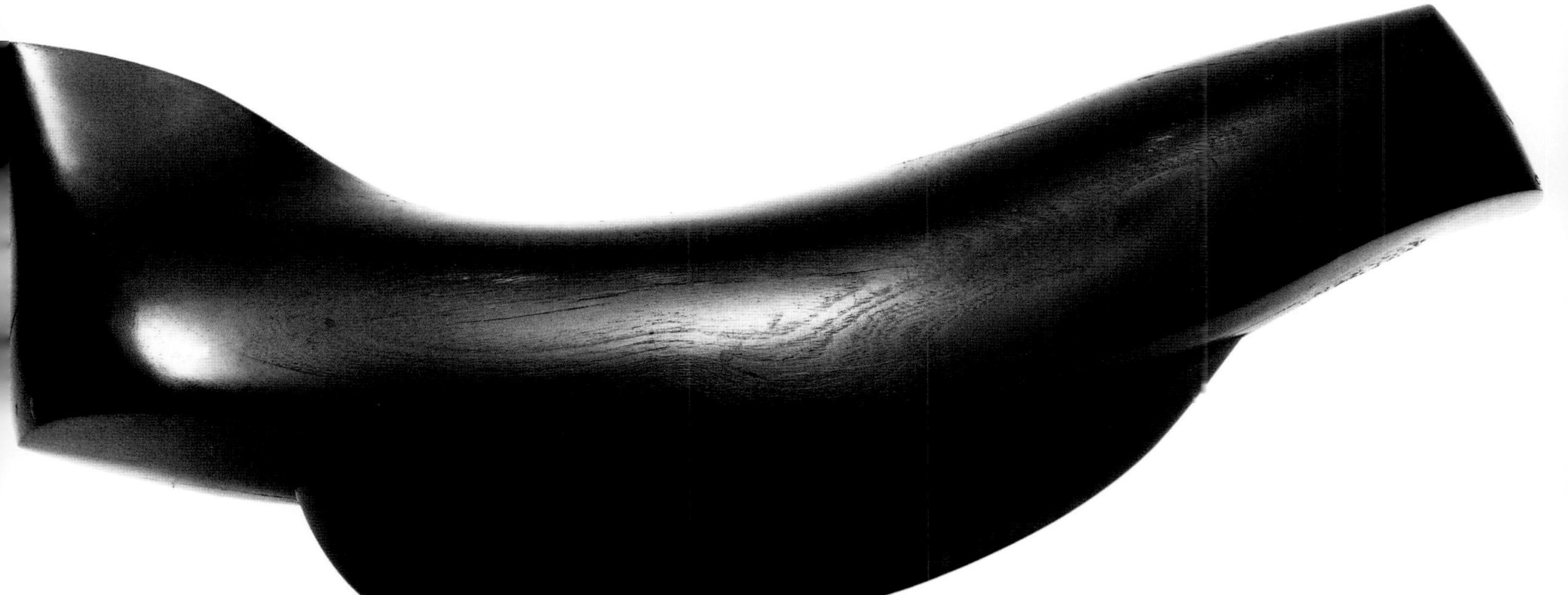

114

Le vent de la vie *ou* Le souffle de la vie

1949

Plâtre, détruit. 22 × 65 cm.

Bibliographie

Charles Estienne « Les sculpteurs » dans Terre des Hommes; reproduit dans le N° 21 du 16 février 1946.

Bois de tilleul. 22 × 65 cm; signé.

Collection privée.

Exposition

« Chauvin » Paris, galerie de l'Élysée, novembre-décembre 1960.

Bibliographie

Christian Zervos « Chauvin » éditions « Les Cahiers d'Art », Paris 1960; reproduit page 64 n° 53.

Bronze :

Un exemplaire non numéroté en bronze doré, fonte Valsuani, 1949.

Collection privée, Belgique.

Expositions

« Chauvin » Paris, galerie Maeght, mars 1949; n° 30 du catalogue.

« 31e Biennale de Venise » juin-octobre 1962; page 172 n° 86 du catalogue.

« Collection F.C. Graindorge, sélection de 131 œuvres » Liège, musée de l'Art Wallon, novembre-décembre 1976; page 16 n° 124 du catalogue.

Bibliographie

« Derrière le miroir » éditions Maeght, Paris mars 1949; reproduit.

Historique

Ancienne collection Graindorge.

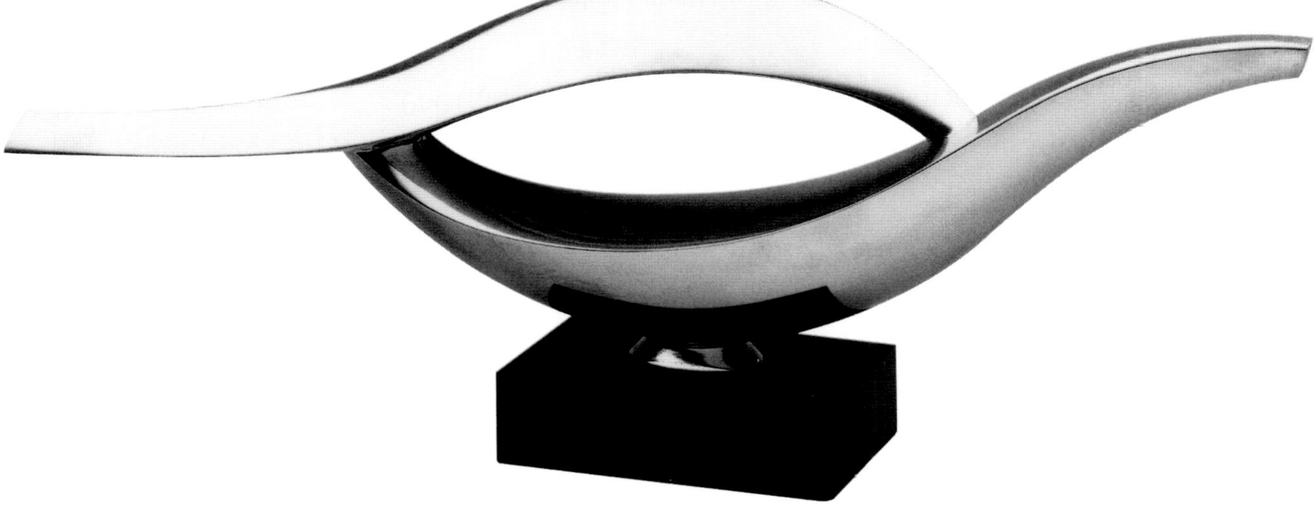

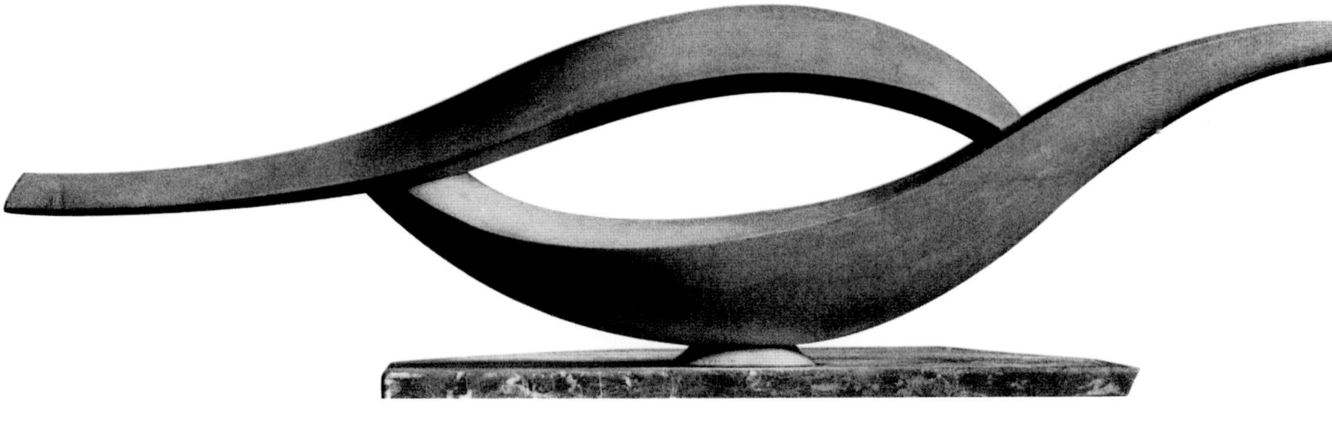

115

Un ange se réveille

1949

Bois teinté noir. 34,9 × 10,6 + 6,1 cm ; signé.

Collection Victor Guénard, Paris.

Expositions

« Jean Chauvin » Saint-Rémy-lès-Chevreuse, Fondation de Coubertin septembre-novembre 1992 ; n° 27 page 68 du catalogue.

« Jean Chauvin » Mont-de-Marsan, musée Despiau-Wlérick, juin-septembre 1993.

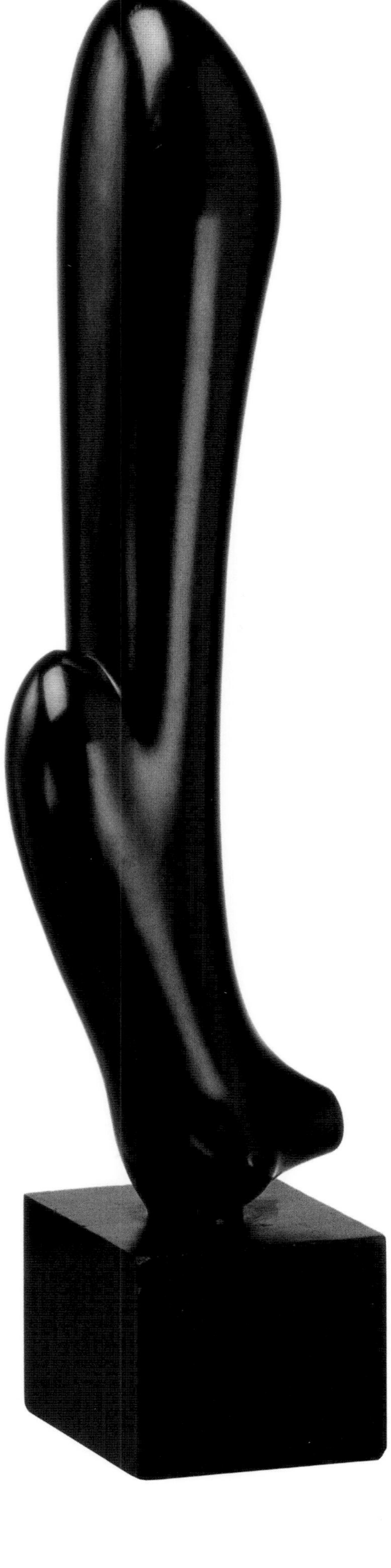

Le rêve appelle et passe

1949

Plâtre. 20,8 × 67 × 13,7 cm; signé.
Collection privée.
Exposition
« Chauvin » Paris, galerie de l'Élysée, novembre-décembre 1960.
Bibliographie
Christian Zervos « Chauvin » éditions « Les Cahiers d'Art », Paris 1960; reproduit page 65 n° 54.

Bois de corail.
Dimensions et localisation inconnues, l'existence de cette sculpture est attestée par des photographies prisent par Chauvin et annotées de sa main.

Bois, loupe de thuya.
Dimensions et localisation inconnues; de même que la précédente, l'existence de cette sculpture est attestée par des photographies prisent par Chauvin et annotées de sa main, elle aurait été exposée à la galerie Jeanne Bucher à une date non indiquée.

Bronzes :

N° 1/5, fonte É. Godard 1974.
Collection privée.
Expositions
« Chauvin, sculptures » Paris, galerie l'Enseigne du Cerceau, octobre 1974; reproduit page 27 n° 20 du catalogue.
« Chauvin » Paris, galerie A.B.C.D., 1976.

N° 3/5, fonte Coubertin, 1980.
Collection Granville, musée des Beaux-Arts de Dijon.

N° 5/5, fonte Coubertin, 1988.
Collection privée.
Exposition
« Chauvin, œuvres de 1913 à 1959 » Paris, galerie Vallois, juin-juillet 1988; reproduit page 66 du catalogue.

N° EA1/2, fonte Coubertin, 1987.
Collection Pouchka, Paris.
Expositions
« Jean Chauvin » Saint-Rémy-lès-Chevreuse, Fondation de Coubertin, septembre-novembre 1992; page 68, n° 28 du catalogue.
« Jean Chauvin » Mont-de-Marsan, musée Despiau-Wlérick, juin-septembre 1993.

N° EA2/2, fonte É. Godard, 1973.
Collection fondation I.G.W.T. Suisse.

Plâtre, agrandissement. L : 134 cm; signé.
Collection privée.

Bronzes :

N° AI/V, fonte É. Godard, 1994.
Collection privée, Paris.

N° AII/V, fonte C.A.I.F., 2007.
Collection privée, Paris.

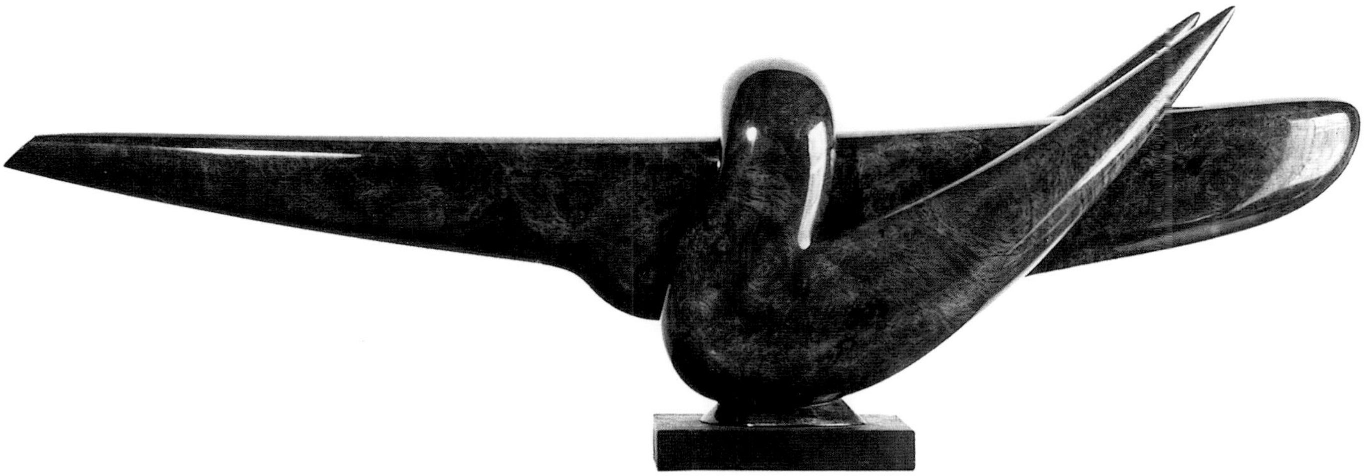

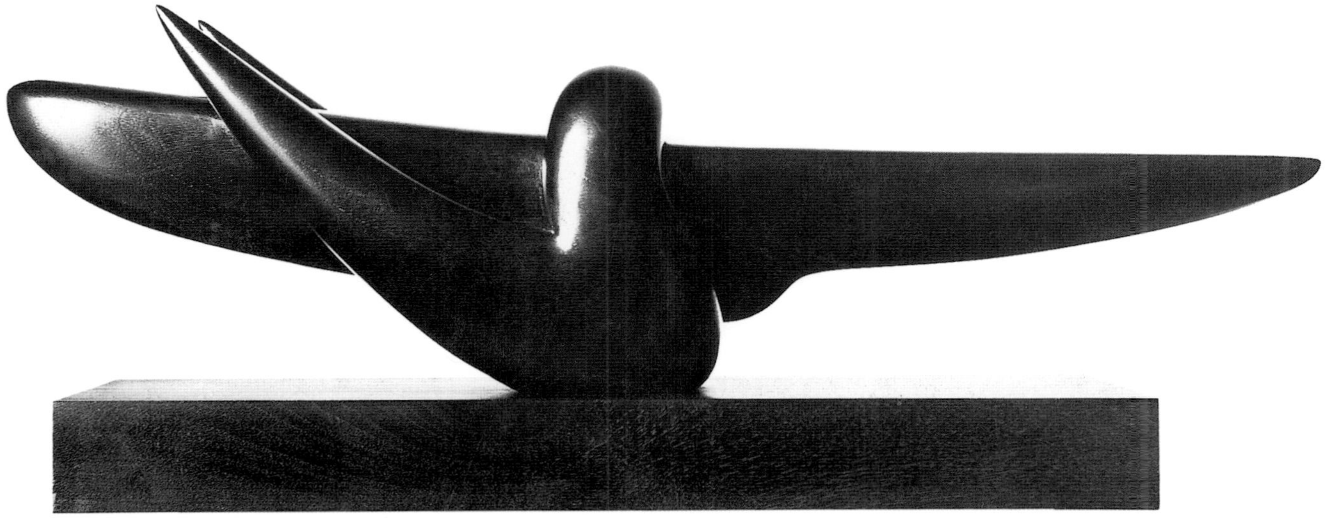

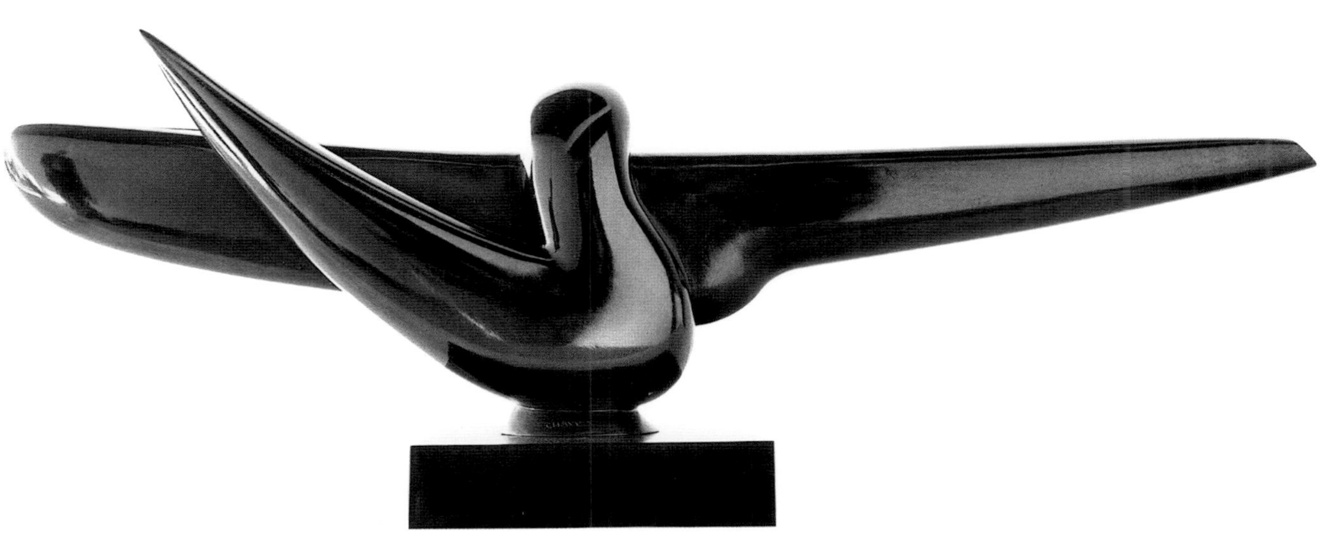

117 # Martin-pêcheur

1950

Plâtre. 35 × 27 × 22 cm; signé.
Collection privée.
Bibliographie
Christian Zervos «Chauvin» éditions «Les Cahiers d'Art», Paris 1960; reproduit page 66 n° 55.

Bronzes dorés :

N° 1/2, fondeur non communiqué, 1962.
Collection privée, Paris.
Expositions
«31e Biennale de Venise» juin-octobre 1962; page 172 n° 87 du catalogue.
«Chauvin, sculptures de 1924 à 1958» Paris, galerie Artcurial, mars-avril 1990; reproduit page 38 du catalogue.

N° et fondeur non communiqués.
Collection Tel Aviv Museum, donation Alex Maguy.

N° 2/5, fonte Coubertin, 1977.
Collection fondation I.G.W.T. Suisse.

N° 3/5, fonte Coubertin, 1982.
Collection privée.
Expositions
«Sculptures du XXe Siècle» Paris, galerie J.G.M. 1988; reproduit page 34 du catalogue.
«Jean Chauvin» Mont-de-Marsan, musée Despiau-Wlérick, juin-septembre 1993.

N° EA1/2, fonte Coubertin, 1996.
Collection P.A.G. Paris.

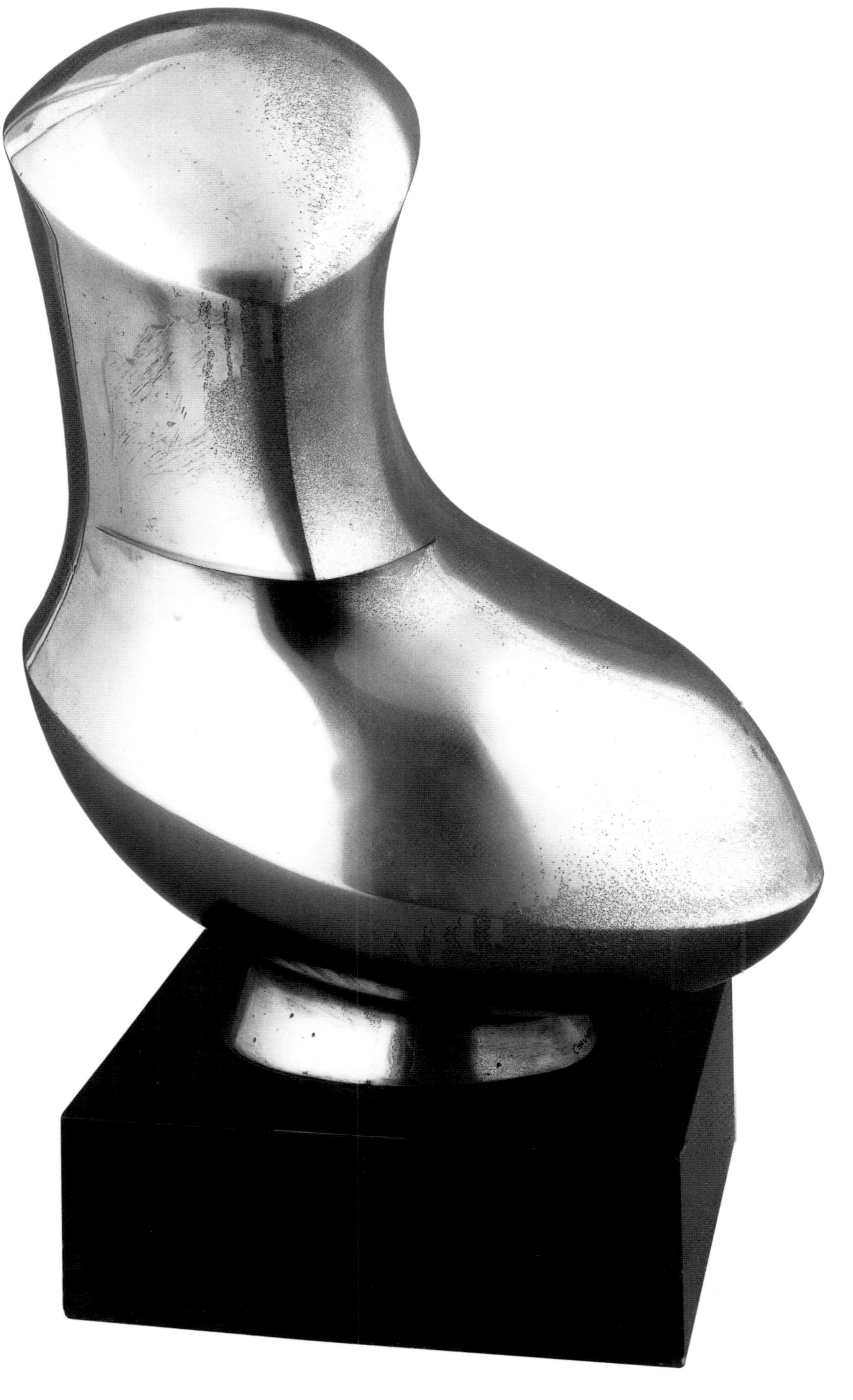

118

Matin calme et ardent

1950

Bois teinté noir. H : 55 cm ; signé.
Collection privée.

Exposition

« Chauvin » Paris, galerie de l'Élysée, novembre-décembre 1960.

Bibliographie

Christian Zervos « Chauvin » éditions « Les Cahiers d'Art », Paris 1960 ; reproduit page 69 n° 58.

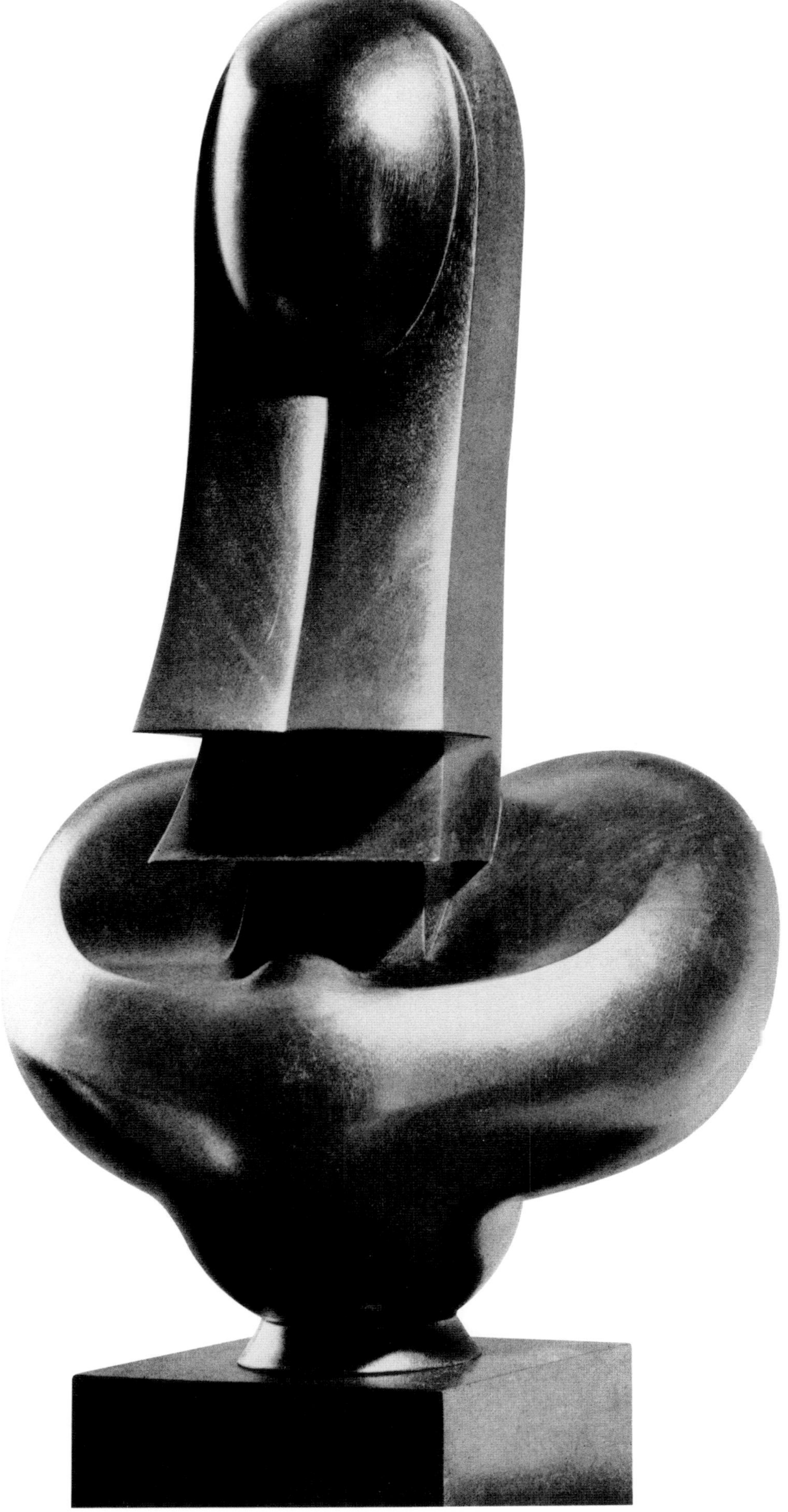

119 | # Carmen

1950

Bois. 42,5 × 17 × 11,5 cm; signé.

Collection privée, Paris.

Expositions

« Chauvin » Paris, galerie de l'Élysée, novembre-décembre 1960.

« Chauvin, sculptures de 1924 à 1958 » Paris, galerie Artcurial, mars-avril 1990; reproduit page 37 du catalogue.

Bibliographie

Christian Zervos « Chauvin » éditions « Les Cahiers d'Art », Paris 1960; reproduit page 68 n° 57.

« Artcurial » journal de la galerie, Paris, février-mai 1990; reproduit page 2.

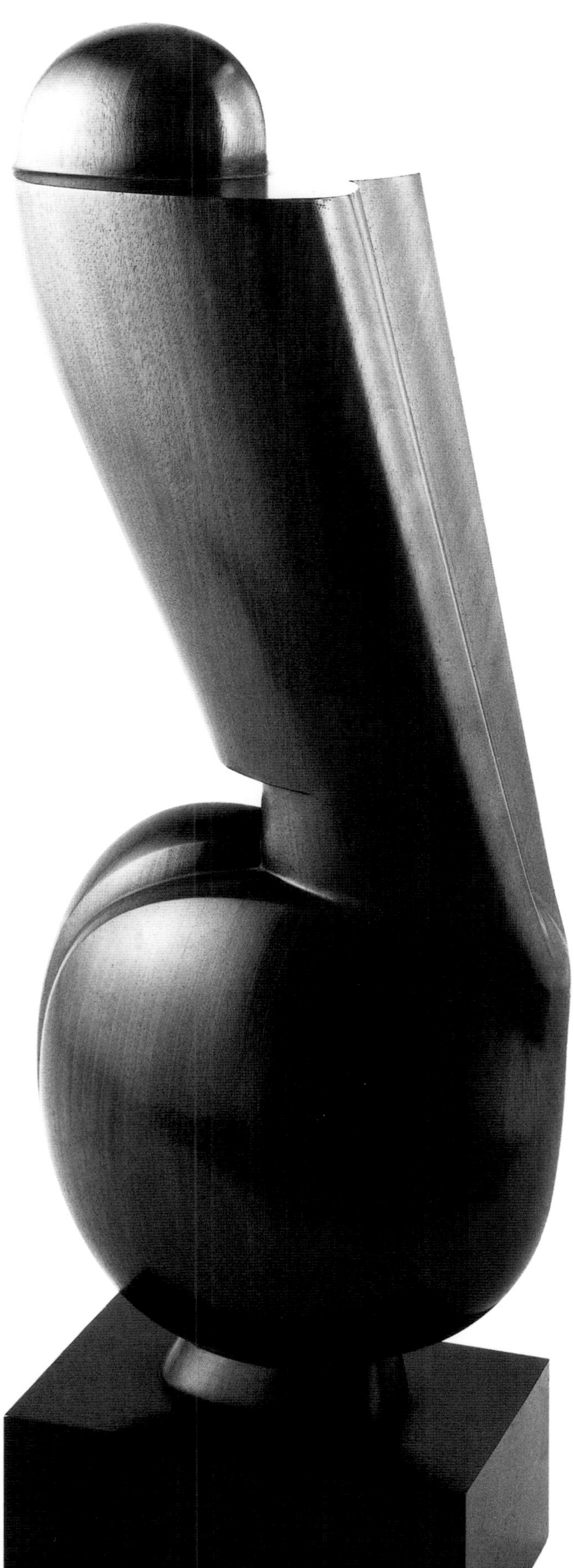

120

Méditation

1950

Bois du Cambodge. H : 72 cm; signé.

Collection privée.

Exposition

« Chauvin » Paris, galerie de l'Élysée, novembre-décembre 1960.

Bibliographie

Christian Zervos « Chauvin » éditions « Les Cahiers d'Art », Paris 1960; reproduit page 70 n° 59.

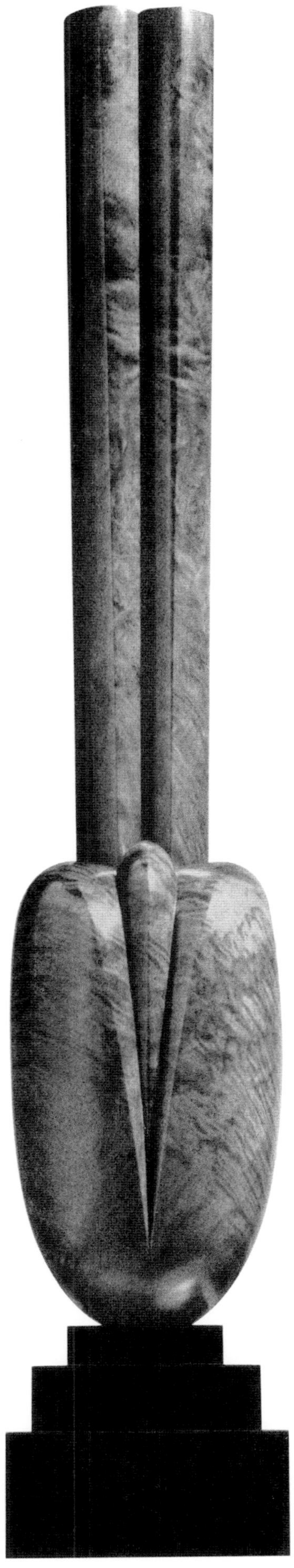

121 | # Campanile
1950

Bois de noyer. 60 × 21 × 21 cm; signé.

Collection privée, Paris.

Expositions

« Chauvin » Paris, galerie de l'Élysée, novembre-décembre 1960.

« Chauvin, sculptures de 1924 à 1958 » Paris, galerie Artcurial, mars-avril 1990; reproduit page 36 du catalogue.

Bibliographie

Christian Zervos « Chauvin » éditions « Les Cahiers d'Art », Paris 1960; reproduit page 71 n° 60.

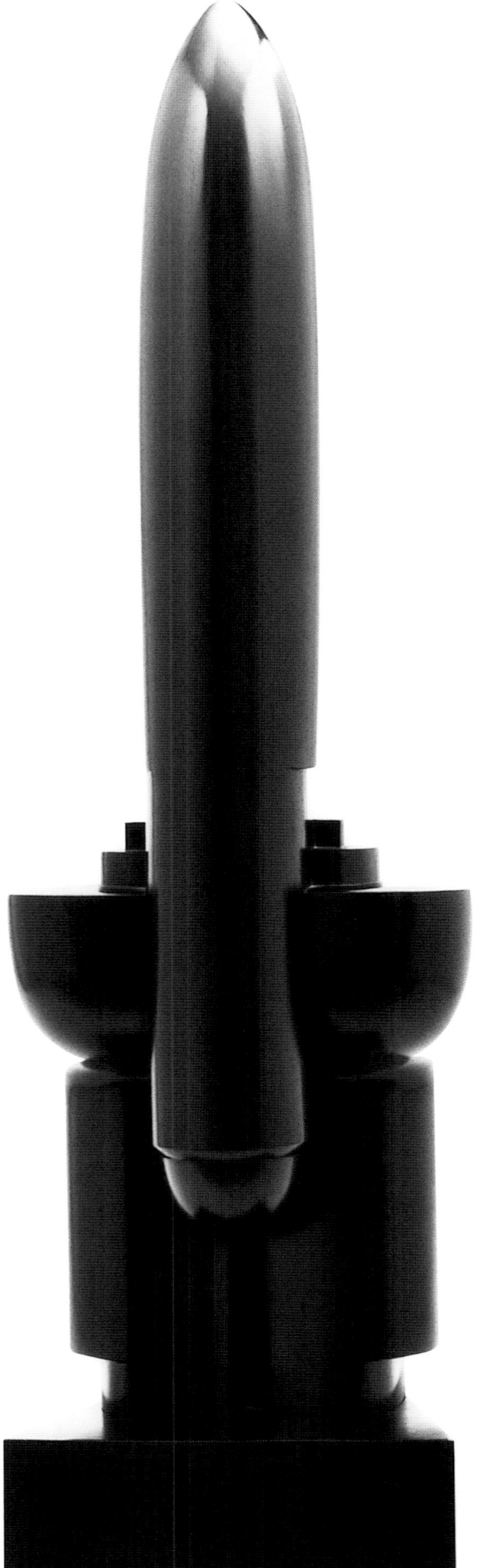

122

Nid pour mes anges *ou* Nid pour mésanges

1950

Bois de poirier teinté noir. 65 × 34 cm ; signé.

Collection privée.

Exposition

« Chauvin, sculptures » Paris, galerie l'Enseigne du Cerceau, octobre 1974 ; reproduit page 26, n° 21 du catalogue.

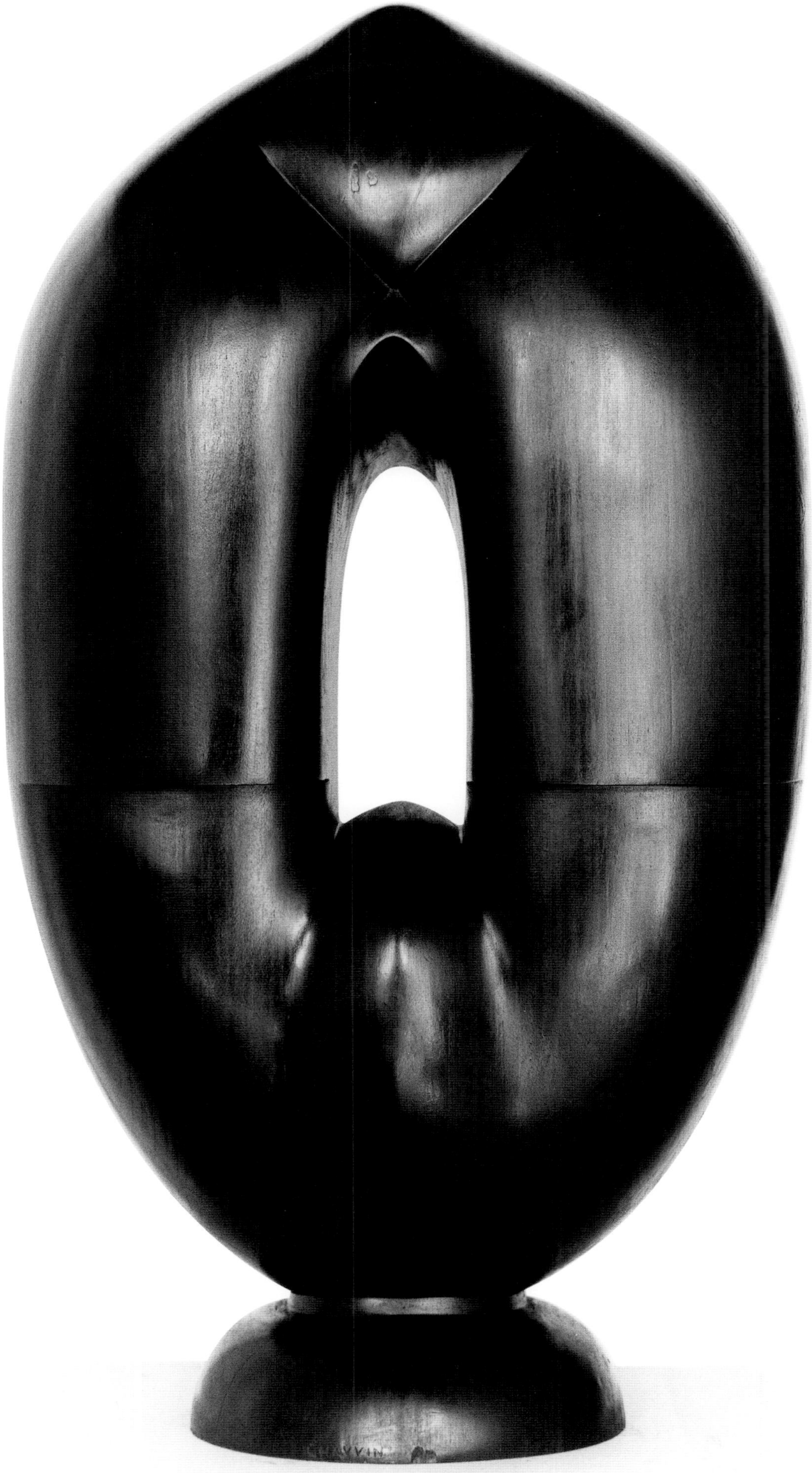

123 | # Sans titre

circa 1951

Plâtre. non localisé.

Le seul élément en notre possession est la photographie reproduite ci-contre annotée de la main de Chauvin « *Un exemplaire en bronze aux U.S.A.* ».

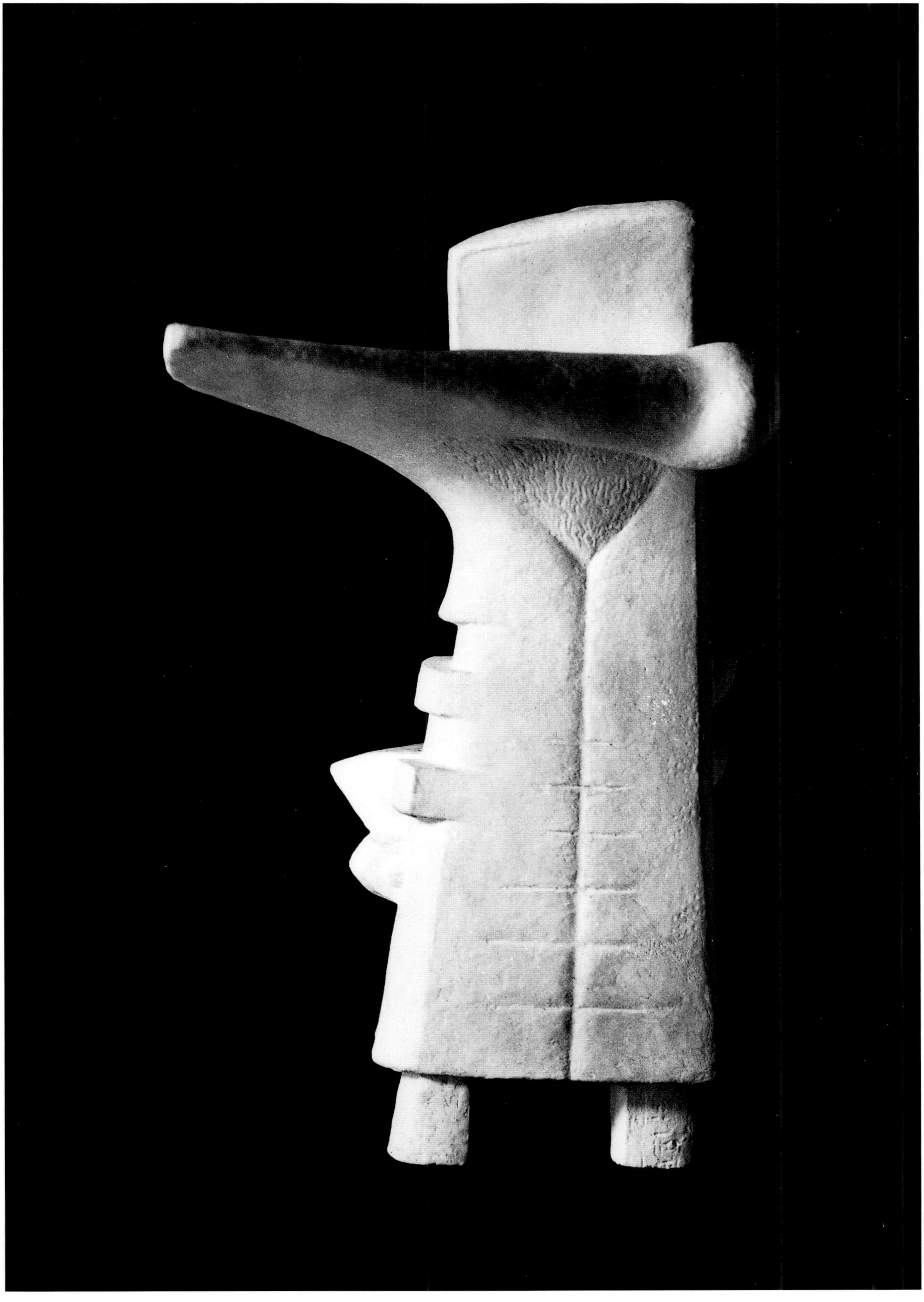

124 La vigie des argonautes

1951

Plâtre. H : 41 cm; signé.
Collection privée.

Bibliographie

Christian Zervos « Chauvin » éditions « Les Cahiers d'Art », Paris 1960; reproduit page 72 n° 62.

Bronze :

N° 1/5, fonte É.Godard, 1974.
Collection privée.

Exposition

« Chauvin, sculptures » Paris, galerie l'Enseigne du Cerceau, octobre 1974; reproduit page 30 n° 24 du catalogue.

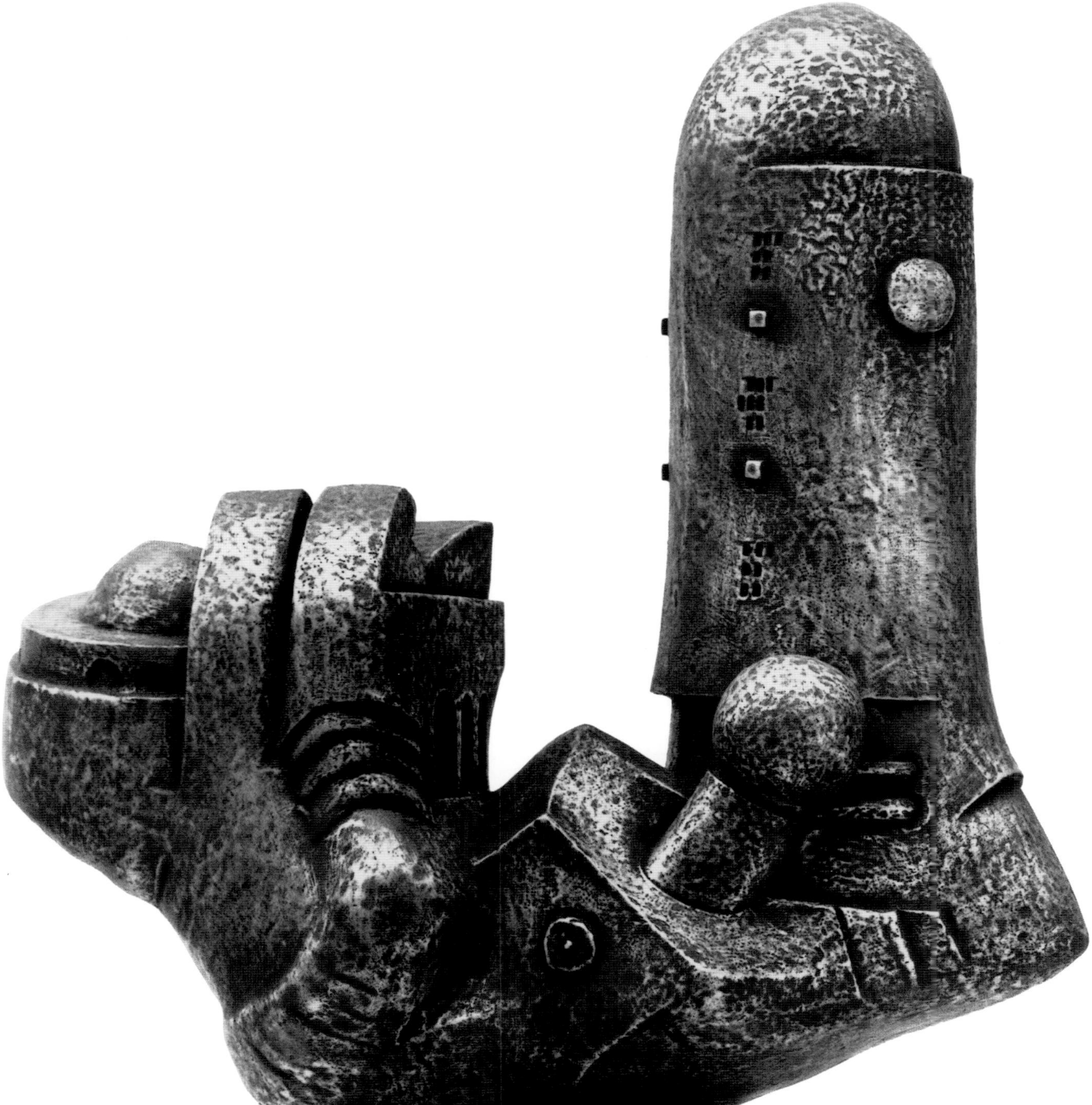

125 | # Des ailes

1951

Bois teinté noir. H : 23 cm; signé.

Collection privée.

Exposition

« Chauvin » Paris, galerie de l'Élysée, novembre-décembre 1960.

Bibliographie

Christian Zervos « Chauvin » éditions « Les Cahiers d'Art », Paris 1960; reproduit page 73 n° 63.

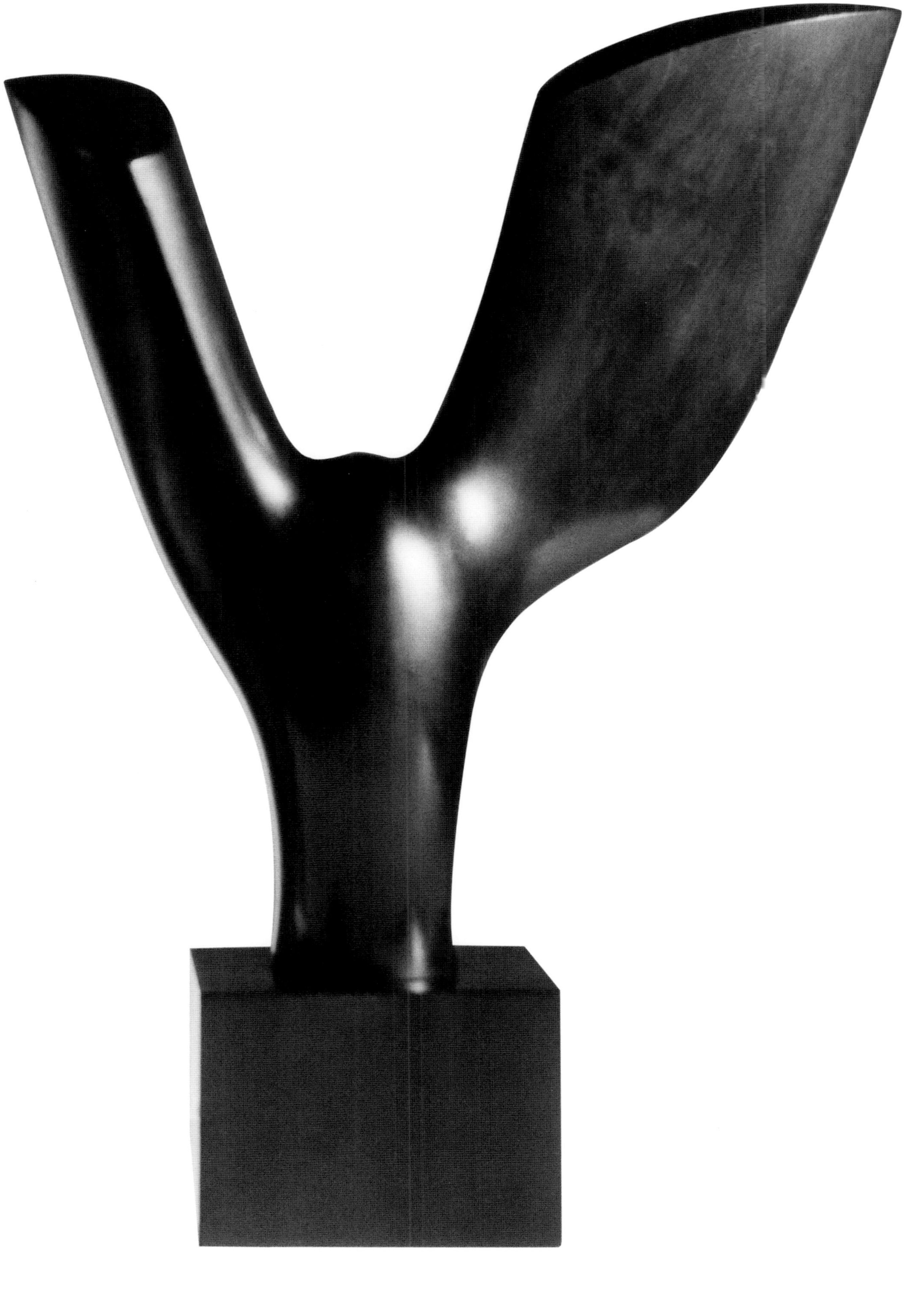

126

Mandragore *ou* Le Phare et la nef

1951

Plâtre. 37 × 38,5 cm; signé.
Collection privée.

Expositions

« Chauvin, plâtres et dessins » Paris, galerie Suzanne de Coninck, mai-juin 1957.
« Chauvin » Paris, galerie de l'Élysée, novembre-décembre 1960.

Bibliographie

Christian Zervos « Chauvin » éditions « Les Cahiers d'Art », Paris 1960; reproduit page 72 n° 61.

Bronzes :

N° 1/5, fonte É. Godard, 1974.
Collection privée.

Exposition

« Chauvin, sculptures » Paris, galerie l'Enseigne du Cerceau, octobre 1974; reproduit page 30 n° 23 du catalogue.

N° 2/5, fonte É. Godard, 1976.
Collection fondation I.G.W.T. Suisse.

N° EA1/2, fonte Coubertin, 1988.
Collection privée.

Exposition

« Chauvin, œuvres de 1913 à 1959 » Paris, galerie Vallois, juin-juillet 1988; reproduit page 68 du catalogue.

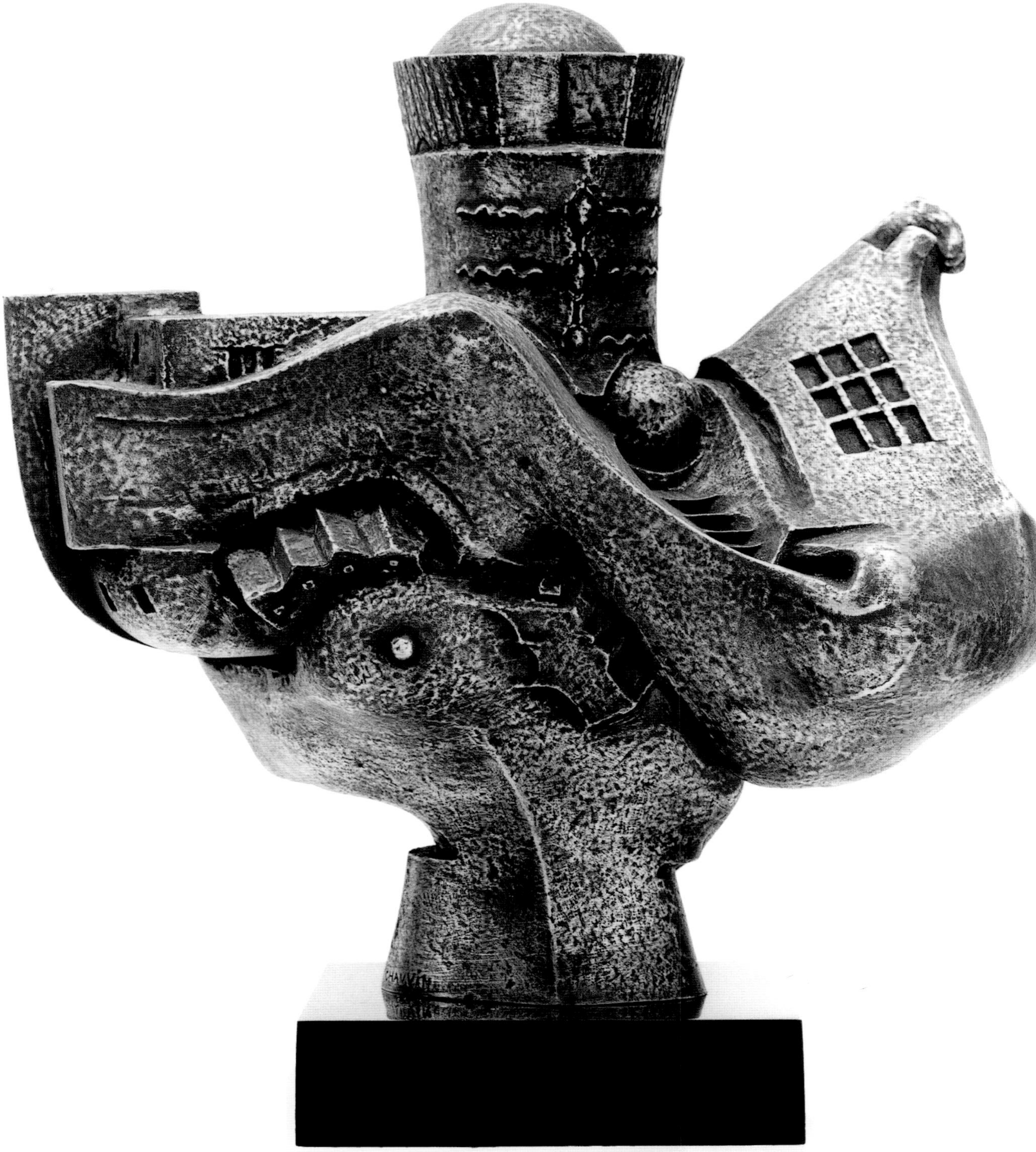

127

Ève
1951

Bois de Maï Dou. H : 55 cm; signé.

Collection privée, Paris.

Expositions

« Chauvin » Paris, galerie de l'Élysée, novembre-décembre 1960.

« Chauvin, sculptures de 1924 à 1958 » Paris, galerie Artcurial, mars-avril 1990; reproduit page 39 du catalogue.

Bibliographie

Christian Zervos « Chauvin » éditions « Les Cahiers d'Art », Paris 1960; reproduit page 77 n° 68.

Bois d'acajou. H : 34 cm (hors socle); signé.

Collection Freyman, France.

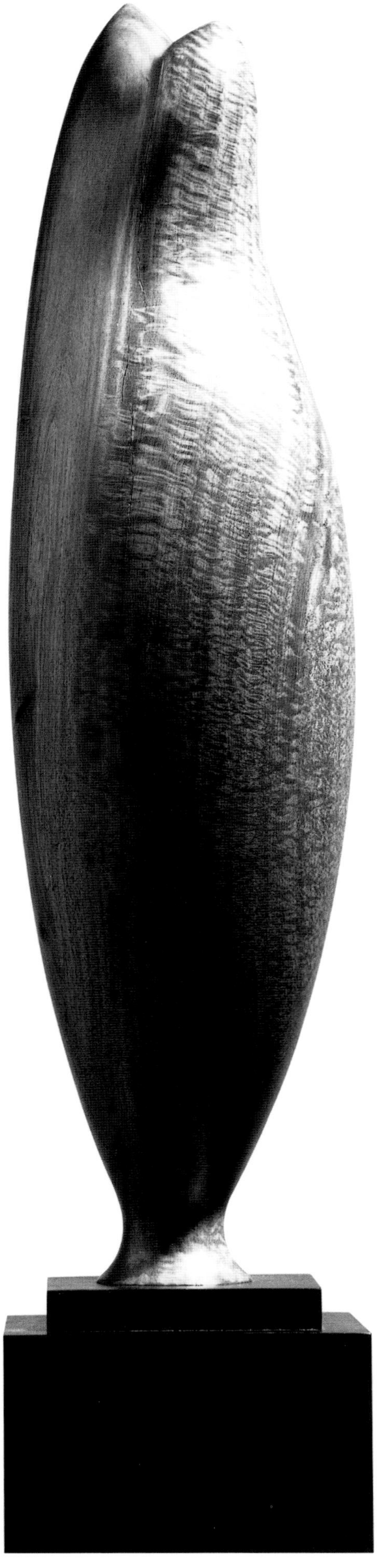
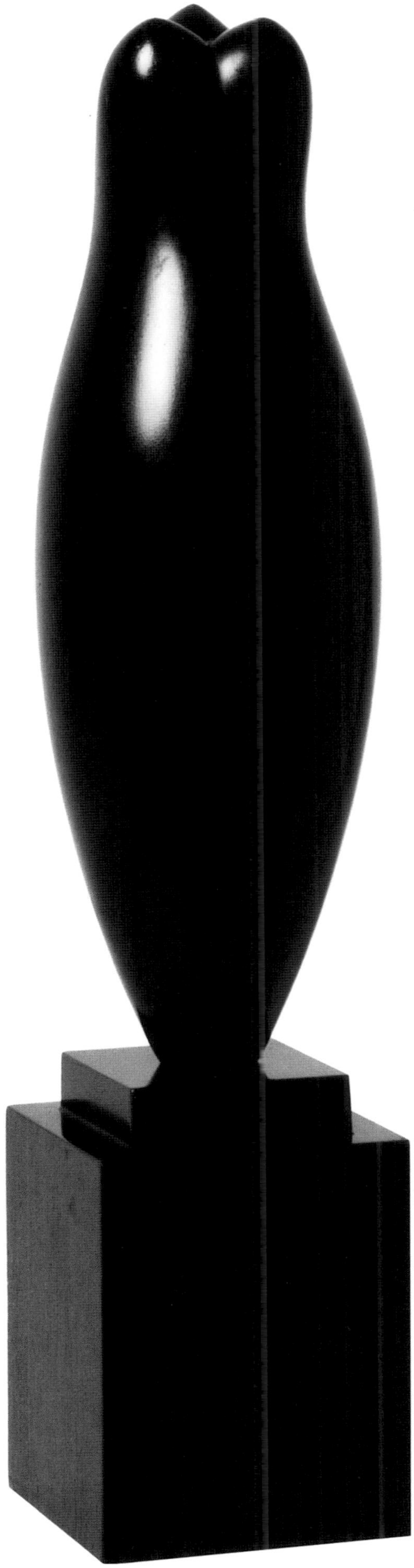

128 Valse
1951

Plâtre. 36 × 31,3 cm; signé.
Collection privée.
BIBLIOGRAPHIE
Christian Zervos « Chauvin » éditions « Les Cahiers d'Art », Paris 1960; reproduit page 74 n° 65.
Pierre Descargues « Chronique » dans Plaisir de France 1974; reproduit page 52.

Bronzes :

Exemplaire non numéroté, fonte Valsuani, 1962.
Collection Tel Aviv Museum, donation Alex Maguy 1963.
EXPOSITION
« 31e Biennale de Venise » juin-octobre 1962; page 172 n° 89 du catalogue.

N° 1/5, fonte É. Godard, 1974.
Collection A.G. Paris.
EXPOSITION
« Chauvin, sculptures » Paris, galerie l'Enseigne du Cerceau, octobre 1974; reproduit page 31 n° 26 du catalogue.

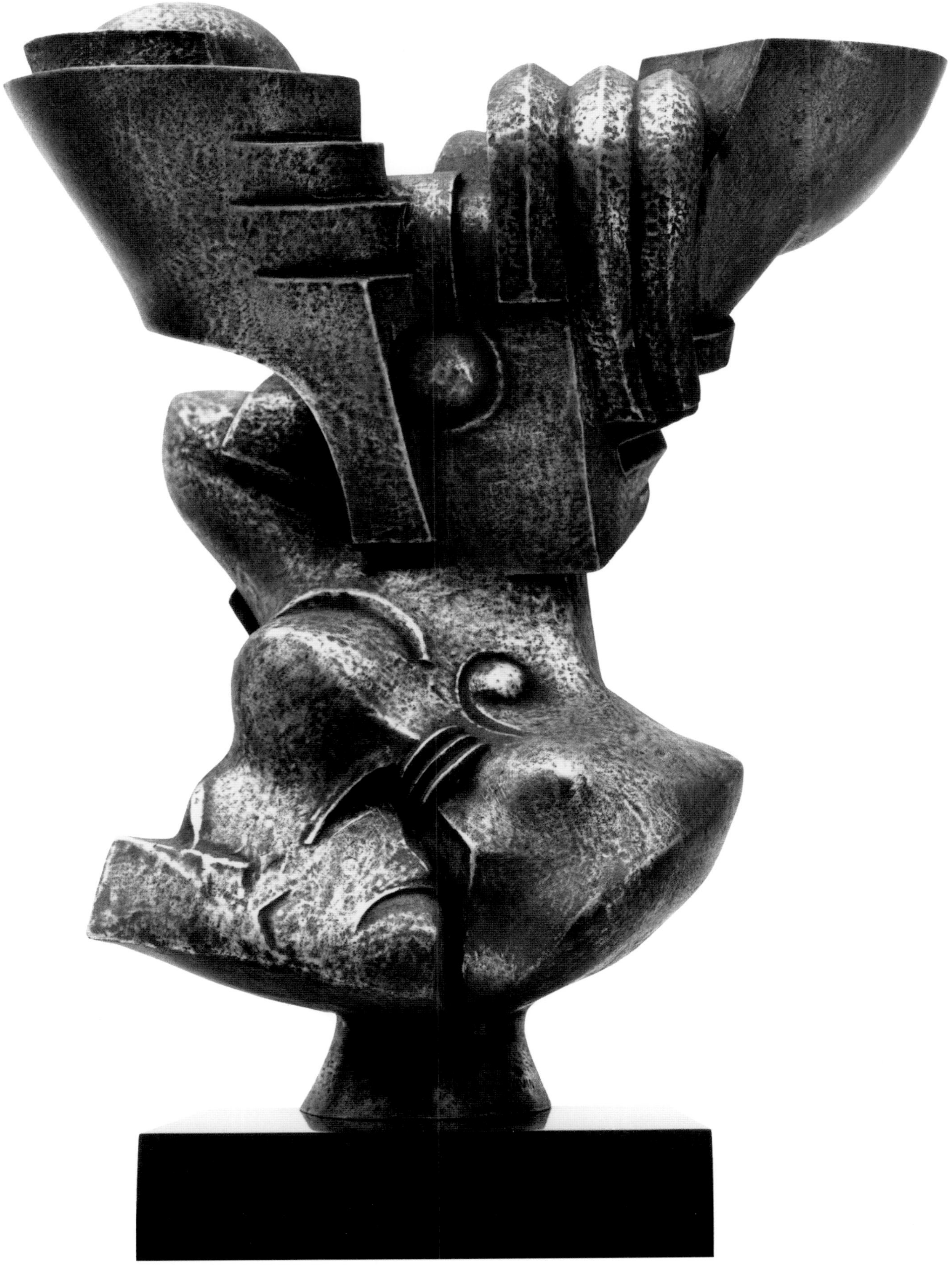

129 | # Printemps
1951

Bois de cyprès teinté. H : 98 cm; signé.

Collection privée.

Expositions

« Chauvin » Paris, galerie de l'Élysée, novembre-décembre 1960.
« 31e Biennale de Venise » juin-octobre 1962; page 172 n° 91 du catalogue.
« Onze pièces uniques » Paris, galerie l'Enseigne du Cerceau, octobre 1973.
« Chauvin, sculptures » Paris, galerie l'Enseigne du Cerceau, octobre 1974. reproduit page 29 n° 22 du catalogue.

Bibliographie

Christian Zervos « Chauvin » éditions « Les Cahiers d'Art », Paris 1960; reproduit page 73 n° 64.
Auteur non identifié « La chance des sculpteurs contemporains » dans Carrefour, 30 juin 1971; reproduit.
Patrick Elliot « Sculptures en taille directe en France de 1900 à 1950 » éditions Fondation de Coubertin, 1988.

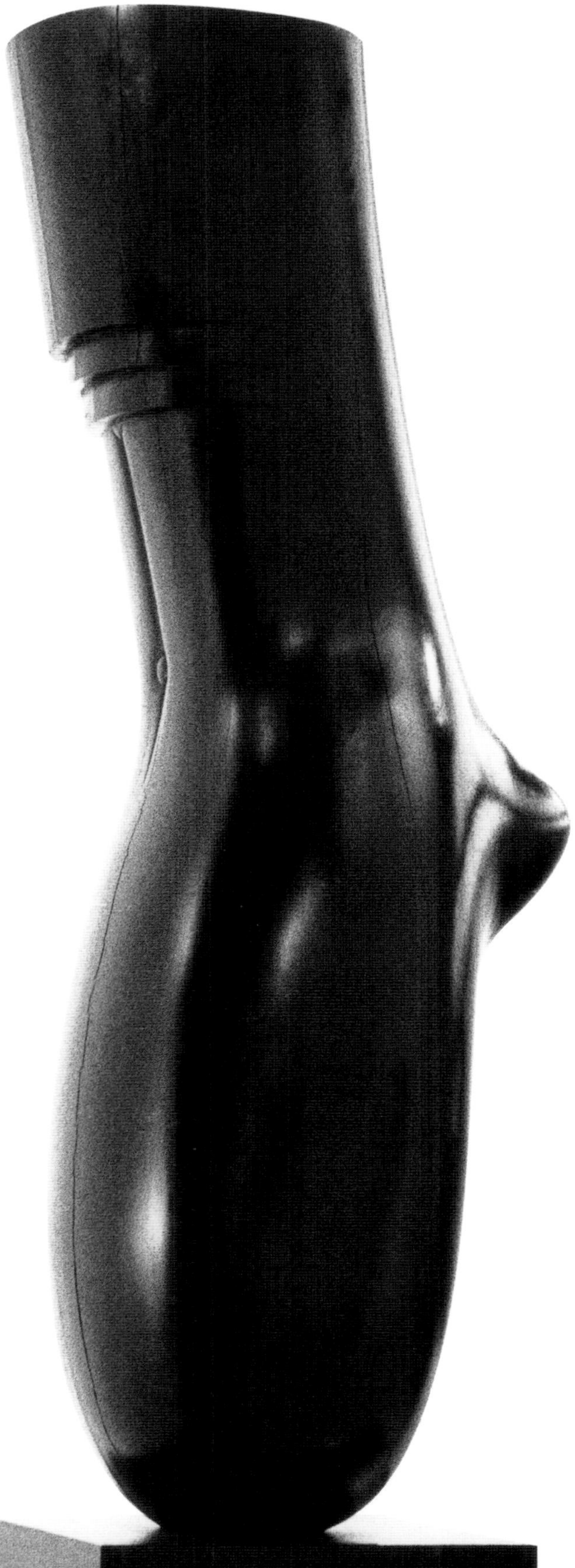

130

Espoir *ou* En route *ou* Torse

1951

Plâtre détruit.

Bronze.

21 × 20,5 × 13 cm.

Collection privée.

Un exemplaire non numéroté, fonte Valsuani, date indéterminée.

Expositions

« Begründer der Modernen Plastik » Kunsthaus, Zurich, novembre-décembre 1954; page 34 n°43 du catalogue.
« Cent sculpteurs de Daumier à nos jours » Saint-Étienne, musée d'Art Moderne et d'Industrie, 1960; reproduit page 80 fig. 33 du catalogue.
« 31e Biennale de Venise » juin-octobre 1962; page 172 n° 90 du catalogue.
« Chauvin, sculptures de 1924 à 1958 » Paris, galerie Artcurial, mars-avril 1990; reproduit pages 26 et 27 du catalogue.

Nota

Dans le catalogue de la Biennale de Venise (1962) cette sculpture est datée 1951; dans le catalogue de la galerie Artcurial (1990) elle est datée « vers 1943 ».

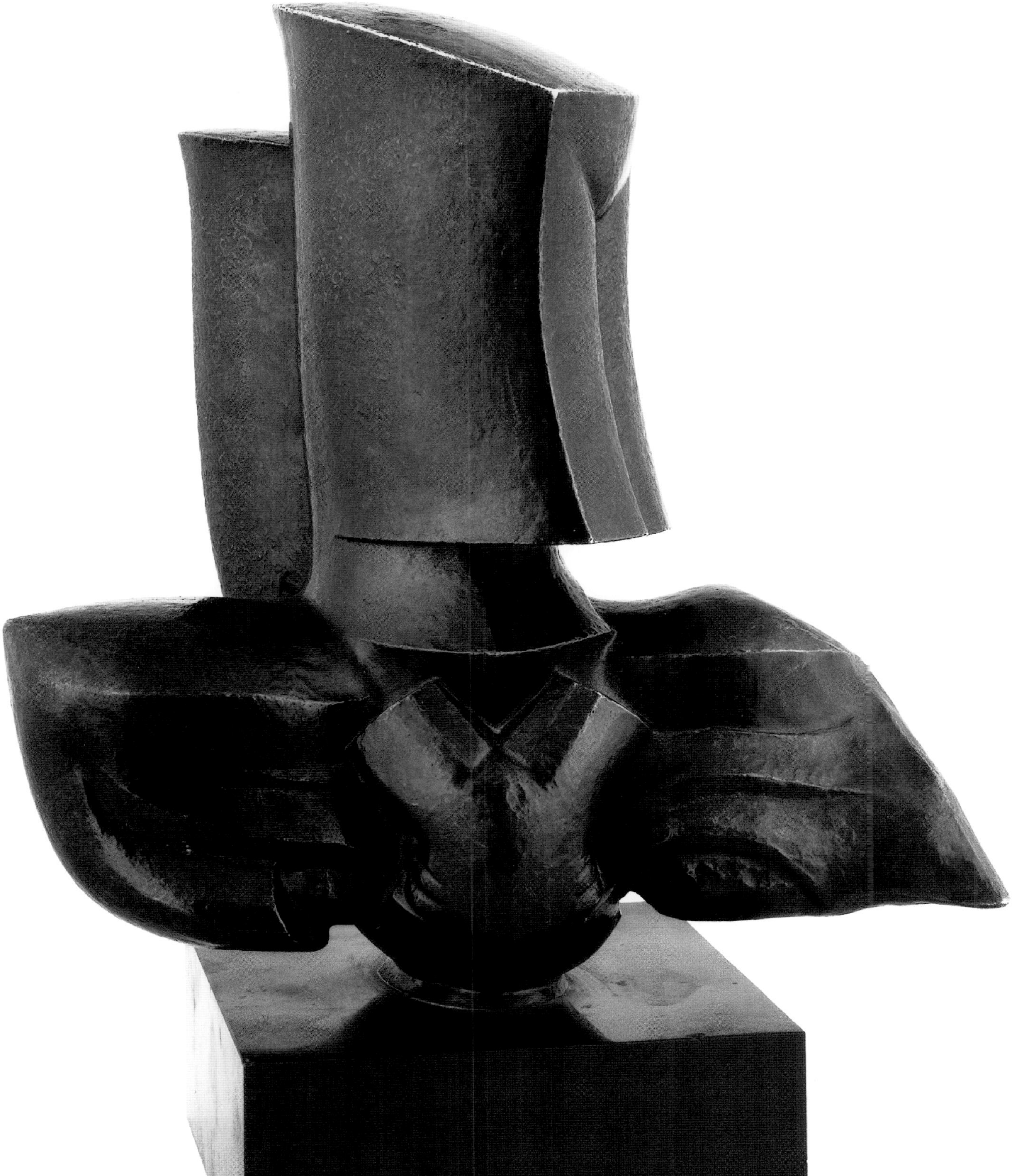

131 | # Rêverie au bord de la mer

1951

Plâtre. 34,4 × 40 × 21,7 cm; signé.
Collection privée.

Bronzes :

N° 0/3, fonte Valsuani, date indéterminée.

Historique

Achat à l'artiste par le Fonds National d'Art Contemporain en 1968; n° d'inventaire 9610.
En dépôt depuis le 15 mars 1984 : Musée des Beaux-Arts de Pau.
Aucune autre fonte portant la numérotation sur 3 exemplaires n'a été exécutée.

N° 1/5, fonte É. Godard, 1974.
Collection P.A.G. Paris.

Exposition

« Chauvin, sculptures » Paris, galerie l'Enseigne du Cerceau, octobre 1974; reproduit page 31 n° 25 du catalogue.

Bibliographie

Alain Bosquet « Chauvin, sculpteur de la pureté » dans Bicolor, novembre 1974; reproduit page 38.
Galerie Jardin des Arts, janvier 1975; reproduit page 30.

N° 2/5, fonte Coubertin, 1976.
Collection fondation I.G.W.T. Suisse.

N° 3/5, fonte Coubertin, 1988.
Collection privée.

Exposition

« Jean Chauvin » Mont-de-Marsan, musée Despiau-Wlérick, juin-septembre 1993.

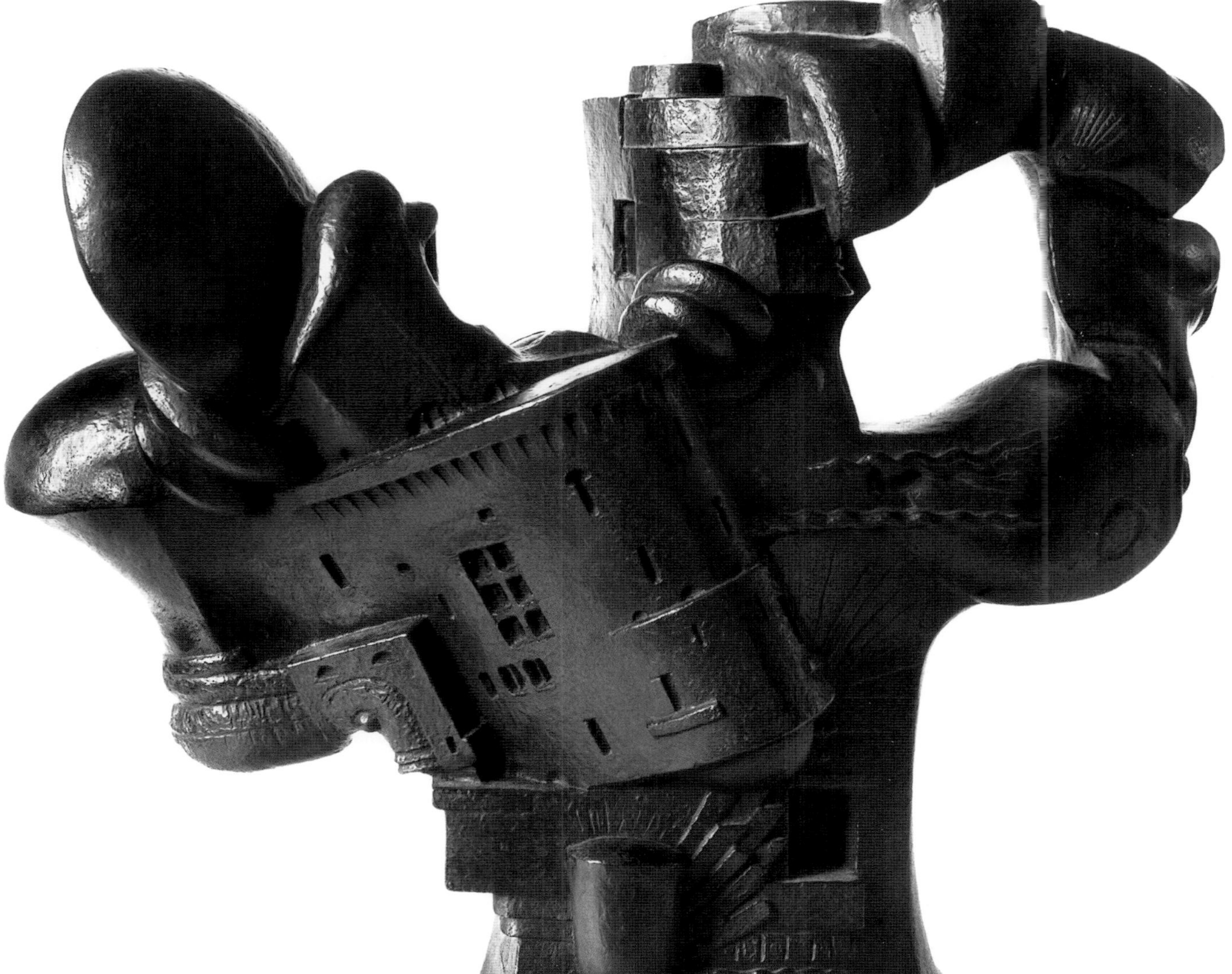

132

Menhir

1952

Bois de tilleul. 64 × 23 × 19 cm; signé.

Collection privée.

Expositions

« Chauvin » Paris, galerie de l'Élysée, novembre-décembre 1960.

« Chauvin, sculptures » Paris, galerie l'Enseigne du Cerceau, octobre 1974; reproduit page 32 n° 27 du catalogue.

Bibliographie

Christian Zervos « Chauvin » éditions « Les Cahiers d'Art », Paris 1960; reproduit page 76 n° 67.

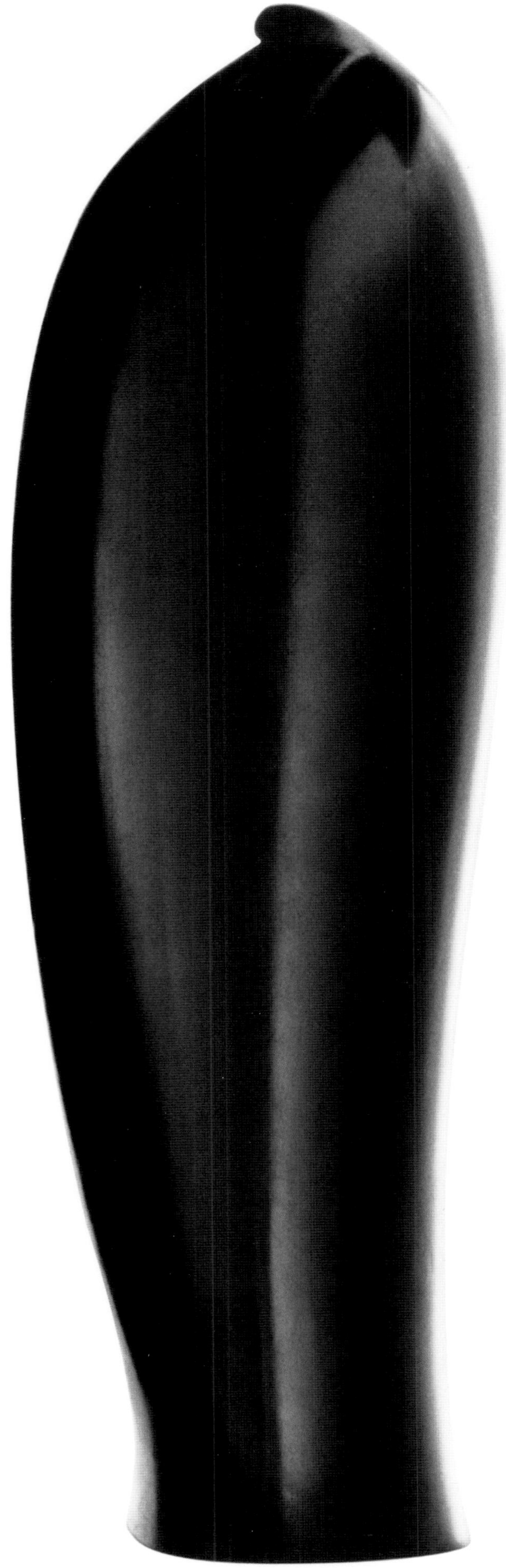

133 Tour du silence
1952

Plâtre. 42,3 × 16,4 × 15,1 cm; signé.
Collection privée.
Exposition
« 31e Biennale de Venise » juin-octobre 1962; page 172 n° 92 du catalogue.
Bibliographie
Christian Zervos « Chauvin » éditions « Les Cahiers d'Art », Paris 1960; reproduit page 75 n° 66.
Connaissance des Arts, novembre 1974; reproduit page 145.

Bronzes :
N° 1/5, fonte É. Godard, 1974.
Collection Teochita, New York.
Exposition
« Chauvin, sculptures » Paris, galerie l'Enseigne du Cerceau, octobre 1974; reproduit page 32 n° 28 du catalogue.

N° 3/5, fonte Coubertin, 1977.
Collection Monsieur et Madame A. Poliakoff, Paris.

N° 4/5, fonte Coubertin, 1990.
Collection fondation I.G.W.T. Suisse.
Exposition
« Jean Chauvin » Saint-Rémy-lès-Chevreuse, Fondation de Coubertin, septembre-novembre 1992; reproduit page 37 fig. 20 du catalogue.

N° EA1/2, fonte Coubertin, 1988.
Collection privée, Paris.
Expositions
« Jean Chauvin, sculptures » Paris, galerie Art et Patrimoine, septembre-octobre 1992.
« Jean Chauvin » Mont-de-Marsan, musée Despiau-Wlérick, juin-septembre 1993.
Bibliographie
Odile Crespy « Chauvin, un étrange mystère » dans Arts Actualités Magazine; juin 1993 n° 36, reproduit.
Thierry Gironde « Chauvin s'expose » dans Atlantica Euromagazine, juin 1993 reproduit.

Plâtre agrandissement.
83,5 × 36 × 30,4 cm; signé.
Collection privée.

Bronze :
N° AI/V, fonte É. Godard, 1993.
Collection privée, Paris.

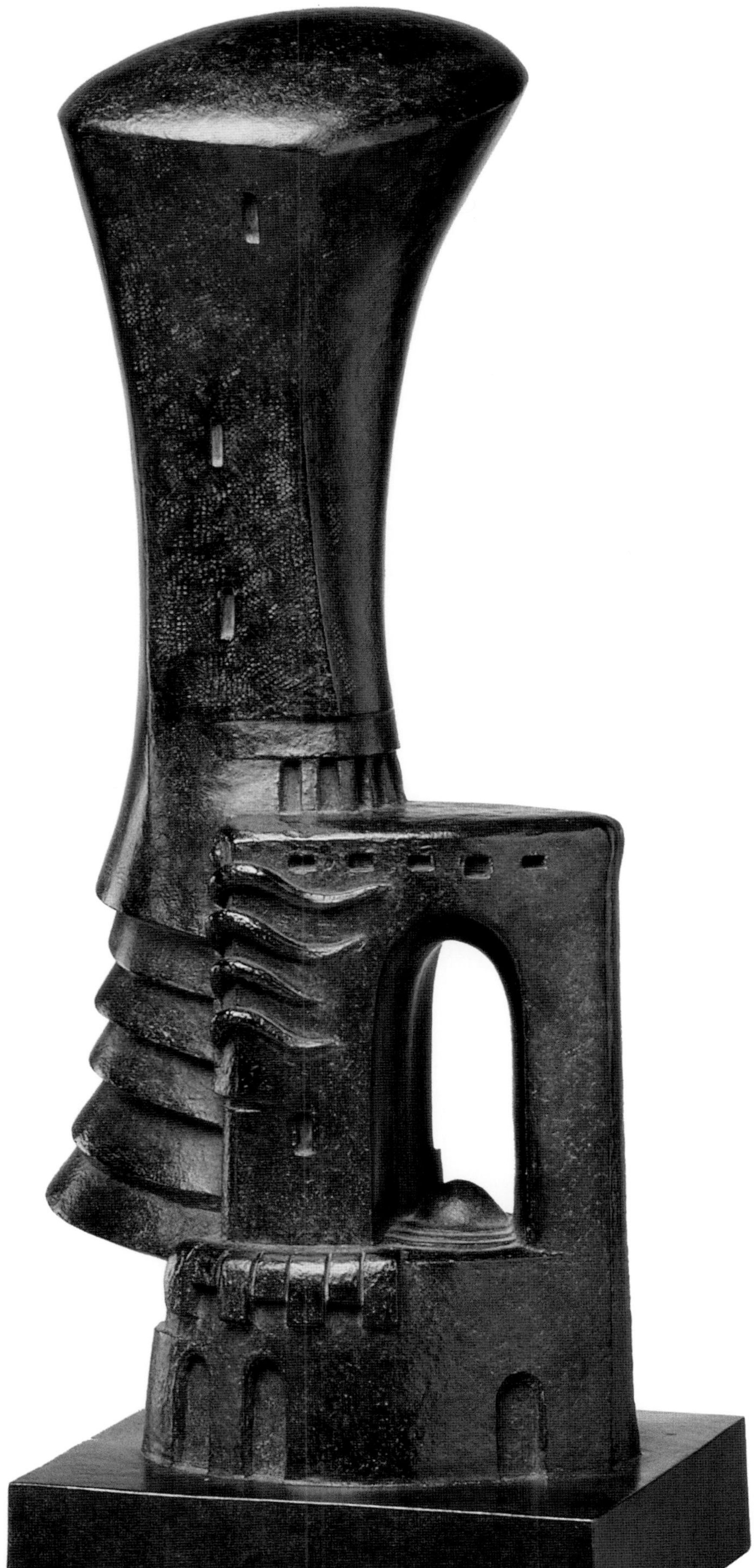

134

Château en Espagne

1952

Plâtre. 44 × 26,5 cm; signé.
Collection privée.
Exposition
« 31e Biennale de Venise » juin-octobre 1962; page 172 n° 88 du catalogue.
Nota
Dans le catalogue de la biennale de Venise, cette sculpture est datée de 1950.

Bronzes :

N° 1/5, fonte É. Godard, 1974.
Collection privée.
Exposition
« Chauvin, sculptures » Paris, galerie l'Enseigne du Cerceau, octobre 1974; reproduit page 34 n° 29 du catalogue.

N° 4/5, fonte Coubertin, 1992.
Collection fondation I.G.W.T. Suisse.

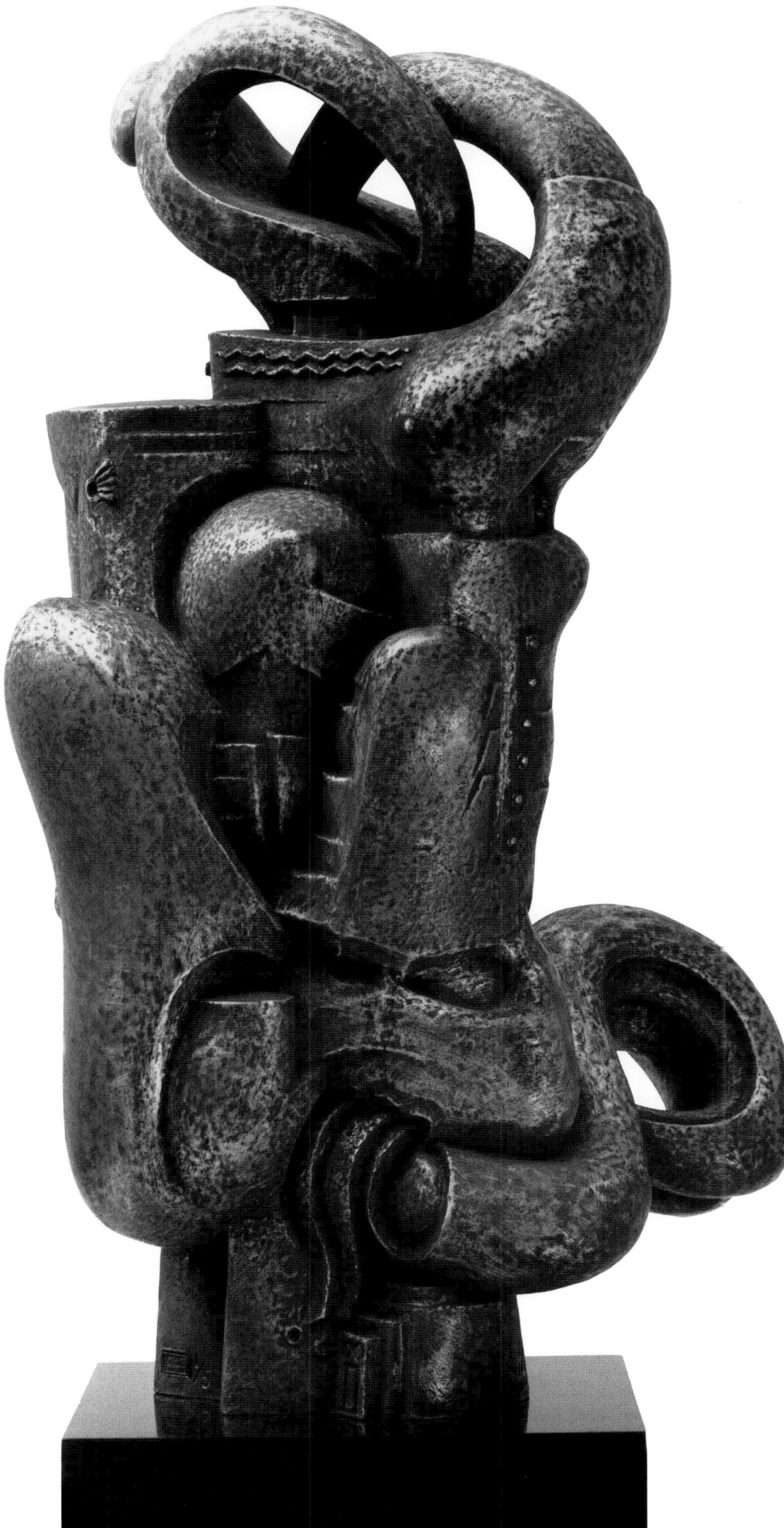

135 | # Sans titre
circa 1953

Bois, loupe de thuya. Localisation et dimensions inconnues.
Les seuls éléments en notre possession sont des photographies prisent par Chauvin.

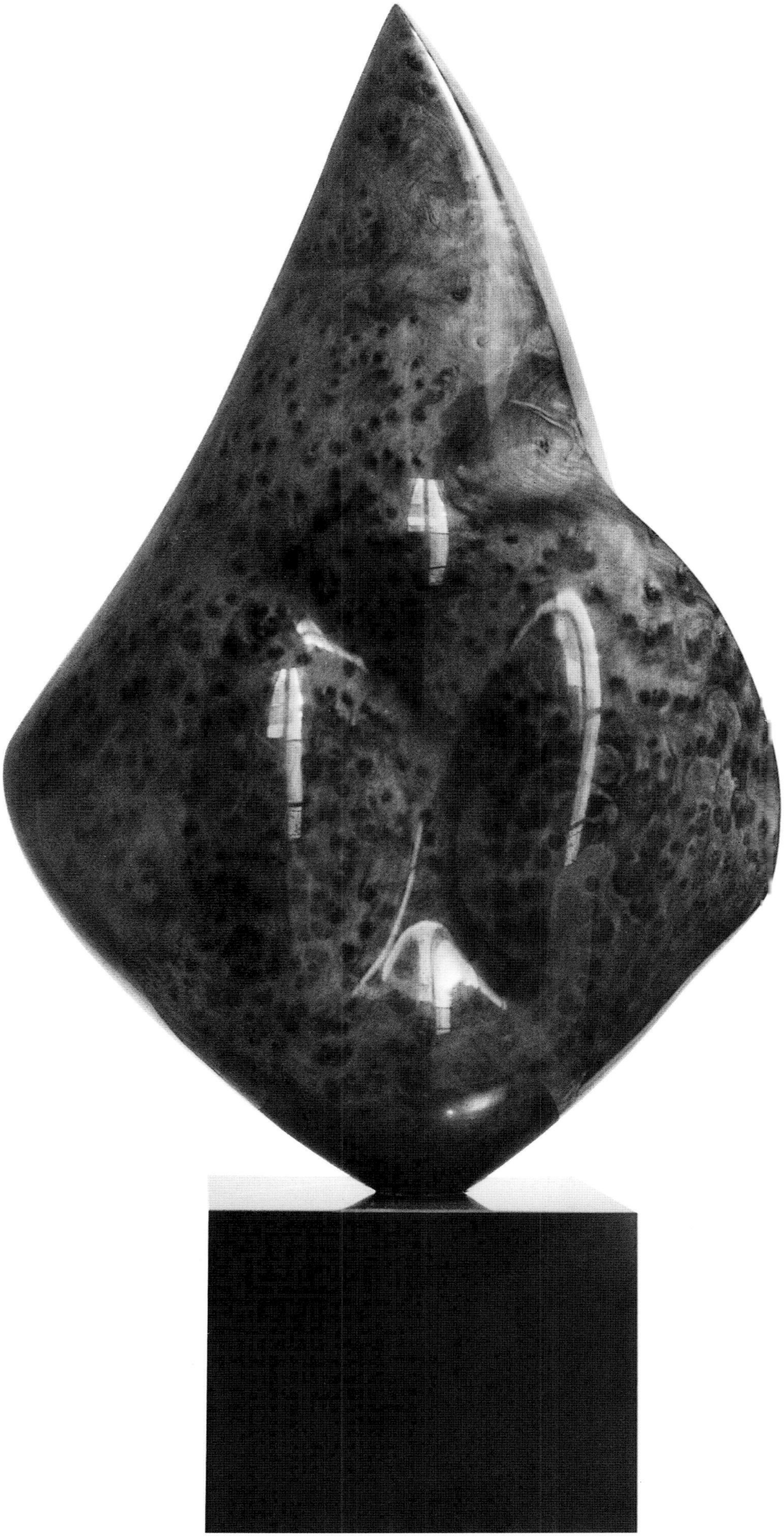

Hirondelle

1953

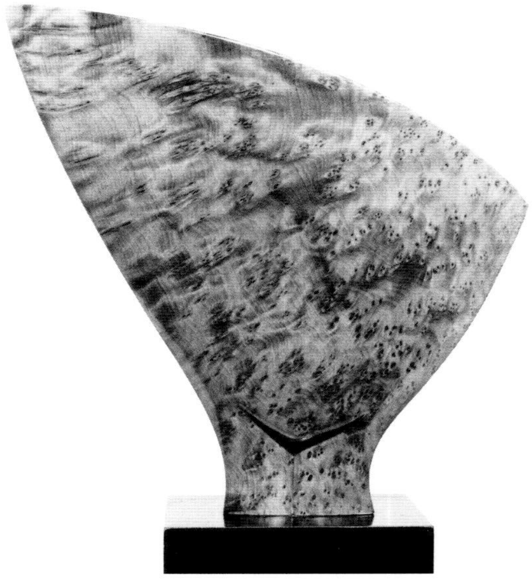

Plâtre. 17,2 × 17,4 × 11,3 cm; signé.
Collection privée.

Bois, loupe de thuya.
17,2 × 17,4 × 11,3 cm; signé.
Collection fondation I.G.W.T. Suisse.
Exposition
« Chauvin » Paris, galerie de l'Élysée, novembre-décembre 1960.
Bibliographie
Christian Zervos « Chauvin » éditions les Cahiers d'Art, Paris 1960; reproduit pages 78 et 79 n°s 69 et 70.

Bronzes :
N° 2/5, fonte Coubertin, 1977.
Collection fondation I.G.W.T. Suisse.

N° 3/5, fonte Coubertin, 1992.
Collection P.A.G. Paris.
Exposition
« Jean Chauvin » Mont-de-Marsan, musée Despiau-Wlérick, juin-septembre 1993.

N° 4/5, fonte Coubertin, 1981.
Collection privée.

N° 5/5, fonte Coubertin, 2006.
Collection privée.

Plâtre agrandissement. H : 68 cm. signé.
Collection privée.

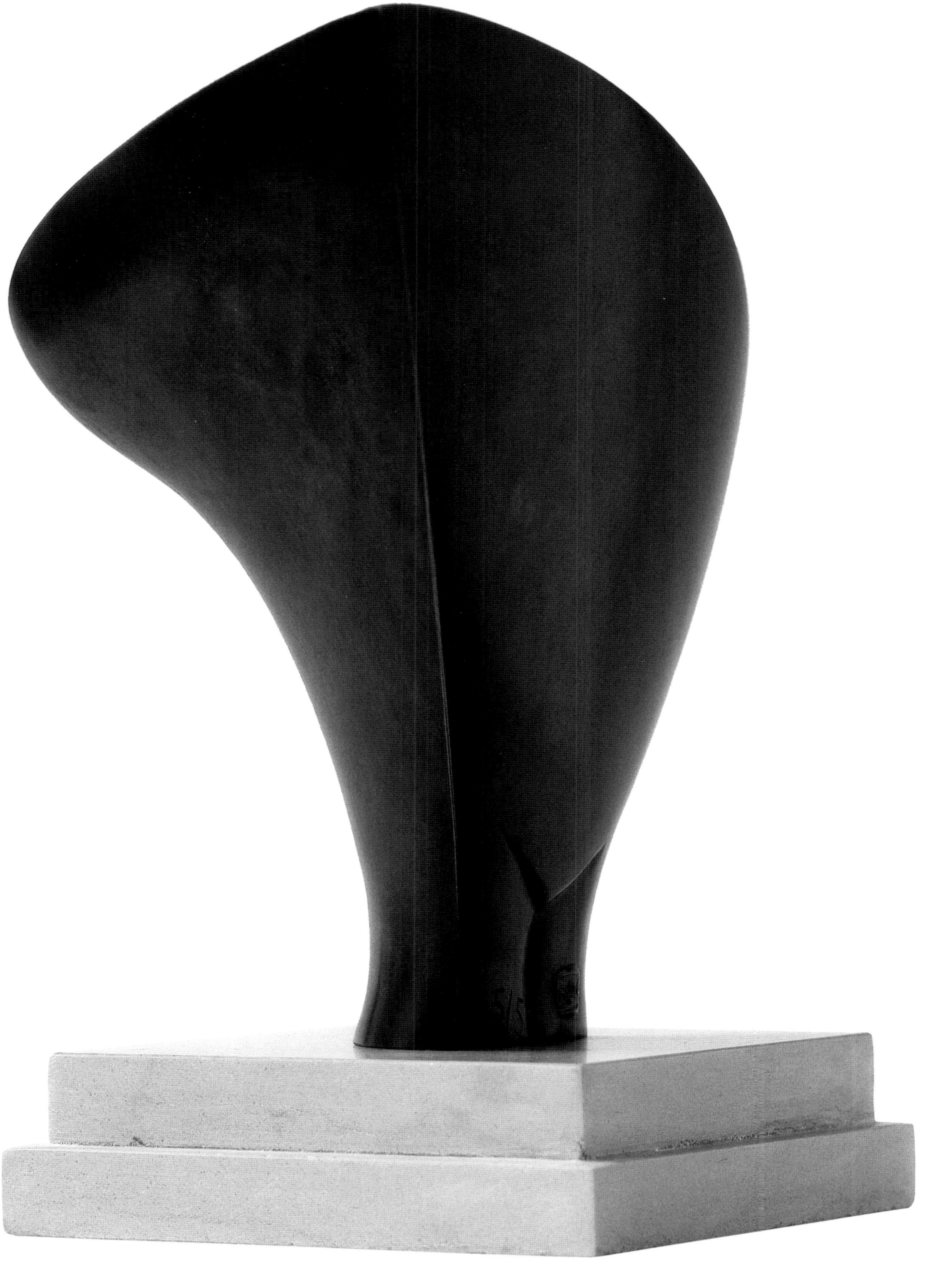

137

Recueillement

1953

Bois de Cuba. 80 × 16 × 16 cm; signé.

Collection I.G.W.T., Suisse.

Exposition

« Chauvin » Paris, galerie de l'Élysée, novembre-décembre 1960.

Bibliographie

Christian Zervos « Chauvin » éditions « Les Cahiers d'Art », Paris 1960; reproduit page 80 n° 71 et 72.

Nota

Nous avons connaissance d'une version identique en bois laqué.

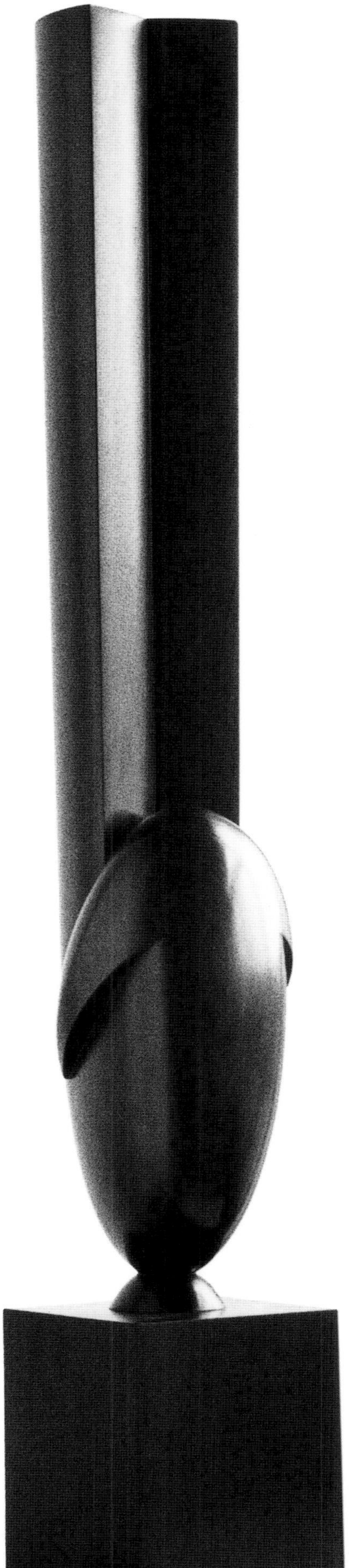

138

Pierre qui lève

1954

Bois de chêne teinté noir. H : 40 cm; signé.

Collection privée.

Exposition

« Chauvin » Paris, galerie de l'Élysée, 1960, novembre-décembre 1960.

Bibliographie

Christian Zervos, « Chauvin » éditions « Les Cahiers d'Art », Paris 1960; reproduit page 83 n° 75.

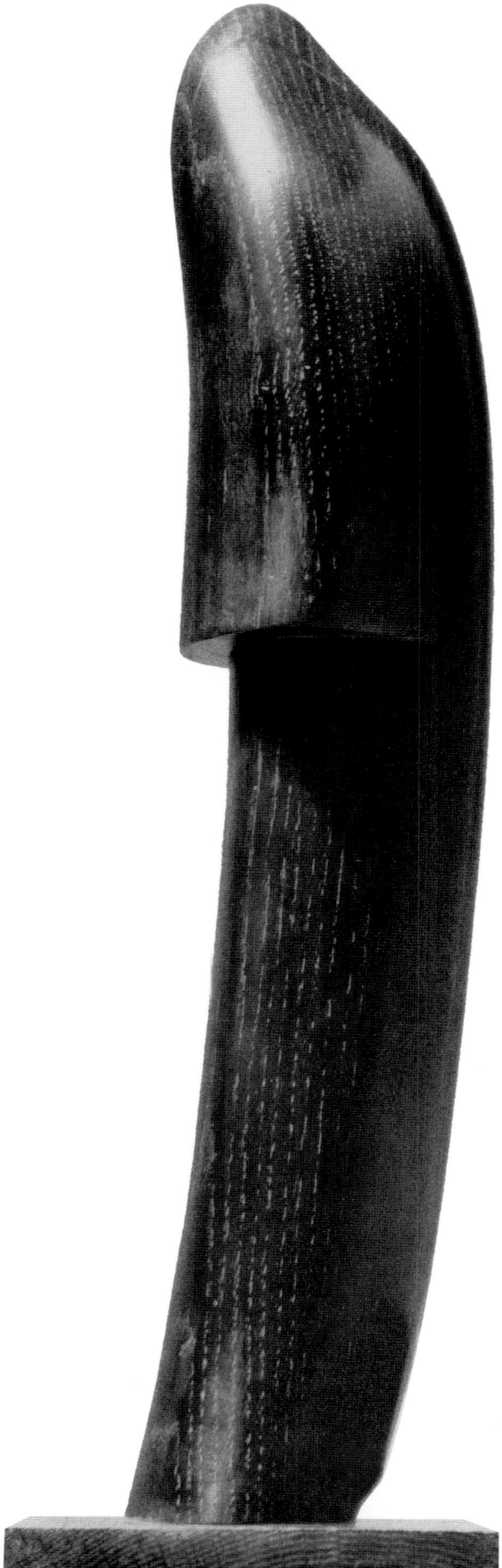

139

Cygne
1954

Bois de Maï Dou. 99 x 15,2 10,3 cm. Signé.

Collection privée.

EXPOSITIONS

« Chauvin » Paris, galerie de l'Élysée, novembre-décembre 1960.

« 31e Biennale de Venise » juin-octobre 1962 ; page 172 n° 95 du catalogue.

« Chauvin, sculptures de 1924 à 1958 » Paris, galerie Artcurial, mars-avril 1990 ; reproduit page 40 du catalogue.

BIBLIOGRAPHIE

Christian Zervos « Chauvin » éditions « Les Cahiers d'Art », Paris 1960 ; reproduit page 81 n° 73.

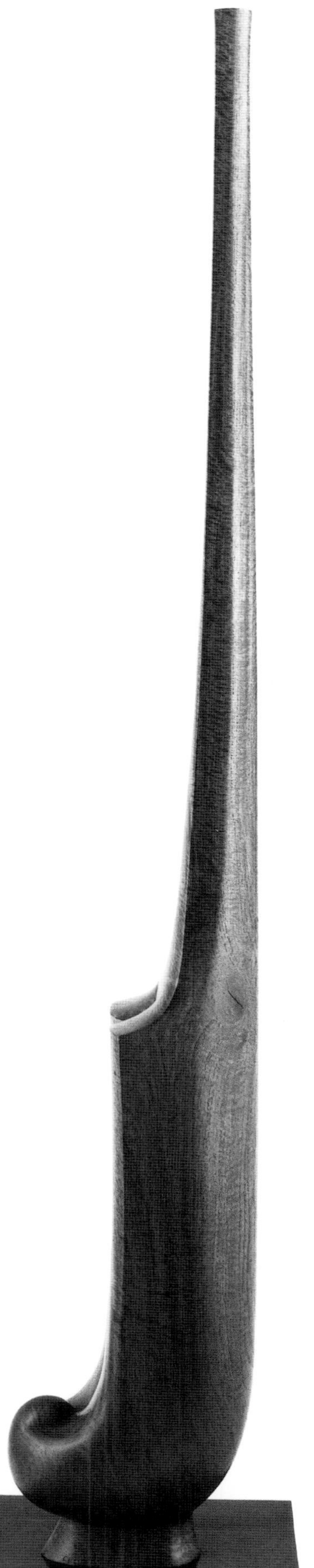

140

La puce

1954

Bois de Noyer. Dimensions non communiquées.

Collection privée.

Expositions

« Chauvin » Paris, galerie de l'Élysée, novembre-décembre 1960.

« 31e Biennale de Venise » juin-octobre 1962 ; page 173 n° 97 du catalogue.

Bibliographie

Christian Zervos « Chauvin » éditions « Les Cahiers d'Art », Paris 1960 ; reproduit page 85 n° 77.

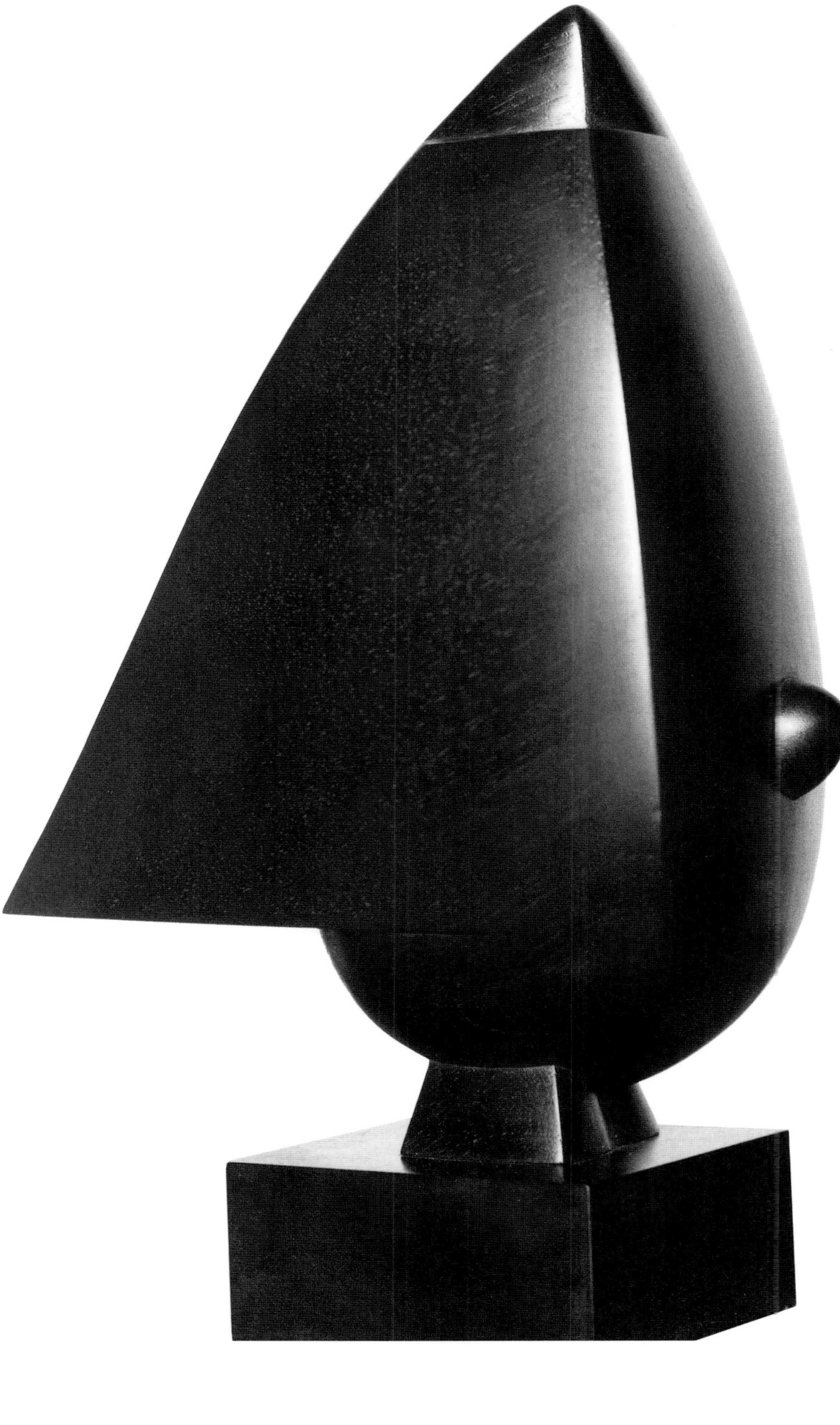

141

Chrysalide

1954

Bois. 61,5 × 13,5 × 13,2 cm; signé.

Collection privée.

Expositions

« Chauvin » Paris, galerie de l'Élysée, novembre-décembre 1960.

« 31e Biennale de Venise » juin-octobre 1962; page 173 n° 96 du catalogue.

« Chauvin, sculptures de 1924 à 1958 » Paris, galerie Artcurial, mars-avril 1990; reproduit page 41 du catalogue.

Bibliographie

Christian Zervos « Chauvin » éditions « Les Cahiers d'Art », Paris 1960; reproduit page 82 n° 74.

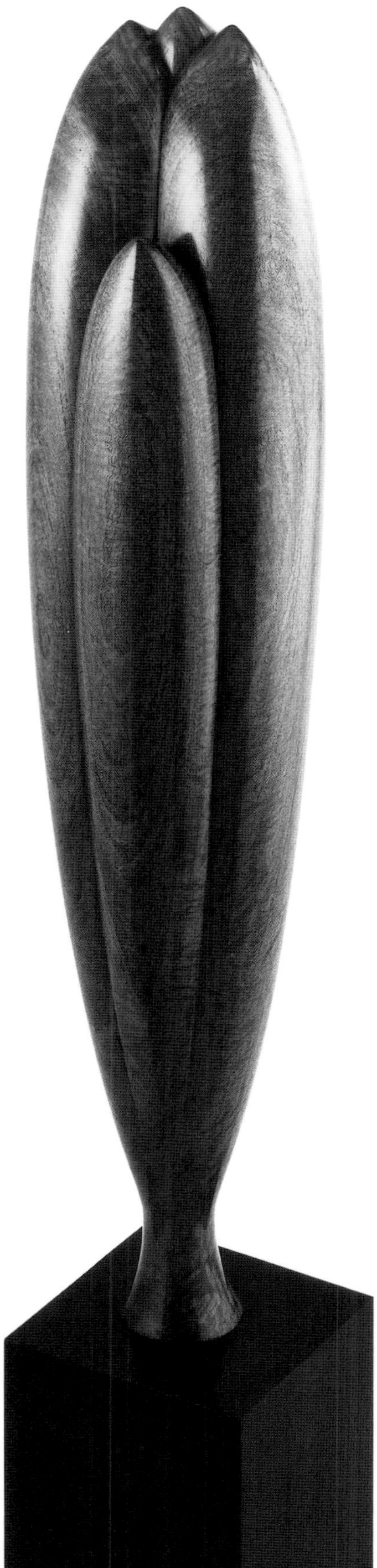

142

Port des barques

circa 1955

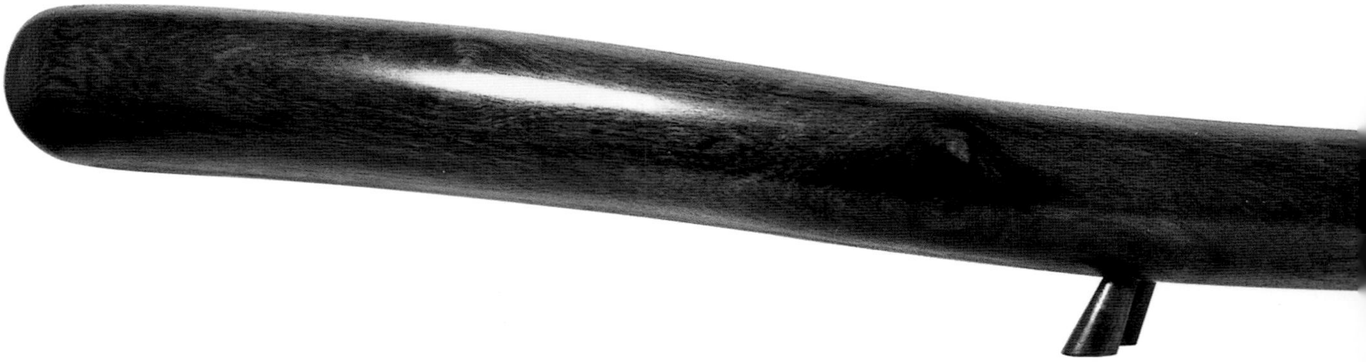

Bois. L : 162 cm; non signé.

Collection privée.

Expositions

«Jean Chauvin» Saint-Rémy-Lès-Chevreuse, Fondation de Coubertin, septembre-novembre 1992, page 68 n° 33 du catalogue, non reproduit.

«Jean Chauvin», Mont-de-Marsan, musée Despiau-Wlérick, juin-septembre 1993.

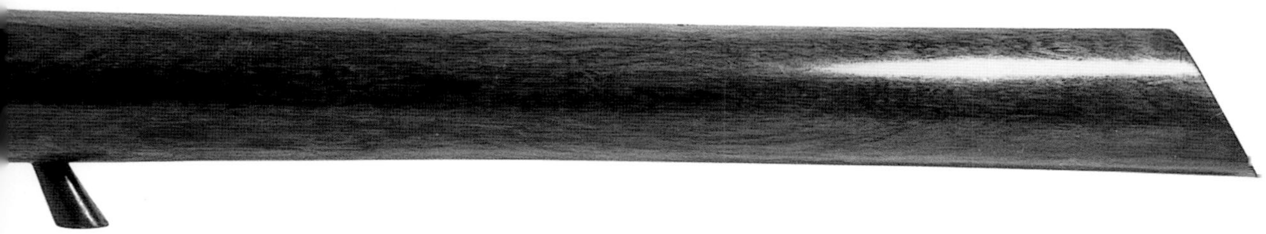

143
Les orgues de la nuit
1955

Plâtre. 50 × 31 × 22 cm ; signé.
Collection privée.

Exposition

« 31e Biennale de Venise » juin-octobre 1962 ; page 172 n° 93 du catalogue.

Nota

Dans ce catalogue, cette sculpture est datée de 1953.

Bronze :
N° 1/5, fonte É. Godard, 1974.
Collection fondation I.G.W.T. Suisse.

Exposition

« Chauvin, sculptures » Paris, galerie l'Enseigne du Cerceau, octobre 1974 ; reproduit page 35 n° 30 du catalogue.

Bibliographie

Philippe Garner « Jean Chauvin » dans The Connoisseur, juin 1980 ; reproduit page 97.

Plâtre agrandissement. H : 100 cm. Signé.
Collection privée.

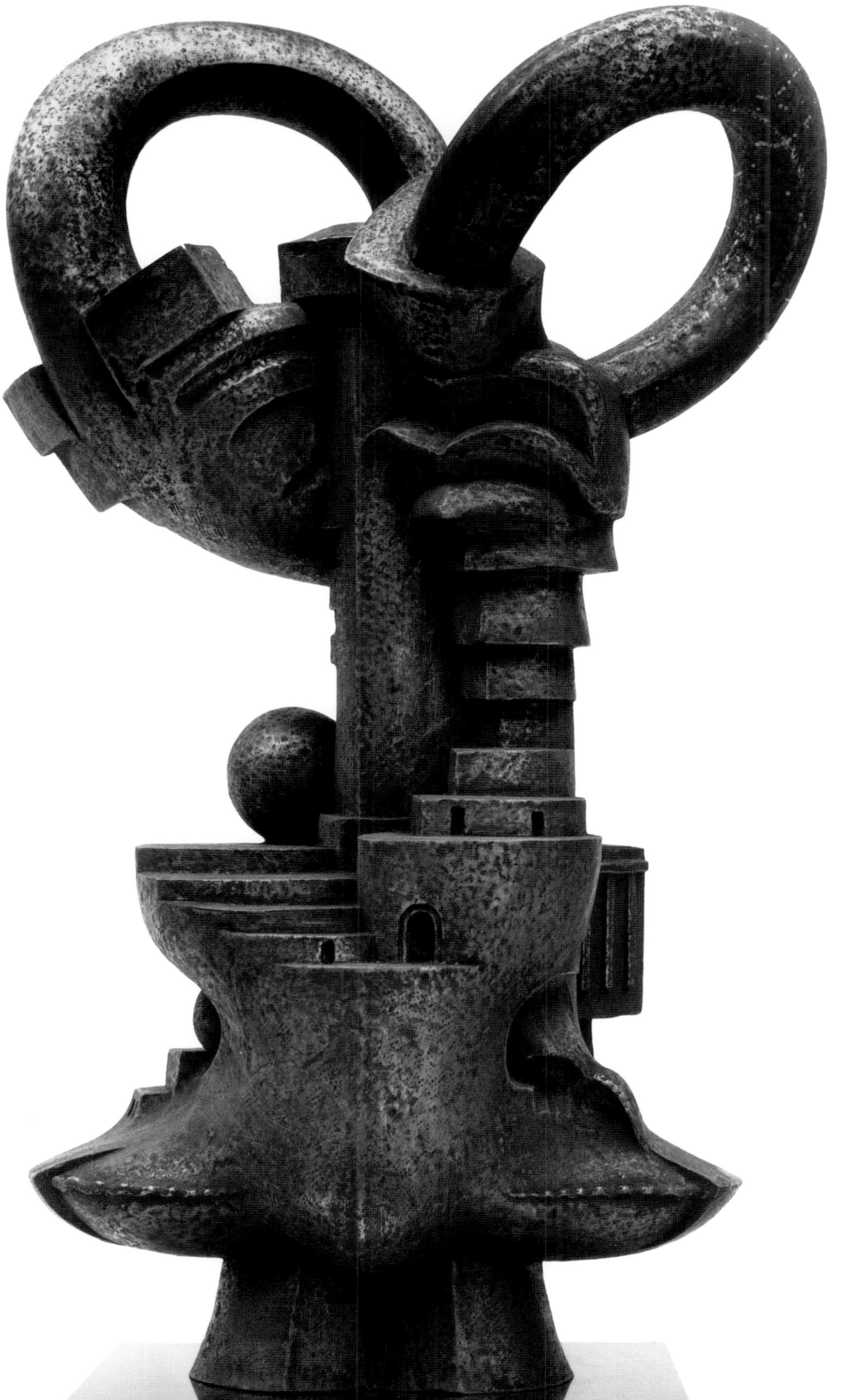

144

Foc
1955

Bois. 64 × 28 × 14 cm; signé.
Collection Musée d'Art Moderne de la ville de Paris.

Expositions

«Chauvin», Paris, galerie de l'Élysée, novembre-décembre 1960.
«31e Biennale de Venise»; n° 100 page 173 du catalogue, reproduit au n° 136.
«Hommage au fondateur de XXe siècle, San Lazzaro et ses amis» Paris, musée d'Art Moderne de la ville, novembre 1975
«Jean Chauvin» Saint-Rémy-lès-Chevreuse, Fondation de Coubertin, septembre-novembre 1992; reproduit page 69 n° 37 du catalogue.
«Jean Chauvin» Mont-de-Marsan, musée Despiau-Wlérick, juin-septembre 1993.

Bibliographie

Christian Zervos «Chauvin» éditions «Les Cahiers d'Art», Paris 1960; reproduit page 86 au n° 78.

Historique

Achat par le musée d'Art Moderne de la ville de Paris à la galerie de l'Élysée en 1973; n° d'inventaire AMS 488.

Nota

Au catalogue de la biennale de Venise cette sculpture est indiquée par erreur comme faisant partie de la collection HIrshhorn.

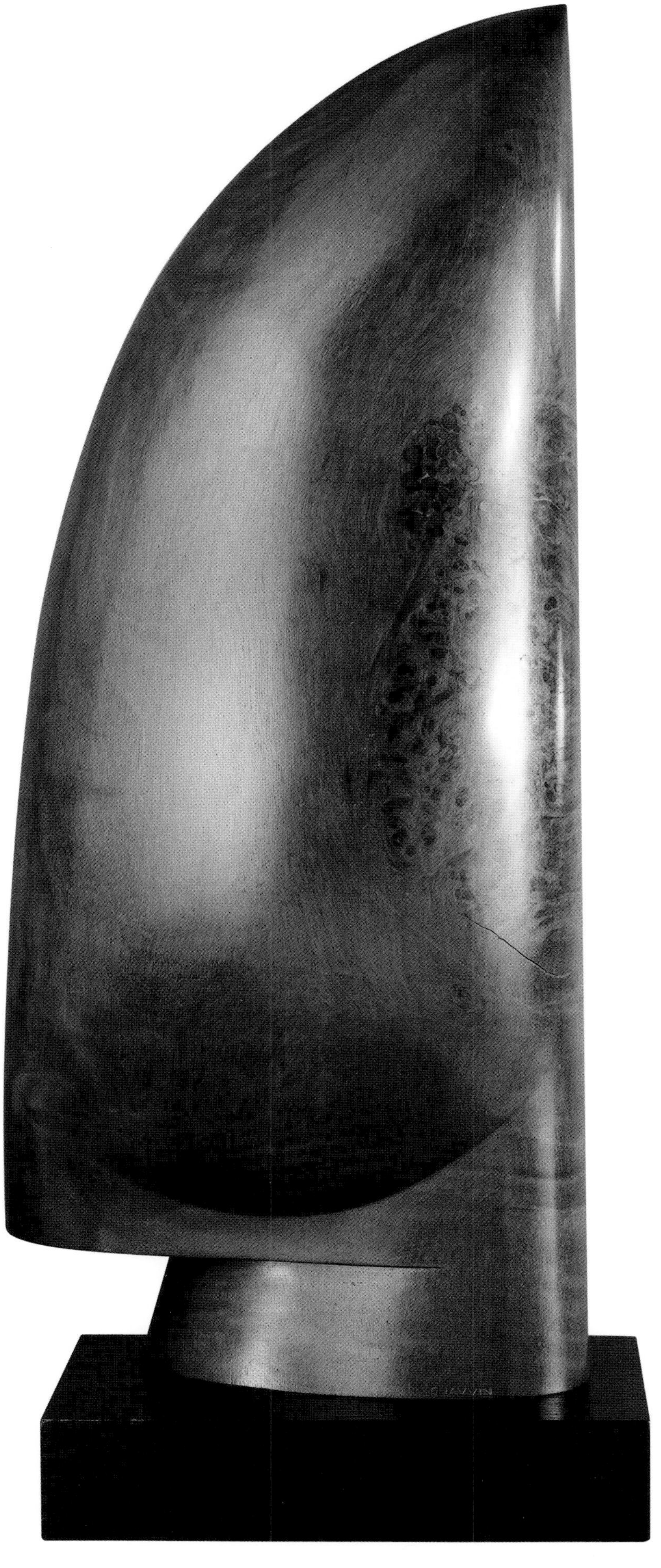

145 Barbara
1955

Bois de péroba. 51,5 × 19 × 9 cm; signé.

Collection privée, Paris.

Expositions

« Chauvin » Paris, galerie de l'Élysée, novembre-décembre 1960.

« 31e Biennale de Venise » juin-octobre 1962; page 173 n° 98 du catalogue.

« Chauvin, sculptures de 1924 à 1958 » Paris, galerie Artcurial, mars-avril 1990; reproduit page 42 du catalogue.

Bibliographie

Christian Zervos « Chauvin » éditions « Les Cahiers d'Art », Paris 1960; reproduit page 84, n° 76.

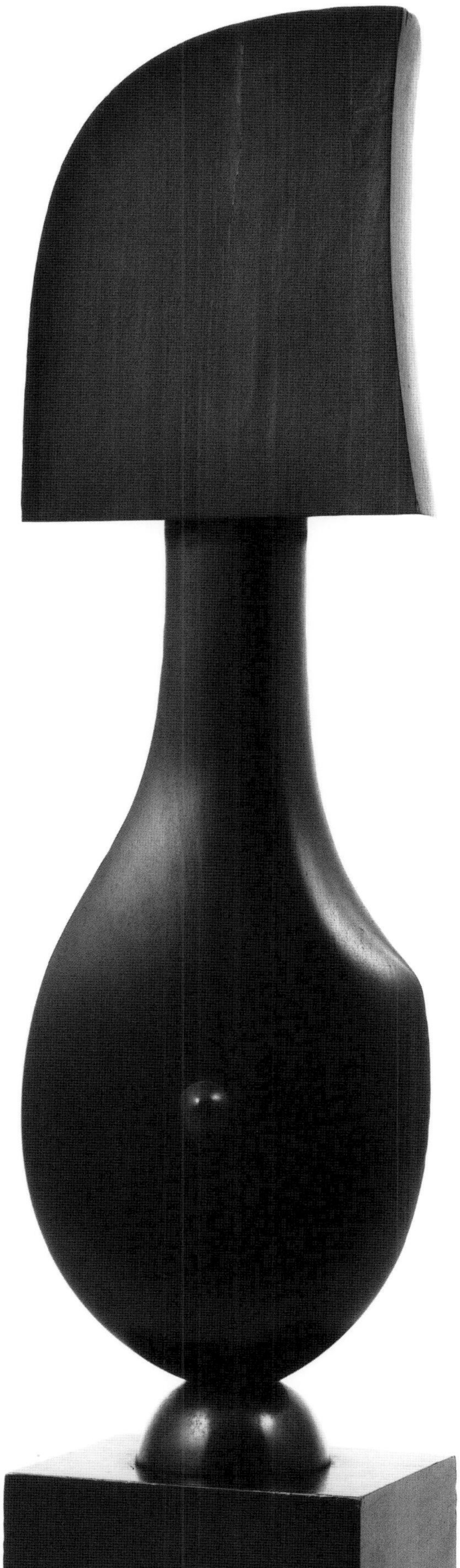

146

Faucon

1955

Bois. 81,5 × 14,8 × 14,5 cm ; signé.

Collection privée, Paris.

Expositions

« Chauvin » Paris, galerie de l'Élysée, novembre-décembre 1960.

« 31e Biennale de Venise » juin-octobre 1962 ; page 173 n° 99 du catalogue.

« Hommage au fondateur de xxe siècle, San Lazzaro et ses amis » Paris, musée d'Art Moderne de la ville, novembre 1975.

« Chauvin, sculptures de 1924 à 1958 » Paris, galerie Artcurial, mars-avril 1990 ; reproduit page 43 du catalogue.

Bibliographie

Christian Zervos « Chauvin » éditions « Les Cahiers d'Art », Paris 1960 ; reproduit page 87 au n° 79.

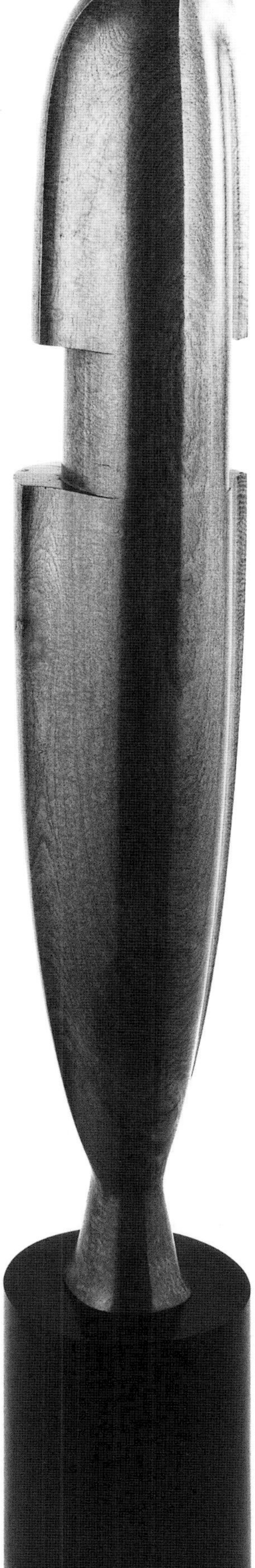

147

Le cygne s'envole dans ses ailes
1956

Plâtre. 56 × 31,6 × 31,5 cm. Signé.
Collection privée.

Bronzes :

N° 3/5, fonte Coubertin, 1981.
Collection privée.

Exposition
« Sculpture du XXe siècle » Pontoise, musée Tavet, avril-mai 1985.

N° 4/5, fonte Coubertin, 1981.
Collection fondation I.G.W.T. Suisse.

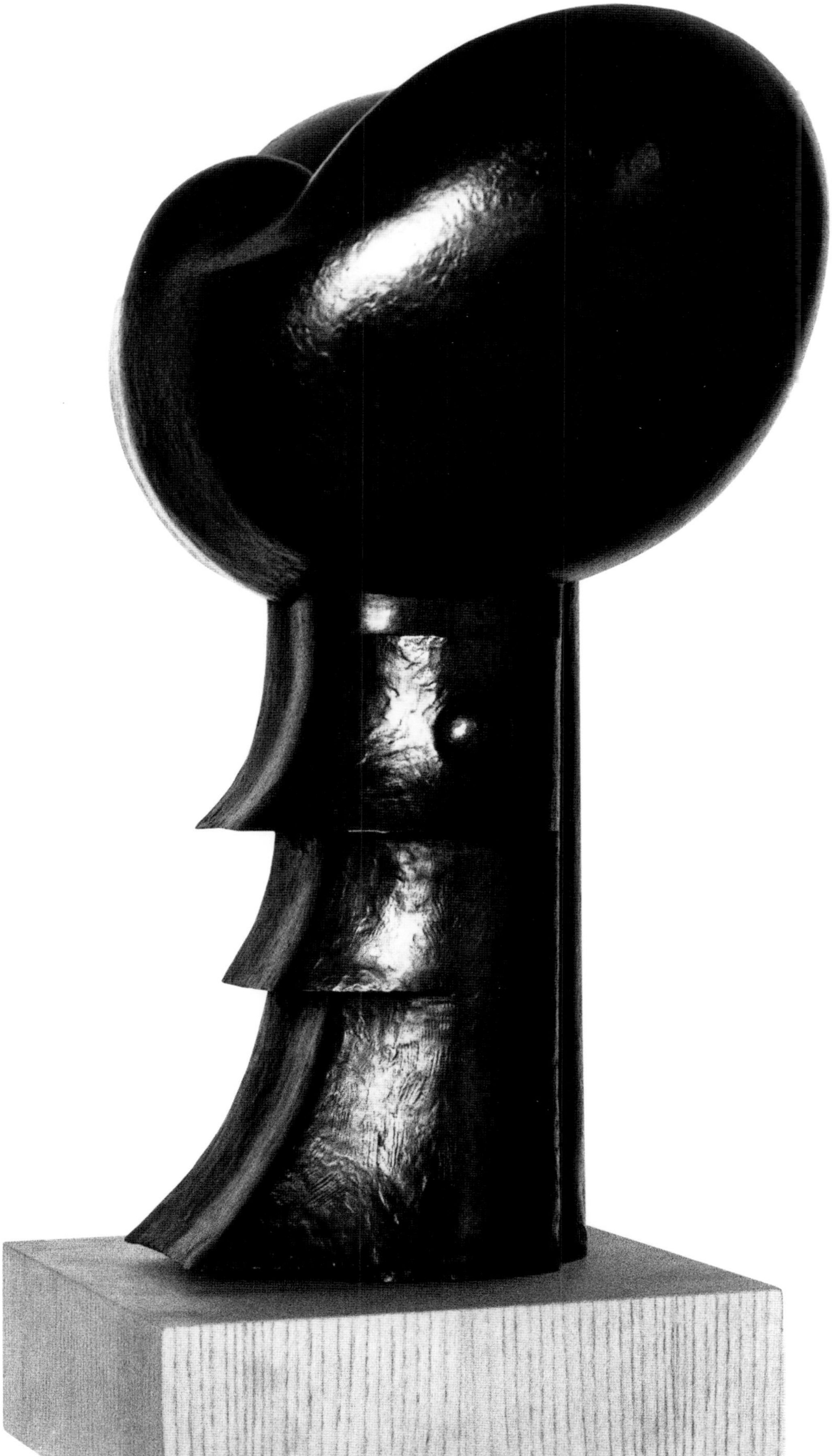

148

Orchidée

1956

Plâtre. 32 (avec socle) × 14,5 × 11,8 cm; signé.
Collection privée.

Bois de Maï Dou. H : 37 cm hors socle, signé.
Collection F. Ducourtial, Paris.
Exposition
« Chauvin » Paris, galerie de l'Élysée, novembre-décembre 1960.
Bibliographie
Christian Zervos « Chauvin » éditions « Les Cahiers d'Art », Paris 1960; reproduit page 88 n° 80 du catalogue.

Bronzes :

N° 1/5, fonte Coubertin, 1988.
Collection privée.

N° 2/5, fonte Coubertin, 1980.
Collection fondation I.G.W.T. Suisse.

Plâtre, agrandissement. H : 110 cm; signé.
Collection privée.

Bronze :

N° AI/V, fonte É. Godard, 1992.
Collection privée, Paris.

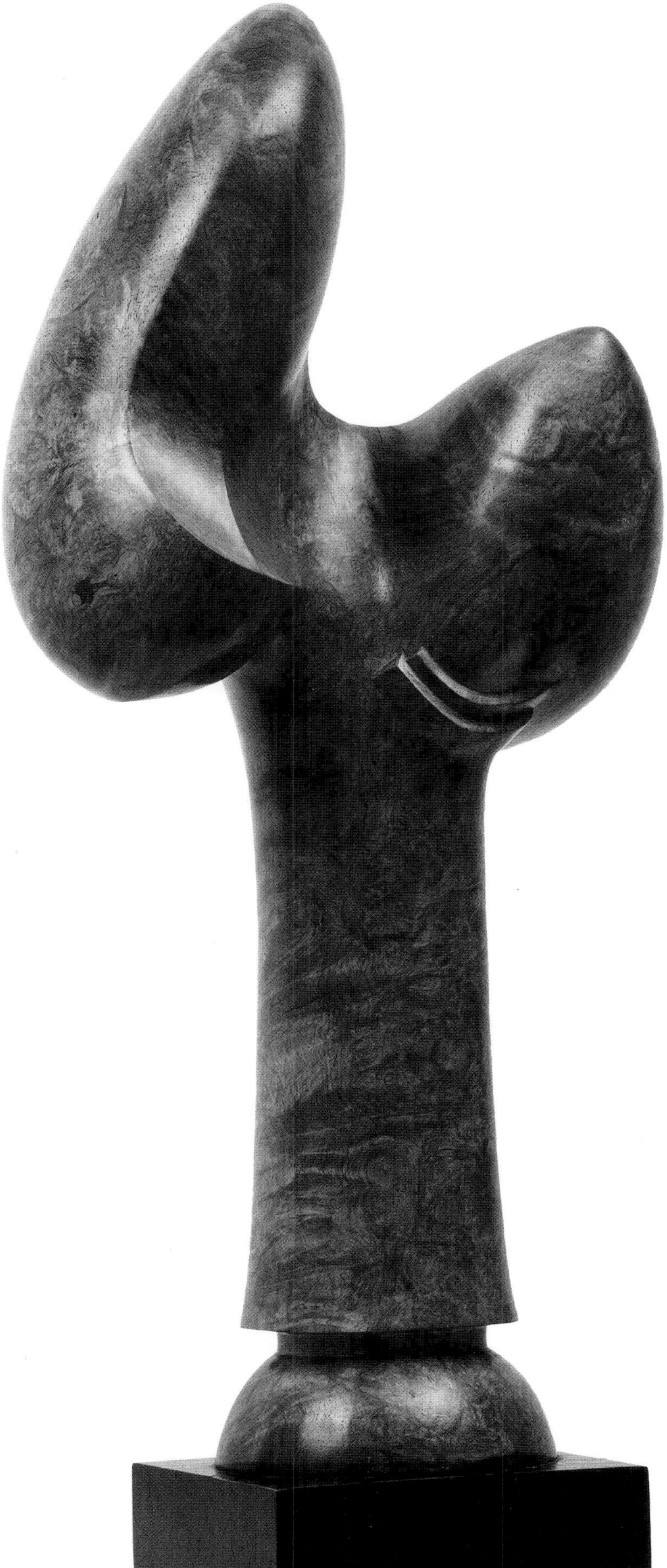

149 | # Écoute

1957

Bois de Maï Dou. H : 53 cm; signé.

Collection privée.

Exposition

« Chauvin » Paris, galerie de l'Élysée, novembre-décembre 1960.

Bibliographie

Christian Zervos « Chauvin » éditions « Les Cahiers d'Art », Paris 1960; reproduit page 90 n° 82.

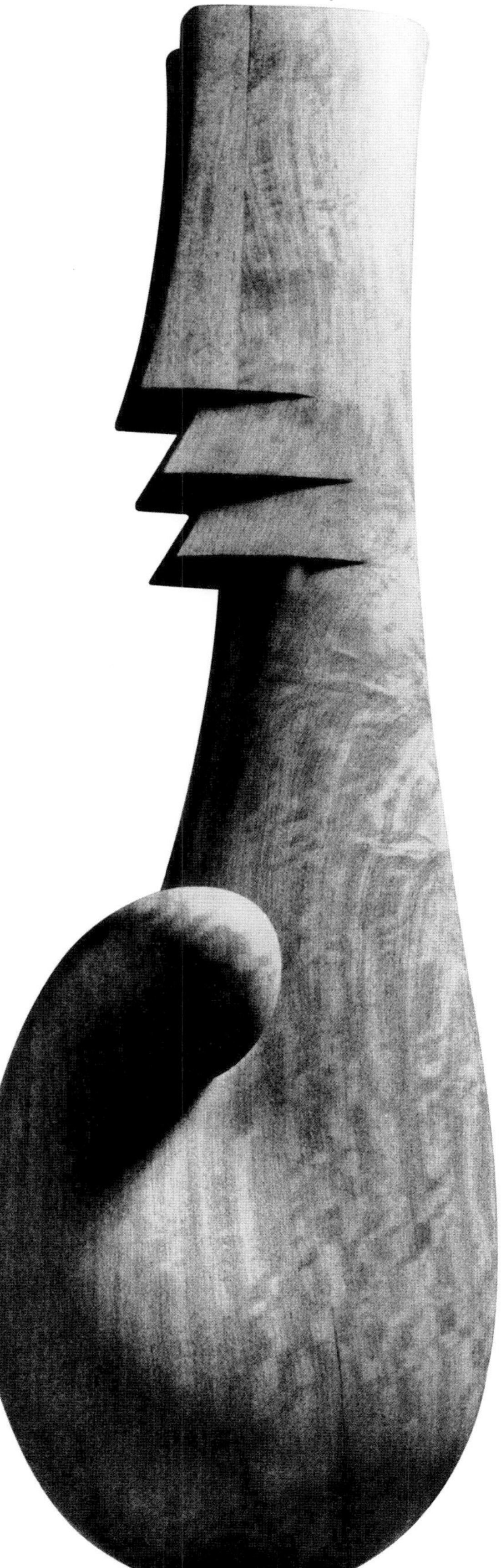

150

Torche

1957

Bois de Maï Dou. H : 71 cm; signé.

Collection privée.

Exposition

« Chauvin » Paris, galerie de l'Élysée, novembre-décembre 1960.

Bibliographie

Christian Zervos « Chauvin » éditions « Les Cahiers d'Art », Paris 1960; reproduit page 89 n° 81.

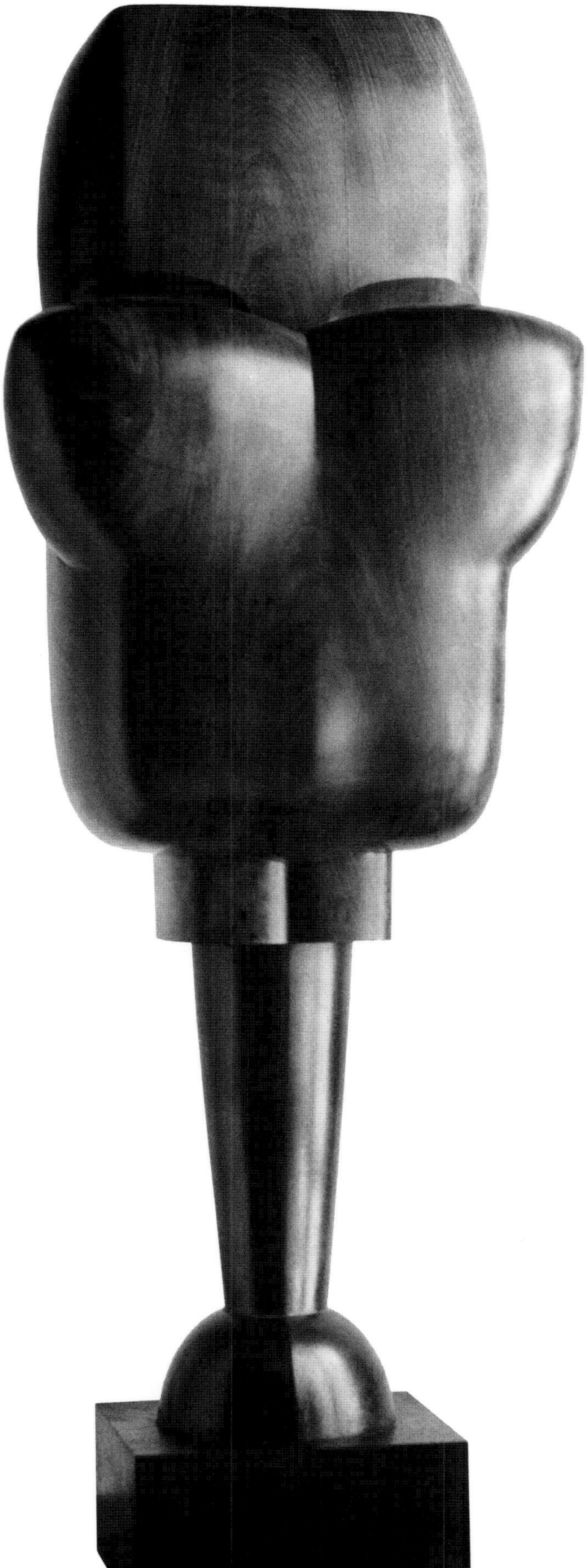

151 # La poule aux œufs d'or

1957

Bois. H : 40 cm; signé.

Collection privée.

Expositions

« Chauvin » Paris, galerie de l'Élysée, novembre-décembre 1960.

« 31e Biennale de Venise » juin-octobre 1962; page 173 n° 101 du catalogue.

Bibliographie

Christian Zervos « Chauvin » éditions « Les Cahiers d'Art », Paris 1960; reproduit page 91 n° 83.

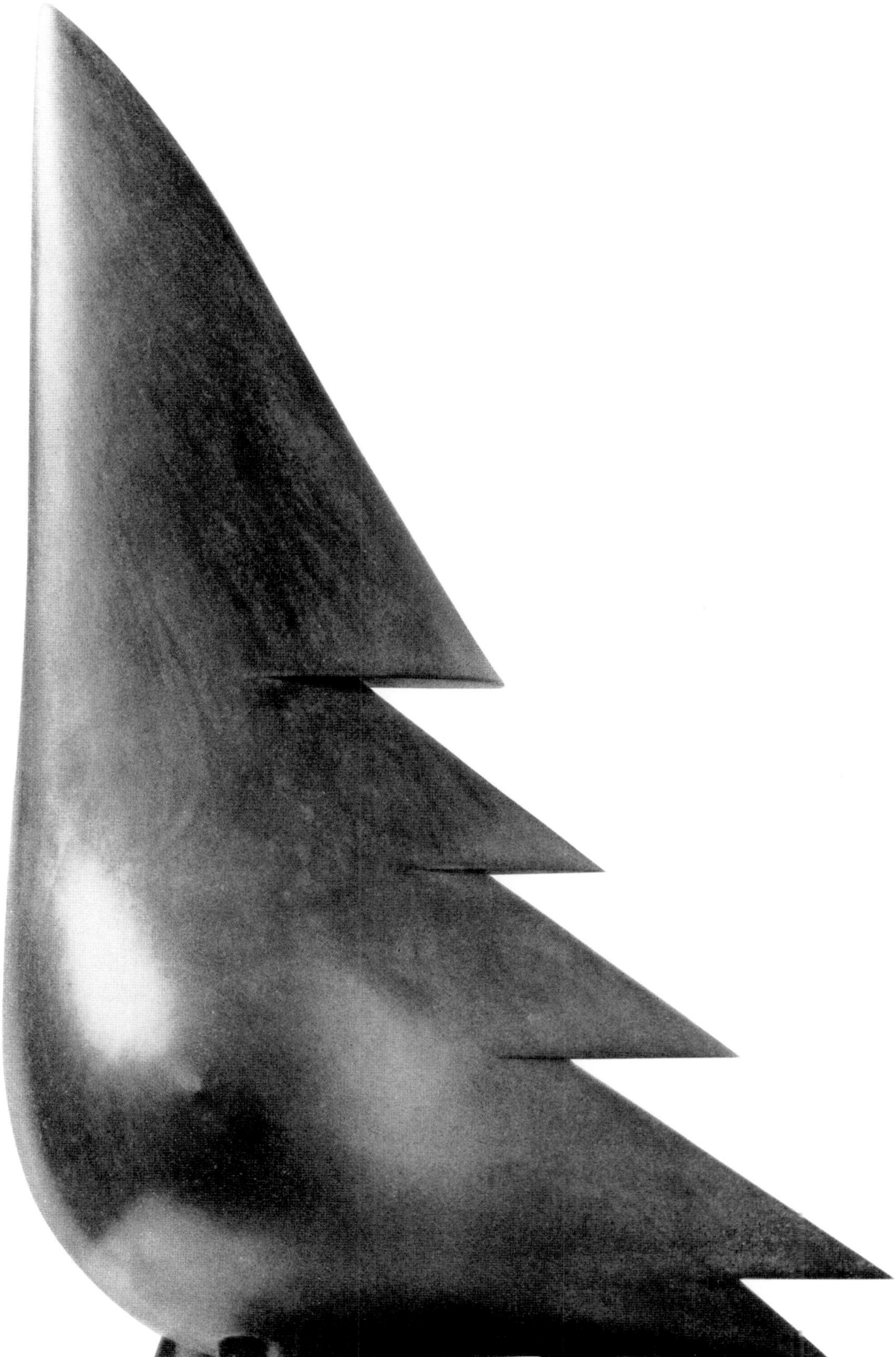

152 | # Le grand navire
circa 1958

Bois teinté noir. 76 × 26 × 21 cm; signé.
Collection fondation I.G.W.T. Suisse.
Bibliographie
Alain Bosquet « Chauvin, sculpteur de la pureté » dans Bicolor, novembre 1974; reproduit page 37.

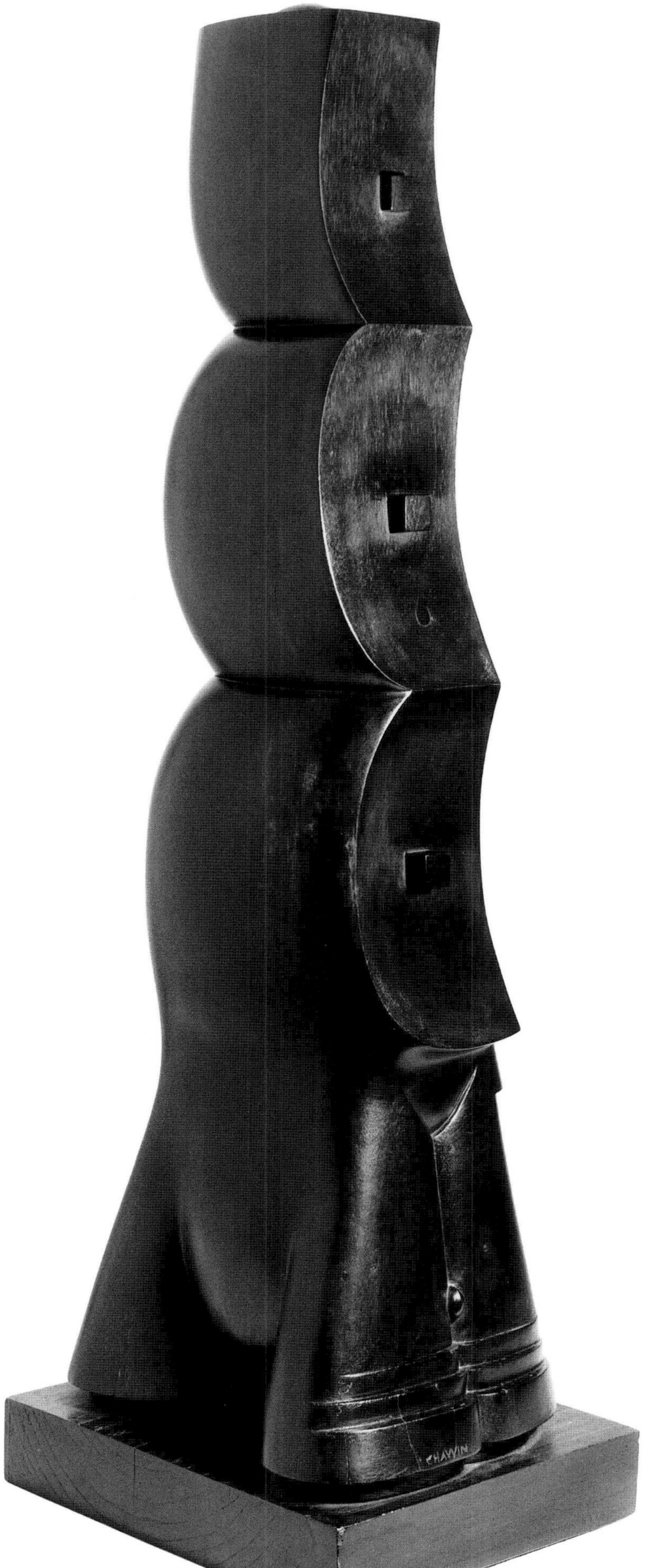
CHAUVIN

153

Homme à la voile

1958

Plâtre. H : 42 cm; signé.

Collection privée.

Bibliographie

Christian Zervos «Chauvin» éditions «Les Cahiers d'Art», Paris 1960; reproduit page 95 au n° 87.

Bronze :

N° 1/5, fonte É. Godard, 1973.

Collection privée.

Exposition

«Chauvin, sculptures» Paris, galerie l'Enseigne du Cerceau, octobre 1974; reproduit page 37 n° 32 du catalogue.

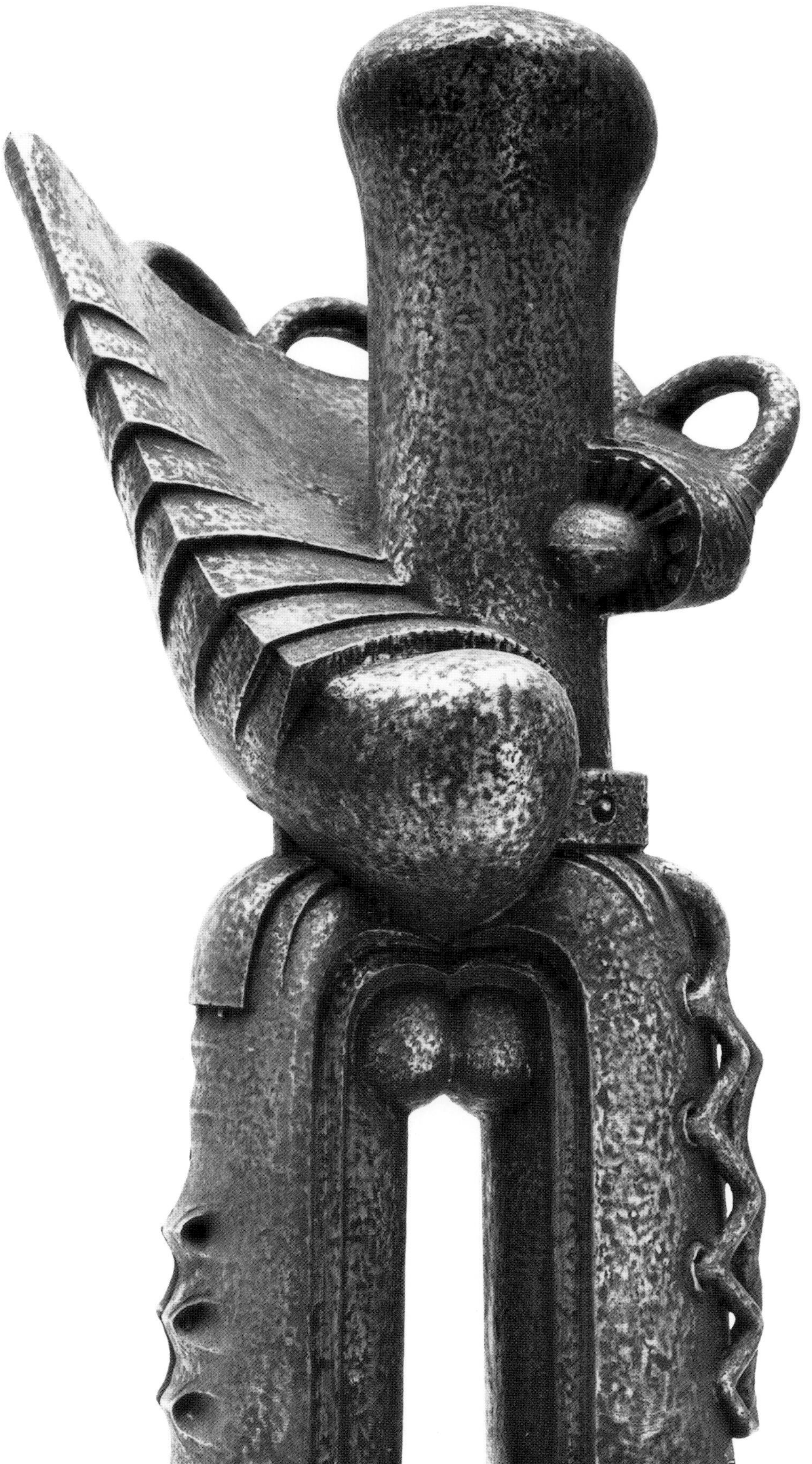

154

Chimères

1958

Bois. 68 × 40 × 10,5 cm; signé.
Collection fondation I.G.W.T. Suisse.

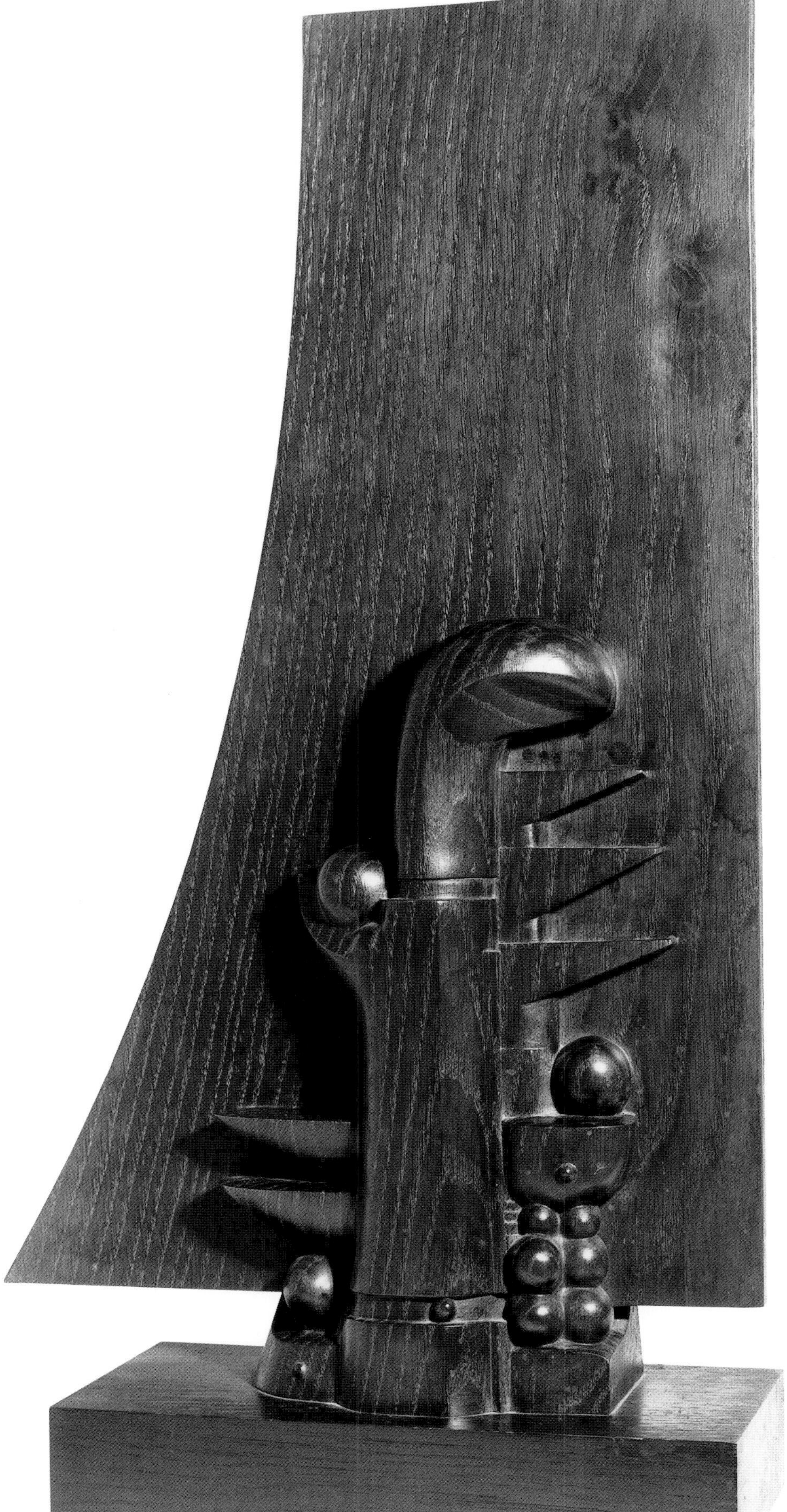

155

Sein à l'éventail

1958

Plâtre. 40 × 28 × 11,5 cm; signé.
Collection privée.

Exposition

«Chauvin» Paris, galerie de l'Élysée, novembre-décembre 1960.

Bibliographie

Christian Zervos «Chauvin» éditions «Les Cahiers d'Art», Paris 1960; reproduit page 94 n° 86.

Bronzes :

N° 2/5, fonte Coubertin, 1977.
Collection fondation I.G.W.T. Suisse.

N° 4/5, fonte Coubertin, 1992.
Collection privée.

N° 5/5, fonte Coubertin, 1987.
Collection privée.

Expositions

«Chauvin, œuvres de 1913 à 1959» Paris, galerie Vallois, juin-juillet 1988. Reproduit page 70 du catalogue. «Jean Chauvin, sculptures» Paris, galerie Art et Patrimoine, septembre-octobre 1992. «Jean Chauvin» Mont-de-Marsan, musée Despiau-Wlérick, juin-septembre 1993.

Plâtre agrandissement. H : 80 cm. signé.
Collection privée.

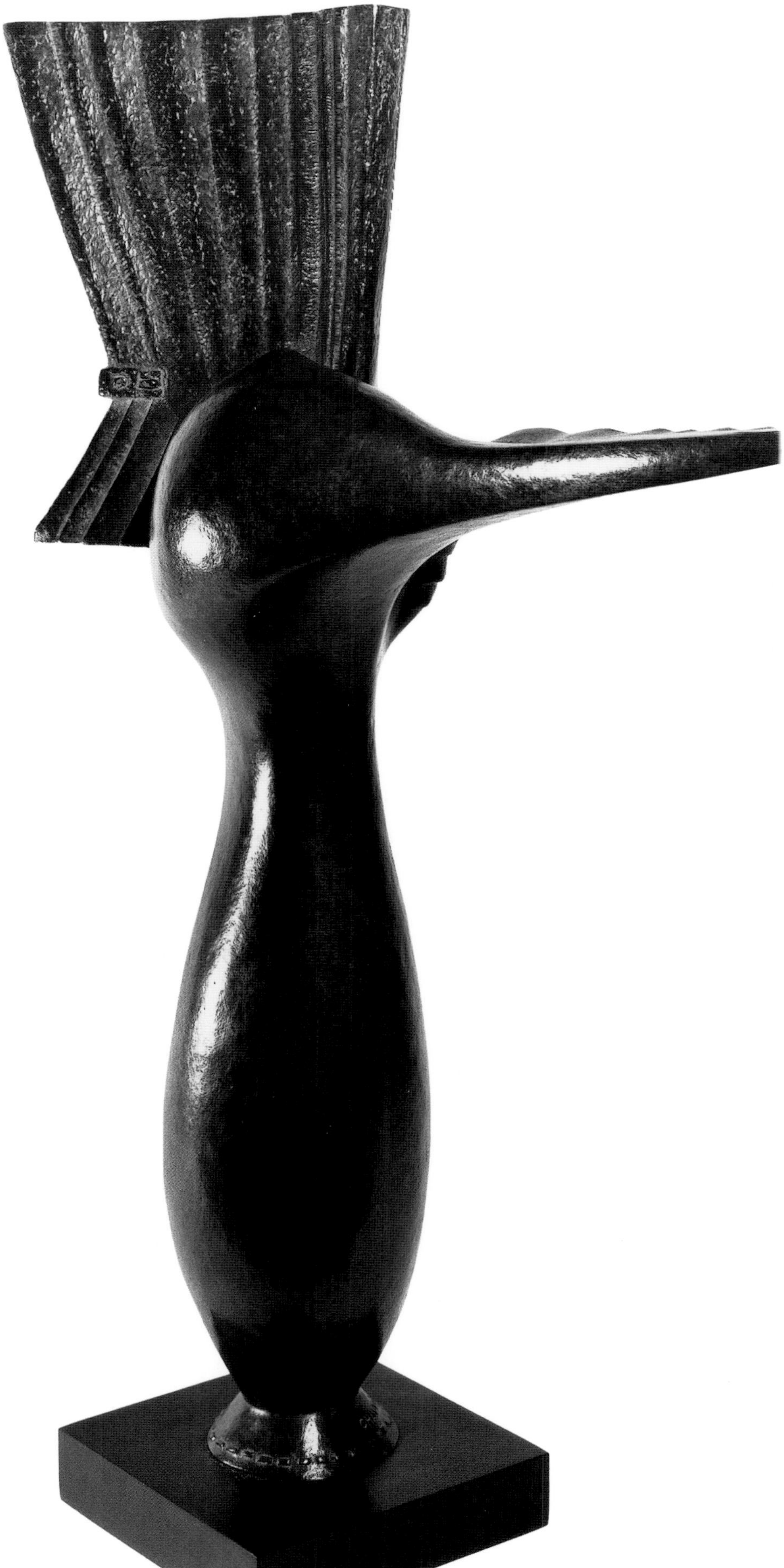

156
Domino
1958

Bois de Maï Dou. 42,5 × 24 × 16 cm; signé.
Collection privée, Paris.

Expositions

« Chauvin » Paris, galerie de l'Élysée, novembre-décembre 1960.
« Chauvin, sculptures de 1924 à 1958 » Paris, galerie Artcurial, mars-avril 1990; reproduit pages 44 et 45 du catalogue.

Bibliographie

Christian Zervos « Chauvin » éditions « Les Cahiers d'Art », Paris 1960; reproduit page 89 au n° 85.
Artcurial, journal de la galerie, février-mai 1990; reproduit page 2.

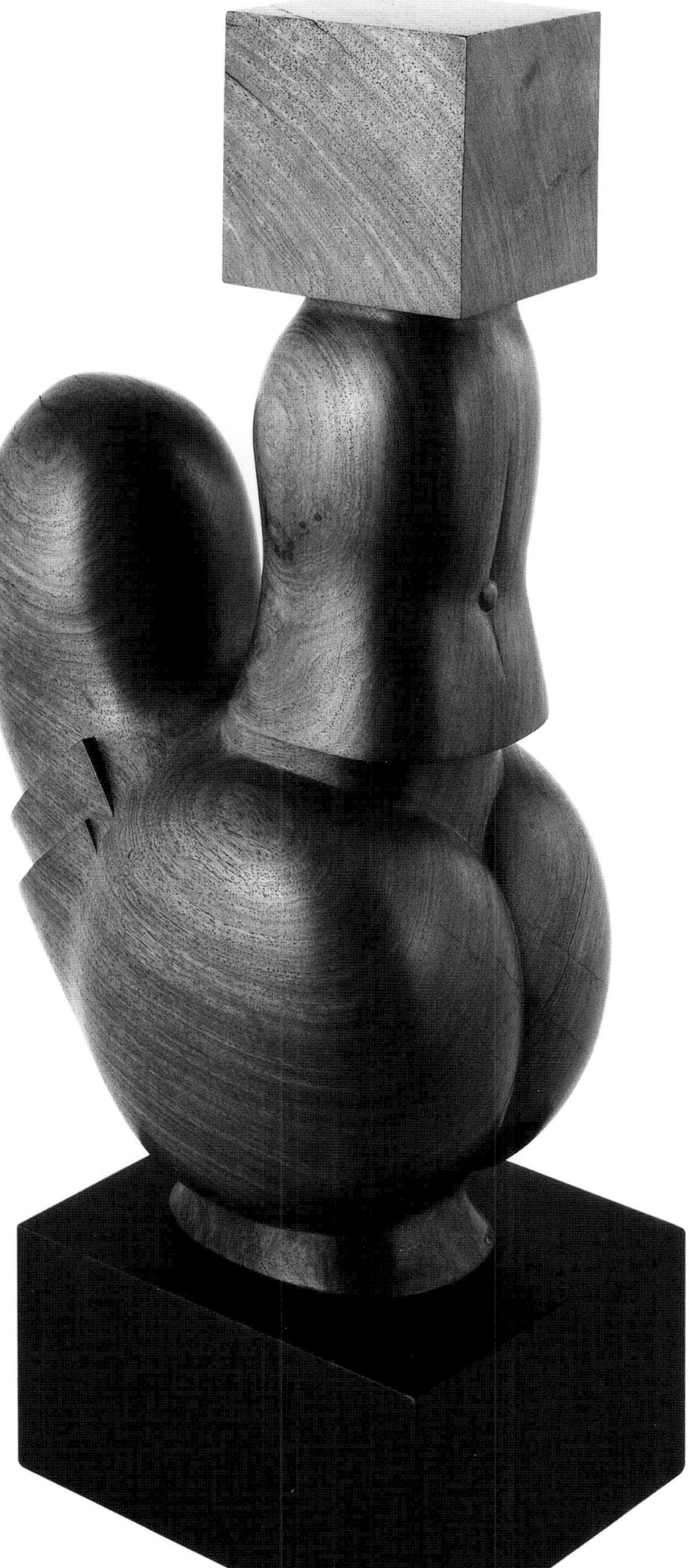

157 # Jet d'eau

1958

Bois de Maï Dou. H : 58 cm, signé.

Collection fondation I.G.W.T. Suisse.

Expositions

« Chauvin » Paris, galerie de l'Élysée, novembre-décembre 1960.

« Chauvin, sculptures » Paris, galerie L'Enseigne du Cerceau, octobre 1974; reproduit page 36 n° 37 du catalogue.

Bibliographie

Christian Zervos « Chauvin » éditions « Les Cahiers d'Art », Paris 1960; reproduit page 92 n° 84.

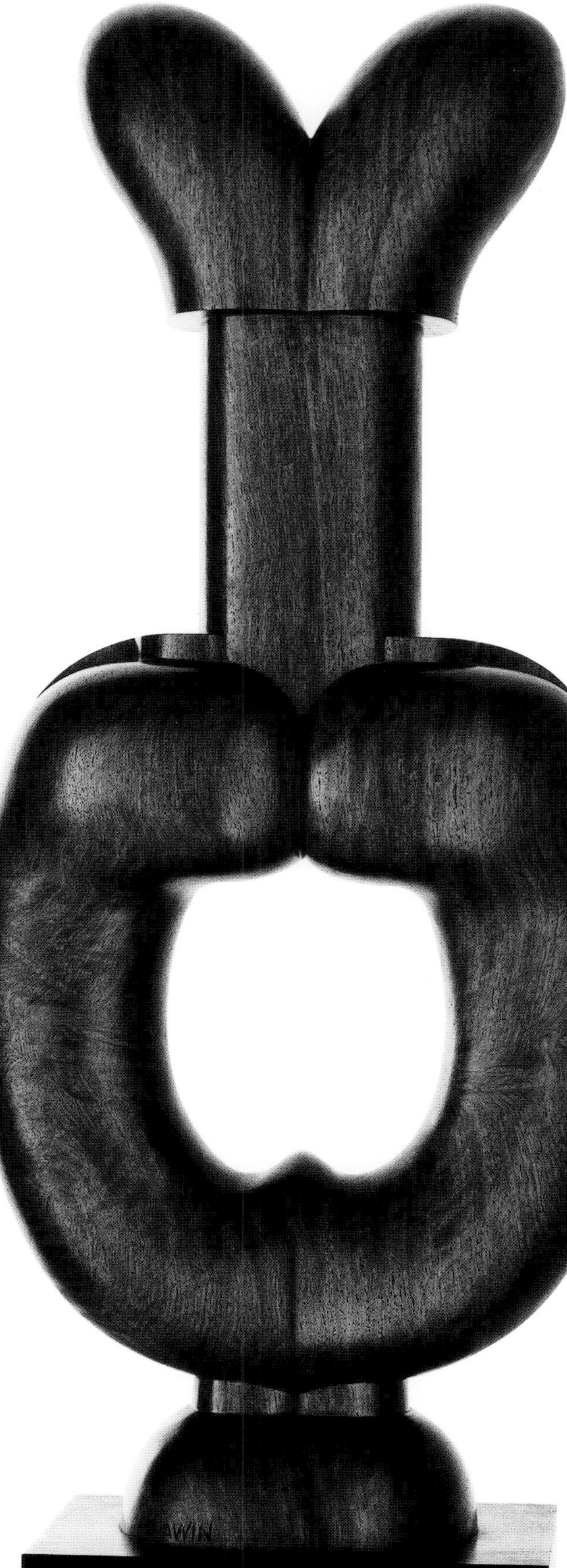

158

Graine ardente

1958

Bois. 10 × 45,5 × 9 cm; signé.

Collection privée.

Expositions

« Chauvin » Paris, galerie de l'Élysée, novembre-décembre 1960.

« 31e Biennale de Venise » juin-octobre 1962; page173 n° 102 du catalogue.

« Chauvin, sculptures de 1924 à 1958 » Paris, galerie Artcurial, mars-avril 1990; reproduit page 46 du catalogue.

Bibliographie

Christian Zervos « Chauvin » éditions « Les Cahiers d'Art », Paris 1960; reproduit page 100 au n° 92.

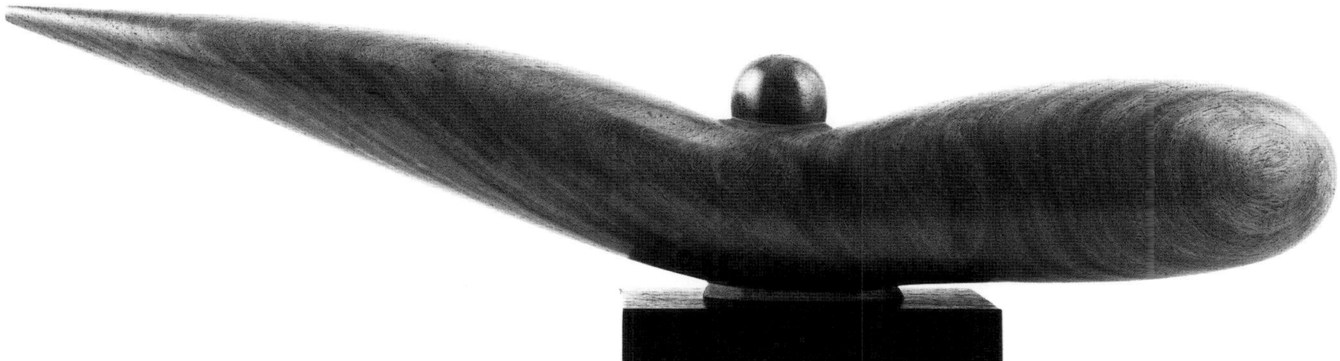

159 | # Sans titre

1959

Bois teinté noir. 35,5 × 11 × 7 cm; non signé.
Collection fondation I.G.W.T. Suisse.

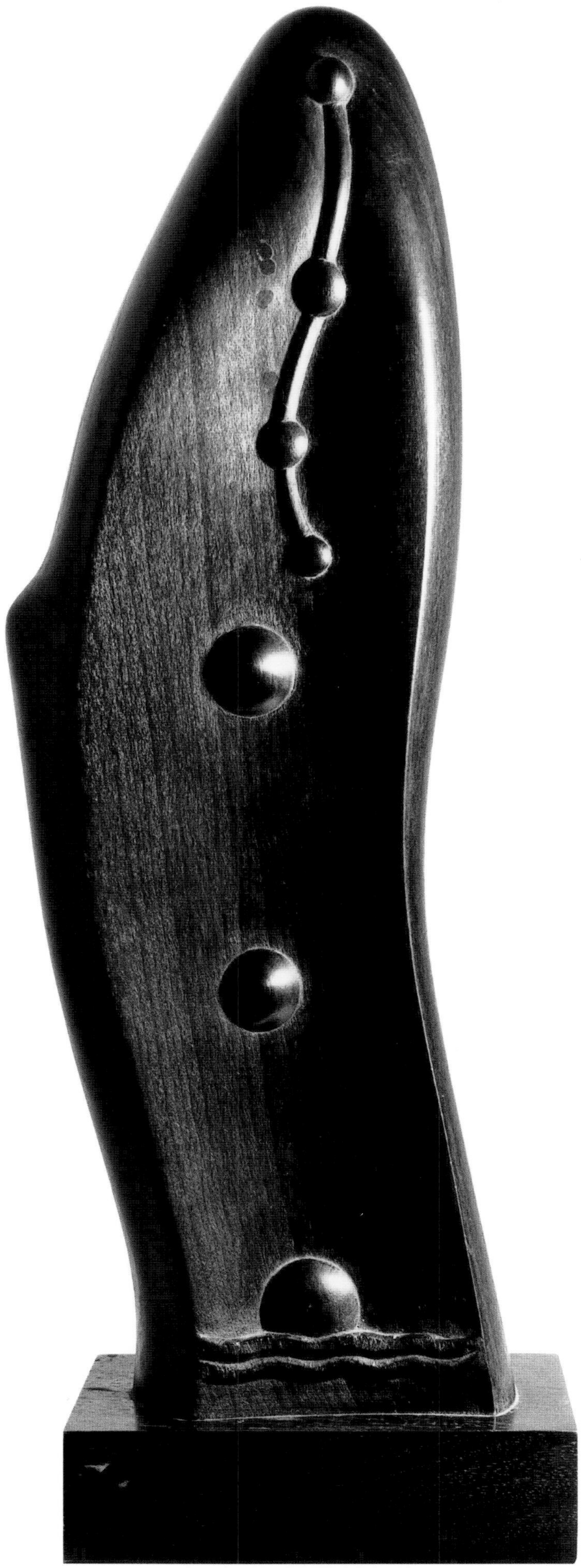

160 | # Pythie

1959

Plâtre. 56 × 31,5 × 29,9 cm; signé.

Collection privée.

Bibliographie

Christian Zervos « Chauvin » éditions « Les Cahiers d'Art », Paris 1960. Reproduit page 96 n° 88.

Bronzes :

N° 1/5, fonte Coubertin, 1981.
Collection privée.

N° 2/5, fonte Coubertin, 1980.
Collection fondation I.G.W.T. Suisse.

N° 4/5, fonte Coubertin, 1981.
Collection privée.

N° EA 1/2, fonte Coubertin, date non communiquée.
Collection privée.

N° EA 2/2, fonte Coubertin, 1988.
Collection privée.

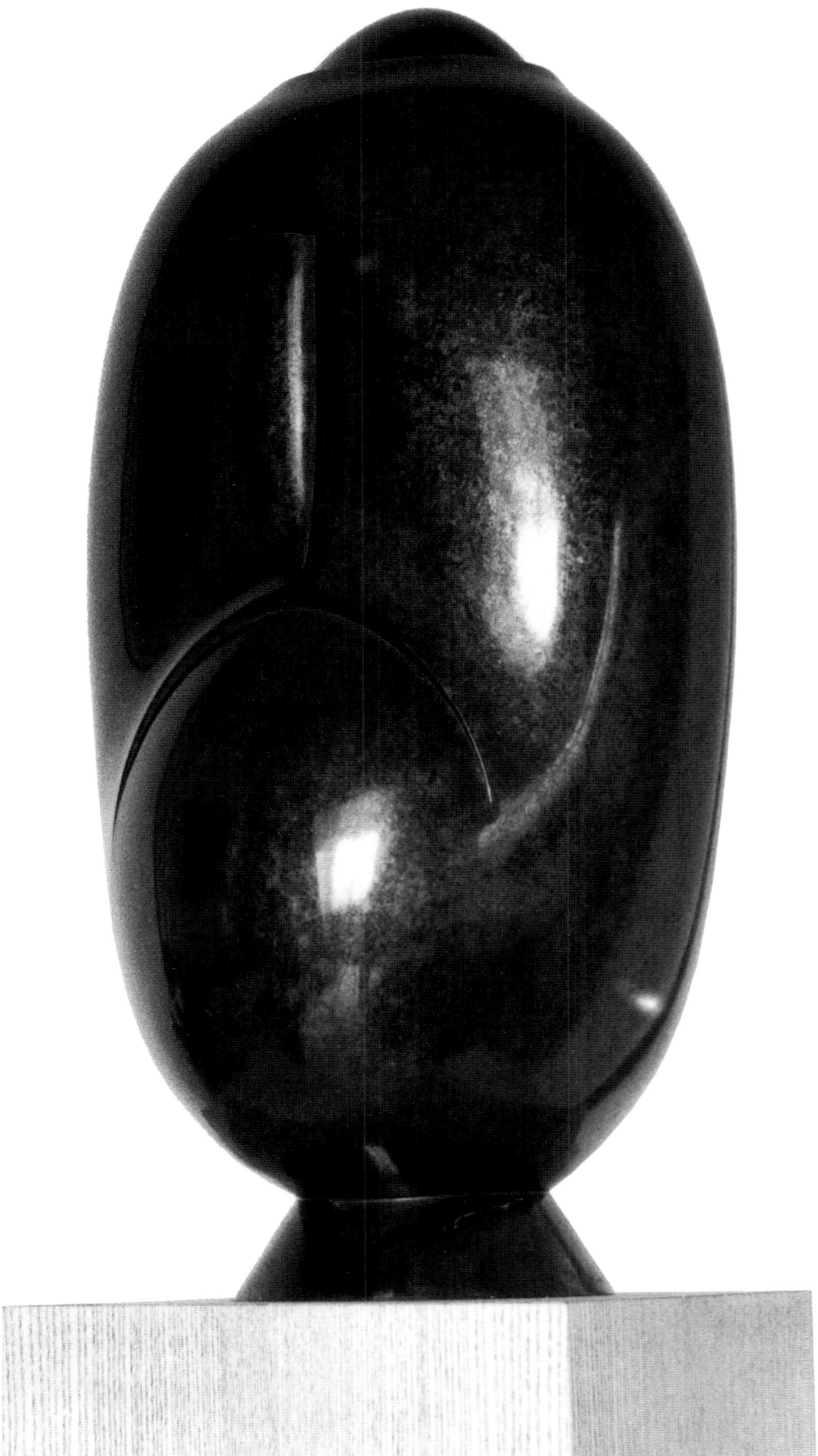

161 | # Offrande
1959

Bois de Maï Dou. H : 26 cm; signé.
Collection privée.
Exposition
« Chauvin » Paris, galerie de l'Élysée, novembre-décembre 1960.
Bibliographie
Christian Zervos « Chauvin » éditions « Les Cahiers d'Art », Paris 1960, reproduit page 98 n° 90.

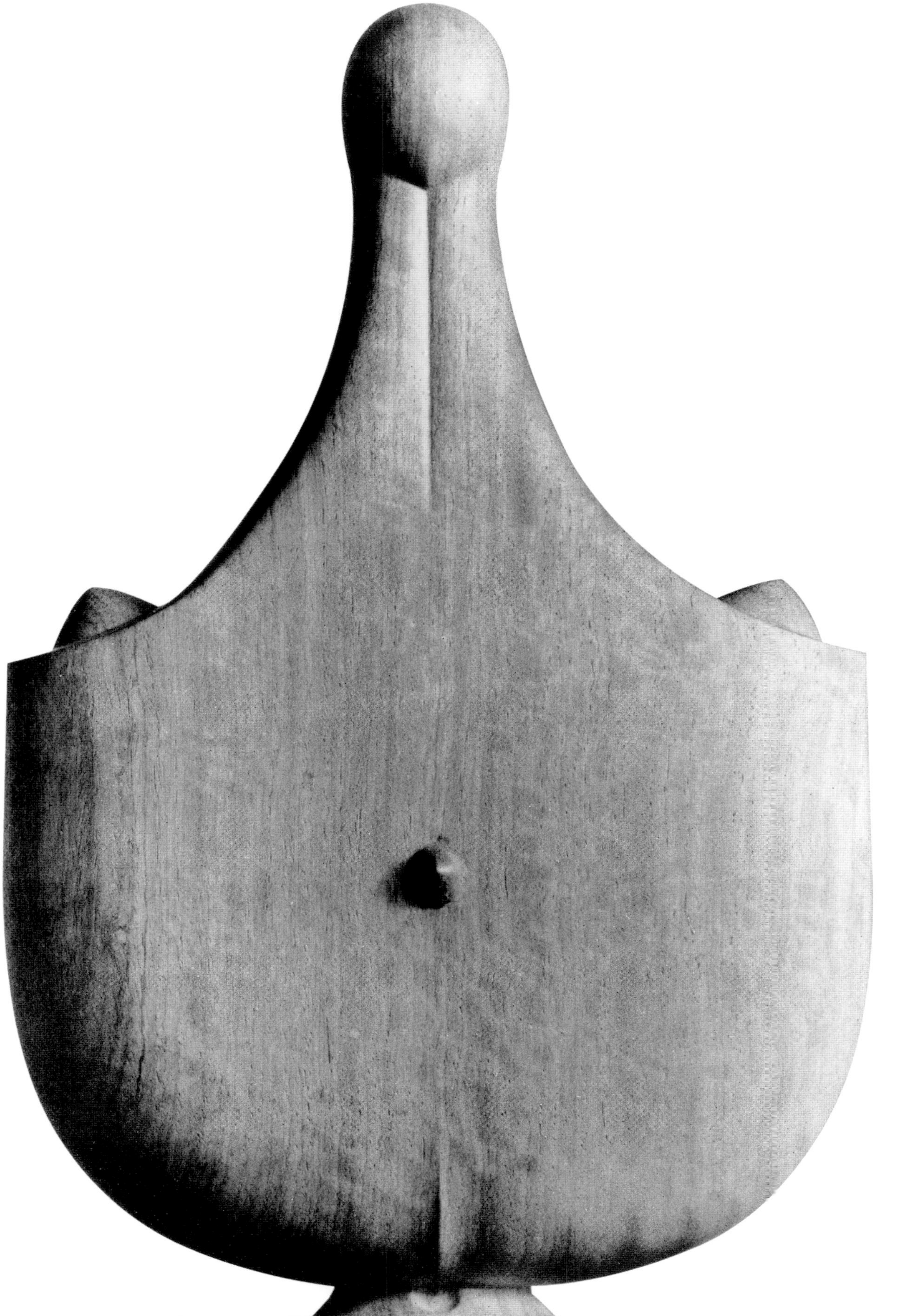

162

Oiseau blanc

1960

Plâtre. H : 70 cm; signé.
Collection privée.
Bibliographie
Christian Zervos « Chauvin » édition « Les Cahiers d'Art », Paris 1960; reproduit page 99 n° 91.
Pierre Descargues dans Plaisir de France, octobre 1974; reproduit page 52.

Bronzes :

N° 1/5, fonte É. Godard, 1974.
Collection fondation I.G.W.T. Suisse.
Exposition
« Chauvin, sculptures » Paris, galerie l'Enseigne du Cerceau, octobre 1974; reproduit page 36 n° 33 du catalogue.

N° 3/5, fonte É. Godard, 1993.
Collection privée.
Exposition
« Jean Chauvin » Mont-de-Marsan, musée Despiau-Wlérick, juin-septembre 1993.
Bibliographie
Kristina Larranaga « Chauvin, un celebre desconocido » dans *Egin* du 25 avril 1993, Espagne; reproduit.

N° 5/5, fonte É. Godard, 1983.
Collection privée.
Exposition
« Chauvin, œuvres de 1913 À 1959 » Paris, galerie Vallois, juin-juillet 1988; reproduit page 72 du catalogue.
Nota
Dans le catalogue d'exposition à la galerie Vallois cette sculpture est datée par erreur de 1959.

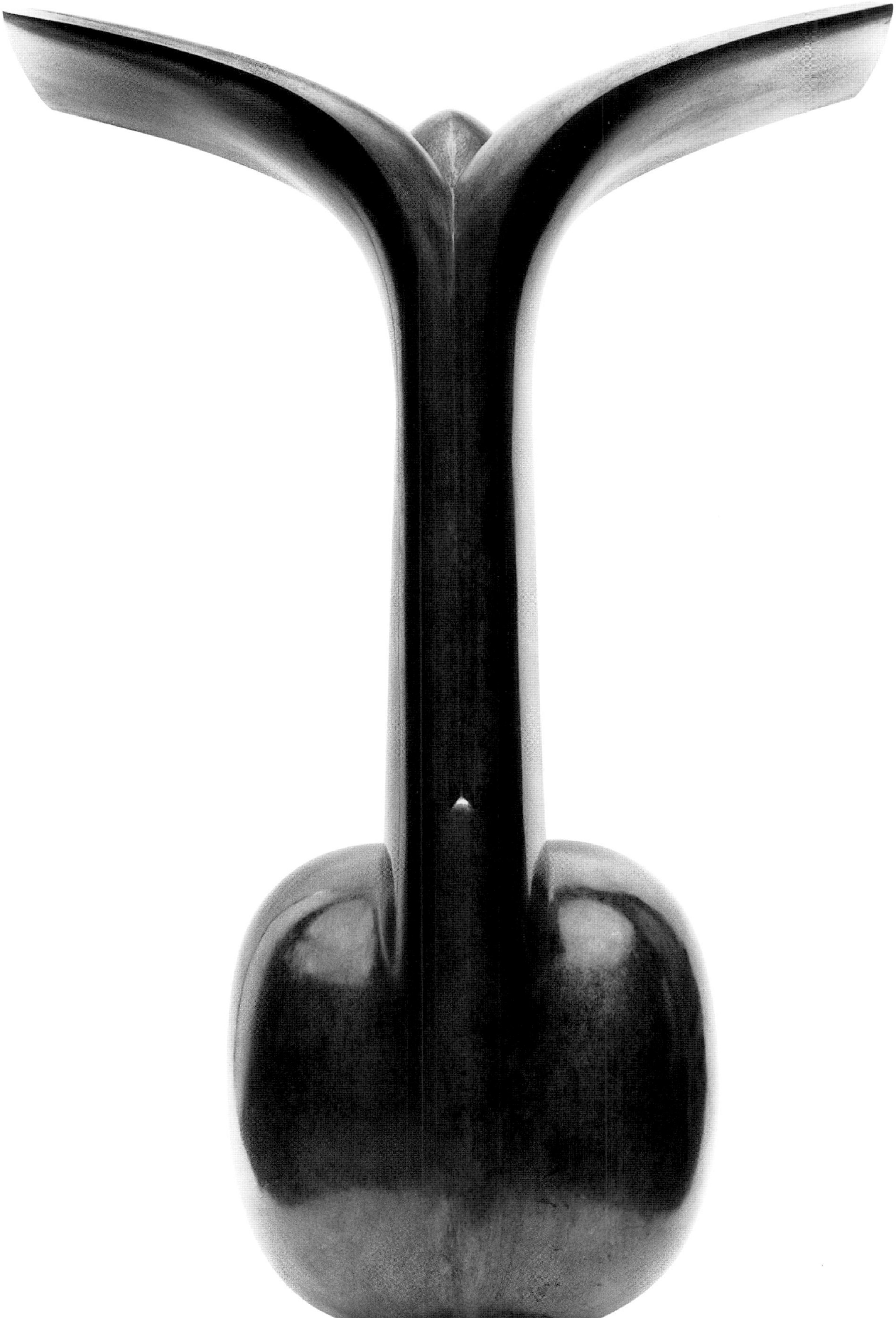

163

Sans titre

circa 1961

Bois teinté rouge. Dimensions non communiquées.

Collection privée.

Jet

1961

Plâtre.

Détruit lors d'un incendie en 1977.

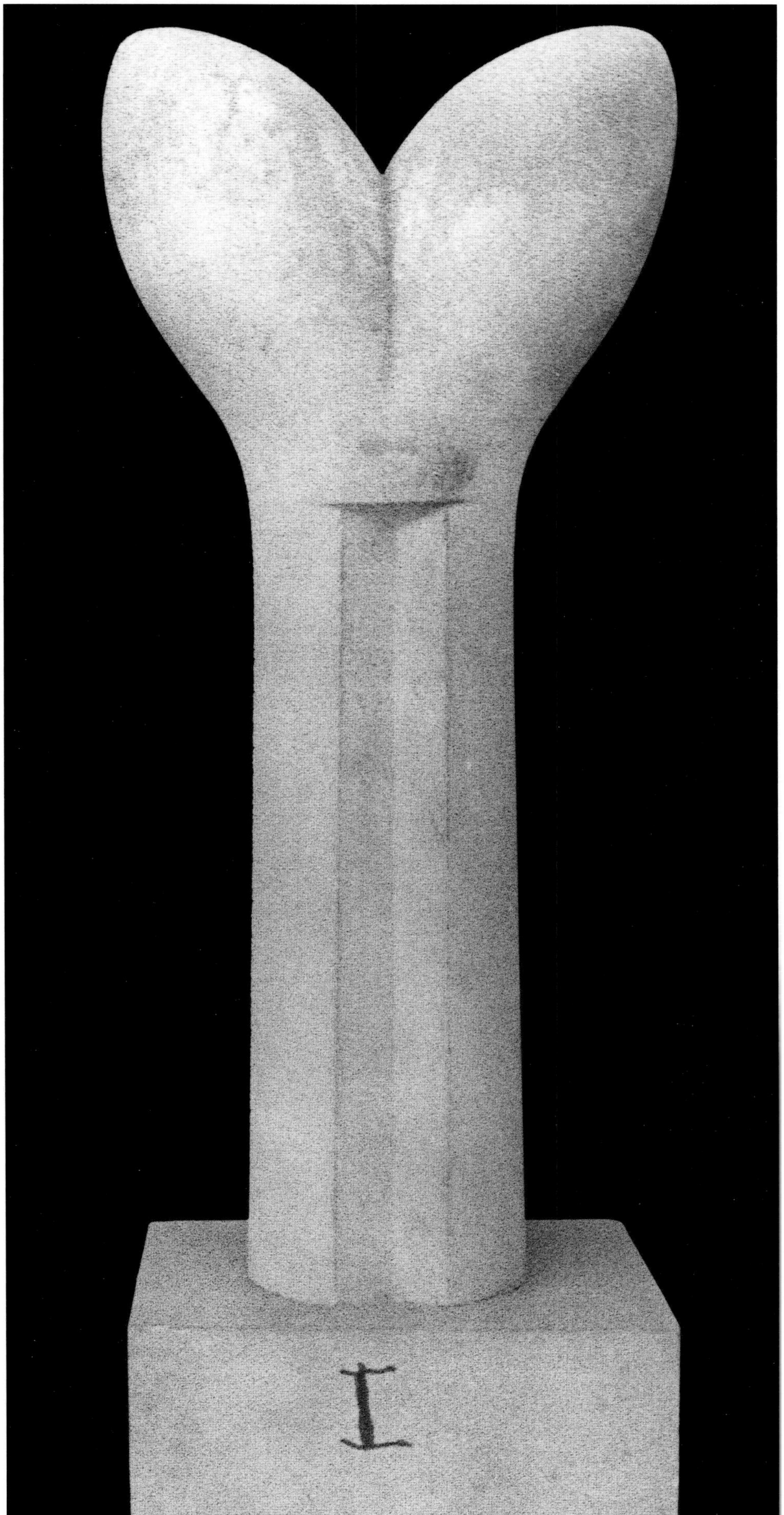
I

165

Envol d'Icare

1962

Bois, loupe de thuya. H : 60 cm (non vérifié); signé.
Collection privée.

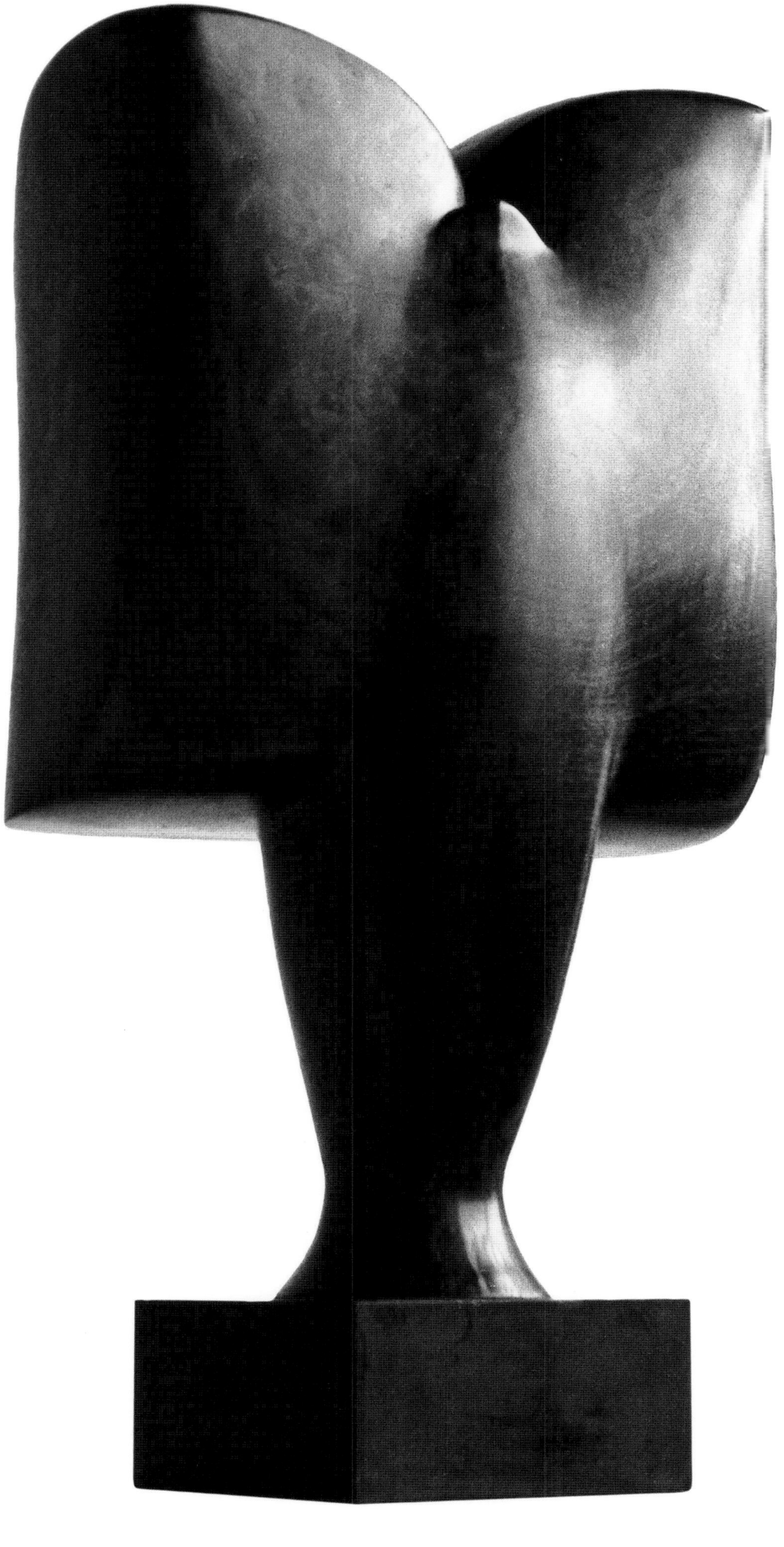

166

Narcisse à la fontaine

1962

Pierre. 54,2 × 27,3 × 21 cm; signée.

Collection Fonds National d'Art Contemporain.

Historique

Achat à la galerie Villand et Galanis par le Fonds National d'Art Contemporain en 1971; numéro d'inventaire 9767.
En dépôt au musée des Beaux-Arts de Calais depuis le 1er juin 1971; numéro d'inventaire D.77.7.1.

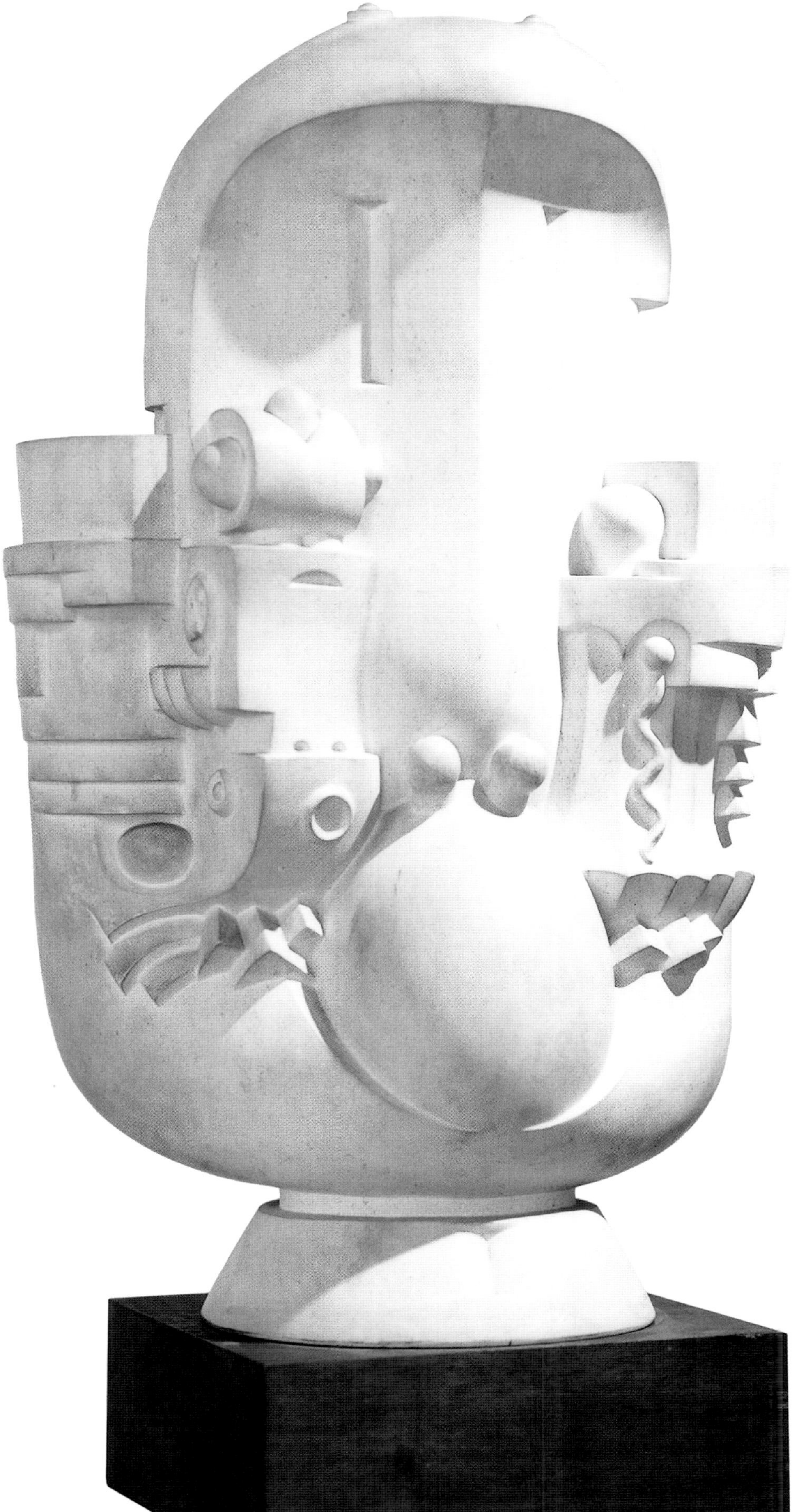

167 # Naissance de Vénus

1963

Pierre de Lens. H : 48 cm; signée.

Collection fondation I.G.W.T. Suisse.

Exposition

« Chauvin, sculptures » Paris, galerie l'Enseigne du Cerceau, octobre 1974; reproduit pages 38 et 39 n° 34 du catalogue.

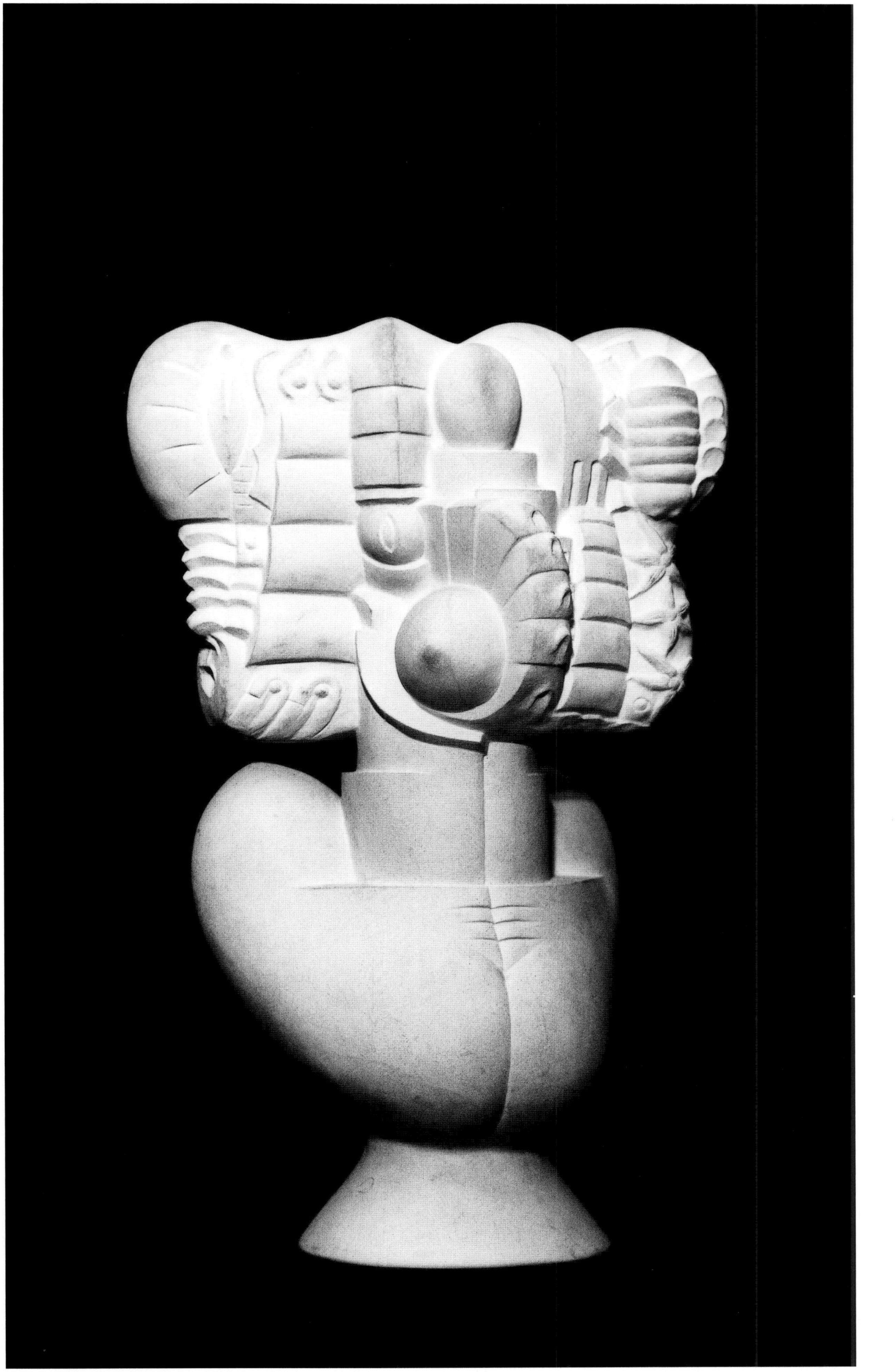

168 # Buisson ardent

1964

Pierre. Dimensions non communiquées; signée.

Collection fondation I.G.W.T. Suisse.

Exposition

«Chauvin, sculptures», Paris, galerie l'Enseigne du Cerceau, octobre 1974; reproduit page 40 au n° 35 du catalogue.

Bibliographie

Philippe Garner «Jean Chauvin» dans «The Connoisseur» de juin 1980; reproduit page 93.

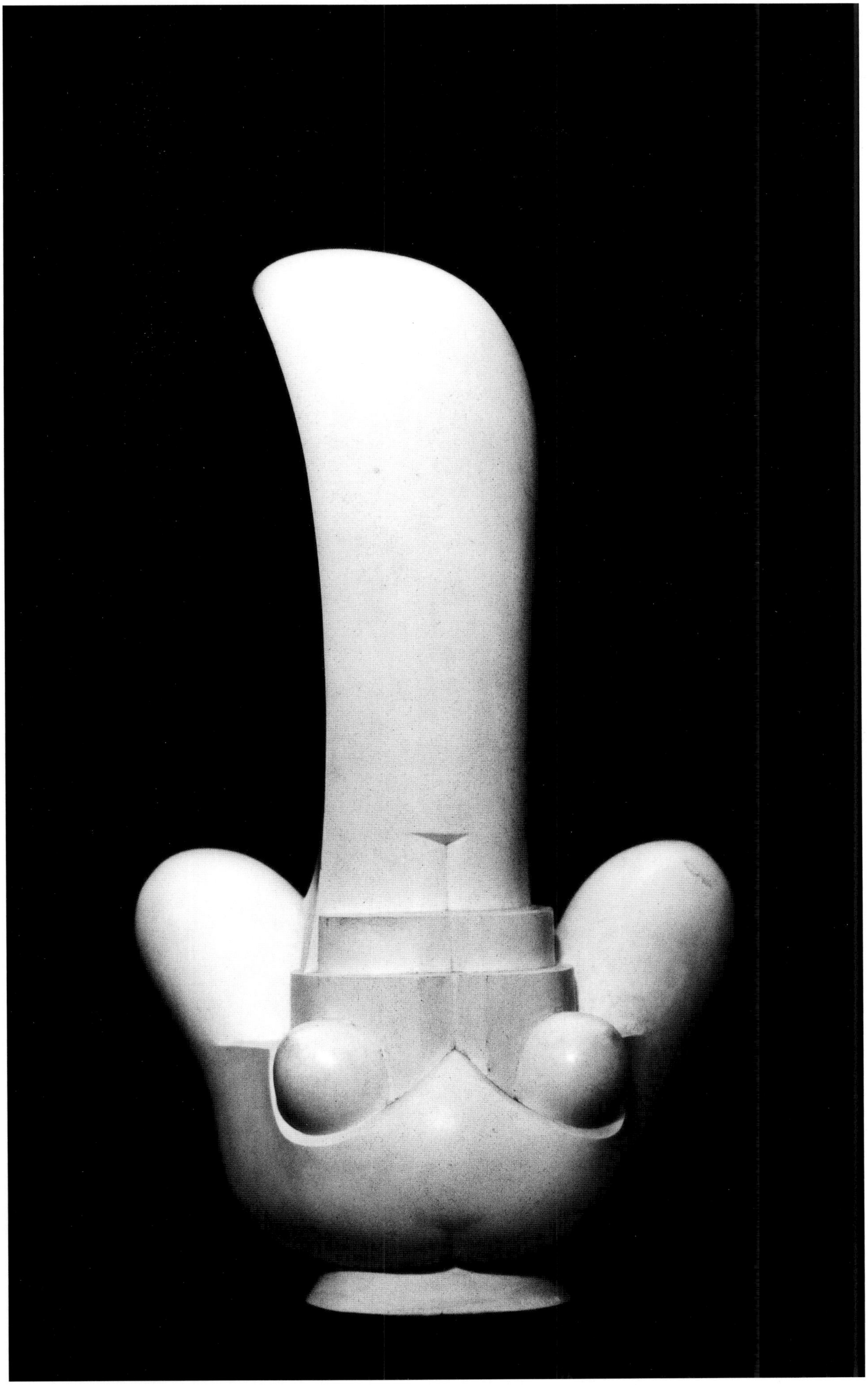

169 # Château sur la lune

1965

Pierre, Lacaune pointillé. 41,5 × 39 cm; signée.

Collection privée.

Exposition

«Chauvin, sculptures» Paris, galerie l'Enseigne du Cerceau, octobre 1974; reproduit page 40 n° 36 du catalogue.

Bibliographie

Alain Bosquet «Chauvin, sculpteur de la pureté» dans Bicolor, novembre 1974; reproduit page 38.

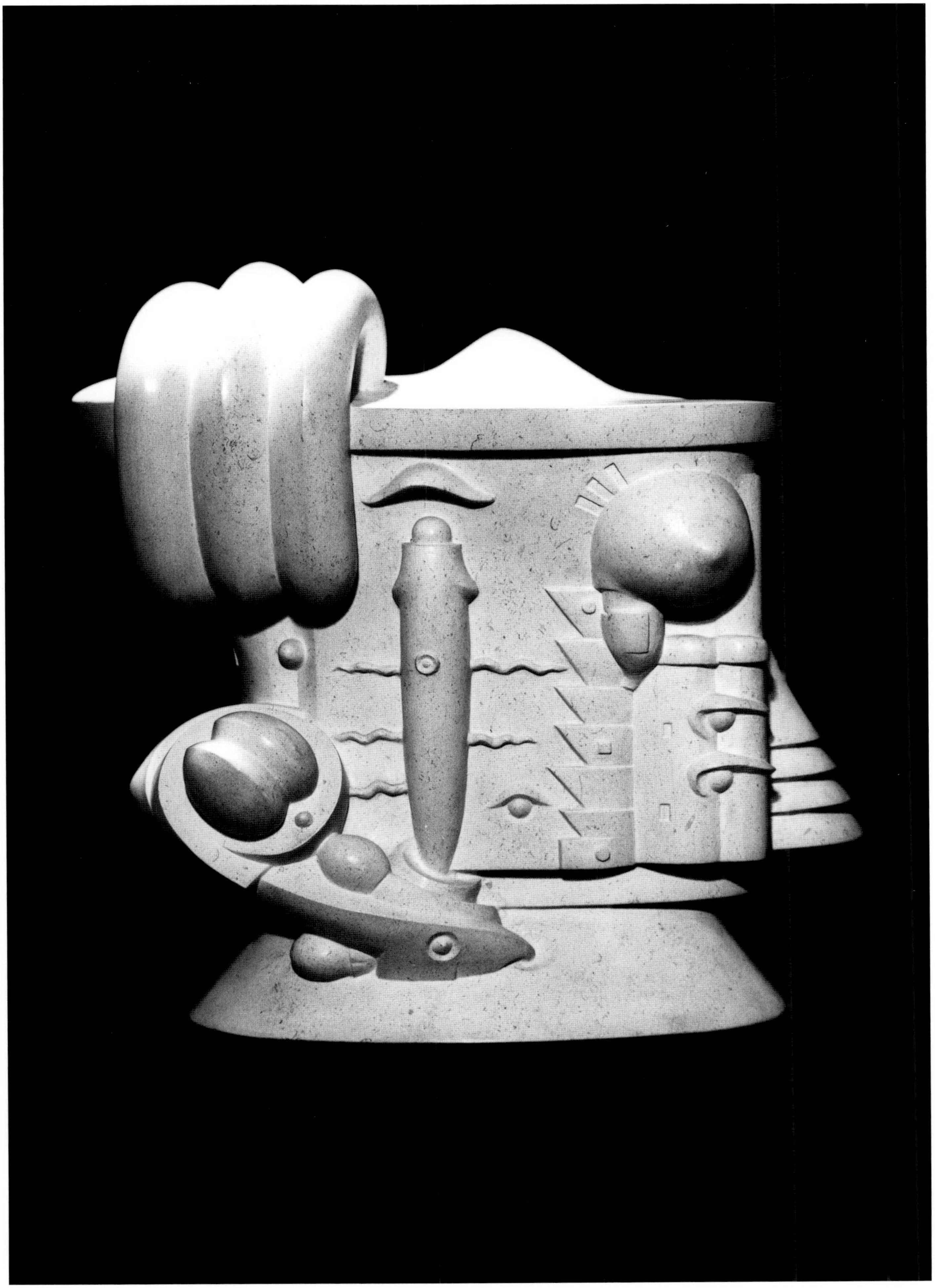

170 # Janus
1966

Pierre de Lens. H : 43 cm; signée.

Collection privée.

Exposition

« Chauvin, sculptures » Paris, galerie l'Enseigne du Cerceau, octobre 1974; reproduit page 41 n° 37 du catalogue.

Bibliographie

Alain Bosquet « Chauvin, sculpteur de la pureté » dans Bicolor, novembre 1974; reproduit page 37.

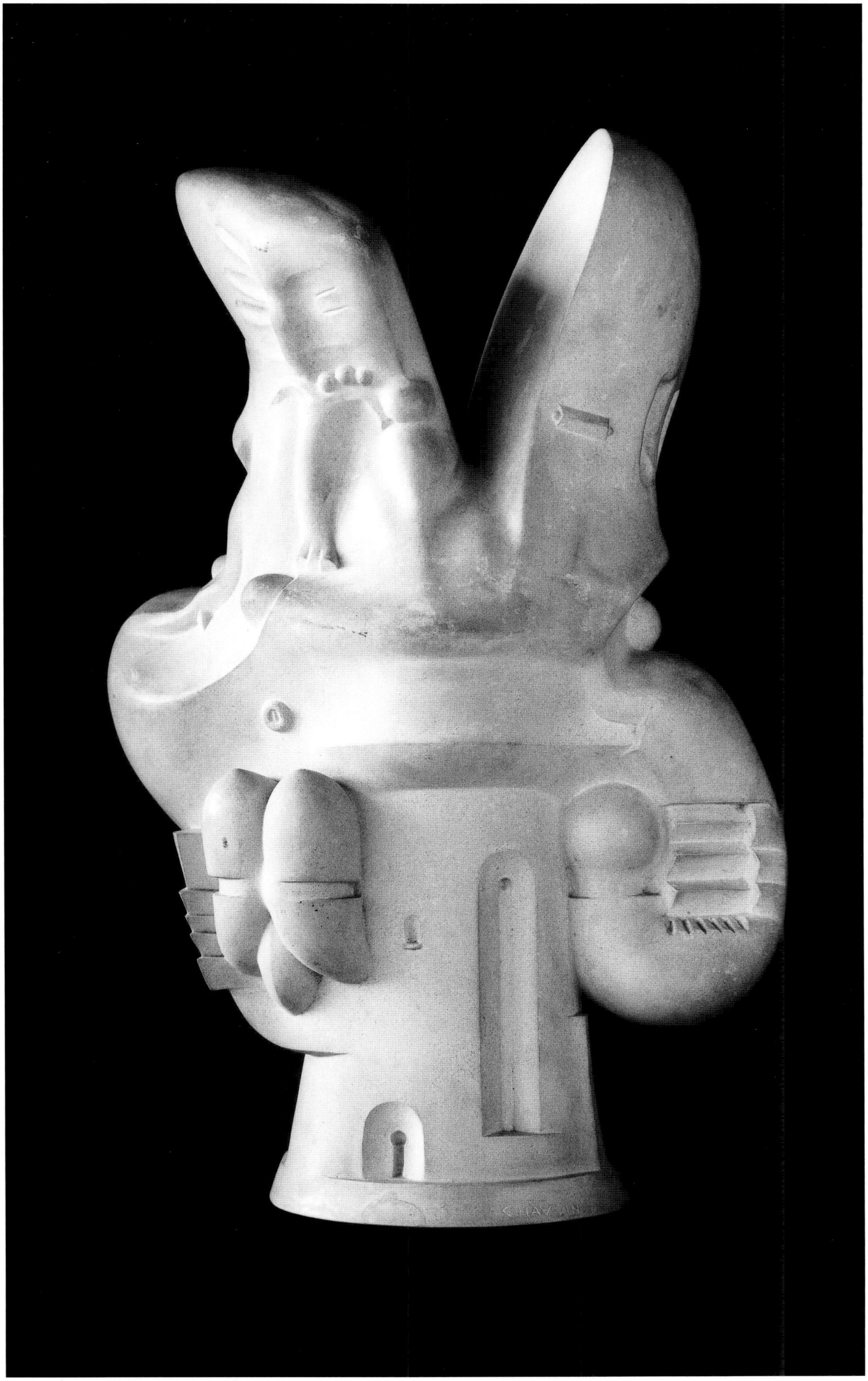
CHAUVIN

171 | # Le bel Atys meurtri
1969

Pierre de Lens. 41 × 26 × 24 cm; signée.
Collection fondation I.G.W.T. Suisse.

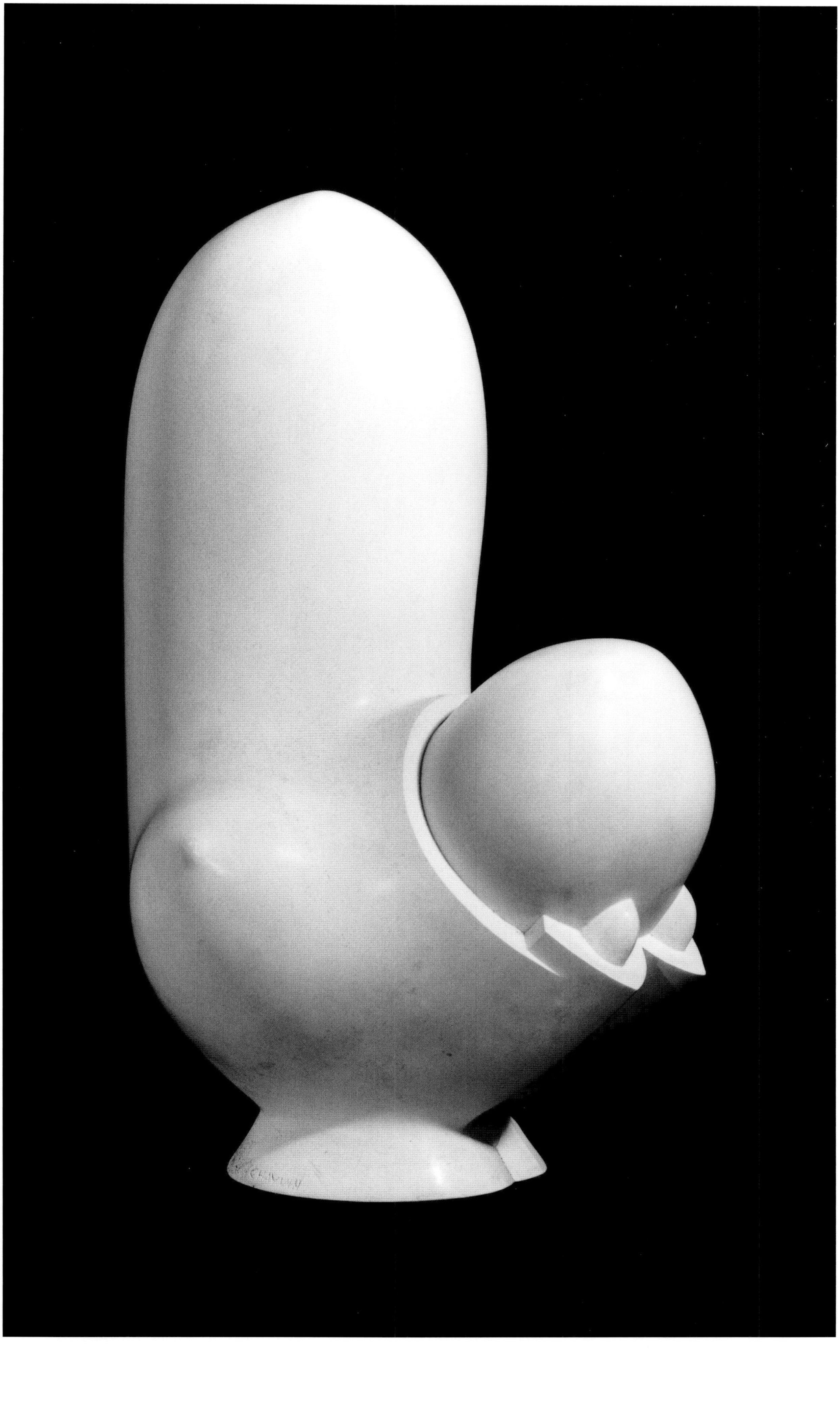

172

Couple inégal
1971

Pierre. 32 × 24 × 14 cm; non signée.
Collection fondation I.G.W.T. Suisse.

Bibliographie

« High Life » dans « The Sunday Times Magazine », décembre 1974; reproduit page 79.

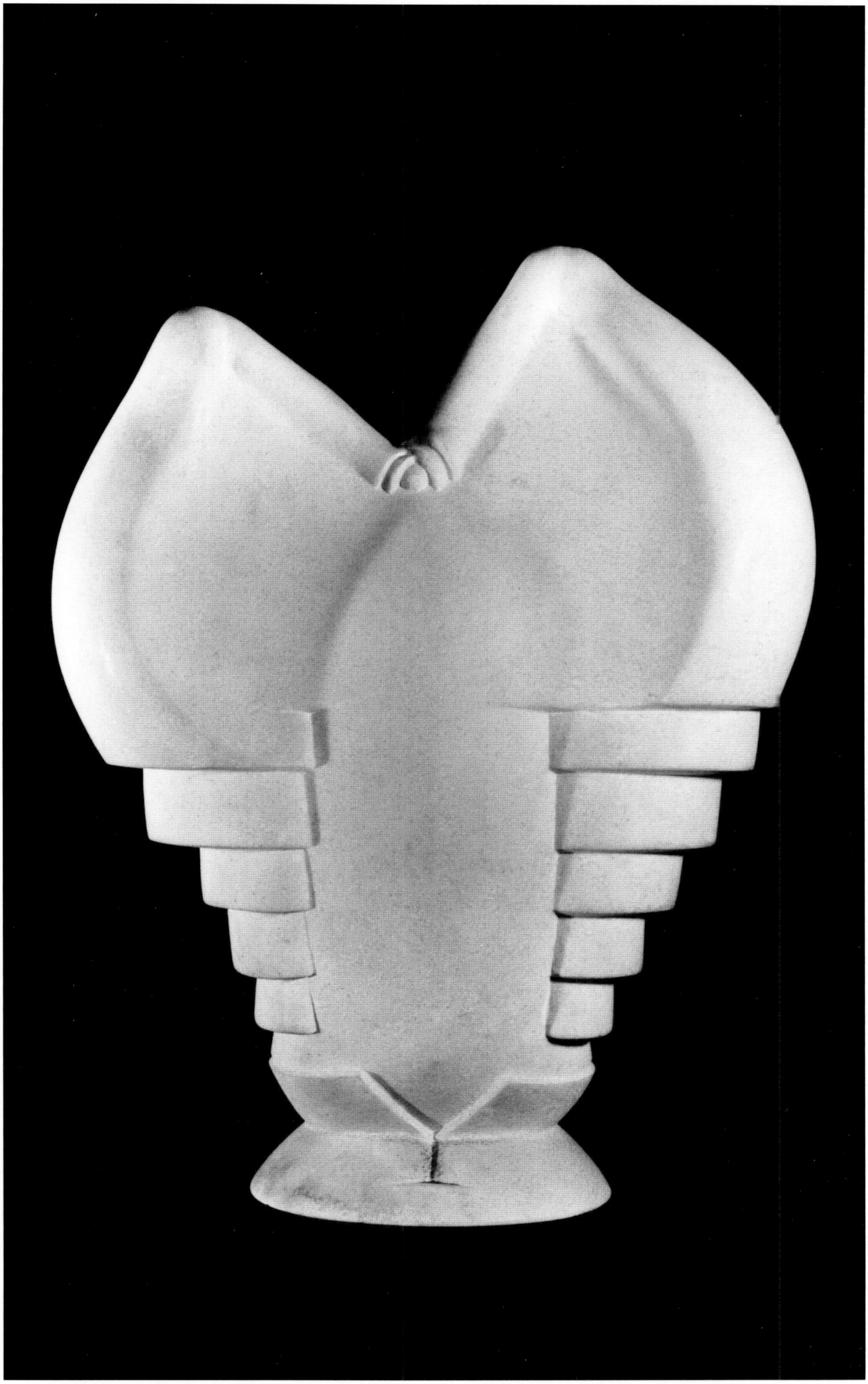

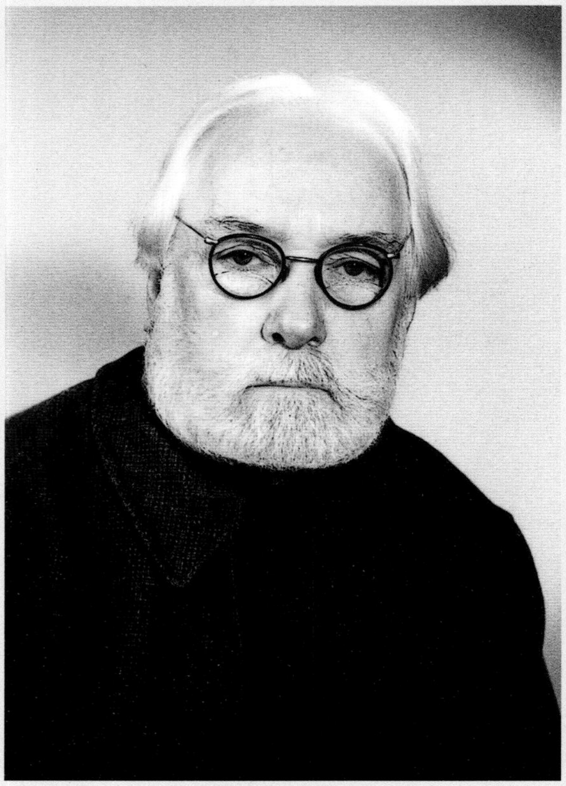

Les maquettes

Collection du Musée National d'Art Moderne,
don de l'artiste en 1976.

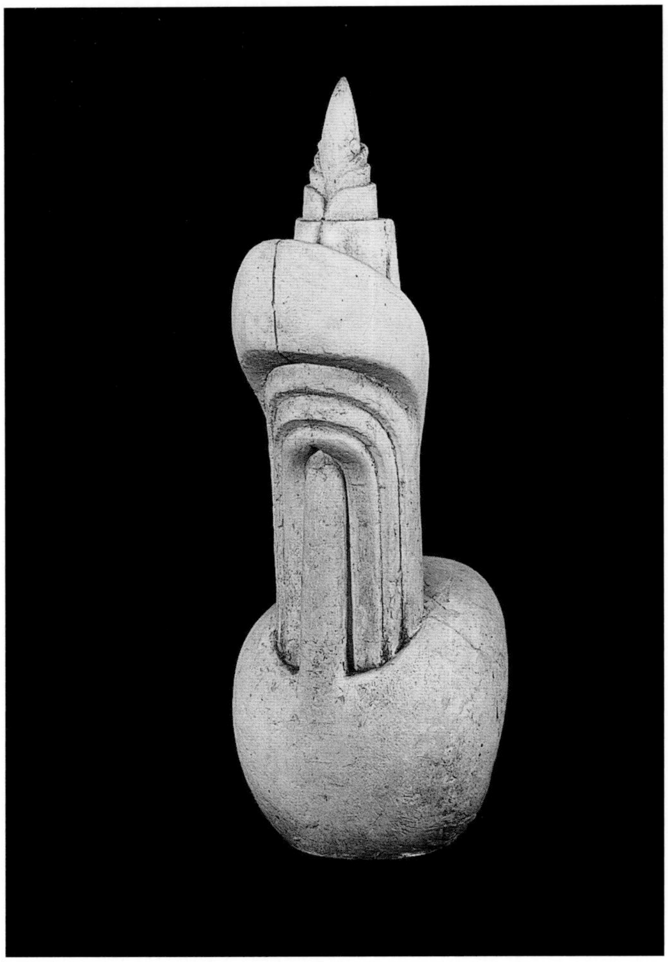
357

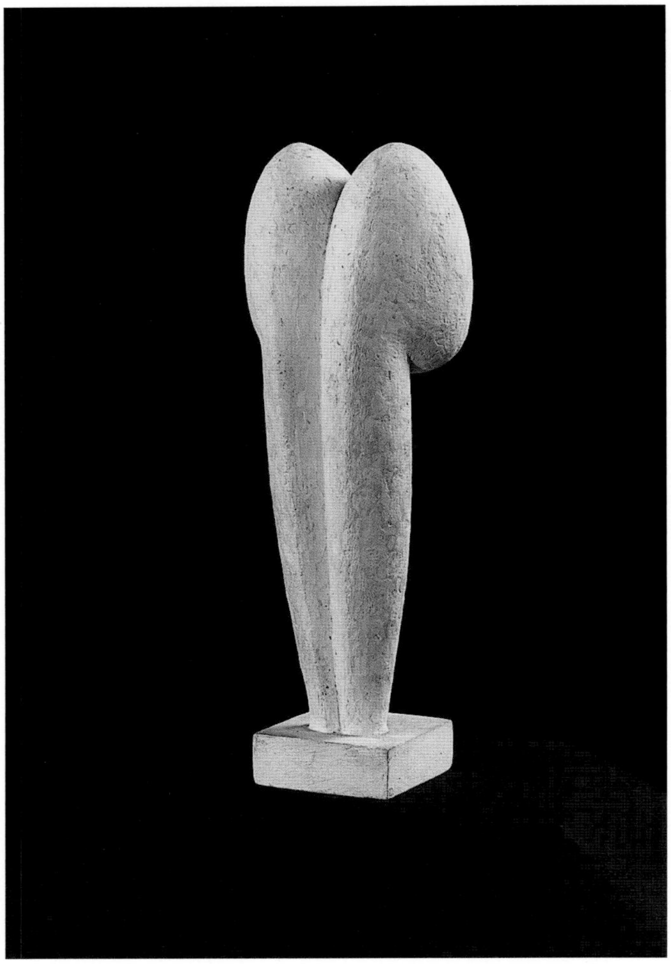
358

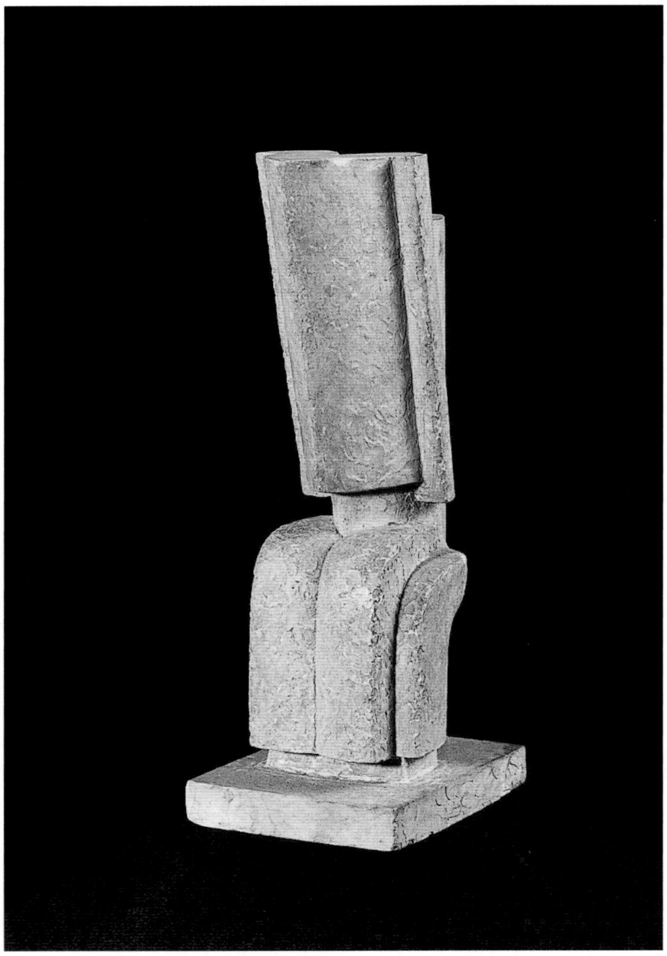
359

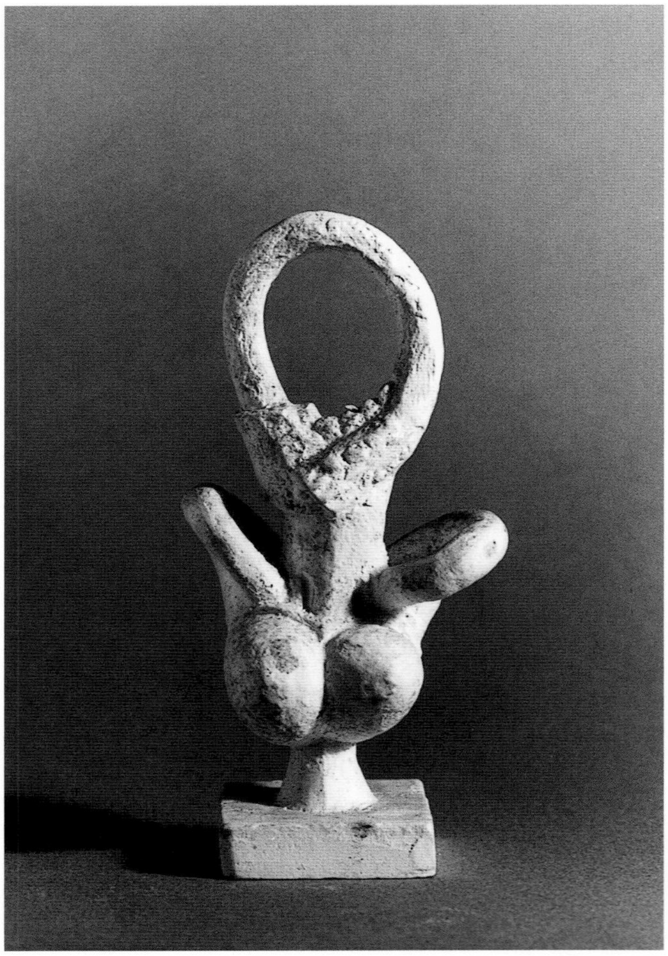
361

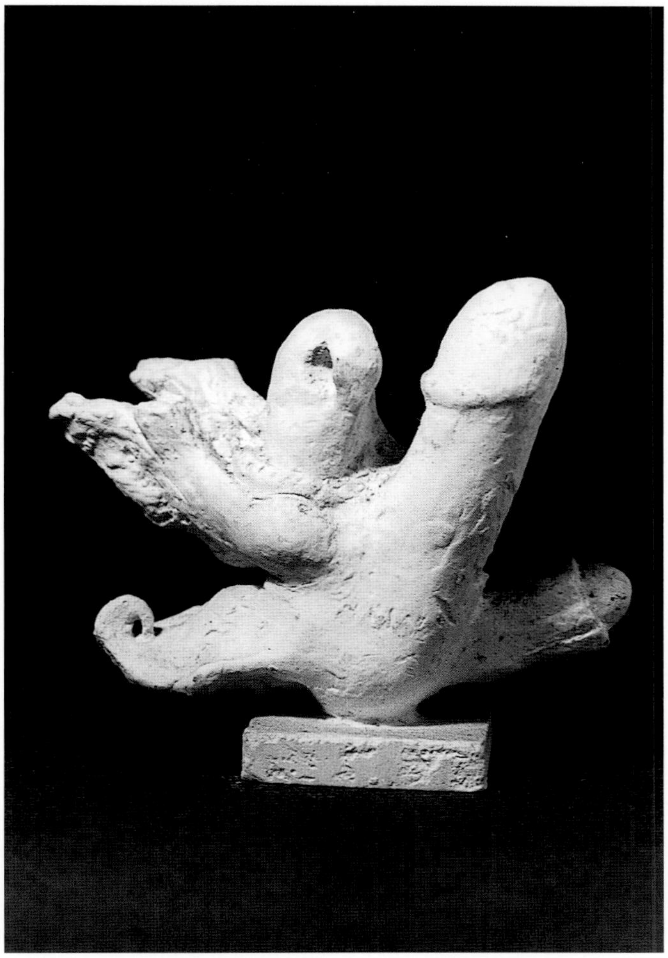

362

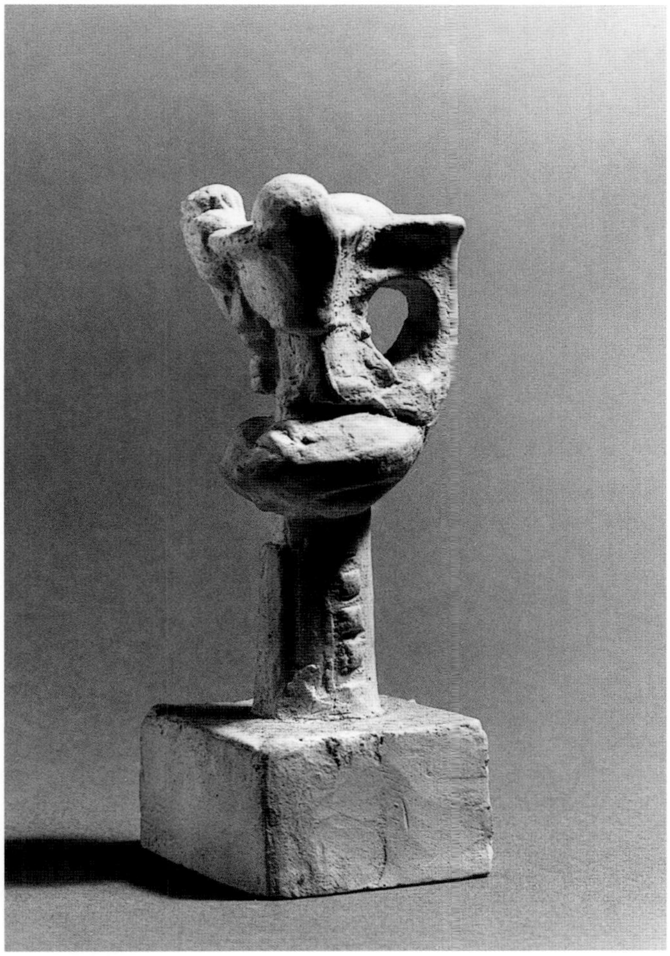

363

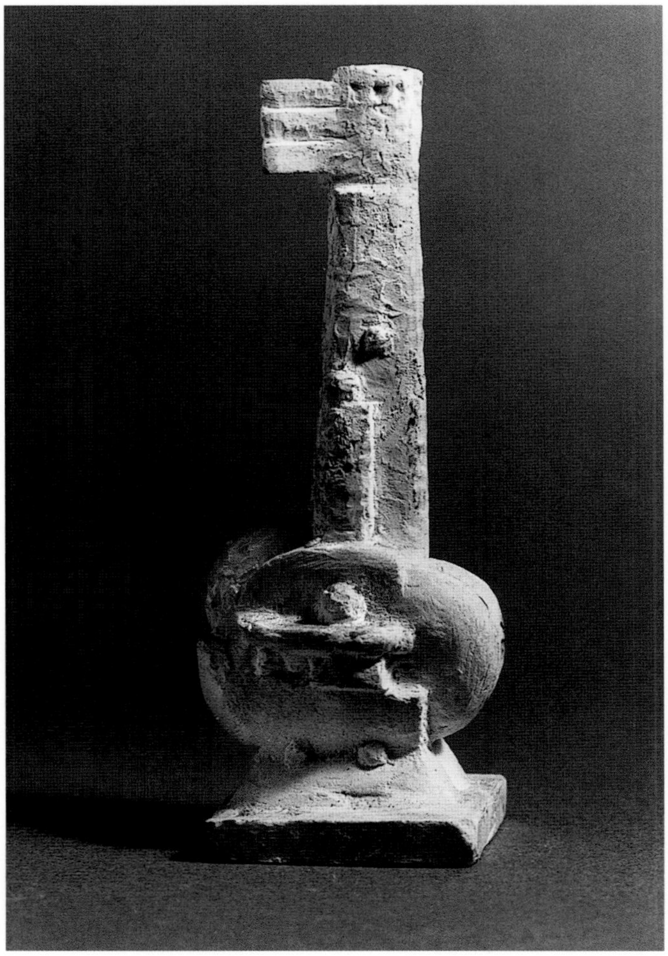

364

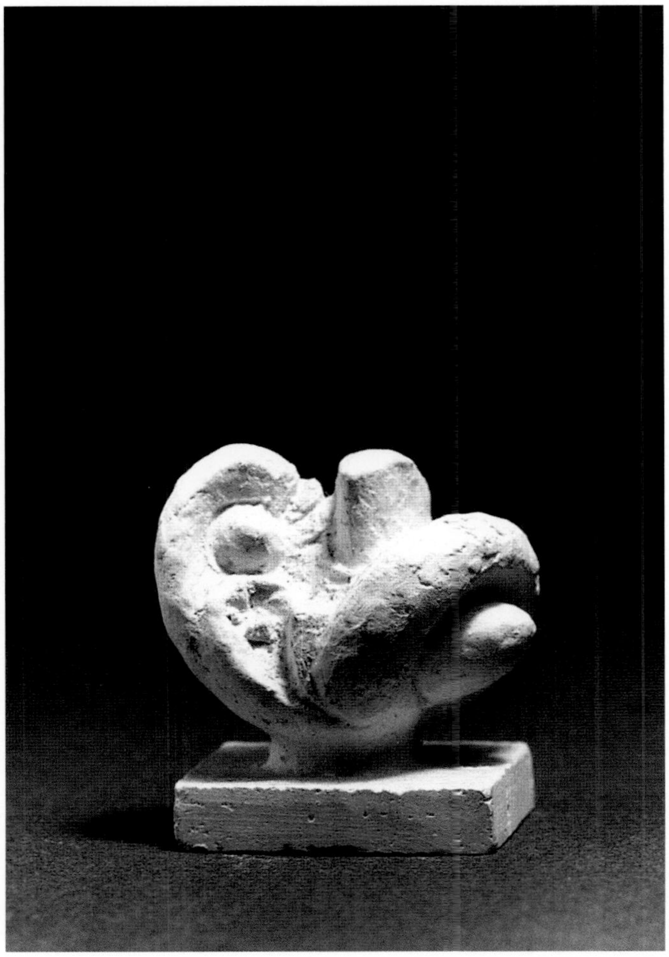

365

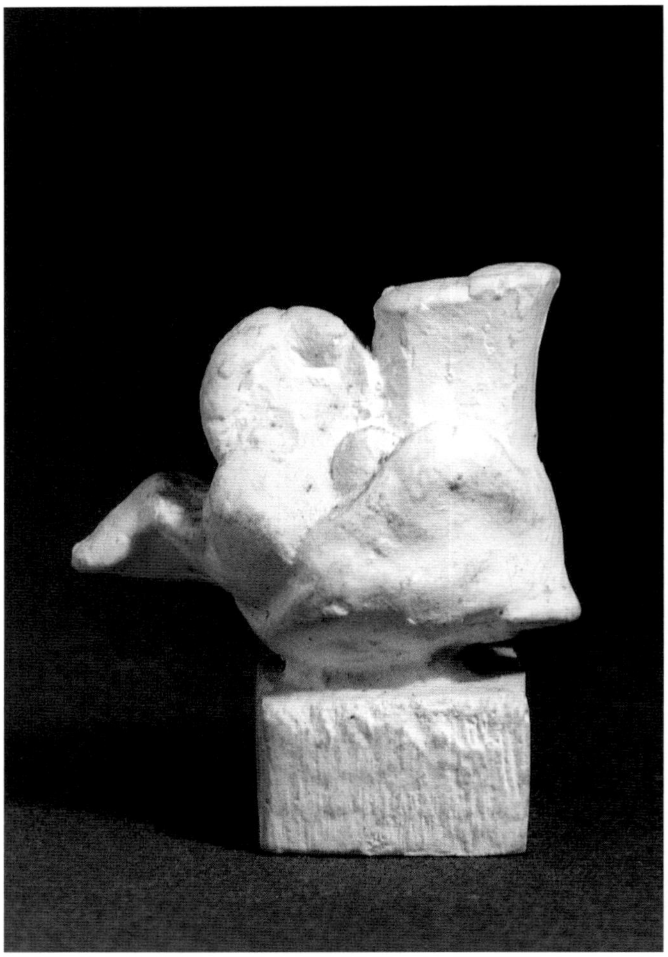
366

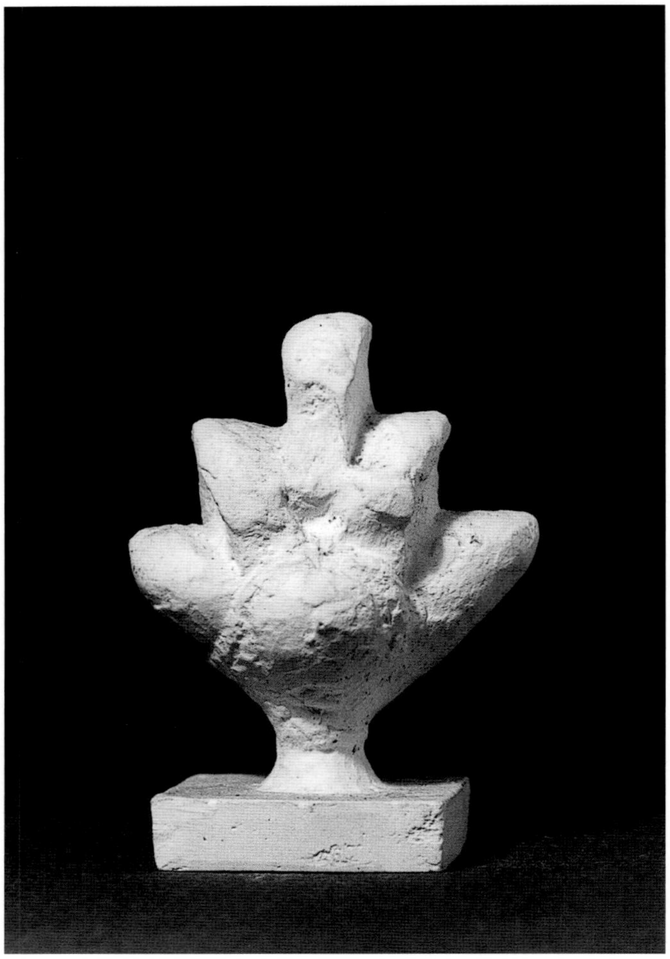
367

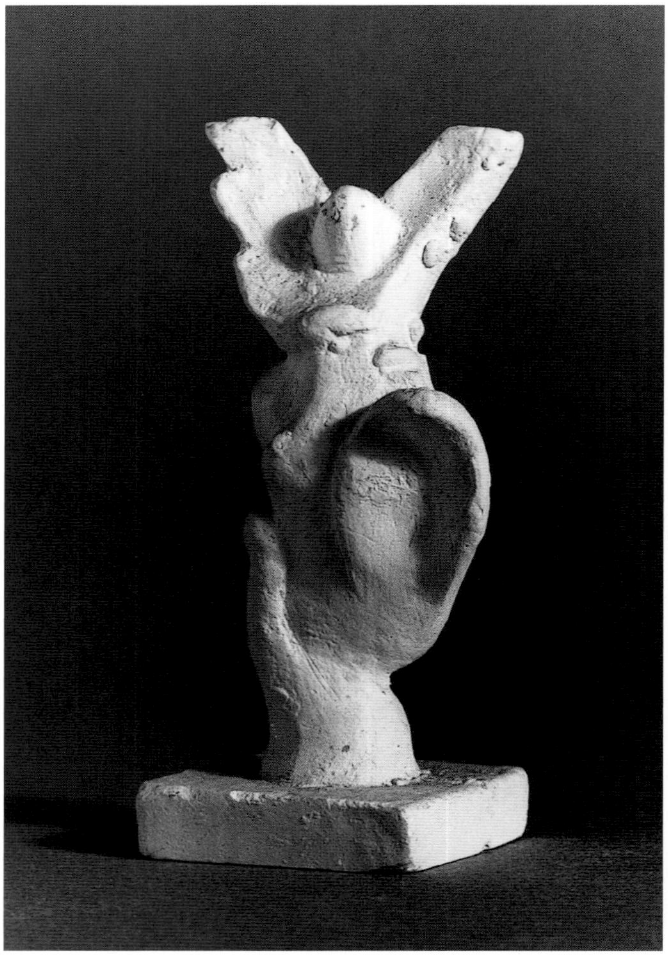
368

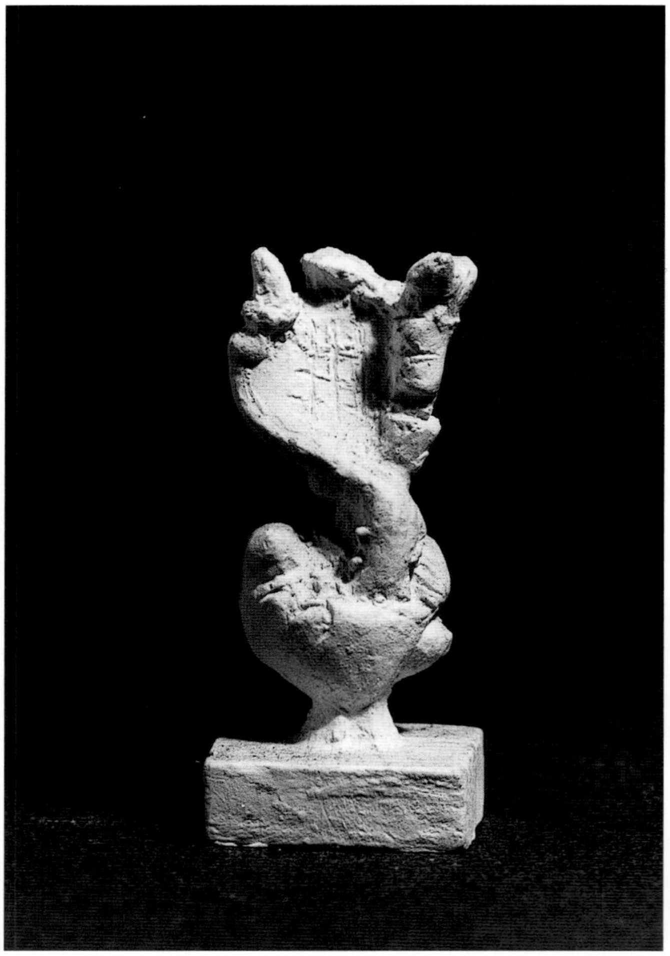
369

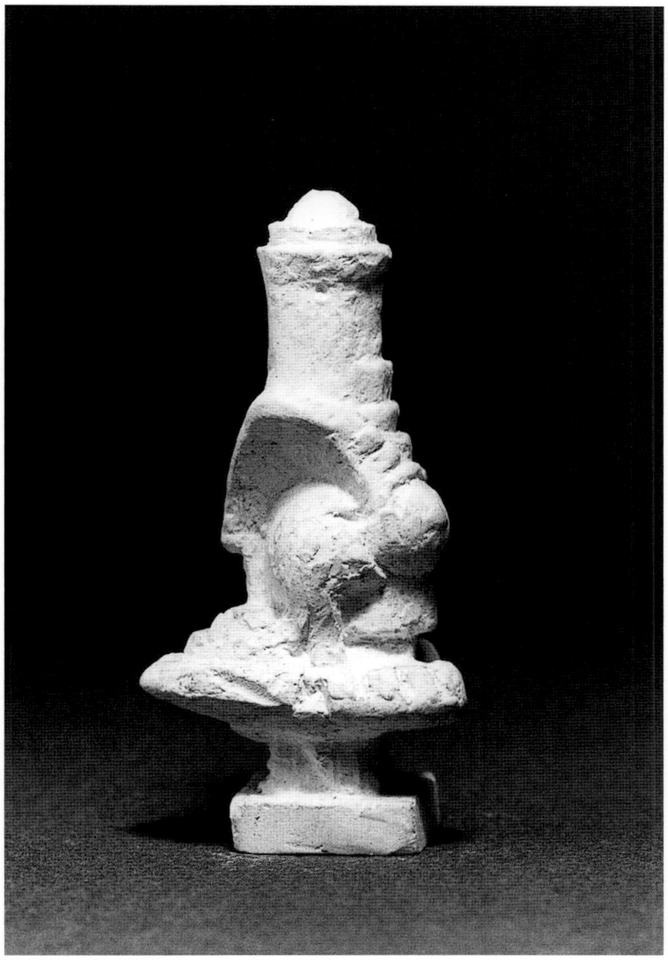
370

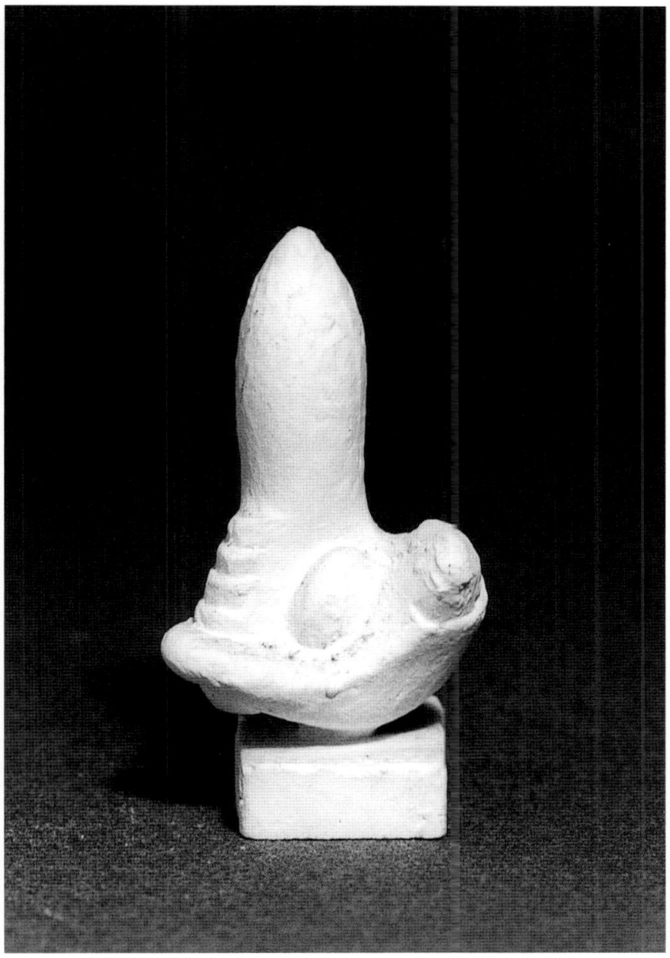
371

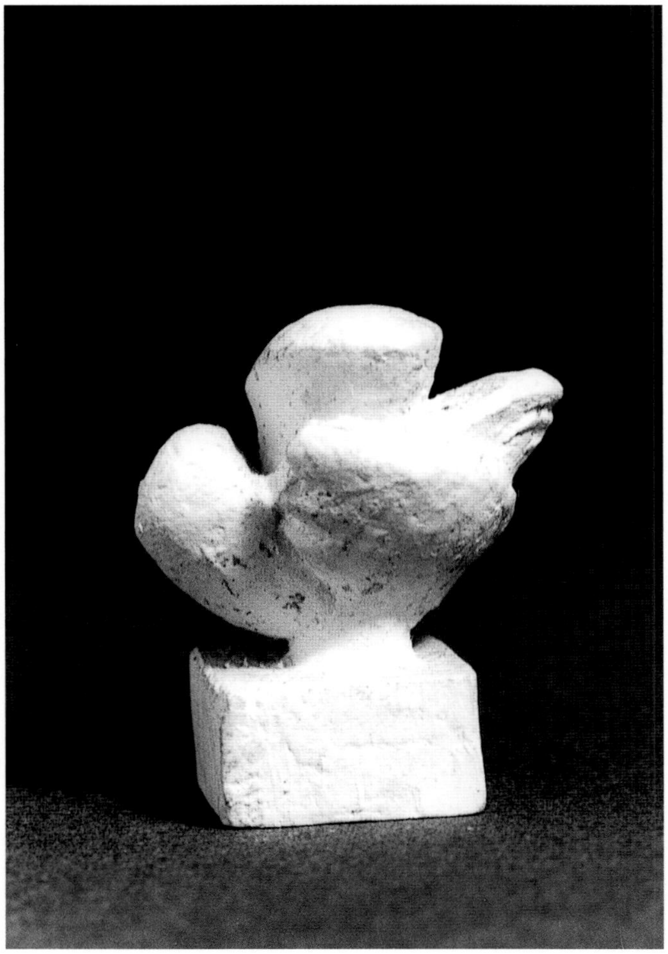
372

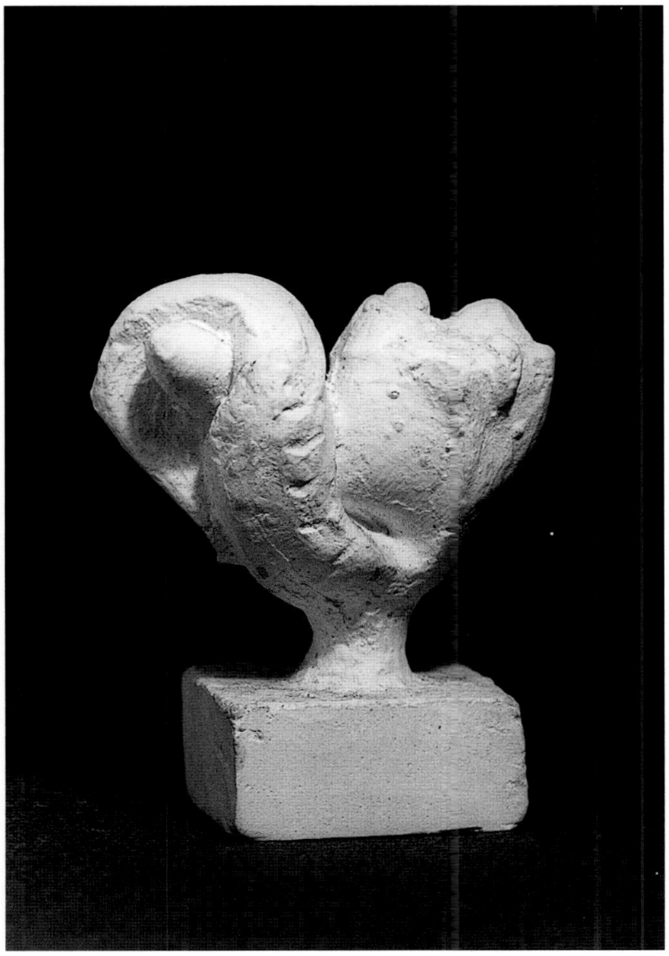
373

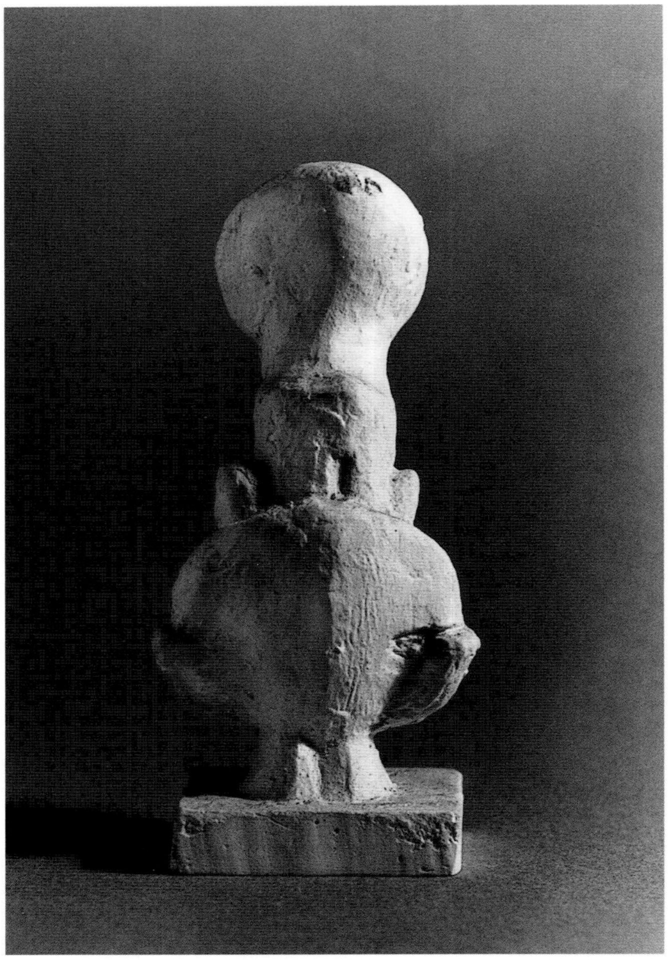
374

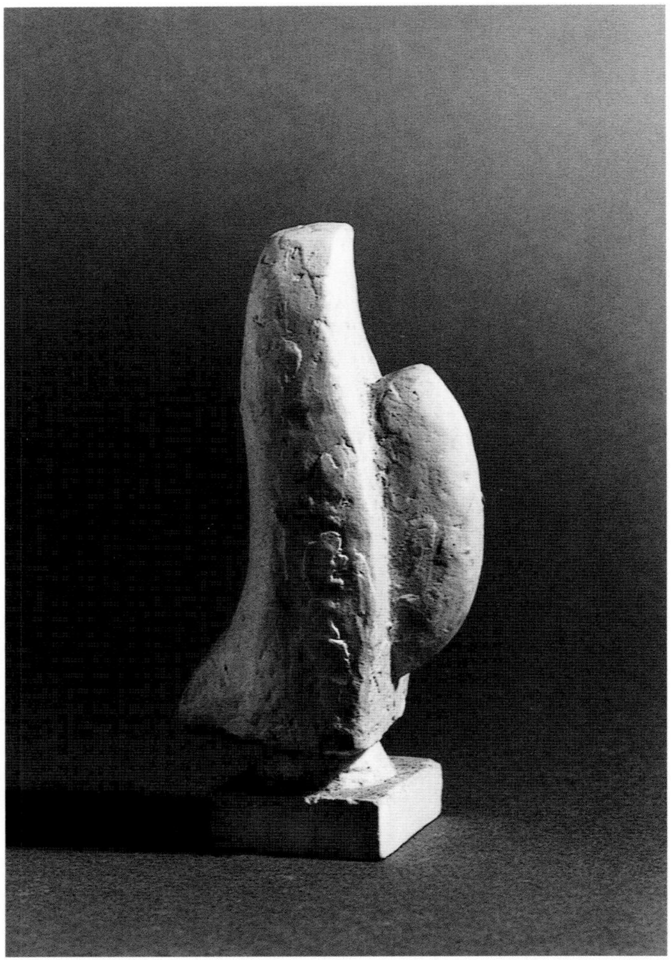
375

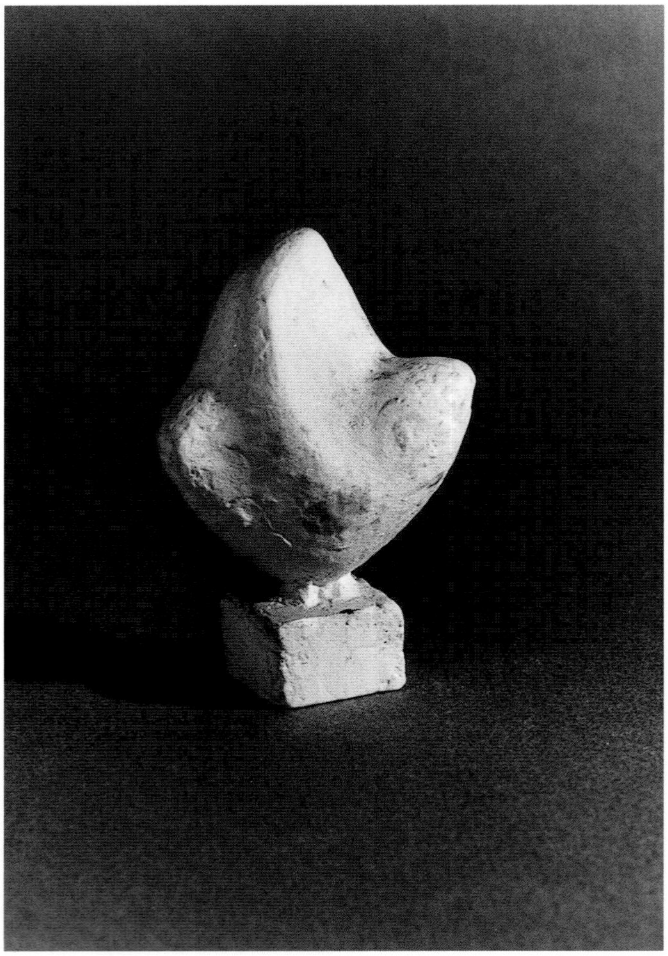
376

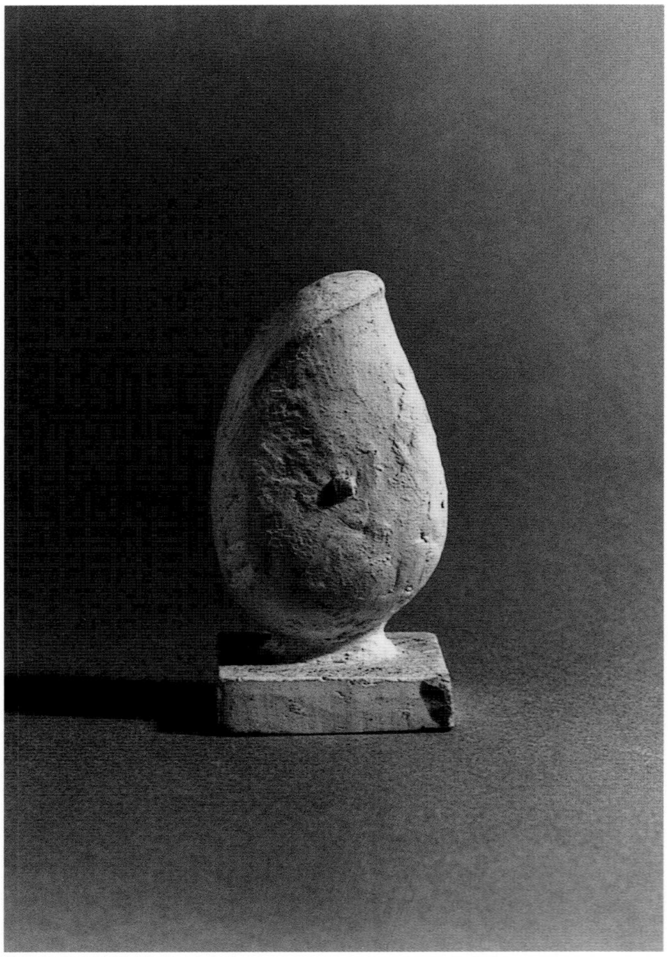
377

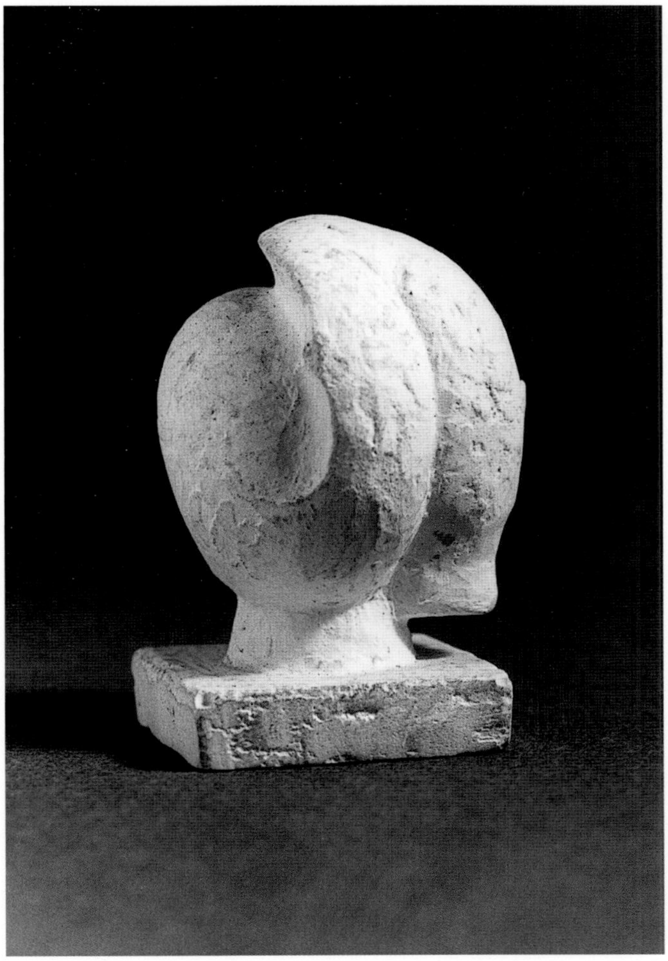
378

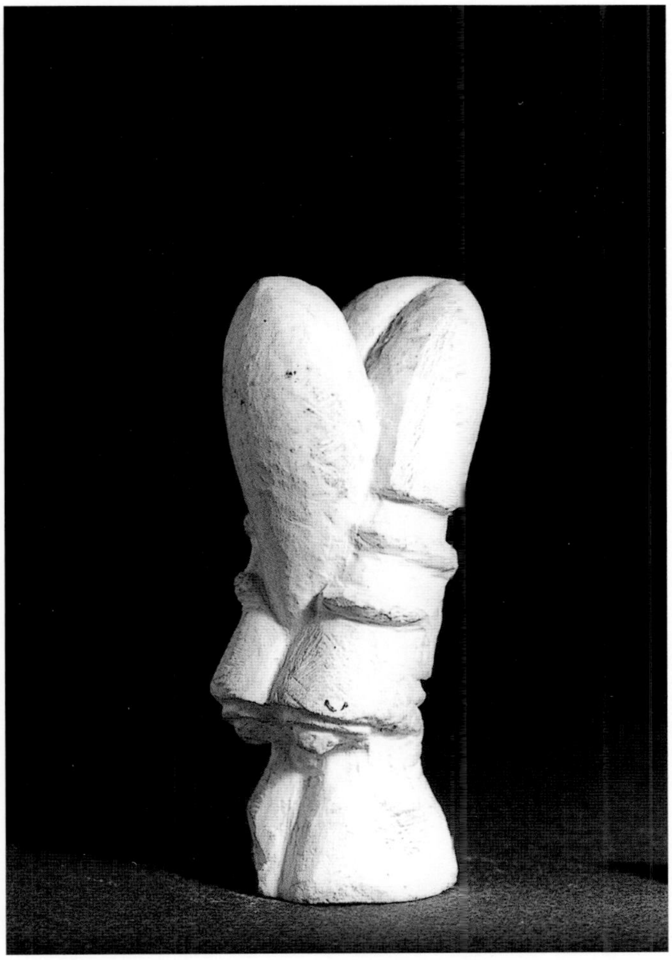
379

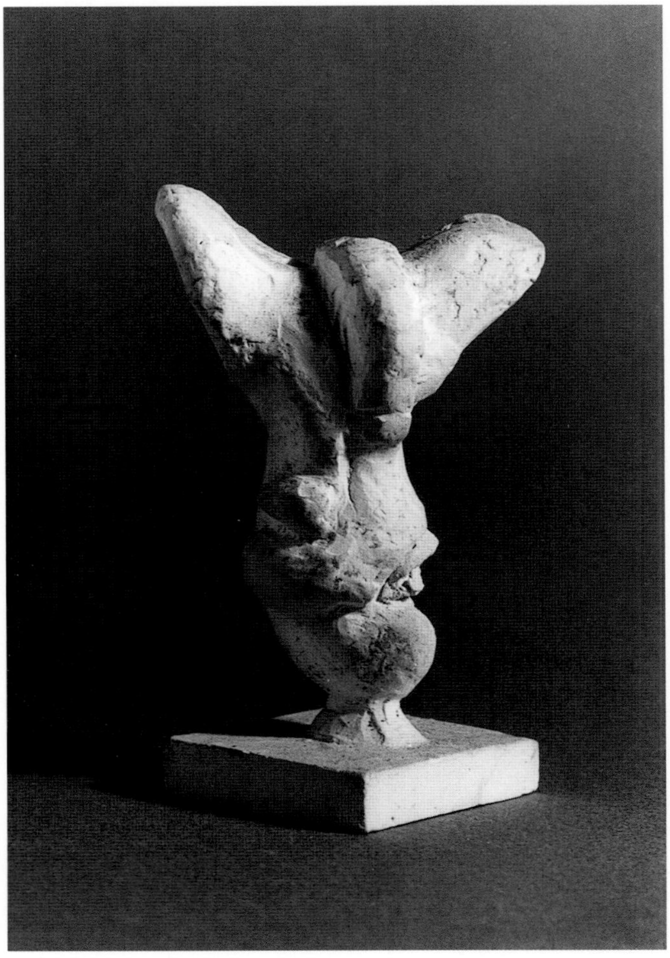
380

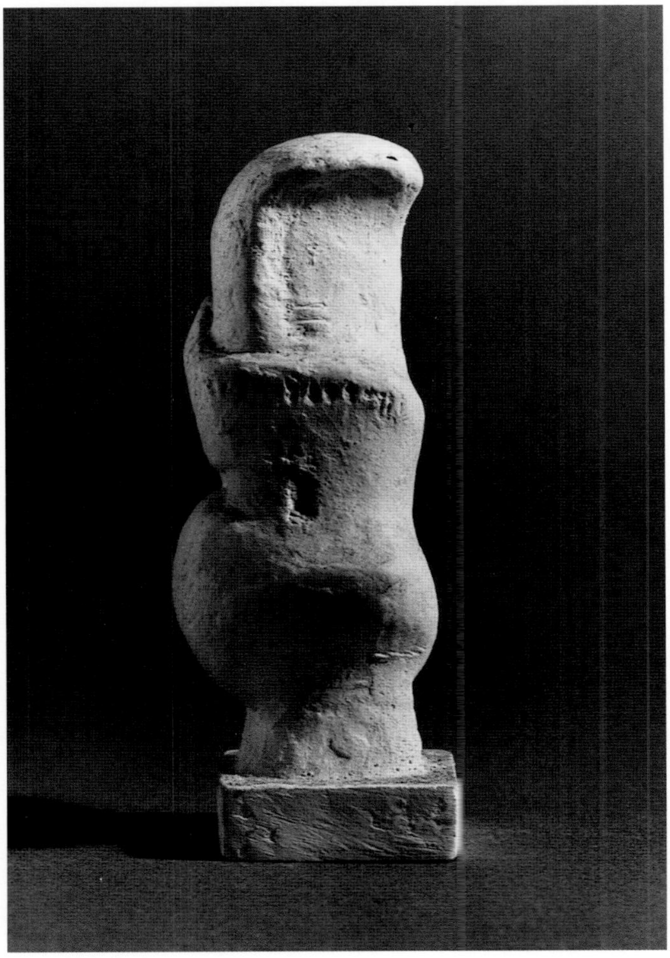
381

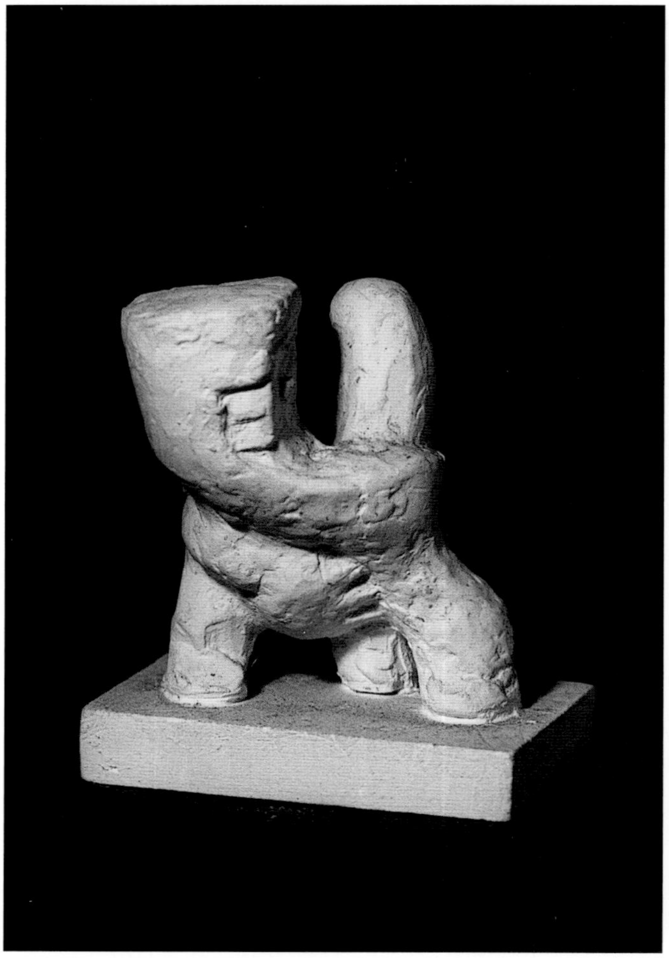

382

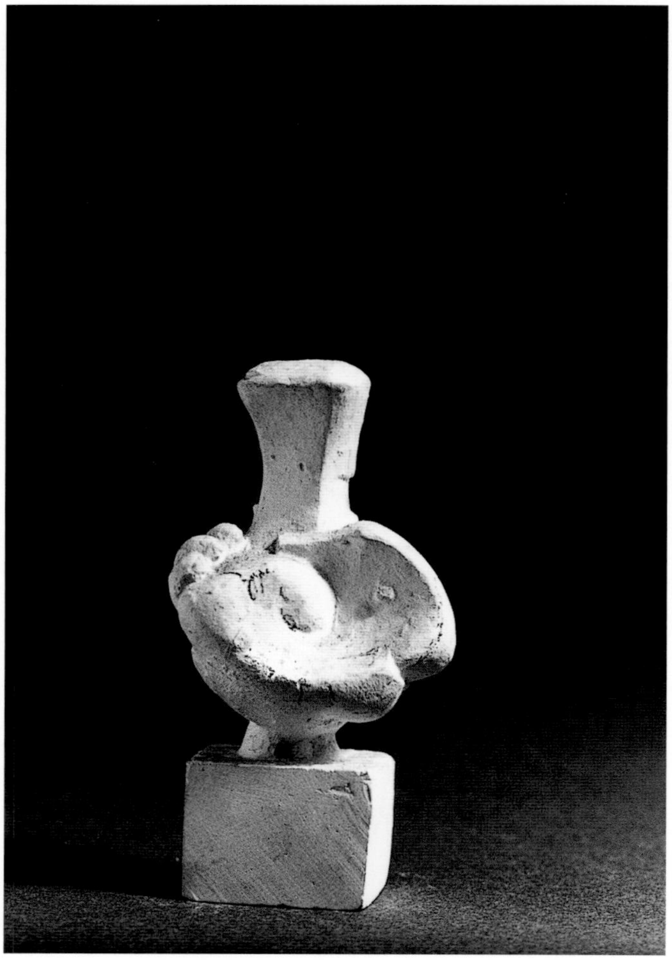

383

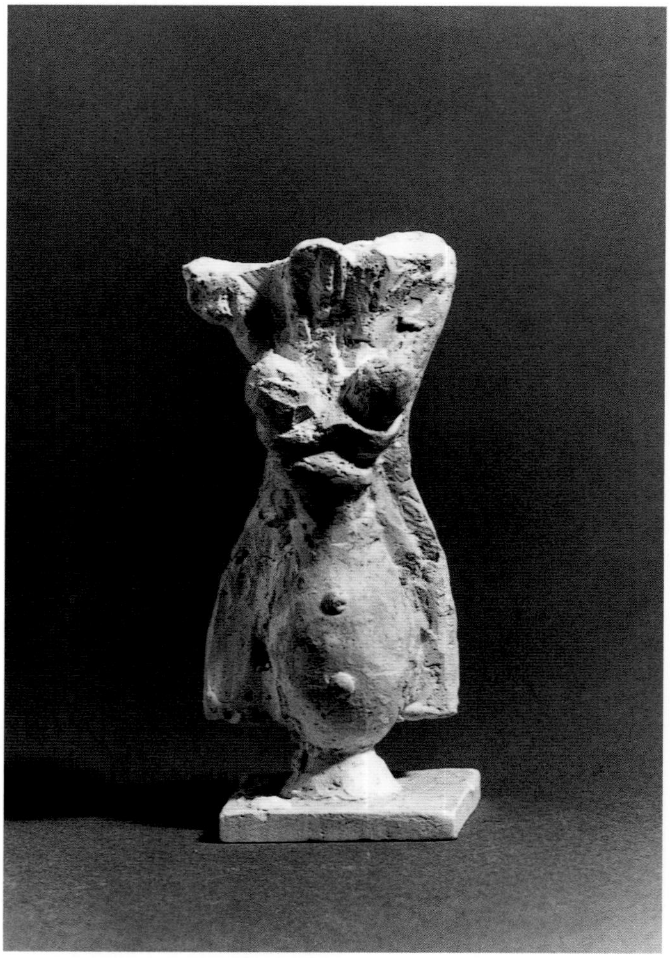

384

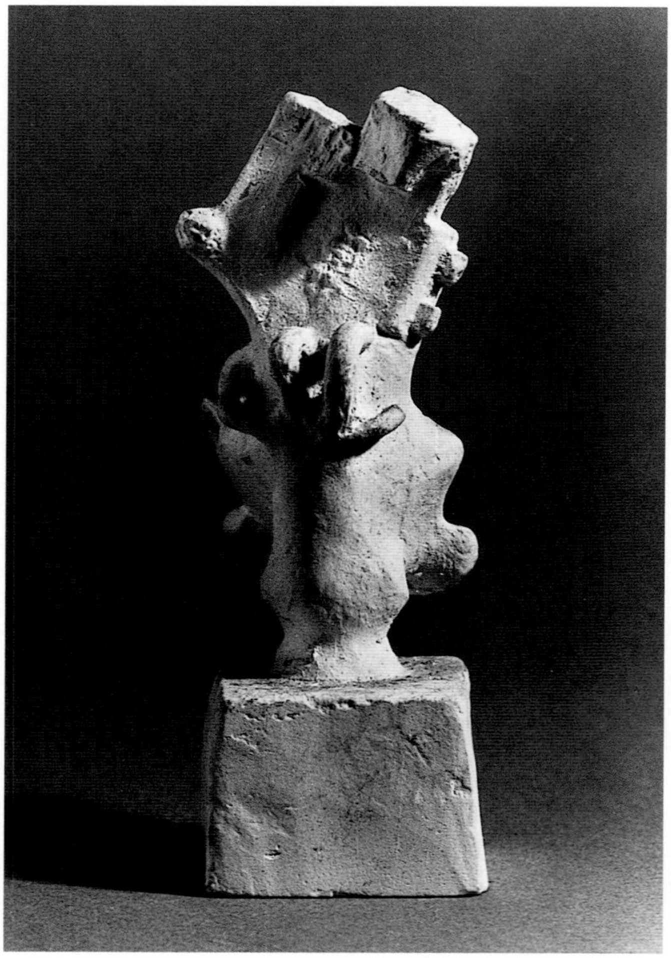

385

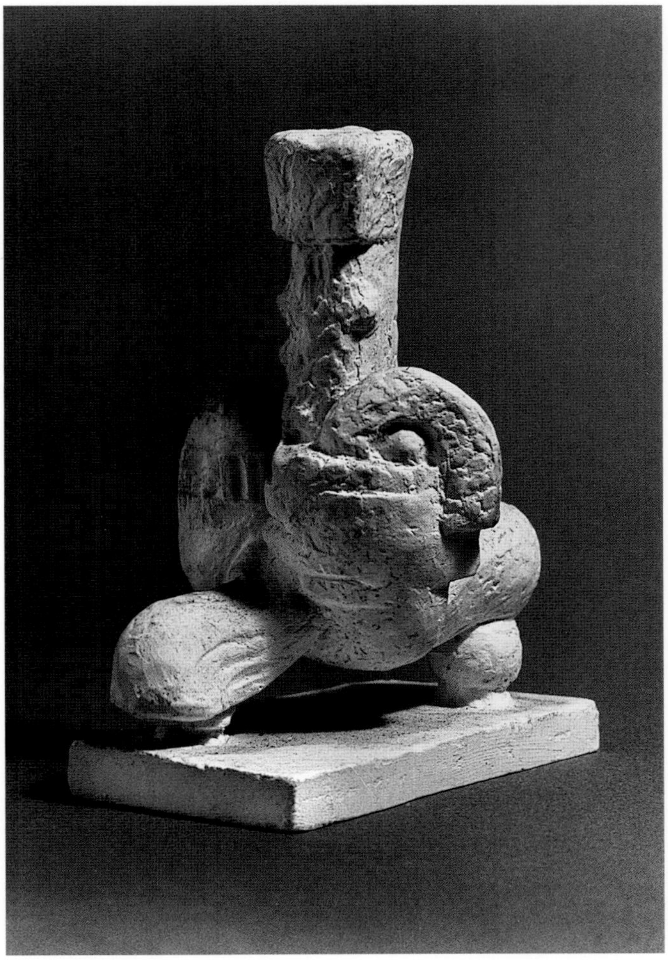
386

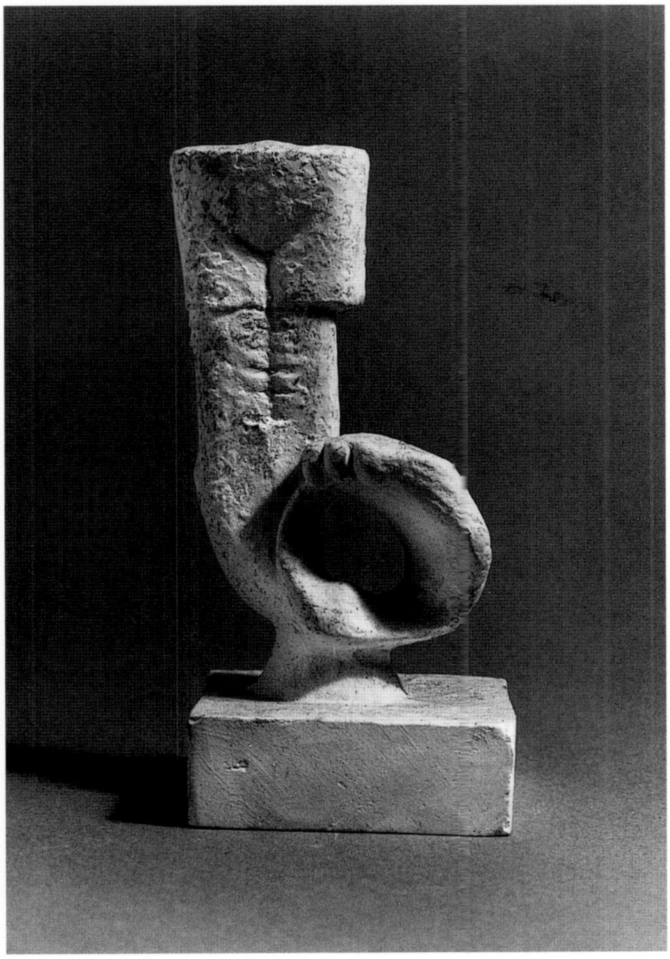
387

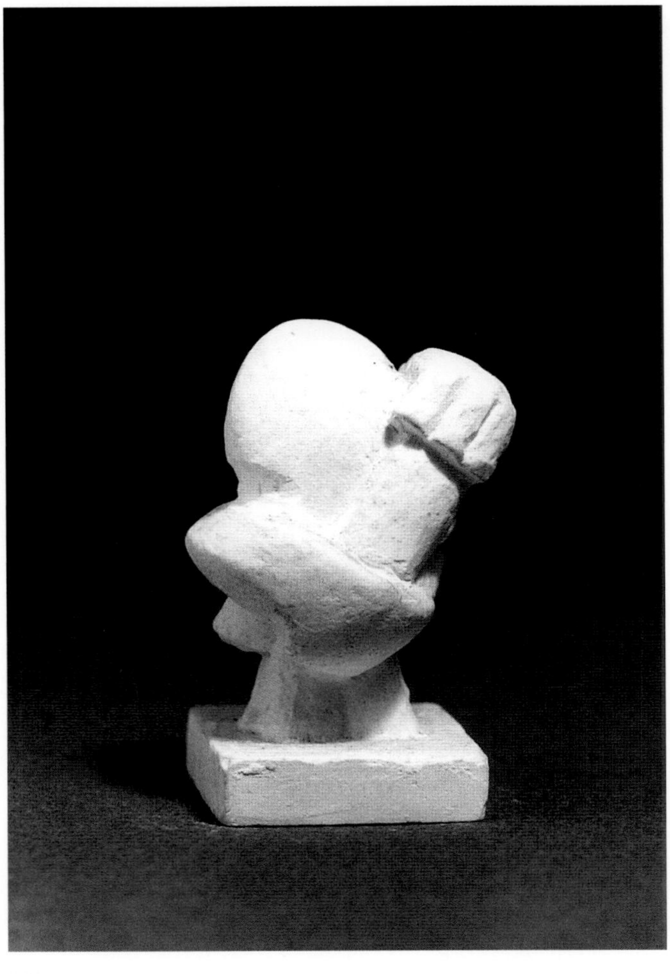
388

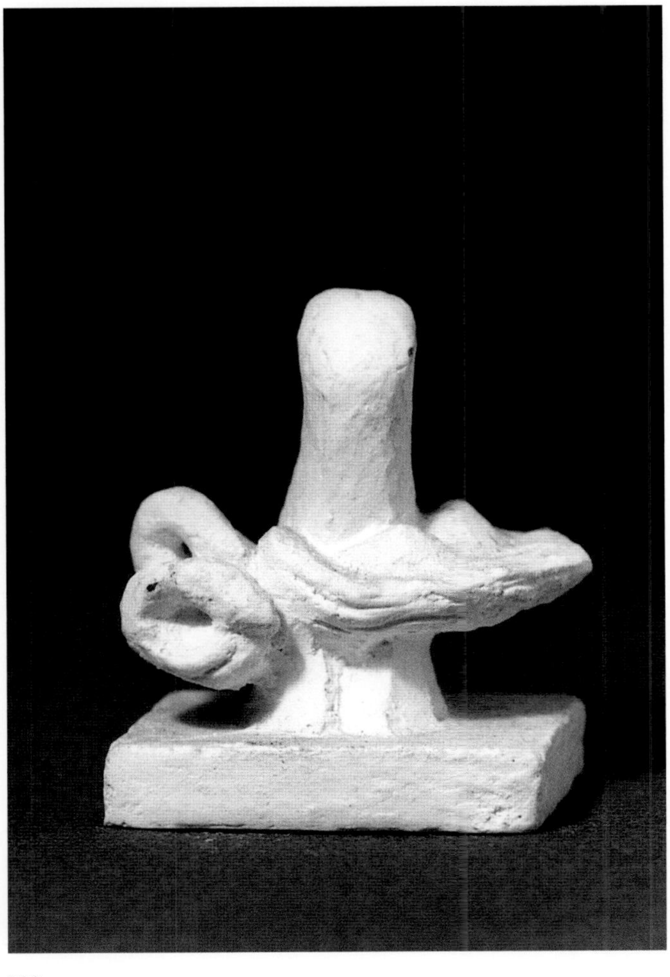
389

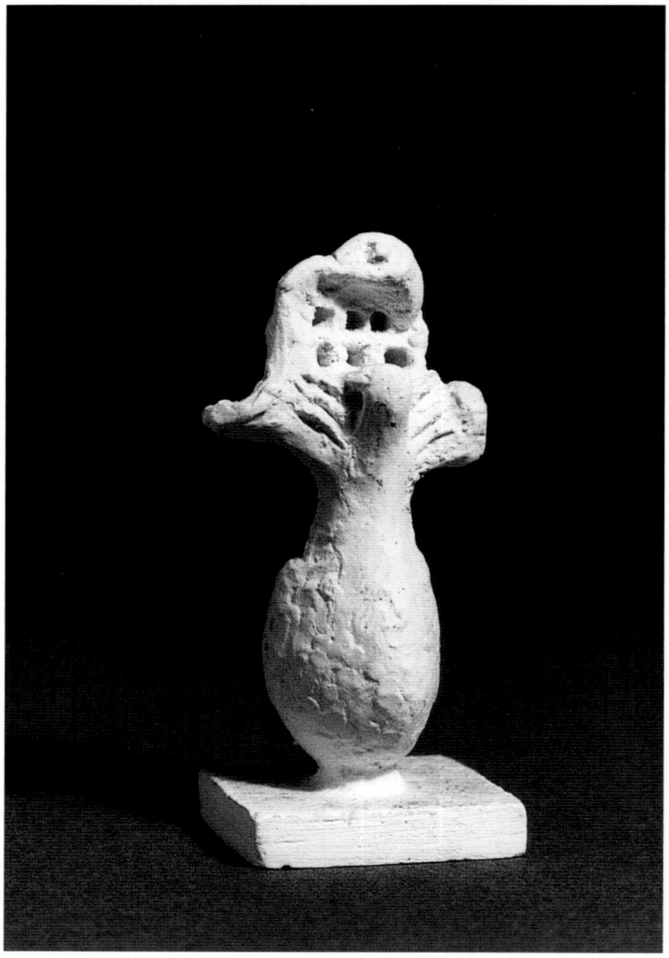
390

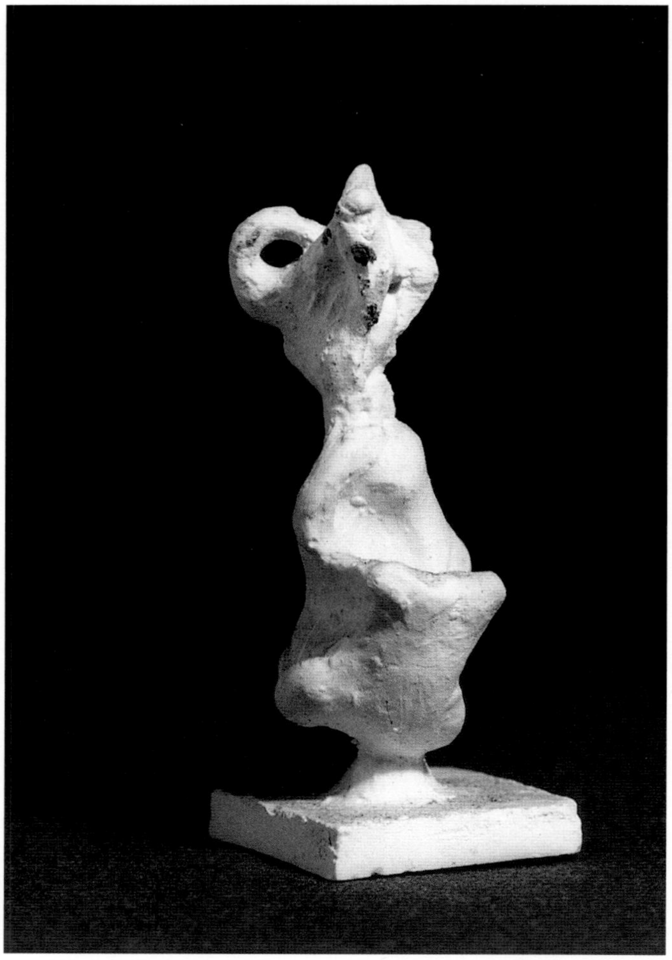
391

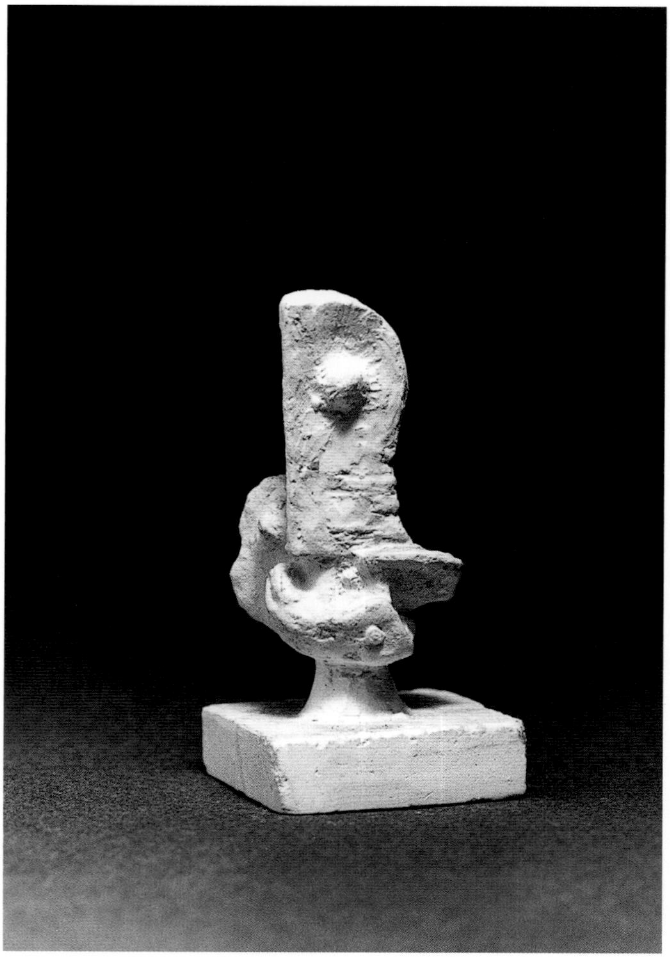
392

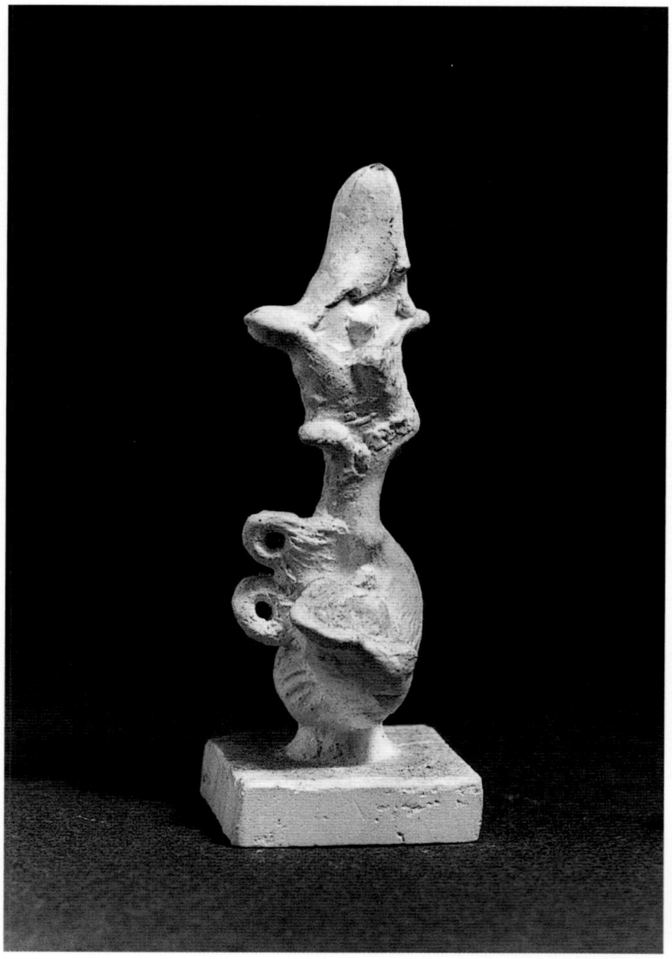
393

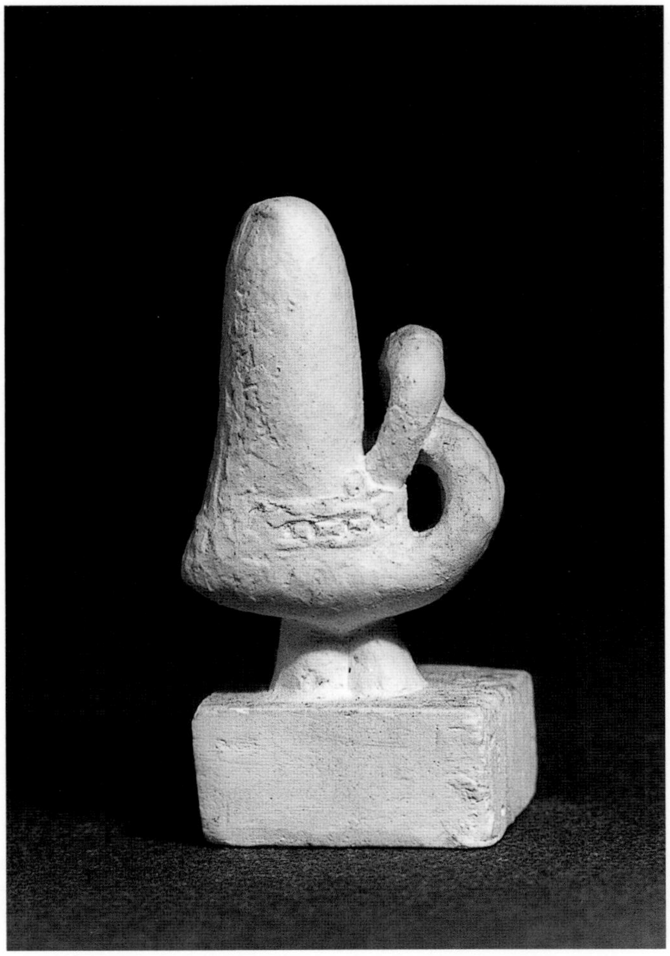

394

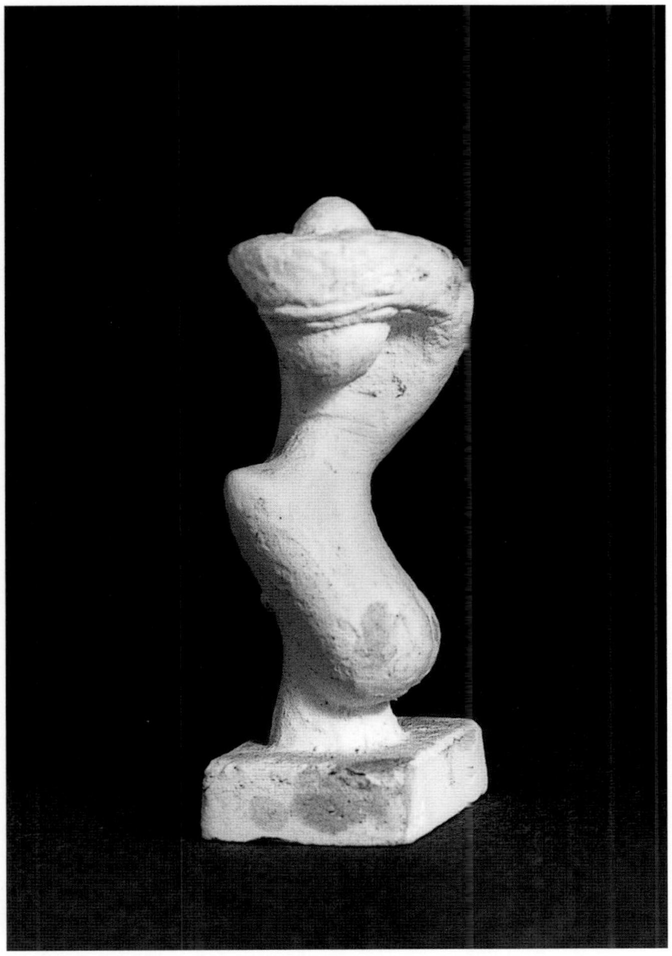

395

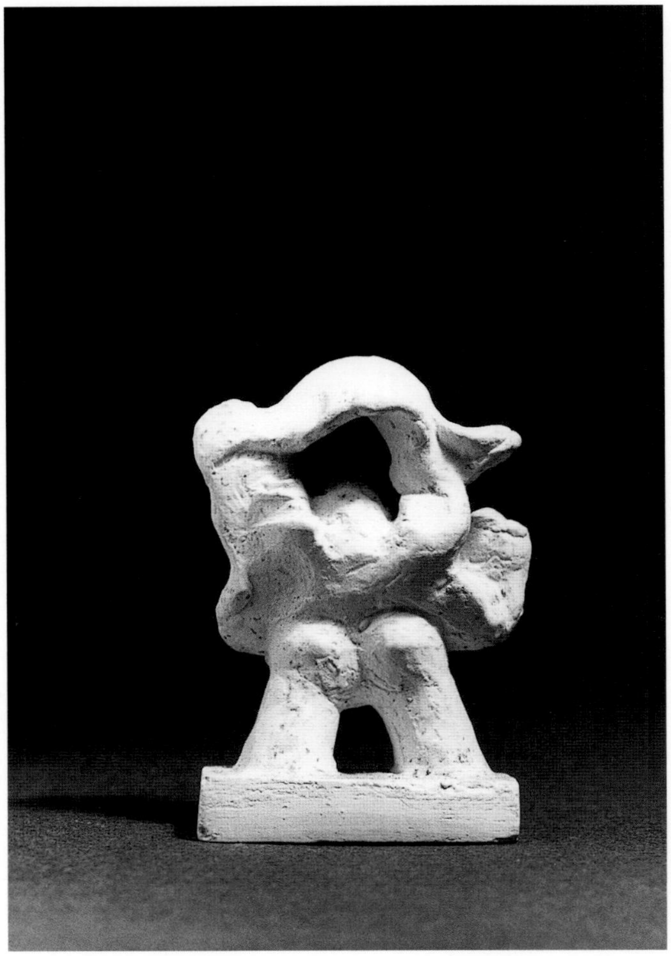

396

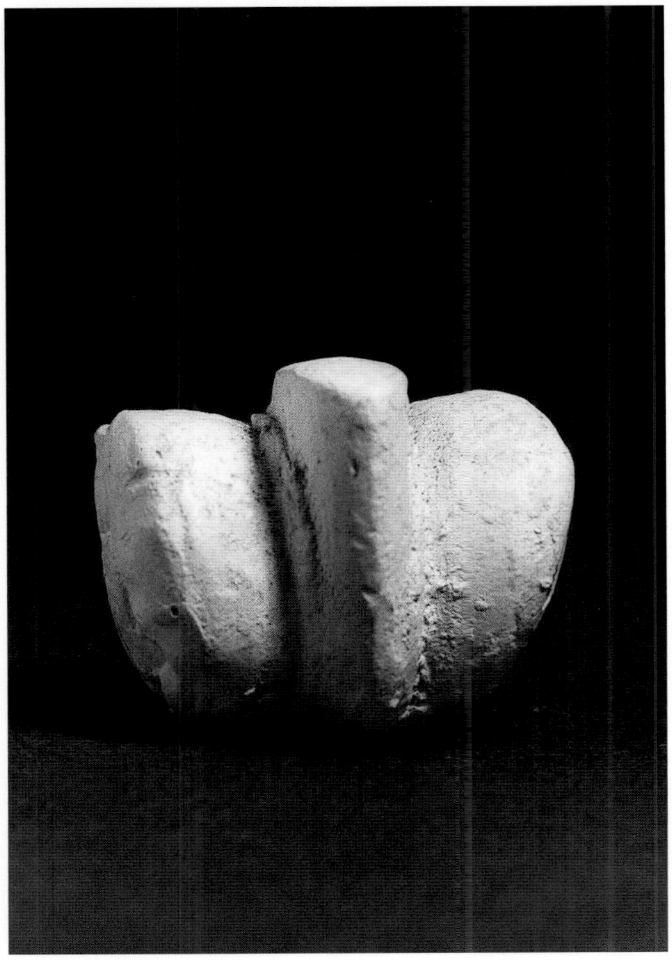

397

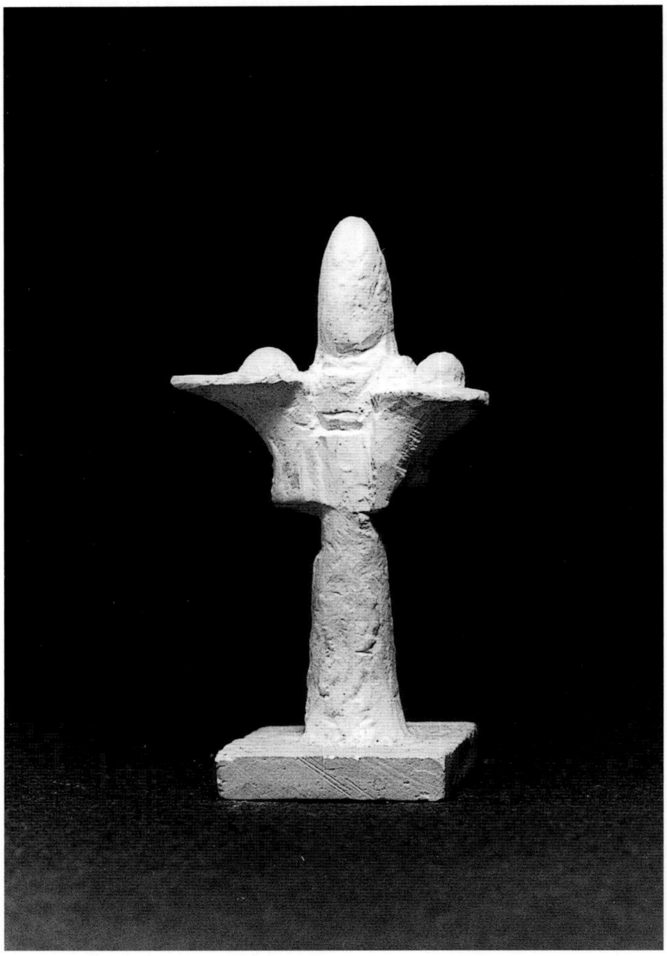
398

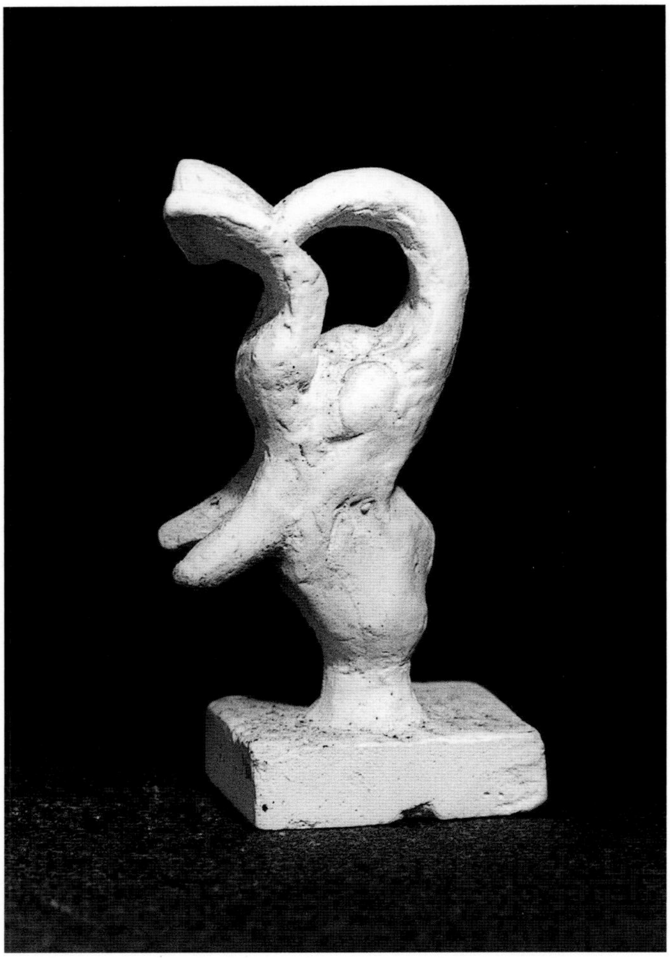
399

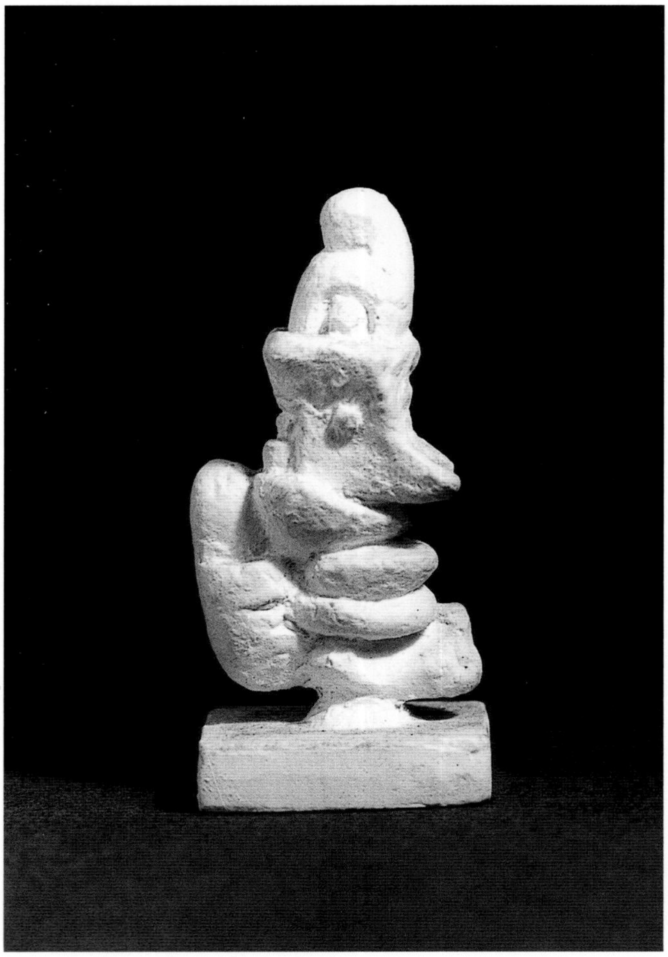
400

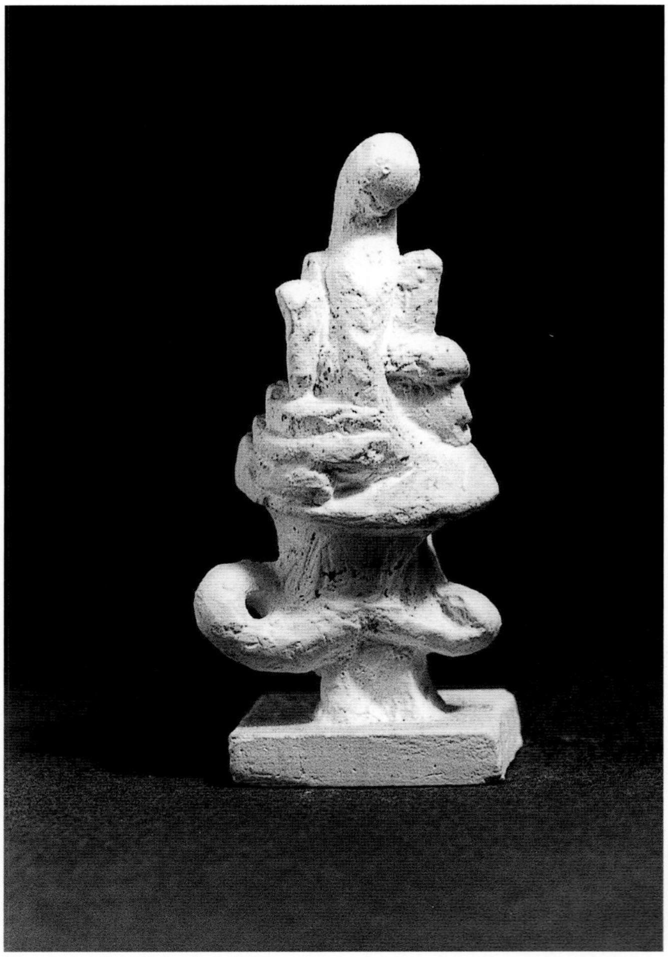
401

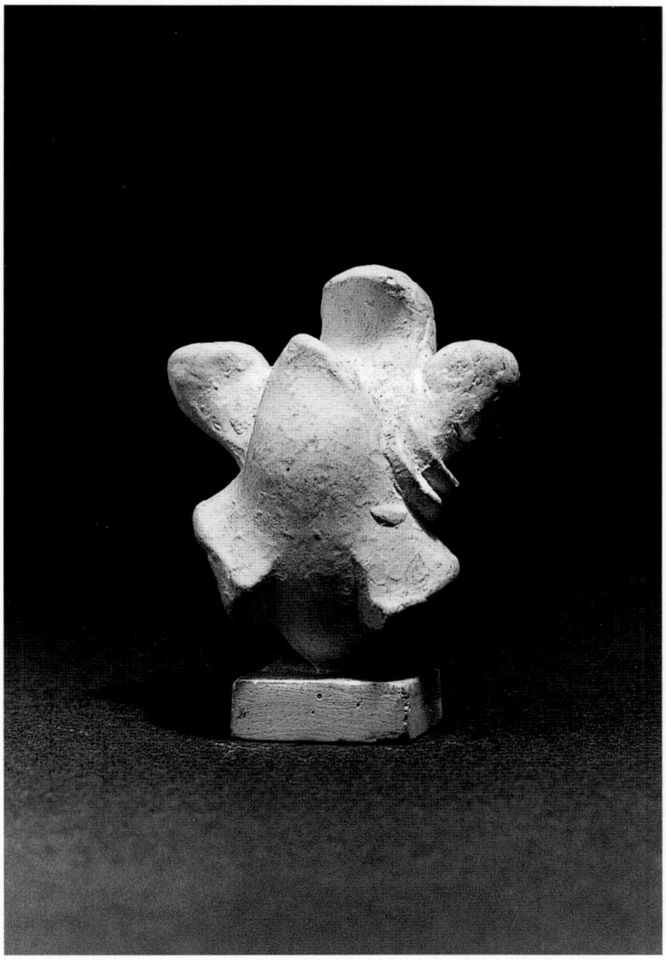
402

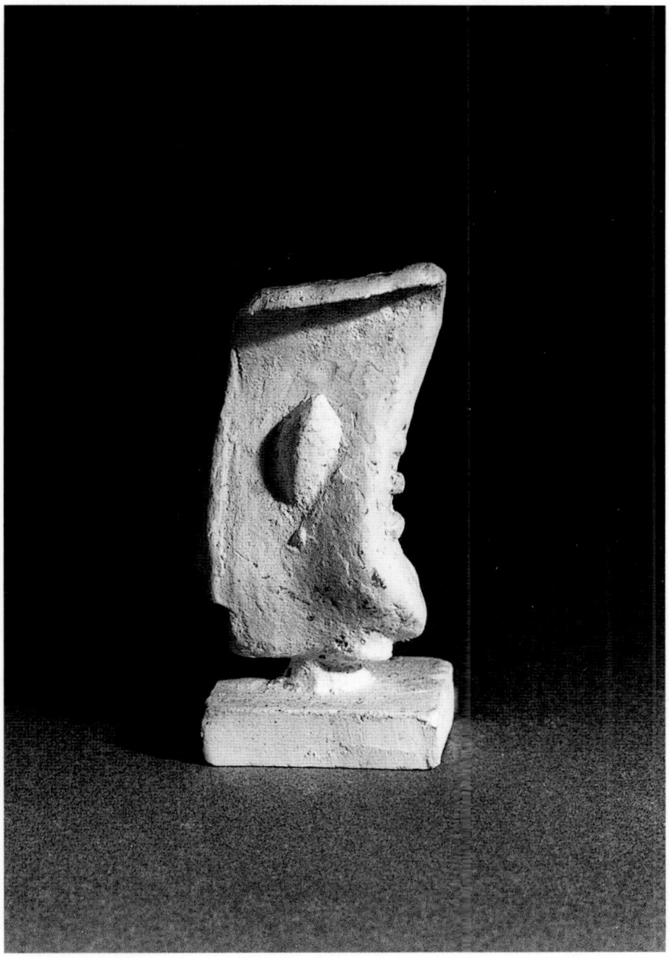
403

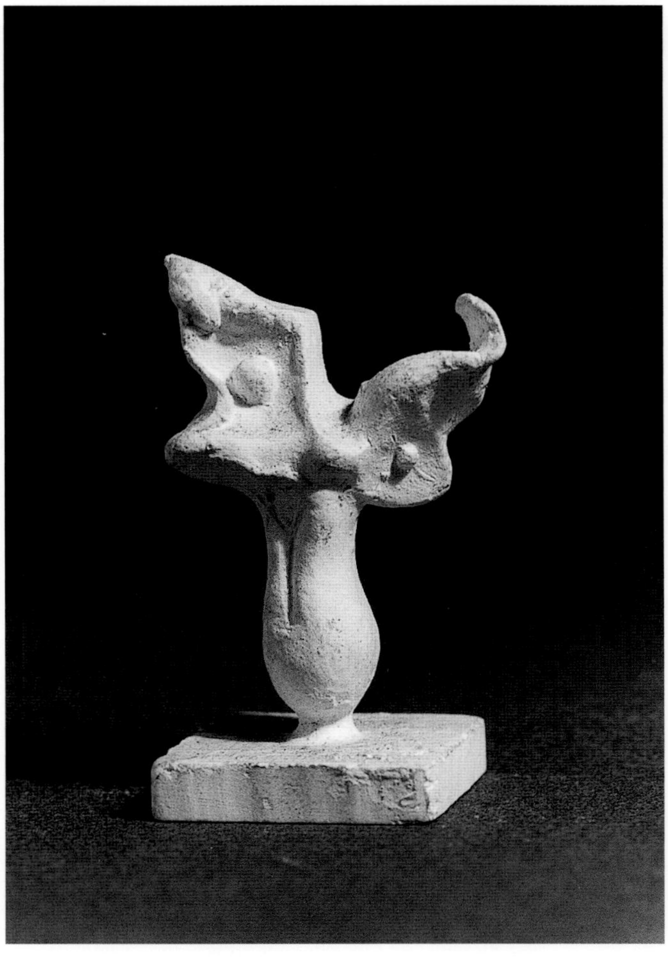
404

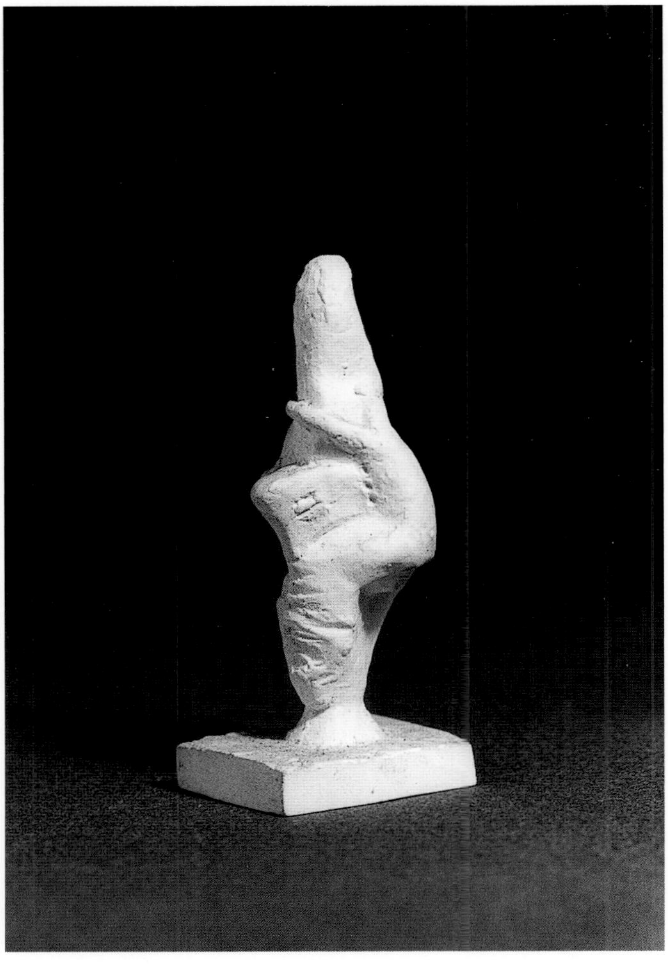
405

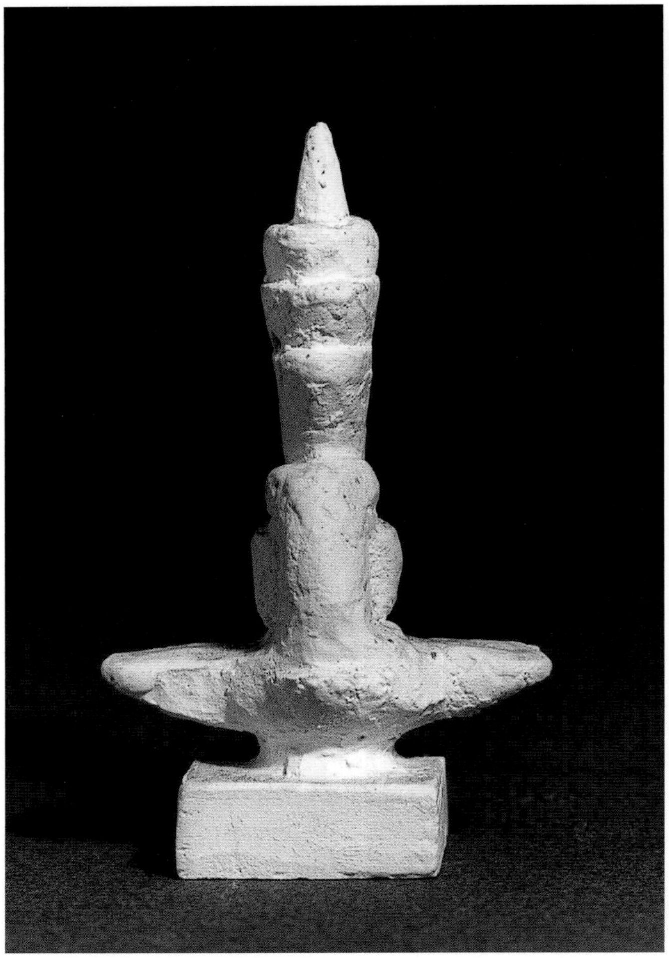
406

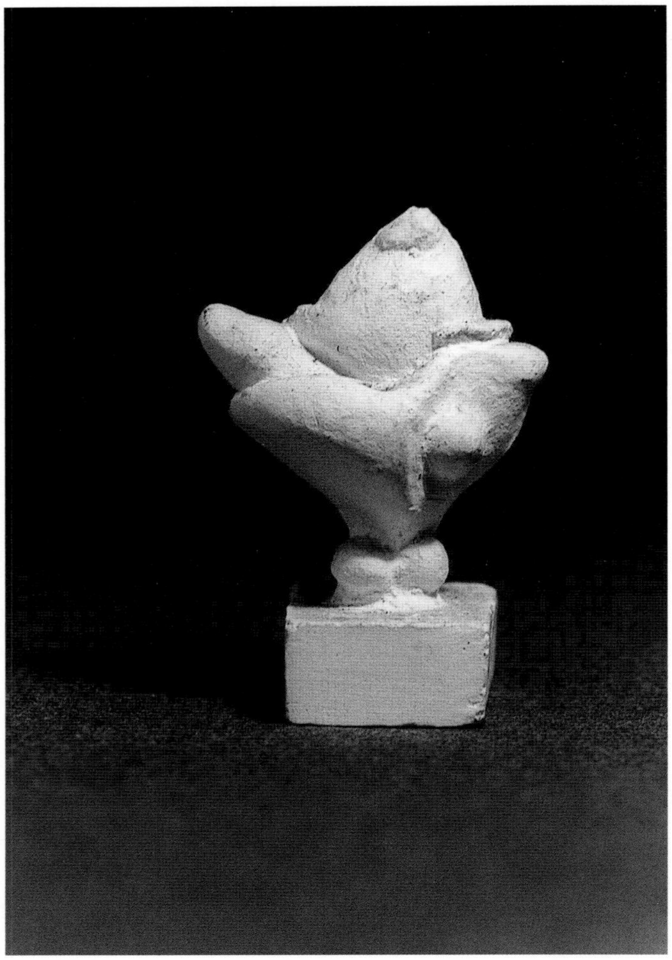
407

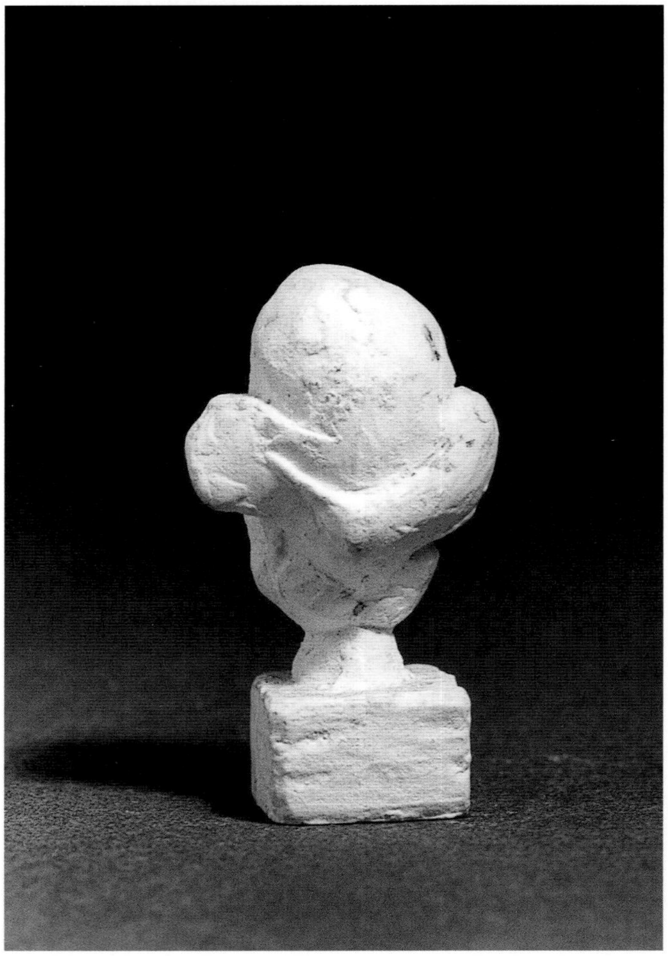
408

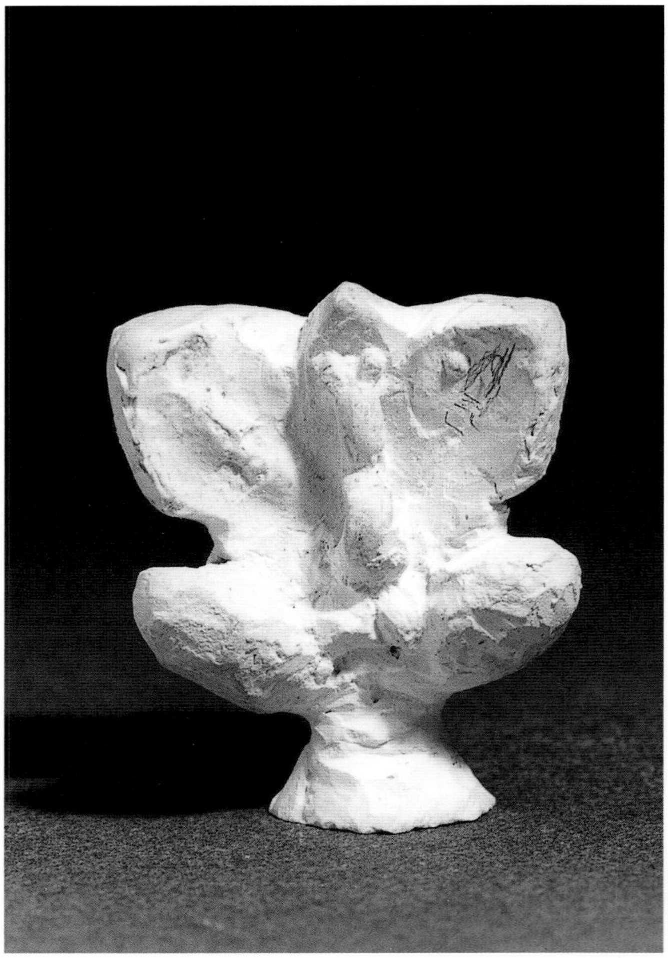
409

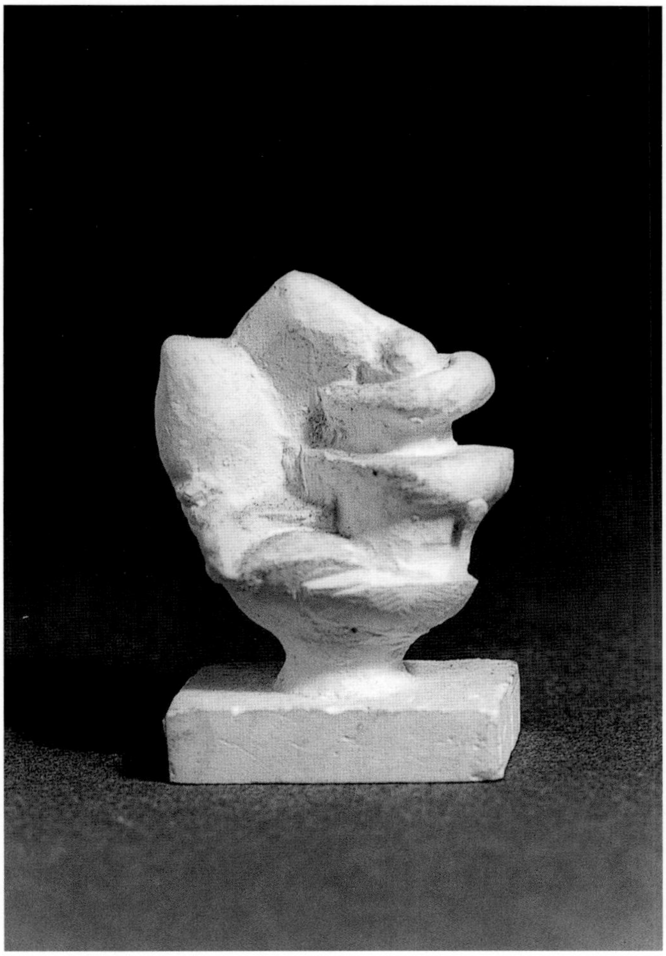

410

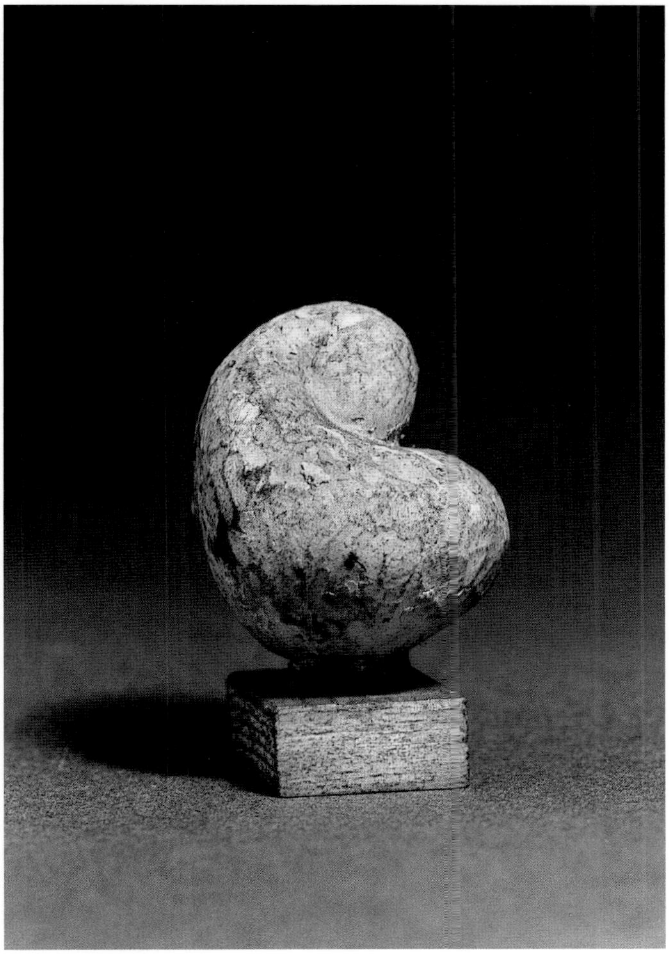

411

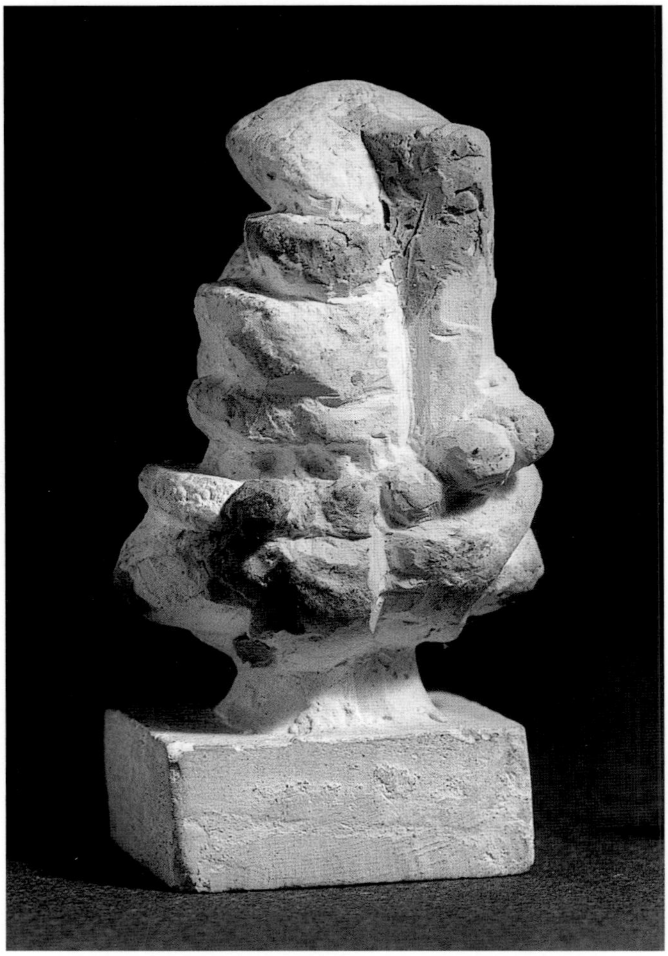

412

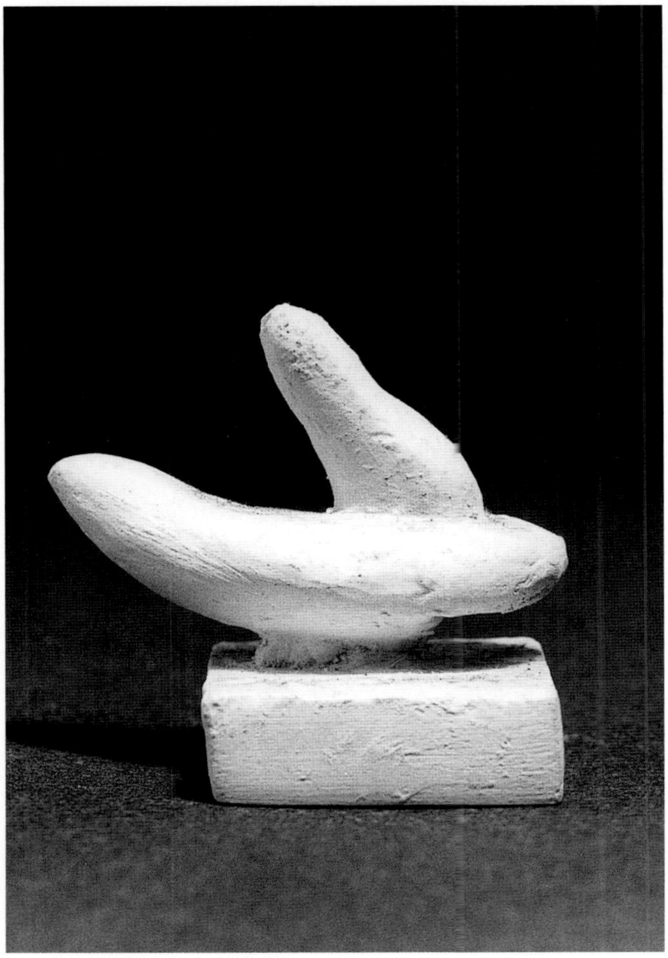

413

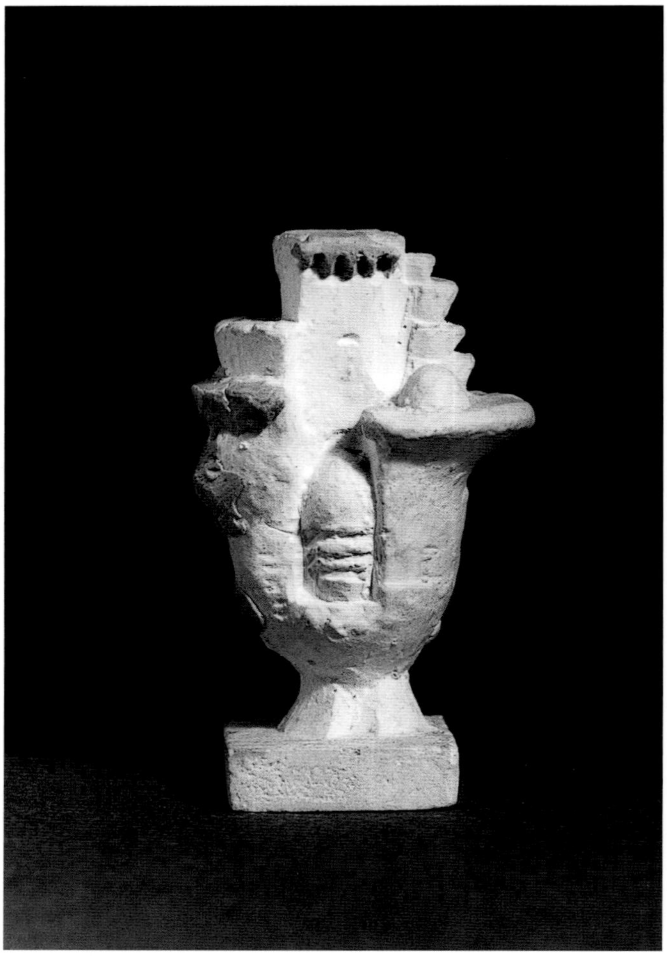
414

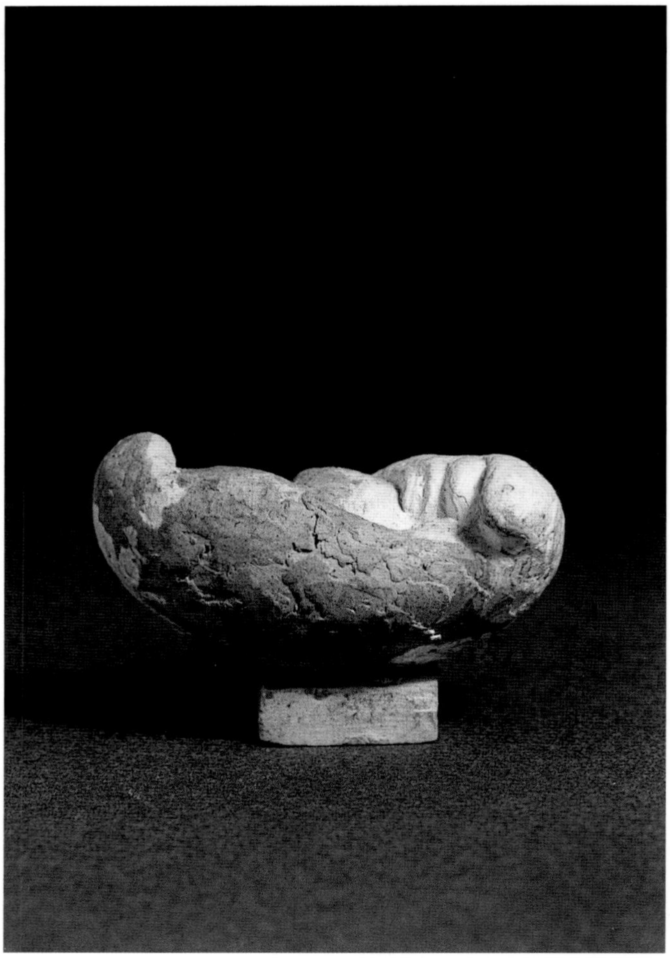
415

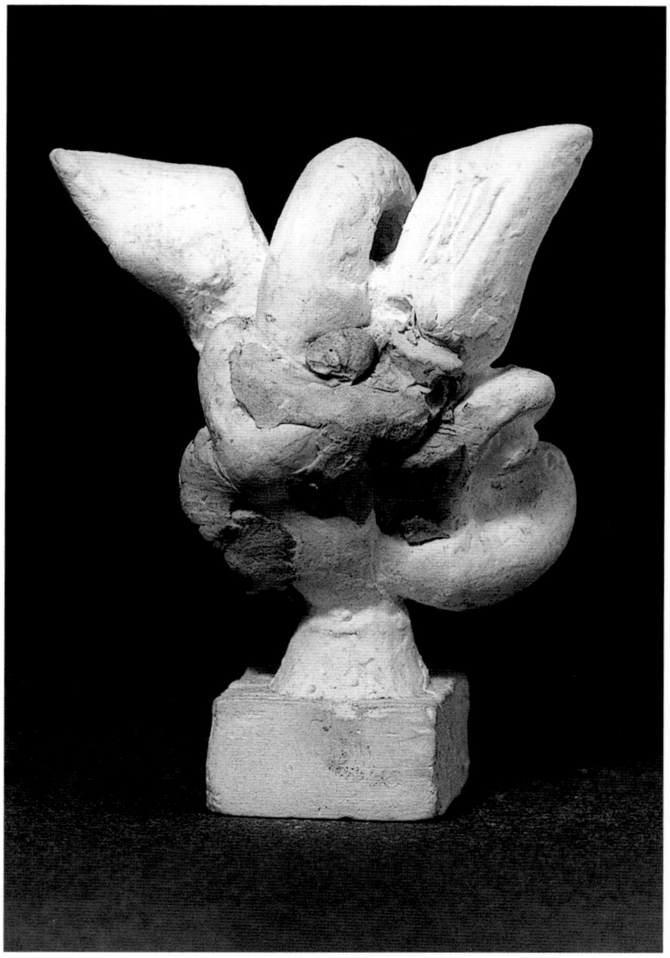
416

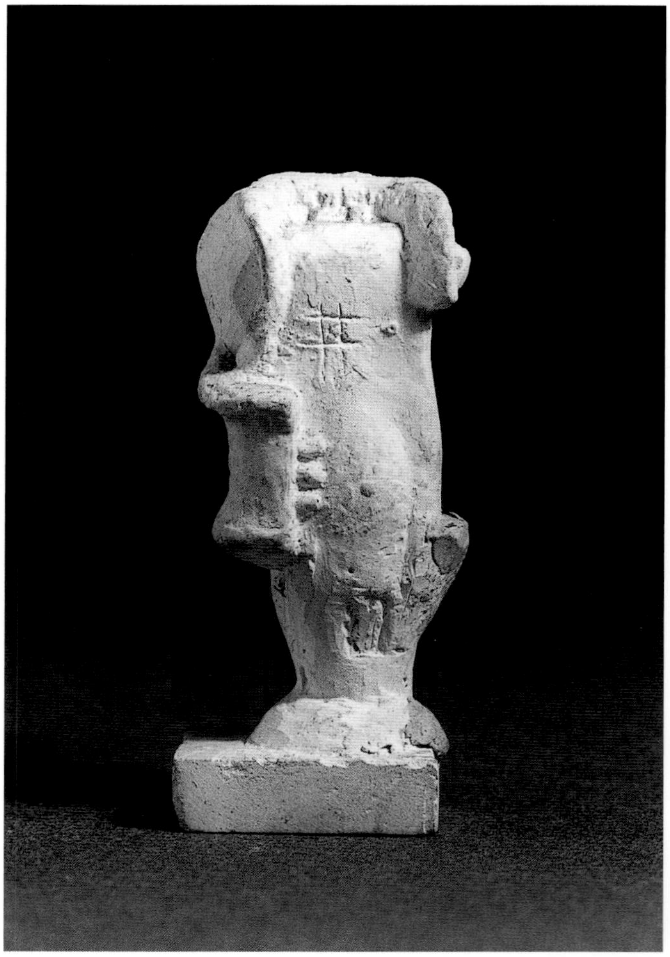
417

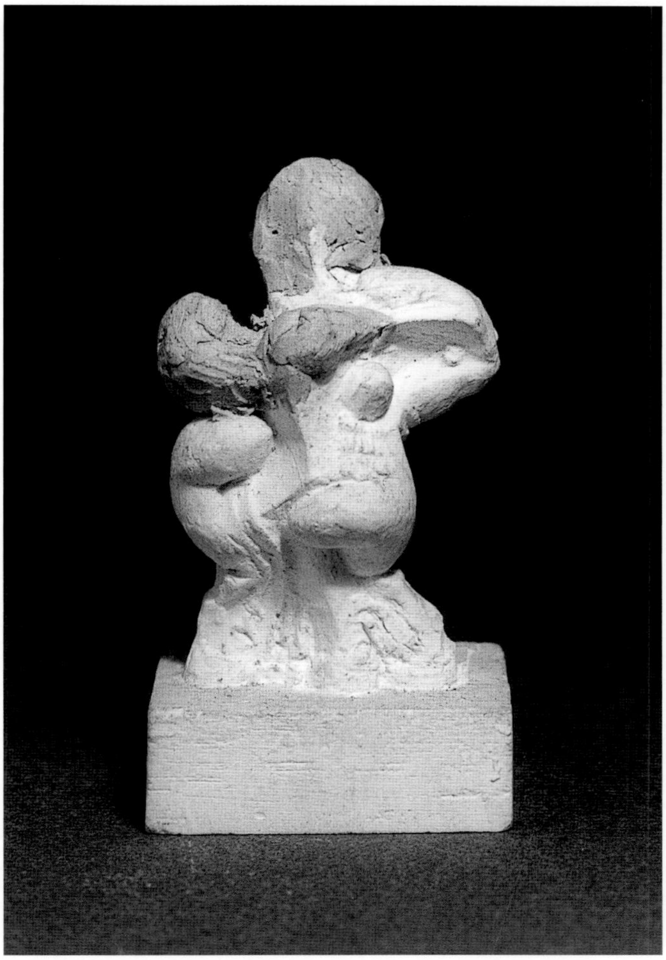
418

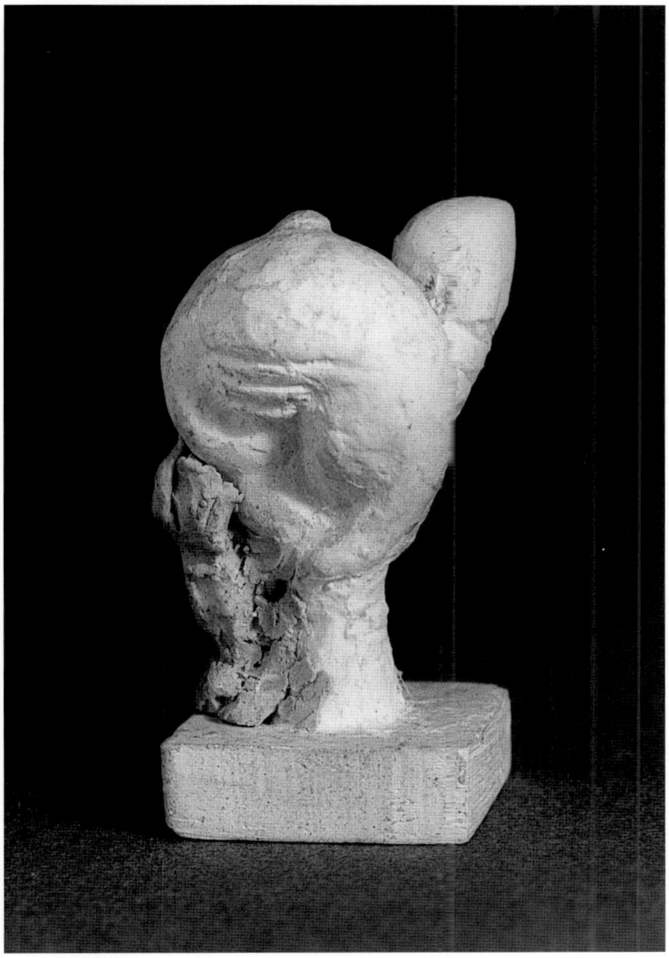
419

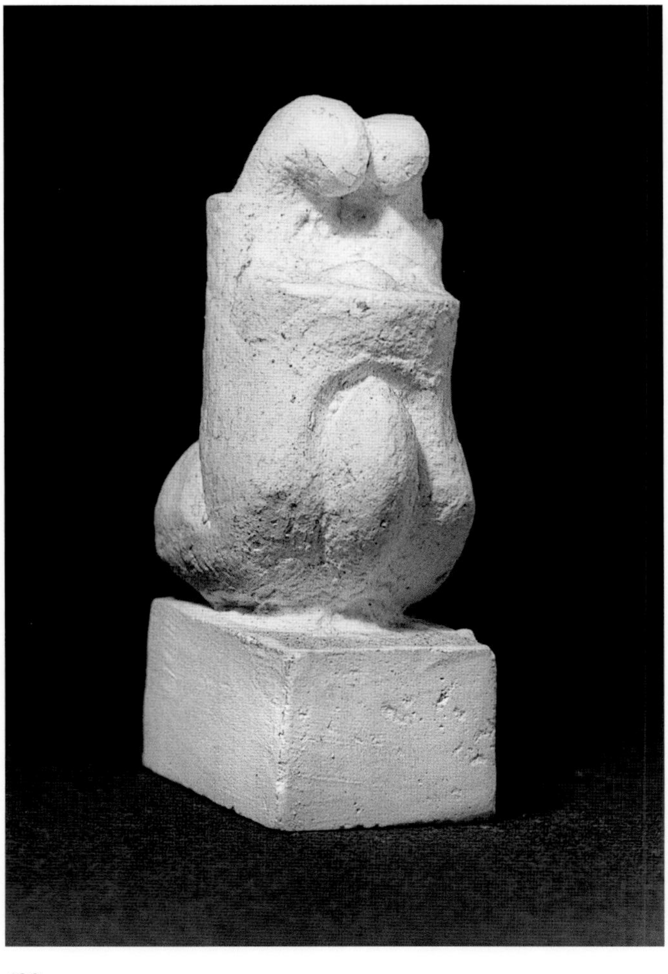
420

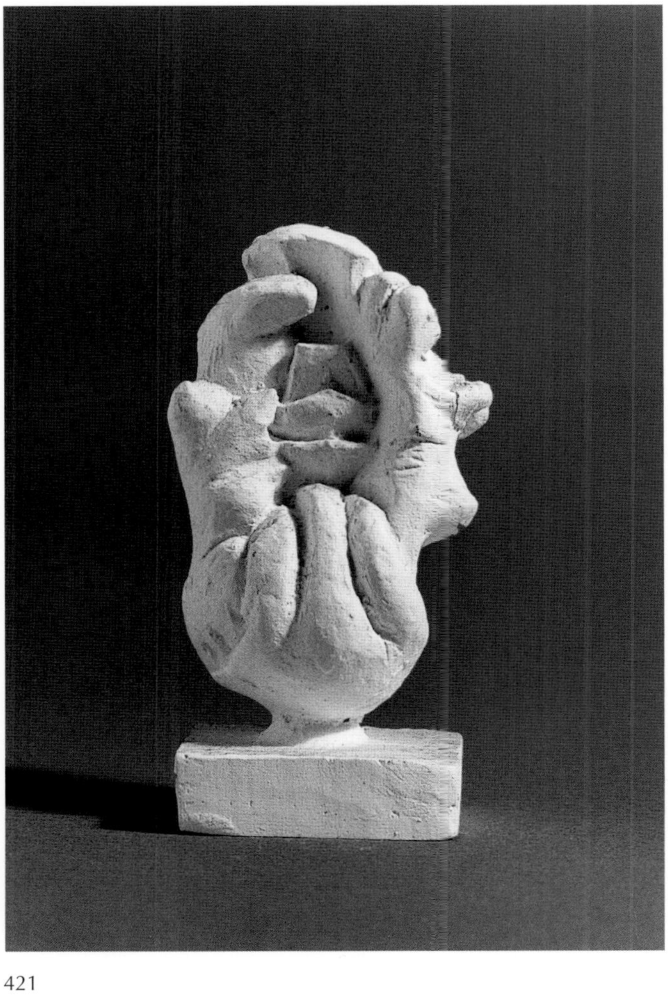
421

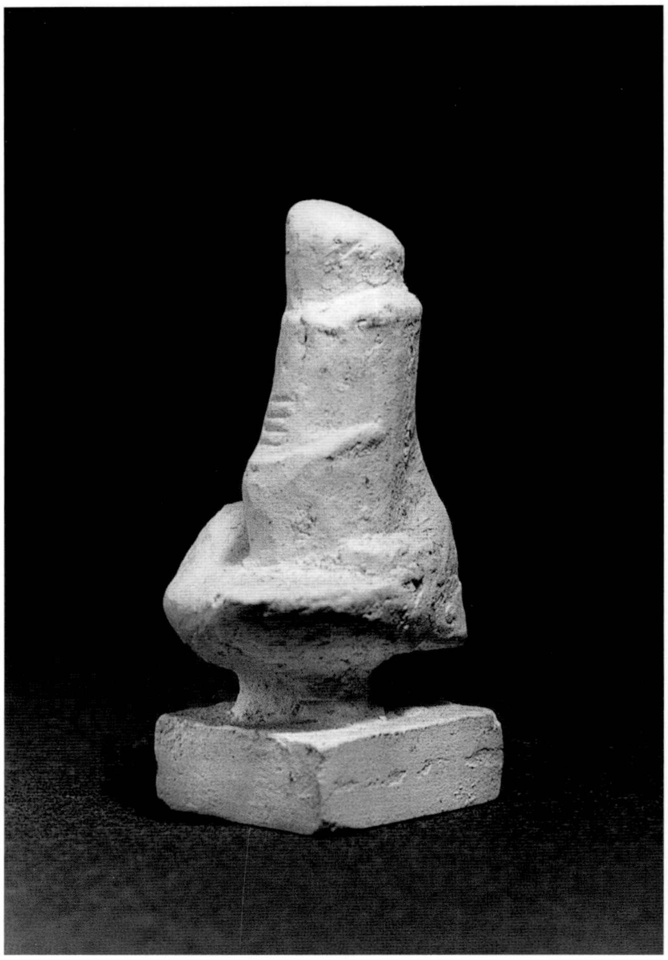
422

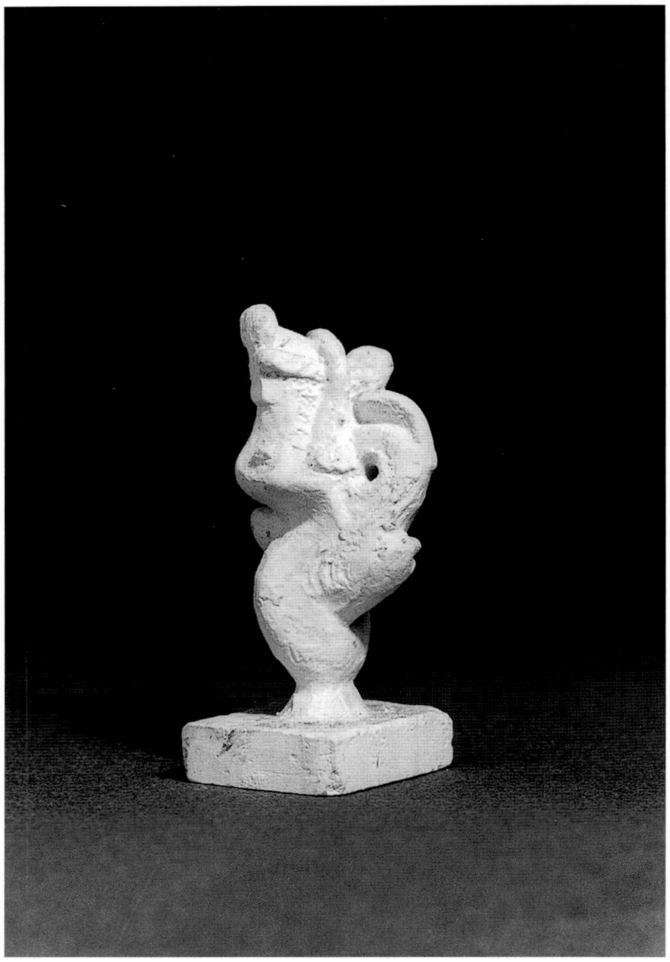
423

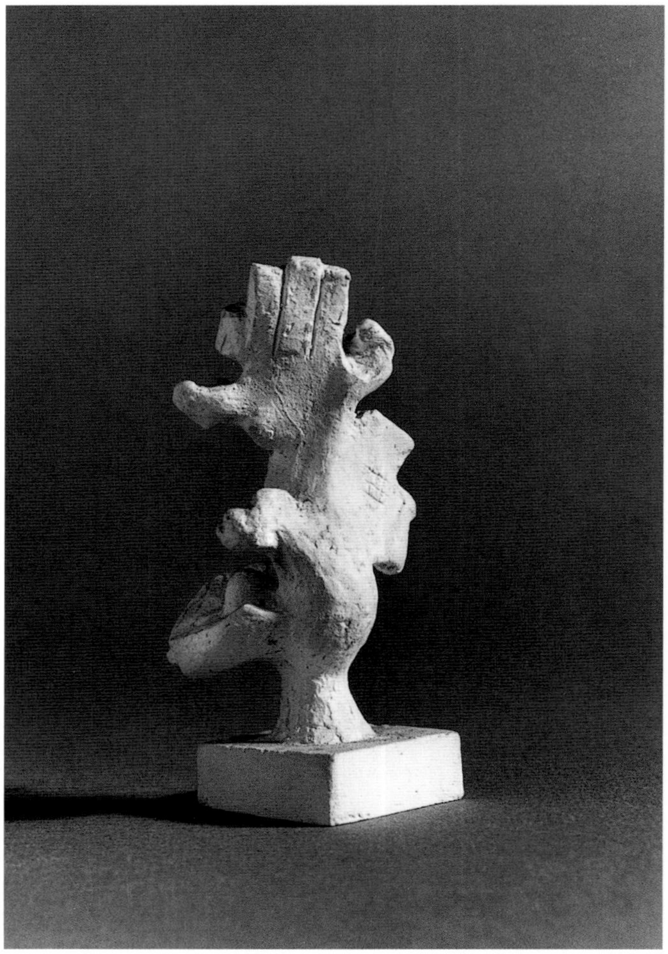
424

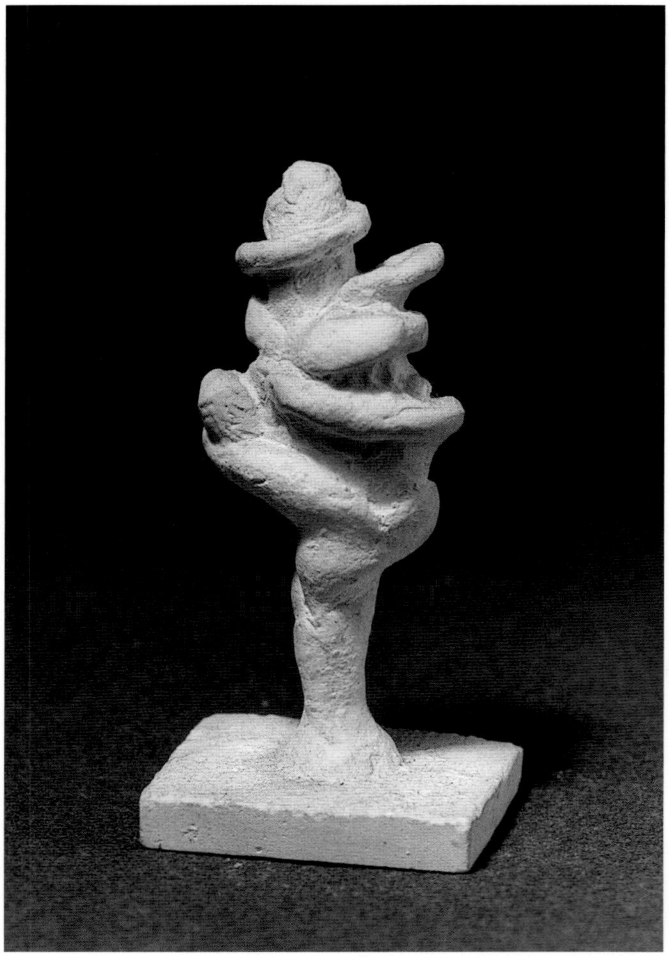
425

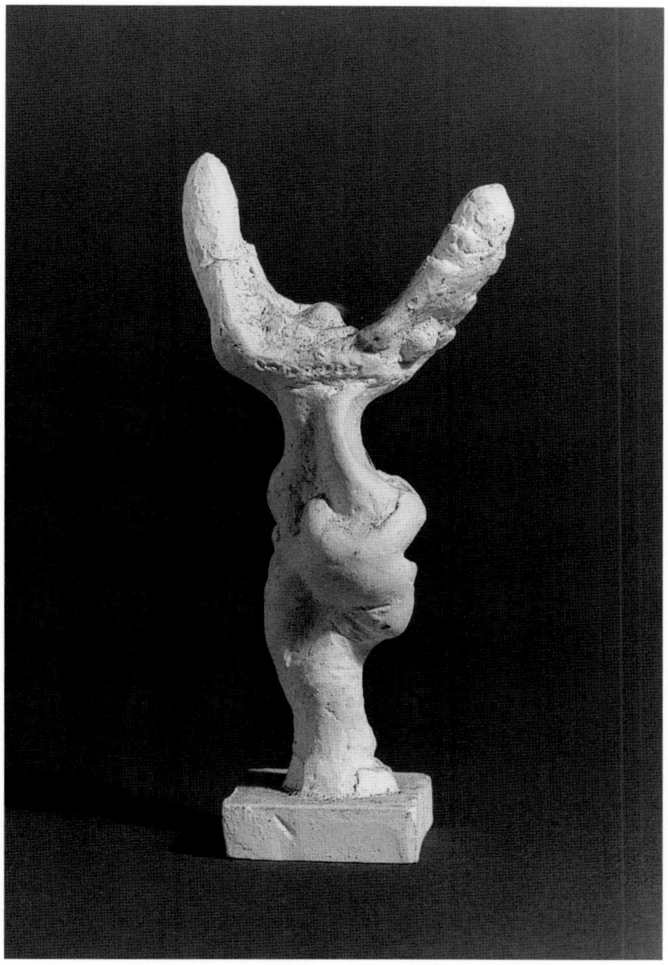
426

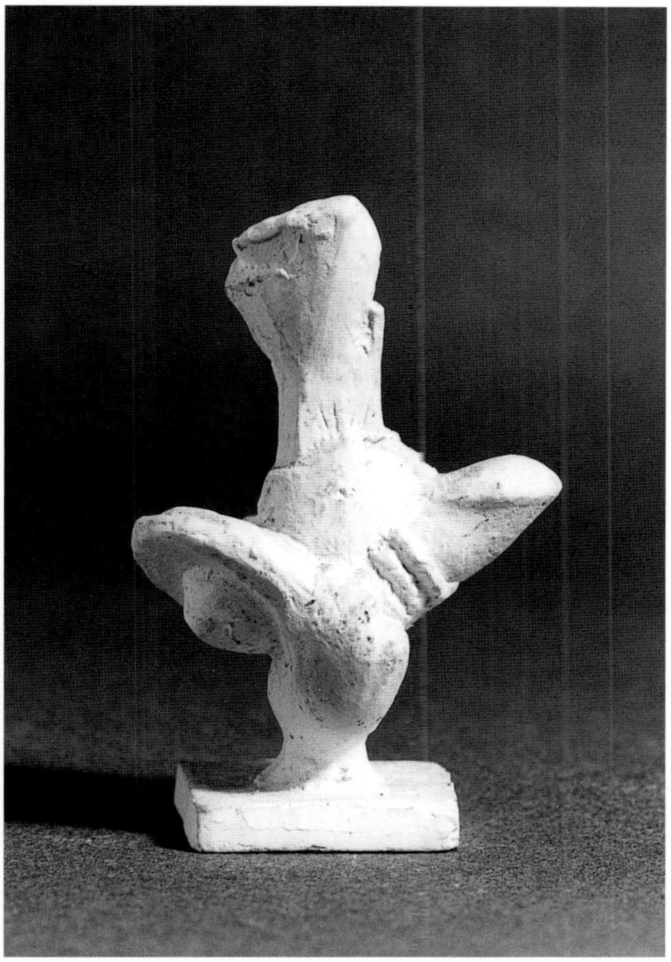
427

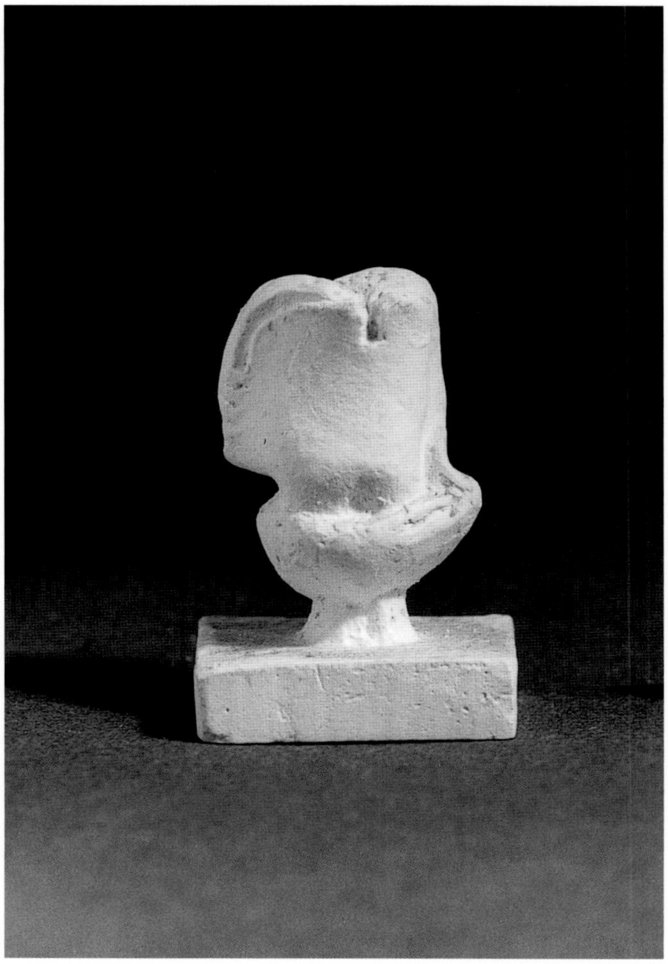
428

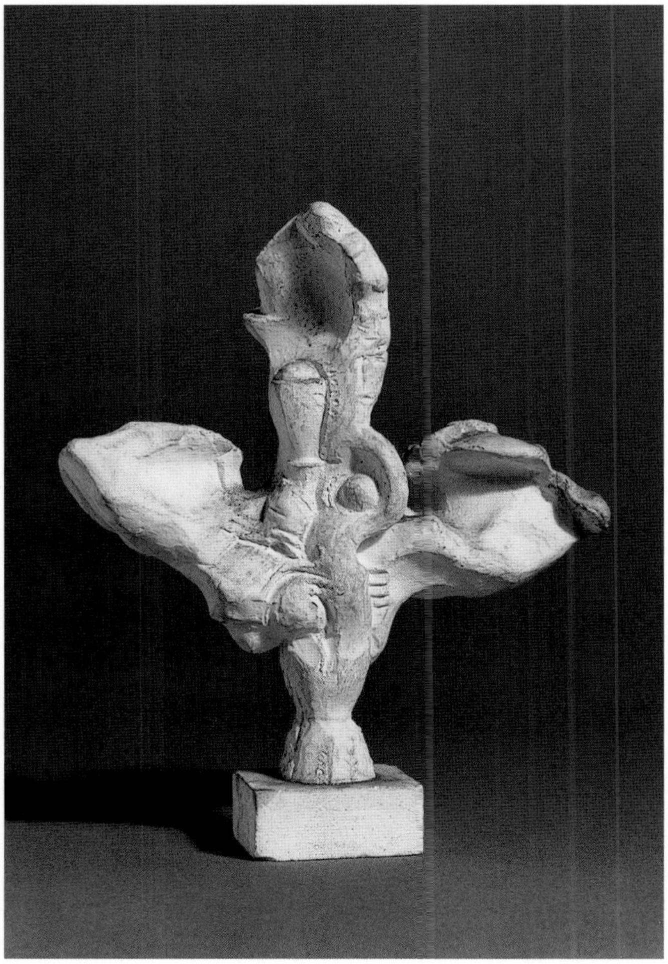
429

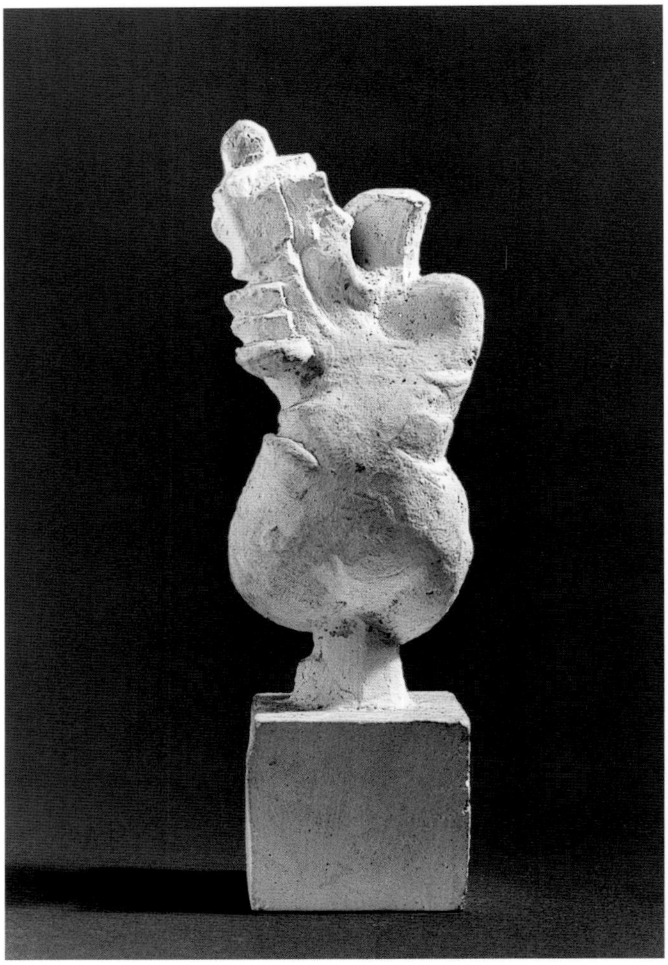
430

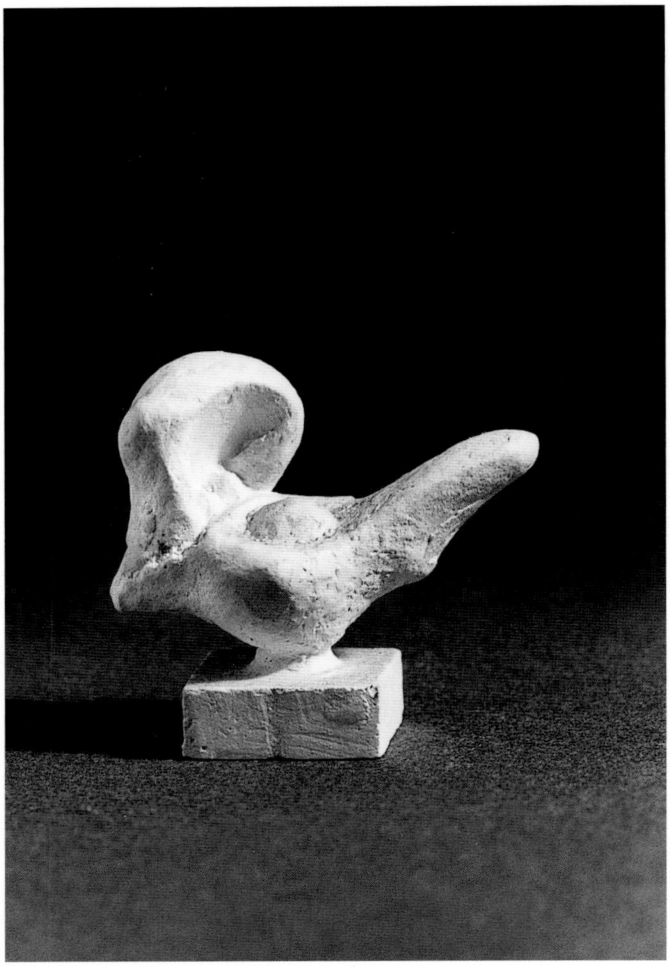
431

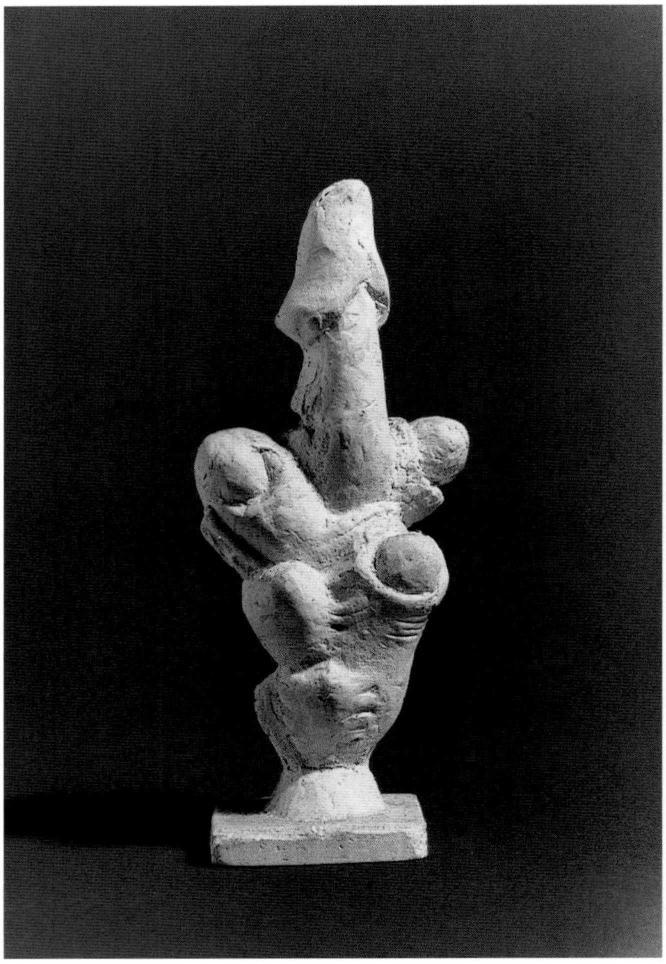
432

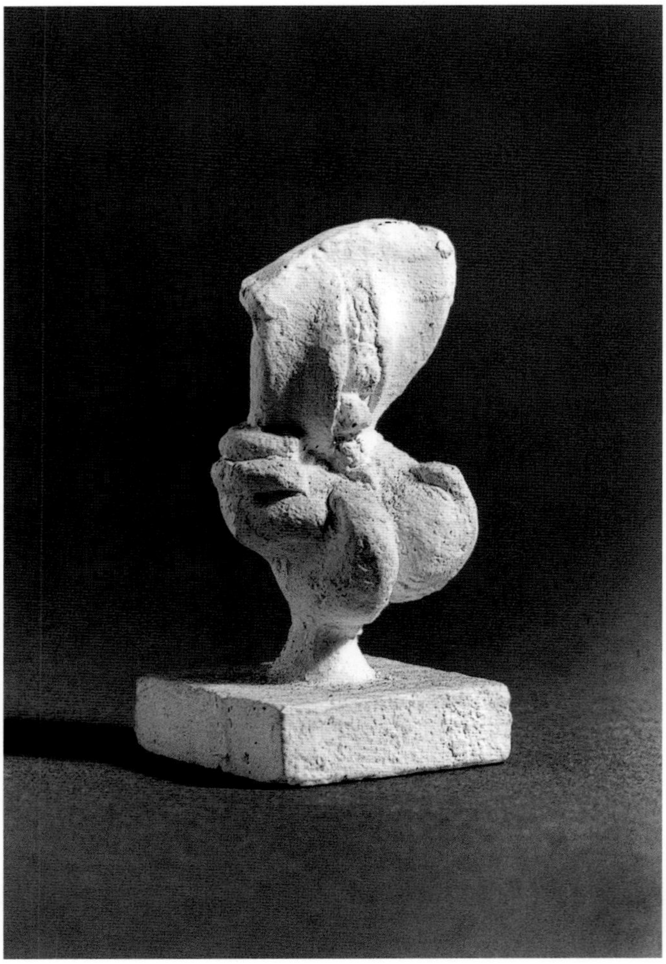
433

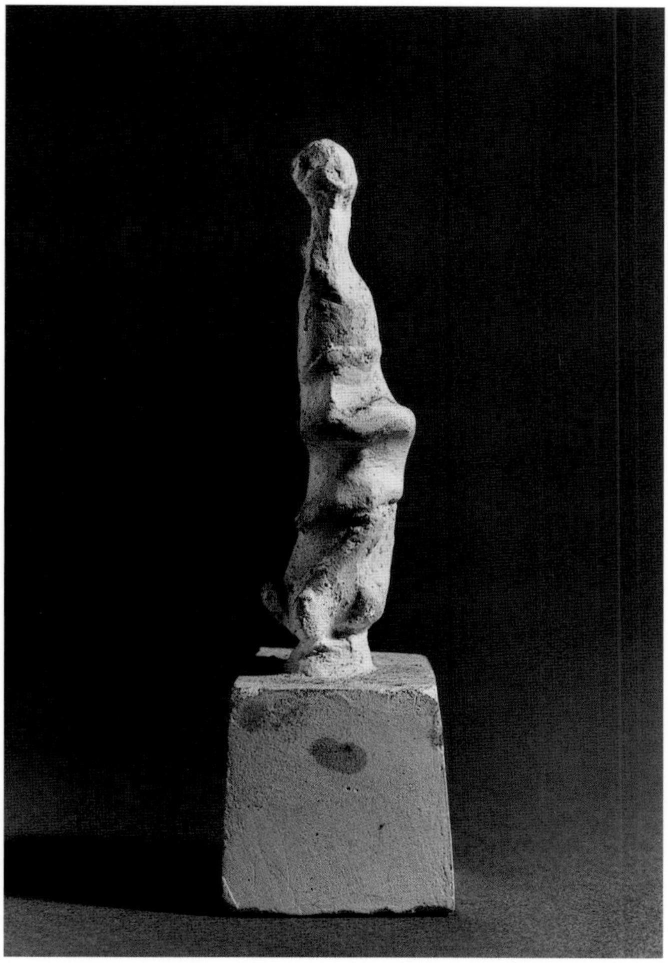
434

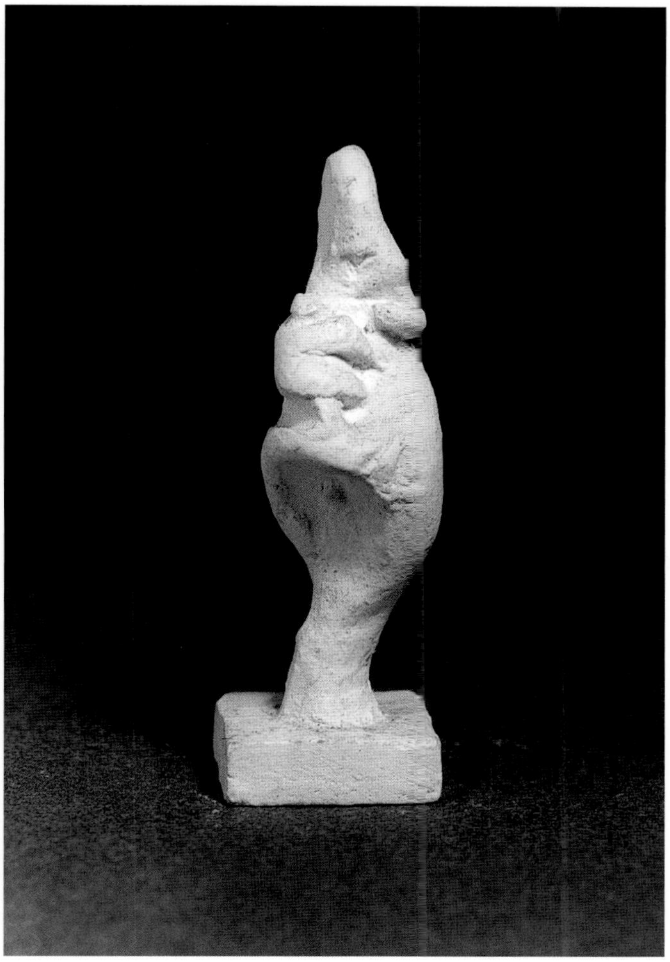
435

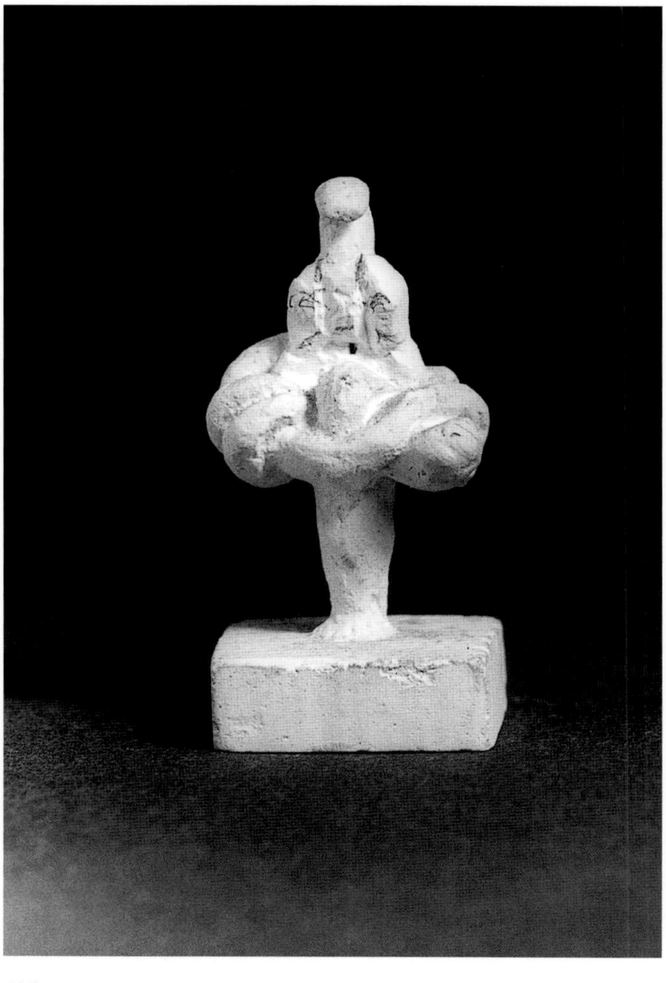
436

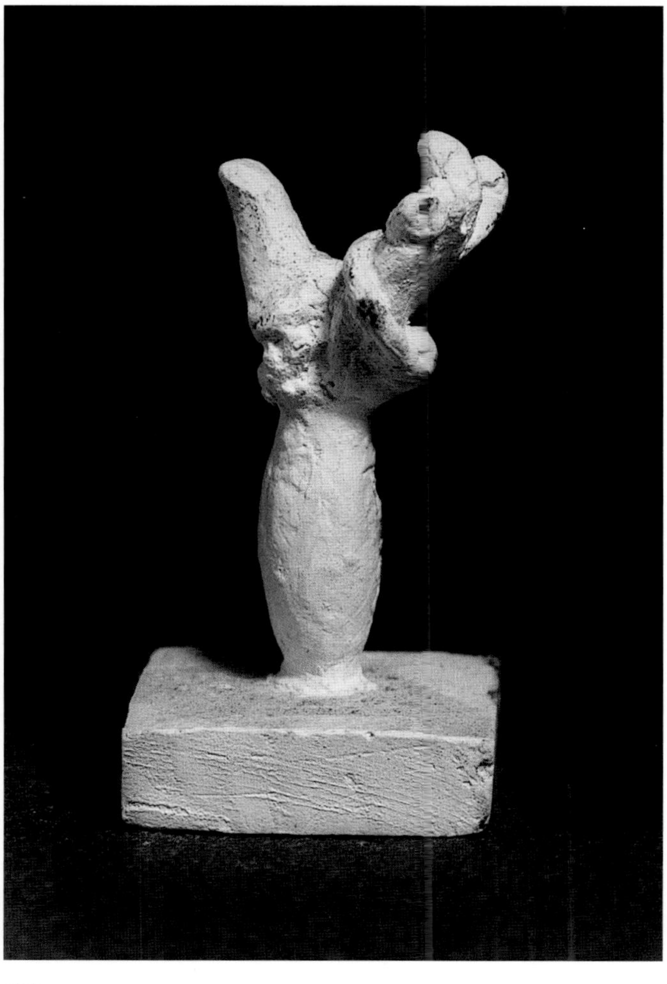
437

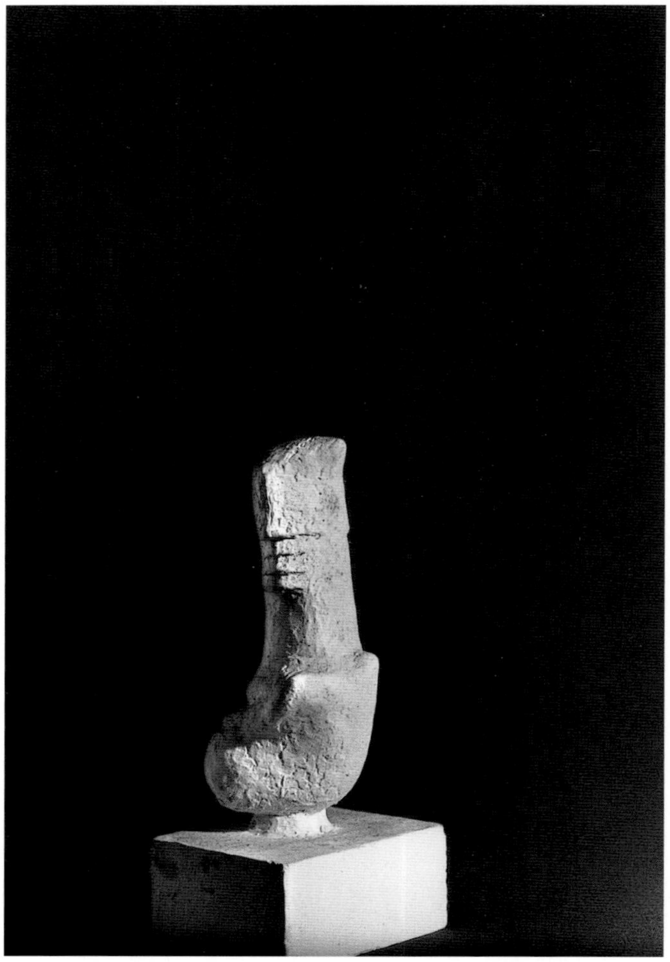

438

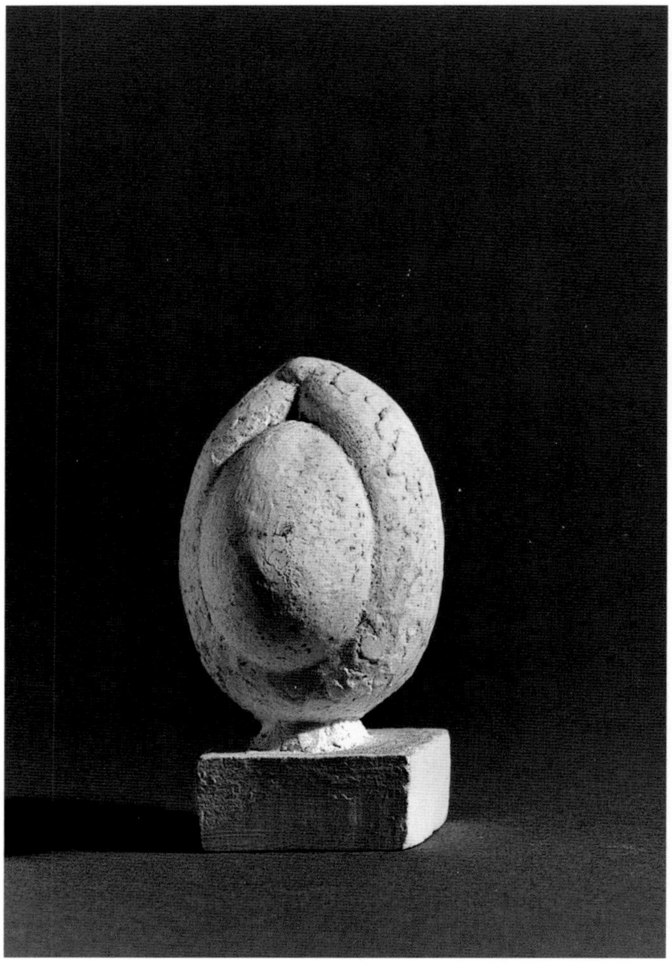

439

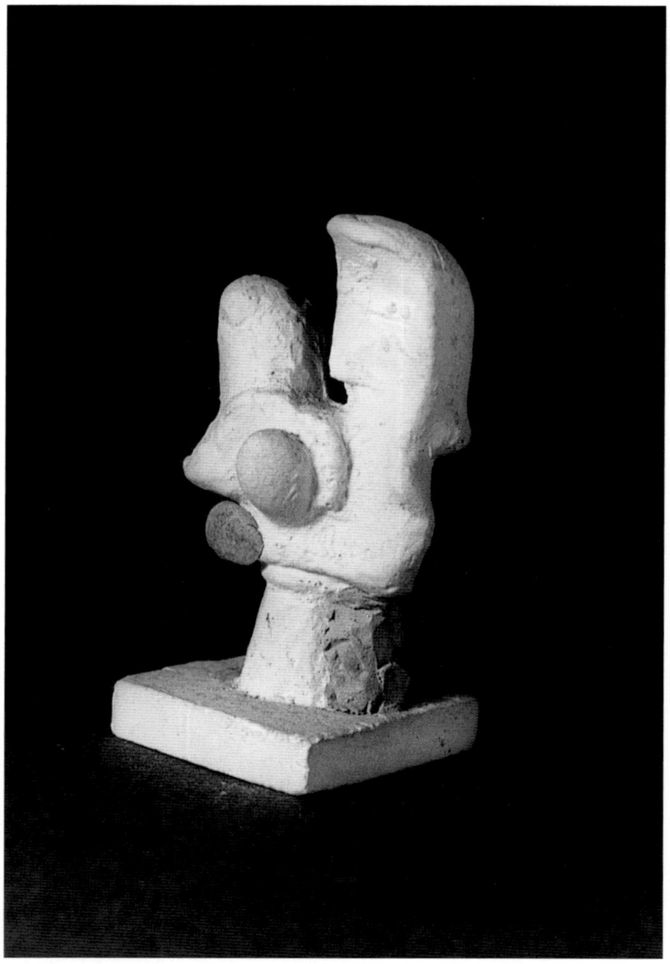

440

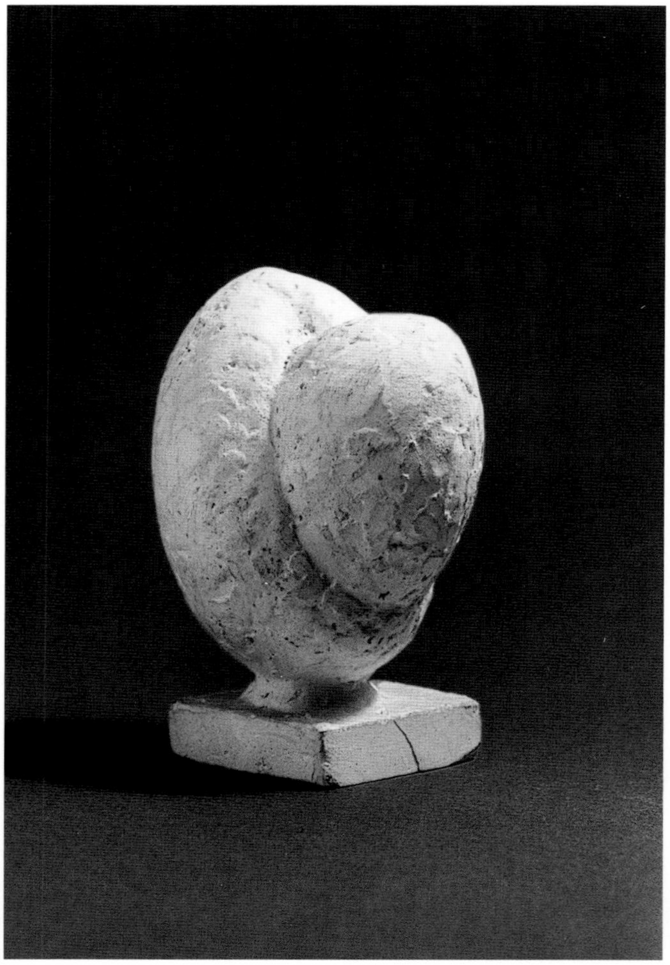

441

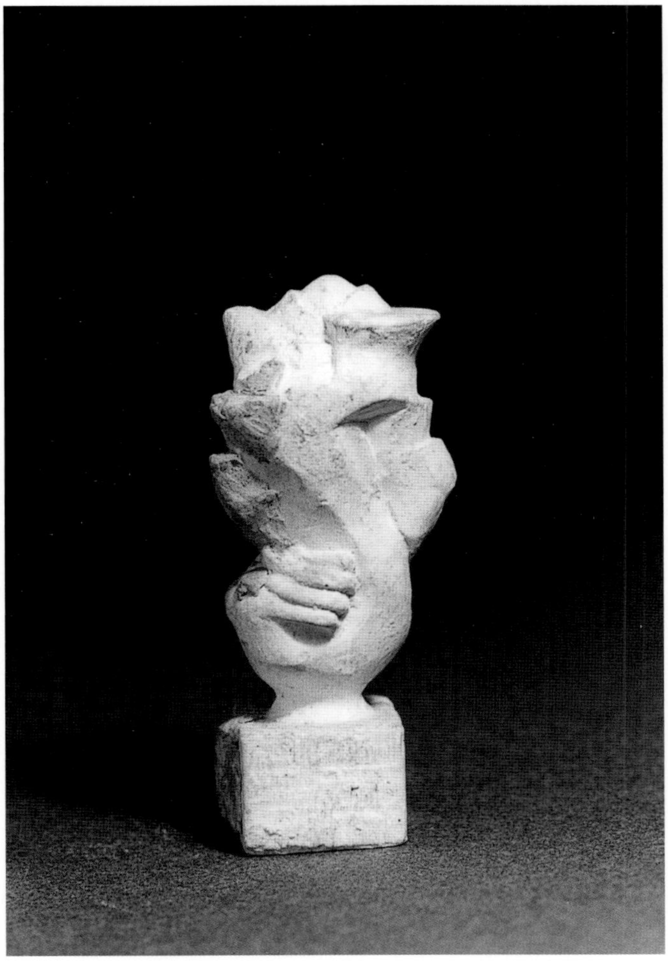
442

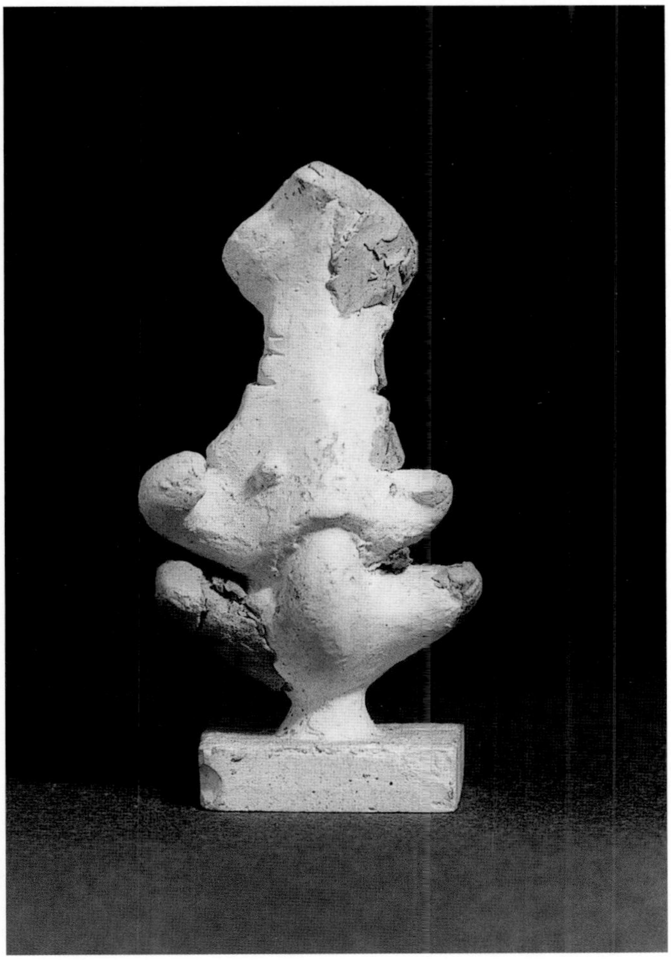
443

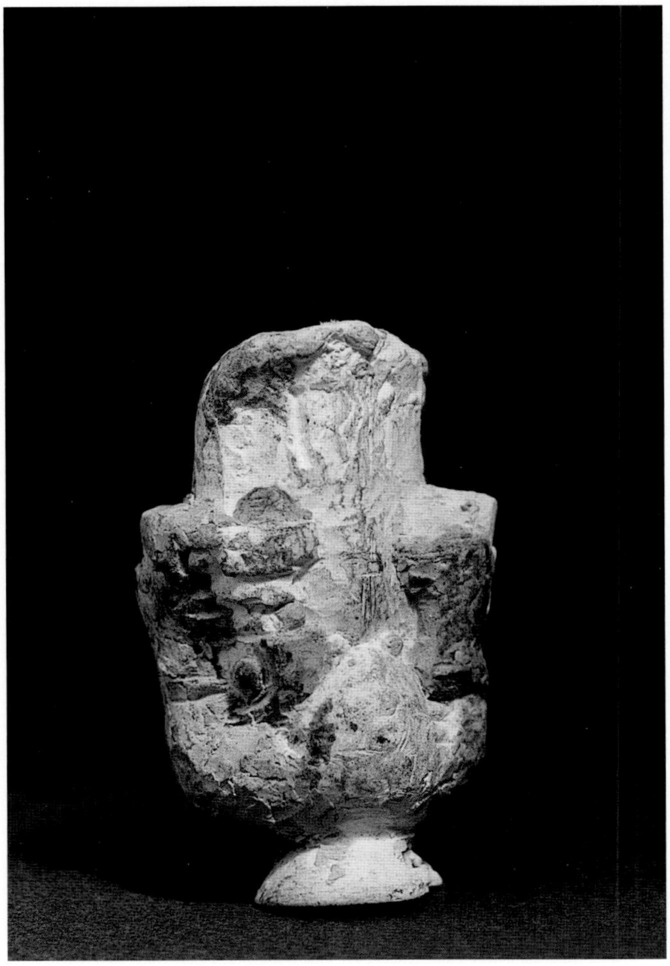
444

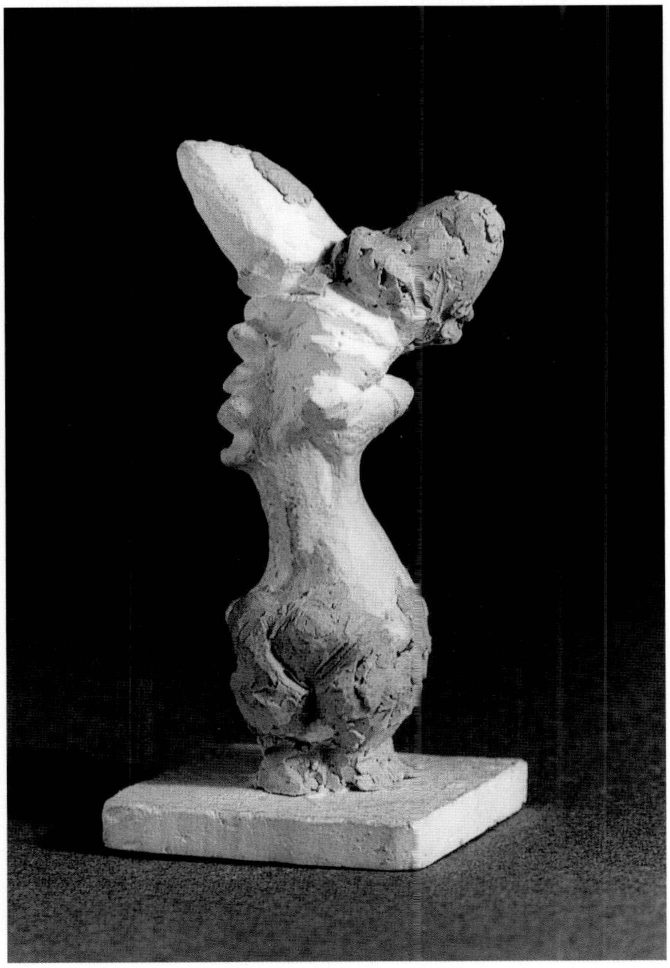
445

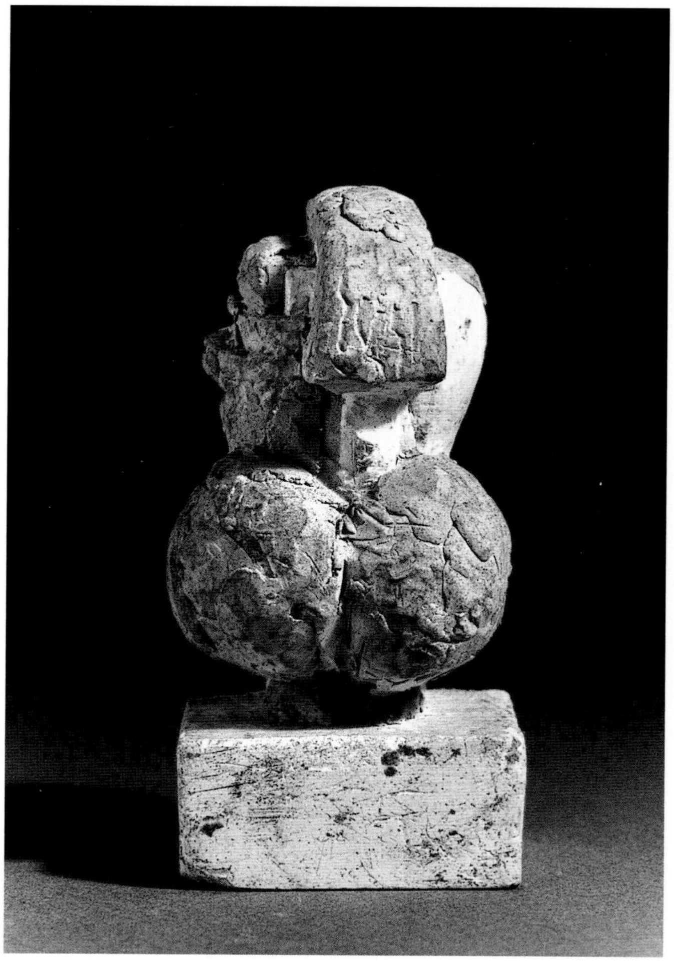
446

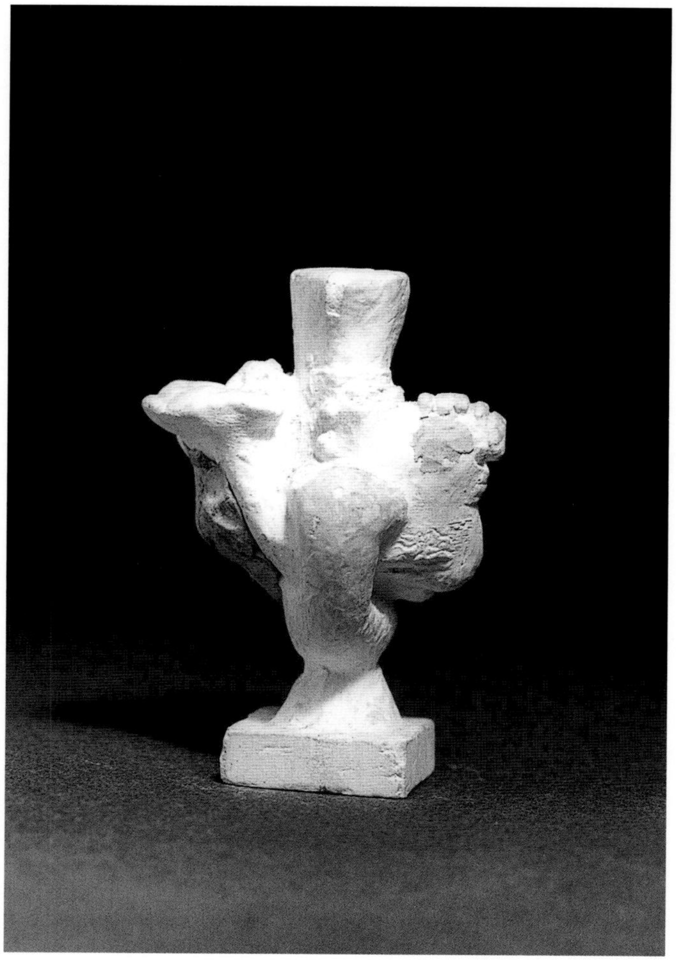
447

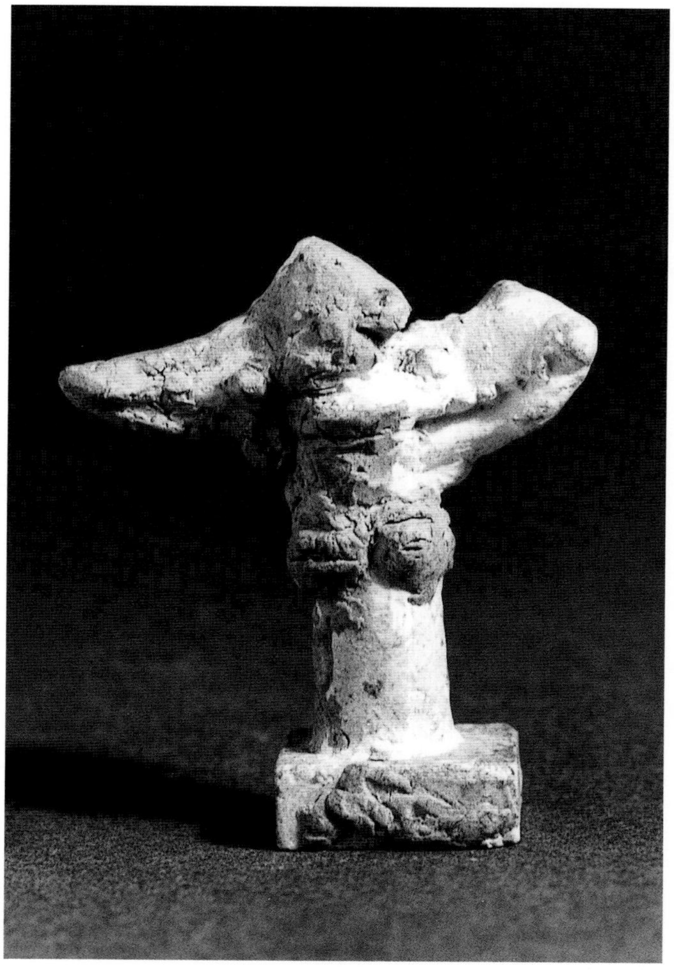
448

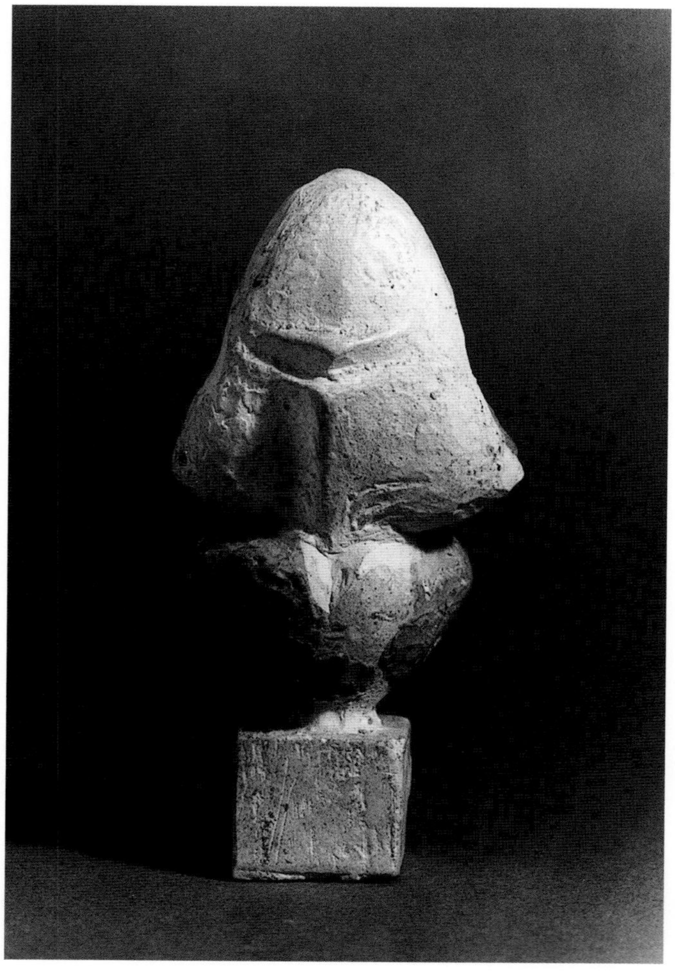
449

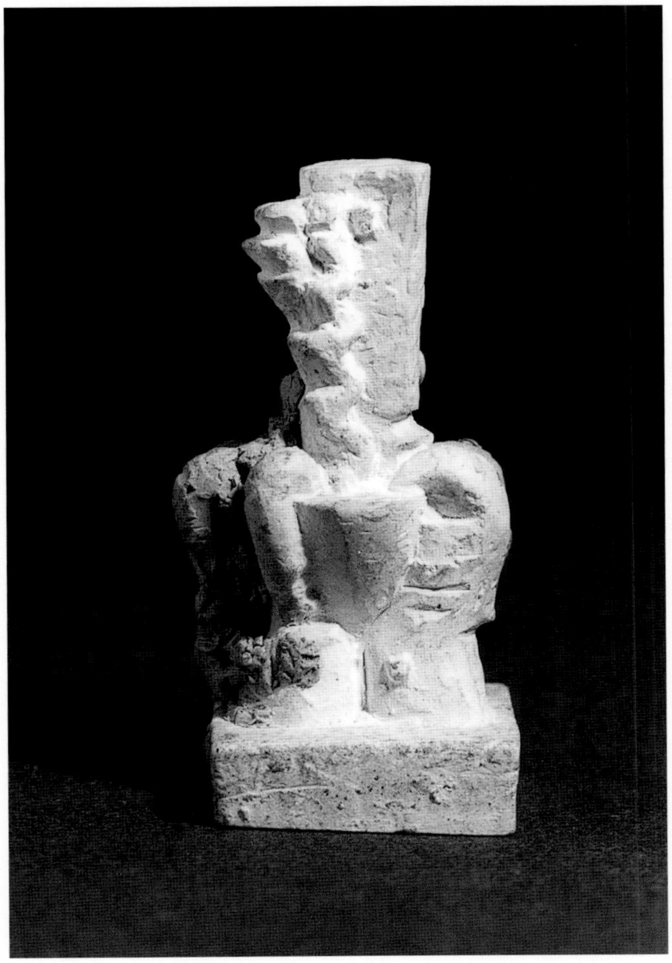
450

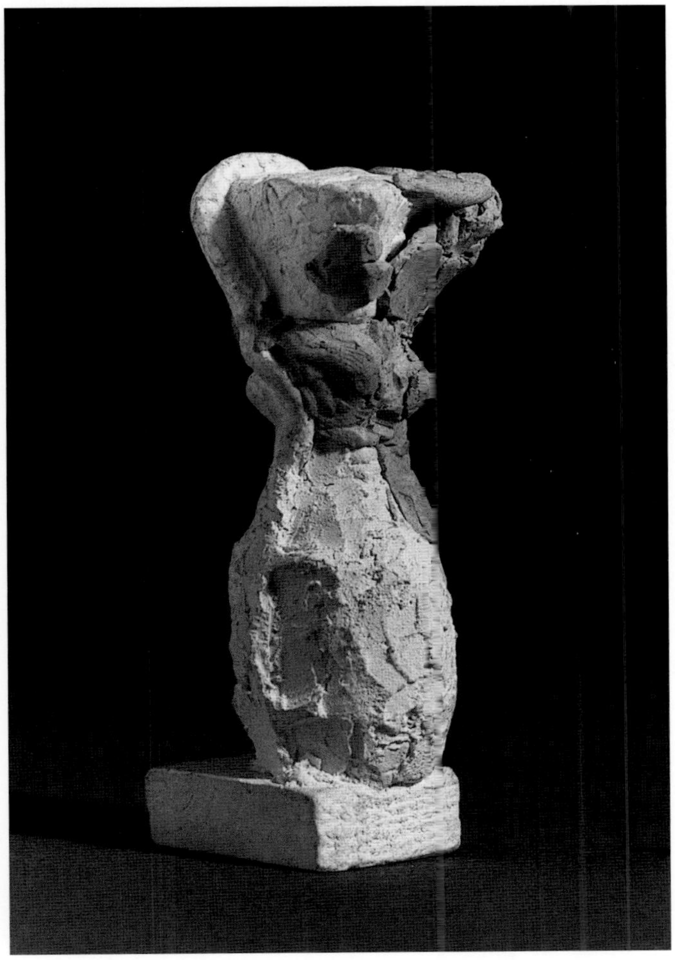
451

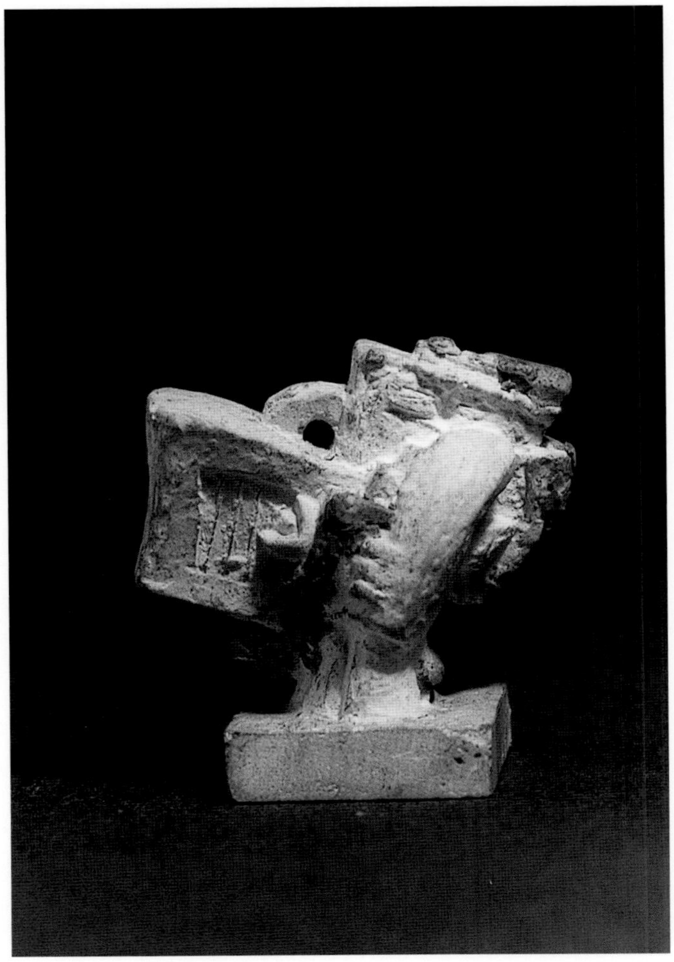
452

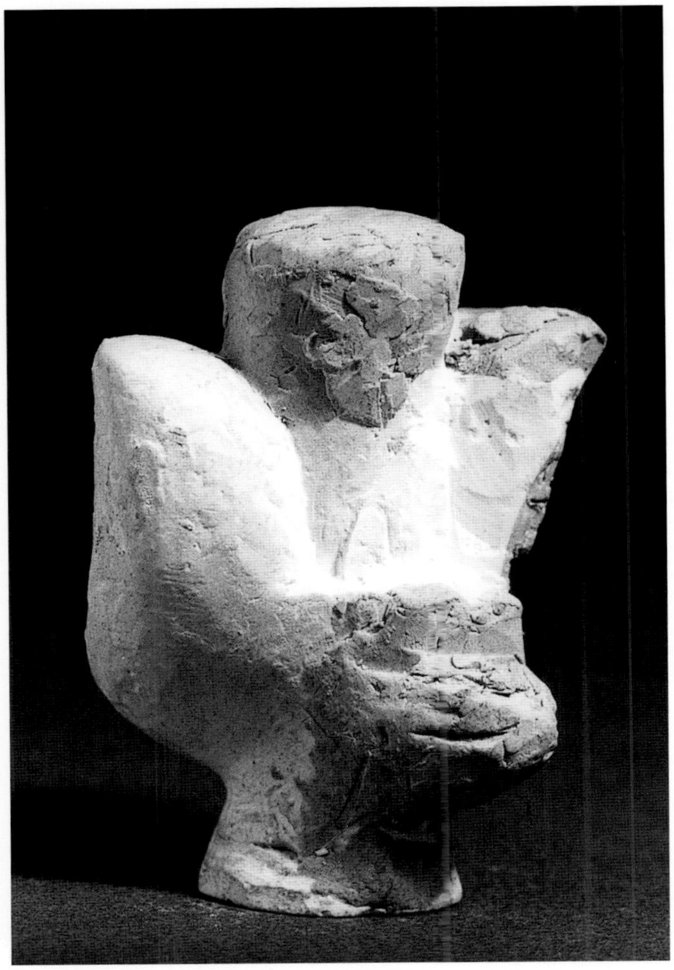
453

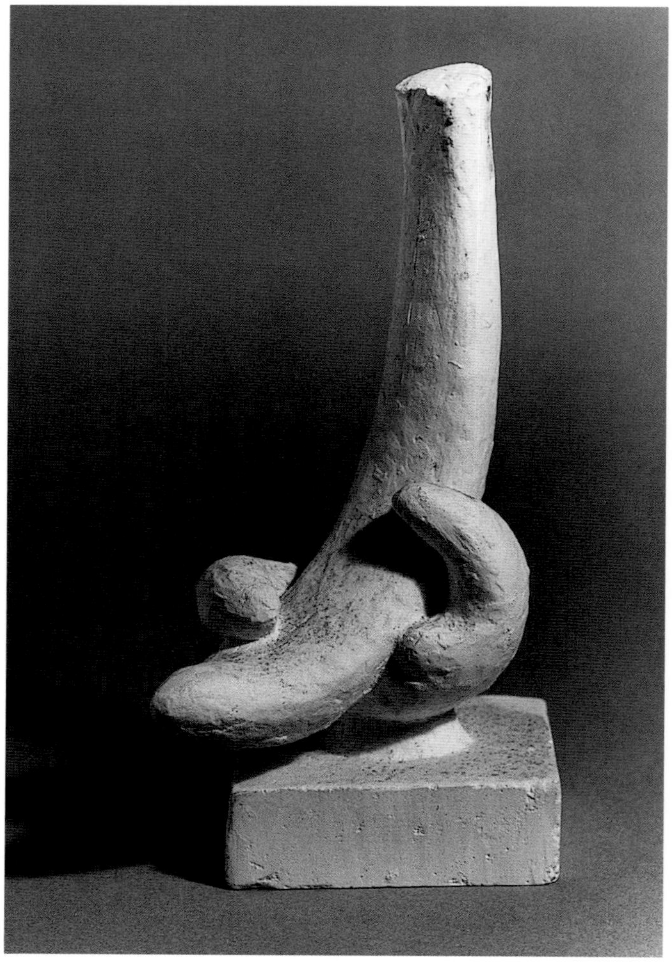
454

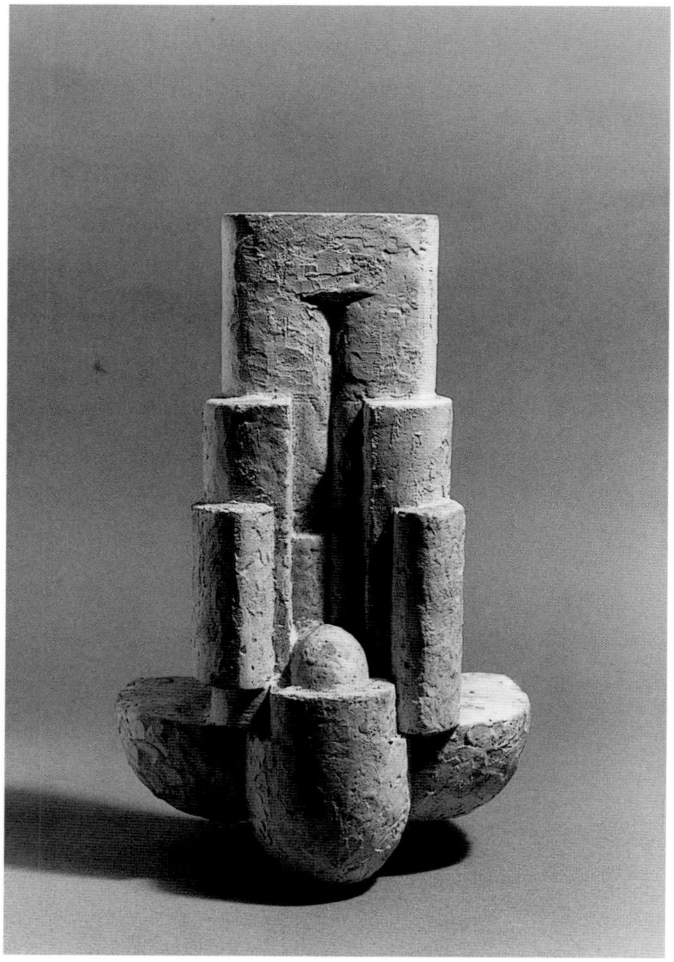
455

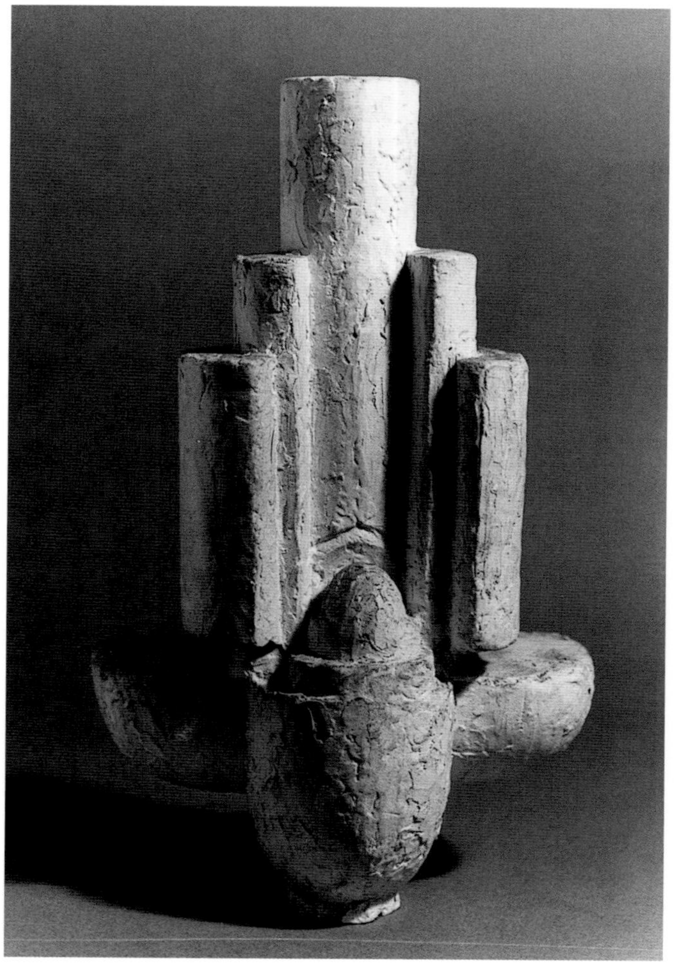
456

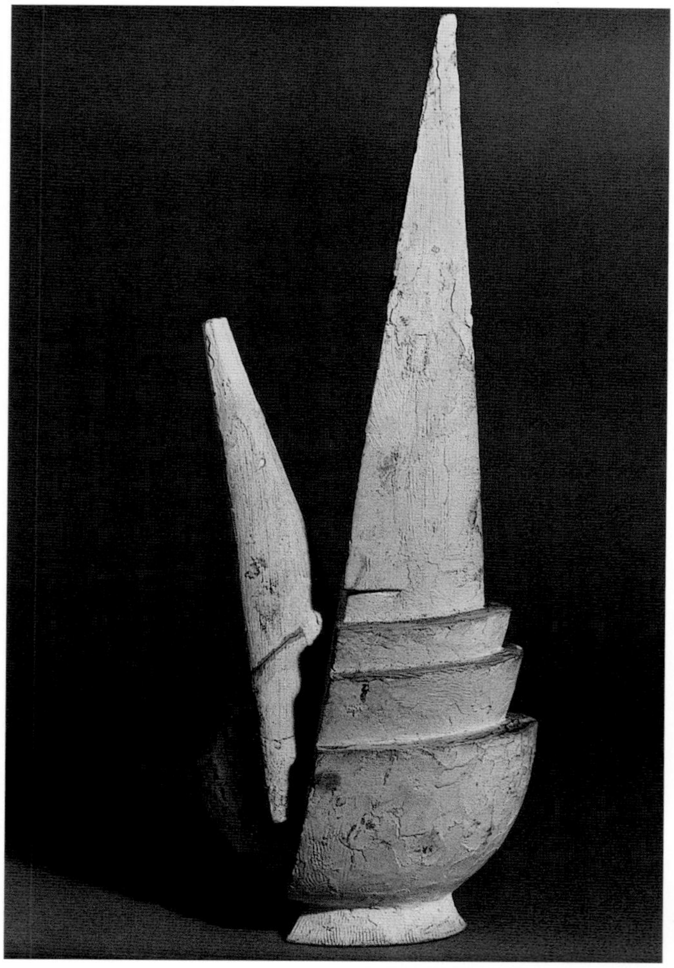
457

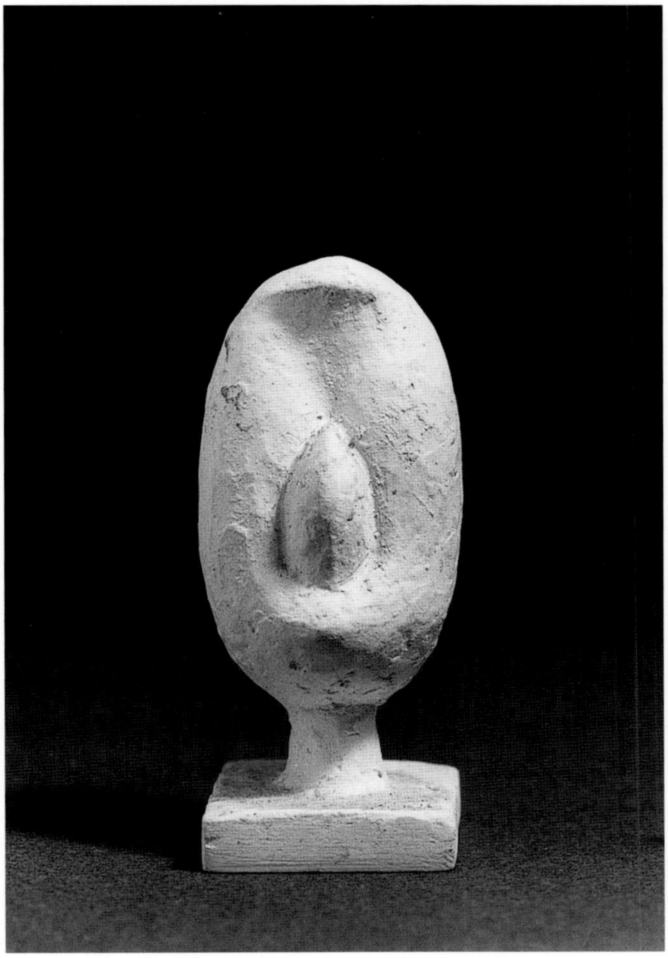
458

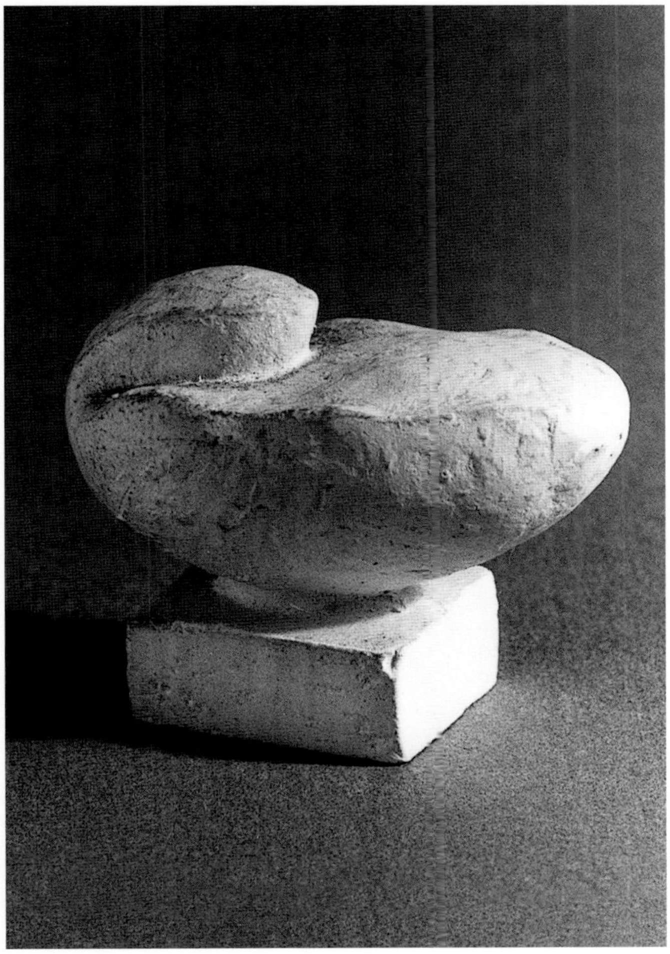
459

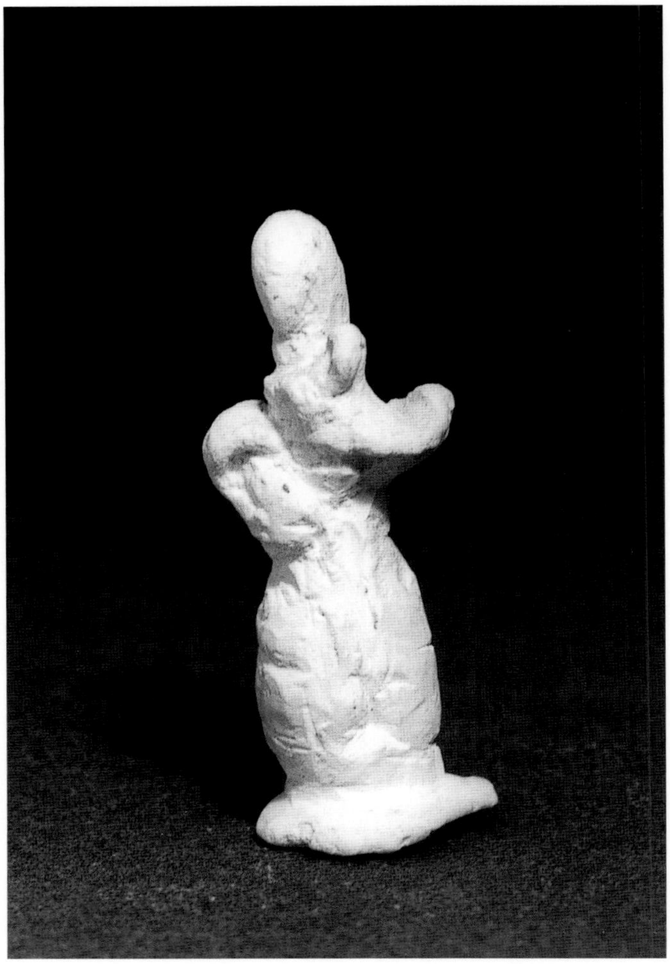
460

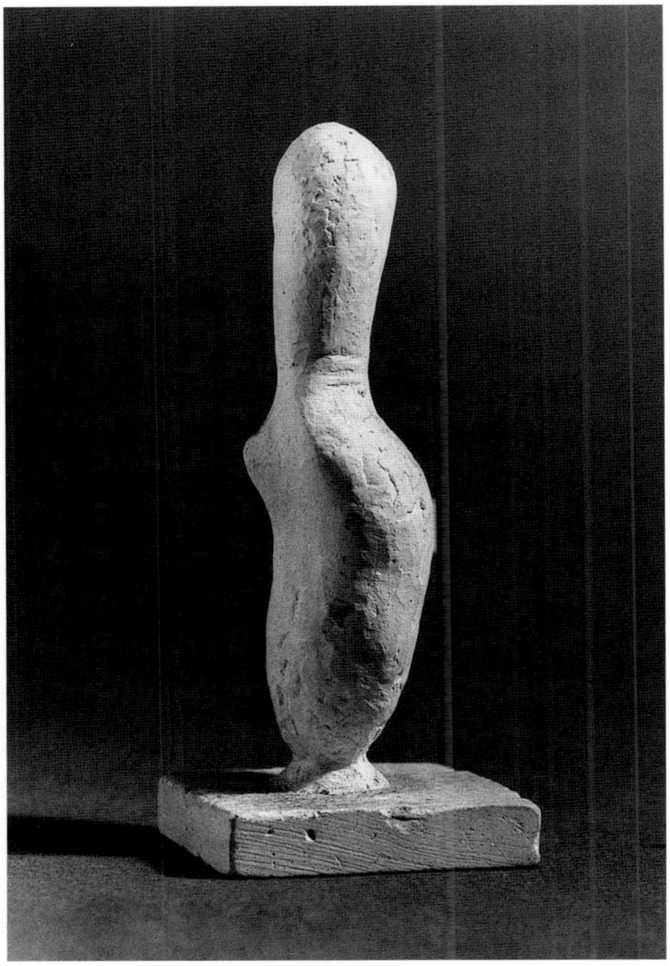
461

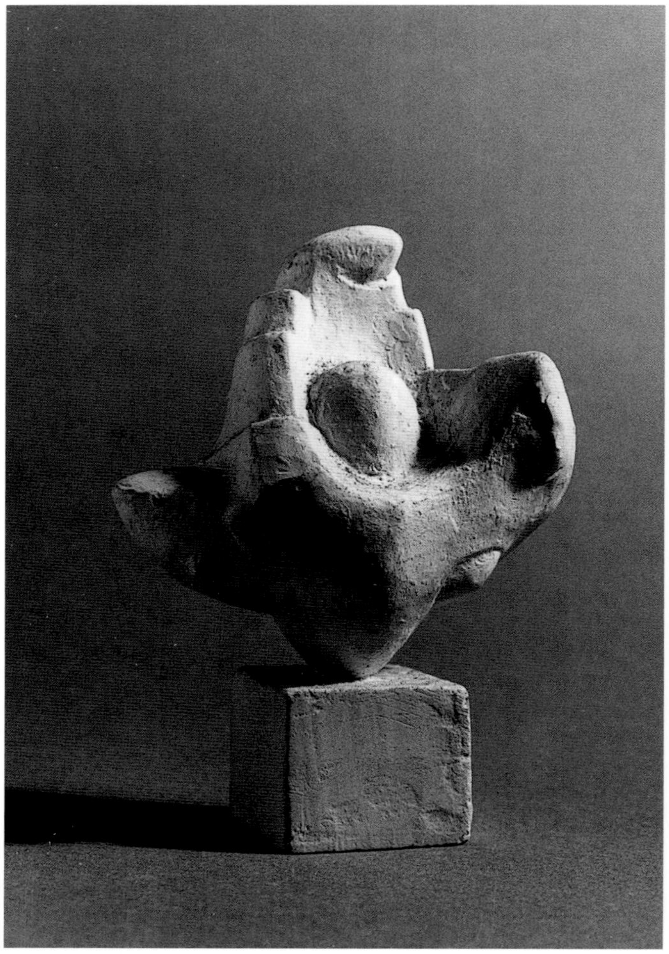
462

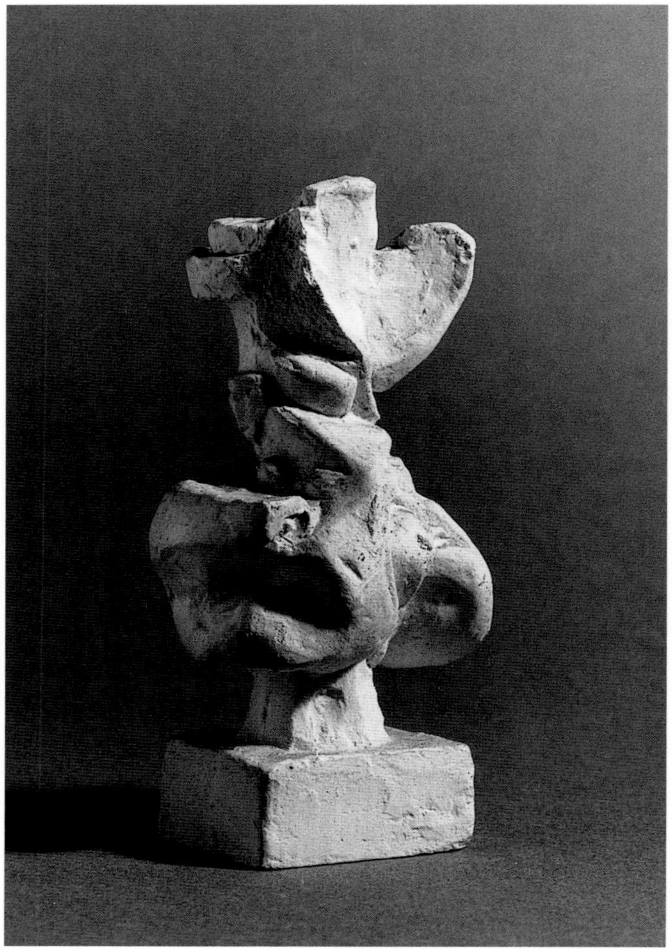
463

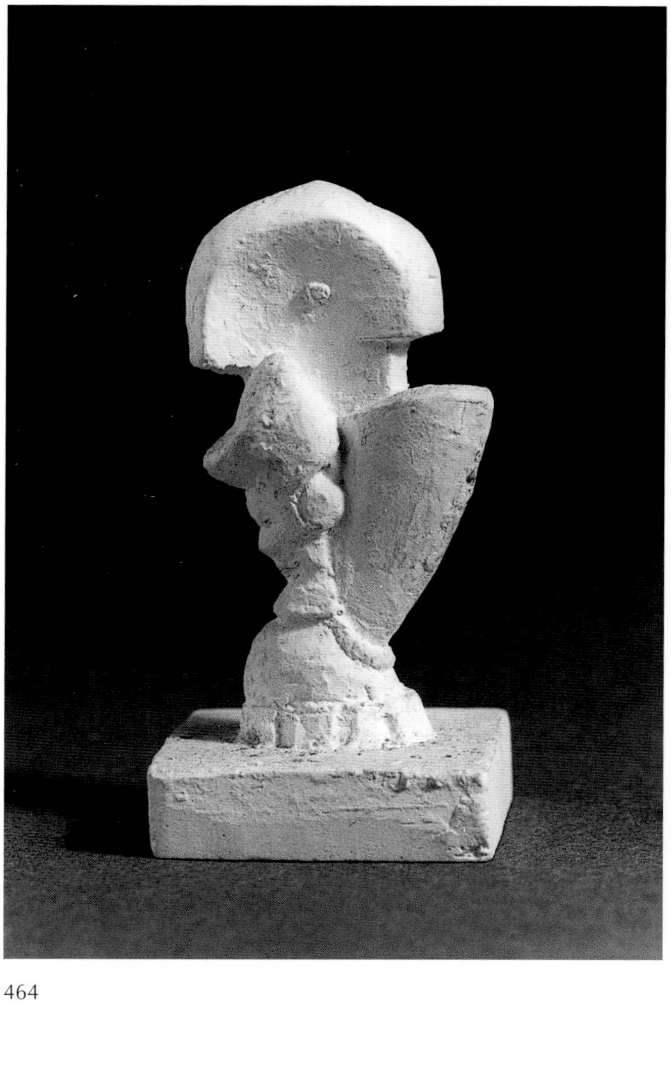
464

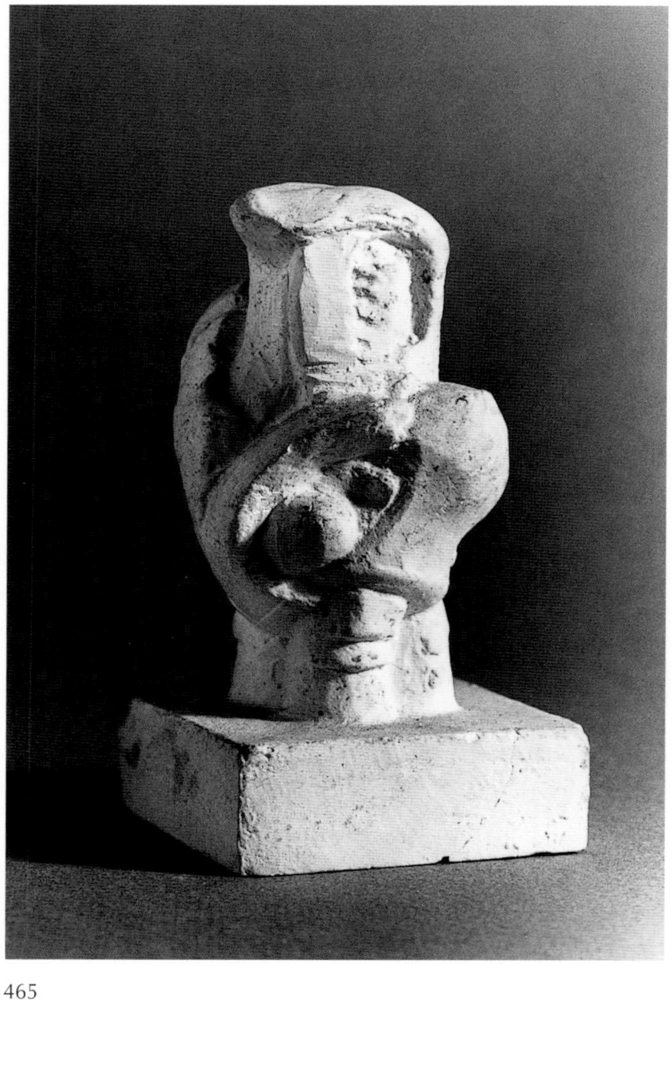
465

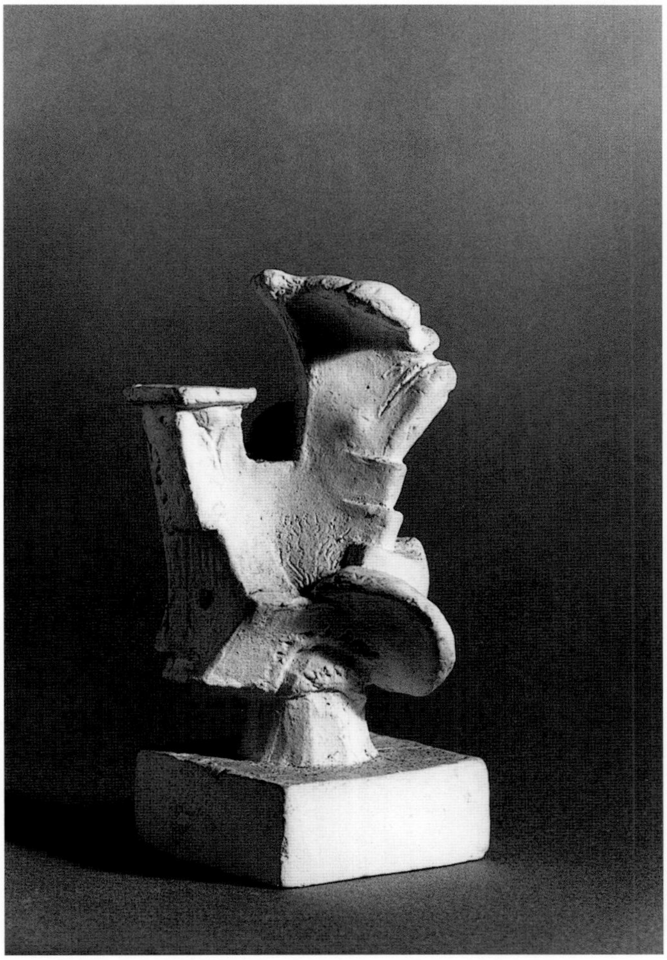

466

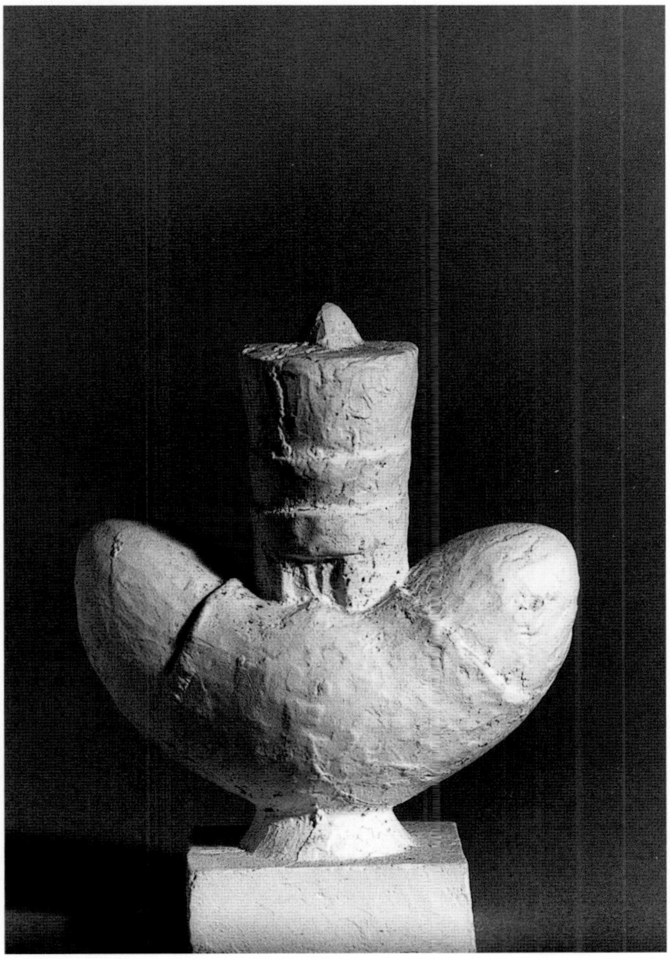

467

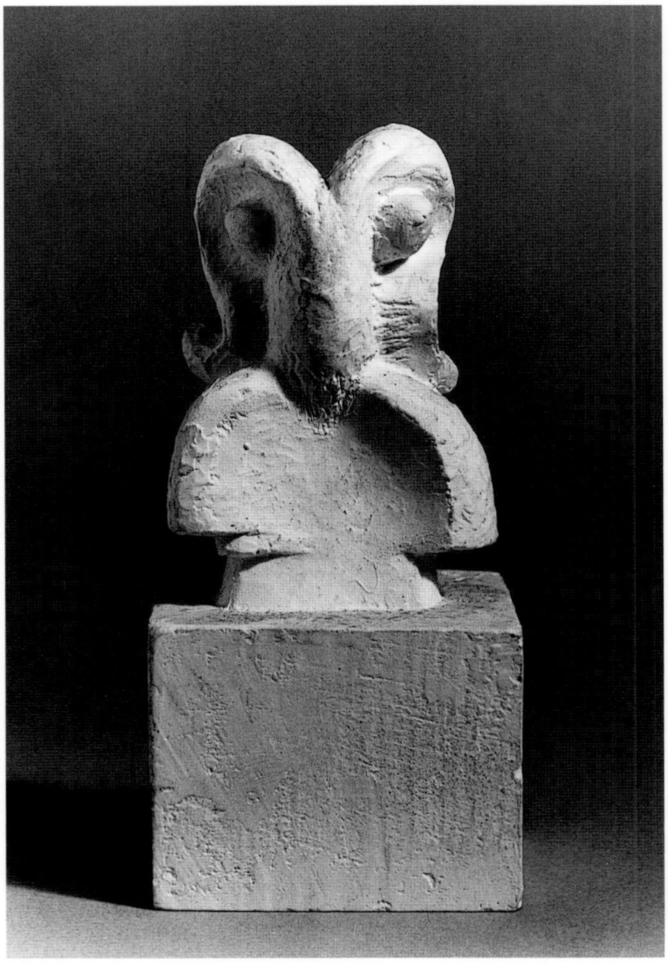

468

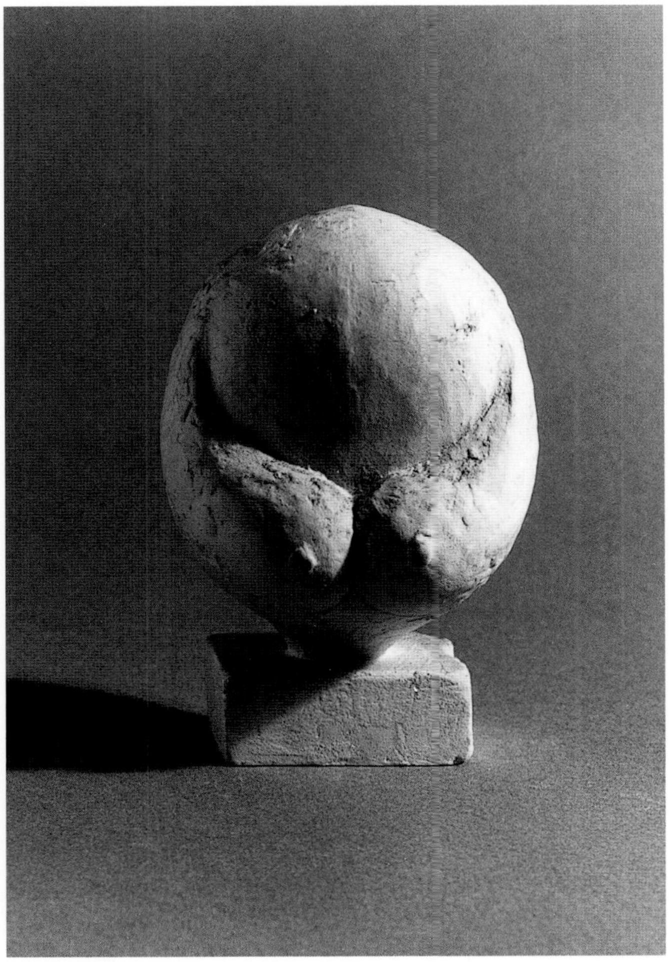

469

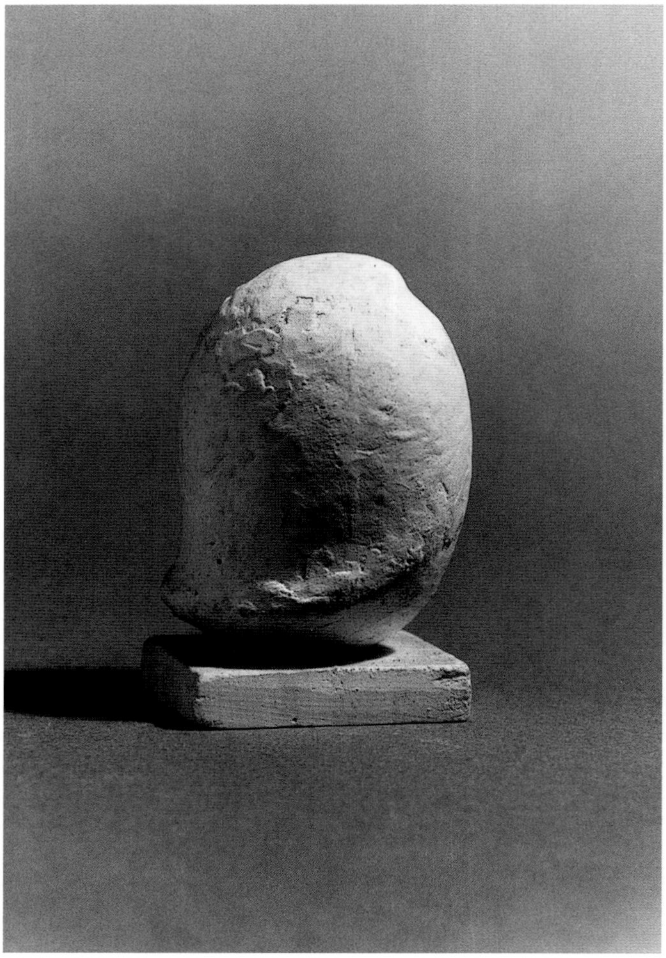
470

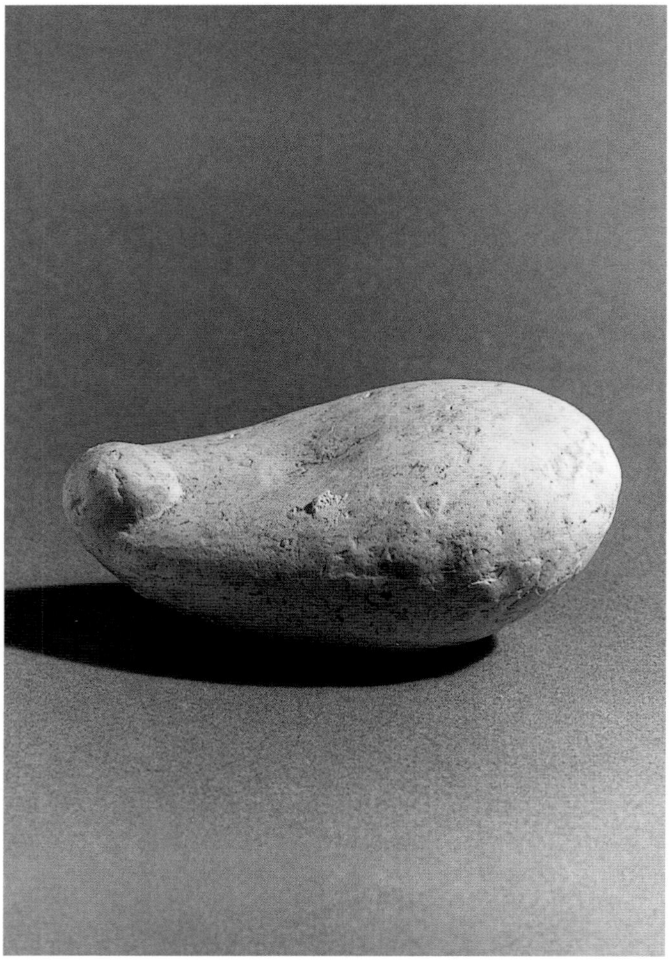
471

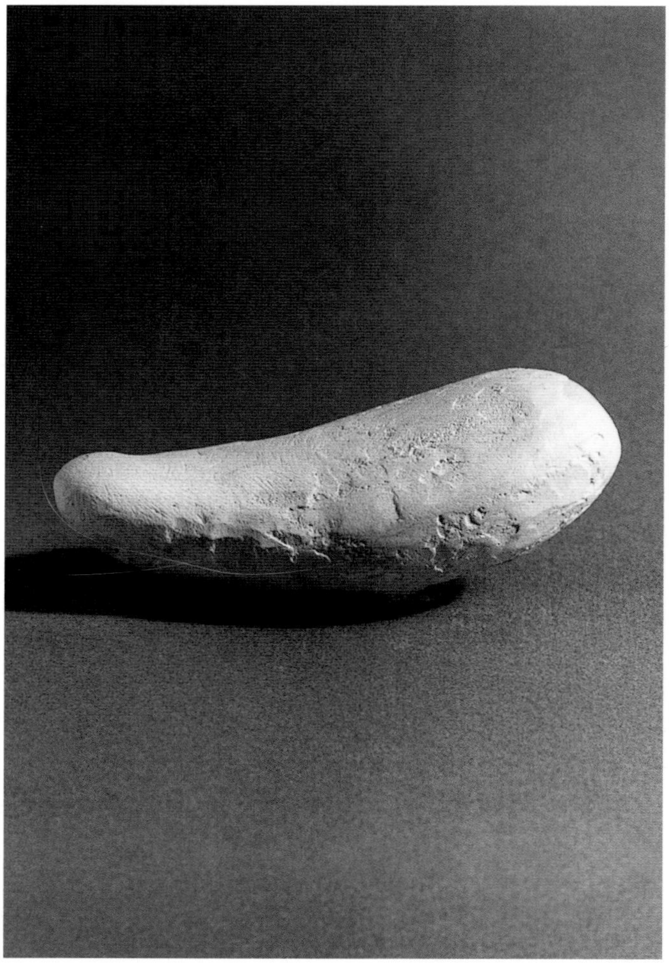
472

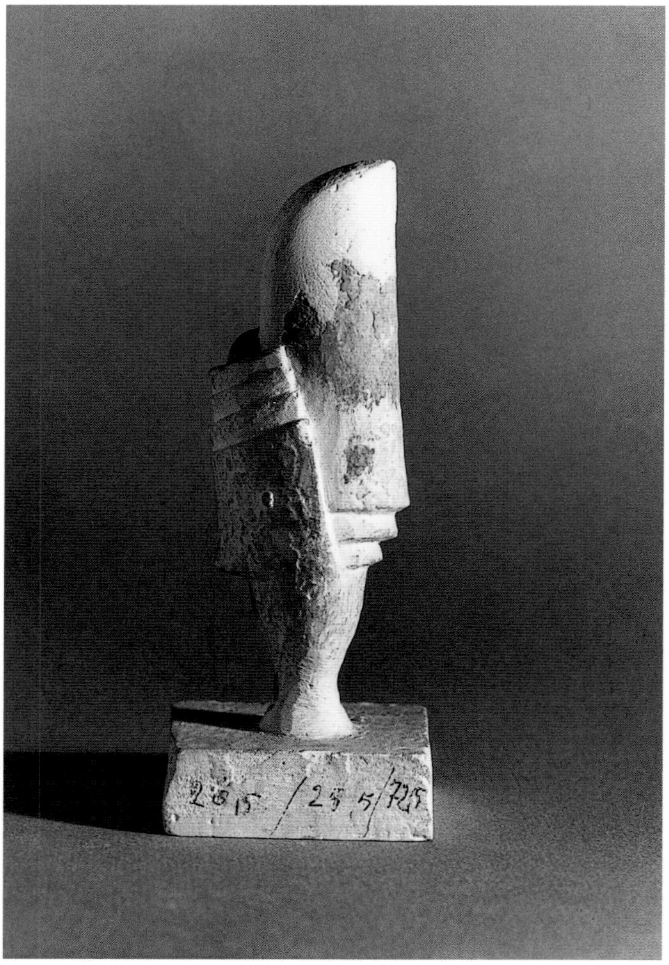
473

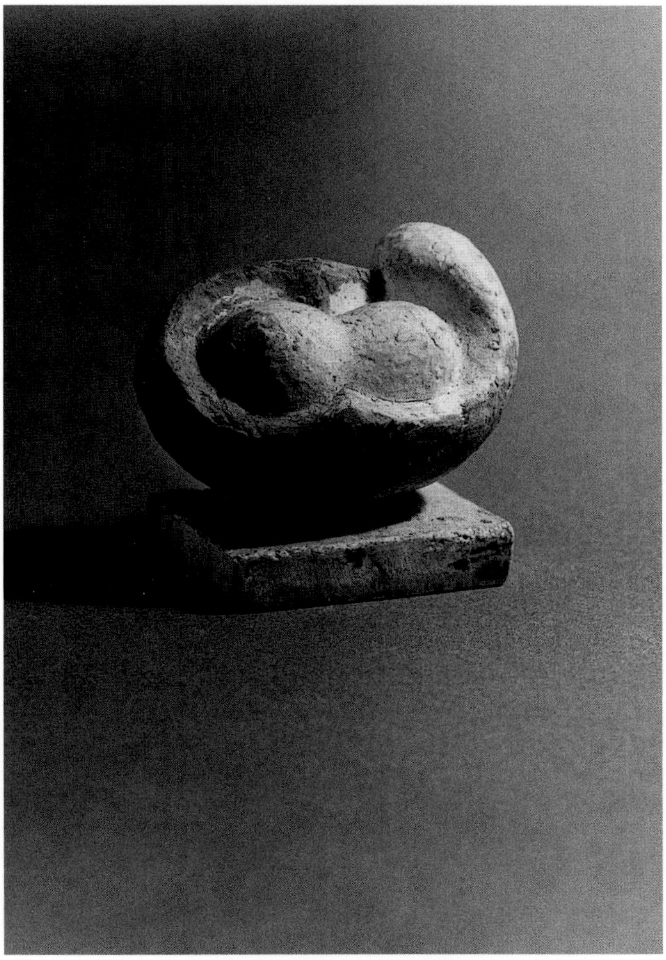
474

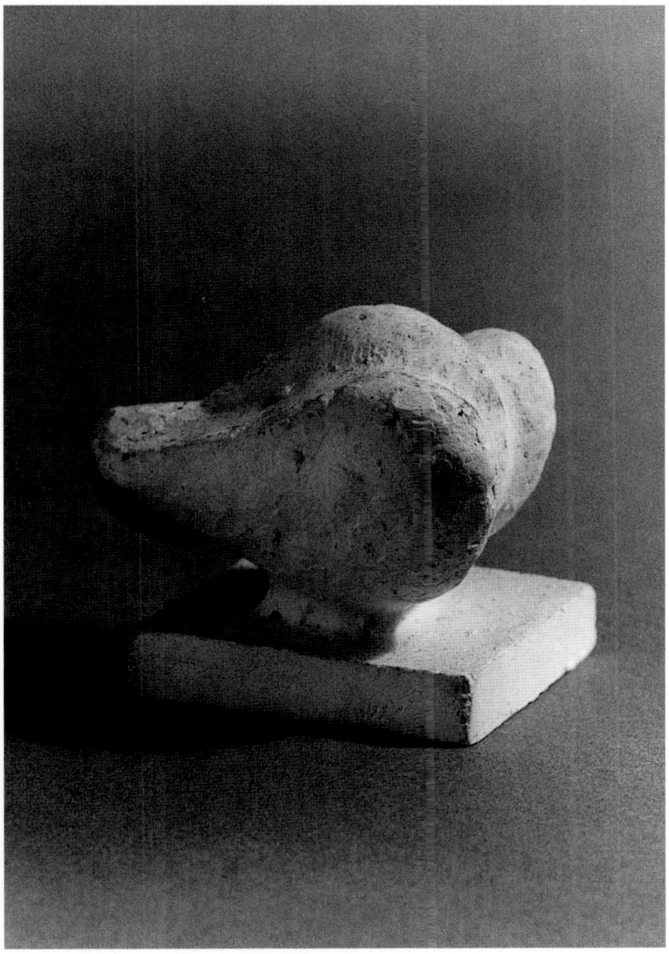
475

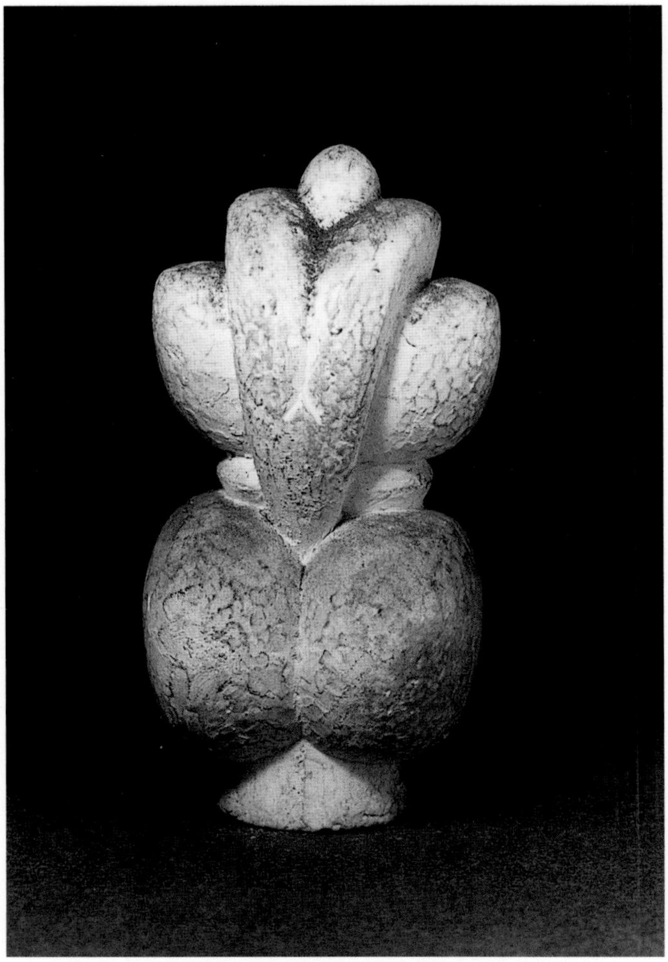
476

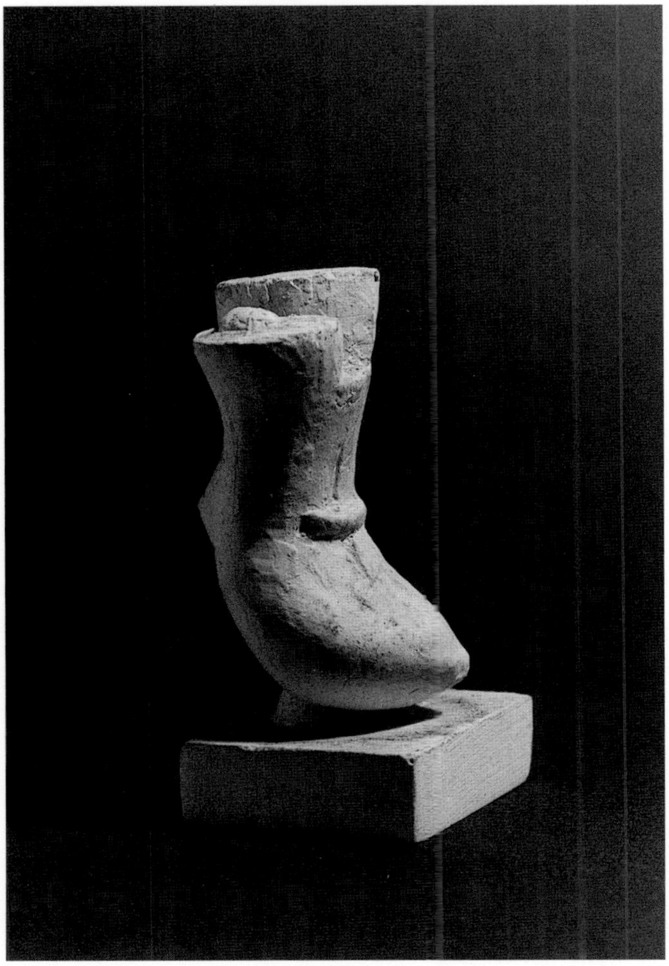
477

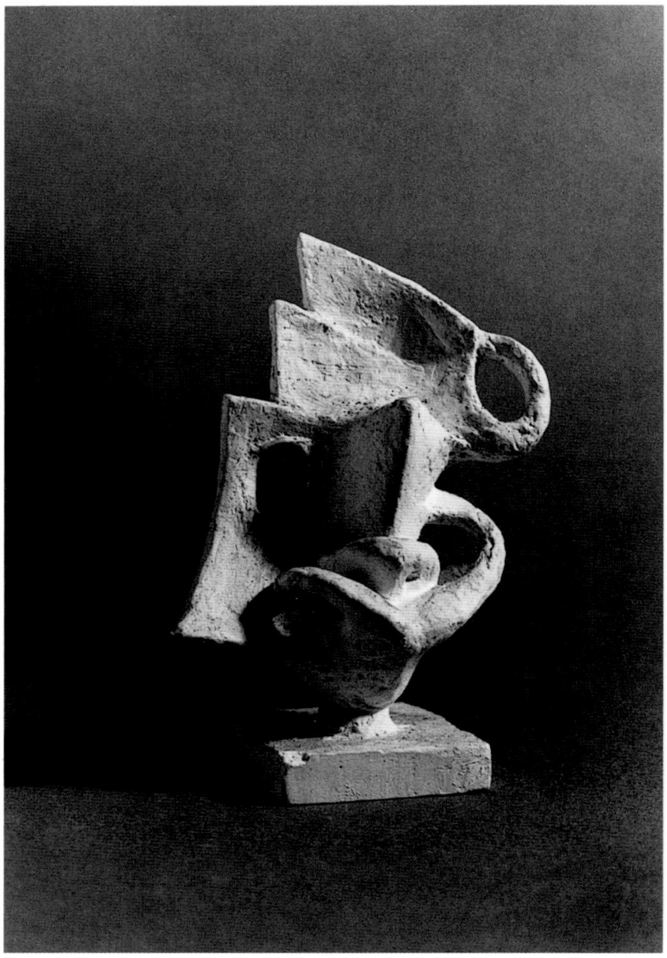
478

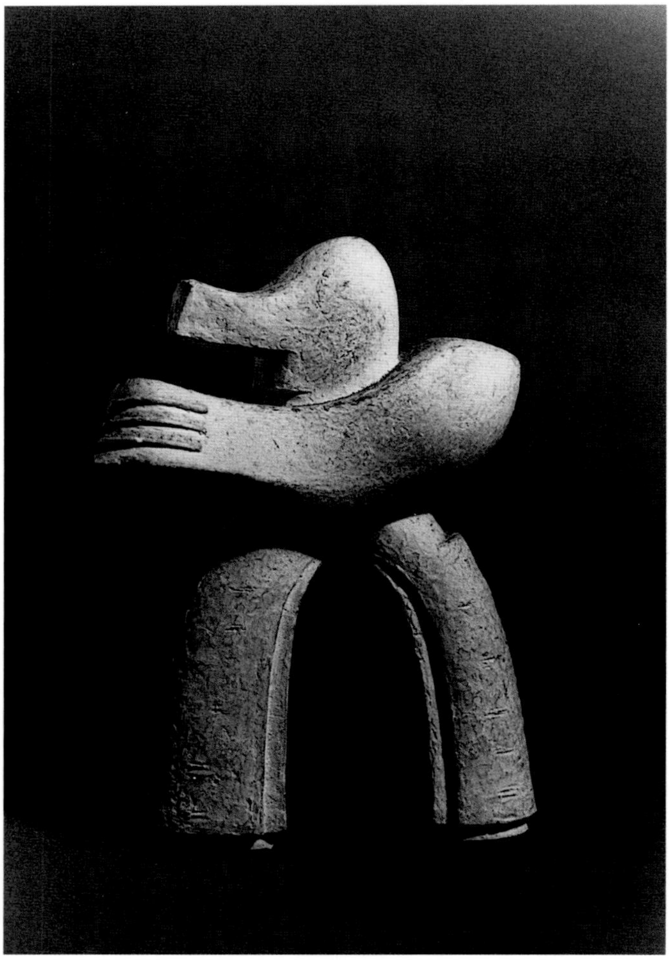
479

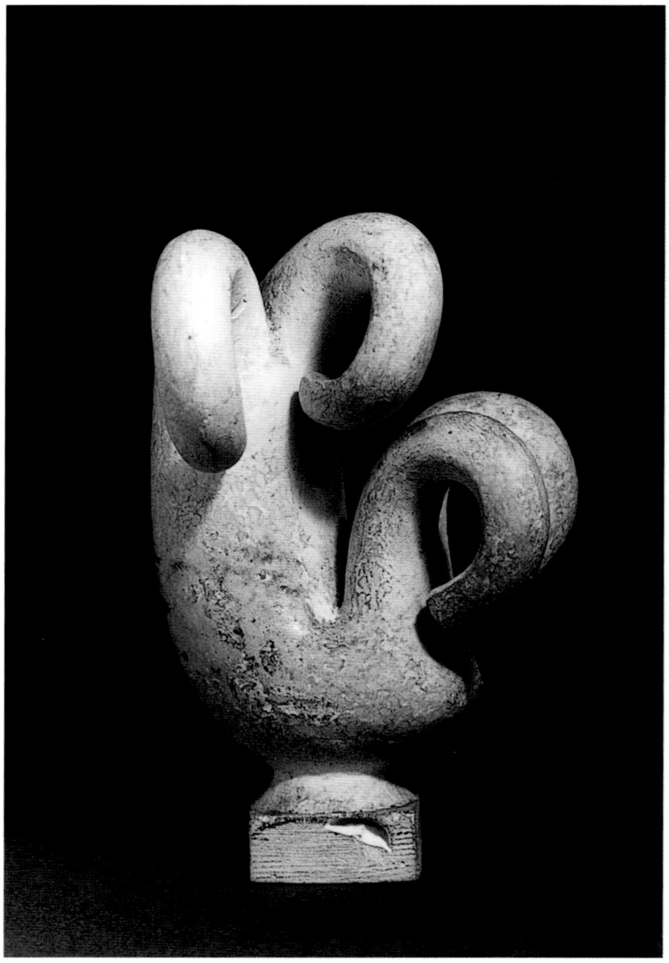
480

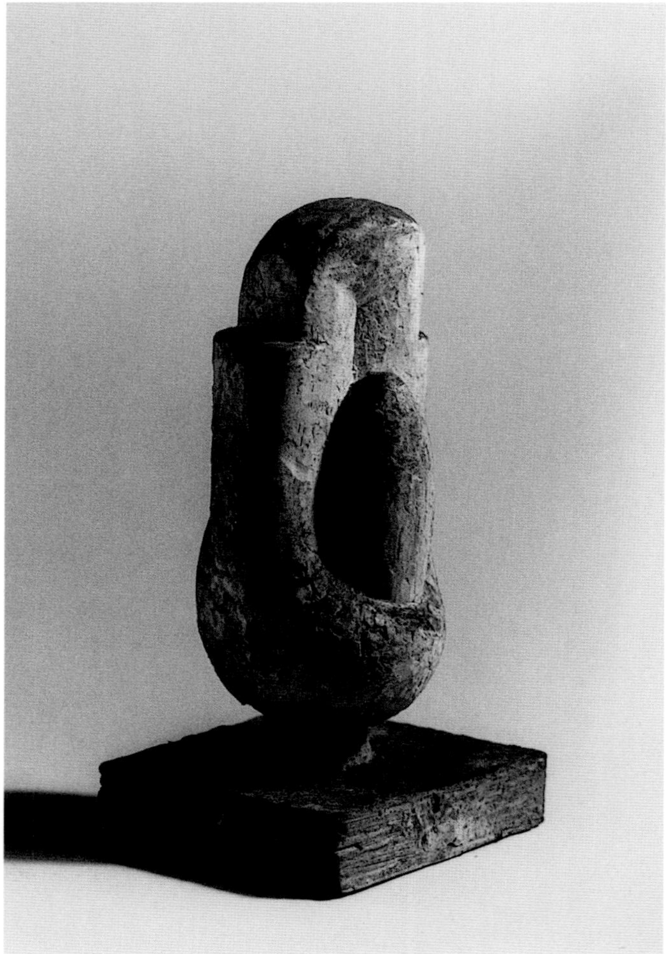
481

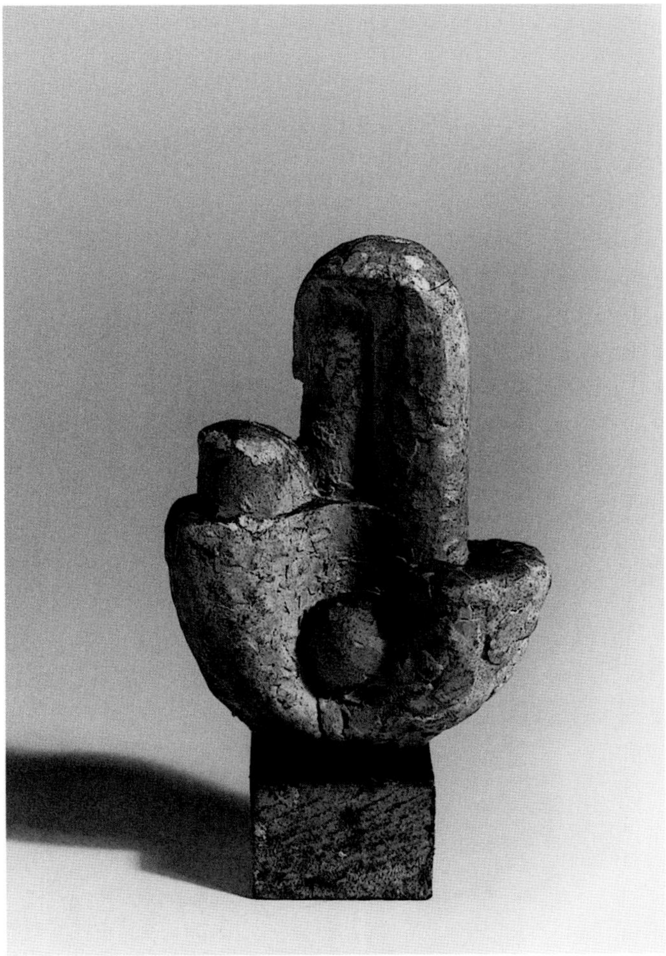
482

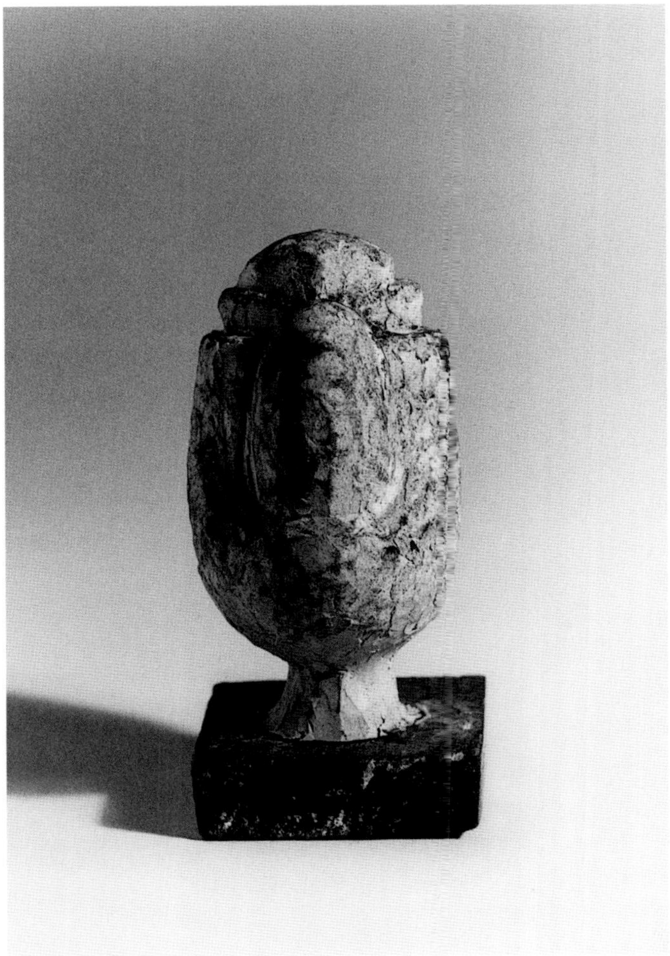
483

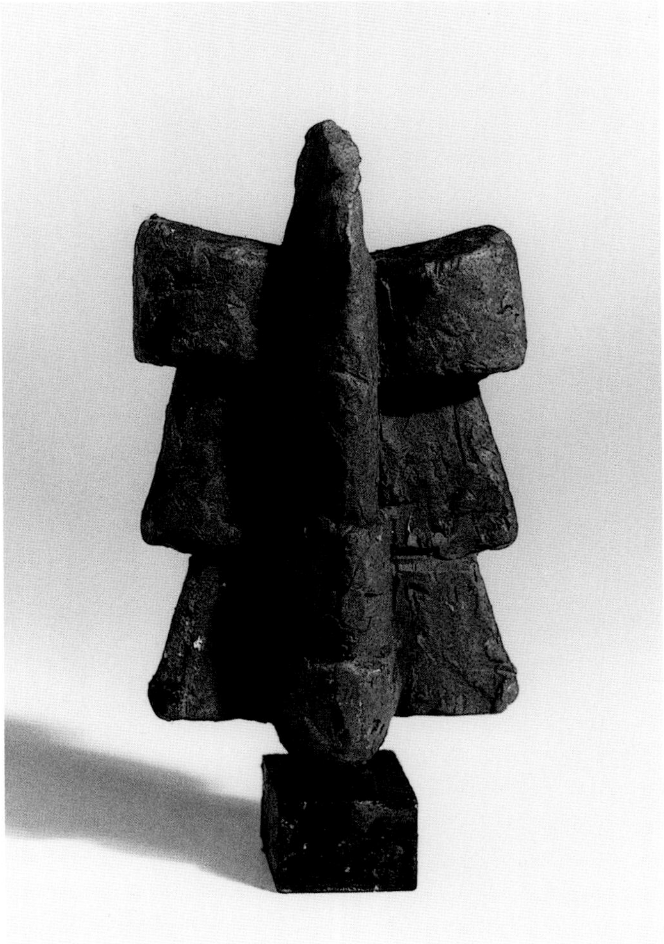
484

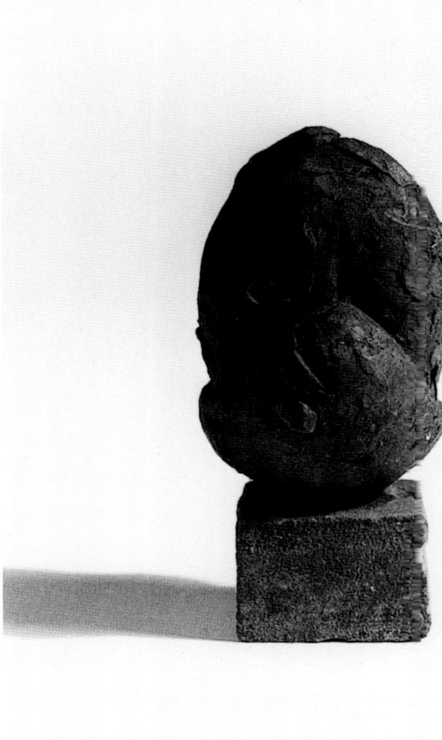
485

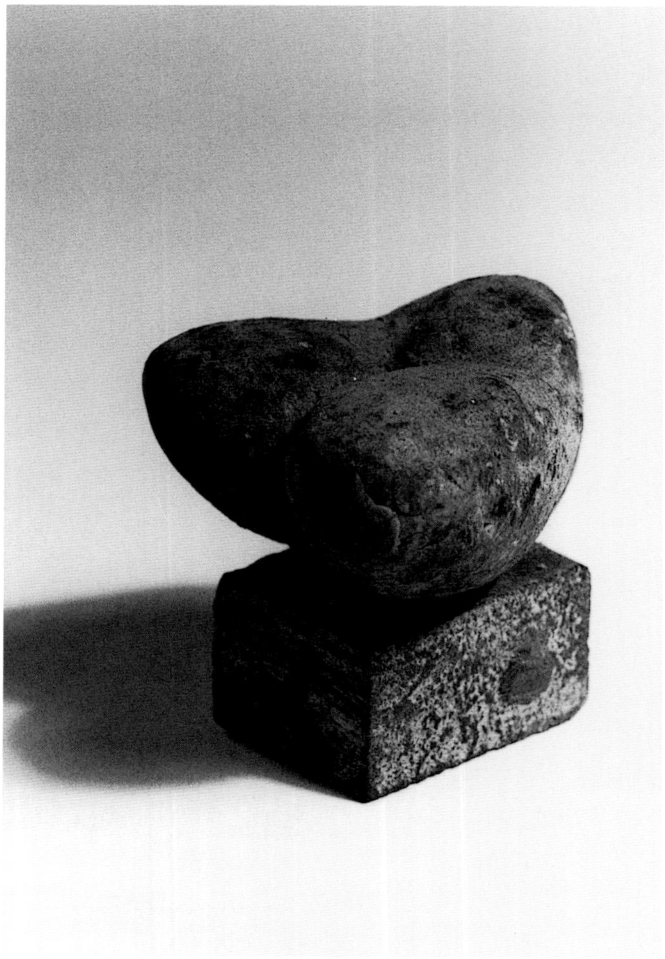

486

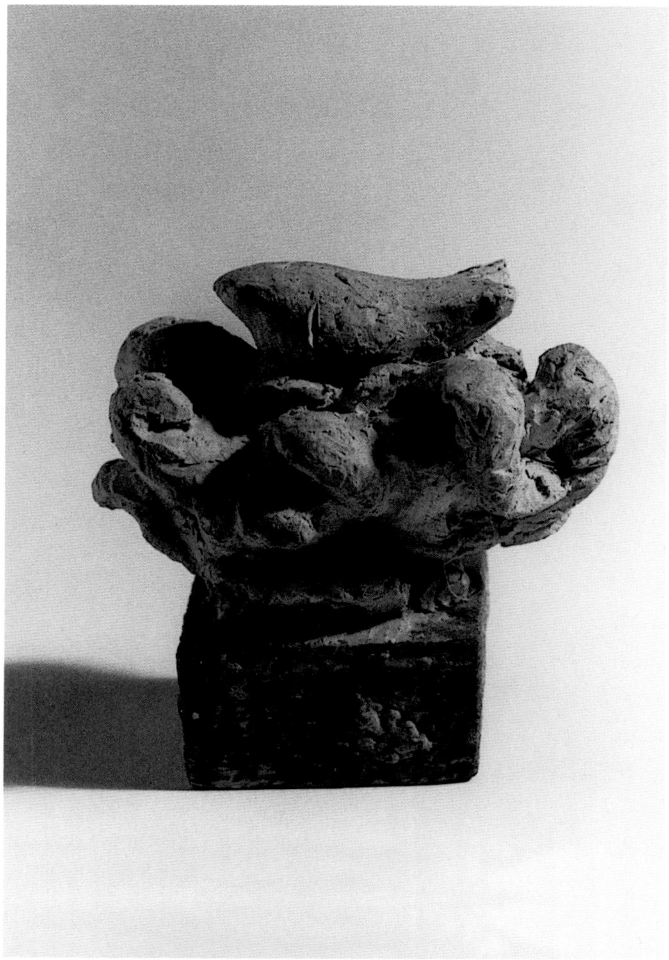

487

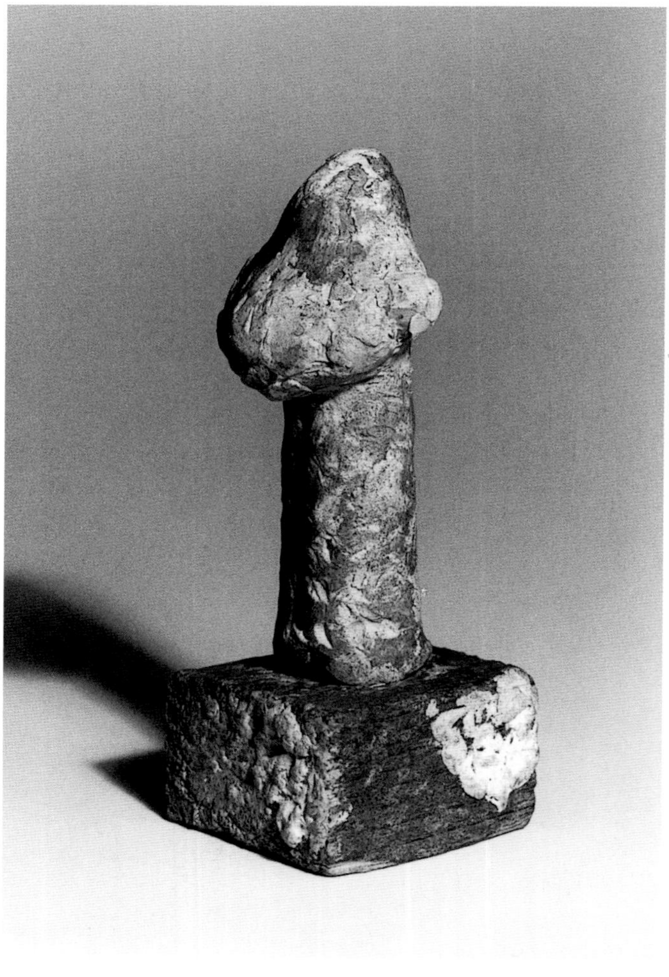

488

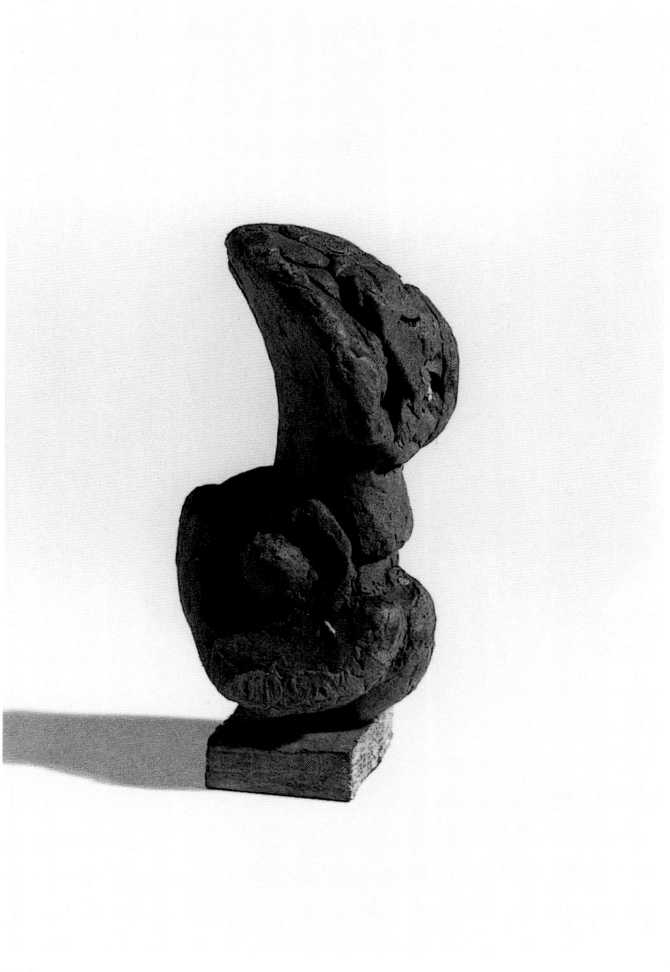

489

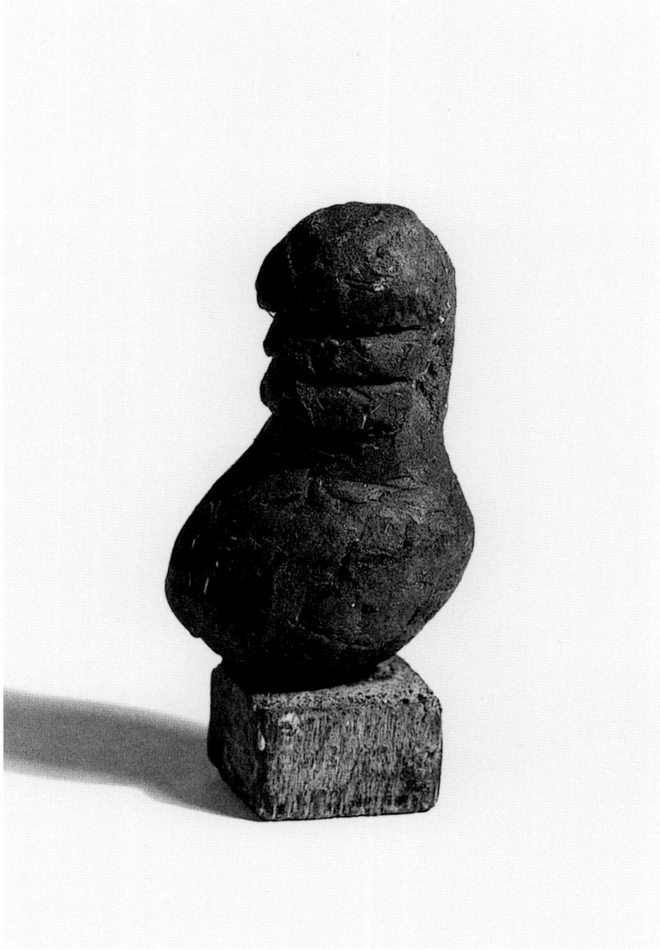
490

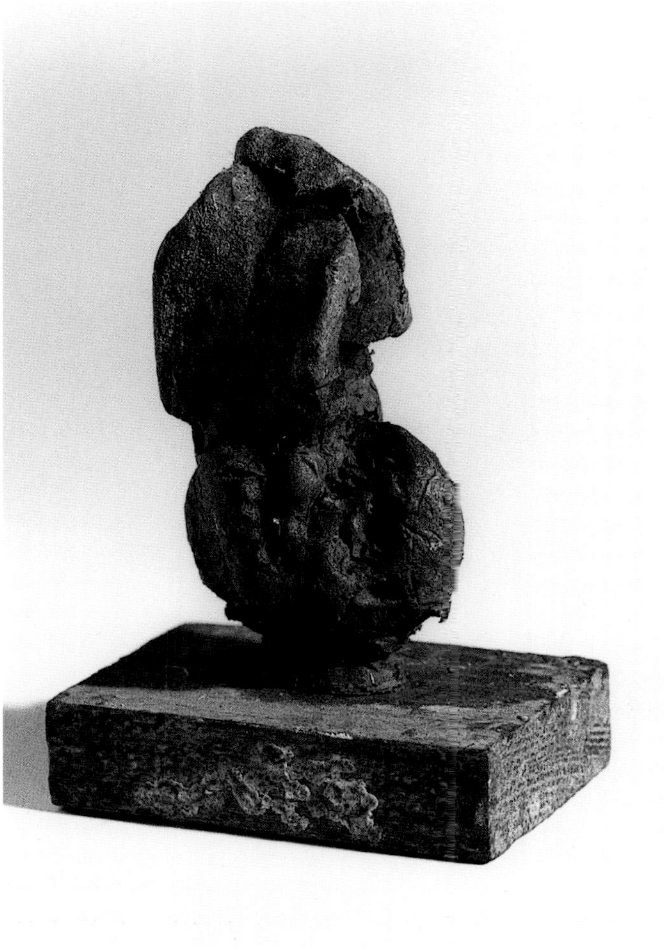
491

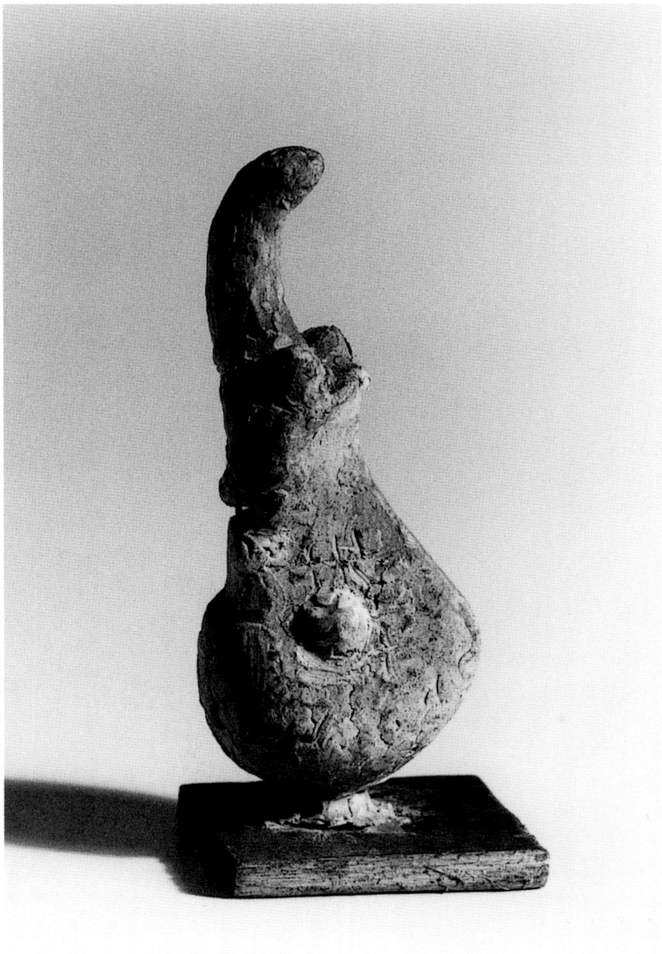
492

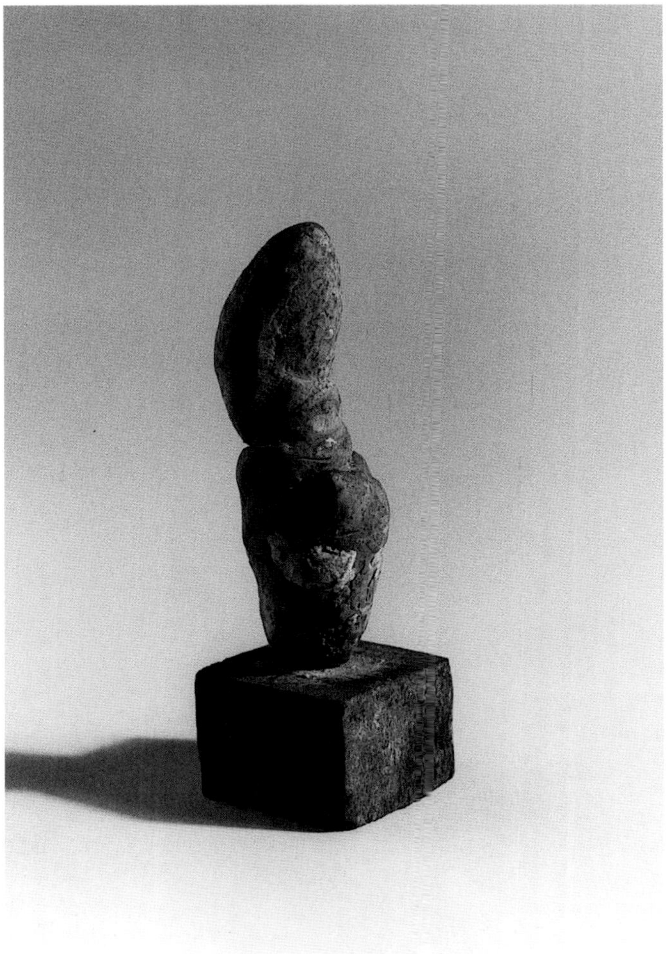
493

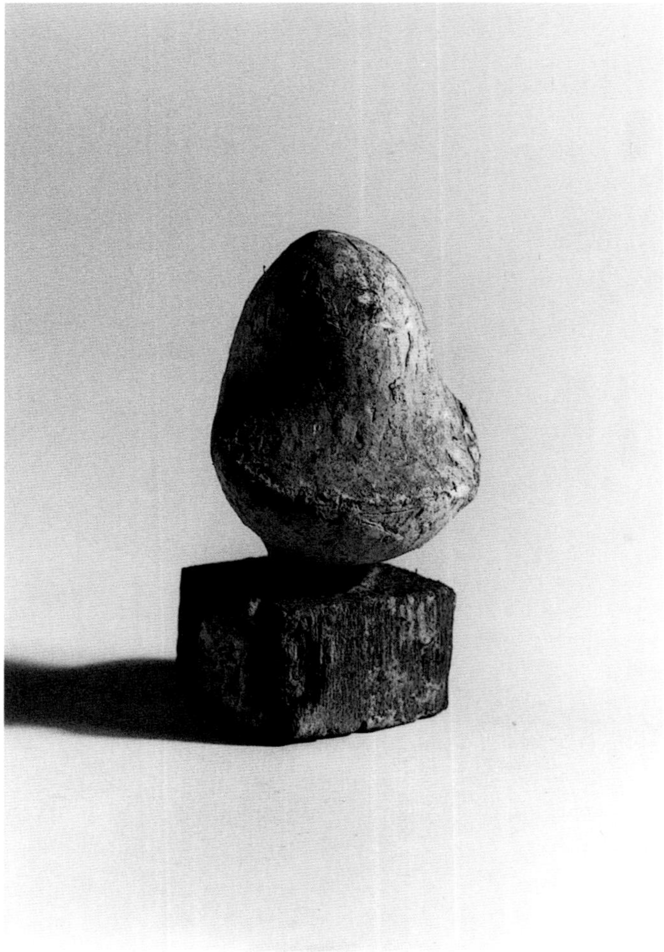
494

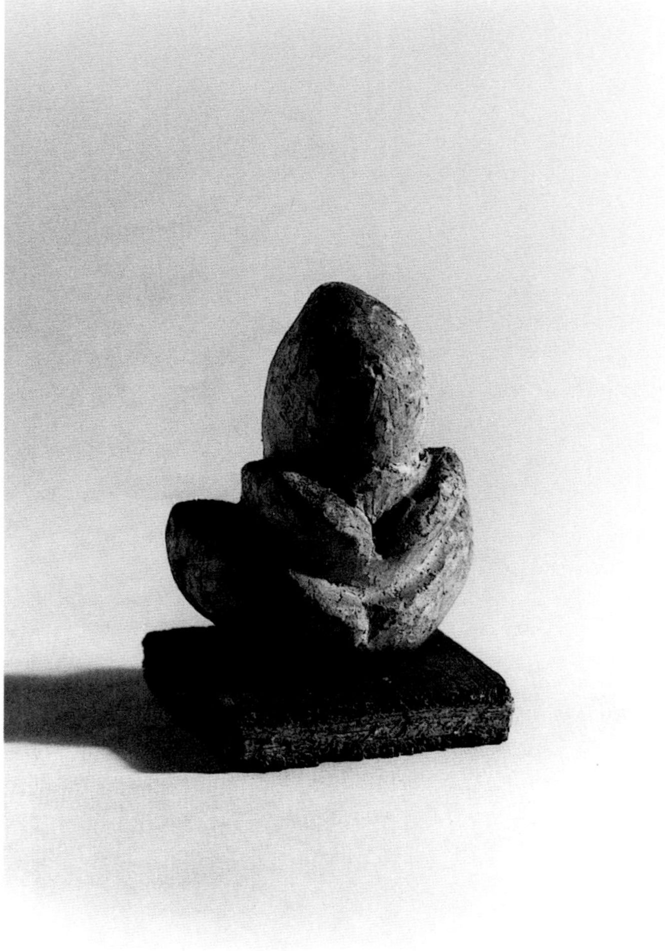
495

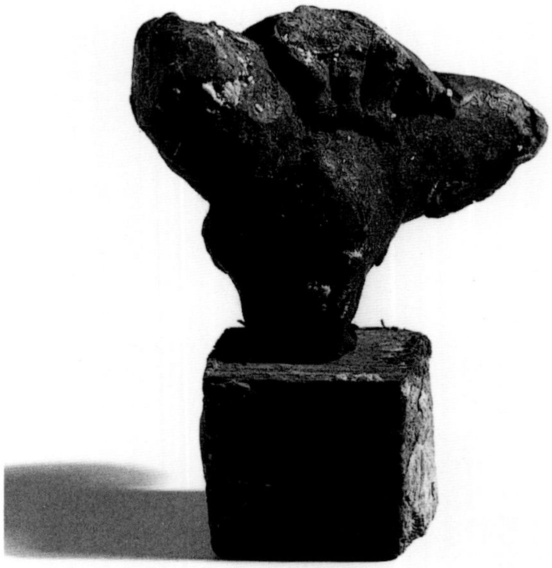
496

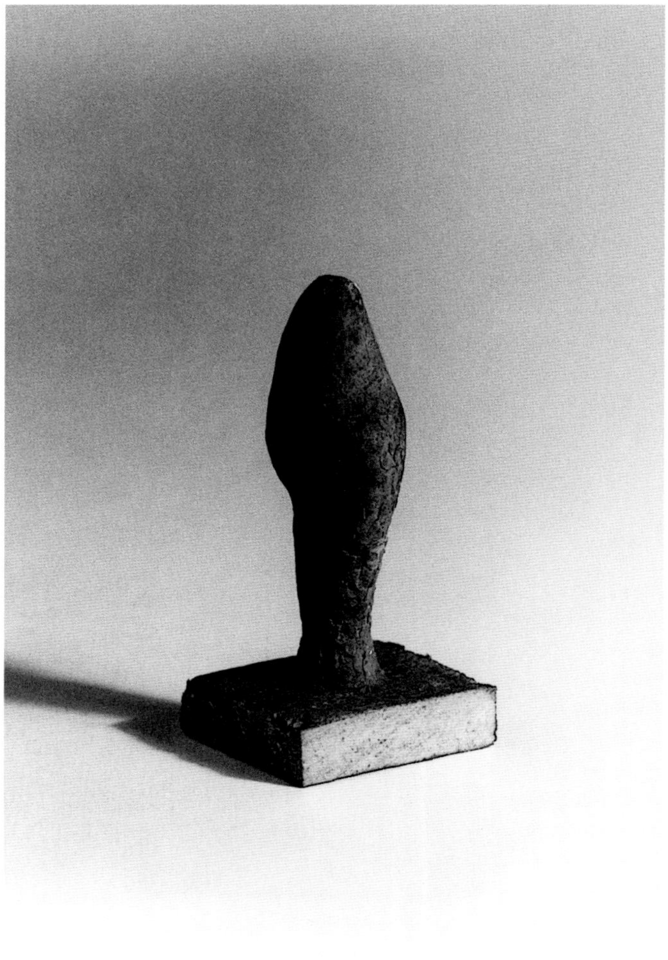
497

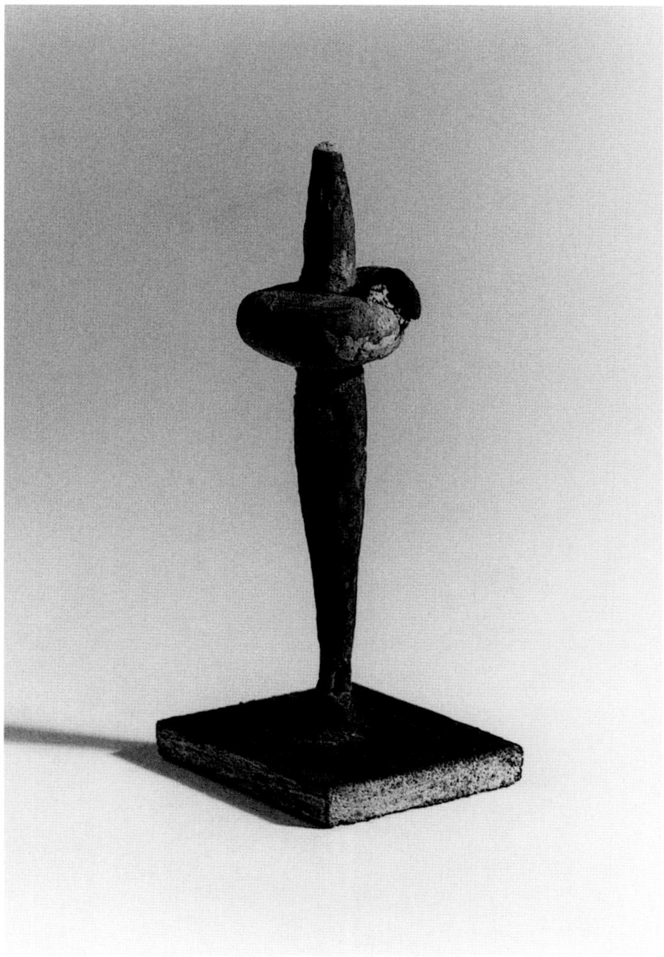
498

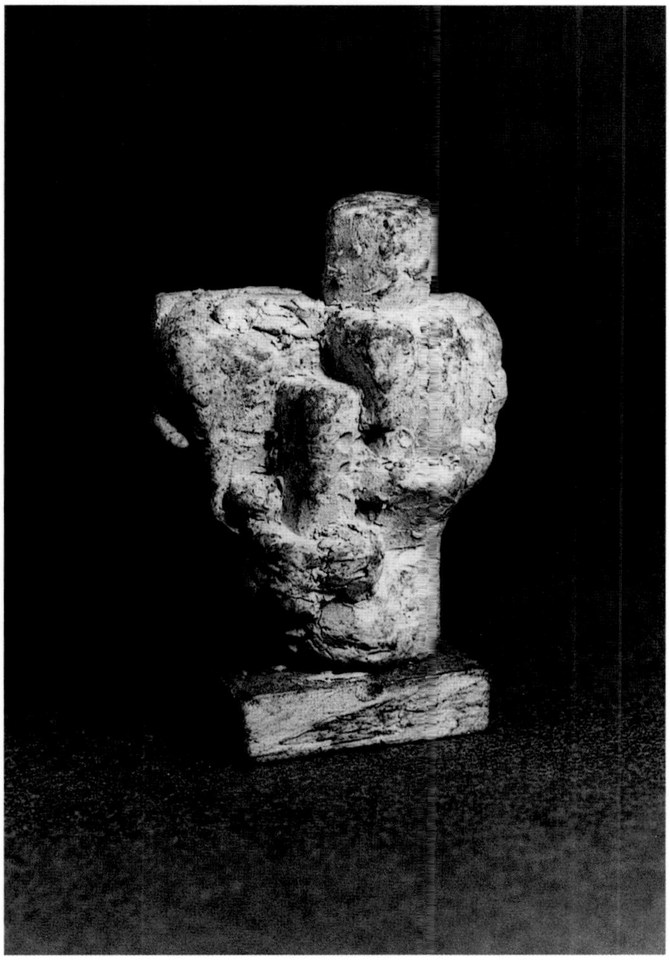
499

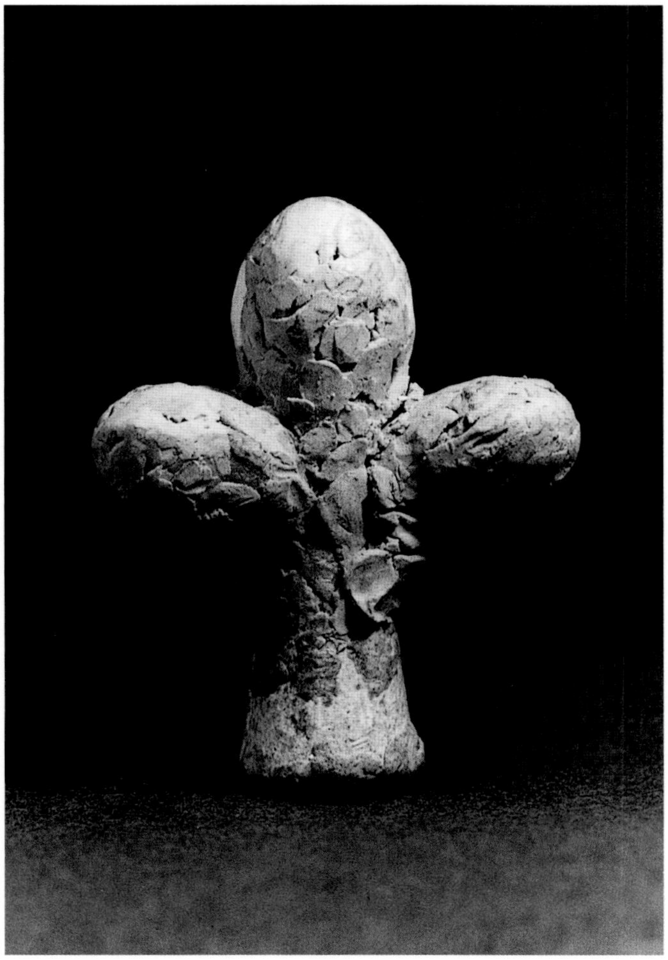
500

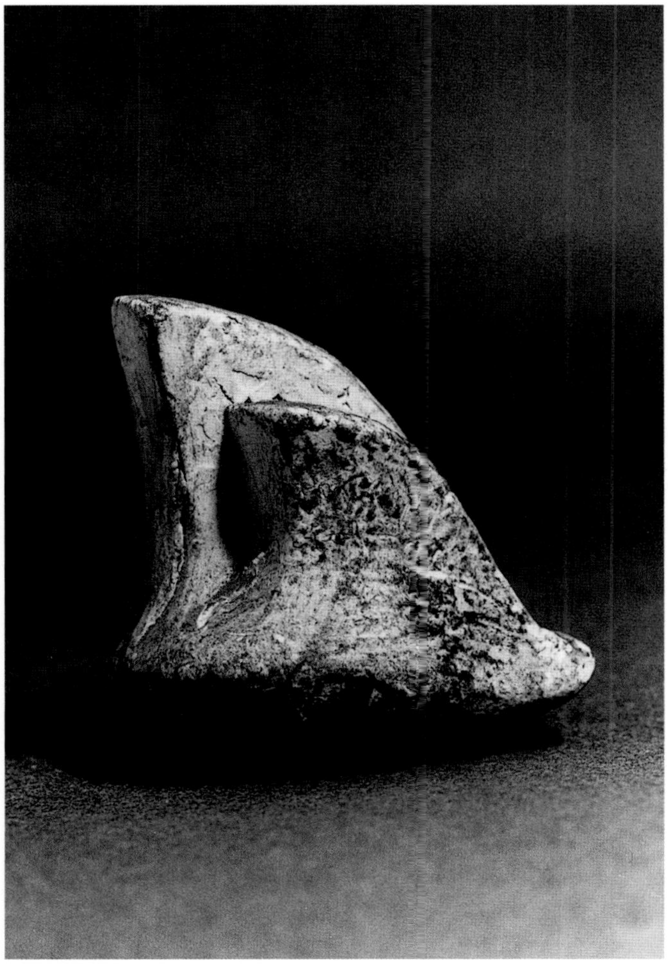
501

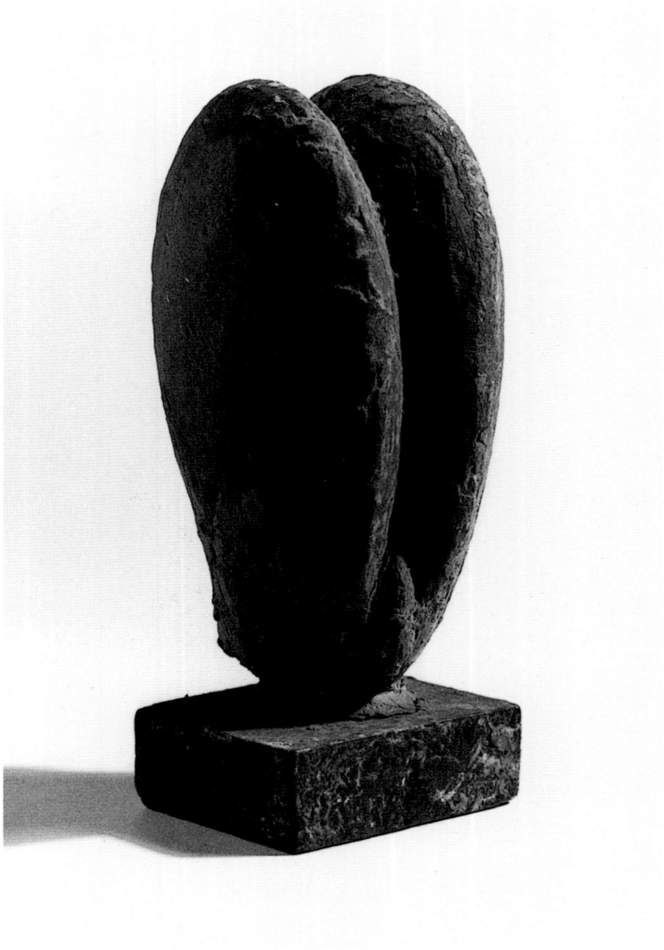

503

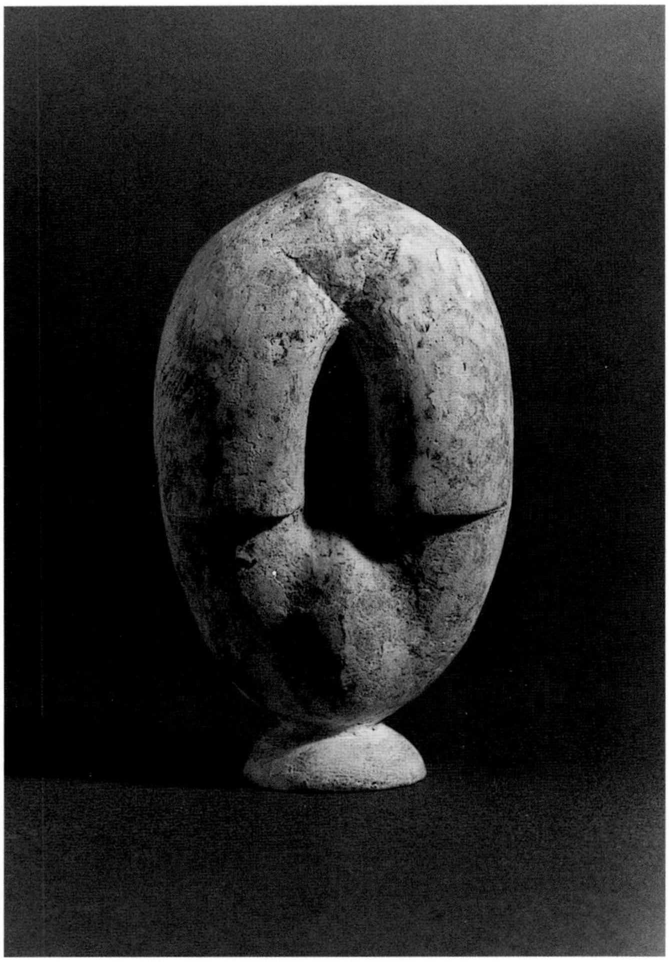

504

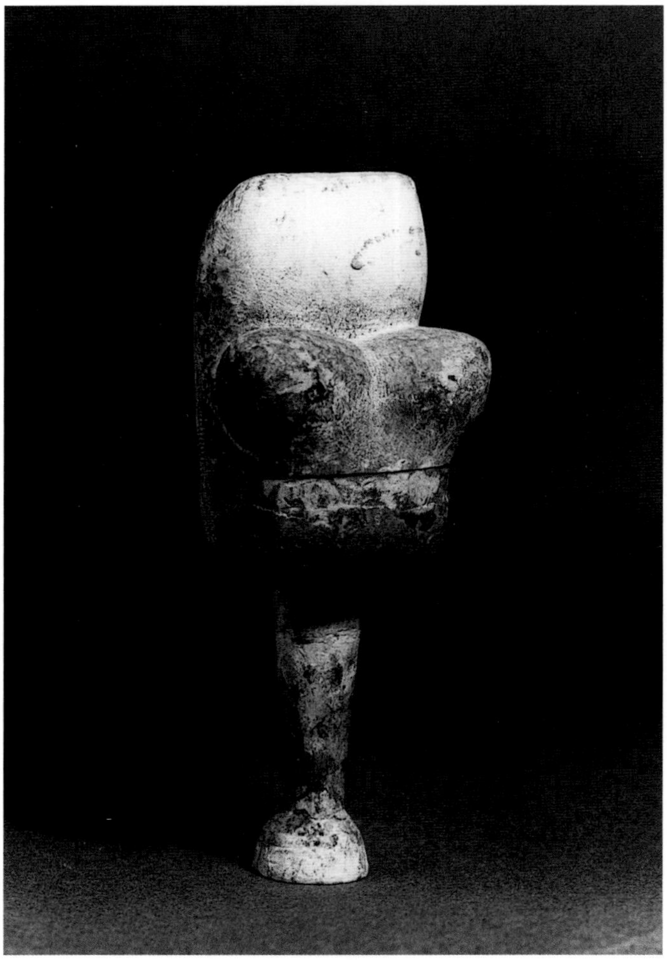

505

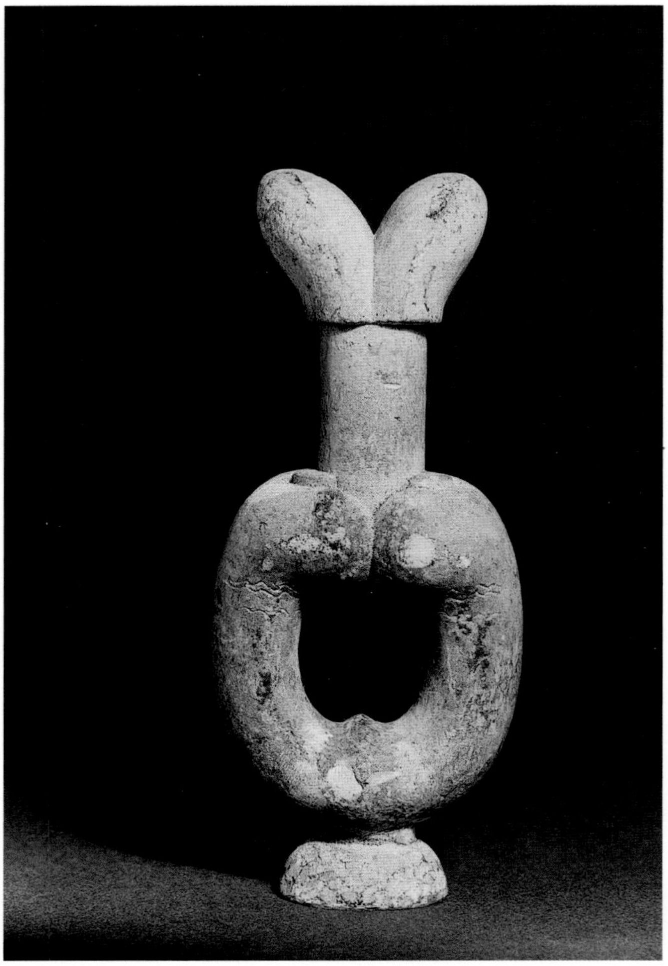

506

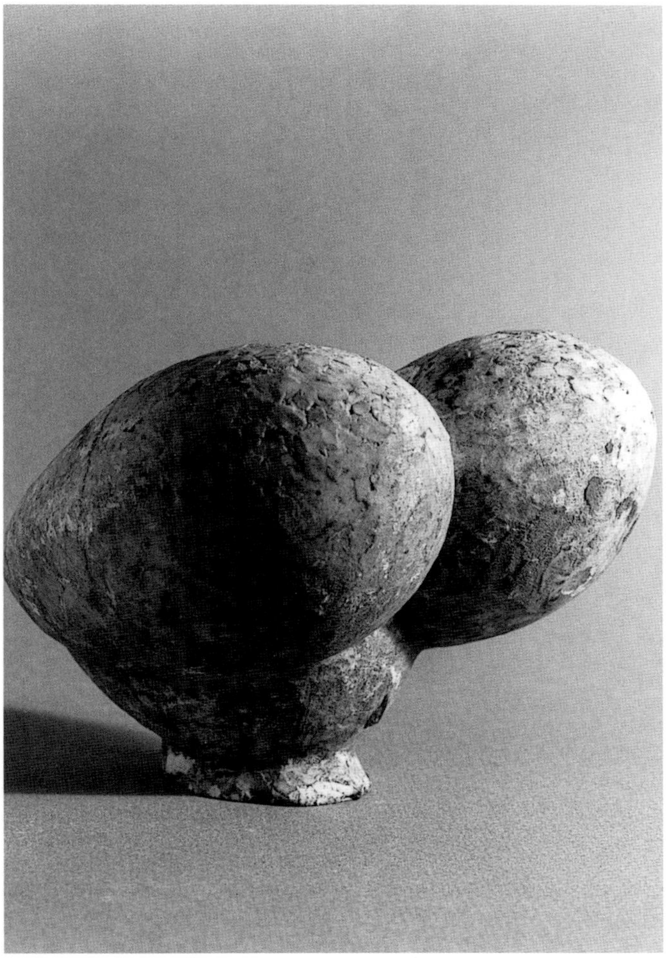

507

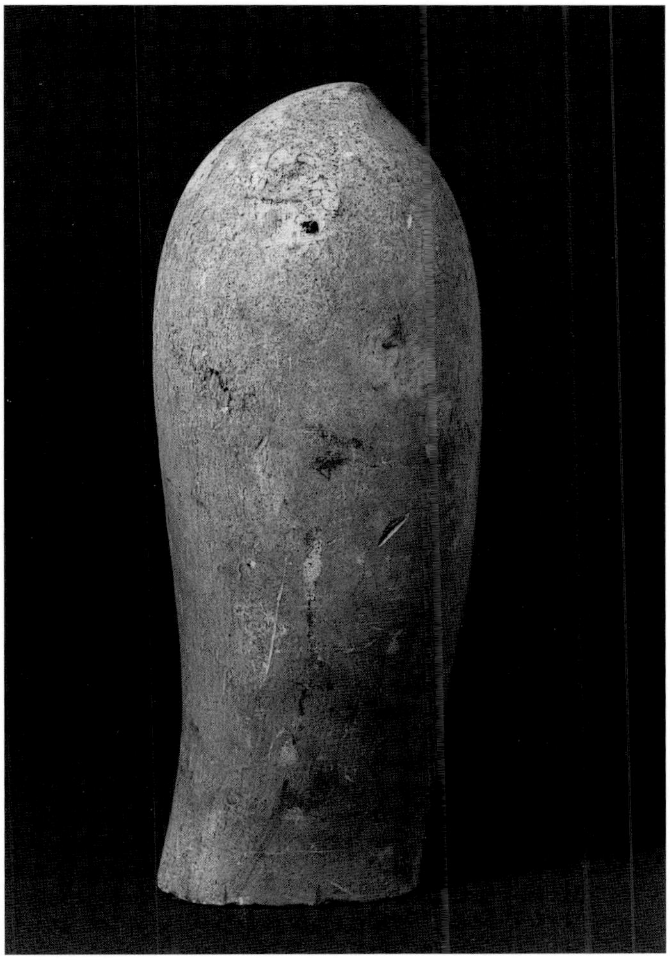

508

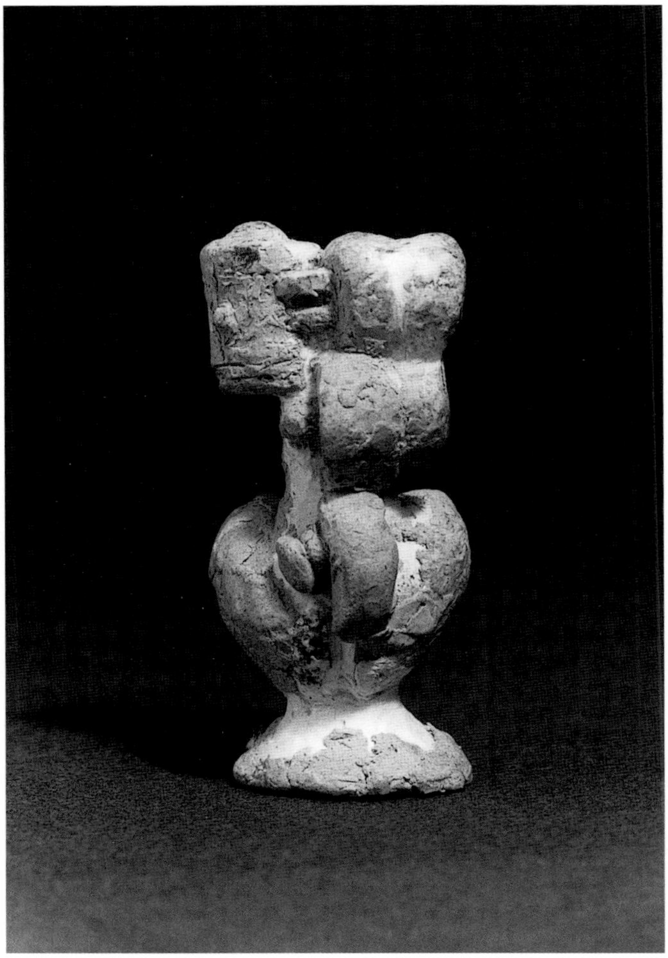

509

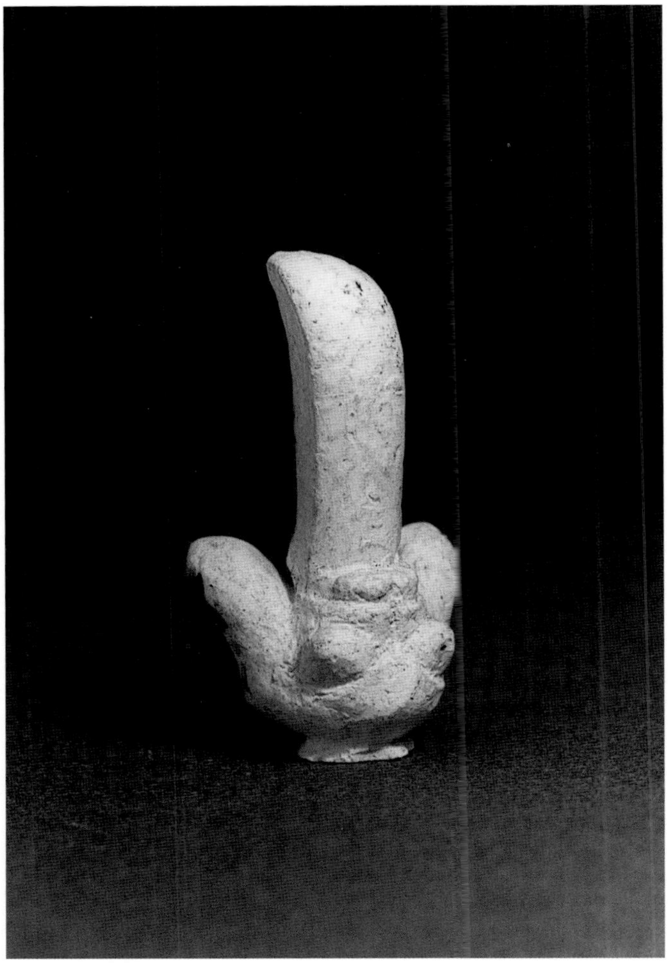

510

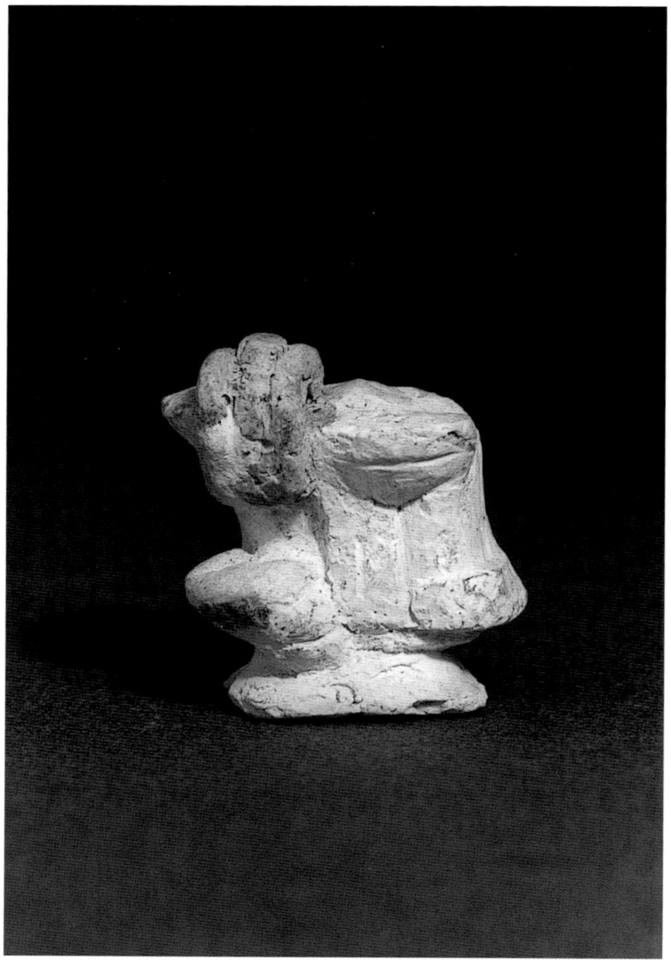

511

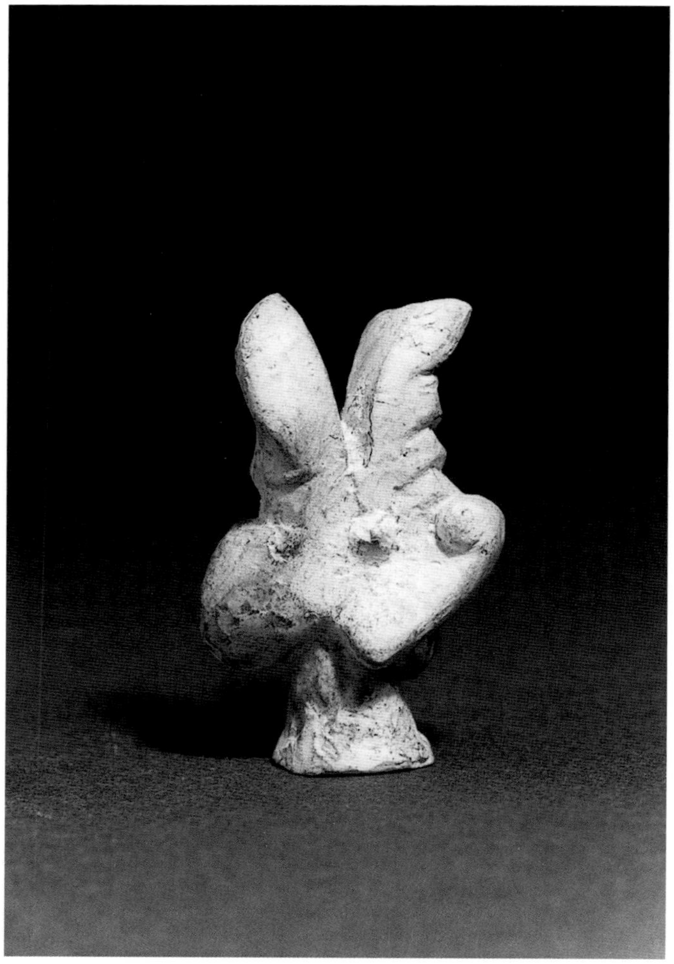

512

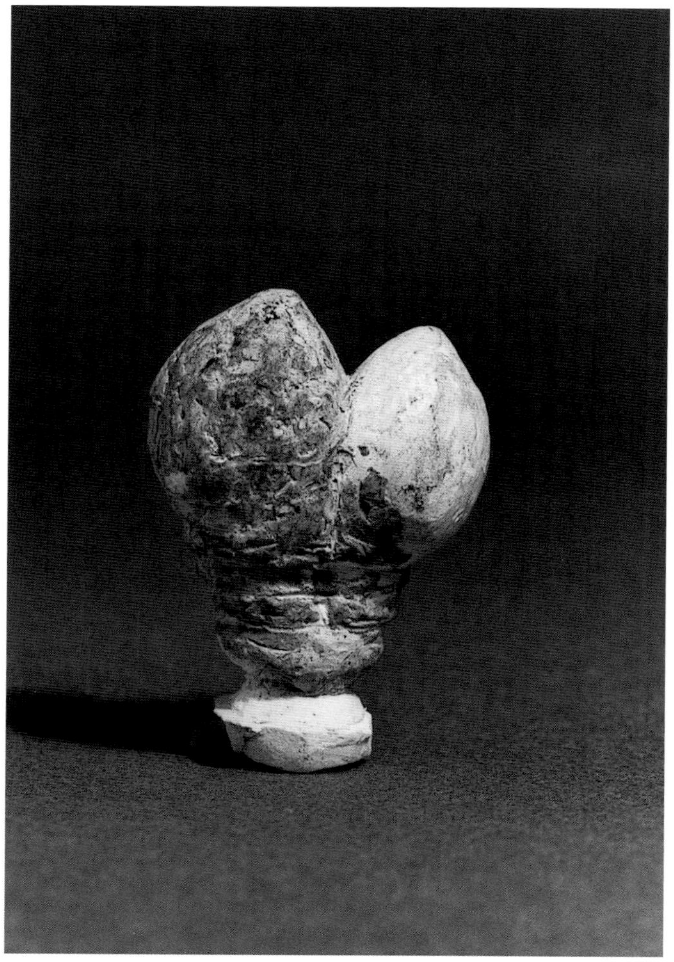

513

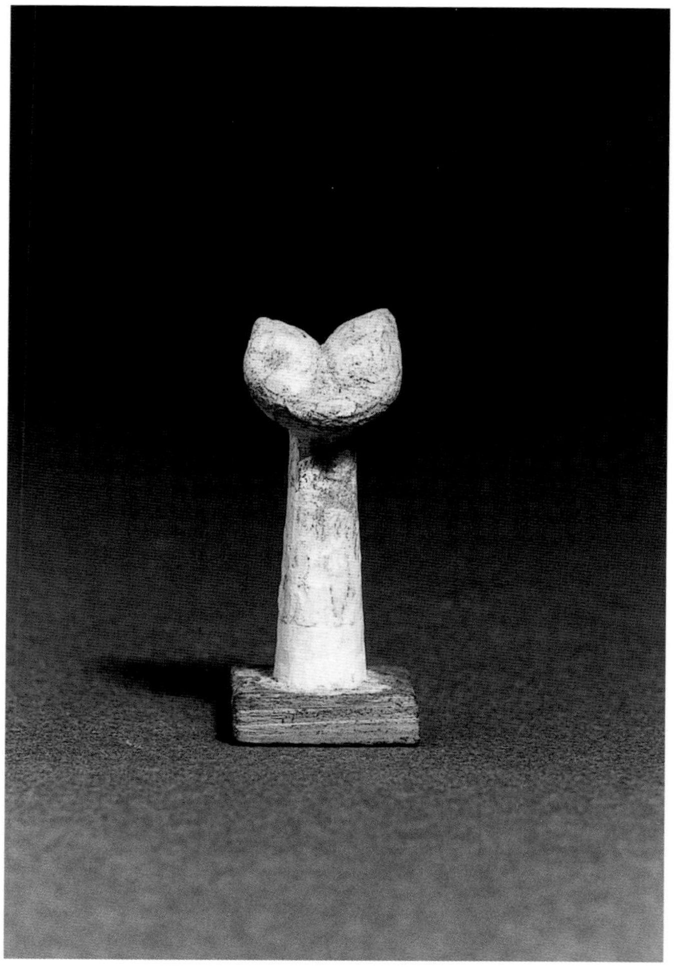

514

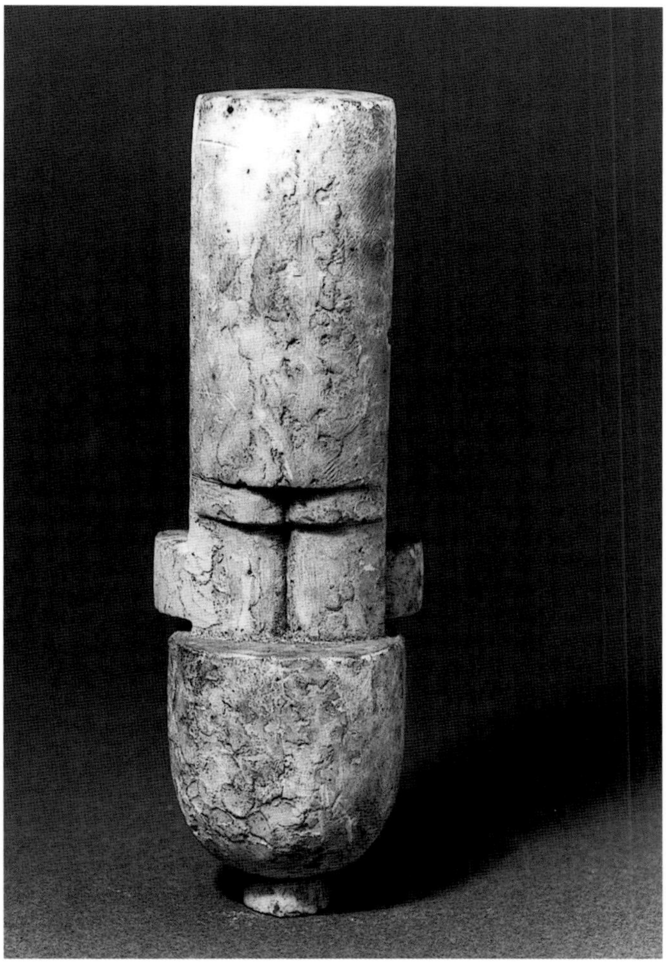

515

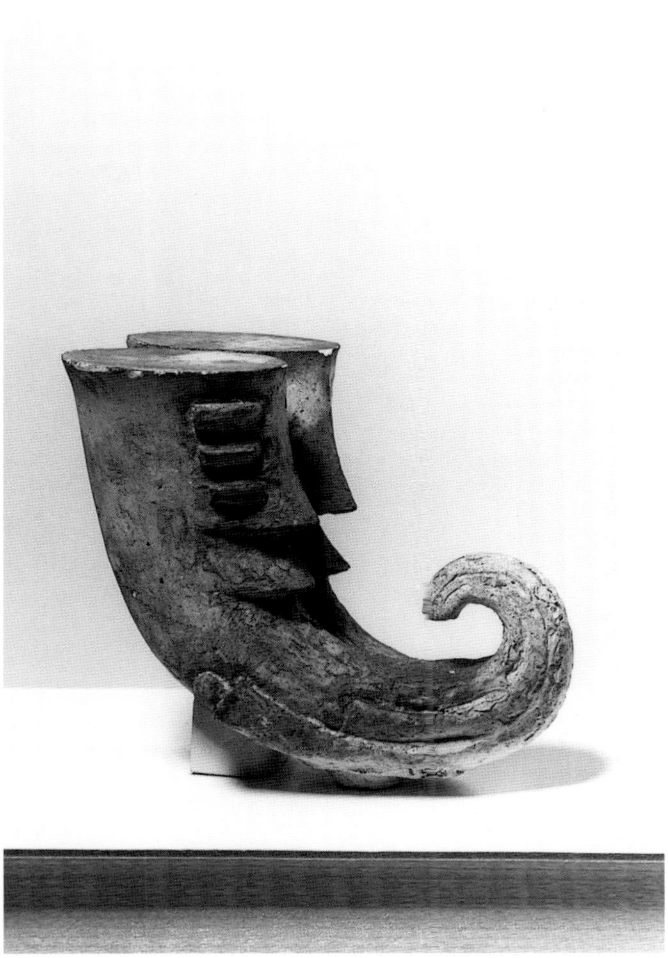

518

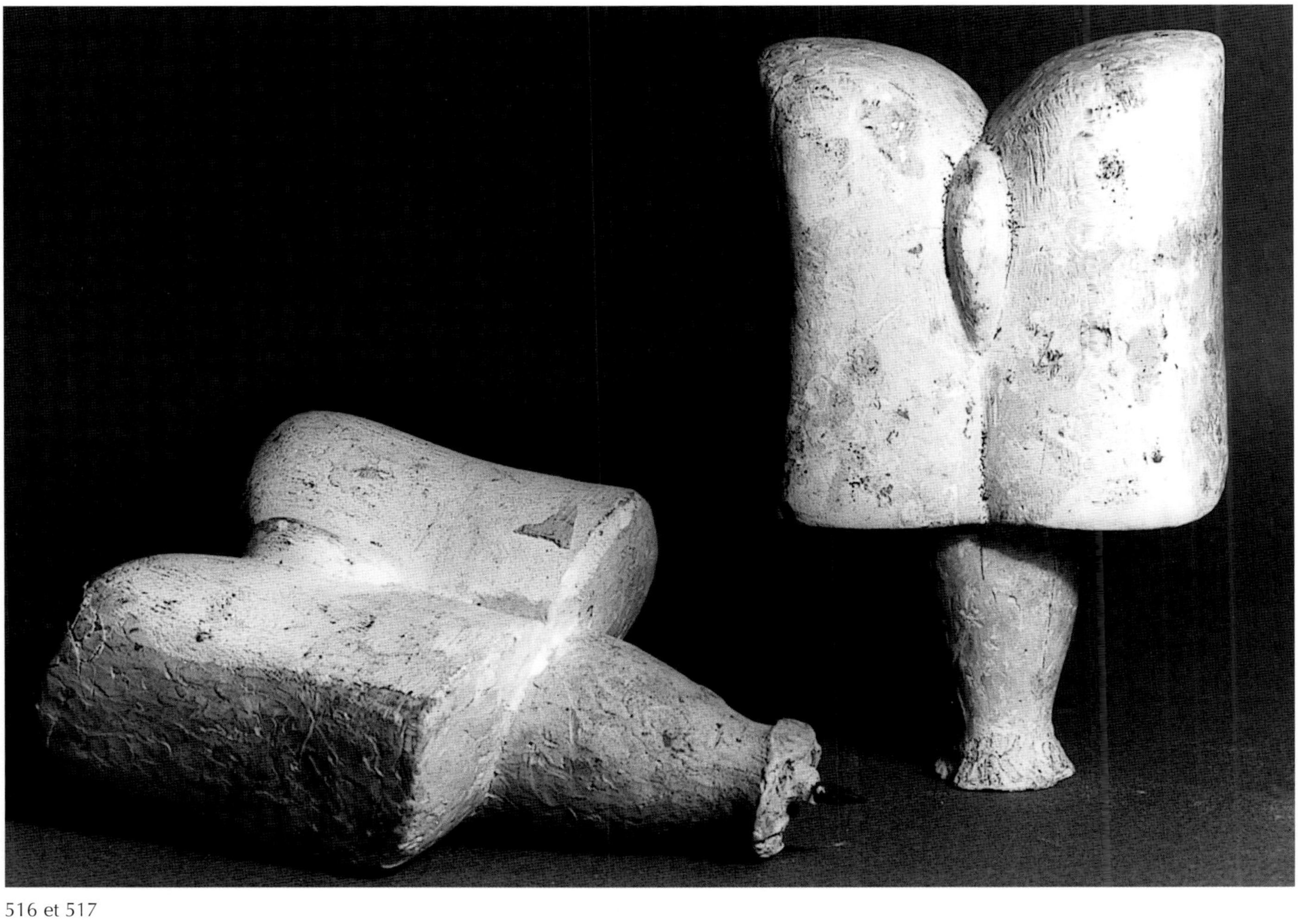

516 et 517

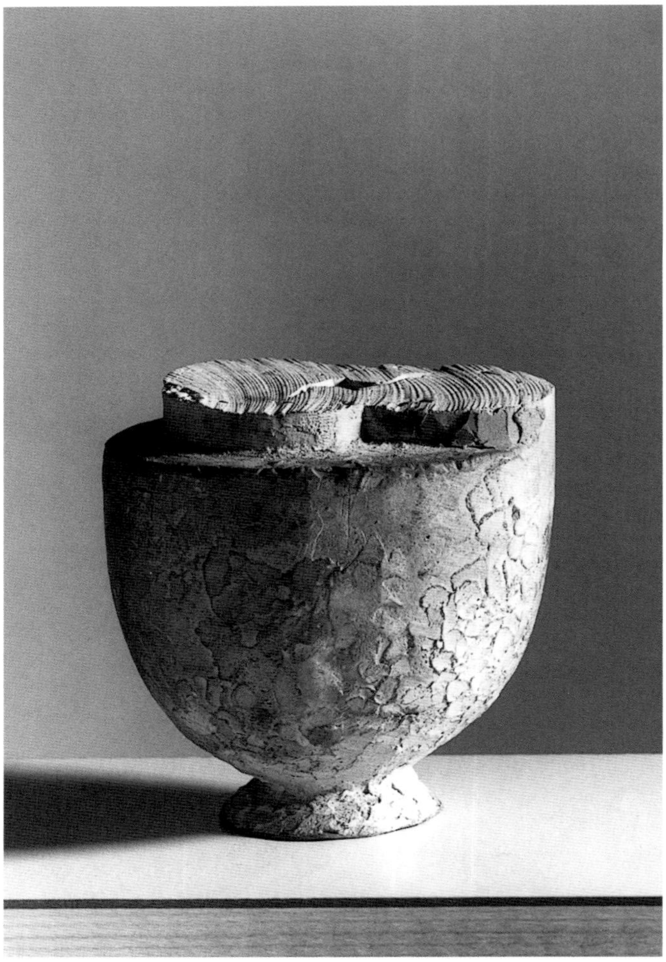
519

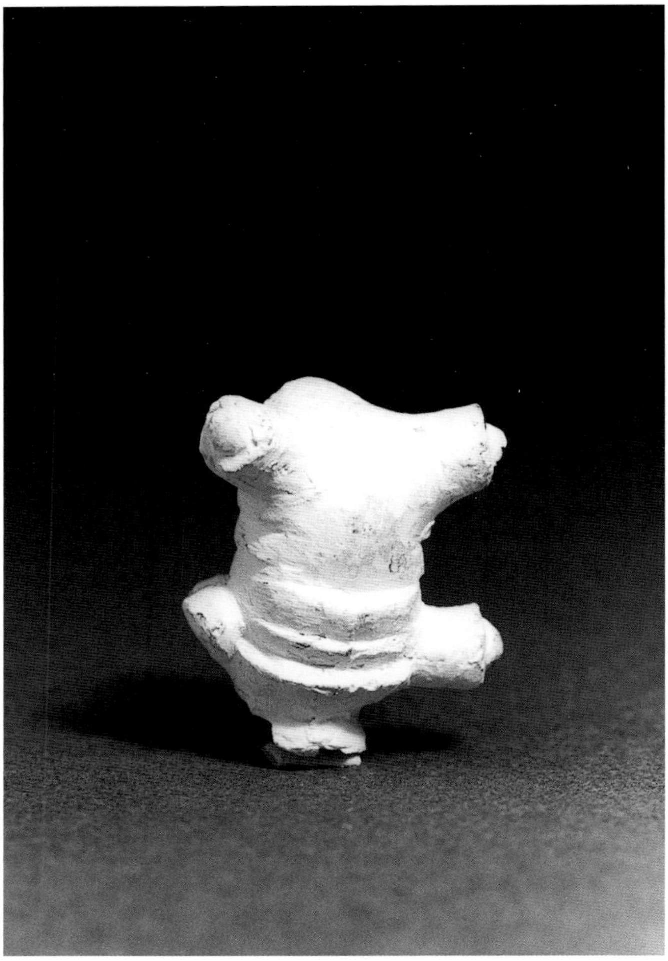
520

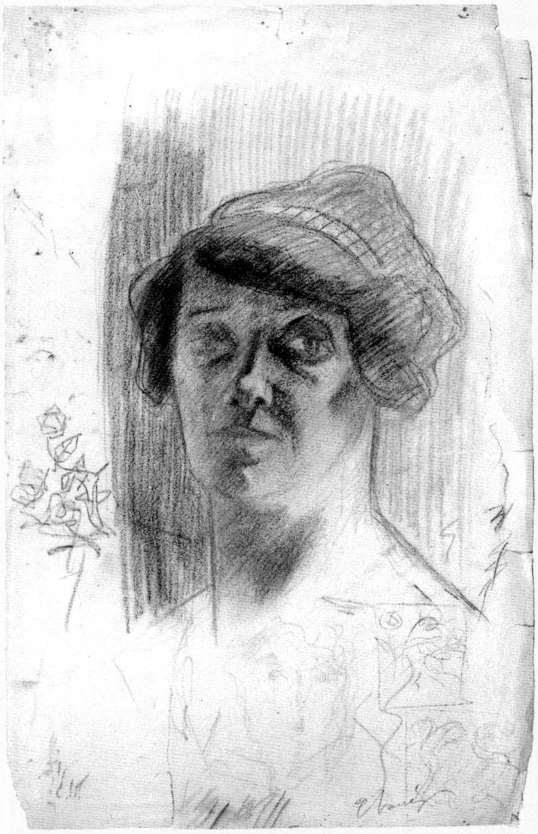

Portrait de sa mère par l'artiste.
Crayons de couleurs. Entre 1908 et 1914.

Annexes

BIBLIOGRAPHIE

« Artcurial » journal de la galerie, Paris, février-mai 1990.

Auteur non identifié « La chance des sculpteurs contemporains » dans Carrefour, 30 juin 1971.

Barbier Nicole, « Jean Chauvin », dans *Encyclopedia Universalis*, 1977.

Barbier Nicole, « Jean Chauvin » éditions Artcurial, Paris 1990.

Barotte René, *le journal des Arts* 30 novembre 1960. « Begründer der Modernen Plastik » éditions Kunsthaus, Zurich, 1954 .

Bernadac Marie-Laure, « l'origine du monde » dans le catalogue Féminimasculin éditions Gallimard/Electa, octobre 1995.

Blanc-Lepeut Marianne, « Jean Chauvin » dans *Le Matin* du 31 mai 1977.

Bony Anne, « Les Années vingt » éditions du Regard, Paris 1991.

Bony Anne, « Les Années Trente » éditions du Regard, Paris 1991.

Bosquet Alain, « Chauvin, sculpteur de la pureté » dans *Bicolor*, novembre 1974.

Boudaille Georges, « Chauvin » reproduit dans quotidien non identifié.

Camin Philippe, « Jean Chauvin, une œuvre capitale » dans *La Lettre des expositions*, éditions du musée de Mont-de-Marsan, juin 1993.

Catalogue « Begründer der Modernen Plastik » éditions Kunsthaus, Zurich, 1954.

Catalogue « 31e Biennale de Venise » 1962.

« Cent sculpteurs de Daumier à nos jours » éditions musée d'Art Moderne et d'Industrie, Saint-Étienne, 1960.

« Centre Georges Pompidou, 20 ans après », *Connaissance des Arts*, n° 536 février 1997.

Chevalier Denys, « Chauvin, le solitaire » *Lettres Françaises* du 16 juin 1971.

Chevalier Denys, « Chauvin, sculptures » éditions l'Enseigne du Cerceau, Paris 1974.

Chevillot Catherine, Colas Liliane et Pingeot Anne « Pompon » éditions Gallimard Electa, avril 1994.

Chudet Daniel, « Jean Chauvin », dans *la Cote des Arts*, septembre octobre 1992.

« Collection du Musée National d'Art Moderne » éditions du M.N.A.M. 1950.

Connaissance des Arts « Chauvin », novembre 1974.

Crespy Odile, « Jean Chauvin, un étrange mystère » dans *Arts, Actualités Magazine*, juin 1993.

Catalogue « Hommage au fondateur de XXe siècle, San Lazzaro et ses amis », éditions musée d'Art Moderne de la ville de Paris, novembre 1975.

« Derrière le Miroir » éditions galerie Maeght, Paris, mars 1949.

Descargues Pierre, « Chauvin, le sanglier » *Le Figaro* 27 novembre 1960.

Descargues Pierre, « Chauvin » dans *Lettres Françaises* du 10 juillet 1957.

Descargues Pierre, « Chronique » dans *Plaisir de France*, 1974.

« Deuxième exposition internationale de sculpture contemporaine », éditions du musée Rodin, Paris, 1961.

Elliot Patrick, « Sculptures en taille directe en France de 1900 à 1950 » éditions fondation de Coubertin, 1988.

Estienne Charles, « Les sculpteurs » dans *Terre des Hommes*, 16 février 1946

Estienne Charles, « Sculpture nègre et sculpture occidentale » dans *Combat*, 7 mars 1949.

Etchemaite Jean-Pierre, « Jean Chauvin, un inconnu célèbre » dans *la Tache d'Encre*, avril 1993.

« Exposition Internationale, Paris 1937 » album exceptionnel, éditions « l'Illustration ».

Fléaux Rachel, « Jean Chauvin, un sculpteur abstrait et sensuel » dans *L'Écho Républicain* 15 octobre 1992.

Garner Philippe, « Jean Chauvin » dans *The Connoisseur*, juin 1980.

« Galerie Jardin des Arts » janvier 1975.

Gazal Sandrine, « Jean Chauvin, sculptures et dessins » dans *Demeures et Châteaux de France*, novembre 1992.

Gindertael R.V., « Chauvin » dans *Beaux-Arts*, Bruxelles, juin 1957.

Gironde Thierry, « Chauvin s'expose » dans *Atlantica Euromagazine*, juin 1993.

Heitz Bernard, « Le sculpteur de l'ombre » dans *Télérama* n°2270 du 14 juillet 1993.

Hérissé Marc, « Deux expositions de Jean Chauvin » dans *la Gazette de l'Hôtel Drouot* 18 septembre 1992.

Hérissé Marc et Jaubert Bruno, « Jean Chauvin » dans *La Gazette de l'Hôtel Drouot*, 23 juillet 1993.

« High Style » article, *Sunday Times Magazine*, décembre 1974.

Hillier Bevis, « The World of Art-Déco » éditions Minneapolis institut of Art 1972.

« Il y a cinquante ans, Normandie » éditions Herscher 1985.

JAMET Stéphanie, « Jean-Gabriel Chauvin » dans *The origins of Modern Art in France* éditions Serge Lemoine pour le Singapore Art Museum, mai 1998.

« Jean Chauvin, le précurseur solitaire » dans *La Cote des Arts* de juillet 1992.

L.F., « Jean Chauvin, puissant et solitaire » dans *l'Amateur d'Art,* octobre 1992.

« La Collection du Musée National d'Art Moderne » éditions du M.N.A.M. 1950.

LARRANAGA Kristina, « Chauvin, un celebre desconocido » dans *Egin,* 25 août 1993.

« La sculpture Contemporaine au Musée d'Art Moderne de Paris » éditions Albert Morancé, 1954.

LE BRUSQ Arnaud, « Jean Chauvin » dans *Les Annonces de la Seine* du 29 octobre 1992.

LÉVÊQUE Jean-Jacques, « Chauvin », dans *le Quotidien de Paris,* juin 1988.

« Libres propos d'Alex Maguy » dans *Connaissance des Arts,* février 1979.

MARCHIORI G., « La Sculpture Moderne en France » éditions Bibliothèque des Arts, Paris Lausanne, date indéterminée.

MEYER Laure, « Chauvin » dans *L'ŒIL,* octobre 1992.

MOGUI Jean-Pierre, « Le Normandie, seigneur de l'Atlantique » éditions Denoël Paris 1985.

NÉRET Gilles, « L'Art des Années 30 » éditions du Seuil, Paris 1987.

« Nouveau dictionnaire de la Sculpture Moderne » éditions F. Hazan, Paris 1970.

NURIDSANY Michel, « Chauvin » dans *Le Figaro* du 16 juin 1988.

PYTHOUD Laurence, « Chauvin, la pureté polymorphe » dans *Connaissance des Arts,* avril 1990.

« Quadrum 5 » *revue internationale d'art moderne,* éditions ADAC, Bruxelles : « La sculpture contemporaine à la galerie Claude Bernard ».

« Réalités Nouvelles » N°1, 1947, Paris.

REWALD Sabine, « The Metropolitan Museum Bulletin » New York, automne 1991.

REY Robert, « Chauvin, mon ami » dans *Amis de l'Art,* mars 1949.

RINUY Paul-Louis, « Jean Chauvin » éditions Fondation de Coubertin 1992.

« Sculptures des Maîtres Français de l'École de Paris » éditions Contemporary Sculpture Center, Tokyo, mai 1976.

SELZ Jean, « Découverte de la Sculpture Moderne » éditions Les Fauconnières, Lausanne 1963.

« Selected Paintings and Sculptures from the Hirshhorn Museum and Sculpture Garden » éditions Harry N. Abram, New York 1974.

TISE Susan, « Paris 1937, Cinquantenaire » éditions Institut Français d'Architecture Paris 1987.

WEISENGER Véronique, « La Collection du musée National d'Art Moderne » éditions M.N.A.M. Paris 1987.

ZERVOS Christian, « Note sur les sculptures de Chauvin dans » *les Cahiers d'Art,* Paris, 24e année, 1949.

ZERVOS Christian, « Chauvin » éditions Les Cahiers d'Art, Paris 1960.

EXPOSITIONS

2000
New York, U.S.A. Barry Friedman Galery « Jean Chauvin, sculpture and drawings » septembre octobre.

1998
Singapour, Singapore Art Museum. « The origins of Modern Art in France (1880-1939) » mai septembre.

1997
Paris, M.N.A.M. Centre Georges Pompidou.
« Made in France » février septembre.

1995
Paris, M.N.A.M. Centre Georges Pompidou
« Fémininmasculin » octobre février.

1993
Mont-de-Marsan, musée Despiau-Wlérick
« Jean Chauvin » juin septembre.

1992
Paris, galerie Art et Patrimoine « Chauvin, sculptures » septembre-octobre.
Saint-Rémy-lès-Chevreuse, fondation de Coubertin
« Jean Chauvin » septembre novembre.

1990
Paris, galerie Artcurial « Chauvin, sculptures de 1924 à 1958 » mars avril.

1989
Paris, galerie Landrot « Chauvin, dessins » octobre.
Boston, (U.S.A. Galerie) Puker-Saffray « Chauvin » janvier.

1988
Saint-Rémy-lès-Chevreuse, fondation de Coubertin
« Sculpture en taille directe en France de 1900 à 1950 » septembre novembre.
Paris, galerie J.G.M. « Sculptures du XXe siècle » juin septembre.
Paris, galerie Vallois « Chauvin, œuvres de 1913 à 1959 » juin juillet.

1987
Paris, Mairie du XVIe arrondissement
« Cinquantenaire de l'exposition de 1937 », octobre.

1985
Pontoise, musée Tavet « Sculpture du XXe siècle » mai.

1983
Washington D.C.Hirshhorn museum and sculpture Garden, Smithsonian Institution U.S.A. « Direct carving in Modern sculpture » octobre novembre.

1981
Saint-Paul de Vence, fondation Maegh « Sculptures du XXe siècle, tradition et ruptures » juil et octobre.

1979
Saint-Étienne, musée d'Art et d'Industre
« L'Art dans les années trente en France » mars.

1976
Liège, Belgique, musée de l'Art Wallon « Collection de F.C. Graindorge sélection de 131 œuvres » novembre décembre.
Tokyo, Japon, Contemporary Sculpture Center
« Sculptures des Maîtres Français et de l École de Paris » mai.
Paris, galerie A.B.C.D. « Chauvins, dessins » octobre
Calais, musée de Calais
« Un siècle de dessins de sculpteurs ».

1975
Paris, galerie Suzanne de Coninck « Chauvin, Hartung, Kandinsky, Magnelli, Poliakoff. »
Paris , Musée d'Art Moderne de la ville « Hommage au fondateur de XXe siècle San Lazzaro et ses amis » novembre.

1974
Washington D.C.Hirshhorn Museum and Sculpture Garden, Smithsonian Institution « Inaugural Exhibition » octobre.
Paris, galerie l'Enseigne du Cerceau
« Chauvin, sculptures » octobre.

1973
Paris, galerie Jean Chauvelin « Georges Hugnet et ses amis » février mars.
Paris, l'Enseigne du Cerceau « Onze pièces uniques » novembre.

1971
Minneapolis, Minneapolis Institut of Art, U.S.A. exposition de groupe.
Paris, galerie Villand et Galanis
« Chauvin, sculptures et dessins ».

1965
Londres, O'Hana galery « French paintings and sculptures of the 19th and 20th Centuries » juin septembre.

196
Bâle, Kunsthalle, Suisse « Konkrete Kunst » mars avril.

1962
Venise, 31e Biennale, représente la France au pavillon national, juin octobre.

1961
Paris, musée Rodin « IIe exposition internationale de sculpture contemporaine » juin.

1960
Paris, galerie Jeanne Bucher « Hommage à Jeanne Bucher » mai juin.
Paris, galerie de l'Élysée. « Chauvin » novembre décembre.
Marseille, musée Cantini « Sculpture contemporaine » mars avril.
Saint-Étienne, musée d'Art et d'Industrie « Cent sculpteurs de Daumier à nos jours »

1958
Paris, galerie Claude Bernard, exposition de groupe.

1957
Paris, galerie Suzanne de Coninck « Chauvin, plâtres et bronzes » mai juin.

1956
Tournai, musée des Beaux-Arts, Belgique, exposition de groupe.

1955
Anvers, Belgique. Biennale.

1954
Paris, M.N.A.M. « La Sculpture Contemporaine au musée d'Art Moderne ».
Venise, pavillon Français. 27e Biennale.
Zurich, Kunsthaus, Suisse « Begründer der Modernen Plastik » novembre décembre.
Yverdon, Suisse « Sept pionniers de la Sculpture moderne » Chauvin, Laurens, Brancusi, Arp, Duchamp-Villon, Pevsner et Gonzales ».

1952
Liège, Société Royale des Beaux-Arts. Belgique. Salon, octobre.
Ljubljana, Moderna Galerija, Yougoslavie « Sodobna Francosha Umetnost, mai.
Paris, musée Rodin, 4e salon de la jeune sculpture : « Arp, Brancusi, Chauvin, Zadkine rendent hommage à Rodin ».

1951
Paris, galerie Jeanne Bucher « Chauvin, dessins ».
1950
Düsseldorf, Kunstmuseum, Allemagne « Franz Kunst 1938-1948 » mars avril.
La Chaux-de-Fonds, musée des Beaux-Arts, Suisse « Peintres et sculpteurs français actuels » février.

1949
Stockholm, Nationalmuseum, Suède « Fransk Konst 1938-1948 » octobre novembre.
Paris, galerie Maeght « Chauvin » mars.

1948
Amsterdam, Stedelijk Museum, Pays-Bas « Treize sculpteurs de Paris » novembre

1947
Paris, salon des Réalités Nouvelles, exposition de groupe.

1946
Berne, Kunsthalle, Suisse « Sculpteurs contemporains de l'École de Paris ».
Prague, Tchécoslovaquie « Sculpteurs de l'École de Paris ».
Paris, salon des Réalités Nouvelles, exposition de groupe

1941
Paris, galerie Jeanne Bucher « Chauvin ».

1939
Paris, galerie Charpentier, exposition de groupe.

1937
Paris, Exposition Universelle, sculpture monumentale en béton devant le pavillon des artistes décorateurs et deux vasques monumentales au pavillon de Sèvres.

1936
Paris, galerie Jeanne Bucher « Chauvin ».

1928
Paris, galerie au Sacre du Printemps « Chauvin, sculptures ».

1920
Paris, salon des Indépendantes, expositions de groupe.
Paris, salon d'Automne, exposition de groupe en tant que sociétaire.

LISTE ALPHABÉTIQUE DES ŒUVRES

Les numéros en italique renvoient aux notices.

ATHANOR 1939. *64*

L'AURORE, 1939. *58*

AVRIL, 1928. *26*

BARBARA, 1955. *145*

BUISSON ARDENT, 1964. *168*

CAMPANILE, 1950. *121*

CARAVELLE, 1937. *48*

CARMEN, 1950. *119*

CHANT DES PRISONS, 1943. *78*

CHANT NOCTURNE, 1941. *71*

CHÂTEAU EN ESPAGNE, 1952. *134*

CHÂTEAU SUR LA LUNE, 1965. *169*

CHAUVE-SOURIS ou POUR LE REPOS D'UN GUERRIER, 1942. *75*

CHIMÈRES, 1958. *154*

CHRYSALIDE, 1927. *18*

CHRYSALIDE, 1954. *141*

CORAIL, 1928. *23*

COUPLE, 1940. *67*

COUPLE, 1946. *99*

COUPLE ÉTRANGE ou LA FAUNESSE ACROBATE, 1948. *109*

COUPLE INÉGAL, 1971. *172*

COUPLE ou AMANTS, 1946. *100*

CYGNE, 1954. *139*

DAEDALUS, 1929. *28*

DANSE AU CRÉPUSCULE, 1936. *45*

DES AILES, 1951. *125*

DEUX COLOMBES SUR UNE COLONNE, circa 1929. *27*

DOMINO, 1958. *156*

DON JUAN, 1945. *85*

ÉBAUCHE D'UN BOUDDHA, 1945. *91*

ÉBAUCHE D'UNE LÉDA, 1934. *38*

ÉBÈNE, avant 1949. *111*

ÉCOUTE, 1957. *149*

EN DÉCOR, 1932. *34*

EN UN SOIR CHAUD D'AUTOMNE, 1945. *93*

ENFANT, 1942. *76*

ENFANT ÉGARÉ, 1938. *55*

ENVOL D'ICARE, 1962. *165*

ENVOL DES CHIMÈRES, 1936. *44*

ESPOIR ou EN ROUTE ou TORSE, 1951. *130*

ESSOR, 1915. *7*

ÈVE, 1951. *127*

ÉVOCATION, 1924. *11*

FAUCON, 1955. *146*

FEU SACRÉ ou AMAZONE, 1940. *68*

FLEUR D'EAU, 1924. *12*

FOC, 1955. *144*

FONTAINE, 1926. *15*

FONTAINE LUMINEUSE, 1935. *43*

FORME, 1928. *22*

FORME, 1934. *37*

GENÈSE, 1940. *66*

GEORGETTE, 1928. *24*

GERME, 1948. *110*

GERMINAL, 1945. *89*

GRAINE ARDENTE, 1958. *158*

GRAND SPHINX, 1939. *60*

GRENADE ENTROUVERTE, 1943. *79*

GUERRE, 1939. *59*

HERMAPHRODITE, 1945. *86*

HIRONDELLE, 1953. *136*

HOMMAGE A BERNAUX, 1938. *56*

HOMME À LA VOILE, 1958. *153*

ILLUSION, 1923. *10*

INCANTATION MATERNELLE, 1947. *105*

JANUS, 1966. *170*

JET, 1961. *164*

JET D'EAU, 1958. *157*

JOHANNA, 1936. *47*

JOIE DE VIVRE, circa 1935. *40*

JOUISSANCE, 1935. *41*

JUMEAUX, 1945. *90*

JUMEAUX, 1948. *108*

LA BARQUE FATIGUÉE, 1949. *113*

LA MÉTAMORPHOSE, 1946. *98*

LA NAISSANCE DE L'ORGUE, 1941. *73*

LA POULE AUX ŒUFS D'OR, 1957. *151*

LA PUCE, 1954. *140*

LA VIGIE DES ARGONAUTES, 1951. *124*

LE BEL ATYS MEURTRI, 1969. *171*

LE CONQUÉRANT, 1934. *36*

LE CYGNE S'ENVOLE DANS SES AILES, 1920 -1956. *147*

LE GRAND NAVIRE, circa 1958. *152*
LÉDA, 1926. *16*
LE RÊVE APPELLE ET PASSE, 1949. *116*
LE SOLEIL SE LÈVE, 1940. *69*
LE TOMBEAU D'ÈVE, 1935. *42*
LE VENT DE LA VIE ou LE SOUFFLE DE LA VIE, 1949. *114*
LE VENT SE LÈVE, 1940. *70*
LES AMANTS, 1934. *39*
LES IMPLORANTS, 1941-1942. *74*
LES ORGUES DE LA NUIT, 1955. *143*
MAGICIENNE, 1944. *83*
MAIN ENCHANTÉE ou FEMME ENCHANTÉE, 1945. *87*
MANDRAGORE ou LE PHARE ET LA NEF, 1951. *126*
MARTIN-PÊCHEUR, 1950. *117*
MATERNITÉ, 1913. *3*
MATIN, 1948. *107*
MATIN CALME ET ARDENT, 1950. *118*
MÉDITATION, 1950. *120*
MENHIR, 1952. *132*
MÉTAMORPHOSE, 1906. *1*
MUSIQUE DU MATIN, 1930. *30*
NAISSANCE, 1946. *101*
NAISSANCE D'UN BOUDDHA, 1945. *84*
NAISSANCE DE VÉNUS, 1963. *167*
NAJA, 1944. *81*
NARCISSE, 1939. *63*
NARCISSE, 1940. *65*
NARCISSE À LA FONTAINE, 1962. *166*
NID POUR MES ANGES ou NID POUR MÉSANGES, 1950. *122*
NUIT BLANCHE, 1942. *77*
Ô BEATA SOLITUDO, 1931. *31*
OBÉLISQUE JAUNE, 1938. *53*
OFFRANDE, 1959. *161*
OISEAU BLANC, 1960. *162*
OISEAU D'OR, 1939. *62*
OPHÉLIA, 1947. *106*
ORCHIDÉE, 1956. *148*
PAN, 1928. *25*
PAON BLANC, 1946. *102*
PIERRE QUI LÈVE, 1954. *138*
PORT DES BARQUES, circa 1955. *142*
PORTEUSE DE LYRE, 1944. *82*
PORTRAIT DE JEUNE FILLE entre 1913 et 1920. *5*
PRINTEMPS, 1951. *129*
PUISSANT ET SOLITAIRE, 1939. *61*
PYTHIE, 1959. *160*
RECUEILLEMENT, 1953. *137*
RÊVERIE AU BORD DE LA MER, 1951. *131*
SANS TITRE, circa 1914. *4*
SANS TITRE, circa 1924. *13*
SANS TITRE, circa 1928. *19*
SANS TITRE, avant 1929. *20*
SANS TITRE, 1929. *29*
SANS TITRE, entre 1931 et 1940. *32*
SANS TITRE, circa 1932. *33*
SANS TITRE, circa 1939. *57*
SANS TITRE, entre 1942 et 1946. *92*
SANS TITRE, avant 1946. *94*
SANS TITRE, avant 1946. *95*
SANS TITRE, circa 1947. *104*
SANS TITRE, 1947. *103*
SANS TITRE, circa 1949. *112*
SANS TITRE, circa 1951. *123*
SANS TITRE, circa 1953. *135*
SANS TITRE, 1959. *159*
SANS TITRE, circa 1961. *163*
SCULPTURE SIGNAL (maquette), 1937. *50*
SCULPTURE SIGNAL. *51*
SEIN A L'ÉVENTAIL, 1958. *155*
SEIN A LA VOILE, 1945. *88*
SEIN CAPTIF, 1938. *54*
SÉMIRAMIS ou LE JARDIN SUSPENDU, 1920. *8*
SERPENT À DEUX TÊTES, 1943. *80*
SÈVE QUI MONTE, 1928. *21*
SIRÈNE, 1937. *49*
SOUVENIR DE LA ZONE, 1946. *96*
SPHINX ACCROUPI, 1946. *97*
SUR UN AIR D'ACCORDÉON, 1920 repris en 1956. *9*
TÊTE DE FAUNE entre 1913 et 1920. *6*
LA TOILETTE, 1909. *2*
TORCHE, 1957. *150*
TORCHE DE LA JEUNESSE, 1936. *46*
TOUR DU SILENCE, 1952. *133*
UN ANGE SE RÉVEILLE, 1949. *115*
UN PROPHÈTE, 1927. *17*
UNE ÎLE DE LA NUIT, 1932. *35*
VALSE, 1951. *128*
VASQUES LUMINEUSES, 1937. *52*
VIERGE ATTENTIVE, 1941. *72*
VOLETS DU TRIPTYQUE, 1925. *14*

Photogravure et mise en page
PROCESS-GRAPHIC

Achevé d'imprimer sur les presses de l'imprimerie STIPA à Montreuil en juin 2007